Excel Formeln & Funktionen

für Microsoft 365 und Excel 2013 - 2021

Inge Baumeister

Verlag:
BILDNER Verlag GmbH
Bahnhofstraße 8
94032 Passau

http://www.bildner-verlag.de
info@bildner-verlag.de

ISBN: 978-3-8328-0637-8
Bestellnummer: 100651

Autorin: Inge Baumeister
Herausgeber: Christian Bildner

Druck: CPI Clausen & Bosse GmbH, Birkstr. 10, 25917 Leck

Bildquellen:
Cover: © deagreez - stock.adobe.com
Kapitelbild: © vectorfusionart - stock.adobe.com

© 2023 BILDNER Verlag GmbH Passau

Die Informationen in diesen Unterlagen werden ohne Rücksicht auf einen eventuellen Patentschutz veröffentlicht. Warennamen werden ohne Gewährleistung der freien Verwendbarkeit benutzt. Bei der Zusammenstellung von Texten und Abbildungen wurde mit größter Sorgfalt vorgegangen. Trotzdem können Fehler nicht vollständig ausgeschlossen werden. Verlag, Herausgeber und Autoren können für fehlerhafte Angaben und deren Folgen weder eine juristische Verantwortung noch irgendeine Haftung übernehmen. Für Verbesserungsvorschläge und Hinweise auf Fehler sind Verlag und Herausgeber dankbar.

Fast alle Hard- und Softwarebezeichnungen und Markennamen der jeweiligen Firmen, die in diesem Buch erwähnt werden, können auch ohne besondere Kennzeichnung warenzeichen-, marken- oder patentrechtlichem Schutz unterliegen.

Die in den Beispielen verwendeten Namen von Firmen, Personen, Produkten und E-Mail-Adressen sind frei erfunden. Jede Ähnlichkeit ist keinesfalls beabsichtigt, sondern zufällig.

Das Werk einschließlich aller Teile ist urheberrechtlich geschützt. Es gelten die Lizenzbestimmungen der BILDNER Verlag GmbH Passau.

Auf einen Blick

1. Grundlegende Techniken 15
2. Nützliche Tools 69
3. Datums-, Uhrzeit- und Textfunktionen 125
4. Logikfunktionen und Bedingungen 165
5. Nachschlage- und Verweisfunktionen 189
6. Benutzerdefinierte Funktionen mit LAMBDA und Co. 257
7. Allgemeine Auswertungsfunktionen 275
8. Ausgewählte statistische Funktionen 311
9. Mathematische und technische Funktionen 399
10. Beispiele aus der Finanzmathematik 435
11. Lösungen mit Solver optimieren 463

Index 479

Vorwort

Excel verfügt über eine umfangreiche Funktionsbibliothek mit Funktionen für fast jeden Zweck und mit jeder neuen Excel-Version kommen weitere hinzu. Hier den Überklick behalten ist auch für erfahrenere Excel-Nutzer*innen nicht immer leicht. Dieses Buch ist daher in erster Linie als Nachschlagewerk für alle gedacht, die bereits über Grundkenntnisse verfügen und tiefer in die Welt der Excel-Formeln und -Funktionen einsteigen möchten und vielleicht entdecken Sie auch beim Durchblättern Neues und Interessantes. Neben Beispielen und Einsatzmöglichkeiten erhalten Sie darüber hinaus in vielen Fällen auch Lösungsvorschläge für weitergehende komplexe Aufgaben, die meist eine Kombination mehrerer Funktionen erfordern.

Die Kapitelaufteilung richtet sich zwar weitgehend nach den Kategorien der Funktionsbibliothek, jedoch erfolgten Auswahl und Zusammenstellung der Funktionen aufgabenorientiert, um Ihnen die Suche nach einer passenden Funktion zu erleichtern. So stellt z. B. das Kapitel „Allgemeine Auswertungsfunktionen" Funktionen aus den beiden Kategorien Statistik und Mathematik vor, die eigentlich für jeden Excel-Anwender von Interesse sind.

Das Buch eignet sich für alle Excel-Versionen ab 2013, auch wenn die beschriebenen Funktionen und fast alle Abbildungen auf Microsoft 365 (Stand 2023) basieren. Auf Unterschiede oder in älteren Excel-Versionen nicht verfügbare Funktionen wird jeweils in der Marginalspalte hingewiesen. Nicht alle Funktionen haben in diesem Buch Platz gefunden und so wurde beispielsweise bewusst auf Funktionen verzichtet, die sich entweder nur für einen eng begrenzten Bereich eignen (z. B. CUBE-Funktionen) oder Funktionen, deren Einsatz tiefer gehende statistische oder mathematische Kenntnisse voraussetzt.

Schreibweise
Befehle, Bezeichnungen von Schaltflächen bzw. Symbolen und Beschriftungen von Dialogfenstern sind zur besseren Unterscheidung farbig und kursiv hervorgehoben, zum Beispiel Register *Start*, Symbol *Kopieren*.

Download der Beispiele
Die in diesem Buch verwendeten Beispiele können Sie kostenlos herunterladen unter folgender Adresse:

www.bildner-verlag.de/00651

Sie gelangen zur Webseite des BILDNER Verlags und auf die Seite dieses Buchs. Klicken Sie unter *Verfügbare Downloads* auf *Download Beispieldateien*. Die Dateinamen der Beispiele finden Sie im Buch in der Marginalspalte.

Viel Spaß und Erfolg mit dem Buch wünschen Ihnen
BILDNER Verlag und die Autorin Inge Baumeister

Inhalt

1 Grundlegende Techniken 15

1.1 Die Excel-Arbeitsoberfläche – Schnellübersicht 16

1.2 Formeln allgemein 18
Formel eingeben 18
Zellbezüge in Formeln 19

1.3 Namen anstelle von Zellbezügen 27
Namen für Zellen vergeben 28
Namen in Formeln verwenden 30
Namen im Namens-Manager verwalten 31

1.4 Dynamische Tabellenbereiche 33
Tabelle umbenennen 34
Strukturierte Verweise in Formeln und Funktionen 35
Tabelle zurück in normalen Zellbereich konvertieren 36

1.5 Funktionen 37
Aufbau und Schreibweise 37
Funktion mit dem Funktionsassistenten eingeben 38
Eine Funktion in der Funktionsbibliothek auswählen 40
Funktion über die Suche einfügen 41
Funktion über die Tastatur eingeben 41
Hilfe zu Funktionen allgemein, eine passende Funktion suchen 42
Mehrere Funktionen kombinieren (verschachteln) 44
Flüchtige oder volatile Funktionen 48

1.6 Formeln korrigieren und auf Fehler überprüfen 49
Formeln editieren und ändern 49
Formeln im gesamten Tabellenblatt anzeigen 50
Die Excel-Fehlerkontrolle 51
Spuren anzeigen 53
Ausgewählte Formeln im Überwachungsfenster dauerhaft anzeigen 53
Formeln schrittweise ausführen 54

1.7 Der Umgang mit Matrizen 55
Definition Matrix 55
Matrizenrechnung 55
Matrix- oder Arrayformeln und Funktionen 56
Bezüge auf den Überlaufbereich (Excel 2021/365) 60
Matrixkonstanten 61

1.8 Weitere Funktionen als Add-In laden 62

1.9 Zahlen- und Datumsformate 64
Wichtige Zahlenformate und ihre Verwendung 64
Benutzerdefinierte Zahlenformate 65
Zellinhalte mit einem benutzerdefinierten Format unsichtbar machen 67
Benutzerdefinierte Datums- und Uhrzeitformate 67

2 Nützliche Tools 69

- **2.1 Datentabellen mit zwei Variablen berechnen** 70
- **2.2 Die Zielwertsuche** 74
- **2.3 Inhalte mit der bedingten Formatierung hervorheben** 77
  - Eigene Regeln definieren 78
  - Regeln anhand von Formeln definieren 81
- **2.4 Häufige Formeln mit der Schnellanalyse einfügen** 84
- **2.5 Steuerelemente einfügen und verwenden** 86
  - Wo finden Sie die Formularsteuerelemente? 86
  - Formularsteuerelement einfügen 88
  - Eigenschaften von Steuerelementen bearbeiten 88
  - Beispiel: Fragebogen erstellen 90
- **2.6 Fehler durch Eingabekontrollen vermeiden** 97
  - Wertebereich und Datentyp vorgeben 98
  - Meldungen ausgeben 100
  - Eingabe auf die Auswahl aus einer Liste beschränken 100
  - Zulässige Eingaben mit einer Formel berechnen 102
  - Tipps zur Datenüberprüfung 102
  - Doppelte Eingaben vermeiden 103
- **2.7 Visualisierung mit Sparklines und Diagrammen** 105
  - Diagramm einfügen 105
  - Datenreihen und Beschriftungen hinzufügen, bearbeiten oder entfernen 107
  - Fehlerwerte, leere und ausgeblendete Zellen in Datenreihen 109
  - Beschriftungen und andere Diagrammelemente hinzufügen 110
  - Diagrammelemente im Aufgabenbereich bearbeiten 111
  - Besondere achsenspezifische Einstellungen 112
  - Zwei unterschiedliche Diagrammtypen kombinieren (Kombidiagramm) 115
  - Datenreihe auf einer Sekundärachse darstellen 117
  - Diagramm formatieren 118
  - Tabellendaten mit Sparklines visualisieren 119
- **2.8 Mathematische Formeln darstellen** 122

3 Datums-, Uhrzeit- und Textfunktionen 125

- **3.1 Datumsfunktionen** 126
  - Aktuelles Datum bzw. aktuelle Uhrzeit 126
  - Teilwerte eines Datums 126
  - Monat oder Wochentag als Text 129
  - Differenz zwischen Datumswerten berechnen 130
  - Mit NETTOARBEITSTAGE die Differenz in Arbeitstagen berechnen 132
  - Arbeitstage zu einem Datum addieren (ARBEITSTAG.INTL) 134
  - Urlaubstage berechnen 135
  - Geburtstagslisten 135

3.2 Berechnungen mit Zeitwerten 141
Allgemeine Grundlagen 141
Uhrzeit in Dezimalzahl (Industriezeit) umwandeln 142
Negative Uhrzeiten, z. B. Soll- und Istzeiten 142
Weitere Berechnungen mit Zeitwerten 145

3.3 Textfunktionen 148
Text oder Zeichenfolgen aneinanderfügen 148
Zahlen verketten 149
Zeichenfolgen aus Text extrahieren 151
Zeichenfolgen ersetzen 154
Leerzeichen, Zeilenumbrüche und andere Steuerzeichen aus Text entfernen 157
Zeichen beliebig oft wiederholen 158
Text in Zahl umwandeln 158

3.4 Länderspezifische Datums- und Zahlenformate mit Power Query umwandeln 161

4 Logikfunktionen und Bedingungen 165

4.1 Wahrheitstests und Logikfunktionen 166
Prüfen von Aussagen 166
Die Funktion WENN 167
Mehrere Wahrheitstests mit verschachtelter WENN-Funktion 170
Wahrheitstests nacheinander mit WENNS durchführen 171
ERSTERWERT 172
Logikfunktionen zum Verknüpfen mehrerer Wahrheitstests 173

4.2 Die Anzeige von Fehlerwerten unterdrücken 177
Beliebigen Text statt Fehlerwert anzeigen 177
Den Fehlerwert Nicht vorhanden (#NV) ersetzen 178

4.3 Mit LET Namen innerhalb einer Formel definieren 179

4.4 Zellinhalte prüfen 180
Die IST-Funktionen 180
Informationen zu Arbeitsmappe und Zelle 182

4.5 Tipps und Beispiele 185
Eine ABC-Analyse erstellen 185
Fehlerwerte mit der bedingten Formatierung ausblenden 187

5 Nachschlage- und Verweisfunktionen 189

5.1 Werte in einer Matrix mit den Verweisfunktionen finden 190
Spalte einer Matrix mit SVERWEIS durchsuchen 190
SVERWEIS mit zwei Suchkriterien 193
Mit WVERWEIS eine Tabelle waagrecht durchsuchen 196
Die Funktion VERWEIS 196
Mit XVERWEIS eine beliebige Spalte oder Zeile durchsuchen 198

5.2 Tabellen mit INDEX und VERGLEICH/XVERGLEICH durchsuchen 201
Position eines Werts mit VERGLEICH finden 201
Vereinfachte Suche mit XVERGLEICH 202
Mit INDEX einen Wert anhand seiner Position ermitteln 204
Beispiel: Werte aus einer Entfernungsmatrix auslesen 208
Die Funktion WAHL 213

5.3 Zelladressen ermitteln 214
ZEILE / SPALTE und ZEILEN / SPALTEN 214
Variable Zellbezüge mit INDIREKT 215
Zelladresse mit ADRESSE in der Schreibweise A1 ausgeben 217
Variable Zellbereiche mit BEREICH.VERSCHIEBEN 219

5.4 Mehrere Rückgabewerte erhalten 225
Tabelle filtern mit der Funktion FILTER 225
Rückgabematrix sortieren (SORTIEREN und SORTIERENNACH) 228
Rückgabematrix ohne Duplikate (EINDEUTIG) 230
Einen bestimmten Bereich aus einer Matrix übernehmen (ÜBERNEHMEN) 232
Mehrere Rückgabewerte mit Excel 2019 und älter 233

5.5 Tabellenbereiche mit Funktionen umstellen (Microsoft 365) 236
Tabellenbereiche mit WEGLASSEN ausschließen 236
Spalten auswählen und/oder neu anordnen (SPALTENWAHL) 237
Nur bestimmte Zeilen mit ZEILENWAHL ausgeben 238
Jeden n-ten Wert mit Excel 2019 und älter ermitteln 239
Zeilen in Spalten umwandeln und umgekehrt (ZUZEILE und ZUSPALTE) 240
Tabellen drehen (transponieren) mit MTRANS 241
Mehrere Tabellenbereiche aneinanderfügen mit VSTAPELN und HSTAPELN 242
Zeilen oder Spalten in Matrix umwandeln (ZEILENUMBRUCH, SPALTENUMBRUCH) 244
Ausgabebereich um Zeilen und Spalten ergänzen (ERWEITERN) 245
Matrix in Zeichenfolge umwandeln (MATRIXZUTEXT) 245

5.6 Weitere Einsatzmöglichkeiten für Verweisfunktionen 246
Die Adresse eines bestimmten Werts in einer Matrix finden 246
Ein Waffel-Diagramm erzeugen 247

5.7 Mit Hyperlinks zu Zellen, Arbeitsblättern und Webseiten navigieren 251
Entfernung zwischen zwei Adressen per Hyperlink abrufen 254
Geografische Informationen abrufen 255

6 Benutzerdefinierte Funktionen mit LAMBDA und Co. 257

6.1 Die Funktion LAMBDA 258
Aufbau und Funktionsweise von LAMBA 258
Systematische Vorgehensweise beim Erstellen einer LAMBDA-Funktion 261
Optionale Parameter für LAMBDA definieren 262
LAMBDA auf fehlende oder unzulässige Werte überprüfen 263
Mit WAHL die Berechnungsart wählen 264

6.2 LAMBDA innerhalb der Formel mehrfach aufrufen (Rekursion) 264

6.3 Weitere Funktionen, die LAMBDA unterstützen 267
Mit MAP mehrere Arrays an LAMBDA als Parameter übergeben 267
LAMBDA zeilen- oder spaltenweise berechnen (NACHZEILE, NACHSPALTE) 270
Matrix mit LAMBDA berechnen (MATRIXERSTELLEN) 272
Mit der SCAN-Funktion Zwischenergebnisse als Matrix ausgeben 273
Nur den akkumulierten Wert ausgeben (REDUCE) 274

7 Allgemeine Auswertungsfunktionen 275

7.1 Zellen oder Werte zählen 276
Anzahl der Zellen oder Werte ermitteln (ANZAHL und ANZAHL2) 276
Leere Zellen zählen mit ANZAHLLEEREZELLEN 277
Nur bestimmte Werte/Inhalte zählen mit ZÄHLENWENN und ZÄHLENWENNS 278

7.2 Summenberechnungen 281
Einfache Summen (SUMME) 281
Summenberechnung mit Bedingungen (SUMMEWENN und SUMMEWENNS) 282
Die Funktion SUMMENPRODUKT 285

7.3 Mittelwerte 287
Durchschnitt mit MITTELWERT berechnen 287
Mittelwert mit Bedingungen (MITTELWERTWENN und MITTELWERTWENNS) 287
Kriterien zur Mittelwertberechnung verknüpfen 289
Wahrheitswerte und als Text formatierte Zahlen berücksichtigen 292
Gewichteter Mittelwert 292
Weitere Mittelwerte (Median und Modalwert) 293

7.4 Rangfolge, größte und kleinste Werte 295
Die Funktionen MIN und MAX 295
Größten und kleinsten Wert mit Bedingung verknüpfen 295
Ranglisten mit RANG.GLEICH erstellen 296
Top Ten ermitteln mit KGRÖSSTE und KKLEINSTE 298

7.5 Behandlung von ausgeblendeten Zellen und Fehlerwerten 301
Gefilterte Tabellen mit TEILERGEBNIS auswerten 301
Ausgeblendete Zeilen und/oder Fehlerwerte ignorieren (AGGREGAT) 304

7.6 Zellen anhand ihrer Füllfarbe auswerten 307
Nach Farbe filtern und das Ergebnis mit der Funktion TEILERGEBNIS berechnen 307
Zellfarben über den Farbindex identifizieren 308

8 Ausgewählte statistische Funktionen 311

8.1 Umfangreiche Daten mit Pivot-Tabellen auswerten 312
Was Sie über Pivot-Tabellen wissen sollten 312
Pivot-Tabelle mit einfacher Häufigkeitsauszählung erstellen 313
Prozentuale Häufigkeiten anzeigen 317
Eine Kreuztabelle erstellen 318
Häufigkeitsklassen bilden 319
Behandlung fehlender Werte 321
Die Funktion PIVOTDATENZUORDNEN 322

8.2 Statistische Maßzahlen 323
Häufigkeiten und Klassenbildung 323
Häufigkeitsverteilung als Diagramm darstellen 324
Streuungsmaße (Standardabweichung und Varianz) 329
Verteilungsmaße (QUANTILE und QUARTILE) 333
Lage- und Streuungswerte als Boxplot-Diagramm darstellen 336
Konfidenzintervalle von Stichproben berechnen 339
Die Analyse-Funktion Populationskenngrößen 340
Exkurs: Als Matrix vorliegende Ausgangsdaten in einer Spalte anordnen 343

8.3 Zufallszahlen 345
Zufallszahlen generieren 345
Neuberechnung von Zufallszahlen 347
Verteilung von Zufallszahlen mit dem Add-In Zufallszahlengenerierung steuern 348
Normalverteilte Zufallszahlen mit einer Funktion erzeugen 350
Zufallsstichprobe mit Zufallszahlen generieren 350

8.4 Verteilungsfunktionen 351
Normalverteilung berechnen 351
Daten auf Normalverteilung prüfen (Schiefe und Kurtosis) 360
Exponentialverteilung 362
Poisson-Verteilung 368
Binomialverteilung 369

8.5 Korrelationsanalysen 372
Korrelationskoeffizient berechnen 372
Korrelationsmatrix mit dem Analyse-Tool Korrelation erstellen 376

8.6 Regressions- und Trendanalysen 377
Übersicht 377
Eine einfache lineare Regression mit RGP berechnen 378
Die Analyse-Funktion Regression 382
Linearen Trend mit PROGNOSE.LINEAR berechnen 383
Trendwerte mit der Funktion TREND berechnen 385
Die exponentielle Regressionsfunktion RKP 386
Exponentielle Trendberechnung mit VARIATION 389
Das Tool Prognoseblatt 392

8.7 Weitere Funktionen 394
Anzahl Kombinationsmöglichkeiten berechnen 394
Werte z-standardisieren mit STANDARDISIERUNG 397

9 Mathematische und technische Funktionen 399

9.1 Rundungsfunktionen 400
Kaufmännisches Runden (RUNDEN) 400
Zahlen immer auf- oder abrunden (AUFRUNDEN, ABRUNDEN) 401
Auf gerade oder ungerade Zahlen runden (GERADE, UNGERADE) 402
Zahlen auf ein bestimmtes Vielfaches runden (VRUNDEN) 402
Zahlen mit OBERGRENZE oder UNTERGRENZE auf- und abrunden 403
Nachkommastellen entfernen (GANZZAHL und KÜRZEN) 404

9.2 Mathematische Grundfunktionen 406
Behandlung von Vorzeichen (ABS und VORZEICHEN) 406
Rest einer Division (REST) 408
Potenzen und Wurzel 409
Die Kreiszahl PI einfügen 411
Multiplikation und Division mit Funktionen 411
Logarithmus mit Excel berechnen 414
Zahlenreihen und Matrizen mit der Funktion SEQUENZ erzeugen 416
Größter gemeinsamer Teiler und das kleinste gemeinsame Vielfache 418

9.3 Umrechnungs- und Konvertierungsfunktionen 419
Umrechnen zwischen Maßsystemen 419
Römische und arabische Zahlen konvertieren 420
Binär- und Hexadezimalzahlen umwandeln 421

9.4 Ausgewählte Trigonometriefunktionen 423
Funktionsübersicht 423
Winkel und Seitenlänge berechnen 425
Beispiel: Wurfweite und Wurfhöhe in Abhängigkeit vom Wurfwinkel 426
Trigonometrische Funktionen am Einheitskreis 427
Lissajous-Figuren erzeugen 429

9.5 Komplexe Zahlen 431
Komplexe Zahlen bilden 431
Teile komplexer Zahlen ermitteln 431
Berechnungen mit komplexen Zahlen 432

10 Beispiele aus der Finanzmathematik 435

10.1 Einmalige und periodische Zahlungen 436
Übersicht 436
Die Funktionen ZW, BW, RMZ, ZZR und ZINS 437
Tilgung und Zinsanteil berechnen 440
Nominalzins in Effektivzins umrechnen 443

10.2 Abschreibungen berechnen 445
Übersicht und Funktionsargumente 445
Lineare Abschreibung (LIA) 446
Degressive Abschreibung 447
Wechsel der Abschreibungsmethode (VBD) 450

10.3 Funktionen für Wertpapieranlagen 452
Übersicht und Funktionsargumente 452
Rendite und Kurs von Wertpapieren berechnen 453
Zinsterminfunktionen 455
Aufgelaufene Zinsen (Stückzinsen) berechnen 456

10.4 Währungs- und Aktienkurse abrufen 458
Währungskurse in Tabellenblatt einfügen 458
Aktienkurse einfügen 459
Kursentwicklung mit BÖRSENHISTORIE abrufen 460

11 Lösungen mit Solver optimieren 463

11.1 Funktionsweise des Add-In Solver 464

11.2 Beispiel 1: Materialkosten einer Dose optimieren 465

11.3 Beispiel 2: Gewinnmaximierung 467
Tabelle erstellen 467
Solver-Parameter festlegen 468
Berichte erstellen und interpretieren 472
Lösungsmethoden 474

11.4 Beispiel 3: Rundreiseproblem, die kürzeste Route finden 475

Index 479

1 Grundlegende Techniken

1.1 Die Excel-Arbeitsoberfläche - Schnellübersicht 16

1.2 Formeln allgemein 18

1.3 Namen anstelle von Zellbezügen 27

1.4 Dynamische Tabellenbereiche 33

1.5 Funktionen 37

1.6 Formeln korrigieren und auf Fehler überprüfen 49

1.7 Der Umgang mit Matrizen 55

1.8 Weitere Funktionen als Add-In laden 62

1.9 Zahlen- und Datumsformate 64

1.1 Die Excel-Arbeitsoberfläche – Schnellübersicht

Die Excel-Arbeitsoberfläche und die Elemente einer Arbeitsmappe dürften Ihnen bereits bekannt sein. Daher werden an dieser Stelle nur kurz die wichtigsten Begriffe vorgestellt, die in der Folge auch im Buch verwendet werden.

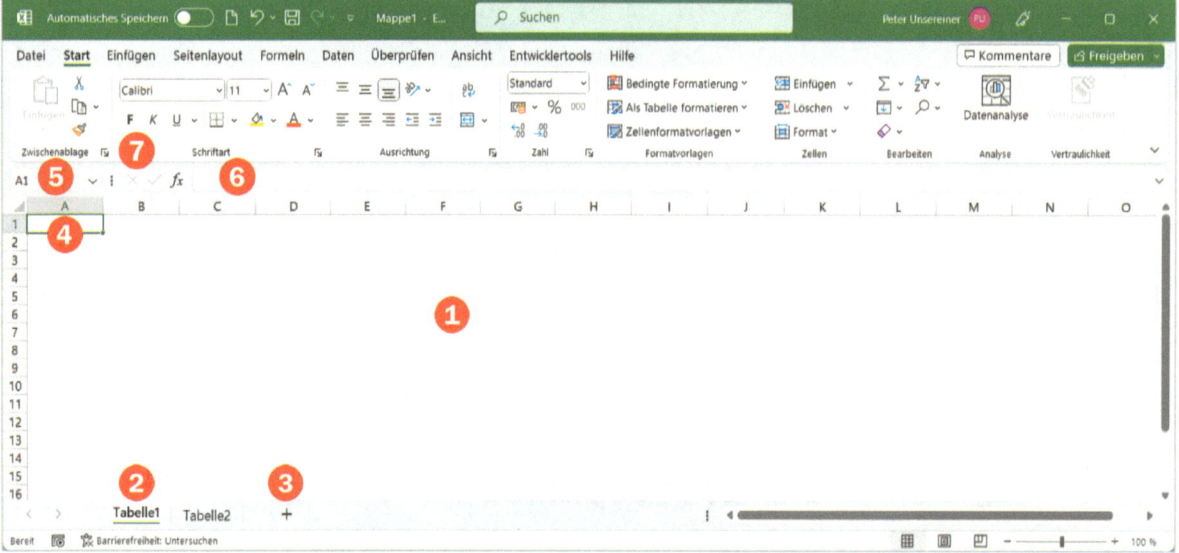

Bild 1.1 Die wichtigsten Elemente der Excel-Arbeitsmappe

Tipp Navigationsbereich: Microsoft 365 verfügt über einen Navigationsbereich, in dem Sie schnell einen Überblick über Arbeitsblätter, benannte Zellbereiche und vieles mehr erhalten. Zum Anzeigen klicken Sie im Menüband, Register *Ansicht* auf *Navigation*.

Arbeitsblatt
Den größten Teil nimmt das Arbeitsblatt ❶ ein, auch als Tabellenblatt oder englisch Spreadsheet bezeichnet. Das Blattregister ❷ dient zum Überblick über die vorhandenen Arbeitsblätter und zum schnellen Wechseln. Weitere Arbeitsblätter sind mit Klick auf dieses Symbol ❸ schnell hinzugefügt und Umbenennen erfolgt mit Doppelklick auf den Namen der Tabelle im Blattregister (oder Rechtsklick und Befehl *Umbenennen*).

▸ Mit Rechtsklick auf das Blattregister erhalten Sie im Kontextmenü auch noch die Möglichkeiten *Löschen*, *Verschieben oder kopieren…*, *Registerfarbe*, *Ausblenden* und *Blatt schützen*.

▸ Mit wie vielen Arbeitsblättern eine neue Arbeitsmappe geöffnet wird, lässt sich in den Excel-Optionen (*Datei* ▸ *Optionen* ▸ *Allgemein*) festlegen.

Hinweis: Neben Tabellenblättern kennt Excel auch noch sogenannte Diagrammblätter, wenn ein Diagramm als gesondertes Blatt eingefügt wird.

Arbeitsmappe
Arbeitsmappe ist eigentlich nur eine andere Bezeichnung für Datei oder Dokument. Der Name stammt daher, dass eine Arbeitsmappe mehrere Arbeitsblätter umfassen kann, die genaue Anzahl hängt vom verfügbaren Arbeitsspeicher ab. Als Voreinstellung für neue Arbeitsmappen können in den Excel-Optionen maximal 255 Blätter angegeben werden, jedoch können manuell auch noch weitere hinzugefügt werden.

Zellen

Eine Zelle ist die kleinste Einheit eines Tabellenblatts und ihre eindeutige Identifizierung erfolgt über die Zelladresse. Diese wird gebildet aus der Spaltennummer (fortlaufende Nummerierung mit den Buchstaben des Alphabets) und der Zeile (Zahl). Die aktuell aktive bzw. markierte Zelle ❹ ist durch eine Umrandung hervorgehoben und ihre Adresse ist oberhalb der Tabelle im Namen- oder Adressfeld ❺ sichtbar.

Im Feld rechts daneben ❻ wird der Inhalt der aktiven Zelle ebenfalls angezeigt. Handelt es sich um eine Formel, so erscheint hier im Gegensatz zum Tabellenblatt die Formel. Links davon ❼ finden Sie hier noch die Symbole *Abbrechen*, dies entspricht der **Esc**-Taste, *Eingeben* zum Übernehmen der Eingabe und *Funktion einfügen* zum Einfügen einer Funktion mithilfe des Funktionsassistenten. Die gesamte Leiste bezeichnet man als Bearbeitungsleiste.

Adressierung von Zellen

Grundsätzlich unterscheidet Excel zwei Arten der Zelladressierung, nämlich die A1-Schreibweise und die Z1S1-Bezugsart.

▶ **A1-Bezugsart**

In der Standardeinstellung wird die Adresse einer Zelle aus Spalte und Zeile gebildet, z. B. A1. Diese Schreibweise wird auch als A1-Schreibweise bezeichnet. Auch dieses Buch verwendet bis auf wenige Ausnahmen die A1-Bezugsart.

▶ **Z1S1-Bezugsart**

Daneben existiert auch noch die sogenannte Z1S1-Schreibweise. Diese verwendet die Reihenfolge Zeile, Spalte, also genau umgekehrt, wobei die Spalten hier ebenfalls mit Zahlen durchnummeriert werden. So lautet beispielsweise die Adresse B4 in dieser Schreibweise Z4S2, wie im Bild unten.

Bei Bedarf kann diese Bezugsart in den Excel-Optionen aktiviert werden: *Datei* ▶ *Optionen* ▶ *Formeln* und Kontrollkästchen *Z1S1 Bezugsart* aktivieren.

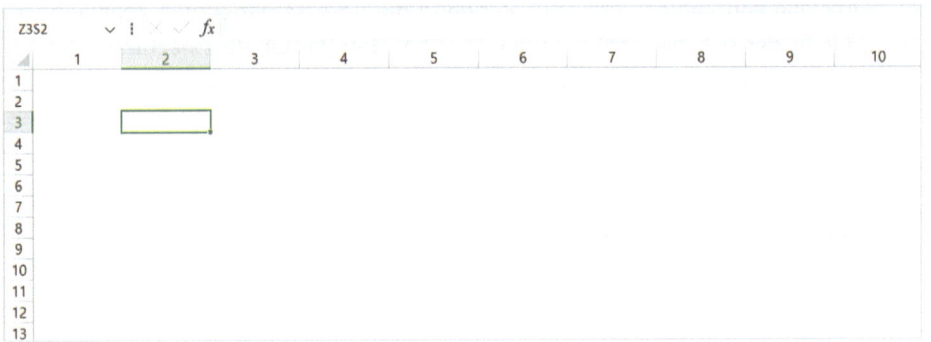

Bild 1.2 Z1S1 Bezugsart

Der Vollständigkeit halber auch noch die Anzahl Zeilen und Spalten in einem Tabellenblatt: 1.048.576 Zeilen und 16.384 Spalten. Da für die Spalten das Alphabet nicht ausreicht, folgt nach Z die Spalte AA, AB usw. bis zur letzten Spalte XFD.

1.2 Formeln allgemein

Formel eingeben

Berechnungen werden in Excel-Arbeitsmappen entweder, wie im Bild unten, durch Eingabe einer Formel ❶ oder unter Verwendung einer Excel-Funktion durchgeführt. Im Tabellenblatt bzw. in der Zelle erscheint automatisch das Formelergebnis ❷, während in der Bearbeitungsleiste ❸ oberhalb des Tabellenblatts grundsätzlich die Formel sichtbar ist. In der Bearbeitungsleiste finden Sie auch die beiden Symbole *Abbrechen* ✕ und *Eingeben* ✓, mit denen Sie statt **Eingabe**- oder **Esc**-Taste die Formeleingabe entweder abschließen oder abbrechen können.

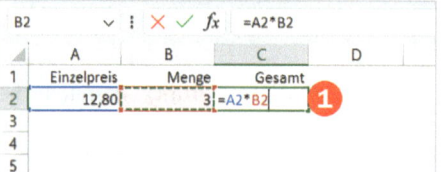
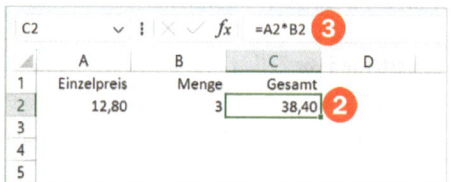

Bild 1.3 Beispiel: eine einfache Formel eingeben

Bild 1.4 Das Ergebnis erscheint im Tabellenblatt, die Bearbeitungsleiste zeigt nach wie vor die Formel an

Für einfache Berechnungen, z. B. Multiplikation von zwei Zahlen, geben Sie eine Formel ein; Funktionen dagegen sind vollständige Formeln, in die Sie nur noch die Zellbezüge einfügen brauchen. Für alle Formeln und Funktionen gelten die folgenden Grundregeln:

▸ Formeln und Funktionen werden in Zellen eingegeben und müssen im Gegensatz zu normalen Zellinhalten stets mit dem Gleichheitszeichen (=) beginnen.

▸ In Formeln und Funktionen können Zellbezüge, Zahlen, Text oder weitere Formeln bzw. Funktionen verwendet werden. Text in Formeln muss in Anführungszeichen eingegeben werden, z. B. "Hallo".

▸ Anstelle von Zahlen wird normalerweise die Adresse derjenigen Zelle verwendet, in der sich die Zahl befindet. Dies hat den Vorteil, dass nachträgliche Änderungen der Zellinhalte automatisch im Ergebnis berücksichtigt werden. Eine Ausnahme bilden sogenannte Konstanten, z. B. die zwölf Monate eines Jahres. Diese können problemlos auch als Zahl in einer Formel verwendet werden.

▸ Zellbezüge lassen sich in eine Formel am einfachsten einfügen, indem Sie die betreffende Zelle mit der Maus anklicken. Als Alternative verwenden Sie die Pfeiltasten der Tastatur. Während der Eingabe werden in der Formel verwendete Zellen farbig umrandet hervorgehoben, siehe Bild oben.

▸ Mehrere Zellen umfassende Zellbereiche werden in Formeln und Funktionen in der Schreibweise ErsteZelle:LetzteZelle angegeben, zum Beispiel A5:A25. Zellbereiche können ebenfalls durch Markieren mit der Maus eingegeben werden.

▸ Schließen Sie die Eingabe einer Formel entweder mit dem Symbol *Eingeben* ✓ ab, siehe oben, oder mit der **Eingabetaste** oder der **Tab**-Taste der Tastatur. Verwenden Sie dazu **nicht** die Pfeiltasten, da diese in Formeln zum Einfügen von Zellbezügen verwendet werden (siehe oben).

▸ Die bekannte Regel „Punkt vor Strich" gilt auch für Excel-Formeln! Zur Steuerung der Berechnungsreihenfolge können daher runde Klammern ( ) erforderlich sein. Eine Übersicht über die Prioritäten finden Sie in der nachfolgenden Tabelle.

▸ Neben Gleichheitszeichen und runden Klammern können in Formeln die folgenden Operatoren verwendet werden, ihre Eingabe erfolgt über die Tastatur.

Zeichen	Bedeutung	Beispiele		Priorität
-	Negatives Vorzeichen	-25	-A3	1
%	Zahl wird durch 100 dividiert	15% = 0,15	100% = 1	2
^	Potenz	3^2 = 9	2^10 = 1024	3
^	Wurzel: Klammern beachten!	27^(1/3) = 3	9^(1/2) = 3	3
*	Multiplikation	2*3 = 6		4
/	Division	12/6 = 2		4
+	Addition	10+3 = 13		5
-	Subtraktion	8-3 = 5		5
&	Zeichenfolgen verketten (aneinanderfügen)	Abc&DE = AbcDE	1&3 = 13	6
=	Gleich	4=4 → WAHR	1=5 → FALSCH	7
<	Kleiner als	1<9 → WAHR	10<3 → FALSCH	7
<=	Kleiner oder gleich	3<=4 → WAHR	5<=5 → WAHR	7
>	Größer als	10>10 → FALSCH	7>10 → FALSCH	7
>=	Größer oder gleich	10>=10 → WAHR	5>3 → WAHR	7
<>	Ungleich, Nicht	5<>6 → WAHR		7

Zellbezüge in Formeln

Formeln kopieren

Formeln und Funktionen können mit der Maus und *AutoAusfüllen* schnell in angrenzende Zellen kopiert werden:

1 Markieren Sie die Zelle mit der Formel und zeigen Sie mit der Maus auf das kleine Kästchen in der rechten unteren Ecke des Markierungsrahmens.

2 Der Mauszeiger erscheint als + und Sie können nun durch Ziehen mit gedrückter Maustaste die Formel nach rechts oder nach unten in die angrenzenden Zellen kopieren, nach links und nach oben funktioniert übrigens auch.

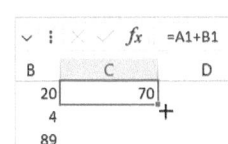

Bild 1.5 Formel mit der Maus kopieren

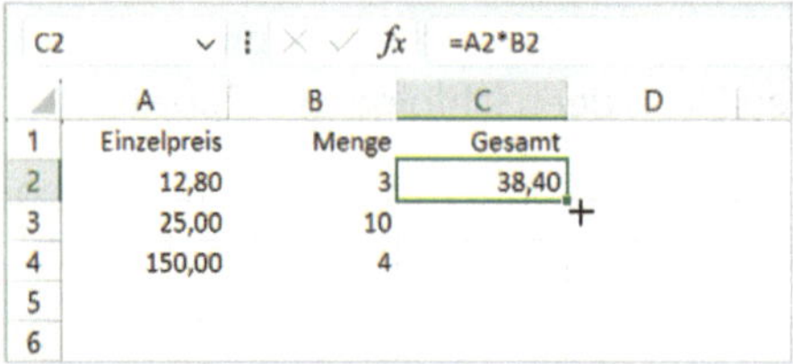

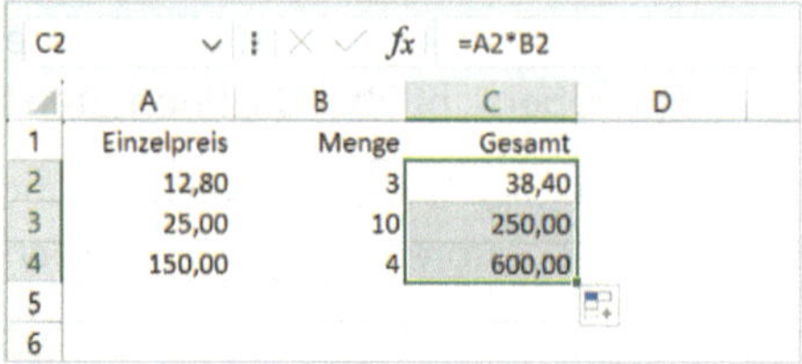

Tipp: Nach dem Kopieren erscheint im Tabellenblatt das Symbol *Auto-Ausfülloptionen*, das auch Kopieren bzw. Ausfüllen ohne Formatierung erlaubt. Eine nützliche Sache, wenn z. B. Rahmenlinien nicht mit kopiert werden sollen.

> **Automatisches Anpassen von Zellbezügen beim Kopieren (relative Zellbezüge)**
>
> Beim Kopieren werden normale Zellbezüge, z. B. A1, automatisch entsprechend der Kopierrichtung angepasst. So wird im Bild oben aus der Formel =A2*B2 in Zeile 2 nach dem Kopieren in die Zeile 3 die Formel =A3*B3 und in Zeile 4 =A4*B4, die Formel wird also in jeder Zeile korrekt berechnet.
>
> Dies gilt auch für Spalten: Beim Kopieren um eine Spalte nach rechts würde in der Formel aus der ursprünglichen Adresse A2 die neue Adresse B2.

Die Bezeichnung „relativer Bezug" stammt daher, dass die Zelladresse immer ausgehend von der aktuellen Zelle ermittelt wird. Befindet sich z. B. in B2 eine Formel mit einem Bezug auf A3, so ermittelt Excel diese Zelle wie folgt: aktuelle Spalte -1 und aktuelle Zeile +1.

Anpassen der Zellbezüge durch absolute Zellbezüge verhindern

Nicht in jedem Fall ist beim Kopieren von Formeln ein Anpassen der Zellbezüge erwünscht oder sinnvoll. Als Beispiel im Bild unten eine Provisionsberechnung, bei der sich die Provision in B1 befindet. Da diese auch in den Formeln der übrigen Zeilen benötigt wird, muss der Bezug auf diese Zelle beim Kopieren beibehalten werden.

Würden Sie die Formel =B4*B1 einfach von Zeile 4 nach Zeile 5 kopieren, dann würde diese hier lauten: =B5*B2. Der Bezug auf B5 ist dann zwar korrekt, nicht aber auf B2. Damit die Formel trotzdem kopiert werden kann, wird in der Formel für B1 ein absoluter bzw. fester Zellbezug benötigt, der beim Kopieren nicht angepasst wird. Dies erreichen Sie, indem Sie in der Zelladresse der Spalte und der Zeile jeweils das Dollarzeichen $ voranstellen, die Formel mit der richtigen Zelladresse muss also lauten: =B4*$B$1.

Bild 1.6 Absoluter Zellbezug in der Formel

Bild 1.7 Der Zellbezug bleibt nach dem Kopieren unverändert

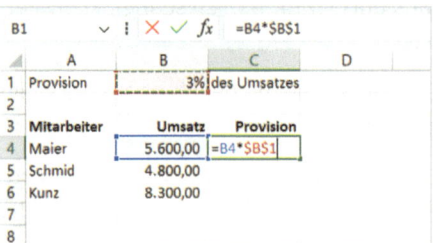

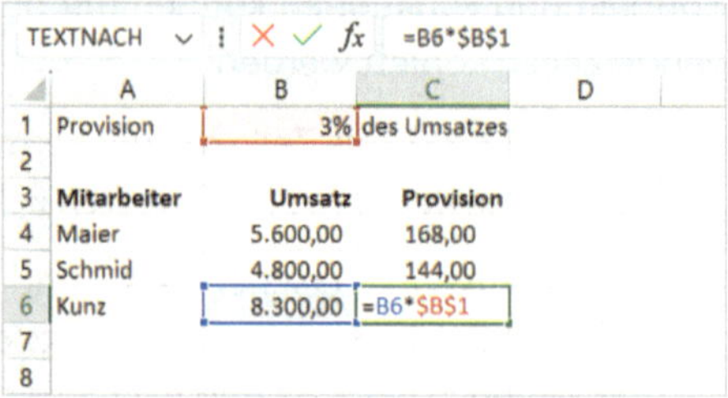

So wandeln Sie einen normalen Zellbezug schnell in einen festen Zellbezug um

Fügen Sie zunächst mit einem Klick auf die benötigte Zelle einen normalen (relativen) Zellbezug in die Formel ein. Damit Sie die Dollarzeichen nicht umständlich über die Tastatur eingeben müssen, drücken Sie unmittelbar nach Einfügen des Zellbezugs auf der Tastatur die Funktionstaste **F4**. Dadurch werden Spalte und Zeile des zuletzt eingefügten Zellbezugs mit dem Dollarzeichen versehen und Sie erhalten einen festen Zellbezug.

> Mit der Taste **F4** wandeln Sie einen normalen (relativen) Zellbezug in einen festen Zellbezug um. Durch mehrmaliges Drücken der Taste F4 erzeugen Sie nacheinander auch noch gemischte Bezüge, bei denen jeweils nur die Spalte oder Zeile mit dem Dollarzeichen versehen ist, bis zuletzt wieder der normale Zellbezug erscheint. Um einen festen Zellbezug wieder in einen relativen Bezug umzuwandeln, brauchen Sie also nur mehrmals die Taste F4 drücken.

Ein relativer Zellbezug kann auch nachträglich umgewandelt werden: Editieren Sie die Formel mit Doppelklick oder **F2** und klicken Sie in der Formel auf den zu ändernden Zellbezug. Ein Markieren des Zellbezugs ist nicht erforderlich, es genügt, wenn sich der Cursor unmittelbar links oder rechts bzw. innerhalb der Adresse befindet. Drücken Sie dann die Taste **F4** und übernehmen Sie die Änderung mit der **Eingabetaste**.

Gemischte Bezüge

Gemischte Zellbezüge verhindern ein automatisches Anpassen nur hinsichtlich der Zeile oder der Spalte. Nehmen wir als Beispiel an, Sie möchte in einer Tabelle jeweils die Zahlen in Spalte A mit den Zahlen in Zeile 1 mit einer einzigen kopierbaren Formel multiplizieren.

Dazu legen Sie eine Tabelle an, wie unten abgebildet. Die Zahlen von 1 bis 10 geben Sie in die Zeile 1 und in Spalte A ein. In B2 geben Sie dann die Formel ein, diese würde mit einfachen Zellbezügen lauten =B1*A2. Da sich die erste Zahl immer in Zeile 1, aber in unterschiedlichen Spalten befindet, muss der Zellbezug stattdessen lauten =B$1. Umgekehrt bleibt für die zweite Zahl die Spalte gleich, nicht aber die Zeile, also muss dieser Bezug lauten =$A2. Die Formel lautet also: =B$1*$A2.

Tipp: Dies geht am schnellsten mit dem automatischen Ausfüllen von Reihen.

	A	B	C	D	E	F	G	H	I	J	K	L	M
1		1	2	3	4	5	6	7	8	9	10		
2	1	=B$1*$A2		3	4	5	6	7	8	9	10		
3	2	2	4	6	8	10	12	14	16	18	20		
4	3	3	6	9	12	15	18	21	24	27	30		
5	4	4	8	12	16	20	24	28	32	36	40		
6	5	5	10	15	20	25	30	35	40	45	50		
7	6	6	12	18	24	30	36	42	48	54	60		
8	7	7	14	21	28	35	42	49	56	63	70		
9	8	8	16	24	32	40	48	56	64	72	80		
10	9	9	18	27	36	45	54	63	72	81	90		
11	10	10	20	30	40	50	60	70	80	90	100		
12													

Bild 1.8 Beispiel gemischte Bezüge

Hinweis: Leider kann eine Formel nicht diagonal kopiert werden, Sie müssen sie daher zuerst nach rechts und dann nach unten oder umgekehrt kopieren.

Blatt- und arbeitsmappenübergreifende Bezüge

Bezüge auf Zellen in anderen Tabellenblättern

Wenn Sie in einer Formel Bezüge auf Zellen in einem anderen Tabellenblatt derselben Arbeitsmappe benötigen, so wird der Zelladresse der Blattname gefolgt von einem Ausrufezeichen ! vorangestellt und die Schreibweise lautet:

Blattname!Zelladresse

Zum Einfügen solcher Zellbezüge klicken Sie während der Formeleingabe zuerst im Blattregister auf das benötigte Tabellenblatt und anschließend in diesem Blatt auf die Zelle oder markieren einen Zellbereich. Der Blattname wird bei dieser Vorgehensweise automatisch den Zellbezügen vorangestellt. Anschließend fahren Sie mit der Formeleingabe fort bzw. beenden die Eingabe.

Beispiel Umsatzauswertung in einem gesonderten Tabellenblatt

Im unten abgebildeten Beispiel befinden sich die Umsätze der Filialen im Blatt *Umsatz Filialen*, die Umsatzsumme über alle Filialen soll dagegen im Blatt *Auswertung* derselben Mappe berechnet werden.

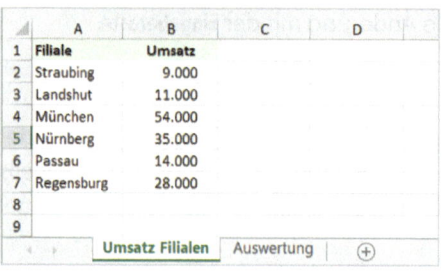
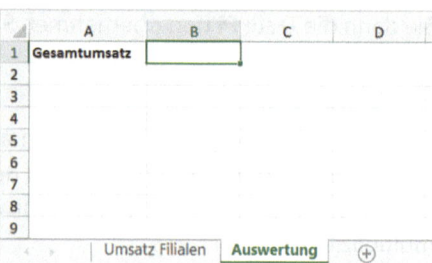

Bild 1.9 Tabellenblatt Umsatz Filialen

Bild 1.10 Tabellenblatt Auswertung

Auswertung_Filialen1.xlsx

So gehen Sie vor:

1. Markieren Sie die Zelle, in der Sie die Summe berechnen möchten, hier B1 im Blatt *Auswertung* und fügen Sie die Funktion SUMME ein ❶.

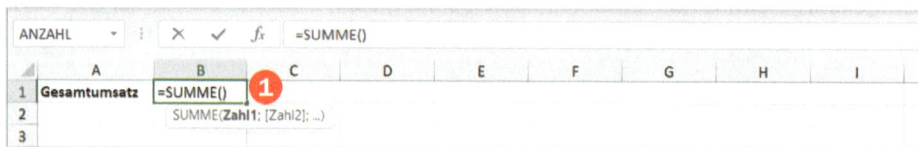

Bild 1.11 Funktion SUMME einfügen

2. Klicken Sie dann im Blattregister auf das Tabellenblatt *Umsatz Filialen* ❷. In der Bearbeitungsleiste sehen Sie, dass der Name dieses Arbeitsblattes zusammen mit einem Ausrufezeichen ! der Formel hinzugefügt wurde.

   Hinweis: Enthält der Name des Tabellenblatts ein Leerzeichen, wie in diesem Beispiel, so wird dieser zusätzlich in Hochkommata ' eingeschlossen.

3. Markieren Sie nun den benötigten Zellbereich ❸, dieser erscheint in der Formel nach dem Ausrufezeichen.

4 Schließen Sie die Formeleingabe mit der **Eingabetaste** ab, **ohne** erneut in das Blatt mit der Formel zu klicken. Excel wechselt automatisch wieder zur Formel bzw. zum Formelergebnis. In der Bearbeitungsleiste sehen Sie den vollständigen Zellbezug ❹.

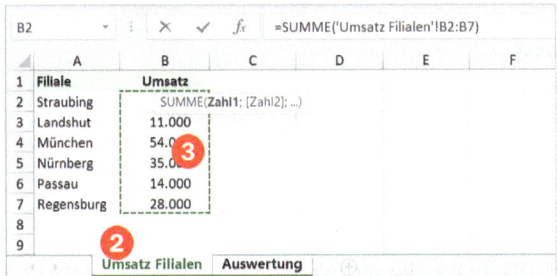
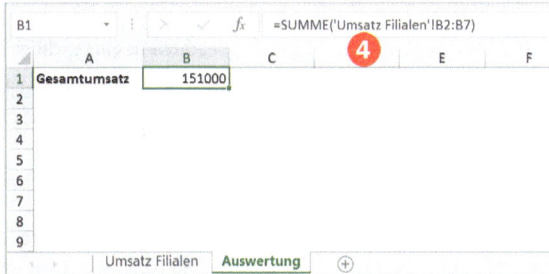

Bild 1.12 Zellbezug auf ein anderes Arbeitsblatt in Formel einfügen

Falls Sie dagegen weitere Zellbezüge in die Formel eingeben möchten, so geben Sie **zuerst** das Operatorzeichen, z. B. + oder in Funktionen ein Semikolon (Trennzeichen für Argumente) ein, bevor Sie im Blattregister auf das nächste benötigte Blatt klicken. Sollte dies das Blatt mit der Formel sein, so wird auch hier der Blattname vorangestellt.

Achtung: So bitte nicht!

Würden Sie dagegen in diesem Beispiel nach dem Markieren des Zellbereichs B2:B7 wieder auf das Blatt *Auswertung* klicken, wie im Bild unten, dann setzt Excel automatisch den Namen dieses Arbeitsblatts vor die angegebenen Zellbezüge und Sie erhalten nicht das gewünschte Ergebnis.

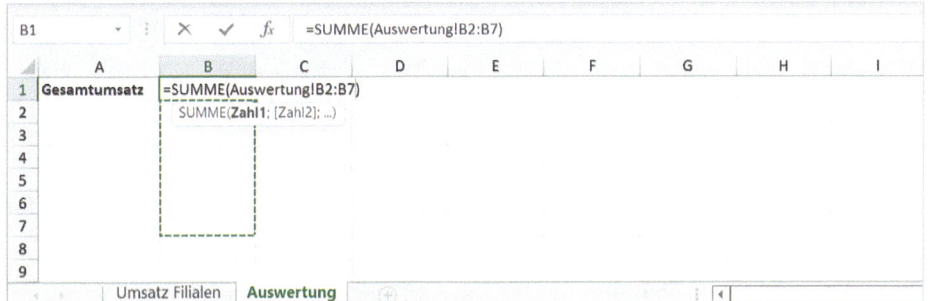

Bild 1.13 Mit Klick auf ein Tabellenblatt ersetzt Excel einen bereits vorhandenen Blattnamen

> ■ **Achtung bei der Auswahl eines Tabellenblatts!**
>
> Während der Formeleingabe stellt Excel mit jedem Klick auf ein Tabellenblatt im Blattregister der aktuellen Zelladresse (Laufrahmen) den Namen dieses Tabellenblatts voran. Klicken Sie daher erst nach Eingabe eines Operatorzeichens bzw. Semikolons (Funktion) auf ein anderes Tabellenblatt, wenn Sie eine weitere Zelladresse benötigen. Andernfalls wird in der Formel der Blattname des aktuellen Zellbezugs geändert! Spätestens nach Beenden der Formeleingabe kehrt Excel ohnehin automatisch zum Arbeitsblatt mit der Formel zurück.

3D-Bezüge

Bereichsangaben in der Schreibweise ErsteZelle:LetzteZelle (z. B. A1:A25) sind nicht nur für Zellbereiche, sondern auch für Tabellenblätter möglich. Solche Bezüge bezeichnet man auch als 3D-Bezüge.

> **■ Beachten Sie eine wichtige Voraussetzung**
>
> Für 3D-Bezüge müssen die Tabellen identisch aufgebaut sein. Dies ist beispielsweise der Fall, wenn alle auf derselben Vorlage beruhen.

Beispiel: Summe über mehrere Tabellenblätter

3D_Bezuege_Daten.xlsx

Hier ein Beispiel, bei dem die Quartalsberichte der einzelnen Filialen als Einzeltabellen vorliegen. Benötigt wird für den Monat Januar und für jeden Artikel die Summe der Umsätze aller Filialen. Im Bild unten als Beispiele die Quartalsberichte der Filialen Köln und München, die Werte für jeden Artikel und Monat befinden sich in allen Tabellen in derselben Zelle.

Bild 1.14 Die Quartalsberichte der Filialen besitzen denselben Aufbau

Nun berechnen Sie in einem weiteren Tabellenblatt mit dem Namen *Auswertung* für den Monat Januar und den ersten Artikel (P-123) die Summe über die vier Filialen:

1. Markieren Sie im Blatt *Auswertung* die betreffende Zelle, hier B7, und fügen Sie die Funktion SUMME ein.

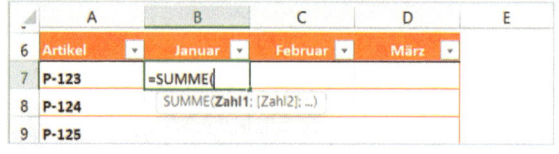

2. Die 3D-Zellbezüge geben Sie wie folgt ein: Klicken Sie im Blattregister auf das erste Blatt, hier *Köln*, dann mit gleichzeitig gedrückter **Umschalt**-Taste auf das letzte Blatt *Stuttgart* und zuletzt im Tabellenblatt auf die benötigte Zelle, in diesem Beispiel B7. Die Summenfunktion mit dem 3D-Bezug lautet dann:

B7: =SUMME(Köln:Stuttgart!B7)

Diese Formel kann anschließend nach unten in die Zellen B8:B13 sowie nach rechts in die Spalten Februar und März kopiert werden.

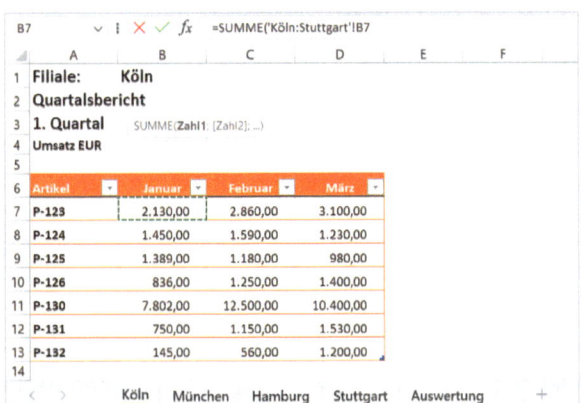
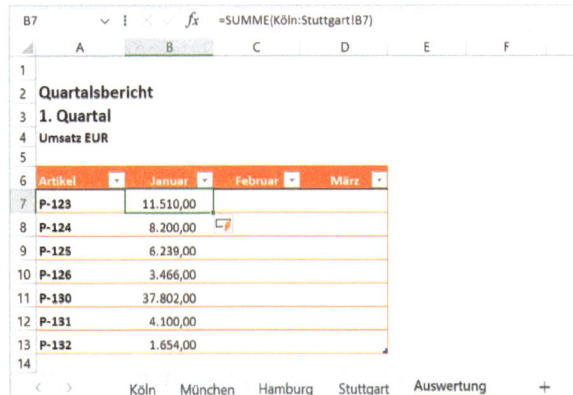

Bild 1.15 Klicken Sie auf das erste Tabellenblatt und mit gedrückter Umschalt-Taste auf das letzte Blatt.

Bild 1.16 Das Ergebnis im Blatt Auswertung

Gesamtumsatz berechnen

Statt der Summen je Artikel und Monat können Sie auch gleich den Gesamtumsatz für jeden Monat berechnen. Dazu geben Sie in B7 (Bild unten) die folgende Funktion ein:

```
B7:  =SUMME(Köln:Stuttgart!B7:B13)
```

Diese Funktion kopieren Sie anschließend nach rechts in die Spalten C und D.

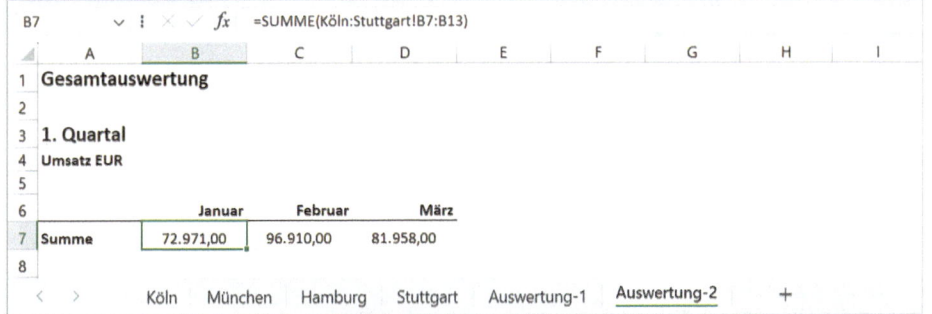

Bild 1.17 Gesamtumsatz mit 3D-Bezügen

Hinweis: Falls Sie nur bestimmte Werte aus mehreren Tabellen zusammenführen möchten, können Sie auch noch die Funktion INDIREKT einsetzen, Details auf Seite 215 ff.

Bezüge auf Arbeitsmappen (Arbeitsmappen verknüpfen)

Eine Formel kann auch Bezüge auf Zellen oder Zellbereiche anderer Arbeitsmappen enthalten (externe Bezüge). In diesem Fall muss bei der Formeleingabe die betreffende Arbeitsmappe geöffnet sein. Während der Formeleingabe wählen Sie dann zum Einfügen des Zellbezugs zuerst in der Taskleiste die Arbeitsmappe aus. Anschließend klicken Sie in dieser Arbeitsmappe ggf. auf das benötigte Tabellenblatt und markieren dann eine Zelle oder einen Zellbereich. Auch hier gilt: Mit Beenden der Formeleingabe kehrt Excel automatisch zur ursprünglichen Arbeitsmappe bzw. dem Tabellenblatt mit der Formel zurück.

Beachten Sie, dass zu einem vollständigen Dateinamen auch die Dateinamenerweiterung (.xlsx) gehört.

Der Dateiname wird automatisch dem Tabellenblatt und der Zelladresse in eckigen Klammern vorangestellt, für die eigentliche Zelladresse verwendet Excel hier automatisch feste Adressen, also z. B. $A$3. Die allgemeine Schreibweise lautet:

[Dateiname.xlsx]Tabellenblatt!Zelladresse

Bild 1.18 Beispiel Zellbezüge auf Arbeitsmappe

Auswertung_Filialen2.xlsx

Die Umsätze befinden sich im Ordner UmsätzeFilialen. **Achtung:** Beim Öffnen der Beispielmappe müssen Sie die Verknüpfungen neu erstellen!

Hinweise zur Verwendung externer Bezüge

▶ Auch wenn nur der Dateiname in der Formel erscheint: Excel speichert intern den gesamten Dateipfad, daher sollten die verknüpften Arbeitsmappen nachträglich weder verschoben noch umbenannt werden.

▶ Beim ersten Öffnen einer Arbeitsmappe mit externen Bezügen ist das automatische Aktualisieren von Daten über Verknüpfungen aus Sicherheitsgründen deaktiviert und Sie erhalten die unten abgebildete Sicherheitswarnung. Wenn Sie der Arbeitsmappe vertrauen und bei etwaigen Änderungen die Verknüpfungen aktualisieren möchten, müssen Sie auf *Inhalt aktivieren* klicken.

Bild 1.19 Sicherheitswarnung bei Verwendung externer Bezüge

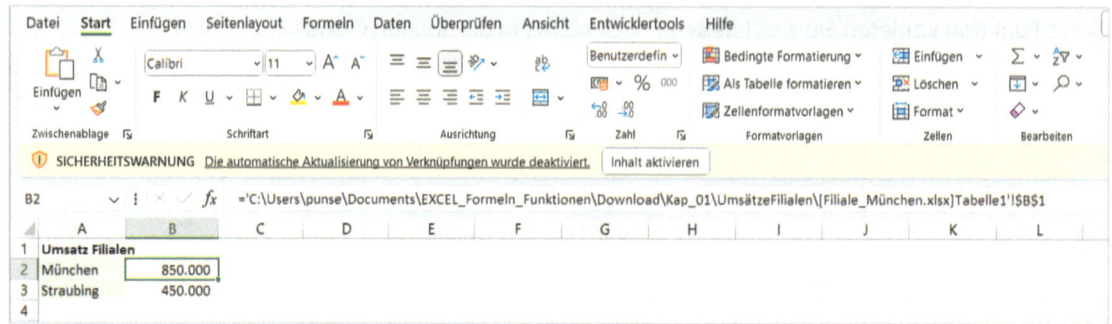

▶ Nachdem Sie auf *Inhalt aktivieren* geklickt haben, werden Arbeitsmappe und Datenquelle als vertrauenswürdig eingestuft und die Sicherheitswarnung erscheint künftig nicht mehr. Stattdessen erscheint dann beim späteren Öffnen der Arbeitsmappe die unten abgebildete Aufforderung. Klicken Sie auf *Aktualisieren*, wenn Sie zwischenzeitlich geänderte Werte aktualisieren möchten.

Nehmen Sie dagegen Änderungen in der verknüpften Arbeitsmappe bzw. Datenquelle vor, während gleichzeitig die Mappe mit den externen Bezügen geöffnet ist, so werden diese automatisch aktualisiert.

Bild 1.20 Verknüpfungen beim Öffnen aktualisieren

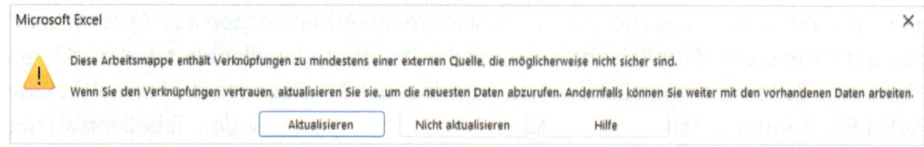

Formel als Verknüpfung einfügen

Eine andere Möglichkeit zum Erstellen externer Bezüge besteht darin, dass Sie zunächst in der Arbeitsmappe, aus der die Werte stammen, die Zelle mit dem betreffenden Wert oder Formelergebnis markieren und in die Zwischenablage kopieren (z. B. mit **Strg+C**).

Wechseln Sie dann in die Arbeitsmappe, in die Sie die Verknüpfung einfügen möchten, markieren Sie die Zielzelle und klicken Sie im Menüband, Register *Start* ▶ *Zwischenablage* auf den Dropdown-Pfeil der Schaltfläche *Einfügen*. Wählen Sie unter *Weitere Einfügeoptionen* die Option *Verknüpfung einfügen* (siehe Bild unten).

Alternativ fügen Sie die Formel mit **Strg+V** ein, klicken anschließend im Tabellenblatt auf das Symbol *Einfügeoptionen* und wählen hier *Verknüpfung einfügen* aus.

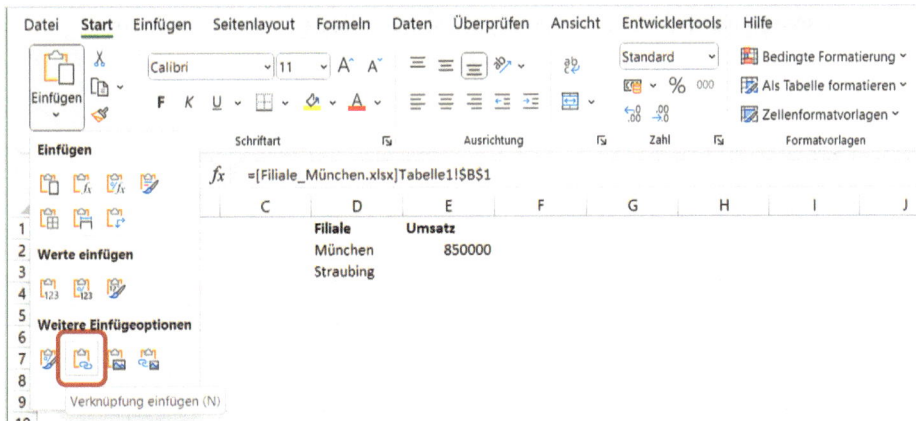

Bild 1.21 Formel als Verknüpfung einfügen

1.3 Namen anstelle von Zellbezügen

Besonders in umfangreichen Arbeitsmappen oder Tabellen werden Formeln durch feste Zellbezüge und/oder Bezüge auf andere Tabellenblätter schnell unübersichtlich. Abhilfe können hier Namen für Zellen und Zellbereiche schaffen. Diese können dann in Formeln statt fester Zellbezüge verwendet werden.

> **Regeln für Namen**
>
> - Namen werden in Formeln anstelle von festen Zellbezügen verwendet. Vergeben Sie daher nur Namen für solche Zellen und Zellbereiche, die Sie mit festem Zellbezug in Formeln benötigen!
>
> - Ein Name muss mit einem Buchstaben beginnen und darf weder Leerzeichen noch Bindestrich, Punkt, Semikolon oder Doppelpunkt enthalten. Namen unterscheiden nicht zwischen Groß- und Kleinschreibung, die maximale Länge beträgt 255 Zeichen.
>
> - Namen besitzen, wenn nichts anderes festgelegt wurde, in der gesamten Arbeitsmappe Gültigkeit. Daher darf jeder Name innerhalb der Mappe nur einmal vorkommen.

Namen für Zellen vergeben

Für die Vergabe von Namen stehen Ihnen verschiedene Möglichkeiten offen.

Namenfeld verwenden

Am einfachsten verwenden Sie zur Vergabe eines Namens das Namenfeld in der Bearbeitungsleiste, normalerweise sehen Sie hier die Zelladresse, z. B. A1. Namen, die Sie mit dieser Methode eingeben, besitzen automatisch in der gesamten Arbeitsmappe Gültigkeit.

1. Markieren Sie die Zelle, der Sie einen Namen zuweisen möchten, im Bild unten B1 ❶ mit dem normalen Mehrwertsteuersatz von 19%.

2. Klicken Sie in das Namenfeld ❷. Überschreiben Sie die Zelladresse mit dem gewünschten Namen ❸ und betätigen Sie abschließend die **Eingabetaste**.

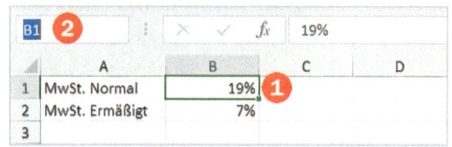 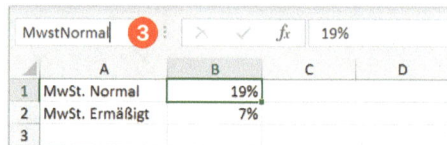

Bild 1.22 Namen im Namenfeld eingeben

Namen für Zellbereiche: Falls Sie einem Zellbereich einen Namen geben möchten, verfahren Sie genauso: Markieren Sie den Zellbereich, klicken Sie in das Namenfeld und geben einen Namen ein. Schließen Sie auch hier die Eingabe wieder unbedingt mit der Eingabetaste ab.

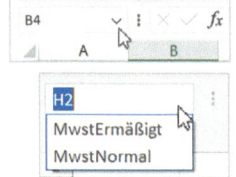

Namen anzeigen: Wenn Sie alle Namen in der Arbeitsmappe anzeigen möchten, dann klicken Sie im Namenfeld auf den Dropdown-Pfeil. Wenn Sie außerdem wissen möchten, auf welche Zelle sich ein Name bezieht, dann klicken Sie diesen an. Excel markiert daraufhin sofort die dazugehörige Zelle. Diese kann sich auch in einem anderen Tabellenblatt befinden.

Namen definieren und Gültigkeitsbereich wählen

Statt über das Namenfeld können Sie Namen auch über ein Symbol im Menüband festlegen. Im Gegensatz zum Namenfeld lässt sich mit dieser Methode bei Bedarf auch der Gültigkeitsbereich auf ein bestimmtes Tabellenblatt einschränken.

1. Markieren Sie dazu ebenfalls die Zelle oder den Zellbereich und klicken Sie im Register *Formeln* ▶ *Definierte Namen* auf *Namen definieren* ❶ (Bild 1.23).

2. Geben Sie im Fenster *Neuer Name* den gewünschten Namen ein ❷; falls sich im Tabellenblatt in einer angrenzenden Zelle bereits eine Beschriftung befindet, übernimmt Excel diese automatisch, wie im Bild.

    - Im Feld *Bereich* ❸ können Sie auswählen, ob der Name in der gesamten Arbeitsmappe oder nur in einem bestimmten Tabellenblatt gültig sein soll.
    - Optional kann im Feld *Kommentar* eine kurze Beschreibung hinterlegt werden. Diese erscheint später als Infotext beim Einfügen in eine Formel.

- Im Feld *Bezieht sich auf* sehen Sie die dazugehörige Zelladresse ❹, hier die aktuell markierte Zelle. Falls Sie eine andere Zelle auswählen möchten, so klicken Sie in das Feld und anschließend im Tabellenblatt auf die Zelle.

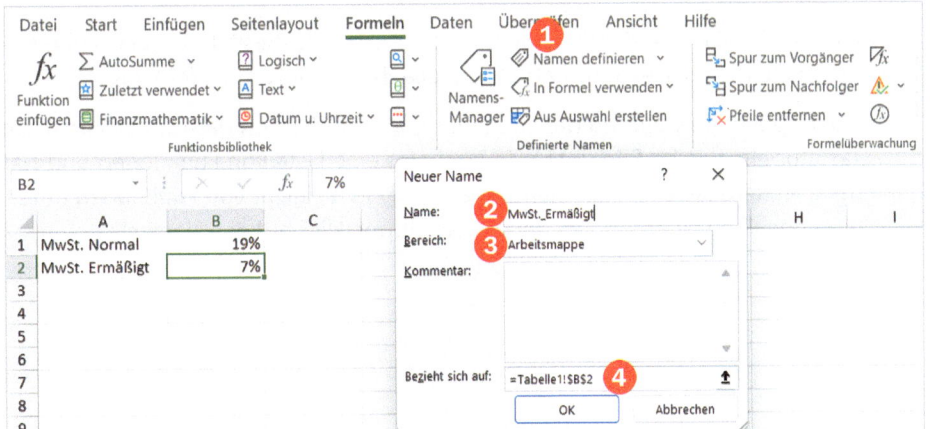

Bild 1.23 Namen definieren und Gültigkeitsbereich auswählen

Konstante oder Formel mit Namen versehen: Anstelle eines Zellbezugs können Sie hier einem Namen auch einen festen Wert, z. B. 12 (Monate eines Jahres), oder eine Formel zuordnen. Geben Sie diese einfach im Feld *Bezieht sich auf* anstelle des Zellbezugs ein.

Mehrere Namen gleichzeitig aus Tabelle übernehmen

Wenn sich, wie im Bild oben, in den angrenzenden Zellen bereits eine passende Beschriftung befindet, dann können Sie aus diesen automatisch Namen erstellen lassen. Praktischerweise funktioniert dies auch gleich für mehrere Zellen.

1. Markieren Sie dazu die Zellen samt der dazugehörigen Beschriftung, hier A4:B6 ❶, und klicken Sie im Menüband, Register *Formeln* auf *Aus Auswahl erstellen* ❷.

2. Geben Sie an, aus welchen Zellen die Namen erstellt werden sollen, hier *Linker Spalte* ❸, und klicken Sie auf *OK*.

    Hinweis: Enthält die Beschriftung in Namen nicht erlaubte Zeichen, z. B. Leerzeichen, so werden diese automatisch durch einen Unterstrich _ ersetzt.

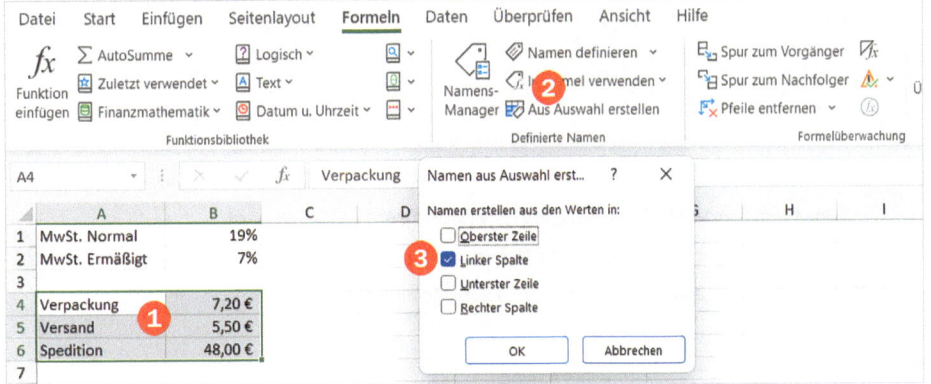

Bild 1.24 Mehrere Namen gleichzeitig aus Beschriftung im Tabellenblatt erstellen

Namen in Formeln verwenden

Um einen Namen in eine Formel einzufügen, verwenden Sie eine der folgenden Möglichkeiten.

▸ Klicken Sie während der Formeleingabe auf die Zelle. Besitzt die Zelle einen Namen, erscheint dieser automatisch anstelle des Zellbezugs in der Formel.

▸ Oder tippen Sie während der Eingabe die ersten Zeichen des Namens über die Tastatur ein, wie im Bild unten. Es erscheint eine Liste von Funktionen und Namen, letztere lassen sich anhand ihres Symbols ⊞ leicht von Funktionen unterscheiden. Zum Übernehmen genügt ein Doppelklick auf den Namen.

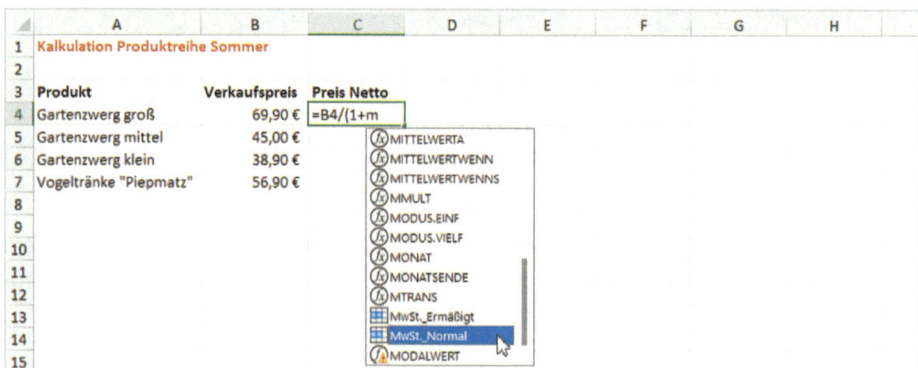

Bild 1.25 Namen aus Liste übernehmen

▸ Oder klicken Sie während der Formeleingabe im Menüband, Register *Formeln* auf *In Formel verwenden* und wählen hier den Namen aus. Alternativ können Sie das Fenster *Namen einfügen* auch mit der Taste **F3** öffnen.

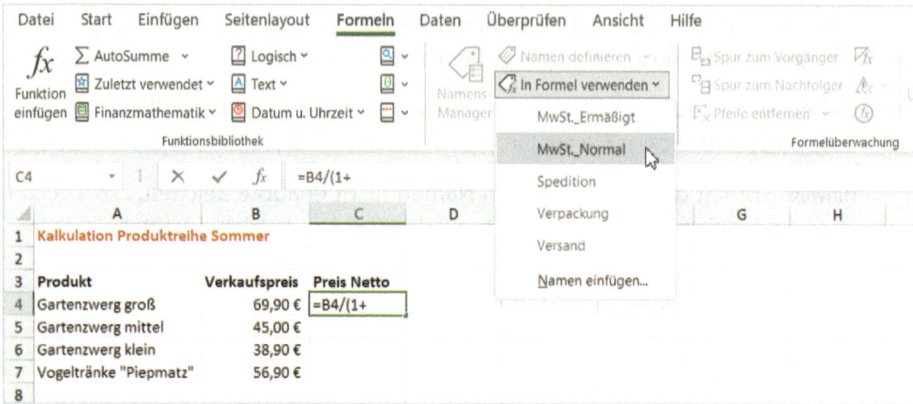

Bild 1.26 Name über das Menüband einfügen

> ■ **Namen verhalten sich beim Kopieren wie feste Zellbezüge**
> Beachten Sie beim Kopieren von Formeln, die Namen enthalten, dass sich diese auf eine bestimmte Zelle der Arbeitsmappe beziehen und sich daher wie feste Zellbezüge verhalten.

Namen im Namens-Manager verwalten

Leider lässt sich über das Namenfeld ein bereits vergebener Name nachträglich weder ändern noch löschen. Solche Aufgaben erledigen Sie im Namens-Manager, hier erhalten Sie außerdem einen Überblick über alle, in der Arbeitsmappe vorhandenen Namen. Zum Öffnen des Namens-Managers klicken Sie im Menüband, Register *Formeln* auf das gleichnamige Symbol.

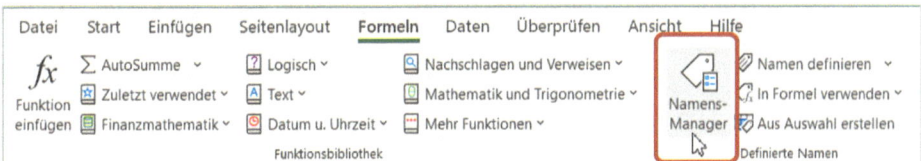

Bild 1.27 Namens-Manager öffnen

Im nachfolgenden Fenster listet Excel alle Namen der aktuellen Arbeitsmappe mit dazugehörigem Wert, Zelladresse und Gültigkeitsbereich auf, s. Bild unten.

Hinweis: Im Namens-Manager erscheinen nicht nur von Ihnen vergebene Namen von Zellen und Zellbereichen, sondern auch Namen von Tabellenbereichen. Gemeint sind damit Zellbereiche, die über das Menüband, Register *Start* als Tabelle formatiert wurden. Diese erhalten automatisch Namen und zwar, wenn nichts anderes festgelegt wird, *Tabelle1*, *Tabelle2*, usw., dürfen aber nicht mit Namen von Tabellenblättern verwechselt werden. Solche Tabellen unterscheiden sich auch durch ihr Symbol von den definierten Namen, um die es hier geht.

Bild 1.28 Namen der Arbeitsmappe im Namens-Manager verwalten

- **Namen bearbeiten:** Um einen Namen zu ändern, markieren Sie diesen und klicken auf die Schaltfläche *Bearbeiten...* ❶. Im Fenster *Name bearbeiten* können Sie anschließend den Namen selbst ändern, einen Kommentar hinzufügen oder den Zellbezug ändern. Nicht mehr änderbar ist dagegen der Gültigkeitsbereich.

  Änderungen des Namens oder Zellbezugs werden automatisch in alle Formeln übernommen, die diesen Namen verwenden.

- **Namen löschen:** Mit der Schaltfläche *Löschen* entfernen Sie den markierten Namen.

  Achtung: Falls ein gelöschter Name noch in Formeln verwendet wird, erscheint hier anstelle des Ergebnisses der Fehlerwert *#NAME?*.

- **Namen erstellen:** Mit Klick auf die Schaltfläche *Neu...* öffnet sich das bereits beschriebene Fenster *Neuer Name* und Sie können einen neuen Namen erstellen.
- **Bezug ändern:** Den Zellbezug des markierten Namens können Sie auch im Feld *Bezieht sich auf* ❷ direkt im Namens-Manager ändern. Klicken Sie in das Feld und löschen Sie den Inhalt bis auf das Gleichheitszeichen. Wählen Sie dann das Tabellenblatt aus, das die betreffende Zelle enthält und klicken Sie auf die Zelle ❸. Übernehmen Sie die Änderung mit der **Eingabetaste** oder Klick auf das Symbol *Eingeben* ❹.

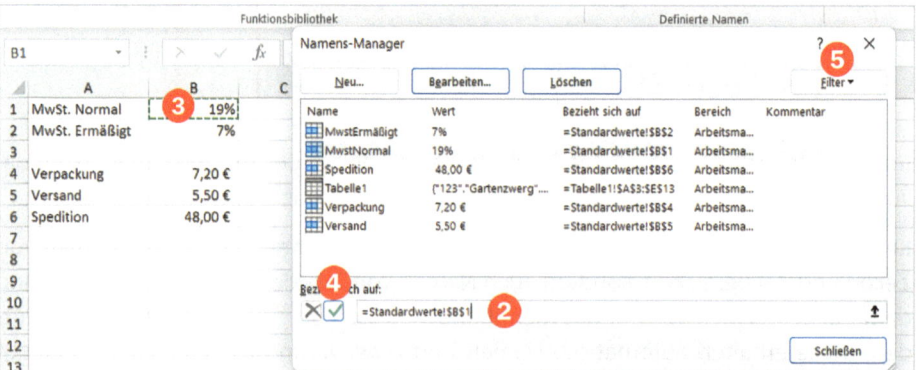

Bild 1.29 Zellbezug ändern

- **Namen ausblenden/filtern:** Mit Klick auf die Schaltfläche *Filter* ❺ können Sie im Bedarfsfall die Anzeige auch auf Namen eines bestimmten Tabellenblatts beschränken oder Tabellennamen ausblenden. *Filter löschen* stellt die Anzeige aller Namen wieder her.

Namen nachträglich festlegen und in Formeln übernehmen

Falls Sie erst nachträglich feststellen, dass für manche Zellen Namen die bessere Lösung wären, dann können Sie dies noch nachholen. Nachträglich definierte Namen haben aber keinerlei Auswirkungen auf bereits vorhandene Formeln. Das bedeutet, es bleiben die ursprünglichen Zellbezüge bestehen, die Formeln liefern aber trotzdem das korrekte Ergebnis. Wenn Sie Zellbezüge in Formeln nachträglich durch Namen ersetzen möchten, dann klicken Sie im Menüband, Register *Formeln* auf den Dropdown-Pfeil der Schaltfläche *Namen definieren* und auf *Namen übernehmen...*. Markieren Sie im nachfolgenden Fenster den/die betreffenden Namen und klicken Sie auf *OK*.

> ■ **Achtung: Excel kann nur Bezüge auf Zellen im selben Tabellenblatt wie die Formel ersetzen**
>
> Beachten Sie beim nachträglichen Übernehmen von Namen in Formeln: Der Name muss sich auf eine Zelle im selben Tabellenblatt wie die Formel beziehen. Ein Bezug auf ein anderes Tabellenblatt der Arbeitsmappe kann nicht nachträglich durch einen Namen ersetzt werden. In diesem Fall müssen Sie den Namen zuerst für eine beliebige Zelle im selben Tabellenblatt definieren und diesem Namen anschließend im Namens-Manager als Bezug die richtige Zelle zuweisen, siehe vorherige Seite.

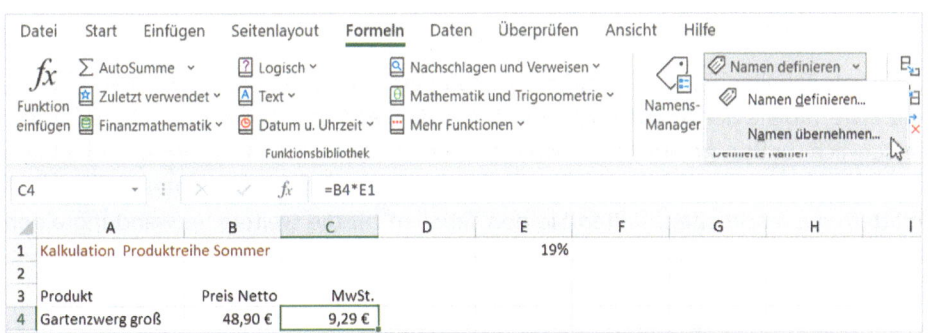

Bild 1.30 Namen nachträglich in Formeln übernehmen

1.4 Dynamische Tabellenbereiche

Ein häufiges Problem bei der Auswertung von Tabellen, egal welcher Größe, ist die Anpassung des Tabellenbereichs beim Hinzufügen neuer Datensätze. Dies lässt sich vermeiden, indem Sie den Zellbereich als Tabelle formatieren. Darunter versteht man in Excel nicht nur die Formatierung eines Zellbereichs, sondern Sie erzeugen eine dynamische Tabelle, deren Bereich beim Anfügen neuer Zeilen und/oder Spalten automatisch erweitert wird. Auch Formate und Formeln werden beim Anfügen neuer Daten übernommen. Außerdem erhalten die Überschriften der Tabelle Schaltflächen zum schnellen Sortieren und Filtern.

1. Um einen Zellbereich als Tabelle zu formatieren, markieren Sie eine beliebige Zelle innerhalb der Tabelle und klicken entweder im Register *Einfügen* auf *Tabelle* ❶ (Bild 1.31) oder im Register *Start* auf *Als Tabelle formatieren*.

2. Im nächsten Schritt legen Sie die Daten für die Tabelle fest: Wenn zuvor eine Zelle innerhalb der Tabelle markiert wurde, wird der Zellbereich meist automatisch erkannt ❷, andernfalls legen Sie den Zellbereich einschließlich der Überschriften durch Markieren mit der Maus fest.

   Achtung: Wenn die Tabelle Überschriften enthält, dann muss unbedingt auch das Kontrollkästchen *Tabelle hat Überschriften* ❸ aktiviert werden, da Excel sonst eine zusätzliche Überschriftzeile hinzufügt. Klicken Sie dann auf *OK*.

Wenn Sie auf *Als Tabelle formatieren* geklickt haben, dann wählen Sie vorher noch ein Tabellenformat aus.

Bild 1.31 Zellbereich als Tabelle formatieren

Tabelle umbenennen

Jeder, als Tabellenbereich formatierter Zellbereich erhält automatisch einen Namen, die erste Tabelle der Arbeitsmappe *Tabelle1*, die nächste *Tabelle2* usw.. Diese Namen lassen sich für Bezüge auf den Tabellenbereich verwenden, z. B. in Formeln oder beim Erstellen einer Pivot-Tabelle. Um aber Verwechslungen mit gleichlautenden Arbeitsblättern auszuschließen, sollten Sie den Tabellen für die weitere Verwendung einen aussagefähigen Namen geben.

Pivot-Tabellen, s. Kap. 7.

Dazu klicken Sie auf eine beliebige Zelle im Tabellenbereich und im Register *Tabellenentwurf ▶ Eigenschaften* in das Feld *Tabellenname* ❶. Überschreiben Sie den vorhandenen Namen ❷ und schließen Sie mit der **Eingabetaste** ab. Für Namen von Tabellen gelten dieselben Regeln, wie für Namen von Zellen und Zellbereichen, s. Seite 27.

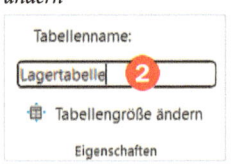

Bild 1.32 Tabellennamen ändern

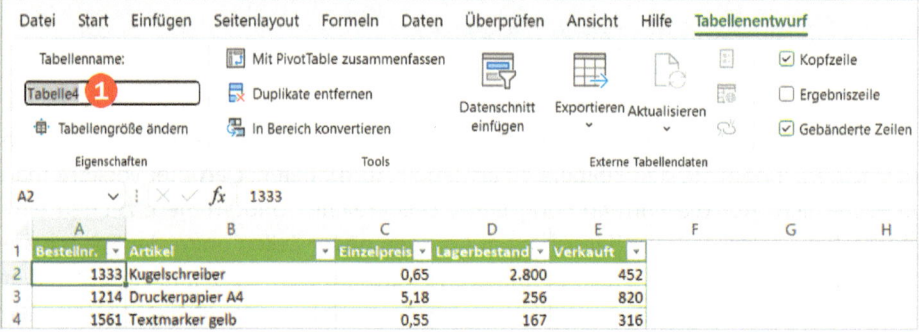

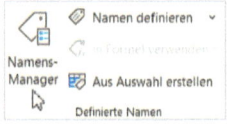

Namen für Tabellenbereiche werden ebenfalls im Namens-Manager (Register *Formeln*) verwaltet und können hier, wie alle Namen nachträglich bearbeitet werden. Im Gegensatz zu normalen Zellen- und Bereichsnamen kann allerdings der Name eines Tabellenbereichs weder gelöscht noch der Bezug auf den Zellbereich geändert werden.

Bild 1.33 Tabellennamen im Namens-Manager bearbeiten

Tipp: Tabellen im Navigationsbereich umbenennen

Wenn Sie Microsoft 365 nutzen, können Sie auch den Navigationsbereich von Excel zum Umbenennen von Tabellenbereichen (und auch Arbeitsblättern) nutzen. Den Navigationsbereich blenden Sie über das Menüband, Register *Ansicht ▶ Anzeigen* und die Schaltfläche *Navigation* ein. Klicken Sie anschließend hier mit der rechten Maustaste auf den Namen des Tabellenbereichs und auf *Umbenennen*.

Bild 1.34 Navigationsbereich: Tabelle umbenennen

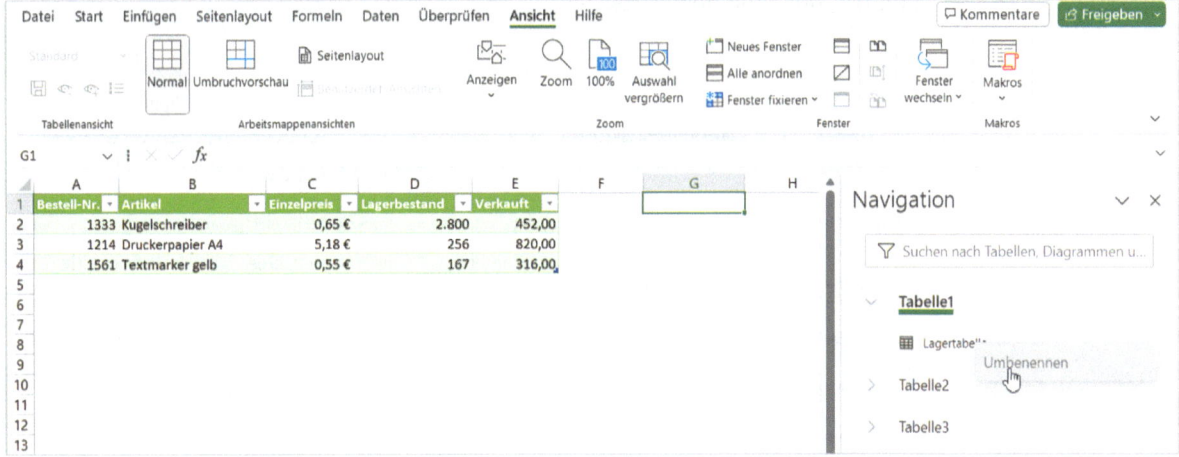

Strukturierte Verweise in Formeln und Funktionen

Formeln und Funktionen verwenden in dynamischen Tabellen statt eines Zellbezugs sogenannte strukturierte Verweise in der Schreibweise [@Spaltenüberschrift], also z. B. [@Lagerbestand], und diese werden nach der Eingabe automatisch in die gesamte Spalte übernommen. Dies gilt auch für nachträgliche Formelkorrekturen, Kopieren erübrigt sich also.

Wurde dagegen ein Zellbereich mit Formeln nachträglich in einen Tabellenbereich umgewandelt, so behalten die Formeln ihre ursprüngliche Schreibweise.

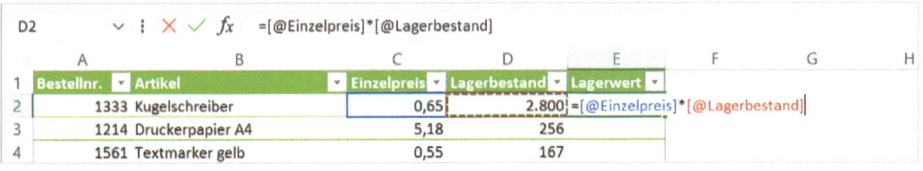

Bild 1.35 Formeleingabe in einem Tabellenbereich

Strukturierte Verweise verwendet Excel auch in Formeln außerhalb des Tabellenbereichs, wenn sich diese auf Tabellendaten beziehen. In diesem Fall wird der Tabellenname vorangestellt; z. B. wenn, wie im Bild unten in einer beliebigen Zelle des Arbeitsblatts die Summe der Spalte *Lagerwert* berechnet wird

Bild 1.36 Summe Lagerbestand mit strukturierten Verweisen berechnen

	A	B	C	D	E	F	G	H	I	J
1	Bestellnr.	Artikel	Einzelpreis	Lagerbestand	Lagerwert			Summe:	=SUMME(Lagertabelle[Lagerwert])	
2	1333	Kugelschreiber	0,65	2.800	1820					
3	1214	Druckerpapier A4	5,18	256	1326,08					
4	1561	Textmarker gelb	0,55	167	91,85					
5	2023	Büroklammern farbig sortiert	1,07	52	55,64					
6										

Achtung: *Lagertabelle* ist hier der Name des Tabellenbereichs und nicht des Arbeitsblatts!

Für Verweise auf bestimmte Elemente verwendet Excel zusätzlich zu Tabellenname und Feldname die folgenden Bezeichner. Diese stehen ebenfalls in eckigen Klammern und beginnen mit dem #-Zeichen.

Bezeichner	Verweist auf...	Beispiel
#Alle	die gesamte Tabelle, einschließlich Spaltenüberschriften und Daten	=ANZAHL2(Tabelle1[[#Alle];[Bestell-Nr.]]) liefert die Anzahl der Zellen der Spalte Bestell-Nr. einschließlich Überschriften
#Daten	nur die Datenzellen der Tabelle Wenn nur der Tabellenname angegeben wird, erhalten Sie dasselbe Ergebnis.	=ANZAHL2(Tabelle1[#Daten]) liefert die Anzahl der Zellen des Datenbereichs (ohne Überschriften)
#Kopfzeilen	die Kopfzeile mit den Spaltenüberschriften	gibt sämtliche Spaltenüberschriften zurück
#Ergebnisse	die Ergebniszeile, falls vorhanden	gibt die Ergebnisse aus der Ergebniszeile zurück
@ - Diese Zeile	die Daten der aktuellen Zeile	=SUMME(UmsatzQuartal[@[Januar]:[März]]) Berechnet die Zeilensumme über die Spalten Januar bis März wobei die Monate die Spaltenüberschriften bilden, siehe Bild unten.

Bild 1.37 Beispiel: Zeilensumme außerhalb des Tabellenbereichs berechnen

Quartalsumsatz = Tabellenname

Tabelle zurück in normalen Zellbereich konvertieren

Falls Sie einen Tabellenbereich zurück in einen normalen Zellbereich konvertieren möchten, dann klicken Sie auf eine beliebige Zelle innerhalb des Tabellenbereichs und im Register *Tabellenentwurf* auf *In Bereich konvertieren*, oder verwenden aus dem Kontextmenü der rechten Maustaste den Befehl *Tabelle* ▶ *In Bereich konvertieren*.

Sämtliche Formeln bleiben erhalten und vorhandene strukturierte Verweise werden in normale Zellbezüge umgewandelt. Auch das Aussehen der Tabelle bleibt erhalten, allerdings werden abwechselnde Zeilenfarben nicht mehr fortgeführt. Wenn Sie auch das Tabellenformat zurücksetzen möchten, dann müssen Sie **vor** dem Umwandeln im Register *Tabellenentwurf* unter den *Schnellformatvorlagen* die erste Vorlage links oben (*Keine*) auswählen.

Bild 1.38 In normalen Bereich konvertieren

1.5 Funktionen

Aufbau und Schreibweise

Excel verfügt über eine Vielzahl von Funktionen für (fast) jeden Einsatzzweck. Wie jede Formel beginnt auch eine Funktion stets mit dem Gleichheitszeichen (=). Danach folgt der Name der Funktion und dahinter in runden Klammern die, zur Berechnung erforderlichen Argumente. Als Funktionsargumente können Text, Zahlen, Zellbezüge, Zellbereiche, Formeln oder weitere Funktionen angegeben werden. Die allgemeine Schreibweise (Syntax) einer Funktion:

```
=FUNKTIONSNAME(Argument1;Argument2;Argument3;…)
```

Die wichtigsten Merkmale im Überblick

- Eine Funktion beginnt wie jede Formel mit dem Gleichheitszeichen. Dieses wird automatisch mit eingefügt, wenn Sie eine Funktion über die Funktionsbibliothek oder den Assistenten eingeben, bei Eingabe über die Tastatur muss dagegen auch das Gleichheitszeichen eingetippt werden.

- Nach dem Gleichheitszeichen folgt der Name der Funktion. Bei der Eingabe über die Tastatur spielt Groß- und Kleinschreibung keine Rolle.

- Dahinter folgen in runden Klammern die erforderlichen Funktionsargumente. Dies können Zellbezüge, Zahlen, Text oder Formeln bzw. Funktionen sein, Text muss in Anführungszeichen stehen. Die Klammern sind immer erforderlich, also auch dann, wenn eine Funktion keine Argumente benötigt. Optionale, also nicht zwingend erforderliche Argumente erkennen Sie, je nach Eingabemethode, an den eckigen Klammern [ ] (Tastatureingabe) bzw. daran, dass diese nicht fett hervorgehoben sind (Funktionsassistent).

    Text in Anführungszeichen " " erledigt der Funktionsassistent meist automatisch, ansonsten müssen die Anführungszeichen per Tastatur eingegeben werden.

    Die Klammern müssen auch für Funktionen eingegeben werden, die keine weiteren Argumente benötigen, z. B. HEUTE().

- Einige Funktionen verfügen über zusätzliche Parameter, mit denen sich die Berechnung steuern lässt. Die Parameter und ihre Wirkung können in der Hilfe nachgeschlagen werden, erscheinen aber auch im Funktionsassistenten oder zur Auswahl bei der Eingabe der Funktion über die Tastatur.

- Erfordert eine Funktion mehrere Argumente oder Parameter, dann werden diese mit Semikolon (;) getrennt. Der Funktionsassistent erledigt dies automatisch; wird dagegen die Funktion über die Tastatur eingegeben, dann müssen auch die Semikolons eingegeben werden. Ein Semikolon ist auch erforderlich, wenn ein optionales Argument nicht angegeben wird.

Funktion mit dem Funktionsassistenten eingeben

Der Funktionsassistent unterstützt Sie bei der Auswahl und Eingabe von Funktionen. Insbesondere, wenn Sie eine bestimmte Funktion suchen, deren genauen Namen Sie nicht kennen, kann der Funktionsassistent durchaus nützlich sein. Weitere Vorteile: Gleichheitszeichen und die Klammern zum Einschließen der Funktionsargumente sowie die Semikolons (;) zwischen den Funktionsargumenten werden automatisch eingefügt. Zudem sehen Sie bereits während der Eingabe Zwischenergebnisse.

> Die vorherige Eingabe des Gleichheitszeichens ist beim Funktionsassistenten nicht erforderlich!

Als Beispiel die Eingabe der Funktion WENN mithilfe des Assistenten. Mit dieser soll anhand der Note ermittelt werden, ob ein Teilnehmer die Prüfung bestanden hat (Note besser bzw. kleiner als 5) und den Text Ja oder Nein ausgeben.

1 Markieren Sie die Zelle ❶ (Bild 1.39), in der die Funktion berechnet werden soll und klicken Sie im Menüband, Register *Formeln* ▶ *Funktionsbibliothek* auf das Symbol *Funktion einfügen* ❷ oder auf dasselbe Symbol *fx* in der Bearbeitungsleiste ❸. Das Gleichheitszeichen wird in diesem Fall automatisch eingefügt und muss nicht über die Tastatur eingegeben werden!

2 Das Fenster *Funktion einfügen* öffnet sich.

- Wenn Sie die Funktion suchen möchten, dann tippen Sie deren Namen, hier WENN im Feld *Funktion suchen* ❹ ein und klicken daneben auf *OK*, um die Suche zu starten.

- Oder wählen Sie im Feld darunter eine Kategorie aus ❺, in diesem Beispiel *Logik*. Mit der Auswahl *Alle* werden alle Funktionen alphabetisch aufgelistet. Standardmäßig ist die Kategorie *Zuletzt verwendet* mit allen zuletzt verwendeten Funktionen aktiv.

3 Die Suchergebnisse bzw. die Funktionen der ausgewählten Kategorie erscheinen unterhalb. Klicken Sie auf die gewünschte Funktion ❻ und dann auf *OK* ❼.

Bild 1.39 Funktion suchen und auswählen

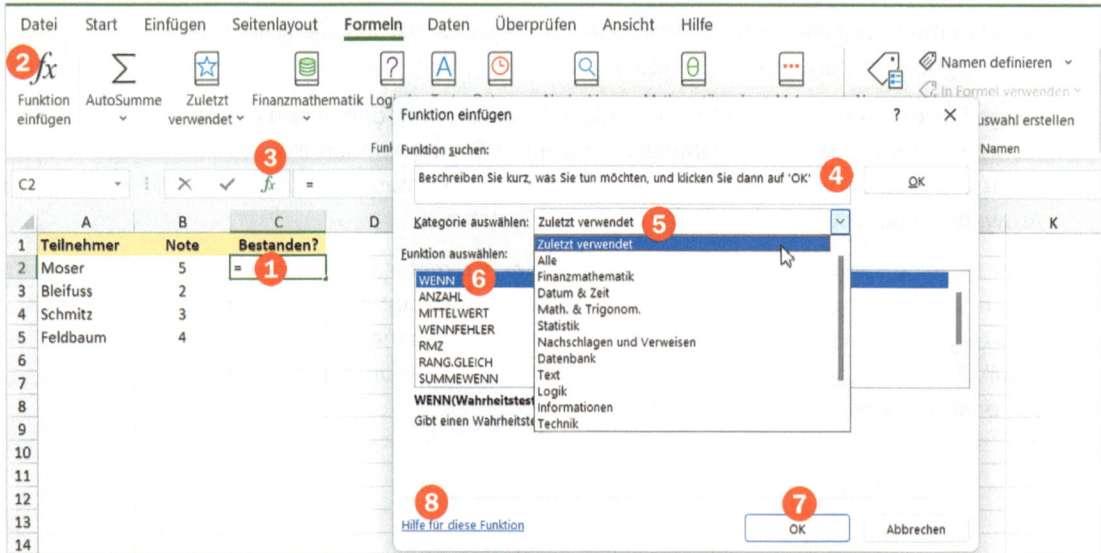

Tipp: Falls Sie nicht genau wissen, welche Funktion Sie verwenden sollen: Unterhalb der Liste erhalten Sie eine Kurzbeschreibung der markierten Funktion. Oder klicken Sie auf den Link *Hilfe für diese Funktion* ❽. Damit öffnen Sie die Excel-Hilfe mit einer genaueren Beschreibung zusammen mit Beispielen.

4   Nach Auswahl der Funktion und Klick auf die Schaltfläche *OK* öffnet sich das nächste Fenster *Funktionsargumente* (Bild 1.40). Hier finden für jedes Funktionsargument ein Eingabefeld vor. Für die, als Beispiel ausgewählte Funktion WENN sind dies die Argumente *Wahrheitstest*, *Wert_wenn_wahr* und *Wert_wenn_falsch*, wobei *Wahrheitstest* fett hervorgehoben und hier somit eine Angabe zwingend erforderlich ist.

5   Zellbezüge als Funktionsargumente können Sie entweder über die Tastatur in die Eingabefelder eingeben oder wie bei der Formeleingabe durch Anklicken aus dem Tabellenblatt übernehmen. Dazu klicken Sie zuerst in das betreffende Eingabefeld ❶, hier *Wahrheitstest* und anschließend im Tabellenblatt auf die Zelle, in diesem Beispiel B2. Den Rest vervollständigen Sie durch Tastatureingabe.

6   Im Feld *Wert_wenn_wahr* geben Sie den Text "Ja" in Anführungszeichen ein, im Feld *Wert_wenn_falsch* "Nein". Unterhalb können Sie das Formelergebnis kontrollieren ❷.

Felder, in denen eine Eingabe erforderlich ist, sind fett gekennzeichnet.

Hinweis: Ältere Excel-Versionen benennen die Argumente der Funktion etwas anders (*Prüfung, Dann_Wert, Sonst_Wert*), Reihenfolge und Ergebnis bleiben jedoch gleich.

Bild 1.40 Eingabe der Funktionsargumente

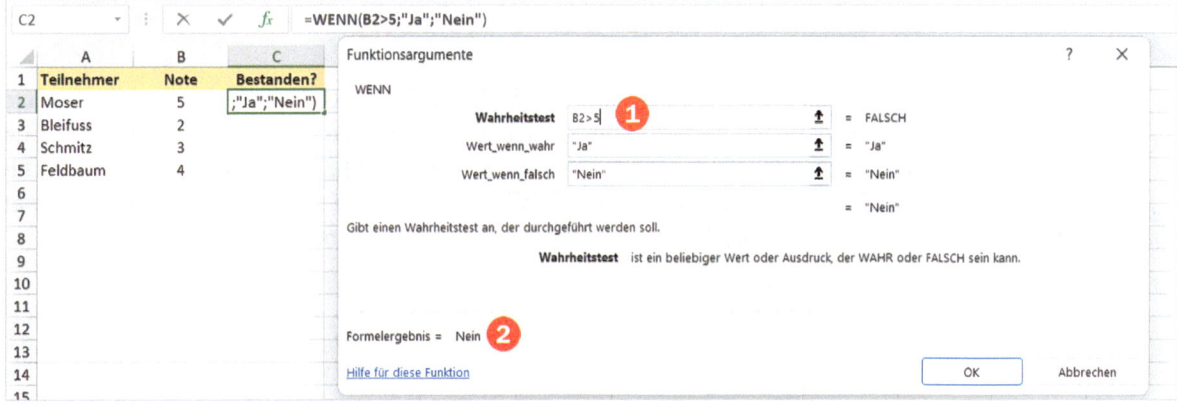

7   Klicken Sie zuletzt auf die Schaltfläche *OK* um das Fenster zu schließen und die Funktion in das Tabellenblatt zu übernehmen.

Und noch ein Hinweis: In abgebildeten Beispiel erscheint beim Argument *Wahrheitstest* das Ergebnis *FALSCH*. Dies bedeutet **nicht**, dass der Ausdruck fehlerhaft ist, sondern ist das Ergebnis des Wahrheitstests; die Note des ersten Teilnehmers ist nicht kleiner als 5.

Fenster vorübergehend reduzieren

Sollte für die Eingabe der Argumente im Tabellenblatt der benötigte Zellbereich durch das Fenster *Funktionsargumente* verdeckt sein, so klicken Sie in einen freien Bereich des Fensters und ziehen es mit gedrückter Maustaste einfach beiseite. Als Alternative verwenden Sie das Symbol *Reduzieren* ⬆ rechts im jeweiligen Eingabefeld: Ein Klick

Bild 1.41 Funktionsargumente reduzieren.

darauf reduziert das Fenster auf die Größe dieses Feldes, wie im Bild unten und ein weiterer Klick auf das Symbol stellt das gesamte Fenster wieder her.

Eine Funktion im Fenster Funktionsargumente erneut bearbeiten

Falls Sie eine Funktion nachträglich wieder im Fenster *Funktionsargumente* zur Überprüfung oder Korrektur anzeigen möchten, so markieren Sie die Zelle mit der Funktion und klicken in der Bearbeitungsleiste oder im Register *Formeln* auf das Symbol *Funktion einfügen*. Das Fenster *Funktionsargumente* wird zusammen mit der Funktion erneut geöffnet und Sie können bei Bedarf Änderungen an den Argumenten vornehmen. Zum Übernehmen der Änderungen klicken Sie auf *OK*; mit *Abbrechen* oder der **Esc**-Taste dagegen wird die ursprüngliche Funktion beibehalten. Daneben kann eine Funktion auch, wie jede Formel, in der Bearbeitungsleiste oder nach einem Doppelklick direkt im Tabellenblatt nachträglich geändert werden.

Die Funktion selbst kann dagegen hier nicht geändert werden. Um eine andere Funktion auszuwählen, müssen Sie die vorherige Funktion zuerst entfernen.

Eine Funktion in der Funktionsbibliothek auswählen

Im Register *Formeln* des Menübands finden Sie in der Gruppe *Funktionsbibliothek* alle Excel-Funktionen nach Kategorien geordnet. Wenn Sie wissen, zu welcher Kategorie die benötigte Funktion gehört, können Sie eine Funktion auch auf diesem Weg einfügen. Klicken Sie auf eine Kategorie und wählen Sie eine Funktion. Anschließend öffnet Excel ebenfalls das Fenster *Funktionsargumente* (siehe oben) zur weiteren Eingabe.

Bild 1.42 Funktionsbibliothek

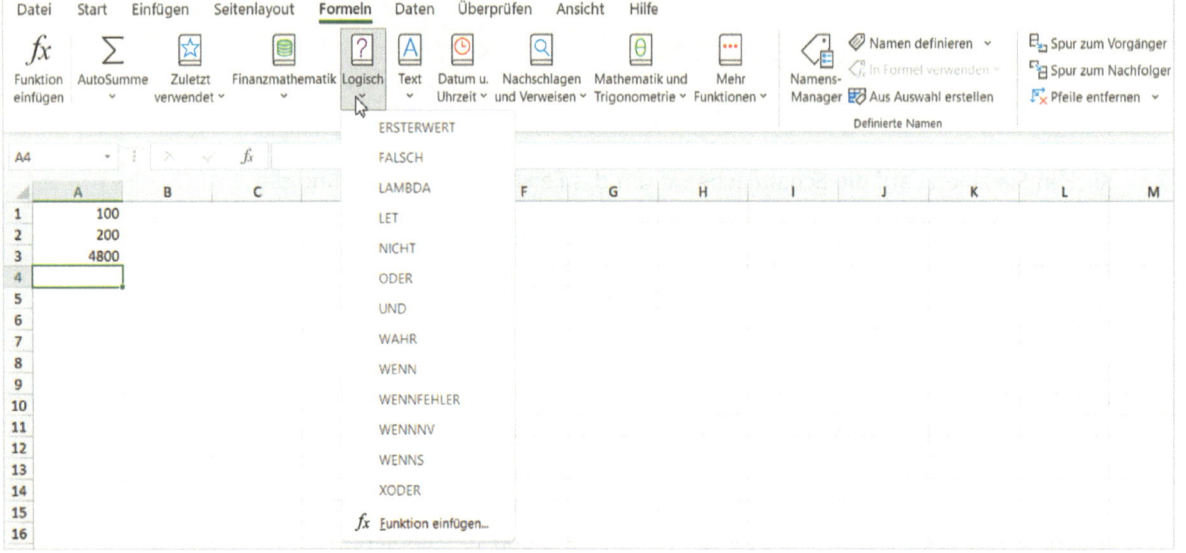

Mit *Zuletzt verwendet* erhalten Sie auch hier schnellen Zugriff auf kürzlich verwendete Funktionen. Leider ist aber die praktische Kategorie *Alle* nicht vorhanden. Stattdessen finden Sie am Ende jeder Liste den Befehl *Funktion einfügen...*. Dieser öffnet das gleichnamige Fenster des Funktionsassistenten.

Hinweis: Da in der Funktionsbibliothek nicht alle Funktionskategorien Platz haben, finden Sie die übrigen Kategorien, z. B. *Statistik* mit Klick auf *Mehr Funktionen*.

Funktion über die Suche einfügen

Eine weitere Möglichkeit besteht darin, eine Funktion über die Suche einzufügen. Dazu klicken Sie in das Suchfeld, da sich je nach Excel-Version entweder rechts von den Registern des Menübands oder in der Titelleiste des Excel-Fensters befindet. Geben Sie den Namen der gesuchten Funktion ein und klicken Sie in der Ergebnisliste auf die entsprechende Funktion. Auch in diesem Fall öffnet sich anschließend das Fenster Funktionsargumente zur weiteren Eingabe.

Auch die Tastenkombination **Alt+M** aktiviert das Suchfeld.

Bild 1.43 Funktion suchen

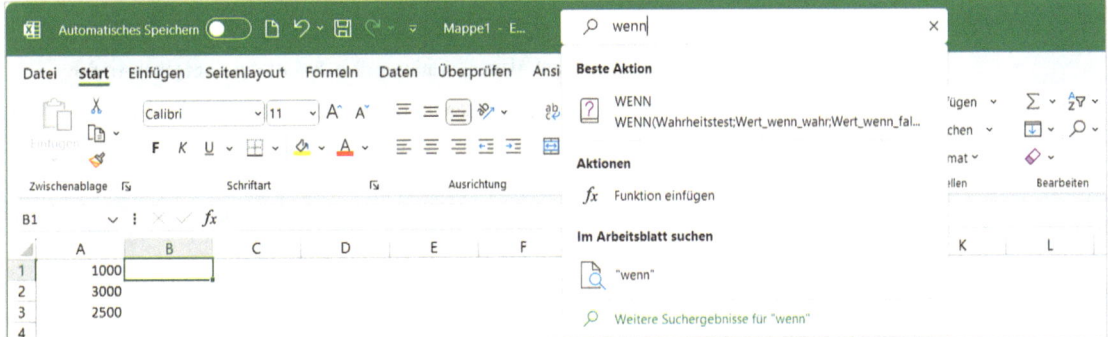

Funktion über die Tastatur eingeben

Als Alternative zum Funktionsassistenten und zum Fenster *Funktionsargumente* kann eine Funktion auch einfach in die Zelle eingetippt werden. Dies ist vor allem für fortgeschrittenere Anwender meist der schnellste Weg, zumal Sie Excel auch bei dieser Methode mit verschiedenen Eingabehilfen unterstützt.

1. Geben Sie das Gleichheitszeichen ein und tippen Sie die ersten Zeichen des Funktionsnamens ein, im Bild unten MITTELWERT.

2. Sofort zeigt Excel eine Liste entsprechender Funktionen an und mit Doppelklick auf den Namen der gewünschten Funktion übernehmen Sie diese samt der öffnenden Klammer.

    Funktion über die Tastatur auswählen: Als Alternative können Sie aus der Liste eine Funktion auch mit der Tastatur auswählen und einfügen: Markieren Sie die Funktion mit der **Pfeiltaste nach unten** bzw. oben und übernehmen Sie dann die markierte Funktion mit der **Tab**-Taste.

3. Anschließend sehen Sie im Tabellenblatt die Abfolge der erforderlichen Argumente. Das aktuell zu bearbeitende Argument ist fett hervorgehoben, optionale

Argumente erkennen Sie an den eckigen Klammern. Beachten Sie, dass mehrere Argumente durch Semikolon (;) getrennt werden, diese müssen hier über die Tastatur eingegeben werden.

4   Schließen Sie die Funktionseingabe mit der **Eingabetaste** ab. Die Eingabe der schließenden Klammer ist sinnvoll, aber nicht zwingend erforderlich, sie wird in den meisten Fällen von Excel automatisch ergänzt.

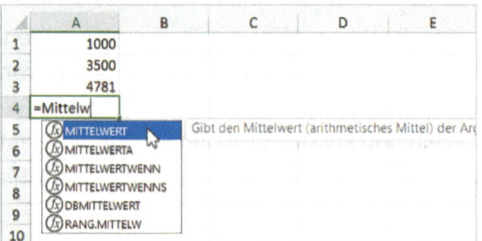

Bild 1.44 Beispiel: Eingabe der Funktion MITTELWERT über die Tastatur

> ■ **Gleichheitszeichen, Semikolon und evtl. Klammern müssen über die Tastatur eingegeben werden**
>
> Im Gegensatz zum Fenster *Funktionsargumente* müssen Gleichheitszeichen, Semikolon (;) zum Trennen der Argumente und eventuell weitere Klammern ebenfalls per Tastatur eingegeben werden.

Diese Methode hat noch einen weiteren Vorteil

Bei manchen Funktionen kann mit zusätzlichen Parametern die Berechnungsmethode gesteuert werden. Im Gegensatz zum Fenster *Funktionsargumente* listet Excel bei der Tastatureingabe die verfügbaren Parameter samt Kurzbeschreibung auf (Bild unten) und der gewünschte Parameter kann ausgewählt und in die Funktion übernommen werden. Im Bild unten als Beispiel die Funktion WOCHENTAG: Diese ermittelt aus einem Datum, hier in A1, den Wochentag als Zahl und der Parameter *Typ* steuert, mit welchem Tag die Zählung beginnt.

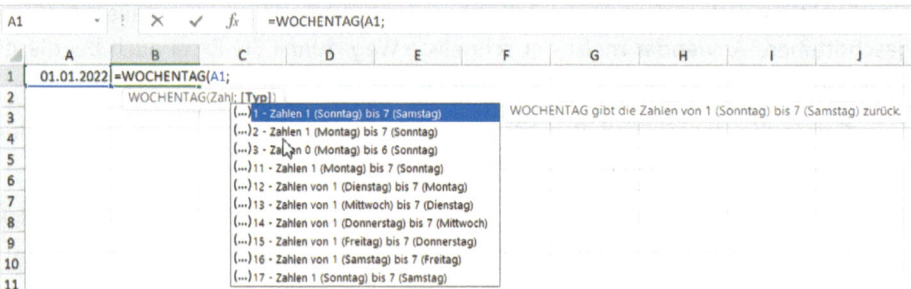

Bild 1.45 Auswahl eines Parameters am Beispiel WOCHENTAG

Hilfe zu Funktionen allgemein, eine passende Funktion suchen

Wenn Sie den Namen einer Funktion nicht kennen, kann die Suche nach einer passenden Funktion zur Lösung eines bestimmten Problems vor allem für Excel-Einsteiger manchmal frustrierend sein, zumal die Zuordnung zu einer Kategorie nicht immer logisch und nachvollziehbar ist. Leider bieten in solchen Fällen auch der Funktionsassistent und die intelligente Hilfe von Excel bzw. das Feld *Suchen* oberhalb des Menübands keine nennenswerte Unterstützung. So kann es durchaus passieren, dass Sie überhaupt keine Treffer erhalten, wenn Sie z. B. eine Funktion zum Thema „Durchschnitt" suchen.

Suche im Hilferegister

Die umfassendsten Informationen zu Funktionen erhalten Sie im Register *Hilfe* des Menübands. Klicken Sie hier auf *Hilfe*, geben Sie im Suchfeld einen Suchbegriff ein, z. B. „Rangfolge" wie im Bild unten, und betätigen Sie die **Eingabetaste** oder klicken Sie auf das Symbol *Lupe*. Unterhalb erscheinen verschiedene weiterführende Hilfethemen und Vorschläge für passende Funktionen, die Sie für ausführlichere Erklärungen und Beispiele nur anklicken brauchen.

Wenn Sie zu einer bestimmten Funktion Informationen benötigen, dann geben Sie einfach den Namen der Funktion, z. B. SVERWEIS, in das Suchfeld ein.

Alle Excel-Funktionen auflisten

Einen guten Überblick über alle Excel-Funktionen erhalten Sie auch, wenn Sie auf der Startseite ⌂ der Hilfe auf *Formeln und Funktionen* klicken, anschließend das Register *Funktionen* wählen und hier entweder *Alle Funktionen (alphabetisch)* oder *Alle Funktionen (Kategorien)* anklicken. Wählen Sie dann einen Anfangsbuchstaben oder eine Kategorie aus und klicken Sie auf die Funktion, für die Sie sich interessieren.

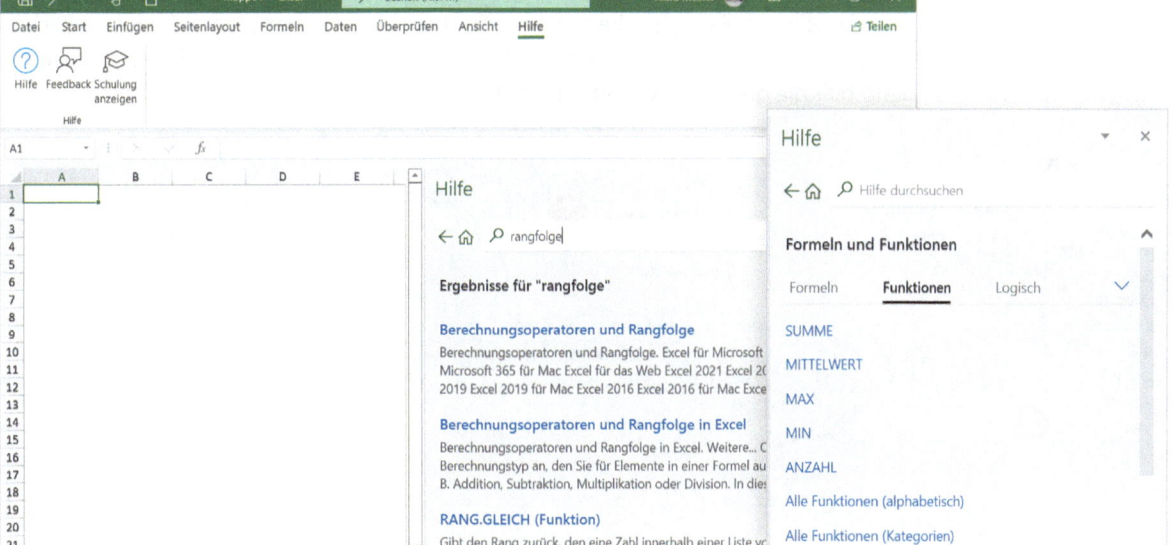

Bild 1.46 Hilfe zu Funktionen im Register Hilfe

Mehrere Funktionen kombinieren (verschachteln)

Wie bereits erwähnt, können als Funktionsargumente auch Formeln und weitere Funktionen verwendet werden.

> Funktionen, die ihrerseits Funktionen enthalten, werden als verschachtelte Funktionen bezeichnet. Mit der aktuellen Excel-Version können bis zu 64 Ebenen ineinander verschachtelt werden. Häufig werden beispielsweise in einer Funktion die Funktionen UND, ODER und WENN benötigt, wenn mehrere Bedingungen zu prüfen sind.
>
> Funktionen als Argument werden entweder manuell über die Tastatur oder im Funktionsassistent ohne Gleichheitszeichen eingefügt; wenn Sie dabei systematisch vorgehen und einige Punkte beachten, dann behalten Sie auch in verschachtelten Funktionen den Überblick.

Eine zweite Funktion im Fenster Funktionsargumente einfügen

Wenn Sie eine Funktion mit dem Funktionsassistent bzw. im Fenster *Funktionsargumente* eingeben und als Argument ❶ eine weitere Funktion einfügen möchten, dann erfolgen Auswahl und Einfügen der zweiten Funktion über die Bearbeitungsleiste.

Hier erscheint während der Eingabe einer Formel oder Funktion anstelle der Zelladresse standardmäßig die zuletzt verwendete Funktion ❷, im Bild unten WENN. Über den Dropdown-Pfeil öffnen Sie die Liste aller zuletzt verwendeten Funktionen und ein Klick auf die gewünschte Funktion fügt diese in die aktuelle Funktion bzw. die aktuelle Eingabezeile ein. Falls sich die gesuchte Funktion nicht in der Liste befindet, so klicken Sie auf *Weitere Funktionen* ❸, um das Fenster *Funktion einfügen* zu öffnen und wählen dann hier die gewünschte Funktion aus.

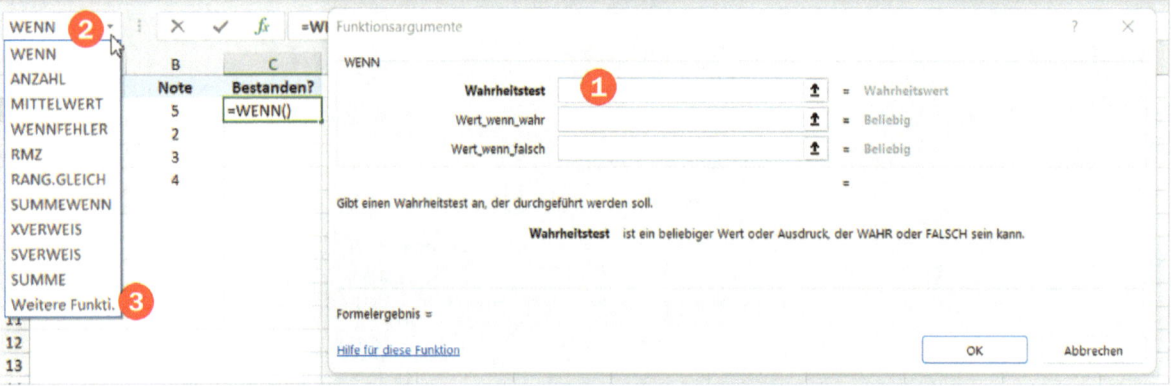

Bild 1.47 Funktion als Argument über die Bearbeitungsleiste einfügen

Beispiel: In der WENN-Funktion zwei Wahrheitstests mit ODER durchführen

Häufig ist es die WENN-Funktion, in der eine zweite Funktion benötigt wird. Daher fügen wir als Beispiel für die Vorgehensweise beim Erstellen verschachtelter Funktionen in eine WENN-Funktion die Logikfunktion ODER ein.

Im Bild unten sollen nur für die Produktgruppen A oder B Sonderpreise mit einem Preisnachlass von 50 % berechnet werden. Für alle anderen Produktgruppen wird kein

Sonderpreis benötigt. Der Wahrheitstest der WENN-Funktion muss also als zuerst mit ODER ermitteln, ob es sich im die Produktgruppe A oder B handelt. So gehen Sie im Funktionsassistenten vor:

1. Markieren Sie die Zelle D5 und klicken Sie auf *Funktion einfügen* ❶. Wählen Sie die Funktion WENN aus und klicken Sie auf *OK*.

2. Klicken Sie im Fenster *Funktionsargumente* in das Feld *Wahrheitstest* ❷. Um hier die Funktion ODER einzufügen, klicken Sie in der Bearbeitungsleiste links auf den Dropdown-Pfeil ❸ und wählen Sie die benötigte Funktion aus. Sollte die Funktion ODER nicht aufgeführt sein, so klicken Sie auf *Weitere Funktionen* ❹ und wählen diese im nachfolgenden Fenster *Funktion einfügen* aus.

Bild 1.48 Klicken Sie in das Feld Wahrheitstest und fügen Sie die Funktion ODER ein

3. Im Fenster *Funktionsargumente* erscheint jetzt die Funktion ODER ❺ (Bild 1.49). Klicken Sie in das Feld *Wahrheitswert1* und geben Sie die erste, zu prüfende Bedingung B5="A" ein. Im Feld *Wahrheitswert2* geben Sie die zweite Bedingung ein: B5="B". Da es sich bei den Produktgruppen um Text handelt, müssen diese unbedingt in Anführungszeichen eingegeben werden.

Bild 1.49 Die eingefügte Funktion ODER

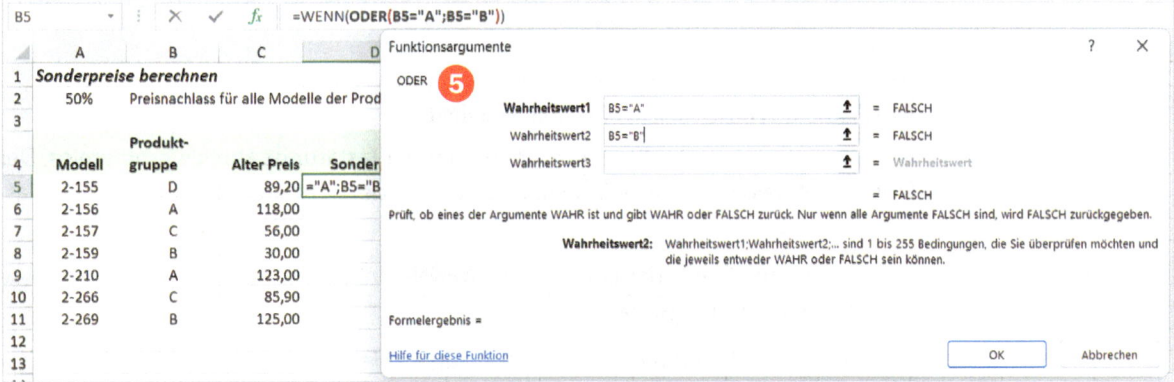

4. Klicken Sie anschließend **nicht** auf *OK* sondern kontrollieren Sie die Bearbeitungsleiste (Bild 1.50). Die Funktion ODER wurde in die Funktion WENN eingefügt und ist fett hervorgehoben, da sie momentan im Fenster *Funktionsargumente* bearbeitet wird. Damit Sie im Fenster *Funktionsargumente* wieder mit der

Auch an den Klammern in roter Schriftfarbe erkennen Sie die, zur aktuellen Funktion gehörenden Argumente.

Bild 1.50 Die Funktion in der Bearbeitungsleiste

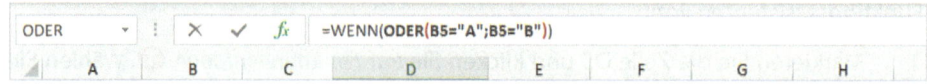

5 Das Fenster *Funktionsargumente* zeigt jetzt wieder die WENN-Funktion an und im Feld *Wahrheitstest* sehen Sie die vollständige Funktion ODER ❻ sowie deren Ergebnis rechts daneben.

Wenn Sie Wert_wenn_falsch leer lassen, so erhalten Sie das Ergebnis des Wahrheitstests, also FALSCH.

6 Geben Sie als *Wert_wenn_wahr* die Formel zur Berechnung des Sonderpreises ein. Damit die Zelle leer bleibt, wenn kein Sonderpreis berechnet wird, geben Sie als *Wert_wenn_falsch* zwei Anführungszeichen "" ein und schließen das Fenster mit Klick auf *OK*.

Bild 1.51 Ergänzen Sie die WENN-Funktion um die restlichen Argumente

7 Kopieren Sie zuletzt die Formel in die restlichen Zellen der Spalte. Da für das erste Modell in Zeile 5 der Wahrheitstest das Resultat FALSCH ergibt, bleibt in diesem Beispiel bei korrekter Eingabe der Formel die Zelle D5 leer.

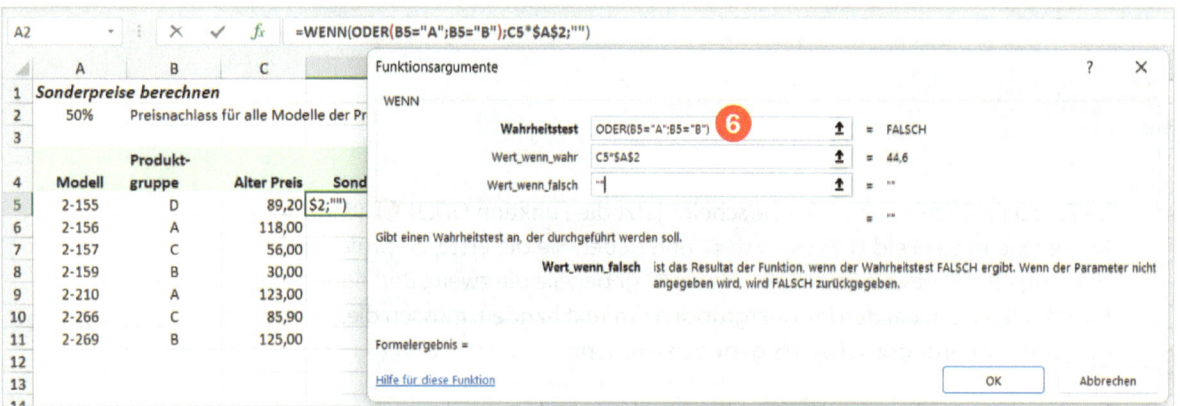

Verschachtelte Funktionen per Tastatur eingeben

Die Eingabe verschachtelter Funktionen über die Tastatur ist ähnlich problemlos. Der Einfachheit halber bleiben wir beim oben verwendeten Beispiel, diesmal aber mit Tastatureingabe.

1 Beginnen Sie mit der Eingabe der WENN-Funktion bzw. übernehmen Sie diese aus der Vorschlagsliste.

2 Als erstes Argument *Wahrheitstest* fügen Sie die Funktion ODER unmittelbar nach der öffnenden Klammer ein. Die Funktion kann einschließlich der öffnenden Klammer nach Eingabe der ersten Zeichen ebenfalls aus einer Liste übernommen werden. Der Infotext zeigt nun die, für ODER erforderlichen Argumente an, wie in Bild 1.52.

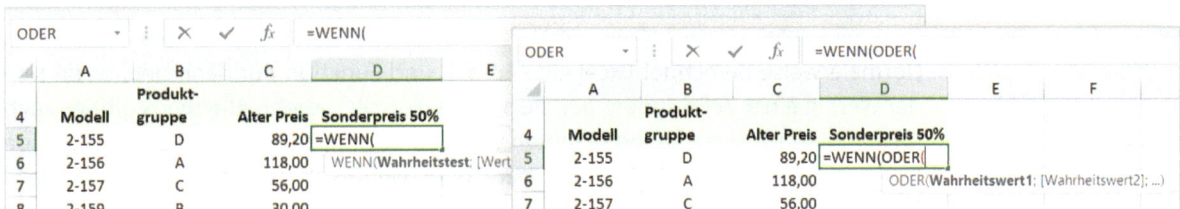

Bild 1.52 Geben Sie als erstes Argumente die Funktion ODER ein

3. Geben Sie in diese Funktion, mit Semikolon getrennt, die beiden Wahrheitswerte B5="A" und B5="B" und danach die schließende Klammer ein. Am Infotext erkennen Sie, dass Sie sich jetzt wieder in der WENN-Funktion befinden und nach Eingabe des Semikolons ; wird das nächste Argument dieser Funktion, *Wert_wenn_wahr* fett hervorgehoben.

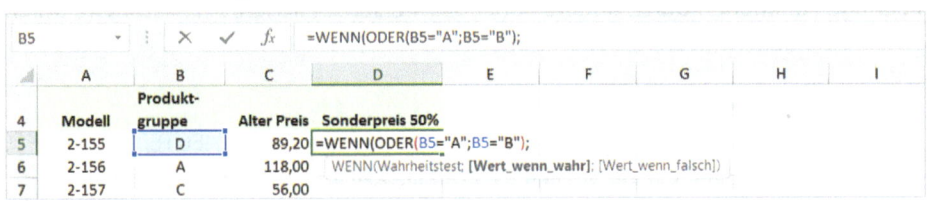

Bild 1.53 Nach Eingabe der schließenden Klammer bearbeiten Sie wieder die WENN-Funktion

4. Vervollständigen Sie dann die WENN-Funktion, wie auf Seite 46 beschrieben, geben Sie die schließende Klammer ein und übernehmen Sie die Funktion durch Betätigen der **Eingabetaste**.

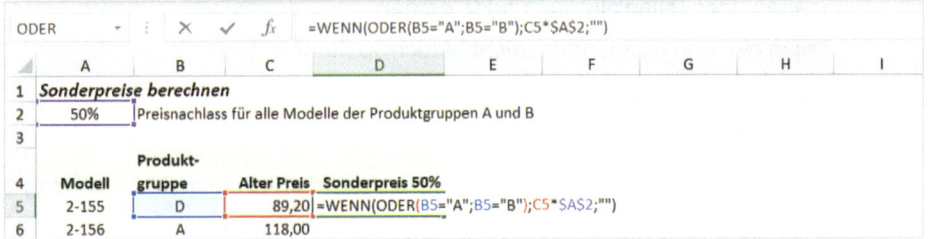

Bild 1.54 Die vollständige Funktion

Tipps zum Umgang mit Klammern

Beim Übernehmen einer Funktion aus der Vorschlagsliste fügt Excel zwar die öffnende Klammer mit ein, nicht aber die dazugehörige schließende Klammer. Diese muss bei verschachtelten Funktionen manuell eingegeben werden. Damit Sie keine Klammer vergessen und auch in mehrfach verschachtelten Funktionen den Überblick behalten, die folgenden Tipps:

▸ Excel kennzeichnet während der Eingabe und auch beim nachträglichen Editieren zusammengehörende Klammerpaare farbig. Sie können also anhand der Farben kontrollieren, ob alle Klammern vollständig sind.

▸ In der Praxis hat es sich auch bewährt, wenn nach Eingabe einer öffnenden Klammer bzw. nach dem Einfügen einer Funktion sofort die dazugehörige schließende Klammer eingegeben wird und erst danach innerhalb des Klammerpaars die Funktionsargumente.

Flüchtige oder volatile Funktionen

Flüchtige Funktionen bezeichnet man auch mit dem lateinischen Begriff „volatil", was sich auf deutsch mit flüchtig, beweglich übersetzen lässt.

Normalerweise berechnet Excel eine Formel und Funktion nur dann neu, wenn sich der Wert in einer Zelle ändert, auf die sich die Formel bezieht. Allerdings gibt es auch Ausnahmen, nämlich die sogenannten volatilen oder flüchtigen Funktionen. Flüchtige Funktionen werden auch dann neu berechnet, wenn sich der Inhalt einer beliebigen Zelle in der Arbeitsmappe und sogar in weiteren geöffneten Arbeitsmappen ändert, außerdem noch bei verschiedenen weiteren Aktionen.

In umfangreichen Arbeitsmappen mit komplexen Berechnungsmodellen kann daher die Verwendung einer Vielzahl solcher Funktionen die Dateneingabe erheblich verlangsamen. Um in solchen Fällen die Performance zu verbessern, sollten Sie flüchtige Funktionen auf ein Minimum beschränken. Überlegen Sie auch, ob sich nicht einige flüchtige Funktionen durch andere Funktionen ersetzen lassen, z. B. INDIREKT durch WAHL oder BEREICH.VERSCHIEBEN durch INDEX.

Um welche Funktionen handelt es sich?

Flüchtige Funktionen sind unter anderem folgende Funktionen: HEUTE, JETZT, INFO, INDIREKT, ZELLE, BEREICH.VERSCHIEBEN, ZUFALLSZAHL und ZUFALLSBEREICH.

Wann erfolgt eine Neuberechnung?

Eine Neuberechnung erfolgt unter anderem bei folgenden Aktionen:

- Eingabe und Änderung von Zellinhalten
- Spalten oder Zeilen einfügen oder löschen
- Zeilen ein- und ausblenden (nicht jedoch Spalten)
- Arbeitsblätter umbenennen, Reihenfolge ändern
- Sortieren und Filtern

Darüber hinaus werden natürlich auch Zellen, die von volatilen Funktionen abhängig sind, bei den genannten Aktionen ständig neu berechnet.

Ein kleines Beispiel

Zum Ausprobieren von flüchtigen Funktionen eignet sich am besten die Funktion JETZT. Öffnen Sie zwei neue leere Arbeitsmappen und geben Sie in einer der Mappen in einem beliebigen Tabellenblatt und einer beliebigen Zelle die Funktion =JETZT() ein. Sie erhalten Datum und Uhrzeit in der Form TT.MM.JJJJ hh:mm, wie hier im Bild.

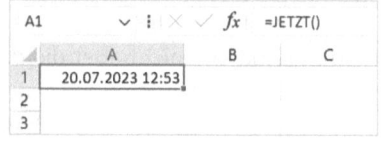

Bild 1.55 Geben Sie die Funktion JETZT() in eine Zelle ein

Merken Sie sich den Wert in der Zelle, warten Sie einige Minuten und geben Sie in eine beliebige andere Zelle des Tabellenblatts irgendetwas ein. Nach dem Betätigen der Eingabetaste hat sich auch in A1 der Inhalt automatisch geändert. Das Gleiche passiert, wenn Sie in einem anderen Tabellenblatt oder in der zweiten geöffneten Arbeitsmappe etwas in eine Zelle schreiben. Oder probieren Sie aus, was passiert, wenn Sie den Inhalt einer (leeren) Zelle mit der Taste **Entf** löschen oder *Format übertragen*

(Pinsel) einsetzen. Das Formatieren von Zellen hat zwar keine Auswirkung, wohl aber das Rückgängigmachen der letzten Aktion.

Manuelle Neuberechnung

Die Funktionstaste **F9** oder das Symbol *Neu berechnen* (Register *Formeln* ▶ *Berechnung*) berechnet die gesamte Arbeitsmappe neu. Dies ist normalerweise nur erforderlich, wenn über *Berechnungsoptionen* die automatische Neuberechnung deaktiviert wurde, kann aber bei flüchtigen Funktionen manchmal sinnvoll sein, z. B. wenn eine neue Zufallszahl erzeugt werden soll.

Funktionsergebnis in einen festen Wert umwandeln

Soll anstelle der flüchtigen Funktion der aktuelle Wert, z. B. die aktuelle Zufallszahl oder die aktuelle Uhrzeit, dauerhaft beibehalten werden, dann markieren Sie die betreffende Zelle, klicken in der Bearbeitungsleiste in die Funktion und drücken die Funktionstaste **F9**. Schließen Sie zuletzt die Änderung mit der **Eingabetaste** ab. Dadurch wird die Funktion entfernt und der letzte Wert beibehalten.

Achtung: Diese Methode lässt sich nur auf einzelne Zellen anwenden. Handelt es sich um einen größeren Zellbereich, dann kopieren Sie diesen in die Zwischenablage und fügen ihn über *Einfügen* ▶ *Inhalte einfügen* und der Option *Werte* an gleicher Stelle wieder ein.

1.6 Formeln korrigieren und auf Fehler überprüfen

Formeln editieren und ändern

Wie alle Zellinhalte lassen sich auch Formeln in der Bearbeitungsleiste ❶ kontrollieren und nach einem Klick in die Leiste auch bearbeiten. Einfacher und übersichtlicher ist es, wenn Sie die Formel direkt im Tabellenblatt anzeigen (Editieren) und bearbeiten. Dazu verwenden Sie eine der beiden folgenden Methoden:

- Entweder mit Doppelklick auf die Zelle mit der Formel,
- oder markieren Sie die Zelle und drücken Sie die Funktionstaste **F2**.

Die Formel erscheint, wie bei der Eingabe, wieder in der Zelle ❷ und kann hier auch bearbeitet werden. Zum Übernehmen nachträglicher Änderungen betätigen Sie die **Eingabetaste** oder klicken in der Bearbeitungsleiste auf das Symbol *Eingeben* ✓. Sollen dagegen versehentlich vorgenommene Änderungen nicht wirksam werden, so drücken Sie die **Esc**-Taste oder klicken auf das Symbol *Abbrechen* ✗.

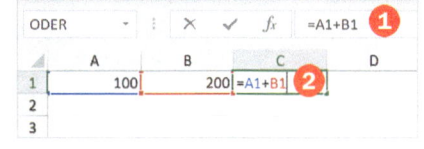

Zellbezüge korrigieren

Außerdem eignet sich diese Methode zur schnellen Kontrolle aller Zellbezüge, da diese beim Editieren im Blatt farbig hervorgehoben sind. Fehlerhafte Zellbezüge ändern

Sie am einfachsten mit der Maus. Editieren Sie die Formel mit Doppelklick oder der Taste **F2** und zeigen Sie dann im Tabellenblatt auf den farbigen Rahmen des betreffenden Zellbezugs: Am Mauszeiger erscheinen vier Richtungspfeile (siehe Bild unten); verschieben Sie nun einfach mit gedrückter linker Maustaste den Rahmen auf die richtige Zelle. Der Zellbezug in der Formel ändert sich dadurch automatisch. Übernehmen Sie anschließend die Änderung mit der **Eingabetaste** oder Klick auf das Symbol *Eingeben*.

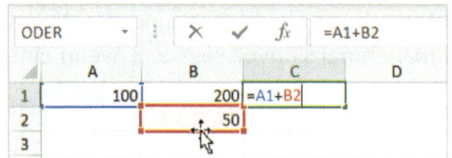 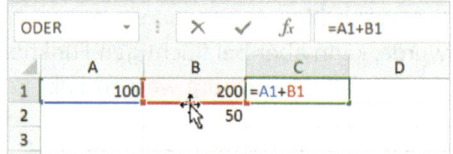

Bild 1.56 Zellbezüge mit der Maus ändern

Auch Zellbereiche in Formeln lassen sich mit der Maus verschieben, vergrößern oder verkleinern. Dazu zeigen Sie mit der Maus auf eine der Ecken der farbigen Umrandung: Der Mauszeiger verwandelt sich in einen Doppelpfeil und durch Ziehen vergrößern oder verkleinern Sie den Zellbereich.

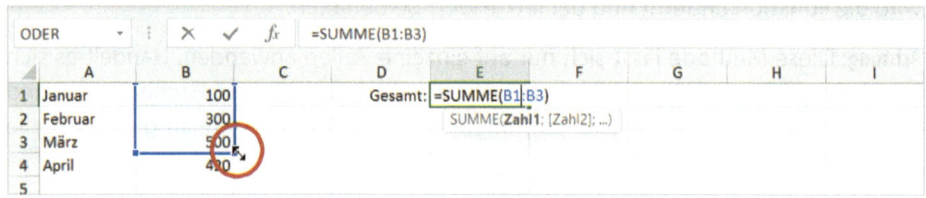

Bild 1.57 Zellbereich mit der Maus erweitern

Formeln im gesamten Tabellenblatt anzeigen

Tipp: Formeln können auch mit den Tasten **Strg+Umschalt+** `` ` `` (Akzentzeichen der Ziffernreihe) ein- und ausgeblendet werden.

Um im gesamten Arbeitsblatt statt der Ergebnisse die Formeln sichtbar zu machen, klicken Sie im Menüband, Register *Formeln*, Gruppe *Formelüberwachung*, auf *Formeln anzeigen* ❶. Mit Anzeige der Formeln werden alle Spalten automatisch verbreitert und Zahlenformate ignoriert ❷. Mit derselben Schaltfläche blenden Sie die Formelanzeige auch wieder aus und damit erhalten die Spalten ihre ursprüngliche Breite zurück, vorausgesetzt sie wurden zwischenzeitlich nicht geändert. Auch in dieser Anzeige lassen sich Formeln und fehlerhafte Zellbezüge korrigieren.

Bild 1.58 Formeln anzeigen

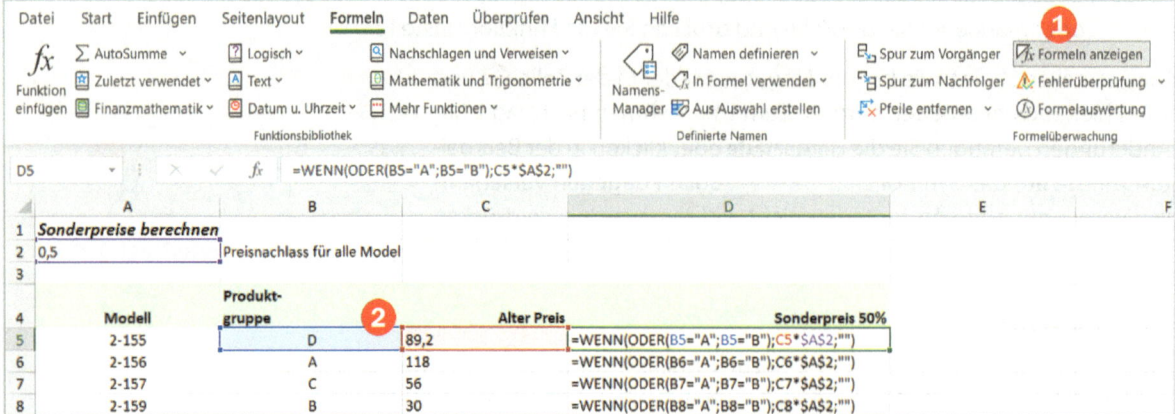

Formeln drucken

Wenn Sie das Blatt mit den Formeln drucken möchten, dann sollten Sie zur besseren Kontrolle auch die Zeilen- und Spaltennummerierung sowie die Gitternetzlinien drucken. Aktivieren Sie dazu im Menüband, Register *Seitenlayout*, Gruppe *Blattoptionen*, unter *Gitternetzlinien* und *Überschriften* jeweils die Kontrollkästchen *Drucken*. Vergessen Sie auch nicht, diese nach dem Drucken wieder zu deaktivieren!

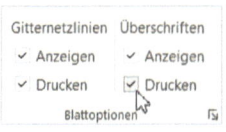

Die Excel-Fehlerkontrolle

Bei Syntaxfehlern in Funktionen und von Excel erkannten Fehlern in Formeln, beispielsweise Division durch 0, zeigt die Zelle anstelle eines Formelergebnisses einen Fehlerwert an und in der linken oberen Ecke der Zelle erscheint ein kleines grünes Dreieck. Häufige Fehlerwerte sind:

Fehlerwert	Ursache
#DIV/0!	Sie dividieren eine Zahl durch 0 oder eine leere Zelle. Beides ist mathematisch nicht zulässig.
#NAME?	Die Formel enthält einen nicht existierenden Namen. Entweder wurde der Name einer Funktion nicht korrekt geschrieben oder Sie verwenden anstelle eines Zellbezugs einen nicht existierenden Namen (siehe Seite 26). Außerdem erscheint dieser Fehlerwert auch, wenn zwei Zellbezüge ohne Trennung aufeinanderfolgen, z. B. =A2B2.
#WERT!	Sie führen eine arithmetische Operation mit einer Zelle durch, die anstelle einer Zahl Text enthält, z. B. ist 12,-- keine gültige Zahl. Auch ein Leerzeichen in einer vermeintlich leeren Zelle kann die Ursache sein.
#NV	Diesen Fehlerwert erhalten Sie, wenn eine Verweisfunktion, z. B. SVERWEIS(), keinen passenden Wert findet (Nicht Verfügbar).
#BEZUG!	In der Formel befindet sich ein Zellbezug, der beim Löschen einer Zeile oder Spalte entfernt wurde. Beim Kopieren oder Verschieben einer Formel werden die Zellbezüge dagegen automatisch angepasst. Wenn aber eine Anpassung aufgrund der Zielposition nicht möglich ist, erscheint dieser Fehlerwert ebenfalls.
#NULL!	Falls dieser Fehlerwert erscheint, kontrollieren Sie die Zellbereiche in der Formel auf fehlenden Doppelpunkt. Möglicherweise fehlt auch das Semikolon zwischen zwei Argumenten oder zwischen zwei Zellbezügen wurde anstelle eines Operators ein Leerzeichen eingegeben.
#ÜBERLAUF!	Der Überlaufbereich zur Ausgabe des Ergebnisses einer Matrixformel ist nicht leer (Microsoft 365, Excel 2021).

Beim Markieren einer Zelle mit einem Fehlerwert erscheint im Tabellenblatt ein kleines Warnsymbol und ein Mausklick auf das Symbol blendet die mögliche Ursache zusammen mit verschiedenen Optionen ein (Bild 1.59).

- Wenn Excel z. B. festgestellt hat, dass die Formel nicht alle angrenzenden Zellen einschließt, wie im nachfolgenden Bild links, dann wählen Sie *Bezug erweitern, um alle Zellen einzuschließen*.

- Manchmal erscheint ein Fehlerwert, obwohl die Formel korrekt ist, wie im rechten Bild. In diesem Fall können Sie mit der Auswahl *Fehler ignorieren* das grüne Dreieck ausblenden.

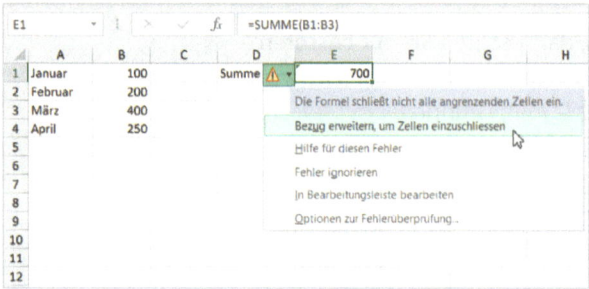 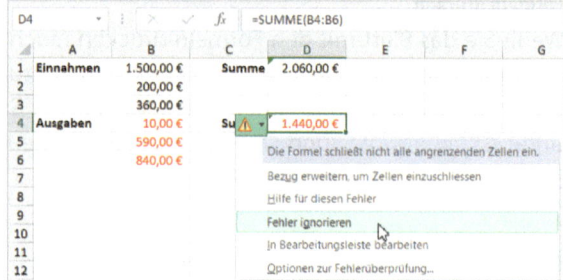

Bild 1.59 Beispiel Fehlerwerte

▶ Falls Sie die Formel anschließend im Tabellenblatt oder in der Bearbeitungsleiste korrigieren möchten, dann klicken Sie auf *In Bearbeitungsleiste bearbeiten*.

▶ Die Option *Berechnungsschritte anzeigen* öffnet das Fenster *Formel auswerten*, in dem Sie in komplexen Formeln jeden Berechnungsschritt einzeln kontrollieren können (siehe weiter unten, Formeln schrittweise auswerten).

Zirkelbezug

Zirkelbezug bedeutet, die Formel enthält die Zelladresse des Formelergebnisses - zum Beispiel, wenn Sie in B4 die Summe über B1:B4 zu berechnen versuchen. Dann erscheint eine Zirkelbezugswarnung: Klicken Sie auf *OK* und korrigieren Sie die Formel.

Bild 1.60 Zirkelbezug

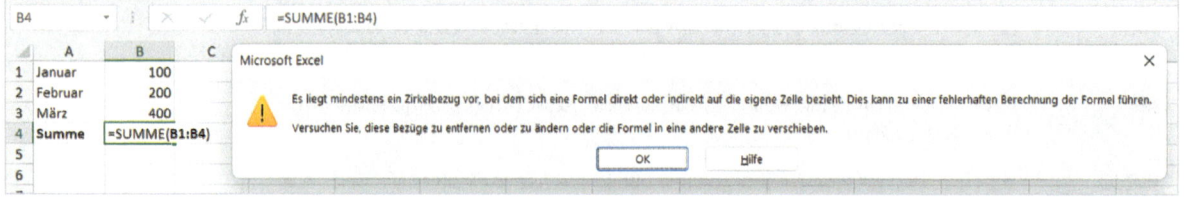

Tabellenblatt auf Fehler prüfen lassen

Um das gesamte Tabellenblatt auf die oben genannten Fehlerwerte zu überprüfen, klicken Sie im Register *Formeln*, Gruppe *Formelüberwachung*, auf *Fehlerüberprüfung*. Anschließend wird im Tabellenblatt die Zelle mit dem ersten gefundenen Fehler markiert, gleichzeitig erscheint dieser im Dialogfenster *Fehlerüberprüfung* mit einem kurzen Hinweis auf die Ursache und denselben Korrekturmöglichkeiten wie oben beschrieben. Mit einem Klick auf die Schaltfläche *Weiter* gelangen Sie zum nächsten Fehlerwert.

Bild 1.61 Das gesamte Tabellenblatt auf Fehler prüfen

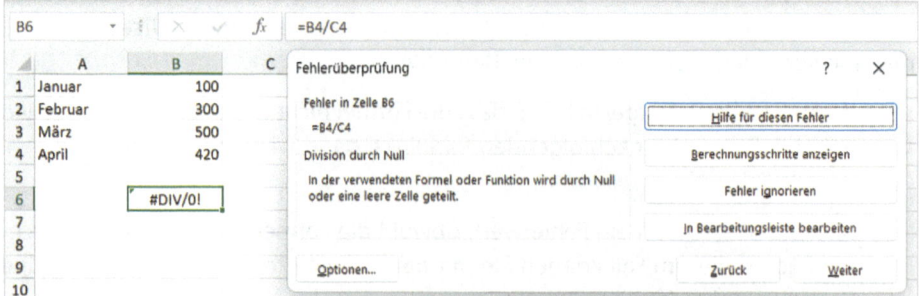

Spuren anzeigen

Wesentlich problematischer als die oben genannten Fehlerwerte sind logische Fehler in Formeln. Diese liefern kein oder im schlimmsten Fall ein falsches Ergebnis, werden aber von Excel nicht erkannt. Die einfachste Möglichkeit der Formelkontrolle besteht darin, dass Sie die Zelle mit der Formel markieren ❶ und mit Klick auf das Symbol *Spur zum Vorgänger* ❷ Pfeile einblenden, die von den verwendeten Zellen auf die Formel weisen. Umgekehrt können Sie mit der Schaltfläche *Spur zum Nachfolger* Pfeile zu allen Zellen bzw. Formeln legen, die Bezüge auf die markierte Zelle enthalten. Zum Entfernen aller Pfeile im Arbeitsblatt klicken Sie auf *Pfeile entfernen*.

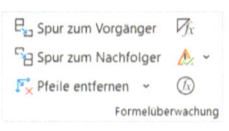

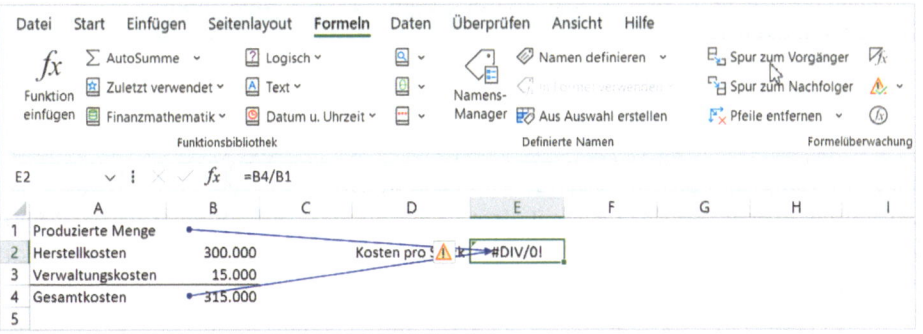

Bild 1.62 Beispiel Spur zum Vorgänger

Tipp: Enthält eine der Vorgängerzellen ebenfalls ein Formel, so können Sie mit jedem weiteren Klick auf *Spur zum Vorgänger* auch Verweise auf deren Vorgängerzellen einblenden.

Ausgewählte Formeln im Überwachungsfenster dauerhaft anzeigen

Das Überwachungsfenster erlaubt die Anzeige ausgewählter Formeln einschließlich der Ergebnisse in einem gesonderten Fenster. Nützlich ist diese Methode insbesondere in umfangreichen Tabellen und bei Verwendung tabellenübergreifender Zellbezüge, da das Überwachungsfenster die gesamte Arbeitsmappe einbezieht. Zum Anzeigen des Fensters klicken Sie im Register *Formeln*, Gruppe *Formeln überwachen*, auf *Überwachungsfenster* ❶ (Bild 1.63).

Bild 1.63 Das Überwachungsfenster

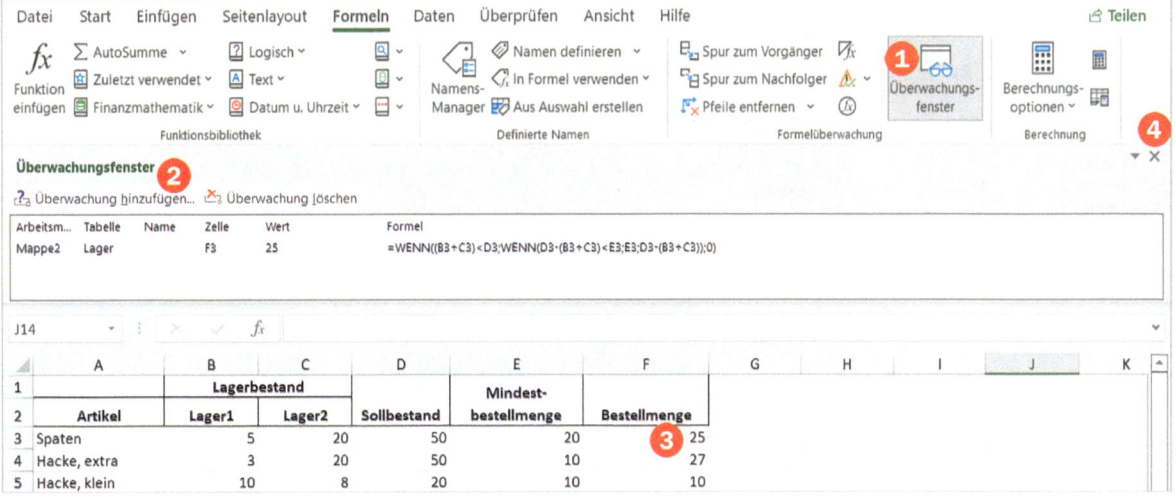

Formel hinzufügen

Um zum Überwachungsfenster eine Formel hinzuzufügen, klicken Sie auf *Überwachung hinzufügen* ❷ und klicken anschließend die Zelle mit der Formel, im Bild F3 ❸ an, diese kann sich auch in einem anderen Tabellenblatt befinden. Mit der Schaltfläche *Überwachung löschen* entfernen Sie eine Formel wieder aus dem Überwachungsfenster. Um das Überwachungsfenster zu schließen, klicken Sie entweder erneut auf *Überwachungsfenster* oder verwenden das *Schließen*-Symbol ❹ dieses Fensters.

Tipp: Wenn Sie, wie im Bild oben, das Überwachungsfenster am oberen Rand des Arbeitsbereichs verankern möchten, dann ziehen Sie dazu einfach das Fenster mit gedrückter Maustaste in den Bereich der Bearbeitungsleiste oder doppelklicken Sie in den Titel des Fensters.

Formeln schrittweise ausführen

Einzelne komplexe Formeln lassen sich im Dialogfenster *Formel auswerten* schrittweise ausführen, auch wenn sie von Excel nicht als Fehler erkannt wurden. Auf diese Weise können Sie beispielsweise die Einzelergebnisse einer verschachtelten WENN-Funktion kontrollieren.

1. Markieren Sie im Tabellenblatt die Zelle mit der zu überwachenden Formel, hier F3 ❶, und klicken Sie im Menüband, Register *Formeln* auf *Formelauswertung* ❷.

2. Die Formel erscheint nun im Dialogfenster *Formel auswerten* ❸ und der erste Zellbezug in der Formel ist unterstrichen. Klicken Sie auf die Schaltfläche *Auswerten* ❹, um anstelle des Zellbezugs den Wert oder das Ergebnis dieses Ausdrucks in der Formel anzuzeigen ❺.

Bild 1.64 Formel schrittweise ausführen und Werte bzw. Ergebnisse anzeigen

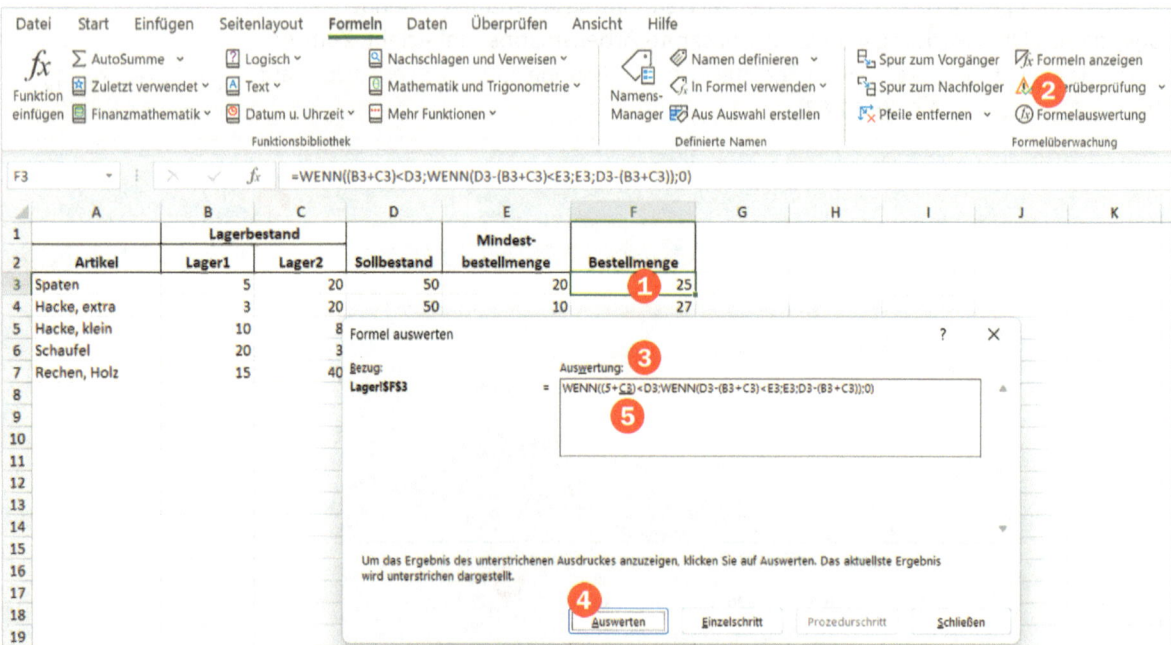

3 Mit jedem weiteren Mausklick auf die Schaltfläche *Auswerten* werten Sie den nächsten bzw. unterstrichenen Schritt der Formel aus.

Enthält die Formel oder Funktion einen Bezug auf das Ergebnis einer weiteren Formel, z. B. WENN-Funktion, dann können Sie über die Schaltfläche *Einzelschritt* einen neuen Bereich für diese Formel öffnen und diese anschließend ebenfalls überprüfen.

1.7 Der Umgang mit Matrizen

Definition Matrix

Laut Wikipedia versteht man in der Mathematik unter einer Matrix (Plural Matrizen) eine rechteckige oder tabellarische Anordnung von Elementen (meist mathematischer Objekte, etwa Zahlen). Auch Excel verwendet den Begriff Matrix, allerdings sind hier folgende Unterschiede zu beachten:

Quelle: Wikipedia.

▶ **Matrix als Argument in Funktionen**: Darunter ist ein zusammenhängender Zellbereich aus mehreren Zeilen und/oder Spalten zu verstehen, z. B. A1:E25.

▶ Funktionen zur **Matrizenrechnung**, z. B. MMULT.

▶ **Matrixformeln und -funktionen**, die statt eines einzelnen Ergebnisses gleich mehrere Formelergebnisse liefern.

Hinweis: In einigen, meist neueren Excel-Funktionen verwendet Microsoft statt Matrix auch den Begriff *Array*. Gemeint ist damit jedoch dasselbe.

Matrizenrechnung

In der Kategorie *Mathematik und Trigonometrie* finden Sie auch Funktionen zur Matrizenrechnung, z. B. Matrizen addieren oder miteinander multiplizieren. Im Bild unten als Beispiel die Berechnung des Matrixprodukts aus Matrix1 und Matrix2.

Auch die Kategorie *Nachschlagen und Verweisen* enthält einige Matrixfunktionen.

$$\begin{pmatrix} 1 & 2 & 3 \\ 4 & 5 & 6 \\ 7 & 8 & 9 \end{pmatrix} \times \begin{pmatrix} 1 \\ 2 \\ 3 \end{pmatrix} = \begin{pmatrix} 14 \\ 32 \\ 50 \end{pmatrix}$$

Zur Erinnerung:
(1*1+2*2+3*3)=14
(4*1+5*2+6*3)=32
(7*1+8*2+9*3)=50

Bild 1.65 Matrixprodukt mit MMULT berechnen

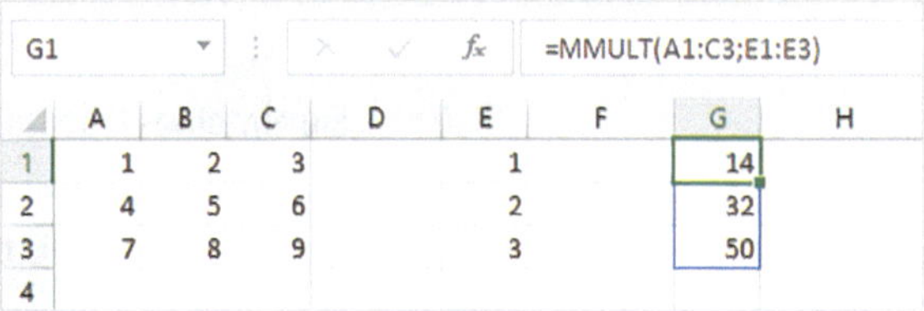

Beispiel: Matrixprodukt mit Excel berechnen
In Excel lässt sich das obige Beispiel mit der Funktion =MMULT(A1:C3;E1:E3) berechnen. Als Ergebnis der Funktion MMULT erhalten Sie eine Matrix, die dieselbe Anzahl Zeilen wie Array1 (Matrix1) und dieselbe Anzahl Spalten wie Array2 (Matrix2) hat.

Beachten Sie die Voraussetzung für die Berechnung des Matrixprodukts: Zwei Matrizen lassen sich nur miteinander multiplizieren, wenn die Spaltenanzahl der ersten Matrix mit der Zeilenanzahl der zweiten Matrix übereinstimmt.

Matrix- oder Arrayformeln und Funktionen

Matrixformeln und -funktionen sind Formeln, die auch komplexe Berechnungen mit Zellbereichen erlauben. Excel unterscheidet zwei Typen von Matrixformeln:

- Formeln, die ein einzelnes Ergebnis berechnen, und
- Formeln, die gleich mehrere Ergebnisse liefern. In diesem Fall bildet der Ausgabe- oder Ergebnisbereich eine Einheit und nur die ursprünglich eingegebene Formel in der ersten Zelle kann bearbeitet, geändert oder gelöscht werden.

Formeln eingeben

Im Gegensatz zu einfachen Formeln sind bei der Eingabe von Matrixformeln und abhängig von der Excel-Version folgende Punkte zu beachten:

Ab Excel 2021 bzw. Microsoft 365

- Ab Excel 2021 bzw. mit Microsoft 365 geben Sie eine Matrix- oder Arrayformel wie jede andere Formel einfach in die Zelle ein und übernehmen diese mit der **Eingabetaste**. Wenn die Formel mehrere Ergebnisse liefert, wird der Ausgabebereich automatisch erweitert (Überlaufbereich); hierzu müssen allerdings ausreichend leere Zellen vorhanden sein, sonst erscheint der Fehler *#ÜBERLAUF!*.
- Beim Anklicken der Formel erscheint der Überlaufbereich umrandet wie in Bild 1.66.

Excel 2019 und älter

- In älteren Excel-Versionen sind Matrixformeln in der Bearbeitungsleiste in geschweifte Klammern { } ein geschlossen, wie in Bild 1.67.
- Bei Matrixformeln, die mehrere Ergebnisse ausgeben, muss **vor der Eingabe** der Formel der gesamte Ausgabebereich markiert werden.
- Die Eingabe muss mit den Tasten **Strg+Umschalt+Eingabe** (Ctrl+Shift+Enter) abgeschlossen werden. Dadurch werden auch die geschweiften Klammern hinzugefügt, diese dürfen nicht einfach über die Tastatur eingegeben werden.

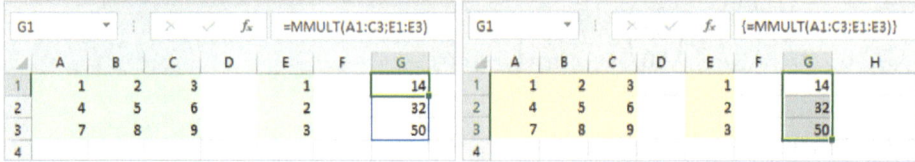

Bild 1.66 Matrixformel in Excel 365 / 2021

Bild 1.67 ...und in Excel 2019 und älter

Beispiel: Ein einzelnes Ergebnis berechnen

Hier ein einfaches Beispiel, bei dem in B7 mit einer Matrixformel die Gesamtsumme aus Menge und Einzelpreis berechnet wird.

1. Markieren Sie B7 und geben Sie die Formel ein =SUMME(A2:A5*B2:B5).
2. Schließen Sie die Formeleingabe mit der **Eingabetaste** (Excel 2019 und älter: **Strg+Umschalt+Eingabetaste**) ab.

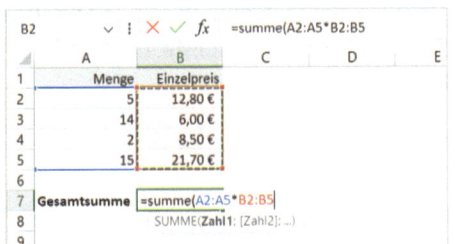

Bild 1.68 Formel eingeben

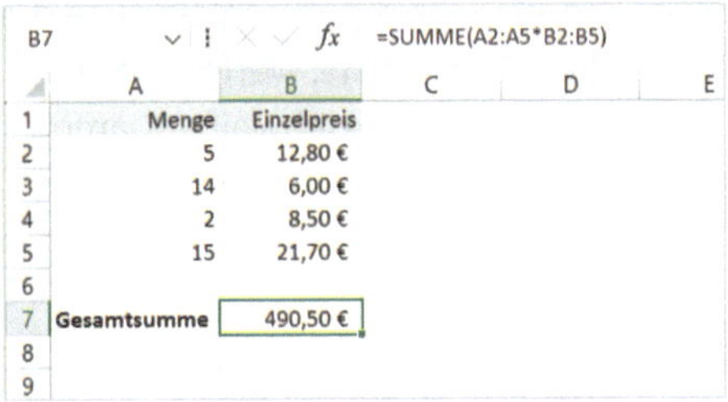

Bild 1.69 Die Matrixformel in der Bearbeitungsleiste

Würden Sie dagegen in Excel 2019 oder älter die Formeleingabe mit der Eingabetaste abschließen, so liefert Excel statt eines Ergebnisses den Fehlerwert #WERT!

Hinweis: Normalerweise müssten Sie in jeder Zeile Menge und Einzelpreis multiplizieren und dann in B7 diese Ergebnisse addieren. Die Gesamtsumme können Sie allerdings statt mit einer Matrixformel auch mit der Funktion SUMMENPRODUKT berechnen, dann lautet die Funktion wie unten abgebildet. Diese Funktion braucht nicht als Matrixformel eingegeben werden.

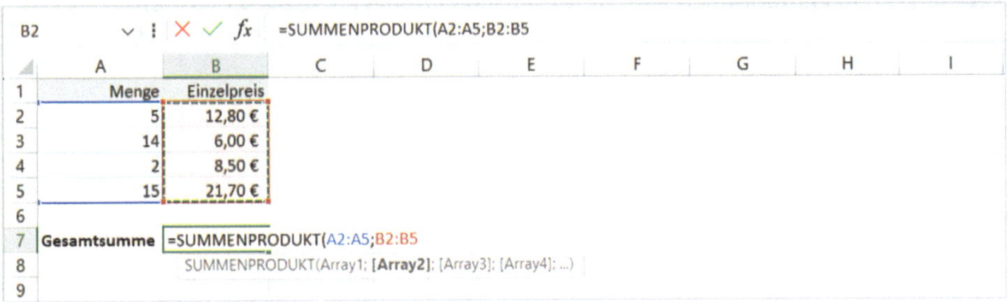

Bild 1.70 Alternative: Gesamtsumme mit der Funktion SUMMENPRODUKT berechnen

Mehrere Ergebnisse berechnen

Liefert eine Matrixformel gleich mehrere Ergebnisse, dann erweitert Excel 365 bzw. 2021 den Ausgabebereich automatisch. Mit Excel 2019 und älter müssen Sie dagegen vor der Formeleingabe den Ausgabebereich markieren, d. h. dieselbe Anzahl von Spalten und/oder Zeilen, die Sie in der Formel als Matrix bzw. Array angeben, wie in den beiden nachfolgenden Beispielen.

Beispiel 1: Mit Excel 2019 die Werte zweier Spalten miteinander multiplizieren

Hier ein einfaches Beispiel, wie Sie mit Excel 2019 oder älter eine Matrixformel mit mehreren Ergebnissen eingeben (Bild 1.71). In Spalte C, genauer gesagt in C4:C7, sollen die Werte der Spalten A und B miteinander multipliziert werden.

1. Markieren Sie den gesamten Zellbereich, in dem die Formel berechnet werden soll (Ausgabebereich), hier C4:C7.

2. In der Formel geben Sie statt des Bezugs auf eine einzelne Zelle jeweils den gesamten zu multiplizierenden Zellbereich an, diesen legen Sie wie gewohnt mit der Maus fest. Die Formel lautet in diesem Beispiel:

```
C4:C7:  =A4:A7*B4:B7
```

3   Beenden Sie die Formeleingabe durch Drücken der Tastenkombination **Strg+Umschalt+Eingabetaste**. Werfen Sie einen Blick in die Bearbeitungsleiste: Die Matrixformel wurde in geschweifte Klammern { } eingeschlossen

Bild 1.71 Markieren Sie den Ergebnisbereich und geben Sie die Formel ein

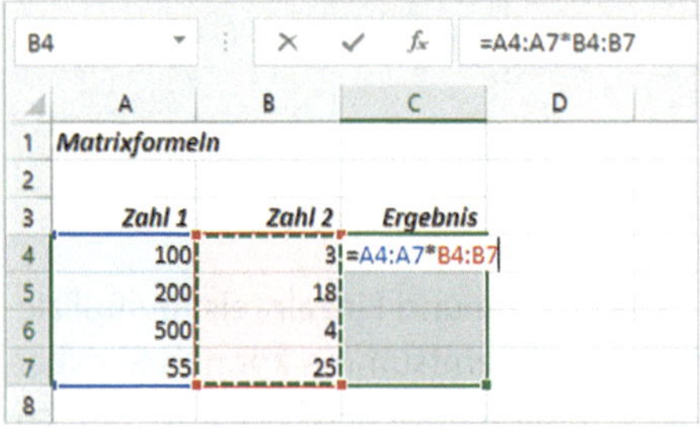

Bild 1.72 Die Matrixformel ist an den geschweiften Klammern zu erkennen

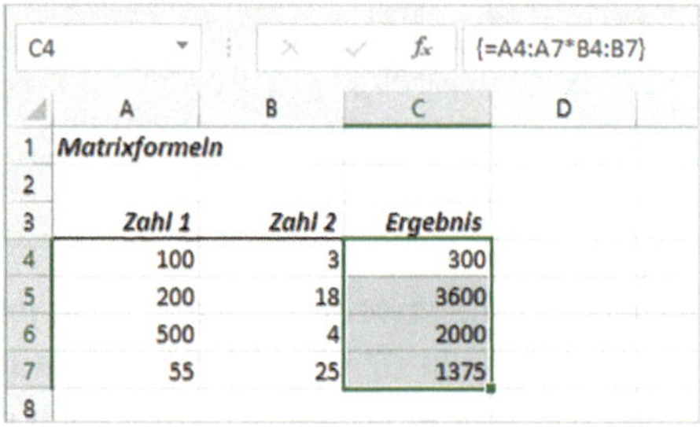

Mit Excel 365/2021 dagegen geben Sie die Formel einfach ein und betätigen die **Eingabetaste**. Der Ausgabebereich wird automatisch erweitert, wie im Bild unten.

Bild 1.73 Microsoft 365: Matrixformel eingeben

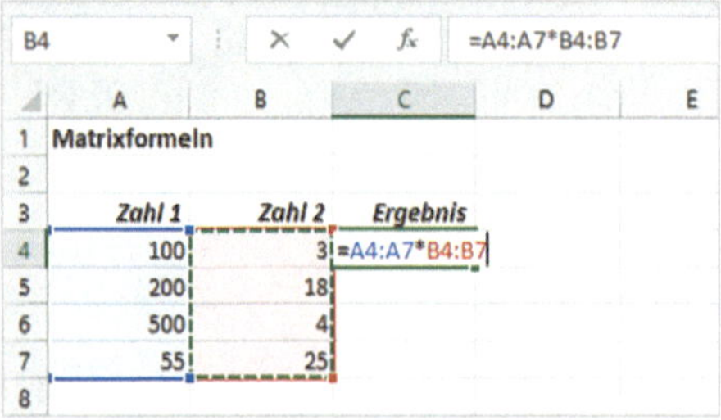

Bild 1.74 Die Ergebniszellen sind am Erweiterungsrahmen zu erkennen

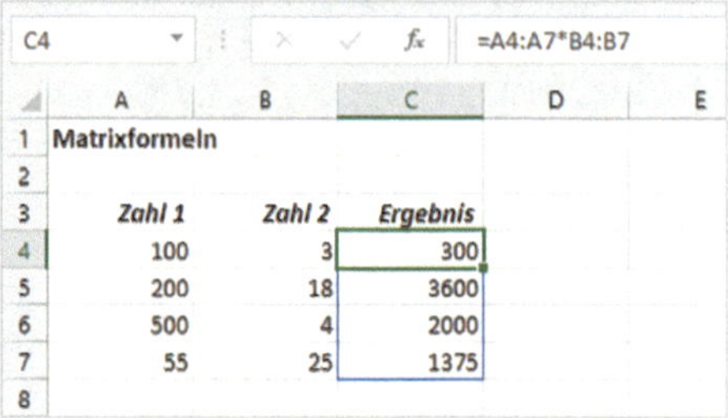

Matrixformel nachträglich ändern oder entfernen

Beachten Sie beim nachträglichen Ändern oder Entfernen von Matrixformeln, dass auch mehrere Formelergebnisse eine Einheit bilden und somit einzelne Ergebnisse weder bearbeitet noch gelöscht werden können.

▶   **Mit Microsoft 365 bzw. Excel 2021 gestaltet sich das nachträgliche Ändern einfach**

Markieren Sie die erste Zelle des Ausgabebereichs, editieren Sie die Formel mit Doppelklick und nehmen Sie hier Ihre Änderungen vor, z. B. Erweitern des Zellbereichs wie im Bild unten. Nach Betätigen der **Eingabetaste** wird auch der Ausgabebereich entsprechend angepasst.

Bild 1.75 Matrixformel nachträglich ändern

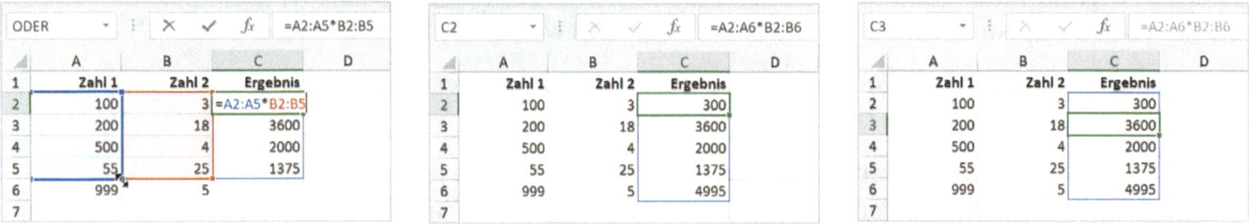

Zum Entfernen einer Matrixformel genügt es, wenn Sie diese aus der ersten Zelle des Ausgabebereichs löschen, entweder mit der **Entf**-Taste oder über das Menüband, Register *Start* ▶ *Bearbeiten* ▶ Symbol *Löschen*.

▶ **Excel 2019 und älter**
Markieren Sie den gesamten Ausgabebereich bzw. alle Ergebniszellen, editieren dann mit **F2** die Formel und nehmen die Änderungen vor. Anschließend übernehmen Sie diese mit den Tasten **Strg+Umschalt+Eingabetaste**.

Zum Löschen der Formel markieren Sie ebenfalls alle Ergebniszellen und betätigen die **Entf**-Taste.

Beispiel 2: Werte aus zwei Tabellen miteinander multiplizieren

Auch die Werte aus zwei Tabellen lassen sich mit einer einzigen Matrixformel miteinander multiplizieren, vorausgesetzt beide Tabellen besitzen dieselbe Anzahl Zeilen und Spalten. Hierzu geben Sie in die erste Zelle des Ausgabebereichs, hier A7 die folgende Formel ein und schließen mit der Eingabetaste ab:

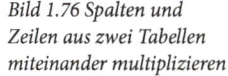

A7: =A2:C4*E2:G4

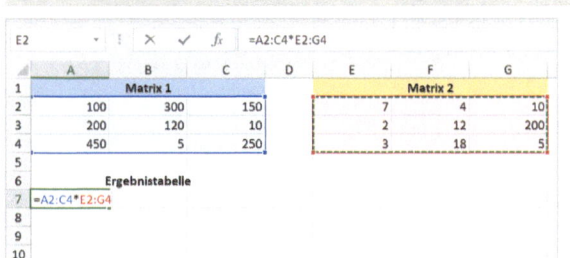
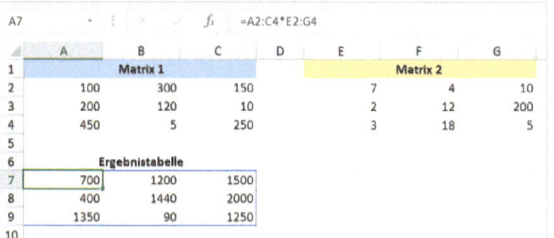

Excel 2019: A7:C9 markieren und übernehmen mit **Strg+Umschalt+Eingabe**.

Bild 1.76 Spalten und Zeilen aus zwei Tabellen miteinander multiplizieren

Zellbezüge in Matrixformeln

Das Verhalten relativer und absoluter Zellbezüge beim Kopieren von Formeln dürfte bekannt sein, Matrixformeln verhalten sich in dieser Hinsicht anders:

Beispiel 3: Mehrere Werte mit demselben Wert multiplizieren

Das Verhalten relativer und absoluter Zellbezüge beim Kopieren von Formeln dürfte bekannt sein, Matrixformeln verhalten sich in dieser Hinsicht anders, wie das nachfolgende Beispiel zeigt. Hier werden alle Zahlen eines Zellbereichs mit dem Inhalt einer einzigen Zelle, hier B1 multipliziert und im Gegensatz zu einer normalen Formel, die anschließend kopiert wird, benötigen Sie hier für B1 keinen festen Zellbezug. Geben Sie also in B4 (Excel 2019 und älter: B4:F4) einfach die folgende Formel ein:

B4: =B3:F3*B1

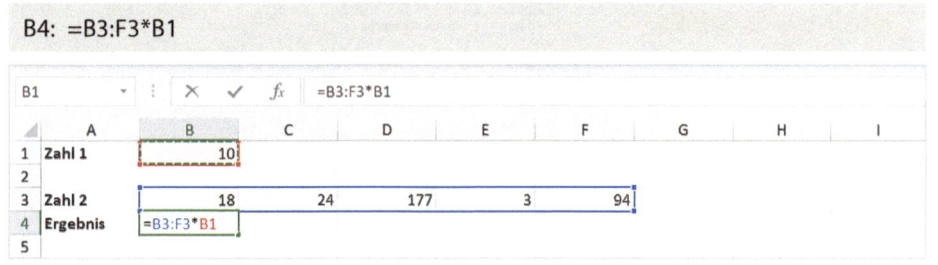

Bild 1.77 Mehrere Werte mit derselben Zelle multiplizieren

Excel 365/2021: Mögliche Probleme beim Erweitern des Ausgabebereichs

Excel kann den Ausgabebereich nur erweitern, wenn die entsprechenden angrenzenden Zellen leer sind. Ist dies nicht der Fall, erscheint statt des Formelergebnisses der Fehlerwert #ÜBERLAUF! und beim Zeigen auf das Warnsymbol erhalten Sie die Meldung *Der Überlaufbereich ist nicht leer*. Als Abhilfe entfernen Sie alle Inhalte aus den betreffenden Zellen mit der **Entf**-Taste, und sofort erscheinen auch die Formelergebnisse.

Tipp: Manchmal blockiert auch nur ein unsichtbares Leerzeichen oder anderes Zeichen die Ausgabe, dann klicken Sie am einfachsten auf das Warnsymbol und wählen *Blockierende Zellen auswählen*. Diese werden markiert und Sie können anschließend deren Inhalte mit **Entf** löschen.

Bild 1.78 Fehlerwert #ÜBERLAUF

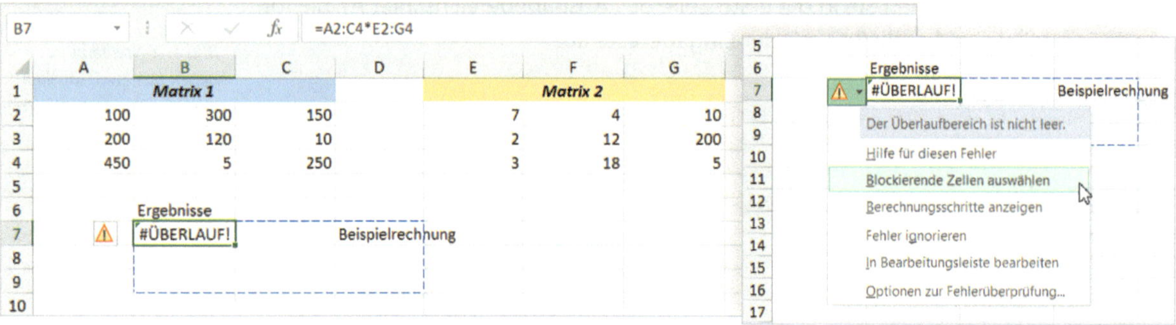

Bezüge auf den Überlaufbereich (Excel 2021/365)

In der Regel ist der Ausgabe- oder Überlaufbereich einer Matrixformel dynamisch, d. h. sein Umfang passt sich automatisch dem Formelergebnis an. Falls Sie in weiteren Auswertungen Bezüge auf einen solchen Überlaufbereich benötigen, fügen Sie einfach an die Zelladdresse der Matrixformel den Überlauf-Operator # an, z. B. E2#.

Zellbereich als Tabelle formatieren und umbenennen, s. Seite 34.

Zur Verdeutlichung ein einfaches Beispiel: Sie haben eine Tabelle mit Einzelumsätzen vor sich, in der jeder Verkäufer mehrmals vorkommt. Damit auch neu hinzukommende Umsätze berücksichtigt werden, wurde dieser Zellbereich als Tabelle formatiert und diese umbenannt in Umsatzliste. In E2 wurde dann mit der Funktion EINDEUTIG eine Namensliste aller Verkäufer ermittelt (Bild 1.79).

Bild 1.79 In E2 eine Verläuferliste mit EINDEUTIG ermitteln

Bild 1.80 Bezug auf den Überlaufbereich

Bezüge_Überlaufbereich.xlsx

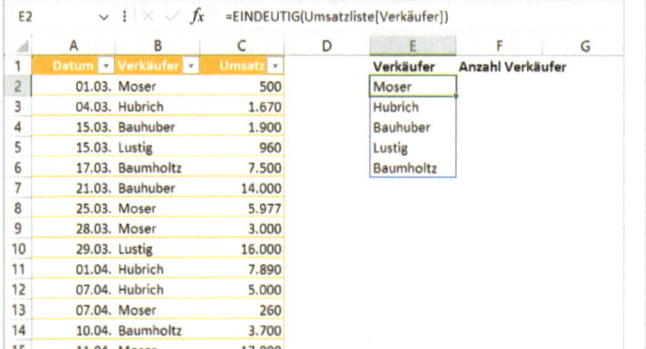

Um nun in F2 aus dem Überlaufbereich mit ANZAHL2 die Anzahl der Verkäufer zu berechnen, verwenden Sie als Bezug die Zelladresse E2# (Bild 1.80). Dieses Zeichen geben Sie entweder über die Tastatur ein, der Bezug wird aber auch automatisch von Excel gebildet, wenn Sie den Bereich E2:E6 mit der Maus markieren.

Kommen zur Umsatzliste nachträglich weitere Umsätze und neue Verkäufer hinzu, so werden diese automatisch im Ergebnis der Funktion EINDEUTIG und bei der Berechnung der Anzahl berücksichtigt.

Matrixkonstanten

Statt Matrizen in Form von Zellbereichen kann man auch feste bzw. konstante Werte in Formeln verwenden, diese werden als Matrixkonstanten bezeichnet. Sinnvoll ist die Verwendung von Matrixkonstanten immer dann, wenn die, für die Berechnung verwendeten Werte, nicht sichtbar sein sollen.

Matrixkonstanten können Zahlen, logische Werte, Text oder Fehlerwerte sein, dürfen aber keine Zellbezüge, Klammern, % und $-Zeichen enthalten. Bei der Erzeugung von Matrixkonstanten werden die geschweiften Klammern über die Tastatur eingegeben, z. B. {"München";"Hamburg";"Stuttgart";"Hannover"}.

Eine wichtige Rolle spielen die Trennzeichen:
- Stehen die Werte nebeneinander, dann muss als Trennzeichen der Punkt verwendet werden, z. B. {1.2.3.4.5}, man spricht dann auch von Zeilenkonstanten.
- Befinden sich die Werte untereinander (Spaltenkonstanten), dann werden sie mit Semikolon getrennt, z. B. {1;2;3;4;5}.

Beispiele
Als Beispiel die Berechnung des Matrixprodukts (Funktion MMULT) mit Matrixkonstanten statt Zellbereichen und folgender Formel:

Zum Vergleich s. Matrixprodukt mit Zellbezügen berechnen auf Seite 55.

`=MMULT({1.2.3};{4;5;6})`   Ergebnis 32

Als zweites Beispiel sollen alle Zahlen von 1 bis 9 mit dem Wert in B2 (5) multipliziert werden, die Formel mit Matrixkonstanten lautet:

`B2: =SUMMENPRODUKT({1;2;3;4;5;6;7;8;9}*B2)`

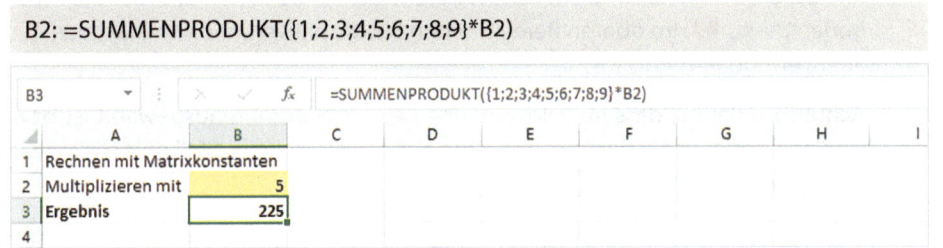

Bild 1.81 Summenprodukt mit Matrixkonstanten berechnen

Matrixkonstanten benennen

Namen für Zellen und Zellbereiche, siehe Seite 28.

Richtig interessant werden Matrixkonstanten erst, wenn sie mehrfach und in unterschiedlichen Funktionen, z. B. INDEX, KGRÖSSTE, KKLEINSTE usw., verwendet werden können. Dazu versehen Sie die Matrixkonstanten mit einem Namen. Matrixkonstanten bzw. deren Namen können in allen Excel-Funktionen verwendet werden, die eine Matrix als Argument erfordern.

1 Klicken Sie im Register *Formeln* auf *Namen definieren* und geben Sie einen Namen ein, hier *Zahlenmatrix1*.

2 Die Matrixkonstanten selbst geben Sie im Feld *Bezieht sich auf* nach dem Gleichheitszeichen ein, hier die Zahlen von 1 bis 9, siehe Bild unten.

Diesen Namen verwenden Sie dann in der Funktion und die Funktion SUMMENPRODUKT von oben lautet dann:

=SUMMENPRODUKT(Zahlenmatrix1*B2)

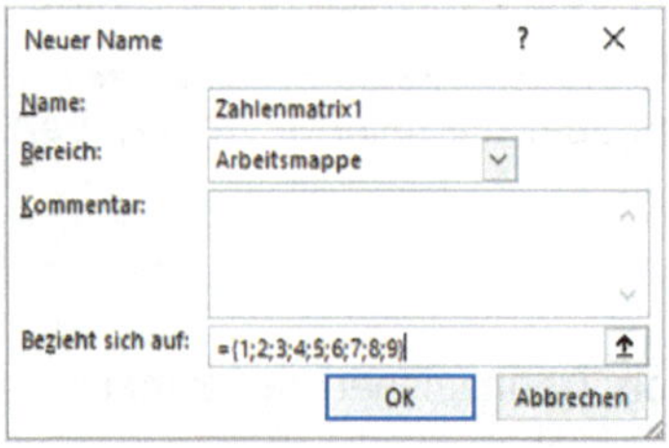

Bild 1.82 Matrixkonstanten mit einem Namen versehen

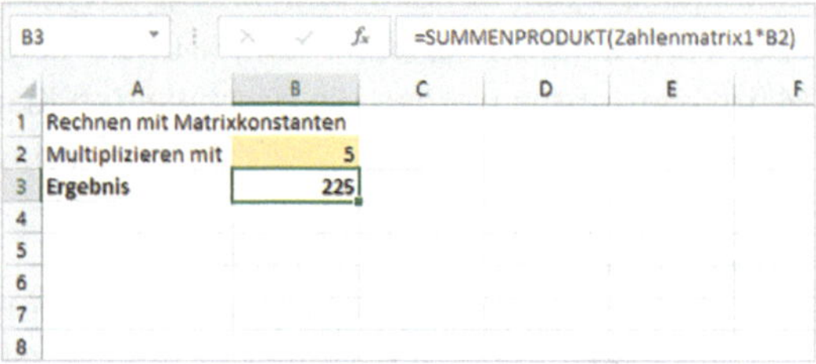

Bild 1.83 Den Namen in einer Funktion verwenden

1.8 Weitere Funktionen als Add-In laden

Weitere Werkzeuge und Funktionen, wie beispielsweise Solver oder eine umfassende Regressionsanalyse, sind als Excel-Add-Ins verfügbar. Dabei handelt es sich um Programmergänzungen, die auf dem Gerät zwar vorhanden, aber nicht zusammen mit Excel installiert sind. Sie müssen vor der ersten Verwendung geladen werden, dabei gehen Sie wie folgt vor:

1 Klicken Sie im Menüband auf das Register *Datei* ▶ *Optionen* und auf die Kategorie *Add-Ins* ❶. Im oberen Bereich sehen Sie die aktiven und alle inaktiven ❷, aber verfügbaren Add-Ins.

2 Achten Sie darauf, dass im Feld *Verwalten* ❸ *Excel-Add-Ins* ausgewählt ist bzw. wählen Sie diesen Eintrag per Mausklick auf den Dropdown-Pfeil und klicken Sie auf die Schaltfläche *Los...* ❹.

3 Excel öffnet ein Fenster mit den verfügbaren Add-Ins. Aktivieren Sie die Kontrollkästchen der gewünschten Add-Ins, beispielsweise *Analyse-Funktionen* und/

oder *Solver* ❺ und schließen Sie danach beide Fenster jeweils mit *OK*. Die Add-Ins werden nun geladen, dies kann einige Sekunden dauern.

4   Anschließend stehen Ihnen die Add-Ins dauerhaft zur Verfügung, zumindest solange, bis Sie diese auf demselben Weg wieder entfernen: Dazu brauchen Sie nur die Kontrollkästchen deaktivieren.

Bild 1.84 Excel-Optionen: Add-Ins

Bild 1.85 Add-Ins auswählen

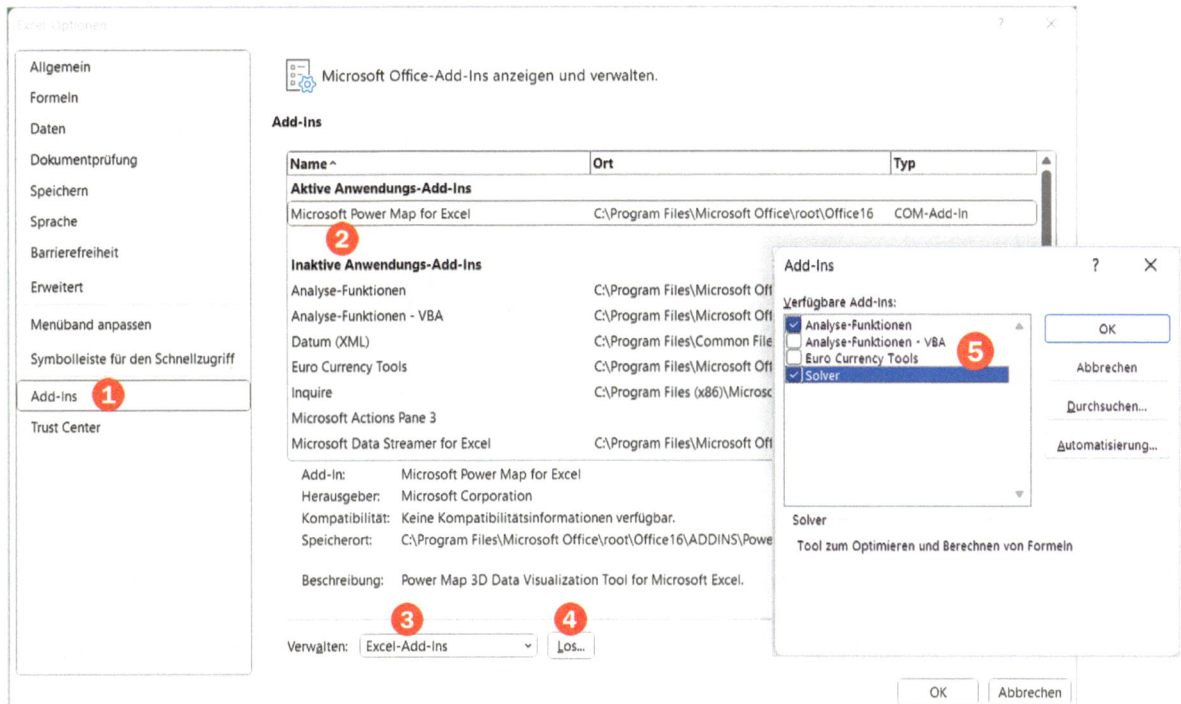

Achtung: Sie finden die Add-Ins anschließend im Register *Daten,* Gruppe *Analyse* des Menübands und nicht im Register *Formeln*!

Bild 1.86 Die Add-Ins finden Sie im Register Daten

1.9 Zahlen- und Datumsformate

Zahlen- und Datumsformate steuern die Anzeige von Zahlen und Datumswerten, ohne diese jedoch zu verändern. Die wichtigsten Zahlenformate, zu finden im Register *Start* ▶ *Zahl*, dürften den meisten Excel-Nutzern bereits bekannt sein s. Bild unten. Zusätzlich können Sie mit den beiden Symbolen *Dezimalstelle hinzufügen* und *Dezimalstelle entfernen* die Anzahl der angezeigten Nachkommastellen steuern.

Bild 1.87 Zahlenformate im Register Start

Achtung: Dezimalstellen werden durch Zahlenformate nicht entfernt! Wenn Berechnungen mit einer bestimmten Anzahl Dezimalstellen erfolgen sollen, dann müssen die Zahlen mit einer der Rundungsfunktionen gerundet werden, siehe Kapitel 9.1 dieses Buches.

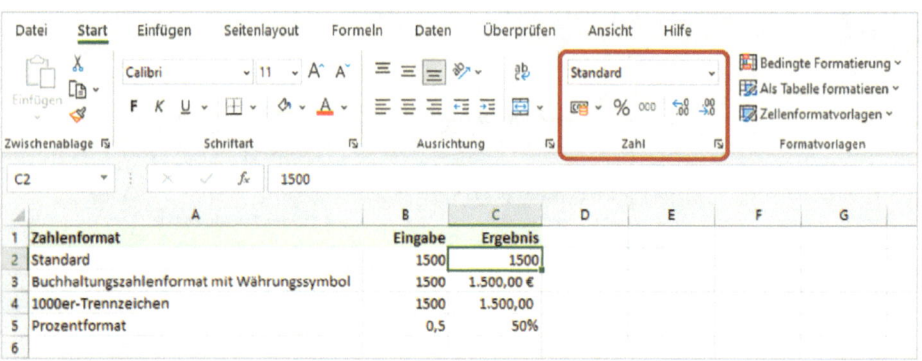

Wichtige Zahlenformate und ihre Verwendung

Weitere Zahlenformate finden Sie, wenn Sie entweder mit der rechten Maustaste auf die zu formatierende Zelle und den Befehl *Zellen formatieren…* oder im Menüband, Register *Start*, auf den kleinen Pfeil der Gruppe *Zahl* klicken. In beiden Fällen öffnet sich das Fenster *Zellen formatieren* mit dem Register *Zahl* (s. Bild unten).

Bild 1.88 Zahlenformate im Vergleich

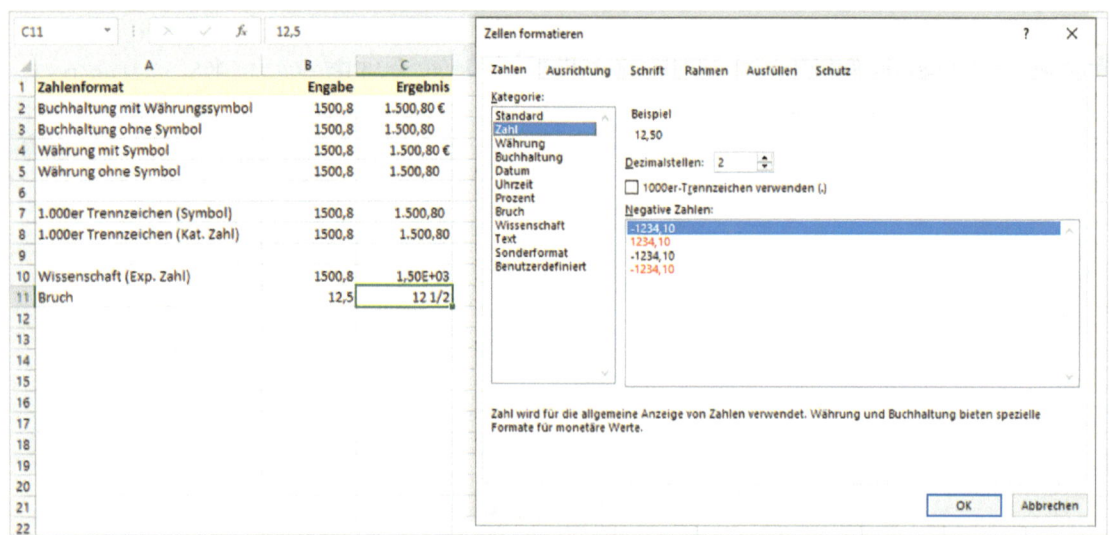

Beachten Sie den Unterschied zwischen den Kategorien *Buchhaltung* und *Währung*: Beide erlauben die Anzeige mit oder ohne Währungssymbol, allerdings stimmen die

Positionen von Dezimalzeichen bzw. Komma und Währungssymbol nicht ganz überein. Auch zwischen dem Symbol *1.000er-Trennzeichen* und der Kategorie *Zahl* mit *1.000er-Trennzeichen* gibt es einen Unterschied, wie ein Vergleich der verschiedenen Zahlenformate im Tabellenblatt zeigt.

Benutzerdefinierte Zahlenformate

Im Fenster *Zellen formatieren*, Register *Zahlen*, haben Sie auch die Möglichkeit, eigene Zahlen- und Datumsformate zu erstellen.

Dazu klicken Sie auf die Kategorie *Benutzerdefiniert* ❶. Rechts erhalten Sie mehrere Zahlen- und Datumsformate ❷, die Sie in der Zeile *Typ* ❸ nach Belieben ändern können. Anhand der Vorschau oberhalb ❹ können Sie das Ergebnis kontrollieren.

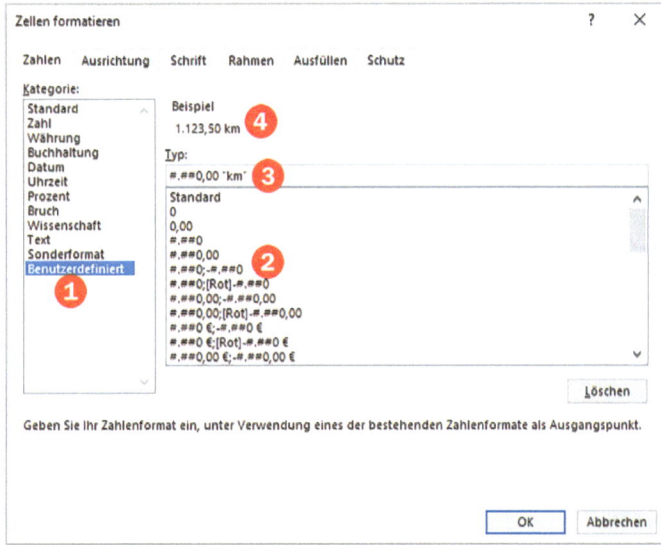

Bild 1.89 Das Dialogfenster Zellen formatieren, Register Zahlen

Für alle benutzerdefinierten Formate gilt:

▸ Der Platzhalter 0 steht für eine Ziffer, nicht belegte Stellen werden mit 0 aufgefüllt. Beispiel: Das Format 0,00 zeigt die Zahl 12 als 12,00 an.

▸ Der Platzhalter # steht ebenfalls für eine Ziffer, aber im Gegensatz zu 0 werden nicht belegte Stellen nicht angezeigt. Beispiel: Das Format #.##0 legt den Tausenderpunkt fest und zeigt die Zahl 1456 als 1.456 an, zwei- oder dreistellige Zahlen erscheinen dagegen wie eingegeben.

▸ Für negative Zahlen kann nach dem Semikolon (;), ein zweites Zahlenformat angegeben werden. Falls eine abweichende Farbe gewünscht wird, stellen Sie diese in eckigen Klammern voran, z. B. [Rot].

Tipp: Ein drittes Format legt das Aussehen fest, wenn die Zahl genau 0 ist. Beispiel: Positive Zahlen blau, negative rot und 0 in schwarzer Farbe:
[Blau]#.##0;[Rot]-#.##0;#.##0

- Ein einzelnes Zeichen, z. B. € oder $, kann dem Zahlenformat problemlos einfach hinzugefügt werden, auch getrennt durch ein Leerzeichen. Wenn es sich dagegen um mehr als ein Zeichen handelt, müssen diese in Anführungszeichen oben gesetzt werden, z. B. 0,00 "km".
- Wenn der Zusatztext (links von der Zahl) linksbündig und die Zahl rechtsbündig ausgerichtet werden soll, dann setzen Sie einen Stern * dazwischen bzw. links vor die Zahl. Dies bewirkt, dass der Abstand dazwischen mit Leerzeichen aufgefüllt wird.

Beispiele

Format	Eingabe	Anzeige
#.##0 "kg"	1234,23	1.234 kg
0,00	12	12,00
	,5	0,50
0000	12	0012
000-000	123456	123-456
"St."*#.##0	1135	St. 1.135
[Grün]#.##0,00;[Rot]-#.##0,00	1400	1.400,00
	-2300	-2.300,00
0. "Tsd"	12700	13 Tsd
#.##0. "Tsd"	1234000	1.234 Tsd
0.. "Mio"	17895123	18 Mio
0,0.. "Mio"	17895123	17,9 Mio
[Grün]#.##0;[Rot]-#.##0;;	1500	1.500
	-25000	-25.000
	0	
;;;	199	
	abc	

Große Zahlen abkürzen

Mithilfe von benutzerdefinierten Zahlenformaten können sehr große Zahlen auch in Tausendern (Tsd) oder Millionen (Mio) dargestellt werden, wie im Bild unten. Die dazugehörigen Zahlenformate entnehmen Sie der Tabelle oben.

Bild 1.90 Zahlen in Tausendern oder Millionen anzeigen

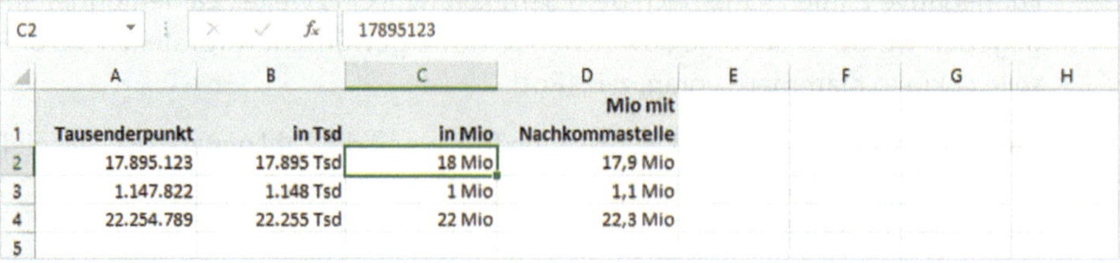

	A	B	C	D
1	Tausenderpunkt	in Tsd	in Mio	Mio mit Nachkommastelle
2	17.895.123	17.895 Tsd	18 Mio	17,9 Mio
3	1.147.822	1.148 Tsd	1 Mio	1,1 Mio
4	22.254.789	22.255 Tsd	22 Mio	22,3 Mio

Zellinhalte mit einem benutzerdefinierten Format unsichtbar machen

0 als Formelergebnis ausblenden

Mit Hilfe eines benutzerdefinierten Zahlenformats können Sie auch ohne komplizierte Bedingungen (s. Kap. 4, Logikfunktionen und Bedingungen) Formelergebnisse einfach ausblenden, wenn diese aufgrund fehlender Zahlen 0 ergeben. Dies ist z. B. der Fall, wenn in vorgegebene Tabellen nur noch die Zahlen einzutragen sind, wie im Bild unten. Wenn Sie die 0-Werte ausblenden möchten, dann formatieren Sie die Zellen einfach mit dem benutzerdefinierten Zahlenformat #.##0;-#.##0;;

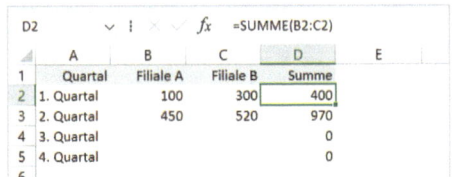

Bild 1.91 Formelergebnisse ausblenden

Alle Zellinhalte ausblenden

Das Ganze funktioniert nicht nur mit Zahlen. Wenn Sie beispielsweise zur Berechnung erforderliche Inhalte in Hilfszellen eingetragen haben und diese unsichtbar machen möchten, dann formatieren Sie diese Zellen mit dem benutzerdefinierten Format ;;; wie im Bild unten.

Bild 1.92 Zellinhalte ausblenden

Achtung: In der Bearbeitungsleiste ist der Inhalt trotzdem noch sichtbar, wenn die Zelle markiert wird.

Benutzerdefinierte Datums- und Uhrzeitformate

In der Kategorie *Benutzerdefiniert* stellen Sie auch Ihre eigenen Datums- und Uhrzeitformate zusammen. Dazu verwenden Sie die folgenden Platzhalterzeichen, Trennzeichen und Leerzeichen erscheinen wie angegeben.

Achtung: Die Zeichen für Monate (M) und Minuten (m) werden nur durch Groß- und Kleinschreibung unterschieden.

Einheit	Format	Anzeige
Tag	T	1
	TT	01
	TTT	So
	TTTT	Sonntag

Einheit	Format	Anzeige
Monat	M MM MMM MMMM	1 01 Jan Januar
Jahr	JJ JJJJ	23 2023
Stunde (max. 24 Stunden)	h	12
Stunde (mehr als 24 Stunden)	[h]	36
Minute	m mm	5 05
Sekunde	s ss	8 08

Tipp: Datumswerte werden in der Zelle rechtsbündig ausgerichtet. Soll das Datum linksbündig und der Wochentag rechtsbündig ausgerichtet werden, so verwenden Sie das Datumsformat TTTT * TT.MM.JJJ oder TT.MM.JJJJ * TTTT wie im Bild unten.

Bild 1.93 Datumswerte ausrichten

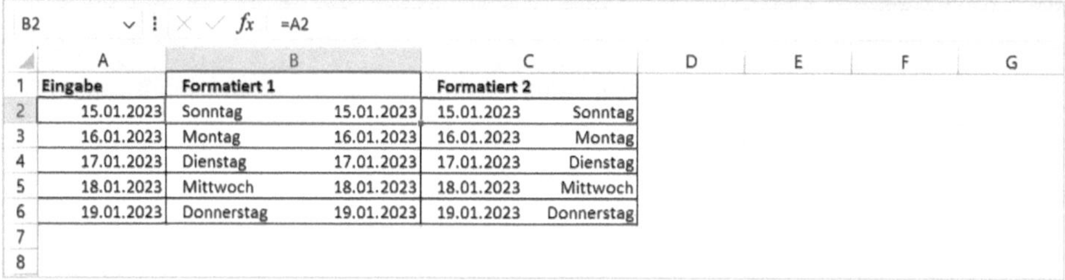

B2 =A2

	A	B		C	
1	Eingabe	Formatiert 1		Formatiert 2	
2	15.01.2023	Sonntag	15.01.2023	15.01.2023	Sonntag
3	16.01.2023	Montag	16.01.2023	16.01.2023	Montag
4	17.01.2023	Dienstag	17.01.2023	17.01.2023	Dienstag
5	18.01.2023	Mittwoch	18.01.2023	18.01.2023	Mittwoch
6	19.01.2023	Donnerstag	19.01.2023	19.01.2023	Donnerstag
7					
8					

2 Nützliche Tools

- 2.1 Datentabellen mit zwei Variablen berechnen 70
- 2.2 Die Zielwertsuche 74
- 2.3 Inhalte mit der bedingten Formatierung hervorheben 77
- 2.4 Häufige Formeln mit der Schnellanalyse einfügen 84
- 2.5 Steuerelemente einfügen und verwenden 86
- 2.6 Fehler durch Eingabekontrollen vermeiden 97
- 2.7 Visualisierung mit Sparklines und Diagrammen 105
- 2.8 Mathematische Formeln darstellen 122

2.1 Datentabellen mit zwei Variablen berechnen

Sie haben eine Formel mit mehreren Ausgangswerten berechnet und möchten testen, wie sich das Ergebnis verhält, wenn Sie für einen bestimmten Ausgangswert verschiedene Werte verwenden? Wenn Sie diese Werte nicht nur einfach nacheinander in die Zelle schreiben, sondern sämtliche Ausgangswerte und Ergebnisse in einer Tabelle zusammenfassen möchten, dann sollten Sie sich mit der Mehrfachoperation befassen.

Sie finden die Mehrfachoperation unter der Bezeichnung *Datentabelle* im Register *Daten ▶ Prognose*. Klicken Sie auf *Was-wäre-wenn-Analyse* und auf *Datentabelle...*.

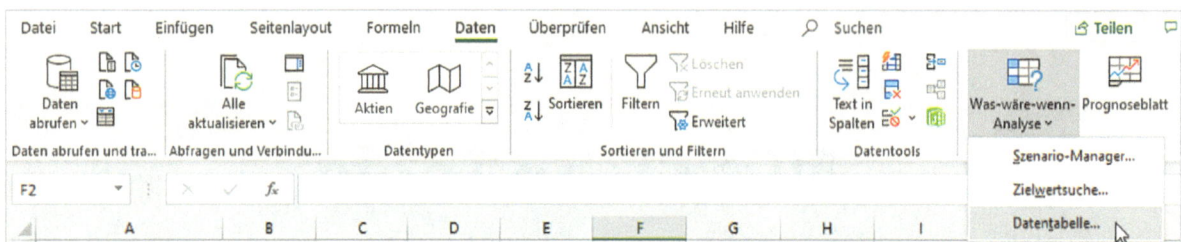

Bild 2.1 Datentabelle

Matrixformeln, siehe Seite 56.

Bei dieser Funktion verwendet auch Excel 365 die geschweiften Klammern.

Hinweis: Zur Berechnung einer Datentabelle verwendet Excel die Funktion MEHRFACHOPERATION und berechnet die Ergebnistabelle als Matrixformel. Dies erkennen Sie beim Blick in die Bearbeitungsleiste daran, dass die Funktion in geschweiften Klammern eingeschlossen ist. Allerdings kann die Funktion MEHRFACHOPERATION ausschließlich auf dem oben beschriebenen Weg eingefügt werden.

Tipp: Mit Excel 365 ist die Funktion MATRIXERSTELLEN eine mögliche Alternative (s. Kap. 6).

Beispiel 1: Body-Mass-Index als Datentabelle mit zwei Variablen

Als einfaches Beispiel die Berechnung des Body-Mass-Index (BMI). Dieser berechnet sich aus Körpergröße (m) und Gewicht (kg) mit folgender Formel:

=Gewicht/Körpergröße^2

Bild 2.2 BMI berechnen - Formel

Datentabellen.xlsx

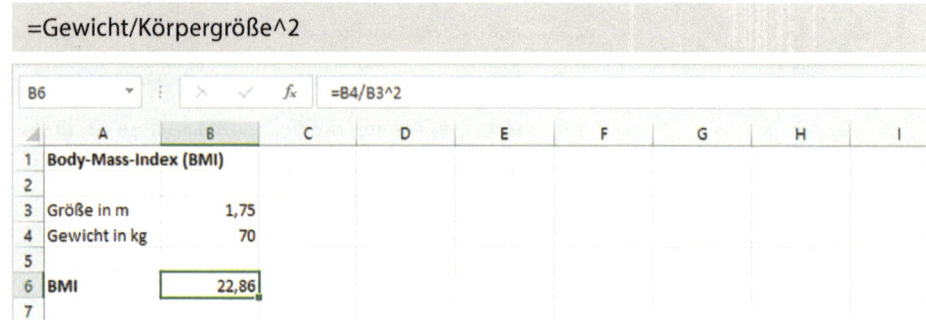

Diese Formel berechnen wir nun als Datentabelle mit unterschiedlichen Größen und Gewichtsangaben. Diese werden in der Zeile neben und in der Spalte unterhalb der Ausgangsformel in B6 vorgegeben. **Wichtig**: Die ersten variablen Werte, hier die Größen, müssen sich unbedingt rechts neben der Ausgangsformel und in derselben Zeile befinden. Die zweiten veränderlichen Werte, hier die Gewichte, müssen sich in der gleichen Spalte wie die Ausgangsformel und unterhalb befinden. Eine umgekehrte

Anordnung, also die Gewichte in der Zeile und die Größen in der Spalte, stellt dagegen kein Problem dar.

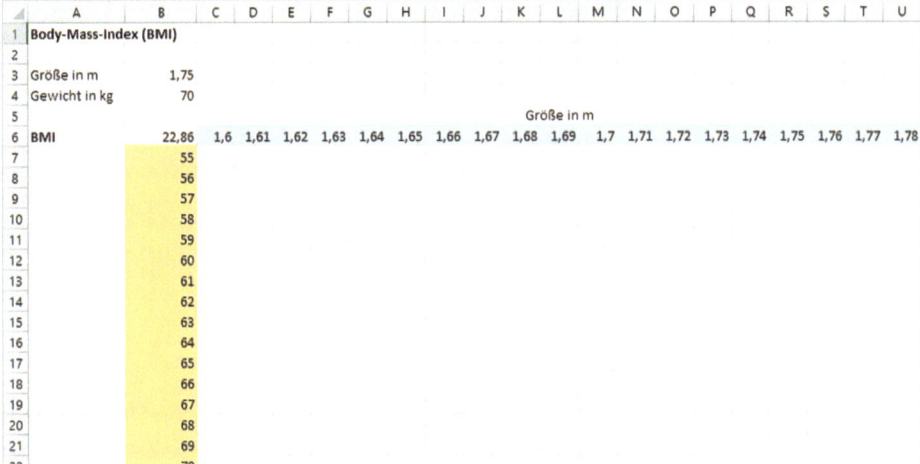

Bild 2.3 Die Ausgangstabelle für die Datentabelle (Ausschnitt)

Das Bild zeigt nur einen Ausschnitt, in der Praxis ist eine solche Tabelle wesentlich umfangreicher.

1. Markieren Sie die gesamte künftige Datentabelle einschließlich der Formel und der Zeilen- und Spaltenwerte, also in diesem Beispiel B6:U22 und rufen Sie *Datentabelle...* auf (Register *Daten* ▶ *Was-wäre-wenn-Analyse*).

2. Anschließend geben Sie an, welcher der Ausgangswerte durch die Werte aus der Zeile nebeneinander ersetzt werden soll. Da sich im abgebildeten Beispiel die Körpergrößen nebeneinander in der Zeile befinden, geben Sie im Feld *Werte aus Zeile* die Körpergröße in B3 an.

3. Statt des Gewichts in B4 sollen die untereinanderliegenden Werte in der Spalte verwendet werden, also muss im Feld *Werte aus Spalte* B4 angegeben werden.

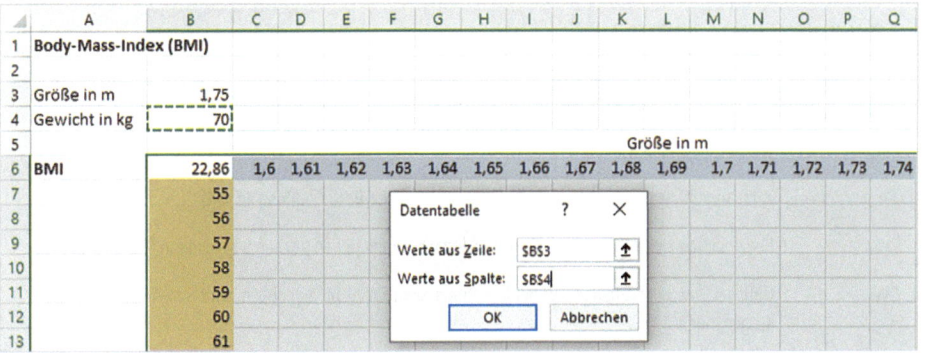

Bild 2.4 Welche Ausgangswerte sollen durch die Zeilen- und Spaltenwerte ersetzt werden?

Nachdem Sie auf *OK* geklickt haben, werden die Ergebnisse mit der Funktion MEHRFACHOPERATION als Matrixformel berechnet, in der Bearbeitungsleiste an den geschweiften Klammern { } zu erkennen. Sie können nun die Tabelle beliebig formatieren, beachten Sie aber, dass einzelne Formeln einer Matrixformel nicht geändert oder gelöscht werden können.

Bild 2.5 Das Ergebnis (Ausschnitt)

	A	B	C	D	E	F	G	H	I	J	K	L	M	N	O	P	Q
1	Body-Mass-Index (BMI)																
2																	
3	Größe in m	1,75															
4	Gewicht in kg	70															
5												Größe in m					
6	BMI	22,86	1,60	1,61	1,62	1,63	1,64	1,65	1,66	1,67	1,68	1,69	1,70	1,71	1,72	1,73	1,74
7		55,00	21,48	21,22	20,96	20,70	20,45	20,20	19,96	19,72	19,49	19,26	19,03	18,81	18,59	18,38	18,17
8		56,00	21,88	21,60	21,34	21,08	20,82	20,57	20,32	20,08	19,84	19,61	19,38	19,15	18,93	18,71	18,50
9		57,00	22,27	21,99	21,72	21,45	21,19	20,94	20,69	20,44	20,20	19,96	19,72	19,49	19,27	19,05	18,83
10		58,00	22,66	22,38	22,10	21,83	21,56	21,30	21,05	20,80	20,55	20,31	20,07	19,84	19,61	19,38	19,16
11		59,00	23,05	22,76	22,48	22,21	21,94	21,67	21,41	21,16	20,90	20,66	20,42	20,18	19,94	19,71	19,49
12		60,00	23,44	23,15	22,86	22,58	22,31	22,04	21,77	21,51	21,26	21,01	20,76	20,52	20,28	20,05	19,82

Tipp: Formel in der linken oberen Ecke der Tabelle unsichtbar machen

Die Ausgangsformel in der linken oberen Ecke der Datentabelle dürfen Sie keinesfalls löschen. Falls Sie diese als störend empfinden, so formatieren Sie diese Zelle entweder mit derselben Schriftfarbe wie der Hintergrund der Zelle, oder verwenden Sie das benutzerdefinierte Zahlenformat ;;;.

Beispiel 2: Verzinsung mit unterschiedlichen Laufzeiten und Zinsen als Tabelle berechnen

Weitere Funktionen zur Verzinsung bzw. Rentenberechnung finden Sie in Kapitel 10.1.

Das Berechnen von Datentabellen funktioniert natürlich auch mit komplexeren Formeln oder Funktionen. Daher hier noch ein Beispiel aus der Finanzmathematik: Sie legen jeden Monat einen festen Betrag an und möchten wissen, mit welchem Betrag Sie bei verschiedenen Laufzeiten rechnen können und wie unterschiedliche Zinsen das Ergebnis beeinflussen. Dazu verwenden wir die Funktion ZW (Zinswert), diese berechnet den zukünftigen oder Endwert einer Investition und setzt einen konstanten Zinssatz voraus.

```
=ZW(Zins;Zzr;Rmz;[BW];[F])
```

Argument	Beschreibung
Zins	Zinssatz, meist jährlich.
Zzr	Zahlungszeitraum; gibt die Anzahl der Perioden an, über die die Zahlung erfolgt.
Rmz	Regelmäßige Zahlung (Hinweis: wird manchmal auch mit der englischen Bezeichnung PMT angegeben).
BW	Optional: Bar- oder Anfangswert der Investition. Wird BW nicht angegeben, wird vom Anfangswert 0 ausgegangen.
F	Optional: Fälligkeit; legt fest, ob die Zahlung am Beginn (1) oder am Ende (0) der Periode erfolgt. Wird das Argument weggelassen, wird 0 angenommen.

Sonstige Hinweise zur Funktion

- Für *Zins*, *Zzr* und *Rmz* sind zueinander passende Zeiteinheiten erforderlich. Bei monatlichen Zahlungen beispielsweise müssen Sie *Zins* und *Zzr* entsprechend umrechnen: Zins/12 und Zzr*12.

- Von Ihnen zu leistende Beträge müssen mit negativem Vorzeichen eingegeben werden, Einnahmen dagegen mit positivem Vorzeichen. Andernfalls erhalten Sie ein Ergebnis mit negativem Vorzeichen.

Die Vorgehensweise

1. Berechnen Sie in B6 mit der Funktion ZW den Endwert/Zinswert, wie unten abgebildet. Die Jahre werden rechts neben der Formel eingetragen und die unterschiedlichen Zinsen unterhalb.

> Achten Sie auf die richtige Position der Formel! Diese muss sich in der linken oberen Ecke der zu berechnenden Datentabelle bzw. im Schnittpunkt von Zeilen- und Spaltenwerten befinden, siehe Bild unten.

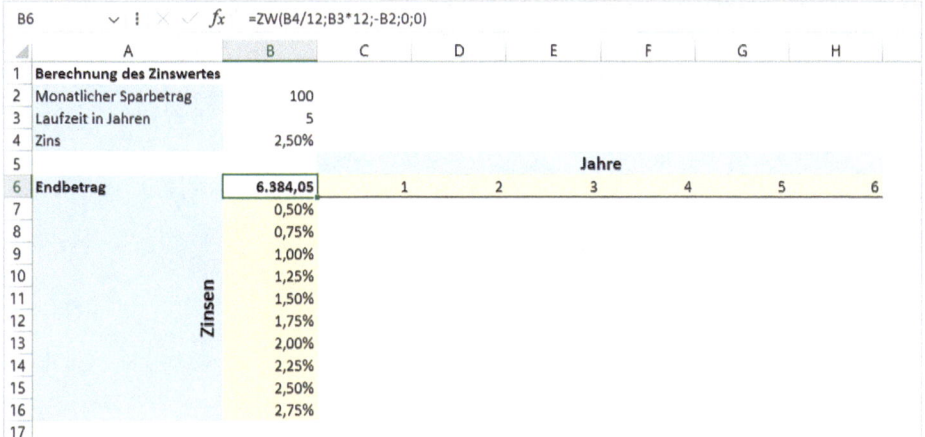

Bild 2.6 Jahre und Zinsen vorgeben

2. Markieren Sie den Zellbereich, in dem die Datentabelle berechnet werden soll, einschließlich der Jahre und Zinsen in den Spalten- und Zeilenüberschriften, klicken Sie auf *Was-wäre-wenn-Analyse* und auf *Datentabelle....* *Werte aus Zeile* ist die Zelle B3 (Laufzeit) der Ausgangsformel und *Werte aus Spalte* die Zelle B4 (Zins).

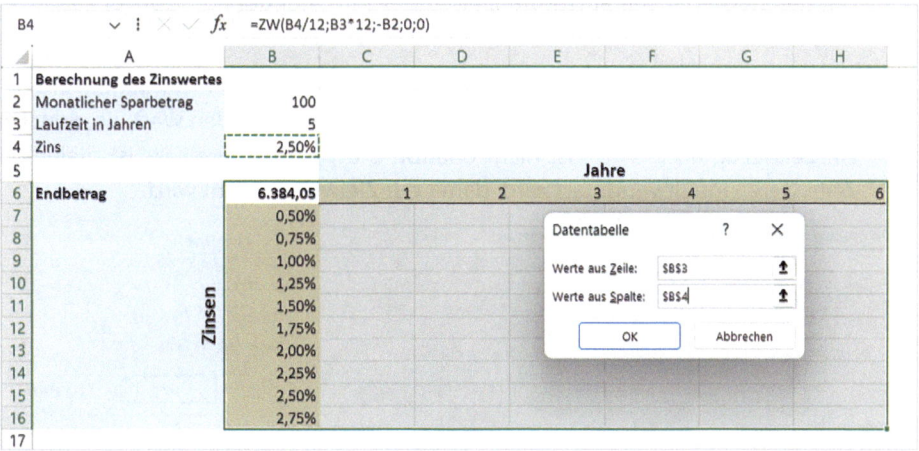

Bild 2.7 Bezüge der Formel durch Werte aus Zeile und Spalte ersetzen

Datentabelle mit einer Variablen

Alternativ kann eine Datentabelle auch mit nur einem einzigen variablen Wert berechnet werden. Dazu wandeln wir Beispiel 2 etwas ab und berechnen den Endwert nur mit verschiedenen Zinsen. Beachten Sie in diesem Fall, dass die Ergebnisse unmittelbar unterhalb der Formel berechnet werden und sich somit die variablen Zinsen links davon befinden müssen.

Bild 2.8 Datentabelle mit einer Variablen

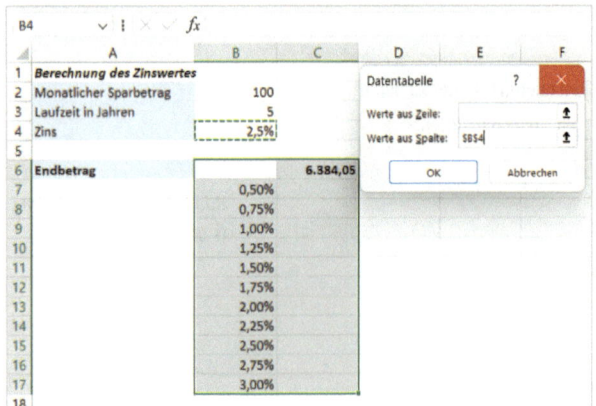

2.2 Die Zielwertsuche

Solver finden Sie zusammen mit verschiedenen Beispielen in Kapitel 11.

Die Zielwertsuche verändert einen Ausgangswert solange, bis ein vorgegebenes Formelergebnis erreicht ist. Der Vorteil dieses nützlichen Tools liegt in der einfachen Handhabung und dass auch nichtlineare Problemstellungen damit gelöst werden können. **Nachteil:** Die Zielwertsuche kann immer nur einen einzigen Ausgangswert verändern, im Gegensatz zum Solver.

1. Um die Zielwertsuche aufzurufen, klicken Sie im Menüband, Register *Daten* ▶ *Prognose* auf *Was-wäre-wenn-Analyse* und auf *Zielwertsuche…*.

2. Legen Sie anschließend als *Zielzelle* fest, welche Zelle die Formel mit dem Ergebnis enthält und tragen Sie im Feld *Zielwert* den zu erzielenden Wert ein. **Achtung:** Ein Zellbezug als *Zielwert* ist nicht erlaubt! Die *Veränderbare Zelle* ist diejenige Zelle, deren Inhalt verändert wird, damit der Zielwert erreicht wird.

Bild 2.9 Zielwertsuche aufrufen

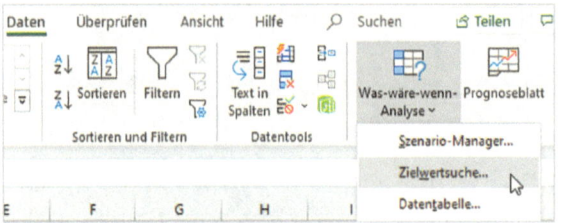

Beachten Sie beim Einsatz der Zielwertsuche

- Die Zelle, in der sich der gesuchte Ausgangswert befindet, wird als veränderbare Zelle bezeichnet. Diese muss zwingend einen Wert enthalten und keine Formel.
- Die Zelle, in der das gesuchte Formelergebnis erzielt werden soll, muss dagegen unbedingt eine Formel enthalten und wird als Zielzelle bezeichnet. Die Formel muss sich dabei entweder direkt oder auf dem Umweg über weitere Formeln auf die veränderbare Zelle beziehen.
- Beachten Sie nach dem Suchlauf den Status der Zielwertsuche: Wurde eine Lösung gefunden und wenn ja, ist die Lösung zulässig oder unter Umständen nicht zulässig?

Beispiel 1: Break-Even-Point

Zielwertsuche.xlsx

Sie möchten im unten abgebildeten Beispiel den Break-Even-Point ermitteln: Bei welcher Stückzahl beträgt der Gewinn genau 0? Dazu legen Sie eine Tabelle an, z. B. mit verschiedenen Stückzahlen, und berechnen alle nötigen Formeln, siehe Bild 2.10.

Nun könnten Sie theoretisch diejenige Stückzahl, bei der der Gewinn dem gewünschten Ergebnis am nächsten kommt (500 Stück), solange ändern, bis in C14 das gewünschte Formelergebnis 0 erscheint. Schneller geht es mit der Zielwertsuche.

Zielzelle ist hier die Zelle, in der der Gewinn bei 500 Stück berechnet wird, also C14. **Achtung**: Diese Zelle muss eine Formel enthalten! Als Zielwert tragen Sie das gewünschte Formelergebnis 0 ein und als veränderbare Zelle geben Sie die Zelle mit der dazugehörigen Stückzahl an (C9). Klicken Sie dann auf *OK*.

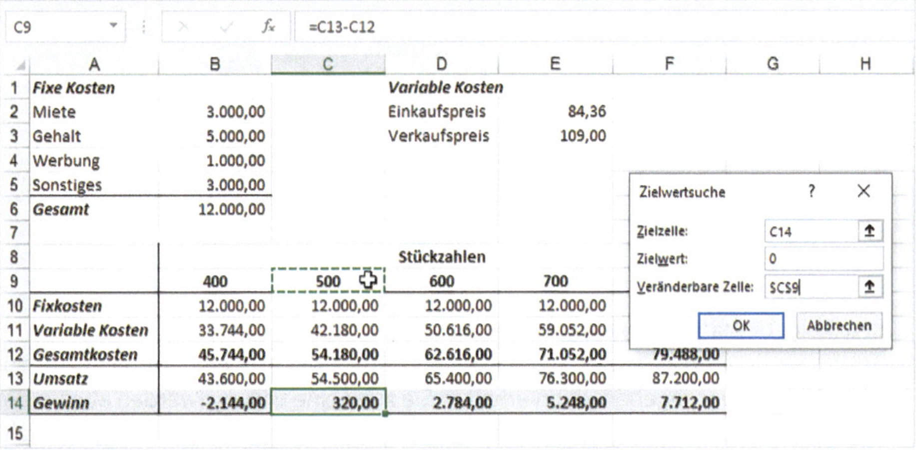
C9 =C13-C12

	A	B	C	D	E	F	G	H
1	*Fixe Kosten*			*Variable Kosten*				
2	Miete	3.000,00		Einkaufspreis	84,36			
3	Gehalt	5.000,00		Verkaufspreis	109,00			
4	Werbung	1.000,00						
5	Sonstiges	3.000,00						
6	*Gesamt*	12.000,00						
7								
8				Stückzahlen				
9		400	500	600	700			
10	*Fixkosten*	12.000,00	12.000,00	12.000,00	12.000,00			
11	*Variable Kosten*	33.744,00	42.180,00	50.616,00	59.052,00			
12	*Gesamtkosten*	45.744,00	54.180,00	62.616,00	71.052,00	79.488,00		
13	*Umsatz*	43.600,00	54.500,00	65.400,00	76.300,00	87.200,00		
14	*Gewinn*	-2.144,00	320,00	2.784,00	5.248,00	7.712,00		
15								

Bild 2.10 Zielwertsuche: Zielzelle und veränderbare Zelle

Dieses Beispiel ließe sich auch auf den Verkaufspreis anwenden: Bei welchem Verkaufspreis ist der Gewinn bei 500 St. gleich 0?

Excel testet nun nacheinander verschiedene Werte für die veränderbare Zelle und gibt den Status aus, wenn das gewünschte Formelergebnis ❶ erreicht wurde. Klicken Sie auf *OK*, um den gefundenen Wert ❷ in die Tabelle zu übernehmen. Dadurch wird der ursprüngliche Wert ersetzt. Sie können nun das Ergebnis speichern oder die Zielwertsuche wieder rückgängig machen.

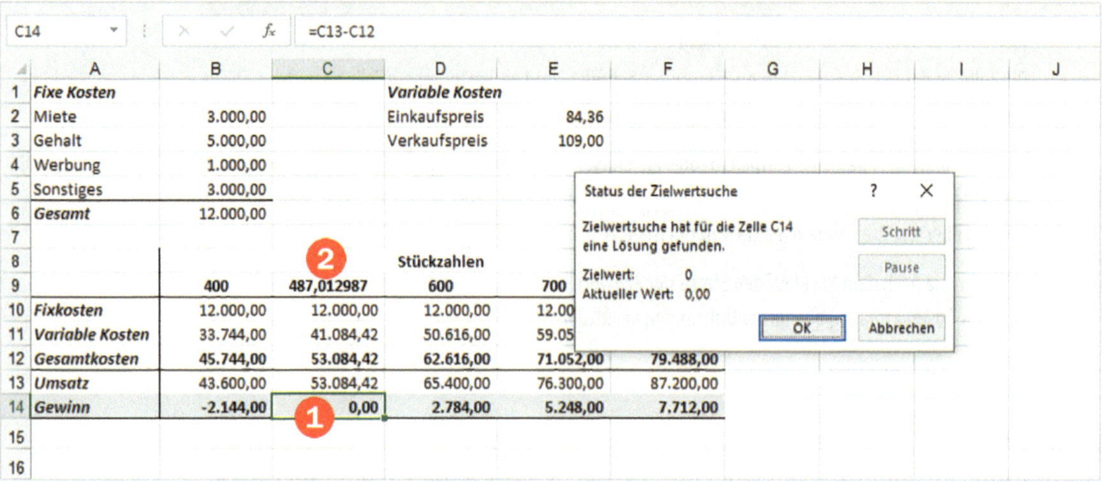

Bild 2.11 Das Ergebnis der Zielwertsuche

Beispiel 2: Radius anhand der Fläche eines Kreises ermitteln

Als zweites Beispiel aus der Geometrie die Flächenberechnung eines Kreises. Die Formel zur Berechnung der Kreisfläche (=B1*B1*PI()) befindet sich in B2 und die Aufgabenstellung lautet: Welcher Radius ist für eine Fläche von 500 (Flächeneinheiten, z. B. m²) notwendig?

Zielzelle ist die Zelle mit der Formel, hier B2, als Zielwert tragen Sie 500 ein und die veränderbare Zelle ist B1 mit dem Radius. Als Ergebnis erhalten Sie den Radius 12,62.

Bild 2.12 Werte für die Zielwertsuche eingeben

Bild 2.13 Das Ergebnis

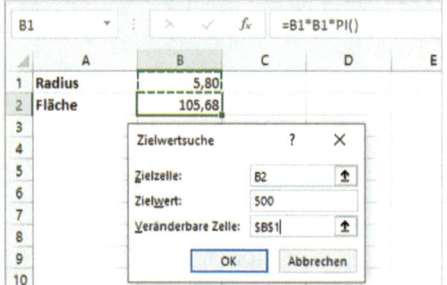
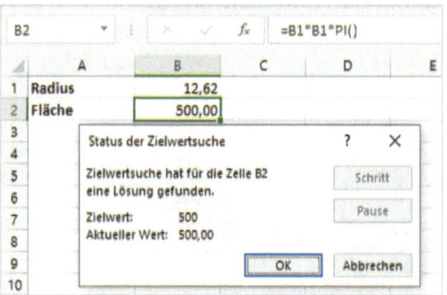

Nicht zulässige Lösung/Keine Lösung gefunden

Nicht immer findet die Zielwertsuche eine Lösung. Wird beispielsweise ein nicht zulässiger Zielwert vorgegeben, dann erhalten Sie zwar eine Lösung, werden aber in der Statusmeldung darauf aufmerksam gemacht, dass die Lösung unter Umständen nicht zulässig ist. Als Beispiel eine Abwandlung der Flächenberechnung oben: Wenn Sie als Zielwert bzw. als Fläche einen Wert vorgeben, der nie erreicht werden kann, z. B. -100, dann erhalten Sie nach einigen Sekunden die Statusmeldung, dass *u.U. eine nicht zulässige Lösung* für B2 gefunden wurde.

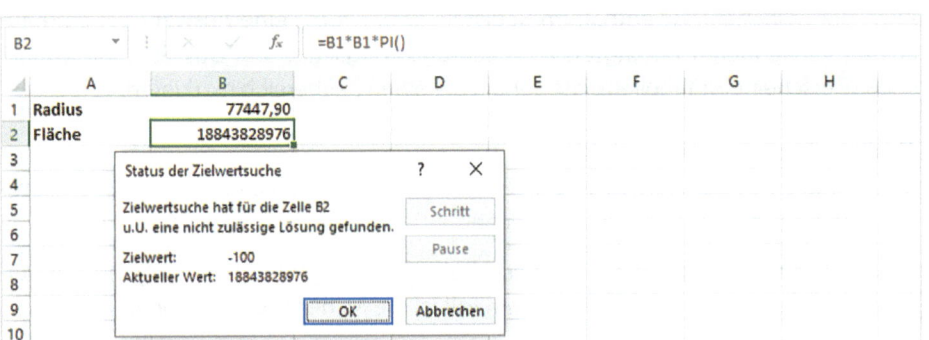

Bild 2.14 Nicht zulässige Lösung aufgrund eines nicht zulässigen Zielwerts

Wann stoppt Excel die Zielwertsuche, wenn keine Lösung gefunden wird?

Excel sucht nicht unendlich lange nach einer Lösung, sondern bricht die Zielwertsuche nach einer gewissen Anzahl von Versuchen ab. Deren Zahl können Sie in den Excel-Optionen ▶ Kategorie *Formeln* einsehen und im Bedarfsfall ändern. Die *Maximale Iterationszahl* legt die Anzahl der Versuche fest (maximal 32.767) und die *Maximale Änderung* ist die Differenz zwischen den sich annähernden Werten.

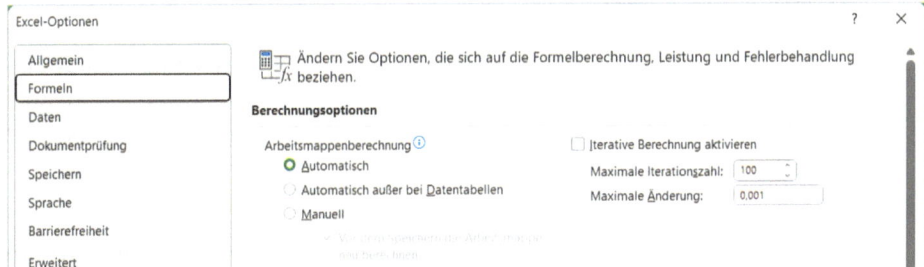

Bild 2.15 Anzahl Lösungsversuche festlegen

2.3 Inhalte mit der bedingten Formatierung hervorheben

Mit der bedingten Formatierung lassen sich Zellen und Zellbereiche, abhängig vom Inhalt, optisch hervorheben. Die Anwendungsmöglichkeiten sind vielfältig; so visualisieren Sie beispielsweise die höchsten oder niedrigsten Werte einer Reihe, geben negativen Zahlen ein bestimmtes Format oder heben alle Zahlen hervor, die über oder unter dem Durchschnitt liegen. Neben Füll- und Schriftfarben stehen Ihnen auch Datenbalken, Farbskalen und Symbolsätze zur Verfügung. Sie finden die Schaltfläche *Bedingte Formatierung* im Menüband, Register *Start*, Gruppe *Formatvorlagen*.

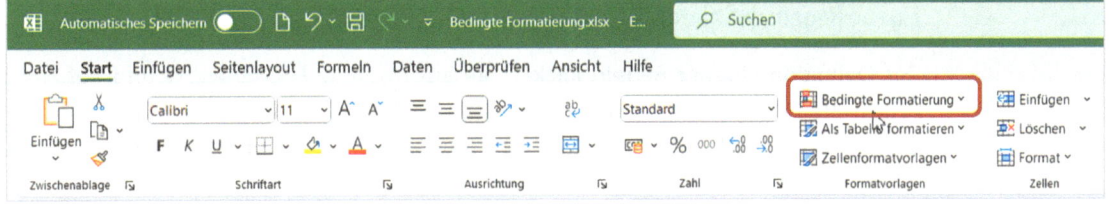

Bild 2.16 Register Start, Bedingte Formatierung

Auch die *Schnellanalyse* enthält im Register *Formatierung* eine Auswahl der am häufigsten verwendeten bedingten Formatierungsmöglichkeiten. Das Symbol *Schnellanalyse* erscheint im Tabellenblatt, sobald Sie einen Zellbereich markieren.

Für alle bedingten Formatierungen gilt:

> Ändert sich der Wert einer Zelle, so ändert sich auch die Formatierung entsprechend der zugrundeliegenden Regel.

> Auf einen Zellbereich können auch mehrere bedingte Formatierungen gleichzeitig angewendet werden, in diesem Fall ist die Reihenfolge zu beachten.

> Da Excel Farbabstufungen und Balkenlänge automatisch anhand des markierten Wertebereichs festlegt, sollten Sie darauf achten, nur diejenigen Werte zu markieren, die Sie unmittelbar miteinander vergleichen möchten.

Berechnungsgrundlagen

> **Datenbalken**
> Die Balkenlänge orientiert sich am höchsten Wert des markierten Zellbereichs.

> **Farbskalen**
> Die Aufteilung der Farben beruht auf dem Median der markierten Werte. Eine Blau-Weiß-Rot-Farbskala weist z. B. den Werten oberhalb des Medians blaue Füllung zu und allen Werten unterhalb rote Füllung. Je näher ein Wert am Median liegt, umso mehr nähert sich die Füllfarbe der Farbe Weiß an. In Bild 2.17 beträgt der Median 30.

> **Symbole**
> Bei Symbolsätzen mit drei unterschiedlichen Symbolen, z. B. Ampelfarben wie im Bild unten, berechnet Excel die Schwellenwerte mit 33 % und 67 % der höchsten markierten Zahl, diese entspricht 100 %. Bei vier Symbolen bzw. Farben sind dies 25 %, 50 % und 75 % (auch als Quantile bezeichnet).

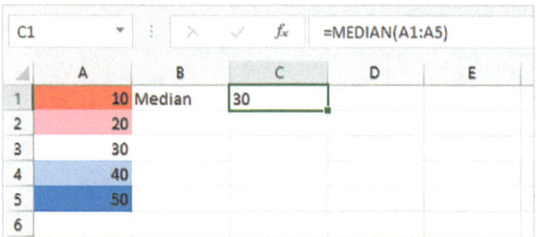

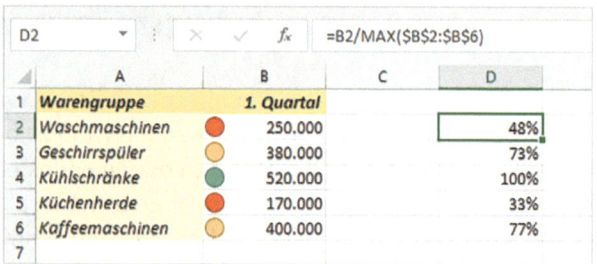

Bild 2.17 Berechnungsgrundlage Farbskala

Bild 2.18 Symbolfarben

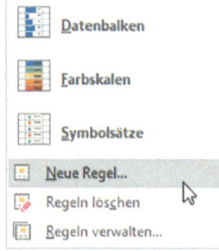

Eigene Regeln definieren

Zur Definition eigener Regeln klicken Sie auf *Bedingte Formatierung* und auf *Neue Regel...*. Im Dialogfenster *Neue Formatierungsregel* (Bild unten) können Sie zur Regelbeschreibung auch Formeln verwenden, eigene Farbskalen definieren und nicht nur einzelne Zellen, sondern auch ganze Tabellenzeilen hervorheben.

1 Zuerst wählen Sie den grundlegenden Regeltyp aus ❶. Der Typ *Nur Zellen formatieren, die enthalten* entspricht der Kategorie *Regeln zum Hervorheben von Zellen*. Wenn Sie eine Formel verwenden möchten, dann benötigen Sie den Typ *Formel zur Ermittlung der formatierenden Zellen verwenden*.

2 Abhängig vom markierten Regeltyp bearbeiten Sie darunter die Regelbeschreibung ❷. Geben Sie einen Vergleichswert, eine Formel oder eine Funktion ein.
Tipp: Statt *Zellwert* können Sie auch *Leerzeichen*, *Keine Leerzeichen* oder *Fehler* (Fehlerwerte) usw. auswählen und diese hervorheben.

3 Zuletzt wählen Sie über die Schaltfläche *Formatieren...* ❸ eine Formatierung. Eine Vorschau auf das Format sehen Sie hier ❹.

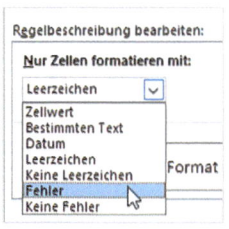

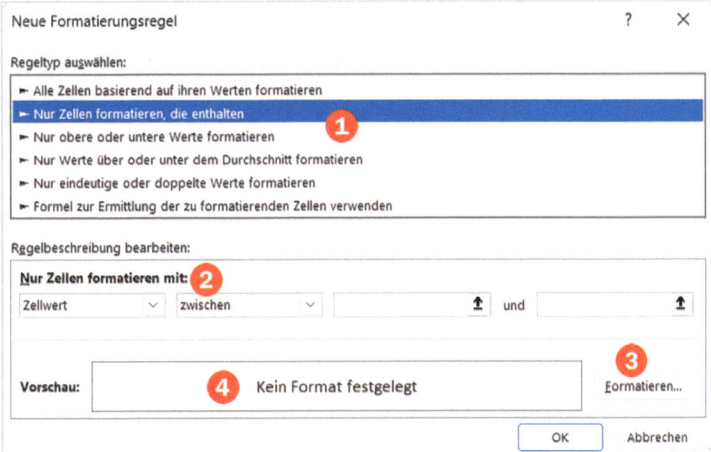

Bild 2.19 Neue Formatierungsregel

Regeln nachträglich ändern

Haben Sie dagegen einen Zellbereich bereits mit einer bedingten Formatierung versehen, z. B. 3-Farben-Skala, und möchten diese ändern, dann klicken Sie auf *Bedingte Formatierung ▶ Regeln verwalten...*. In diesem Fall öffnet sich der *Manager für Regeln zur bedingten Formatierung*. Klicken Sie auf die betreffende Regel ❶ und dann auf die Schaltfläche *Regel bearbeiten* ❷ (Bild unten). Eine nicht mehr benötigte Regel können Sie über die Schaltfläche *Regel löschen* auch wieder entfernen.

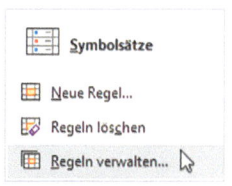

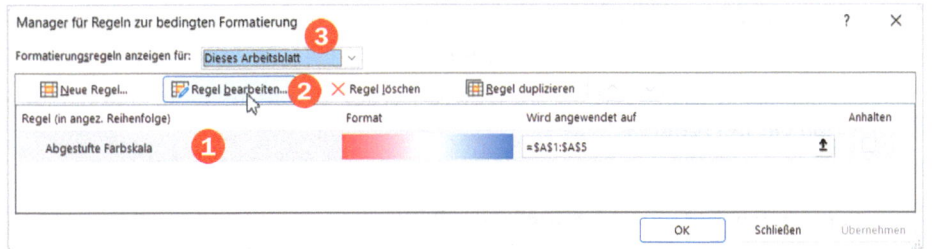

Bild 2.20 Vorhandene Regel bearbeiten

Tipp: Sie brauchen in diesem Fall den Zellbereich nicht unbedingt erneut markieren. Wählen Sie einfach im Feld *Formatierungsregeln anzeigen für* ❸ statt *Aktuelle Auswahl* das aktuelle Arbeitsblatt aus (*Dieses Arbeitsblatt*).

Eigene Farbskalen definieren

Beispiel: Sie möchten die mittleren monatlichen Niederschlagsmengen einiger deutscher Städte vergleichen und zwar, statt mit einer Blau-Weiß-Rot-Farbskala (3-Farben) wie im Bild unten, mit einer 2-Farben-Farbskala.

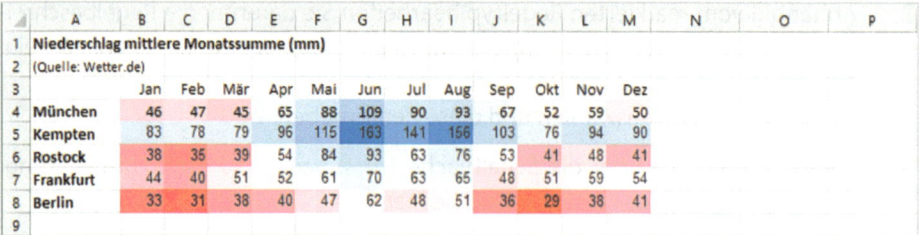

Bild 2.21 Monatliche Niederschlagsmengen als 3-Farben-Farbskala

1. Markieren Sie den Zellbereich, hier B4:M8, und klicken auf *Bedingte Formatierung* ▶ *Neue Regel...* bzw. auf *Regel verwalten...*, um eine vorhandene Regel zu ändern.

2. Klicken Sie auf den Regeltyp *Alle Zellen basierend auf Ihren Werten formatieren* ❶ und wählen Sie im Feld *Formatstil* ❷ die *2-Farben-Skala* aus.

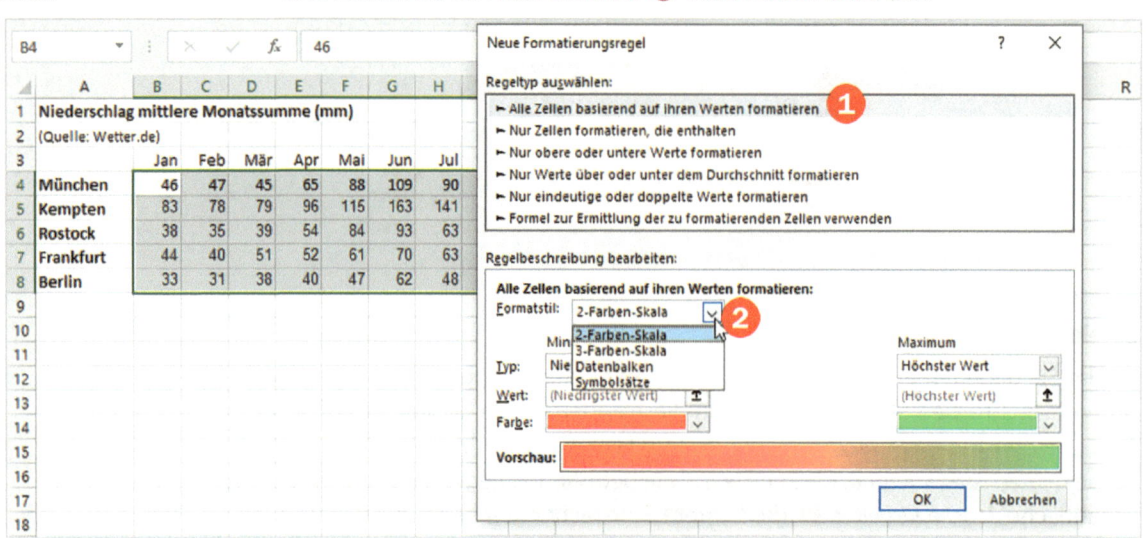

Bild 2.22 Farbskala bearbeiten

3. Anschließend legen Sie unter *Minimum* und *Maximum* fest, wie diese Werte gewählt werden sollen. Zur Auswahl stehen:

   - Niedrigster bzw. höchster Wert, diese werden automatisch aus den markierten Werten ermittelt.
   - Eine fest vorgegebene Zahl, die Sie im Feld *Wert* darunter eingeben.
   - Prozent (ohne Prozentzeichen eingeben).
   - Formel, wobei das Formelergebnis eine Zahl oder ein Datum sein muss.
   - Quantil: Quantile teilen, genau wie der Median, einen Wertebereich in mehrere Teile auf, nur dass im Gegensatz zum Median (50 % Quantil) das Quantil beliebig festgelegt werden kann.

4 Für dieses Beispiel wählen wir als *Minimum* und *Maximum* jeweils *Quantil* mit den Werten 10 und 90 ❸.

5 Nun brauchen Sie im Feld unterhalb nur noch die dazugehörigen Farben auswählen ❹, hier Rot als Minimum und Blau als Maximum.

Bild 2.23 Das Ergebnis mit einer 2-Farben-Skala

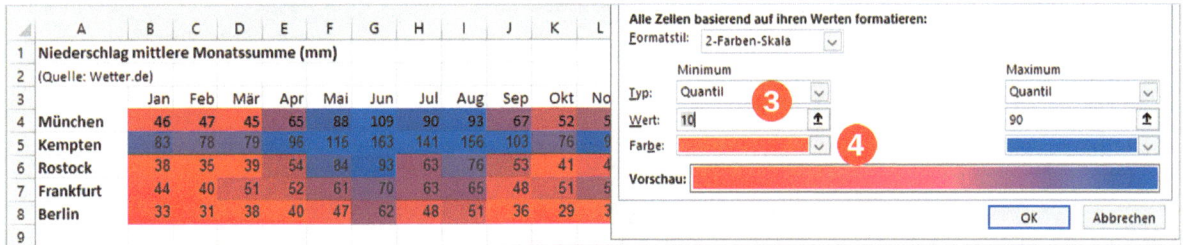

Regeln anhand von Formeln definieren

Wenn Sie zur Ermittlung der zu formatierenden Werte Formeln heranziehen möchten, dann müssen diese, wie alle Excel-Formeln, mit dem Gleichheitszeichen beginnen. Beachten Sie außerdem, dass sich für die bedingte Formatierung nur Formeln und Funktionen einsetzen lassen, die als Ergebnis die Wahrheitswerte WAHR oder FALSCH liefern.

Ganze Zeile anstatt von Zellen hervorheben

Sie möchten die unten abgebildete Tabelle mit Quartalsumsätzen so formatieren, dass nicht nur die Zelle mit dem höchsten Jahresumsatz in der Spalte *Summe*, sondern die gesamte dazugehörige Zeile hervorgehoben wird, wie im Bild unten.

Warengruppe	1. Quartal	2. Quartal	3. Quartal	4. Quartal	Summe
Waschmaschinen	15.000	66.300	39.500	41.000	161.800
Trockner	12.600	7.500	12.000	12.400	44.500
Küchenherde	28.000	15.000	26.000	31.000	100.000
Kühlschränke	20.000	63.000	48.900	59.000	190.900
Geschirrspüler	18.000	16.900	23.000	28.500	86.400

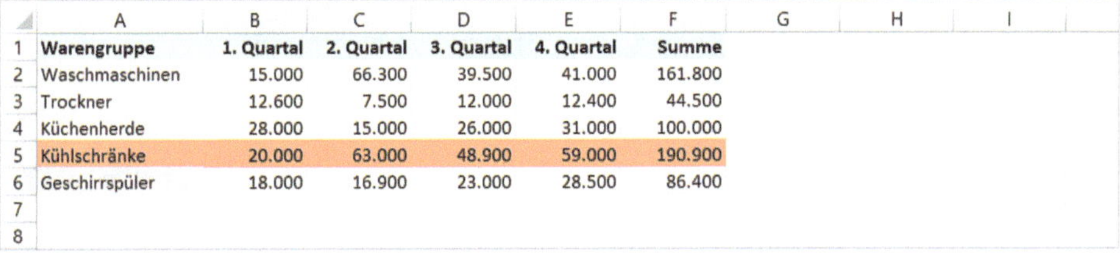

Bild 2.24 Zeilen hervorheben

Diese Regel erfordert eine Formel, die Vorgehensweise:

1 Markieren Sie den zu formatierenden Zellbereich A2:F6, klicken Sie auf *Bedingte Formatierung* und auf *Neue Regel...*.

2 Wählen Sie den Typ *Formel zur Ermittlung der zu formatierenden Zellen verwenden*.

3 Geben Sie unter *Regelbeschreibung bearbeiten* im Feld *Werte formatieren, für die diese Formel wahr ist* die Formel oder Funktion zusammen mit dem Gleichheitszeichen (=) ein.

Um den höchsten Jahresumsatz zu ermitteln, müssen für jede Zeile die Werte in Spalte F mit dem höchsten Wert (Funktion MAX) dieser Spalte verglichen werden. Da der Bezug auf Spalte F konstant bleiben muss, benötigen Sie gemischte Zellbezüge und die Formel muss lauten:

=$F2:$F6=MAX($F$2:$F$6)

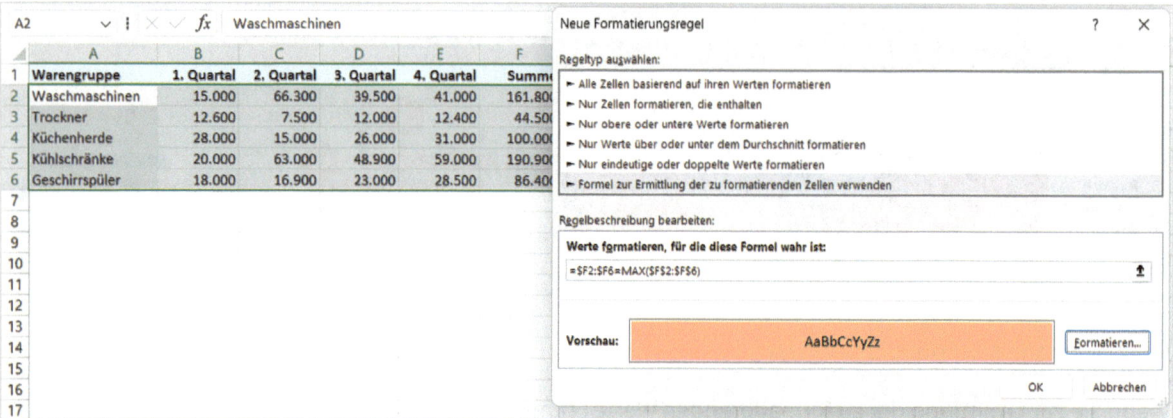

Bild 2.25 Formatierungsregel mit einer Formel erstellen

4 Zuletzt legen Sie über die Schaltfläche *Formatieren...* das gewünschte Format, hier Füllfarbe und fette Schrift, fest und übernehmen die Formatierung mit *OK*.

Spalten miteinander vergleichen

Eine Formel kommt auch zum Einsatz, wenn Sie zwei Spalten miteinander vergleichen und z. B. wie im Bild unten, negative Abweichungen zwischen Plan und Ist in Spalte C hervorheben möchten.

Bild 2.26 Spalte Ist mit Spalte Plan vergleichen

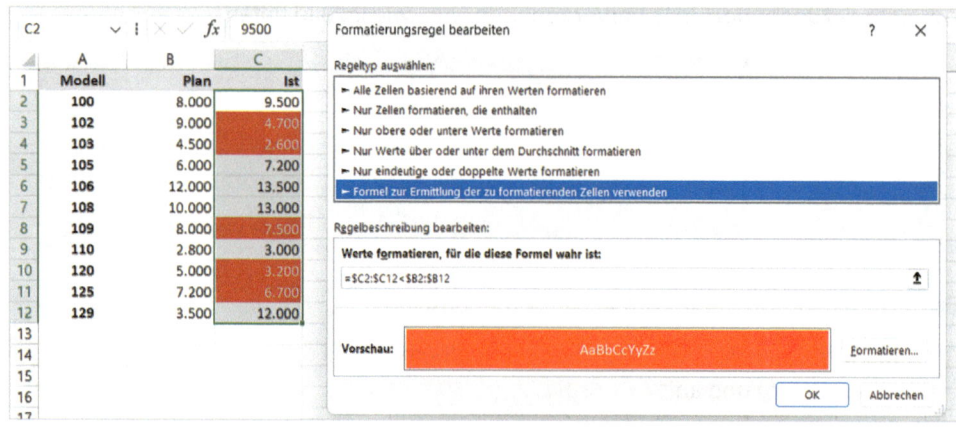

1 Markieren Sie die Ist-Werte, hier in C2:C12, klicken Sie auf *Bedingte Formatierung ▶ Neue Regel...* und wählen Sie den Regeltyp *Formel zur Ermittlung der zu formatierenden Zellen verwenden*.

2 Auch hier sind in der Formel wieder gemischte Bezüge zu beachten:

=$C2:$C12<$B2:$B12

3 Wählen Sie außerdem über die Schaltfläche *Formatieren...* ein Format, hier rote Füllung und Schriftfarbe weiß, und klicken Sie auf *OK*.

Wochentage im Kalender hervorheben

In einer monatlichen Einsatzliste mit Datumswerten sollen die Wochenenden (Samstag und Sonntag) automatisch farbig hervorgehoben werden. Dadurch kann das Blatt beliebig kopiert werden und Sie brauchen später nur noch die Datumswerte des entsprechenden Monats eintragen.

	A	B	C	D	E
1	Einsatzplan				
2			Müller	Schmidt	Grummel
3	01.01.2023	Sonntag			
4	02.01.2023	Montag			
5	03.01.2023	Dienstag			
6	04.01.2023	Mittwoch			
7	05.01.2023	Donnerstag			
8	06.01.2023	Freitag			
9	07.01.2023	Samstag			
10	08.01.2023	Sonntag			
11	09.01.2023	Montag			
12	10.01.2023	Dienstag			
13	11.01.2023	Mittwoch			
14	12.01.2023	Donnerstag			
15	13.01.2023	Freitag			
16	14.01.2023	Samstag			
17	15.01.2023	Sonntag			
18	16.01.2023	Montag			
19	17.01.2023	Dienstag			
20	18.01.2023	Mittwoch			
21	19.01.2023	Donnerstag			
22	20.01.2023	Freitag			
23	21.01.2023	Samstag			
24	22.01.2023	Sonntag			
25	23.01.2023	Montag			
26	24.01.2023	Dienstag			
27	25.01.2023	Mittwoch			
28	26.01.2023	Donnerstag			
29	27.01.2023	Freitag			
30	28.01.2023	Samstag			
31	29.01.2023	Sonntag			
32	30.01.2023	Montag			

Bild 2.27 Wochenenden hervorheben

Hinweis: Die Wochentage in Spalte B wurden aus Spalte A übernommen und mit der Funktion TEXT formatiert: =TEXT(A3;"TTTT")

Da neben dem Datum in Spalte A auch die Wochentage und Mitarbeiter in den Spalten B bis E in derselben Farbe hervorgehoben werden sollen, markieren Sie den Bereich A3:E33. Klicken Sie auf *Bedingte Formatierung* ▶ *Neue Regel...* und auf *Formel zur Ermittlung der zu formatierenden Zellen verwenden* (siehe Bild auf der nächsten Seite). Geben Sie die folgende Formel ein und legen Sie eine Formatierung fest, hier grüne Füllfarbe.

Mehr zum Thema Datumsfunktionen finden Sie in Kap. 3.1.

    =WOCHENTAG($A:$A33;2)>5

Auch in diesem Fall müssen Sie mit gemischten Zellbezügen dafür sorgen, dass sich die Formel immer auf das Datum in Spalte A bezieht, unabhängig von der Zeile.

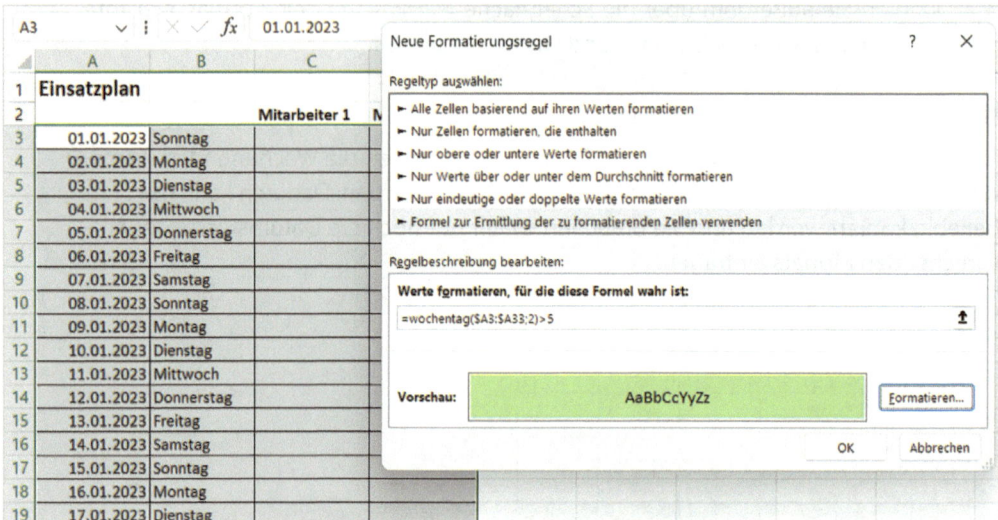

Bild 2.28 Regel zum Hervorheben von Wochenenden

Tipp: Bedingte Formatierung kopieren
Die bedingte Formatierung kann, wie jede Formatierung mit *Format übertragen* (Register *Start* ▸ *Zwischenablage*) schnell auf andere Zellbereiche übertragen werden, z. B. wenn ein neuer Mitarbeiter an die Tabelle angefügt wird.

2.4 Häufige Formeln mit der Schnellanalyse einfügen

Bild 2.29 Symbol Schnellanalyse

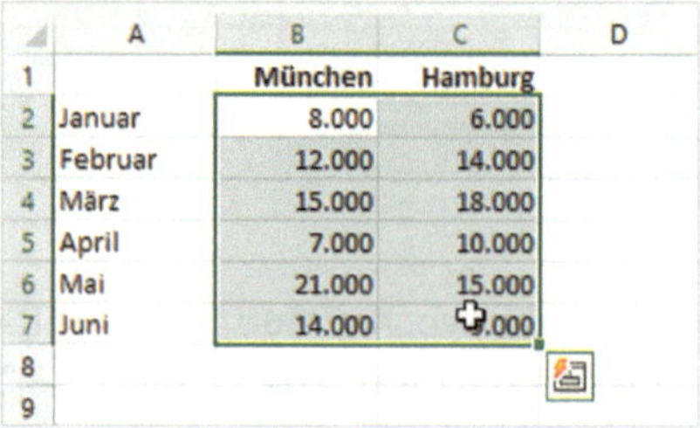

Einige häufig verwendete Formeln, z. B. Summen, Prozentanteile oder kumulierte Summen, lassen sich auch mit dem Tool *Schnellanalyse* einfügen. Das Symbol *Schnellanalyse* erscheint im Tabellenblatt, sobald Sie einen Zellbereich markiert haben, wie im Bild rechts.

Da die Formeln auch gleich über mehrere markierte Zeilen und/oder Spalten berechnet werden können, erübrigt sich in vielen Fällen auch das Kopieren. Hier einige Beispiele, wie Sie dieses Tool nutzen.

Beispiel 1: Durchschnittswerte für mehrere Spalten gleichzeitig berechnen

1   Markieren Sie den auszuwertenden Zellbereich, im Beispiel unten die Spalten München und Hamburg, und klicken Sie auf das Symbol *Schnellanalyse* ❶.

2   Klicken Sie im Schnellanalysetool auf das Register *Ergebnisse* ❷, hier erhalten Sie die Berechnungsvorschläge *Summe*, *Durchschnitt* (Mittelwert), *Anzahl*, Prozentanteil (*% Gesamt*) und *Laufende Summe* sowohl über Zeilen als auch über

Spalten. Klicken Sie auf die kleinen Pfeile nach rechts ❸ bzw. links, um weitere anzuzeigen.

3. Zeigen Sie auf *Durchschnitt* ❹ (in Zeile berechnen), wenn Sie im Tabellenblatt eine Vorschau ❺ erhalten möchten. Ein Klick darauf übernimmt dagegen die Formel und zwar in der Zeile unterhalb.

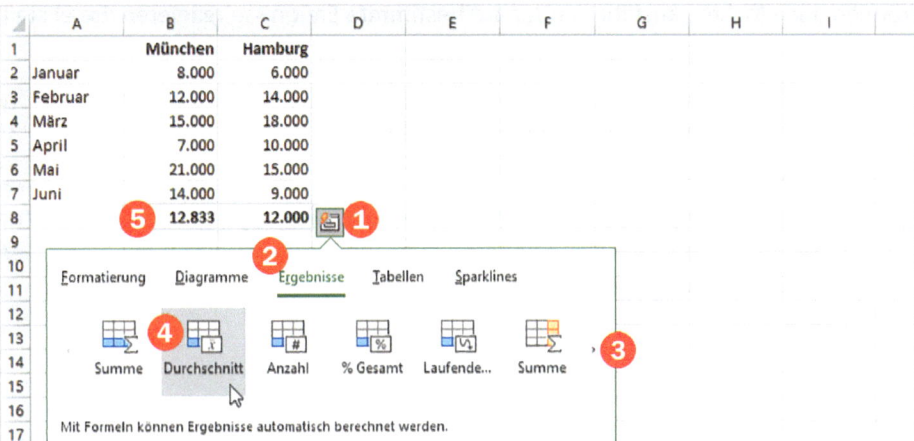

Bild 2.30 Durchschnitt für mehrere Spalten in Zeile berechnen

Beispiel 2: Kumulierte Summen berechnen

Als zweites Beispiel werden im Bild unten in Spalte E die kumulierten Summen über D2:D7 berechnet. Markieren Sie dazu den Zellbereich, für den die kumulierte Summe berechnet werden soll, hier D2:D7, und wählen Sie diesmal *Laufende Summe* (in Spalte berechnen). Auch hier erhalten Sie wieder im Tabellenblatt eine Vorschau.

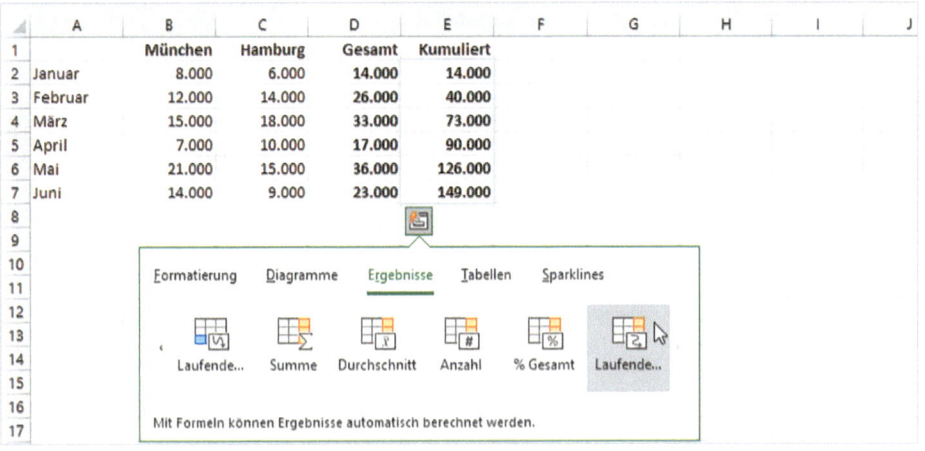

Bild 2.31 Laufende Summe in Spalte berechnen

2.5 Steuerelemente einfügen und verwenden

Mithilfe von Steuerelementen lassen sich in Excel Formulare, d. h. vorgefertigte Arbeitsblätter zur automatisierten Eingabe und Bearbeitung optisch und funktional aufwerten. Steuerelemente sind Objekte, die Daten anzeigen, die Dateneingabe und -bearbeitung vereinfachen oder eine Auswahl zur Verfügung stellen. Steuerelemente können auch Makros ausführen oder auf bestimmte Ereignisse reagieren. Excel stellt zu diesem Zweck zwei Kategorien von Steuerelementen bereit (siehe Bild 2.34):

▶ Formularsteuerelemente sind seit langem Bestandteil von Excel. Mit ihnen können Sie z. B. Werte eingeben oder auswählen.

▶ ActiveX-Steuerelemente sind im Vergleich zu den Formularsteuerelementen wesentlich flexibler, erfordern aber aufgrund ihrer umfangreichen Eigenschaften VBA-Kenntnisse, sowie einen höheren Aufwand bei ihrer Gestaltung. Daher werden wir uns hier ausschließlich mit Formularsteuerelementen befassen.

Wo finden Sie die Formularsteuerelemente?

Register Entwicklertools einblenden

Die Formularsteuerelemente finden Sie im Menüband im Register *Entwicklertools*. Dieses Register ist in der Standardeinstellung nicht sichtbar und muss daher unter Umständen erst eingeblendet werden. Dazu klicken Sie mit der rechten Maustaste an eine beliebige Stelle im Menüband und auf *Menüband anpassen...*.

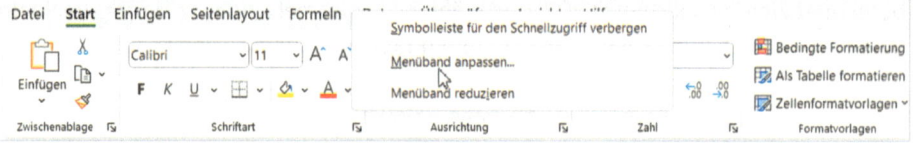

Bild 2.32 Menüband anpassen

Bild 2.33 Aktivieren Sie das Register Entwicklertools

Aktivieren Sie in den *Excel-Optionen* rechts unter *Hauptregisterkarten* das Kontrollkästchen *Entwicklertools* und schließen Sie das Fenster mit der Schaltfläche *OK*.

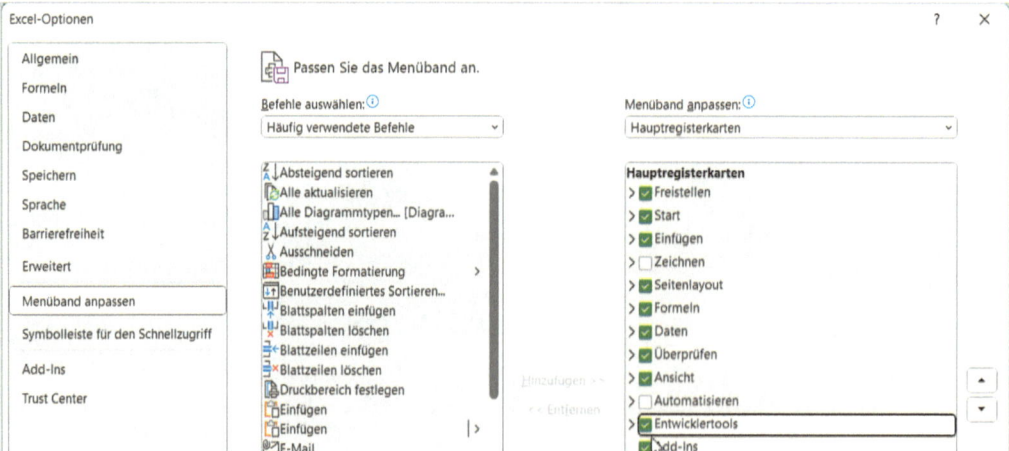

Steuerelemente einfügen

Zum Einfügen eines Steuerelements klicken Sie im Register *Entwicklertools* ▶ *Steuerelemente* auf *Einfügen* und anschließend unter *Formularsteuerelemente* auf den gewünschten Typ. Beim Zeigen erscheint ein kurzer Infotext, wie im Bild unten.

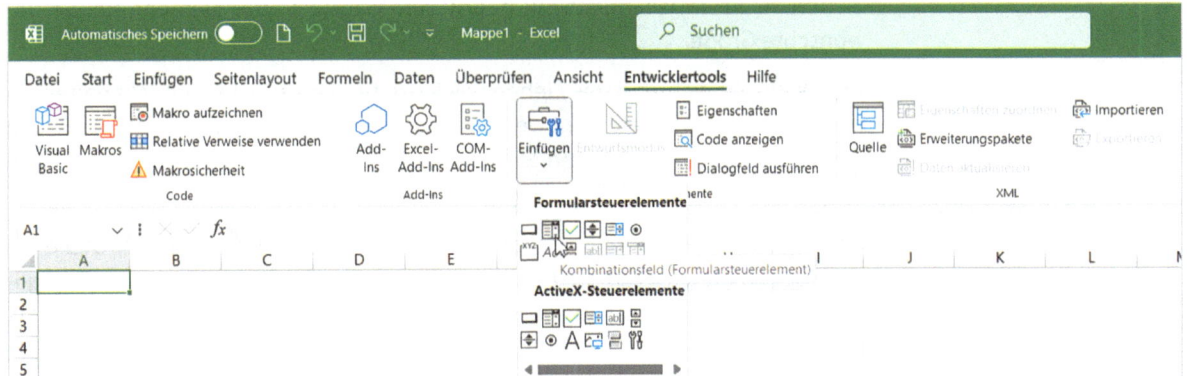

Bild 2.34 Formularsteuerelement einfügen

Hier ein Überblick über die wichtigsten Formularsteuerelemente. Aussehen und Verwendung dürften aus den Windows-Dialogfenstern bekannt sein.

Steuerelement	Beschreibung	Beispiel
Schaltfläche	Führt eine Aktion bzw. ein Makro aus, wenn darauf geklickt wird.	Starten
Kombinationsfeld	Öffnet beim Klick auf den Dropdown-Pfeil eine Liste mit Auswahlmöglichkeiten.	April ▼
Listenfeld	Funktioniert wie ein Kombinationsfeld, mit dem Unterschied, dass ein Listenfeld immer geöffnet ist und daher mehr Platz benötigt. Der ausgewählte Wert ist markiert.	Januar, Februar, März, April, Mai, Juni, Juli, August, September
Drehfeld	Erhöht oder verringert einen Wert per Mausklick auf die Pfeile nach oben bzw. unten. Der Wert kann auch direkt eingegeben werden.	Monat: 5
Scrollleiste	Erlaubt die Auswahl aus einem festgelegten Wertebereich durch Verschieben mit der Maus (scrollen) oder Klick auf die Pfeile.	25
Kontrollkästchen	Liefert nur zwei Werte: WAHR (aktiviert) oder FALSCH (deaktiviert).	☑ Verheiratet
Gruppenfeld	Erlaubt unter mehreren Möglichkeiten nur die Auswahl einer einzigen Option.	Altersgruppe: ○ Jugendliche unter 18 ● Erwachsene ○ Senioren

Formularsteuerelement einfügen

Achtung: Aus dem Menüband in das Tabellenblatt ziehen, funktioniert nicht!

Klicken Sie im Register *Entwicklertools* auf *Einfügen* und auf das gewünschte Formularsteuerelement. Zum Platzieren im Tabellenblatt gibt es verschiedene Möglichkeiten:

- Ziehen Sie im Tabellenblatt mit gedrückter Maustaste das Element auf die gewünschte Größe.

  Tipp: Wenn Sie während des Ziehens gleichzeitig die **Alt**-Taste gedrückt halten, so passt sich das Steuerelement der Größe der Zelle bzw. des Zellbereichs an. Um diese beizubehalten, müssen Sie auch bei nachträglichen Größenänderungen mit der Maus die **Alt**-Taste verwenden.

- Wenn Sie zum Einfügen nicht ziehen, sondern nur an die gewünschte Stelle klicken, so erhalten Sie das Steuerelement in der Standardform. Um bei nachträglichen Größenänderungen diese Form beizubehalten, müssen Sie gleichzeitig die **Umschalt**-Taste gedrückt halten.

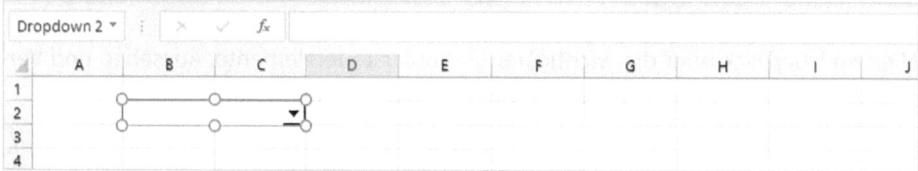

Bild 2.35 Beispiel: Das Kombinationsfeld wurde mit gedrückter Alt-Taste exakt in den Zellbereich B2:C2 eingefügt

Formularsteuerelement markieren und bearbeiten

Die Bearbeitung ist für alle Steuerelemente gleich. Um es zu bearbeiten, müssen Sie es markieren: Dazu klicken Sie es entweder mit gleichzeitig gedrückter **Strg**-Taste oder mit der rechten Maustaste an. Im letzteren Fall erscheint gleichzeitig das Kontextmenü.

Steuerelement entfernen: Ein markiertes Steuerelement können Sie mit der **Entf**-Taste jederzeit wieder aus dem Arbeitsblatt entfernen.

Eigenschaften von Steuerelementen bearbeiten

Beschriftung ändern

Bei Schaltflächen, Kontrollkästchen und Gruppenfeldern können Sie mit Rechtsklick und dem Befehl *Text bearbeiten* die Beschriftung ändern.

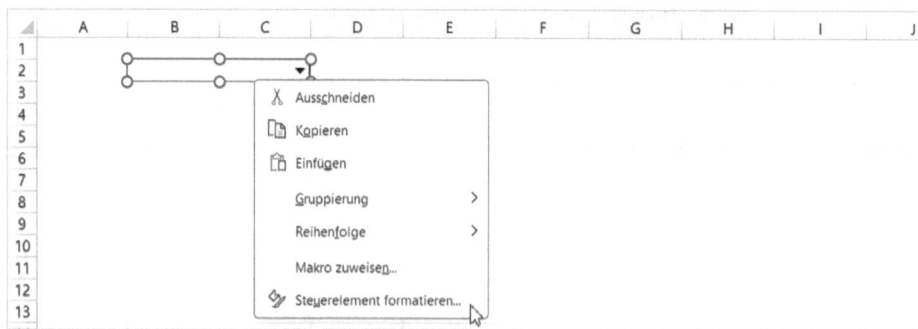

Bild 2.36 Kontextmenü Formularsteuerelement

Weitere Eigenschaften

Die weiteren Eigenschaften eines Steuerelements bearbeiten Sie im Fenster *Steuerelement formatieren*, das Sie per Rechtsklick auf das Steuerelement und den Befehl *Steuerelement formatieren...* öffnen.

▸ **Ein- und Ausgabebereich**: Im Register *Steuerung* legen Sie Ein- und Ausgabebereich sowie abhängig vom Typ noch weitere Eigenschaften fest. Diese werden weiter unten am Beispiel eines Fragebogens genauer beschrieben.

▸ **Blattschutz**: Falls Sie später das Arbeitsblatt schützen und nur noch die Eingabe über die Formularfelder zulassen möchten, dürfen Sie nicht vergessen, für die Steuerelemente und eventuell verknüpfte Felder die Sperrung aufzuheben. Dazu deaktivieren Sie im Register *Schutz* das Kontrollkästchen *Gesperrt*.

▸ **Position des Steuerelements**: Je nachdem, wie das Steuerelement eingefügt wurde, ist es von Zellposition und -größe (Einfügen mit gedrückter **Alt**-Taste) oder nur von der Zellposition abhängig. Das bedeutet, bei Änderungen von Spaltenbreite und/oder Zeilenhöhe ändern sich auch Position und Größe des Steuerelements. Wenn Sie dies verhindern möchten, dann klicken Sie im Fenster *Steuerelement formatieren* auf das Register *Eigenschaften* und wählen die Option *Von Zellposition und -größe unabhängig*.

▸ **Steuerelement nicht drucken**: Falls das betreffende Steuerelement nicht mitgedruckt werden soll, deaktivieren Sie im Register *Eigenschaften* das Kontrollkästchen *Objekt drucken*.

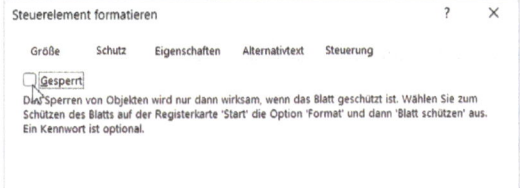
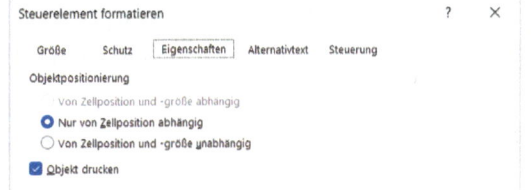

Bild 2.37 Sperrung aufheben

Bild 2.38 Position in Relation zur Zelle

Namen zuweisen

Jedes Steuerelement erhält beim Einfügen einen eindeutigen Namen, z. B. ein Kombinationsfeld den Namen *DropDown1*. Wenn Sie bei einer Vielzahl von Steuerelementen den Überblick behalten möchten, können Sie auch aussagekräftigere Namen vergeben: Markieren Sie das Steuerelement und klicken Sie in das Namenfeld der Bearbeitungsleiste. Geben Sie hier den Namen ein und schließen Sie mit der **Eingabetaste** ab.

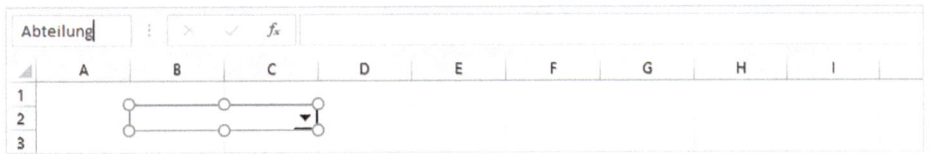

Bild 2.39 Steuerelement umbenennen

Beispiel: Fragebogen erstellen

Als Beispiel erstellen wir einen kleinen Fragebogen, der am Bildschirm ausgefüllt werden kann und mit dem die Belegschaft einer Firma ihren Weiterbildungsbedarf einschätzen soll. Der fertige Fragebogen soll etwa so aussehen:

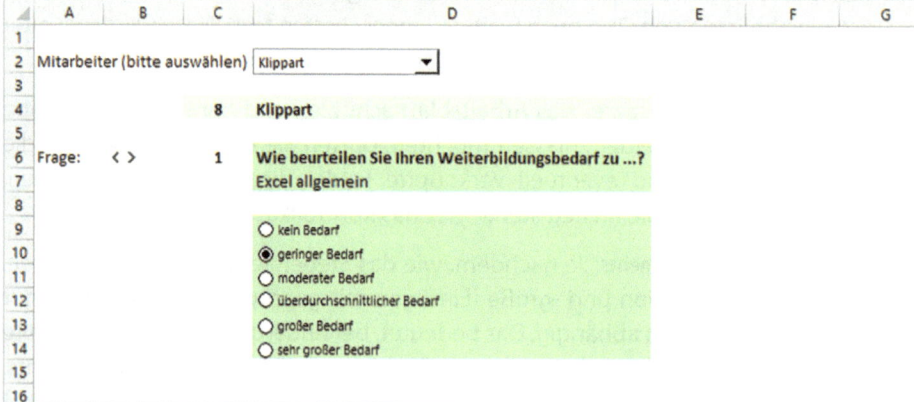

Bild 2.40 Fragebogen Weiterbildungsbedarf

Steuerelemente_Fragebogen.xlsx

Hinweis: Wesentlich mehr Funktionalität erhält ein solcher Fragebogen mit Makros bzw. VBA (Visual Basic for Applications). Da hierzu gesonderte Literatur existiert und sich nicht jeder Excel-Nutzer mit diesem Thema befassen möchte, hier ein Fragebogen, der ausschließlich auf Steuerelementen und Funktionen beruht.

Der Aufbau der Arbeitsmappe

In der Arbeitsmappe werden die folgenden Tabellenblätter benötigt:

▶ Das erste Tabellenblatt erhält den Namen *Fragebogen* und enthält den eigentlichen Fragebogen, siehe Bild oben.

▶ Das zweite Tabellenblatt mit dem Namen *Fragen* enthält die Fragen, hier sieben Fragen. Für jede Frage sind sechs Antwortmöglichkeiten (Ausprägungen) vorgegeben, diese befinden sich in D2:E7 und gelten für alle Fragen. Außerdem wurden Fragen und Antworten mit einer fortlaufenden Nummerierung versehen.

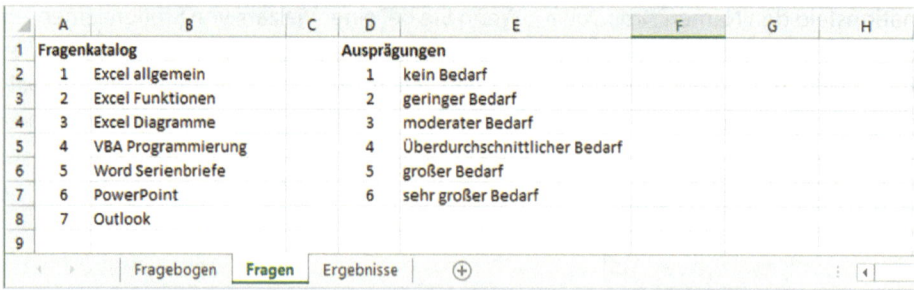

Bild 2.41 Fragenkatalog und Ausprägungen

▶ Das dritte Tabellenblatt erhält den Namen *Ergebnisse* und soll die Umfrageergebnisse aufnehmen. Hier sind auch in einer Tabelle die Namen der Mitarbeiter zusammen mit einer fortlaufenden Nummer aufgelistet, siehe Bild unten.

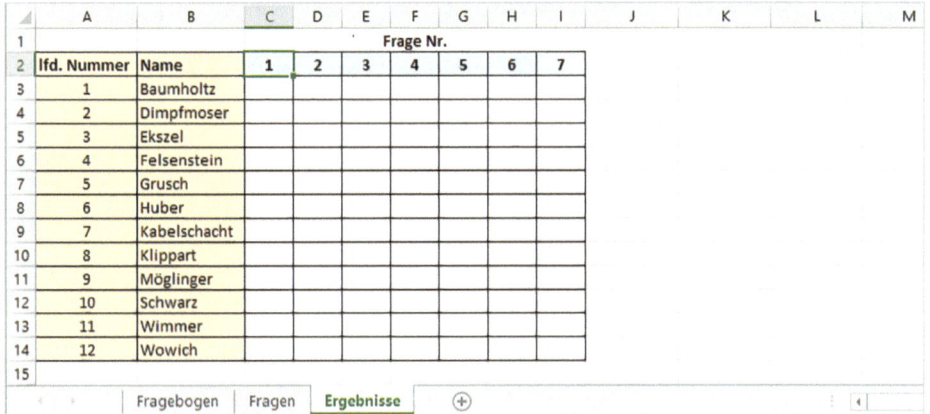

Bild 2.42 Die Ergebnistabelle

Der Fragebogen

Mitarbeiter mittels Kombinationsfeld auswählen

1   Als Erstes wird die Information benötigt, welcher Mitarbeiter den Fragebogen gerade ausfüllt. Die Mitarbeiterauswahl erfolgt über ein Kombinationsfeld. Klicken Sie im Register *Entwicklertools* ▶ *Steuerelemente* ▶ *Einfügen* auf das Formularsteuerelement *Kombinationsfeld* und fügen Sie es etwa an derselben Stelle ein wie im Bild unten.

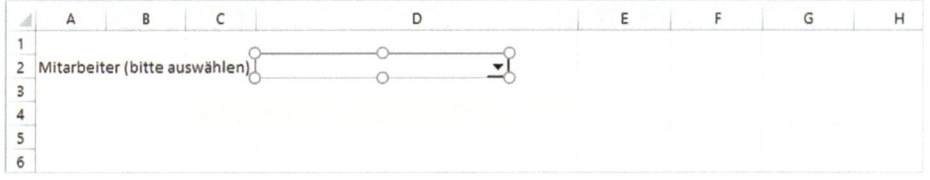

Bild 2.43 Kombinationsfeld einfügen

2   Im nächsten Schritt geben Sie an, woher das Kombinationsfeld die Werte bezieht und in welcher Zelle der ausgewählte Wert ausgegeben wird: Klicken Sie mit der rechten Maustaste auf das Kombinationsfeld und auf *Steuerelement formatieren...*.

3   Klicken Sie im gleichnamigen Fenster auf das Register *Steuerung* und legen Sie die folgenden Optionen fest:

- Der *Eingabebereich* gibt an, welche Inhalte beim Klick auf den Dropdown-Pfeil erscheinen sollen: Klicken Sie in das Feld ❶ und markieren Sie im Blatt *Ergebnisse* die Namen im Bereich B3:B14 ❷ (Bild 2.44).

- Welcher Mitarbeiter ausgewählt wurde, gibt das Kombinationsfeld in eine Zelle aus, diese legen Sie im Feld *Zellverknüpfung* ❸ fest. Geben Sie hier die Zelle C4 (siehe Bild oben) im Blatt *Fragebogen* an.

- Standardmäßig zeigt ein Kombinationsfeld beim Öffnen acht Zeilen an, bei Bedarf ändern Sie deren Anzahl im Feld *Dropdownzeilen*.

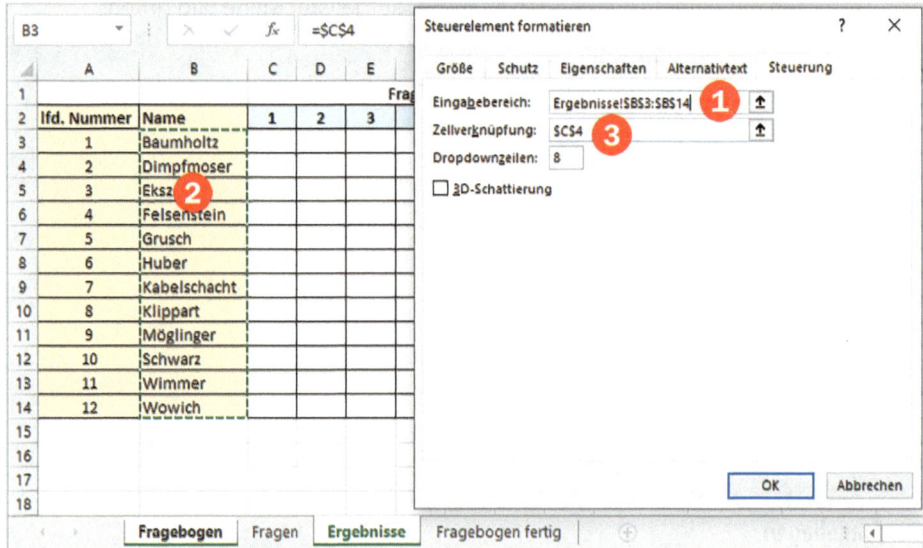

Bild 2.44 Eingabebereich und Zellverknüpfung festlegen

Achtung: Ein Kombinationsfeld gibt nur die Position des ausgewählten Werts als Zahl zurück, liefert also in diesem Beispiel nicht den Mitarbeiternamen, sondern dessen Index in der Tabelle. Außerdem kann ein Kombinationsfeld nur untereinander befindliche Werte in einer Spalte anzeigen. Falls als Eingabebereich nebeneinander liegende Zellen ausgewählt werden, erscheint nur der Inhalt der ersten Zelle bzw. Spalte.

Eine genaue Beschreibung der Funktion INDEX finden Sie auf Seite 204 ff.

4   Damit im Fragebogen zusätzlich zur Nummer in C4 auch noch der Name des Mitarbeiters erscheint, ermitteln Sie diesen in D4 mit der Funktion INDEX:

D4: =INDEX(Ergebnisse!B3:B14;C4)

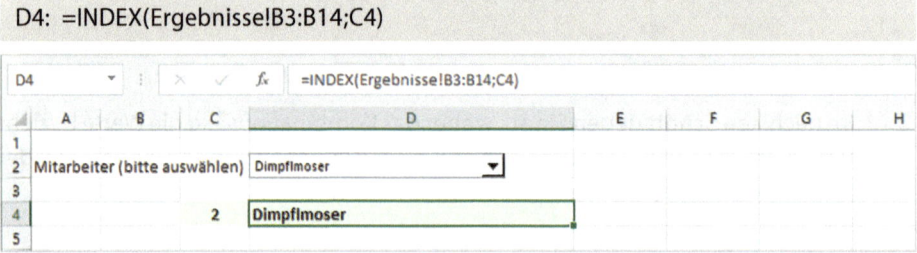

Bild 2.45 Namen anhand der Zellverknüpfung einfügen

Frage per Scrollleiste auswählen

1   Zur Auswahl der Fragen dient eine *Scrollleiste*. Fügen Sie also das Formularsteuerelement *Scrollleiste* unterhalb ein und verkleinern Sie es mit der Maus, bis nur noch die Pfeile sichtbar sind, wie im Bild unten.

Bild 2.46 Verkleinern Sie die Scrollleiste bis auf die Pfeile

2   Die weiteren Optionen legen Sie wieder per Rechtsklick und den Befehl *Steuerelement formatieren...* im Register *Steuerung* fest.

- Der Fragebogen umfasst acht Fragen, geben Sie daher als *Minimalwert* 1 und als *Maximalwert* 8 ein.
- Die *Schrittweite* gibt an, um wie viel die Zahl mit jedem Klick auf einen der Pfeile erhöht/verringert wird. Der Standardwert 1 kann hier beibehalten werden.
- Die Fragenummer soll in C6 erscheinen, diese Adresse geben Sie unter *Zellverknüpfung* an.

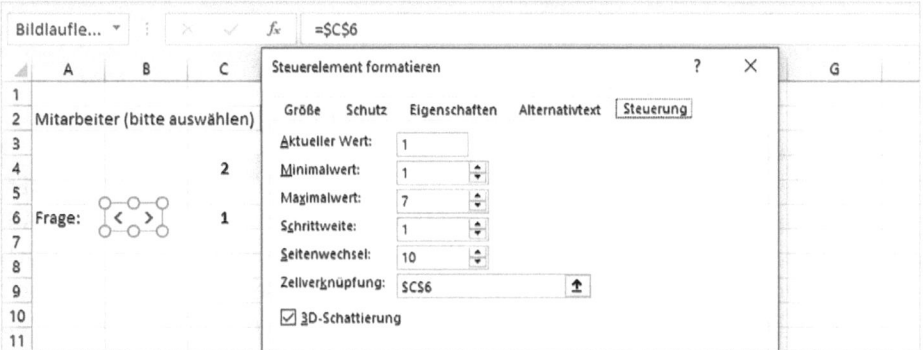

Bild 2.47 Optionen für die Scrollleiste festlegen

3   Nun können Sie wieder in D7 mithilfe der Funktion INDEX den eigentlichen Fragetext ausgeben lassen. Der erste Teil der Fragestellung, „Wie beurteilen Sie Ihren Weiterbildungsbedarf zu...?", lautet immer gleich und wird daher in D6 einfach eingegeben.

D7: =INDEX(Fragen!B2:B8;C6)

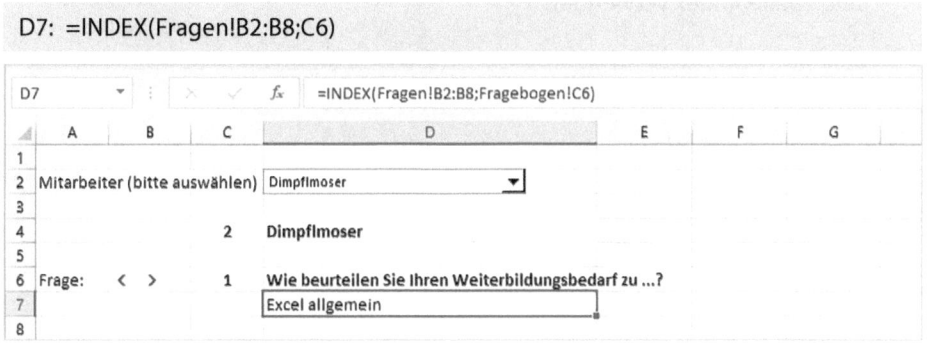

Bild 2.48 Fragetext anhand der Nummer mit der Funktion INDEX ermitteln

Antwortmöglichkeiten als Optionsfeld einfügen

Im nächsten Schritt fügen Sie die verschiedenen Antwortmöglichkeiten ein. Hierfür eignet sich das Formularsteuerelement *Optionsfeld*, da es im Gegensatz zum Kontrollkästchen immer nur eine einzige Antwort zulässt.

Fügen Sie nacheinander sechs Optionsfelder ein, diese geben entsprechend ihrer Reihenfolge beim Einfügen die Zahlen 1 bis 6 zurück. Die Beschriftung *Optionsfeld1* usw. ändern Sie mit Rechtsklick und den Befehl *Text bearbeiten*.

Bild 2.49 Fügen Sie sechs Optionsfelder ein und beschriften Sie diese

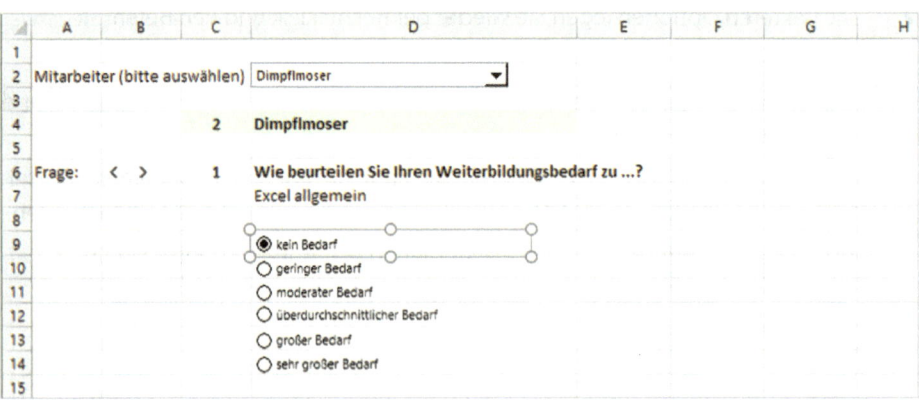

Ergebnisse an die Ergebnistabelle übergeben

Nun folgt der wichtigste Schritt, die Übergabe der ausgewählten Antwort in die Ergebnistabelle. Da als Zellverknüpfung eines Steuerelements nicht nur eine feste Adresse, sondern auch eine Formel bzw. Funktion angegeben werden kann, lässt sich die dazugehörige Zelle der Ergebnistabelle leicht mithilfe der Funktion INDEX unter Angabe der Zeile (Mitarbeiter) und der Spalte (Fragenummer) ermitteln. Der Aufbau der Funktion INDEX:

Hinweis: Eine eingehendere Beschreibung der Funktion INDEX finden Sie auf Seite 204 ff.

INDEX(Matrix;Zeilenindex;Spaltenindex)

Namen für Zellen, siehe Seite 27.

1 Im ersten Schritt erhalten im Blatt *Fragebogen* die Ausgabezellen C4 ❶ und C6 ❷ die Namen *Mitarbeiter* (Bild unten) und *Frage*. Diese werden dann als Zeilen- und Spaltenindex verwendet.

Bild 2.50 Zellen C4 und C6 benennen

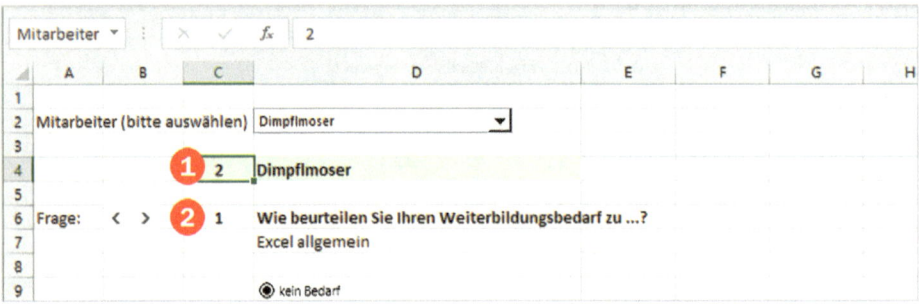

2 Die Ausgabezelle im Blatt *Ergebnisse* erhält ebenfalls einen Namen, sie wird anstelle eines festen Zellbezugs mit der Funktion INDEX ermittelt. Klicken Sie dazu im Menüband, Register *Formeln* auf *Namens-Manager*. Erstellen Sie hier mit Klick auf die Schaltfläche *Neu...* den Namen *Ausgabebereich* und geben Sie im Feld *Bezieht sich auf* die folgende Funktion ein:

Ausgabebereich: =INDEX(Ergebnisse!$C$3:$C$14;Mitarbeiter;Frage)

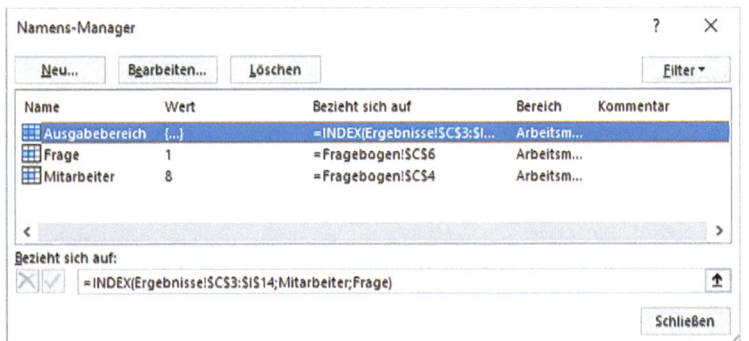

Bild 2.51 Ausgabebereich mit der Funktion INDEX

3 Zuletzt weisen Sie im Blatt *Fragebogen* einem der sechs Optionsfelder als Zellverknüpfung den Namen *Ausgabebereich* zu. Da die Optionen eine Gruppe bilden, gilt diese automatisch auch für alle übrigen Optionsfelder.

Bild 2.52 Weisen Sie den Namen Ausgabebereich als Zellverknüpfung einem Optionsfeld zu

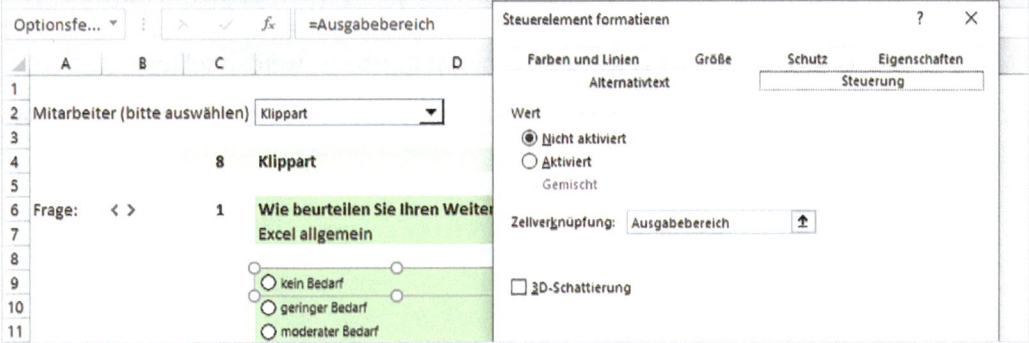

Fragebogen schützen

Um zu verhindern, dass während des Ausfüllens des Fragebogens Zellinhalte gelöscht oder überschrieben werden, sollte zuletzt noch das Blatt *Fragebogen* geschützt werden. Da dadurch allerdings alle Zellen und Steuerelemente gesperrt werden, müssen Sie zuvor noch die Sperrung der Steuerelemente und verknüpften Zellen aufheben.

1 Dazu klicken Sie mit der rechten Maustaste auf das erste Steuerelement und auf *Steuerelement formatieren…*. Klicken Sie im gleichnamigen Fenster auf das Register *Schutz* und deaktivieren Sie das Kontrollkästchen *Gesperrt*. Wiederholen Sie dann diesen Schritt für alle übrigen Steuerelemente.

Bild 2.53 Steuerelement: Sperrung aufheben

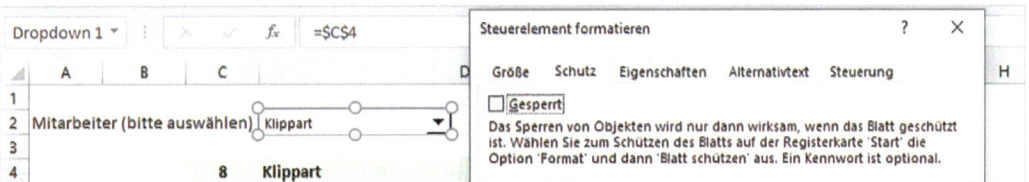

2 Um die Sperrung von den verknüpften Zellen C4 und C6 zu entfernen, markieren Sie diese (Mehrfachmarkierung mit gedrückter **Strg**-Taste), klicken im Menüband,

Bild 2.54 Sperrung der verknüpften Zellen aufheben

Register *Start* ▶ *Zellen* auf *Format* und heben im Abschnitt *Schutz* die Sperre mit einem Klick auf *Zelle sperren* auf (oder Rechtsklick, Befehl *Zellen formatieren...* und im Register *Schutz* das Kontrollkästchen *Gesperrt* deaktivieren).

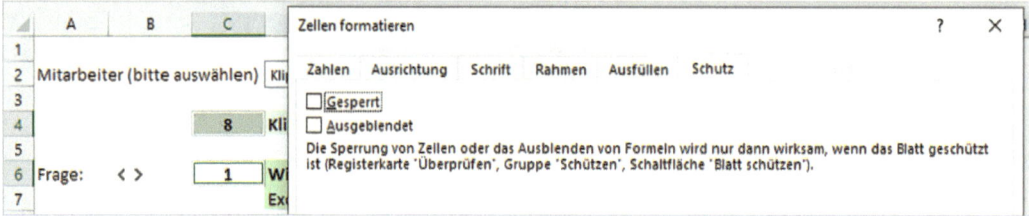

3. Nun muss nur noch das aktuelle Arbeitsblatt *Fragebogen* geschützt werden. Klicken Sie im Register *Start* ▶ *Zellen* auf *Format* und unter *Schutz* auf *Blatt schützen* ❶. Denselben Befehl finden Sie auch per Rechtsklick auf das Blattregister.

4. Deaktivieren Sie die Kontrollkästchen *Gesperrte Zellen auswählen* und *Nicht gesperrte Zellen auswählen* ❷. Bei Letzteren handelt es sich um die verknüpften Zellen, die ebenfalls nicht vom Benutzer bearbeitet werden sollten.

Bild 2.55 Das Blatt Fragebogen schützen

5. Damit der Blattschutz nicht beliebig aufgehoben werden kann, sollten Sie auch noch ein Kennwort zum Aufheben des Blattschutzes vereinbaren ❸.

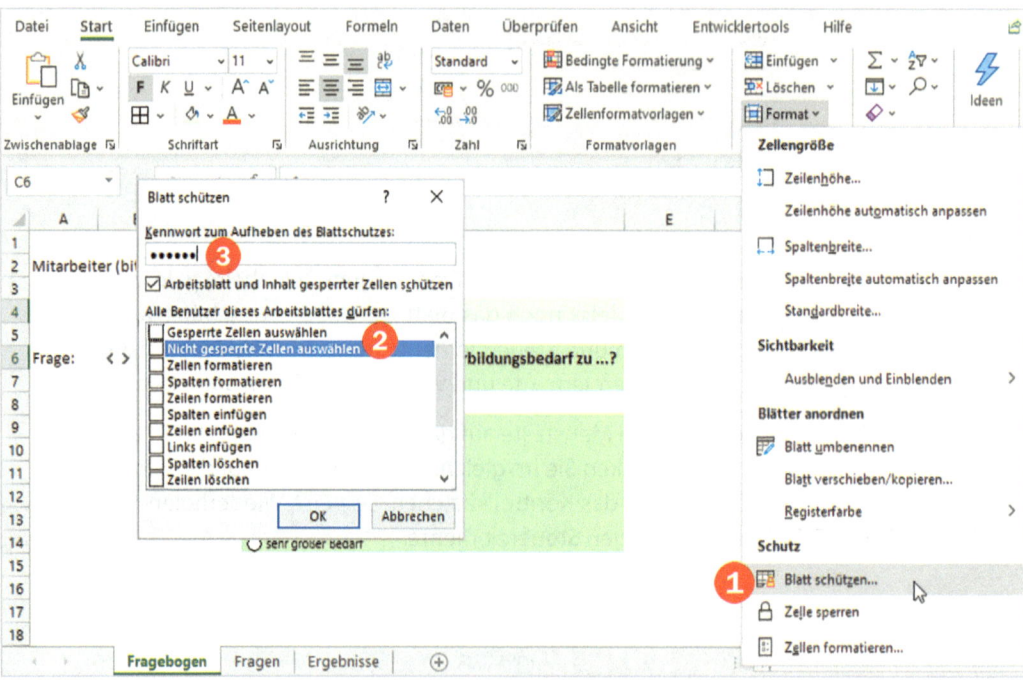

6. Wenn Sie jetzt auch noch unbefugte Änderungen an den Fragen verhindern möchten, dann blenden Sie das Blatt *Fragen* einfach aus: Rechtsklick im Blattregister auf das betreffende Blatt und Befehl *Ausblenden...*. Dasselbe könnten Sie auch mit dem Blatt *Ergebnisse* machen.

2.6 Fehler durch Eingabekontrollen vermeiden

Neben Fehlern in Formeln können falsche Ergebnisse auch durch fehlerhafte Eingaben, vor allem durch unerfahrene Nutzer, entstehen. Zur Kontrolle und Steuerung der Eingabe stellt Excel die Datenüberprüfung zur Verfügung. Mit ihrer Hilfe können Sie für Zellen Regeln zur Eingabe festlegen. Es spielt keine Rolle, ob es sich um einen normalen Zellbereich oder einen dynamischen Tabellenbereich handelt (*Als Tabelle formatieren*). Folgende Möglichkeiten sind verfügbar:

- Beschränkung auf einen zulässigen Wertebereich, wobei dieser auch mittels Formel berechnet werden kann.
- Vorgabe eines Datentyps, z. B. Zahl oder Datum.
- Auswahl aus einer Liste (Dropdown-Liste).
- Zusätzlich können Sie eine Meldung definieren, die bei falschen bzw. nicht zulässigen Eingaben erscheint und gleichzeitig entscheiden, was mit der unzulässigen Eingabe passieren soll.

Die Werkzeuge dazu finden Sie im Menüband, Register *Daten* ▶ *Datentools*. Klicken Sie hier auf das Symbol *Datenüberprüfung* oder auf den Dropdown-Pfeil des Symbols und auf *Datenüberprüfung...*.

Bild 2.56 Datenüberprüfung

Zellbereich für die Regeln festlegen

Die Regeln zur Datenüberprüfung werden wie Formeln behandelt und können folglich wie diese kopiert werden. Wenn also eine Gültigkeitsprüfung für die gesamte Tabellenspalte gelten soll, haben Sie folgende Möglichkeiten:

▶ Entweder Sie markieren die betreffenden Zellen bzw. die gesamte Spalte und legen für diese die Regel zur Dateneingabe fest.

▶ Oder weisen Sie nur der ersten Zelle der Spalte eine Regel zu und kopieren diese anschließend wie eine Formel mithilfe von *AutoAusfüllen* bzw. durch Ziehen mit gedrückter Maustaste auf die angrenzenden Zellen der Spalte.

▶ Wenn es sich um einen dynamischen Tabellenbereich (Register *Start* ▶ *Als Tabelle formatieren*) handelt, dann markieren Sie die vorhandenen Zellen und definieren die Datenüberprüfung für diese. Die Regel wird dann automatisch auf neu hinzugefügte Zeilen dieser Spalte übernommen.

Wertebereich und Datentyp vorgeben

Markieren Sie die Zelle oder den Zellbereich und klicken Sie im Register *Daten* ▶ *Datentools* auf *Datenüberprüfung*. Im Dialogfenster *Datenüberprüfung* legen Sie im Register *Einstellungen* die Gültigkeitskriterien fest.

▸ Im Feld *Zulassen* wählen Sie den zulässigen Datentyp aus ❶.

▸ Das Feld *Daten* enthält die Vergleichsoperatoren ❷ zur Auswahl. Die dazugehörigen Vergleichswerte geben Sie unterhalb ein.

▸ Das Kontrollkästchen *Leere Zellen ignorieren* ❸ steuert, ob die Zelle auch leer bleiben darf. Deaktivieren Sie es, wenn eine Eingabe zwingend erforderlich ist.

▸ Das Kontrollkästchen *Änderungen auf alle Zellen mit den gleichen Einstellungen anwenden* ❹ erlaubt bei nachträglichen Änderungen, dass die Änderung in allen Zellen mit dieser Regel wirksam wird. Bei einer neuen Regel ist es deaktiviert.

Bild 2.57 Gültigkeitskriterien festlegen

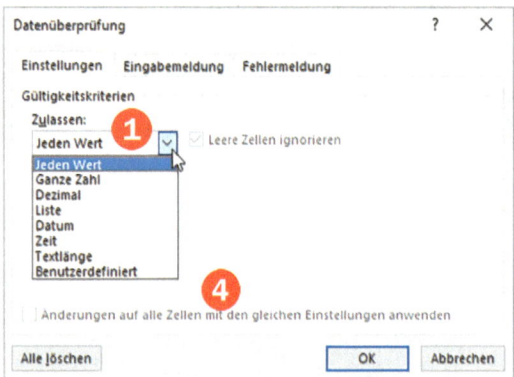
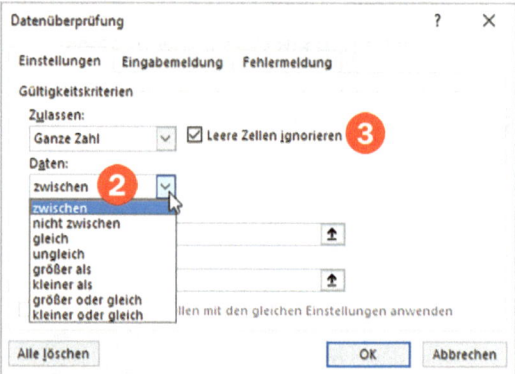

Beispiel: Die Bestellnummer muss eine vierstellige ganze Zahl sein

Markieren Sie die Spalte, im Bild unten Spalte A (A:A). Wählen Sie *Ganze Zahl* und den Vergleichsoperator *Zwischen*. Im Feld *Minimum* geben Sie als kleinsten Wert die Zahl 1000 und im Feld *Maximum* den größten zulässigen Wert 9999 ein.

Bild 2.58 Datentyp und Wertebereich festlegen

Hinweis: Die Datenüberprüfung gilt nur für Neueingaben und Änderungen. Bereits vorhandene Inhalte, wie die Spaltenüberschrift im Bild in A1, werden ignoriert.

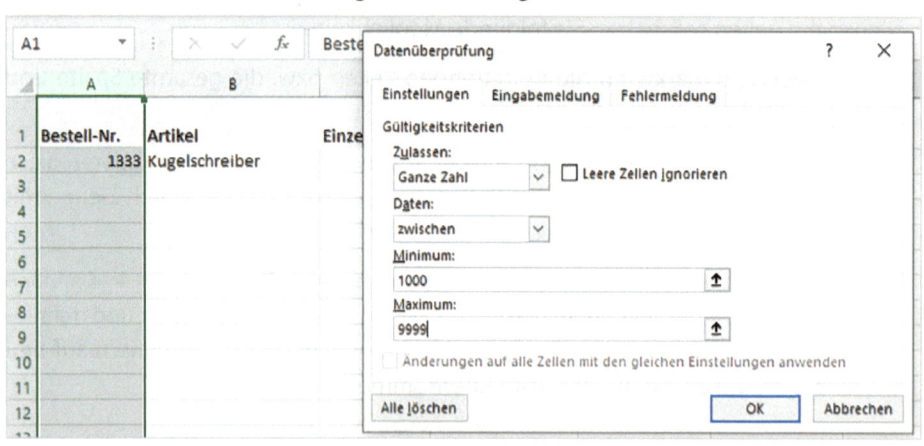

Zellbezüge statt fester Werte

Statt fester Werte wie im Beispiel oben, ist auch die Angabe von Bezügen auf Zellen im selben oder einem anderen Arbeitsblatt der Mappe möglich. Beachten Sie aber, dass in diesem Fall feste Zellbezüge erforderlich sein können, wie im nachfolgenden Bild.

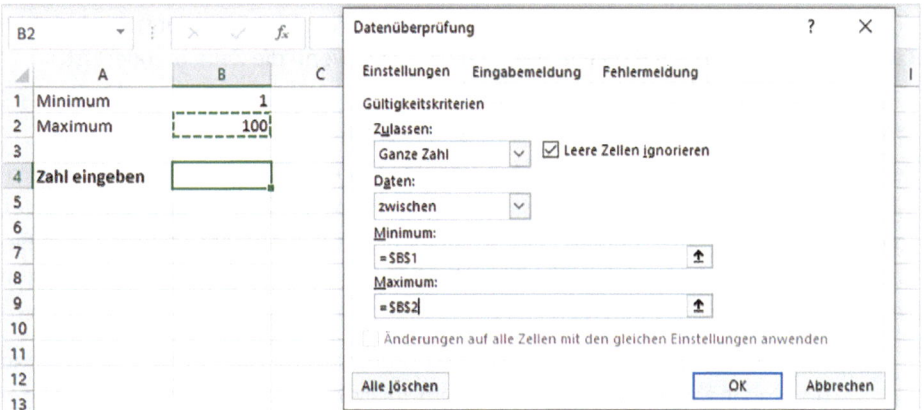

Bild 2.59 Vergleichswerte als Zellbezug

Datum einschränken

Ist die Eingabe eines Datums erforderlich, dann können Sie als Vergleichswert auch Datumsfunktionen einsetzen. Im Bild 2.60 darf beispielsweise das eingegebene Datum nicht größer als das aktuelle Datum plus 3 Tage sein.

Textlänge begrenzen

Mit der Auswahl *Textlänge* können Sie die Eingabe auf eine feste Anzahl Zeichen beschränken, im Bild 2.61 zwischen 1 und maximal 10 Zeichen.

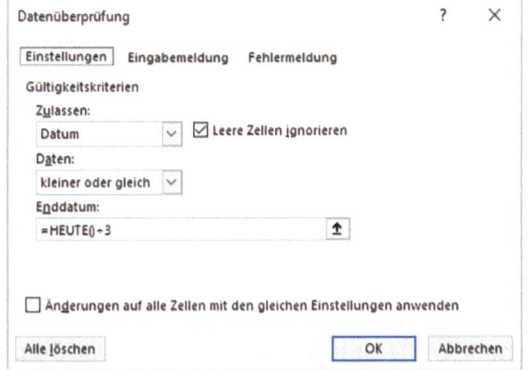

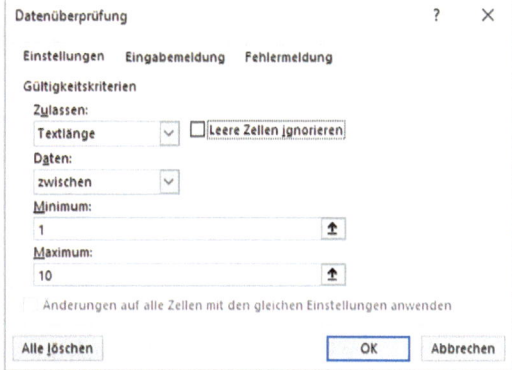

Bild 2.60 Datumseingabe

Bild 2.61 Textlänge

Regeln und Meldungen entfernen

Falls Sie bestehende Regeln und Meldungen (siehe nächster Punkt) zur Datenüberprüfung löschen möchten, so markieren Sie die betreffenden Zellen, öffnen mit Klick auf das Symbol *Datenüberprüfung* das gleichnamige Fenster und klicken auf die Schaltfläche *Alle löschen*.

Meldungen ausgeben

Eingabehinweise anzeigen

Im Register *Eingabemeldung* des Fensters *Datenüberprüfung* (Bild 2.62) können Sie optional einen kurzen Hinweistext zur Eingabe formulieren. Diese Meldung erscheint im Tabellenblatt, sobald auf die Zelle geklickt wird bzw. wenn die Zelle markiert ist.

Fehlermeldung und Behandlung nicht zulässiger Eingaben

Bei Eingaben, die nicht der festgelegten Regel entsprechen, erscheint eine Standardfehlermeldung. Da diese wenig aussagefähig ist, insbesondere für ungeübte Nutzer, sollten Sie auch eine Meldung für Falscheingaben formulieren. Diese geben Sie im Register *Fehlermeldung* ein, siehe Bild 2.63. Die Auswahl des *Typs* steuert das Verhalten bei Eingabe eines nicht zulässigen Werts:

- *Stopp* verhindert, dass der Wert übernommen wird. Dieser wird entfernt und die Eingabe muss entweder mit einem zulässigen Wert wiederholt oder abgebrochen werden.

- *Warnung* zeigt die Fehlermeldung zusammen mit der Frage an, ob mit der Eingabe fortgefahren werden soll, und *Information* liefert nur die Fehlermeldung.
  Achtung: In beiden Fällen ist ein Beibehalten der ungültigen Eingabe möglich.

Bild 2.62 Eingabemeldung

Bild 2.63 Fehlermeldung

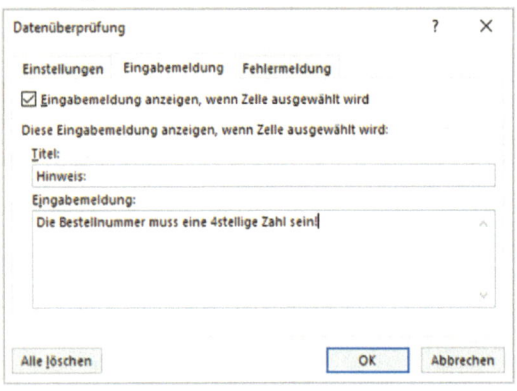
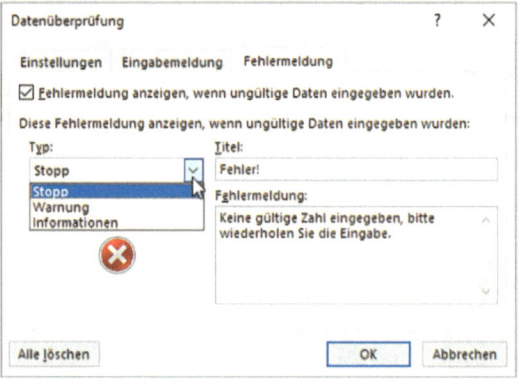

Eingabe auf die Auswahl aus einer Liste beschränken

Sie können die Eingabe auch auf bestimmte Werte einschränken, indem Sie eine Dropdown-Liste vorgeben. Die Werte einer solchen Liste sollten sich am besten in einem gesonderten Arbeitsblatt befinden. Sie können dann später dieses Tabellenblatt ausblenden und so unbeabsichtigte Änderungen anderer Benutzer verhindern.

Tipp: Wenn Sie die Liste später um weitere Elemente ergänzen möchten, dann sollten Sie diese als Tabellenbereich formatieren (Register *Start* ▶ *Als Tabelle formatieren*). Auf diese Weise werden auch nachträglich hinzugefügte Tabellenzeilen automatisch in der Dropdown-Liste berücksichtigt.

Beispiel: Bei der Eingabe von Artikeln soll der Hersteller aus einer Liste ausgewählt werden

Im ersten Schritt wird die Liste der Hersteller als Tabellenbereich formatiert: Klicken Sie in die Liste und im Register *Einfügen* auf *Tabelle* (oder im Register *Start* auf *Als Tabelle formatieren*). Aktivieren Sie das Kontrollkästchen *Tabelle hat Überschriften* ❶ und klicken Sie auf *OK*. Geben Sie danach dem Datenbereich einen aussagefähigen Namen: Markieren Sie die Hersteller (ohne Überschrift) ❷, klicken Sie in der Bearbeitungsleiste in das Namenfeld und geben Sie einen aussagekräftigen Namen ein ❸, z. B. Hersteller.

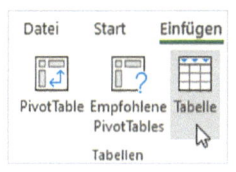

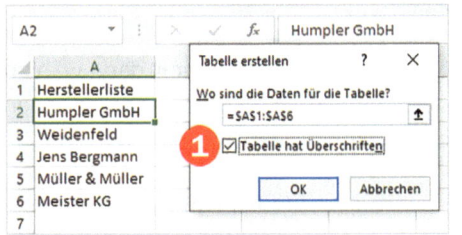
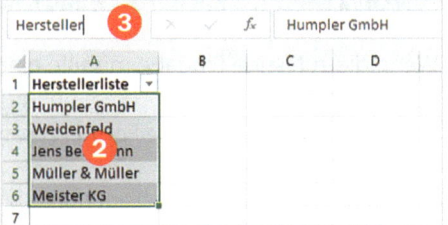

Bild 2.64 Tabellenbereich erstellen

Bild 2.65 Tabelle umbenennen

Datenüberprüfung.xlsx

Markieren Sie in der Artikeltabelle die Spalte D (*Hersteller*), klicken Sie auf *Datenüberprüfung* und wählen Sie im Register *Einstellungen*, Feld *Zulassen* den Eintrag *Liste* ❹ aus. **Achtung**: Das Kontrollkästchen *Zellendropdown* ❺ muss aktiviert sein, sonst erscheint der Dropdown-Pfeil nicht im Tabellenblatt! Im Feld *Quelle* geben Sie den Bereichsnamen zusammen mit einem Gleichheitszeichen ein ❻.

Bild 2.66 Wählen Sie Liste und geben Sie die Quelle an

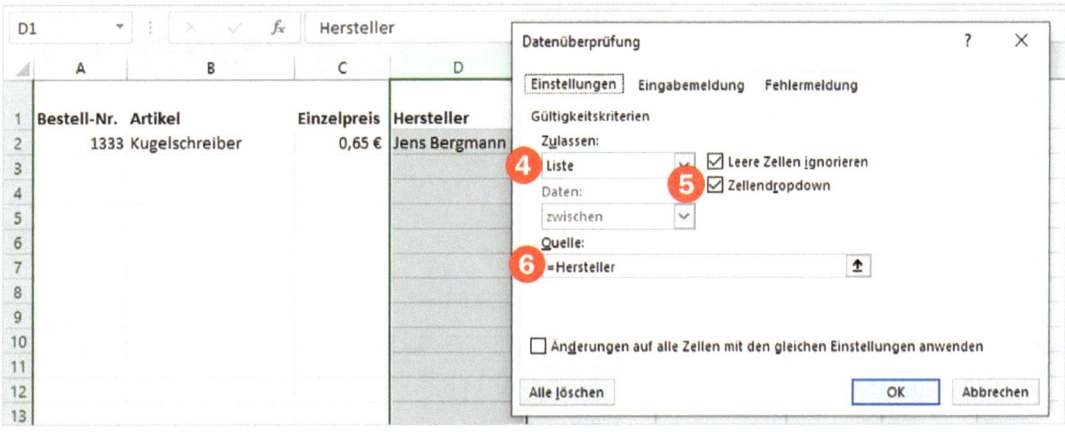

Im Tabellenblatt erscheint nun neben dem Steuerelement ein Dropdown-Pfeil, sobald die Zelle markiert ist. **Tipp**: Um unnötiges Klicken während der Eingabe zu vermeiden, können Sie die Liste auch mit den Tasten **Alt+Pfeil nach unten** öffnen. Die Auswahl erfolgt dann per Pfeiltaste und mit der **Eingabetaste** übernehmen Sie den markierten Wert.

Bild 2.67 Auswahl aus Liste

Hinweise

▶ Leider darf die Liste nur eine einzige Spalte umfassen. Handelt es sich um eine Tabelle mit mehreren Spalten, dann dürfen Sie nur die benötigte Spalte angeben.

▶ Falls Sie statt Zellbezügen die zulässigen Einträge im Feld *Quelle* eintragen möchten, müssen Sie die Werte mit Semikolon (;) trennen, z. B. Januar;Februar;März;...

Zulässige Eingaben mit einer Formel berechnen

Wenn die zulässige Eingabe mithilfe einer Formel ermittelt werden soll, dann wählen Sie im Fenster *Datenüberprüfung* unter *Zulassen* den Eintrag *Benutzerdefiniert*. Geben Sie dann im Feld *Formel* die Formel zusammen mit einem Gleichheitszeichen ein.

> **Achtung**: Die Datenüberprüfung akzeptiert ausschließlich Formeln, die als Ergebnis einen Wahrheitswert, also WAHR oder FALSCH, liefern.

Im Bild unten ein Beispiel: Bei der manuellen Eingabe von Bestellungen soll die jeweilige Mindestbestellmenge berücksichtigt werden: Die Bestellmenge in Spalte F muss größer oder gleich der Mindestbestellmenge sein, die Formel dazu: =F2>=E2

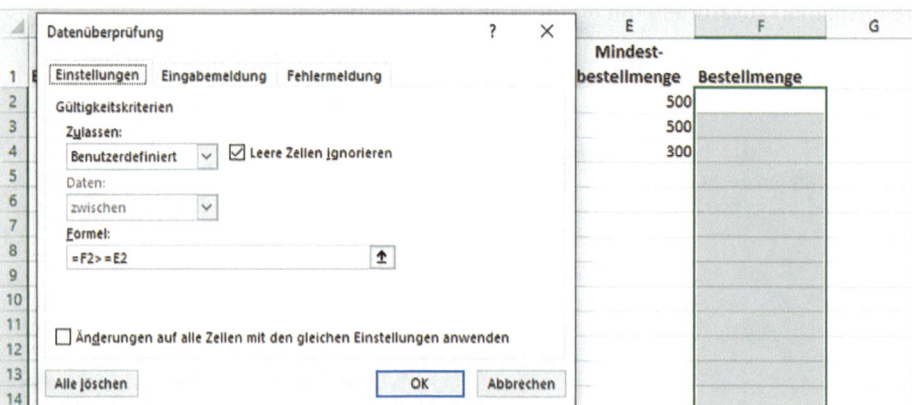

Bild 2.68 Zulässige Eingaben berechnen

Tipps zur Datenüberprüfung

Änderungen der Datenüberprüfung übernehmen
Wenn Sie nachträglich die Überprüfungseinstellungen ändern möchten, dann genügt es, wenn Sie diese für eine einzelne Zelle vornehmen. Aktivieren Sie dann das Kontrollkästchen *Änderungen auf alle Zellen mit den gleichen Einstellungen anwenden*.

Datenüberprüfung auf weitere Zellen ausweiten
Der Zellbereich, in dem eine Datenüberprüfung erfolgt, lässt sich problemlos mit einer der beiden folgenden Methoden erweitern.

▶ Entweder wie beim Kopieren einer Formel über das Kästchen *AutoAusfüllen* und Ziehen mit der Maus.

▶ Oder markieren Sie den Zellbereich, den Sie in die Datenüberprüfung einschließen möchten. Mindestens eine der markierten Zellen muss bereits eine Datenüberprüfung enthalten.

- Klicken Sie auf *Datenüberprüfung* und bestätigen Sie die Rückfrage, ob die Datenüberprüfung auf die markierten Zellen erweitert werden soll mit *Ja*.
- Das Fenster *Datenüberprüfung* öffnet sich mit der Regel. Klicken Sie zum Übernehmen auf *OK*.

Zellen mit Regeln zur Datenüberprüfung markieren

Klicken Sie im Register *Start* ▶ *Bearbeiten* auf *Suchen und Auswählen* und hier auf *Datenüberprüfung*. Excel markiert daraufhin alle Zellen, für die eine Datenüberprüfung festgelegt wurde, und Sie können nun beispielsweise für diese Zellen den Schreibschutz aufheben, wenn Sie anschließend das Tabellenblatt schützen möchten.

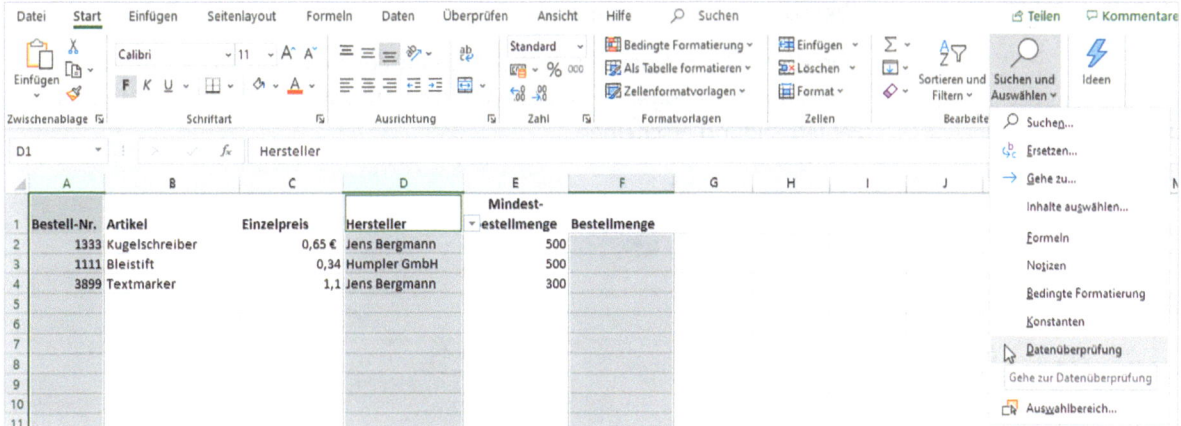

Bild 2.69 Zellen mit Datenüberprüfung markieren

Doppelte Eingaben (Duplikate) vermeiden

Ein häufiges Problem in manchen Tabellen sind doppelte Werte, die eigentlich nur ein einziges Mal vorkommen dürften, z. B. doppelte Kundennummern in einer Kundenliste. Am besten vermeiden Sie solche Duplikate bereits bei der Eingabe. Hier ein Beispiel, das mithilfe der Datenüberprüfung und der Funktion ZÄHLENWENN verhindert, dass eine Kundennummer bei der Erfassung neuer Kunden doppelt vergeben wird.

1   Markieren Sie die gesamte Spalte mit den Kundennummern, z. B. Spalte A (A:A). Falls die Tabelle als Tabellenbereich formatiert wurde wie im Bild unten, markieren Sie die vorhandenen Kundennummern, hier A2:A5. Die Gültigkeitsüberprüfung wird in diesem Fall automatisch auf neu hinzugefügte Zeilen ausgedehnt.

Zellbereich als Tabellenbereich formatieren: Einfügen ▶ Tabelle.

2   Öffnen Sie das Dialogfenster *Datenüberprüfung*, wählen Sie *Benutzerdefiniert* aus und geben Sie die folgende Formel ein:

Eine detaillierte Beschreibung der Funktion ZÄHLENWENN finden Sie auf Seite 278.

`=ZÄHLENWENN(A:A;A2)=1`

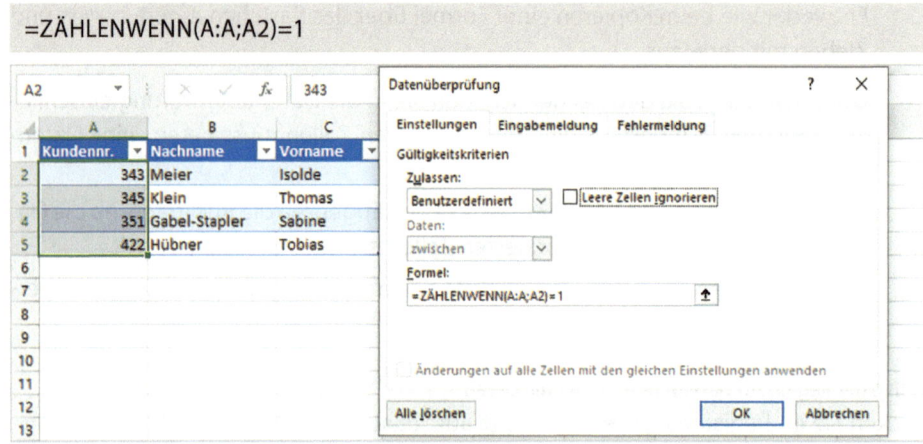

Bild 2.70 Formel zur Datenüberprüfung

Datenüberprüfung. xlsx, Blatt Doppelte Eingaben

3   Formulieren Sie im Register *Fehlermeldung* eine Fehlermeldung und wählen Sie den Typ *Stopp* aus, um zu verhindern, dass eine nicht zulässige Eingabe trotzdem übernommen werden kann.

4   Beim Versuch, in einer neu hinzugefügten Zeile eine bereits vorhandene Kundennummer einzugeben, müsste nun die unten abgebildete Meldung bzw. Ihre Fehlermeldung erscheinen.

Bild 2.71 Der Fehlertyp Stopp verhindert ein Übernehmen nicht zulässiger Werte

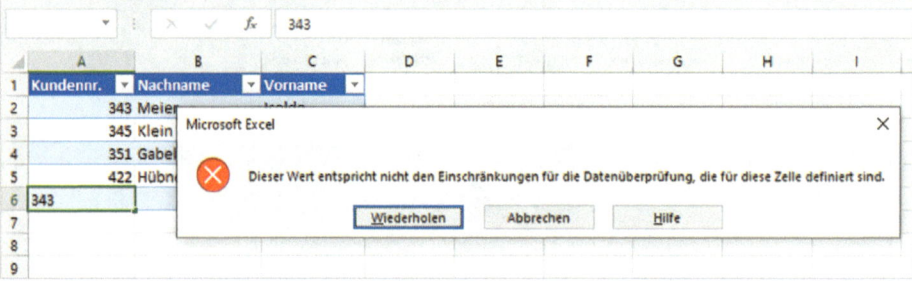

Details zur Funktion VERGLEICH siehe Seite 201.

Hinweis: Statt mit der Funktion ZÄHLENWENN lässt sich das Problem auch mit der Funktion VERGLEICH lösen. Auf das obige Beispiel bezogen geben Sie dann für die erste Zelle (A2) der Spalte A die folgende Funktion zur Datenüberprüfung ein:

`=VERGLEICH(A2;A:A;0)=ZEILE(A2)`

2.7 Visualisierung mit Sparklines und Diagrammen

Diagramme sind unverzichtbar, um Zahlen und Zusammenhänge, insbesondere aus dem Bereich Statistik anschaulich grafisch darzustellen. Auch dieses Buch nutzt Diagramme. Excel unterstützt alle wichtigen Diagrammtypen und verfügt über umfangreiche Werkzeuge zur Gestaltung. Alle Excel-Diagramme setzen eine Tabelle mit entsprechenden Zahlen voraus und bei jeder Änderung wird das Diagramm automatisch aktualisiert.

> Verzichten Sie möglichst auf 3D-Darstellungen, da diese meist zu optischen Verzerrungen führen. So erscheinen z. B. in einem 3D-Säulendiagramm die Säulen überhöht und in einem 3D-Kreisdiagramm wirken die Kreissegmente je nach Betrachtungswinkel und Drehung größer oder kleiner.

Diagramm einfügen

Zum Einfügen eines Diagramms klicken Sie im Register *Einfügen* ▶ *Diagramme* auf den gewünschten Diagrammtyp. Beachten Sie, dass für jeden Diagrammtyp verschiedene Untertypen zur Verfügung stehen, diese erscheinen beim Klick auf das Symbol. So haben Sie z. B. über das Symbol *Säulen- oder Balkendiagramm einfügen* die Wahl zwischen Säulen und Balken jeweils in 2D- und 3D, wobei die Datenreihen gestapelt oder nebeneinander angeordnet werden können, wie im Bild unten.

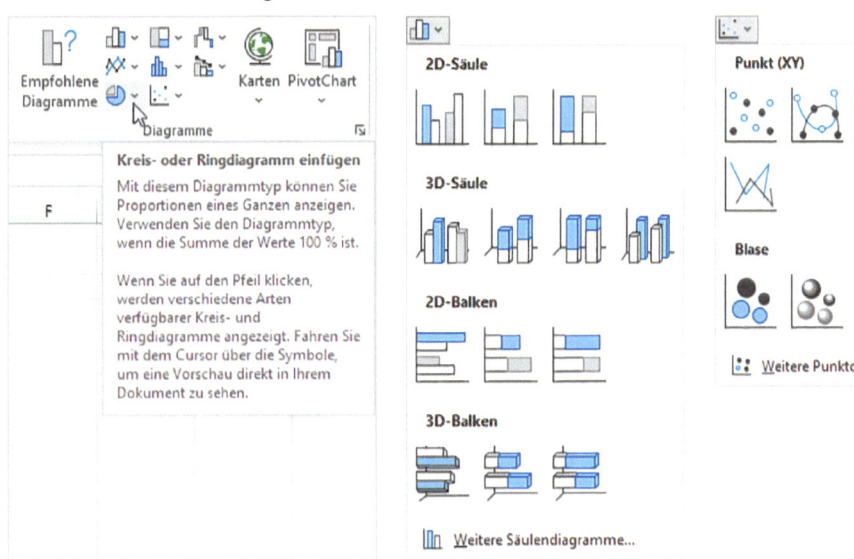
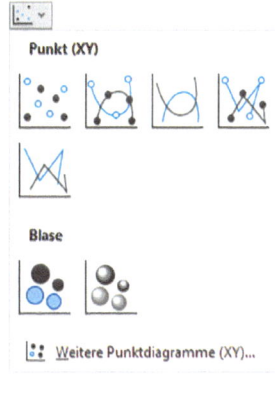

Bild 2.72 Register Einfügen, Diagramme

Bild 2.73 Untertypen Säulen- und Punktdiagramm

Bevor Sie auf einen Diagrammtyp klicken
▶ Wenn Sie zuvor eine beliebige Zelle innerhalb einer Tabelle markiert haben, dann erstellt Excel das Diagramm automatisch aus der gesamten Tabelle.

▶ Soll das Diagramm nur ausgewählte Zeilen oder Spalten enthalten, dann markieren Sie diese einschließlich der Beschriftungen. Nicht zusammenhängende Bereiche markieren Sie mit gedrückter **Strg**-Taste, in diesem Fall müssen alle Bereiche dieselbe Anzahl Zellen umfassen.

▶ Oder markieren Sie eine beliebige Zelle außerhalb der Datentabelle, bevor Sie auf einen Diagrammtyp klicken. In diesem Fall erhalten Sie zunächst ein leeres Diagramm, dem Sie im zweiten Schritt die Datenreihen und Beschriftungen hinzufügen. Diese Vorgehensweise empfiehlt sich, wenn Zahlen auch als Beschriftungen dienen, z. B. Kalenderwochen oder Jahre. Diese werden sonst in den meisten Fällen fälschlicherweise als Datenreihe interpretiert. Nachfolgend ein Beispiel.

Beispiel: Ein leeres Balkendiagramm einfügen

Die unten abgebildeten Verkaufszahlen sollen in einem Balkendiagramm dargestellt werden. Da die Monate als Zahlen vorgegeben sind, beginnen Sie am besten mit dem Einfügen eines leeren Diagramms.

Markieren Sie eine beliebige Zelle außerhalb der Tabelle, im Bild unten F1 ❶, klicken Sie im Menüband, Register *Einfügen* ▶ *Diagramme* auf *Säulen- oder Balkendiagramm einfügen* und beim Untertyp *2D-Balken* auf *Gruppierte Balken* ❷ (siehe Bild). Im aktuellen Arbeitsblatt erscheint nun ein leeres Diagramm ❸.

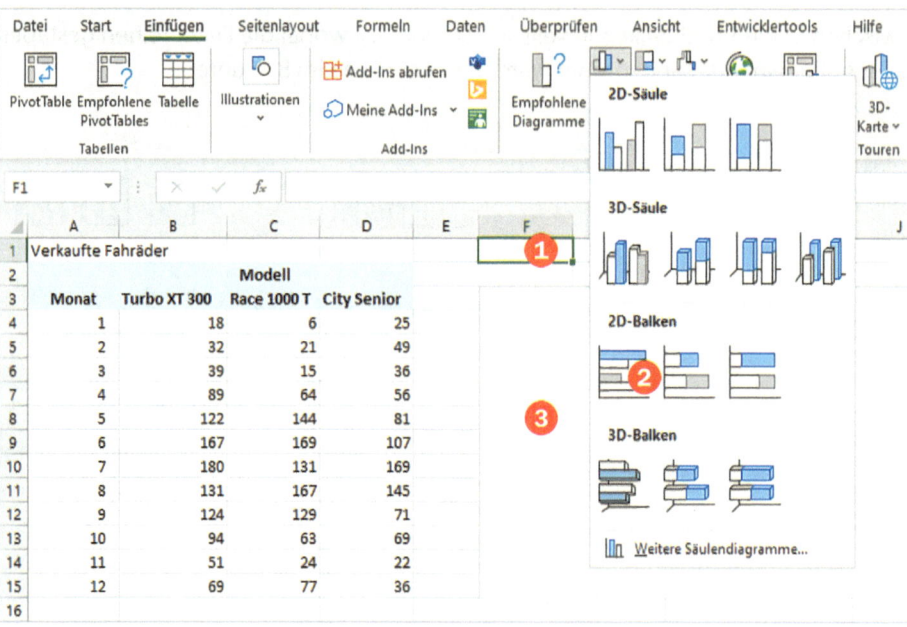

Bild 2.74 Ein leeres Balkendiagramm einfügen

Diagramme.xlsx

Datenreihen und Beschriftungen hinzufügen, bearbeiten oder entfernen

Egal, ob Sie ein leeres Diagramm eingefügt haben oder das Diagramm bereits Datenreihen und Beschriftungen enthält; im Fenster *Datenquelle auswählen* können Sie weitere Datenreihen hinzufügen, vorhandene nachträglich bearbeiten oder entfernen, sowie Beschriftungen hinzufügen. Klicken Sie dazu in das Diagramm und im Menüband, Register *Diagrammentwurf* auf *Daten auswählen*.

Bild 2.75 Datenreihen hinzufügen, ändern, entfernen

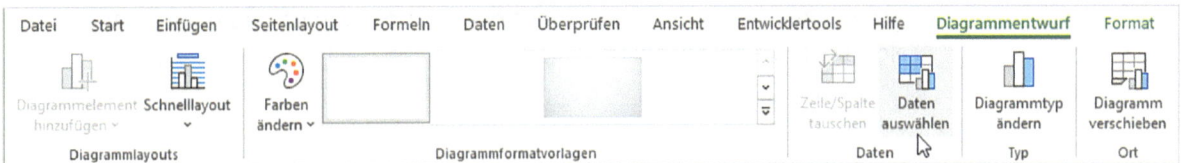

Datenreihen hinzufügen

Im Fenster *Datenquelle auswählen* (Bild unten) stehen die folgenden Möglichkeiten offen. Der Diagrammdatenbereich ❶ wird von Excel automatisch ermittelt und kann ignoriert werden.

▸ Unter *Legendeneinträge (Reihen)* ❷ sehen Sie bereits vorhandene Datenreihen. Mit den Schaltflächen *Bearbeiten* und *Entfernen* können Sie die markierte Datenreihe nachträglich bearbeiten oder löschen. Zum Hinzufügen weiterer Datenreihen klicken Sie auf *Hinzufügen*. Mit den Pfeilen ❸ ändern Sie die Reihenfolge der Datenreihen im Diagramm.

▸ Die Beschriftung der horizontalen Achse (X-Achse) legen Sie unter *Horizontale Achsenbeschriftungen (Rubrik)* und mit der Schaltfläche *Bearbeiten* ❹ fest. Wenn keine Beschriftung gewählt wurde, werden die Datenpunkte automatisch fortlaufend nummeriert.

▸ Falls die Datenreihen leere Zellen aufweisen oder das Diagramm auch ausgeblendete Zeilen und/oder Spalten berücksichtigen soll, können Sie deren Behandlung über die Schaltfläche *Ausgeblendete und leere Zellen* ❺ steuern. Näheres hierzu weiter unten.

▸ Zum Übernehmen klicken Sie auf die Schaltfläche *OK*.

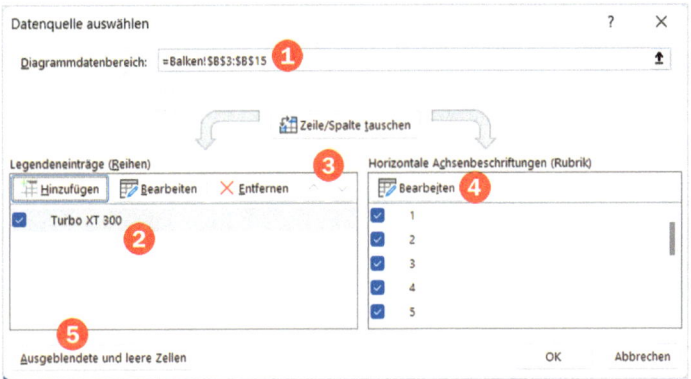

Bild 2.76 Datenreihen hinzufügen, bearbeiten und Achsenbeschriftung festlegen.

Beispiel: Eine Datenreihe hinzufügen

Klicken Sie im Fenster *Datenquelle auswählen* unter *Legendeneinträge (Reihen)* auf die Schaltfläche *Hinzufügen*. Klicken Sie im Fenster *Datenreihe bearbeiten* in das Feld *Reihenname* ❶ und geben Sie entweder eine Beschriftung ein oder klicken Sie in der Tabelle auf die entsprechende Zelle, hier C3. Diese Beschriftung erscheint später automatisch in der Legende. Im Feld *Reihenwerte* ❷ geben Sie an, wo sich die Zahlen der Datenreihe befinden. Markieren Sie dazu in der Tabelle den entsprechenden Zellbereich ❸. **Achtung**: Löschen Sie zuvor unbedingt die Standardvorgabe *{1}* aus diesem Feld. Klicken Sie zuletzt auf *OK*.

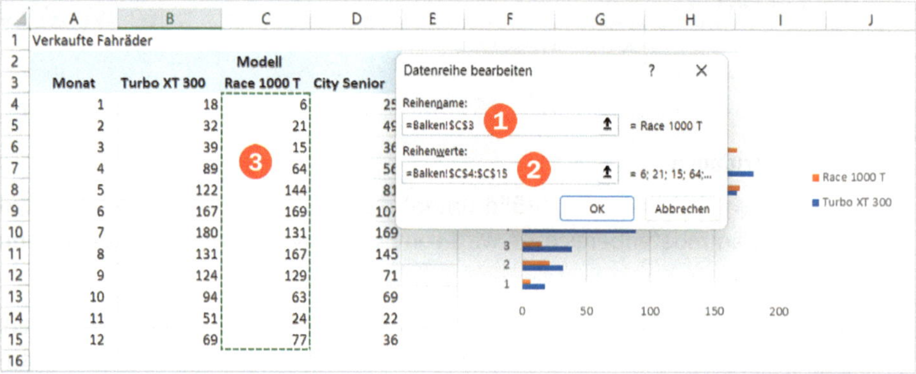

Bild 2.77 Datenreihe bearbeiten

Beschriftungen auswählen

Wenn keine Achsenbeschriftung festgelegt wurde, erhalten die Datenpunkte automatisch eine fortlaufende Nummerierung. Da diese im oben abgebildeten Beispiel mit den Monaten übereinstimmt, ist die zusätzliche Angabe der Achsenbeschriftung eigentlich nicht zwingend erforderlich. Falls Sie aber beispielsweise hier später Text statt der Zahlen verwenden, oder einen anderen Zeitraum angeben möchten, empfiehlt es sich trotzdem. Klicken Sie daher im Fenster *Datenquelle auswählen* unter *Horizontale Achsenbeschriftungen (Reihen)* auf *Bearbeiten* und wählen Sie die Monate in A4:A15 aus.

Bild 2.78 Achsenbeschriftungen festlegen

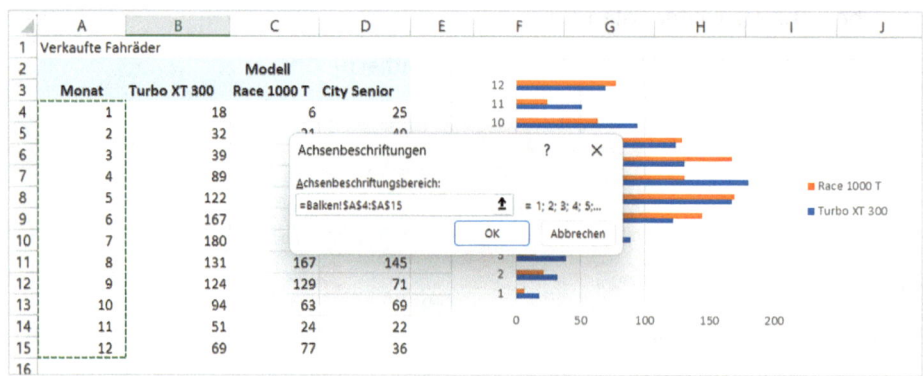

Fehlerwerte, leere und ausgeblendete Zellen in Datenreihen

Fehlerwerte, leere und ausgeblendete Zellen werden in der Standardeinstellung in Diagrammen wie folgt behandelt:

- Leere Zellen erscheinen im Diagramm als Lücken, so wird beispielsweise ein Liniendiagramm an diesen Punkten unterbrochen.

- Daten in ausgeblendeten Zeilen oder Spalten werden in der Standardeinstellung ebenfalls nicht im Diagramm dargestellt.

- Resultieren leere Zellen aus einer Formel, dann werden diese im Diagramm als 0-Werte dargestellt. Der Fehlerwert #NV wird dagegen im Diagramm nicht berücksichtigt. Ein Beispiel dafür finden Sie in diesem Buch auf Seite 187.

Die Einstellungen hierzu finden Sie im Fenster *Datenquelle auswählen*, das Sie über das Register *Diagrammentwurf* und das Symbol *Daten auswählen* öffnen (siehe Seite 107). Klicken Sie hier auf die Schaltfläche *Ausgeblendete und leere Zellen*.

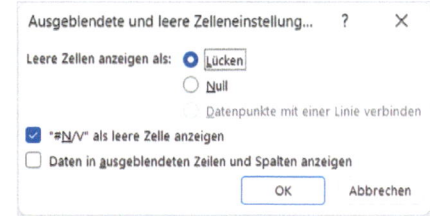

Bild 2.79 Ausgeblendete und leere Zellen

- Leere Zellen können als *Lücken* (Standardeinstellung) oder mit 0 (*Null*) dargestellt werden. Liniendiagramme lassen sich außerdem ohne Unterbrechung mit einer interpolierten Linie verbinden.

- Falls die Werte der Datenreihe mit einer Formel berechnet werden, können Sie die Behandlung des Fehlerwerts #NV als leere Zelle bei Bedarf auch deaktivieren (ab Excel 2019).

- Sollen Daten in ausgeblendeten Zeilen oder Spalten im Diagramm berücksichtigt werden, dann aktivieren Sie das Kontrollkästchen *Daten in ausgeblendeten Zeilen und Spalten anzeigen*.

Beispiel: Berechnete Mittelwerte ausblenden und im Diagramm darstellen

Ein typisches Beispiel für ausgeblendete Zellen ist die Darstellung von Mittelwerten im Diagramm. Damit im unten abgebildeten Beispiel die Mittelwerte in Spalte C ausgeblendet werden können und die Linie Mittelwert im Diagramm trotzdem erhalten bleibt, aktivieren Sie das Kontrollkästchen *Daten in ausgeblendeten Zeilen und Spalten anzeigen*, siehe oben.

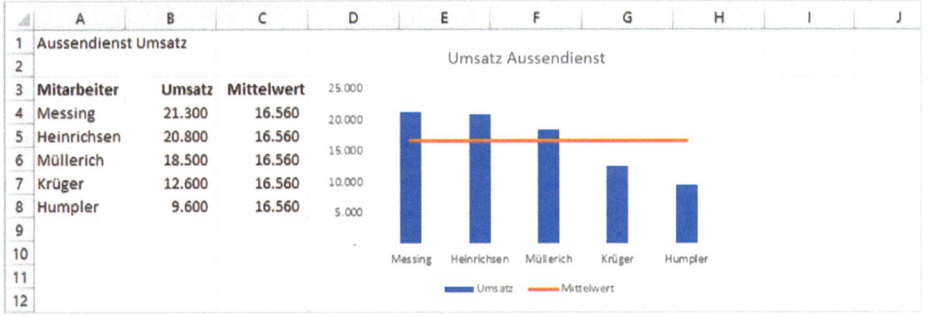

Bild 2.80 Beispiel Mittelwerte im Diagramm darstellen und Werte ausblenden

Beschriftungen und andere Diagrammelemente hinzufügen

Um Diagrammtitel, Achsentitel, Legende oder eine Trendlinie einzufügen, klicken Sie entweder auf das Plussymbol ❶ neben der rechten oberen Diagrammecke oder im Menüband, Register *Diagrammentwurf* auf *Diagrammelement hinzufügen* ❷. In beiden Fällen finden Sie zu den einzelnen Elementen Untermenüs, über die Sie die Position oder die Berechnung (Trendlinie) wählen können.

Bild 2.81 Beschriftungen, Trendlinie und andere Diagrammelemente hinzufügen

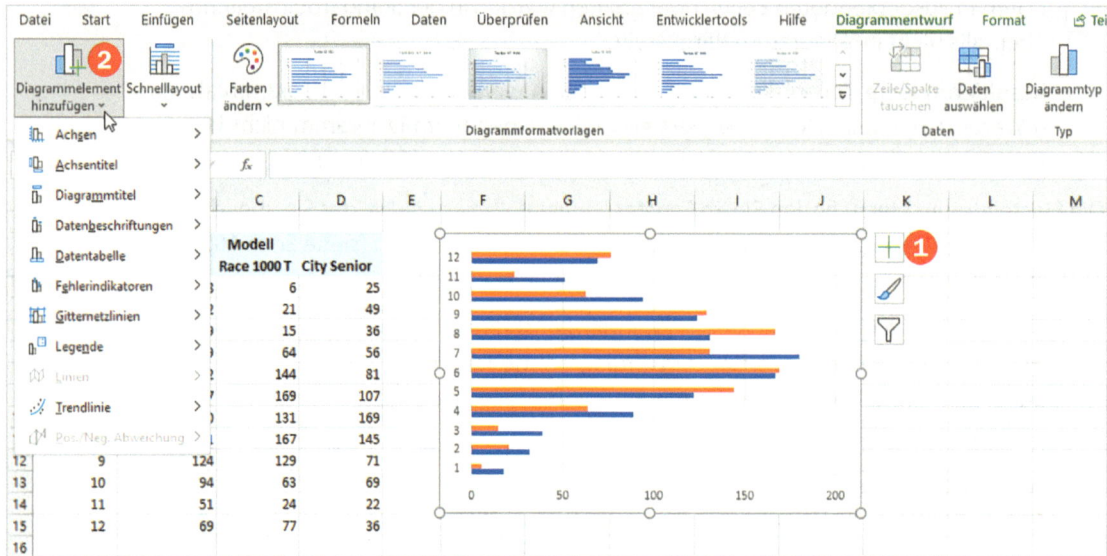

Beispiel: Beschriftung der Achsen

Um im Beispiel oben die senkrechte Achse mit Monat zu beschriften, klicken Sie in das Diagramm und danach auf *Diagrammelement hinzufügen*. Wählen Sie *Achsentitel* ▶ *Primär vertikal*, geben Sie den Beschriftungstext ein und betätigen Sie die **Eingabetaste**. Genauso verfahren Sie beim Hinzufügen einer Legende, hier können Sie außerdem die Position wählen.

Bild 2.82 Achsentitel hinzufügen

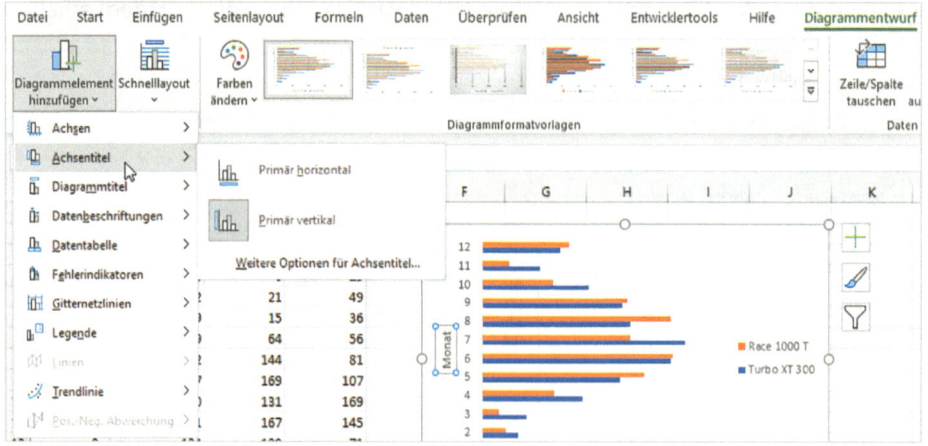

Diagrammelemente im Aufgabenbereich bearbeiten

Die genauere Bearbeitung von Diagrammelementen, z. B. Formatierung, erfolgt in einem gesonderten Aufgabenbereich. Dieser erscheint am rechten Rand des Excel-Fensters und zeigt umfangreiche Bearbeitungsoptionen zum markierten Element an. Praktischerweise bleibt der Aufgabenbereich dauerhaft geöffnet, so dass Sie im Diagramm nur ein anderes Element markieren brauchen, um dessen Eigenschaften anschließend hier zu bearbeiten.

Aufgabenbereich öffnen

Zum Anzeigen des Aufgabenbereichs klicken Sie im Diagramm mit der rechten Maustaste auf das zu bearbeitende Element, z. B. Diagrammtitel oder eine Datenreihe, und auf den Befehl *xxx formatieren...* wobei *xxx* für das angeklickte Element steht, oder doppelklicken Sie auf das Diagrammelement.

Register und Optionen auswählen

Am Titel des Aufgabenbereichs erkennen Sie sofort, welches Diagrammelement gerade bearbeitet wird, im Bild unten der Diagrammbereich.

▸ Über den Dropdown-Pfeil, hier *Diagrammoptionen* ❶, können Sie ein anderes Diagrammelement auswählen oder klicken Sie im Diagramm auf das Element.

▸ Der Aufgabenbereich enthält verschiedene Register, die mit Symbolen ❷ gekennzeichnet sind. Abhängig vom ausgewählten Element finden Sie hier die Symbole *Füllung und Linie* ⬧, *Effekte* ⬠, *Größe und Eigenschaften* 🗎 sowie *Datenreihen-* oder *Achsenoptionen* ⅠⅠⅠ.

▸ Die eigentlichen Optionen befinden sich unterhalb in Abschnitten, die über die kleinen Pfeile ❸ aus- und wieder eingeklappt werden.

Je nach markiertem Element können daneben eventuell noch Textoptionen mit textspezifischen Bearbeitungsmöglichkeiten verfügbar sein.

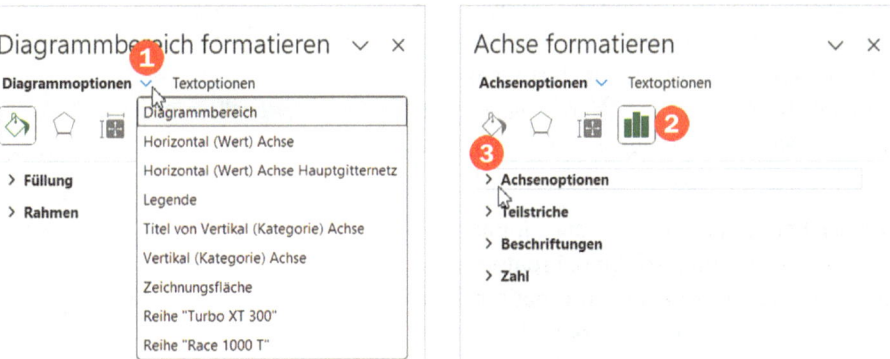

Bild 2.83 Diagrammelement auswählen

Bild 2.84 Textoptionen

Beispiel: Säulenabstände verringern

Um in Säulen- oder Balkendiagrammen die Abstände zwischen den Säulen bzw. Balken zu ändern, markieren Sie die Datenreihe und klicken im Aufgabenbereich *Datenreihen formatieren* auf das Register *Datenreihenoptionen* ⅠⅠⅠ. Benutzen Sie dann beim Feld *Abstandsbreite* den Schieberegler oder die Pfeile im dazugehörigen Feld zum

Bild 2.85 Säulenabstände ändern

Vergrößern oder Verkleinern. Die Abstandsbreite gibt das Verhältnis des Abstands zur Säulenbreite an. Bei 100 % entspricht der Abstand exakt der Säulenbreite, 0 % fügt dagegen die Säulen oder Balken ohne Abstand aneinander.

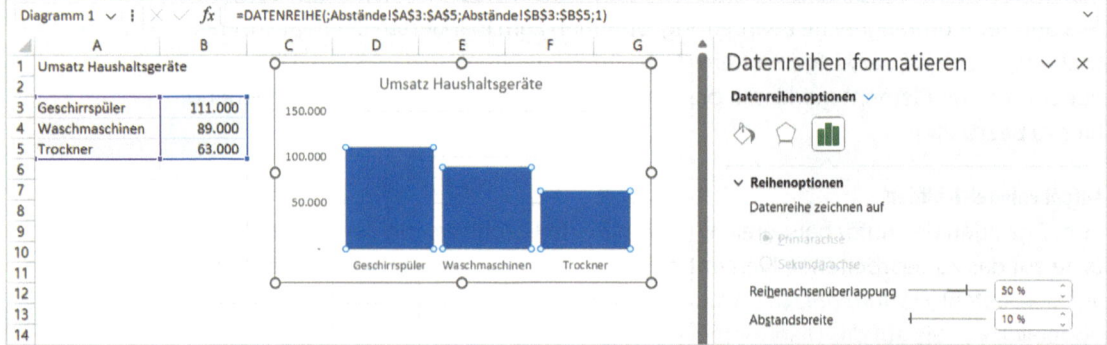

Besondere achsenspezifische Einstellungen

Wertebereich und Achseneinteilung

Standardmäßig werden Wertebereich und Einteilung der Größenachse automatisch gewählt. Falls Sie die Einteilung manuell vornehmen möchten, gehen Sie so vor:

Doppelklicken Sie auf die Größenachse und wählen Sie im Aufgabenbereich *Achse formatieren* das Register *Achsenoptionen*. Im Abschnitt *Achsenoptionen* können Sie unter *Grenzen* die Werte für Minimum, Maximum ❶ sowie unter *Hauptstriche* die Intervalle, im Bild 100, eingeben.

Bild 2.86 Minimum, Maximum und Hauptintervalle vorgeben

Auto rechts von einem Wert bedeutet, dieser wird automatisch gewählt. Bei manuell vorgegebenen Werten erscheint stattdessen die Schaltfläche *Zurücksetzen* ❷, mit der Sie den geänderten Wert wieder auf automatische Einteilung zurücksetzen können.

Achtung: Bei Vorgabe eines festen Minimums und/oder Maximums erfolgt bei späteren Änderungen der Daten keine automatische Anpassung der Achsen. Es können also Säulen oder Linien abgeschnitten werden.

Hinweis: Auch für Teilstriche sind Intervallangaben möglich, diese erscheinen aber im Diagramm nur, wenn deren Anzeige unter *Achsenoptionen* ▶ *Teilstriche* und *Hilfstyp* explizit festgelegt wurde. Die Standardvorgabe ist bei Haupt- und Hilfstyp *Ohne*.

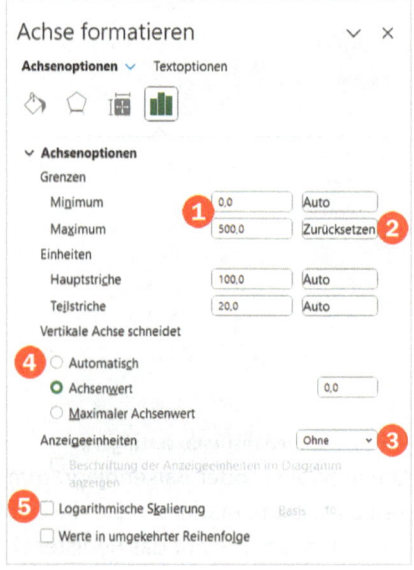

Tipp: Anzeigeeinheiten in Tausend oder Mio

Basiert Ihr Diagramm auf sehr großen Zahlen, dann können Sie zur besseren Lesbarkeit die Zahlen in Tausendern, Millionen usw. anzeigen lassen. Klicken Sie dazu im Abschnitt *Achsenoptionen* in das Feld *Anzeigeeinheiten* ❸, siehe Bild 2.86 und rechts.

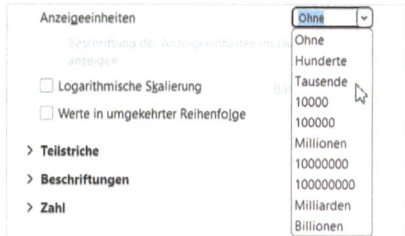

Schnittpunkt der horizontalen Achse festlegen

Auch den Schnittpunkt der horizontalen und vertikalen Achse können Sie über die Achsenoptionen festlegen. Wählen Sie dazu im Abschnitt *Achsenoptionen* (siehe Bild 2.86) anstelle der Standardvorgabe *Automatisch* zwischen *Achsenwert* ❹ und Angabe eines bestimmten Werts und *Maximaler Achsenwert*. Hierzu einige Tipps:

▶ **Die horizontale Achse soll sich oben befinden**
Wählen Sie die Option *Maximaler Achsenwert*.

▶ **Bei negativen Werten Beschriftungen trotzdem unterhalb des Diagramms anzeigen**
Enthält ein Diagramm negative Werte, dann schneidet die horizontale Achse in der Standardeinstellung bei 0 und damit befinden sich auch die dazugehörigen Achsenbeschriftungen mitten im Diagramm. Wenn Sie dies als störend empfinden und die Achse samt Beschriftung am unteren Rand platzieren möchten, dann wählen Sie die Option *Achsenwert* und geben einen beliebigen, möglichst großen negativen Wert z. B. -100.000 ein. Dieser Wert hat keinerlei Einfluss auf den Minimalwert oder die Achsenintervalle.

Logarithmische Skalierung

Um eine genauere Darstellung für sehr kleine Werte zu erzielen, können Sie für die Größenachse eines XY-Diagramms (eine oder beide Achsen) eine logarithmische Skalierung wählen. Dazu markieren Sie die betreffende Achse, klicken im Aufgabenbereich *Achse formatieren* auf das Register *Achsenoptionen* und aktivieren im Abschnitt *Achsenoptionen* das Kontrollkästchen *Logarithmische Skalierung* ❺ (Bild 2.86).

Zahlen formatieren

Die Zahlenformate der Größenachse werden in der Standardeinstellung aus der Tabelle übernommen. Falls gewünscht, können Sie für das Diagramm auch ein abweichendes Zahlenformat festlegen. Doppelklicken Sie dazu auf die Größenachse und wählen Sie im Aufgabenbereich *Achse formatieren* das Register bzw. Symbol *Achsenoptionen*.

Bild 2.87 Zahlenformate Größenachse

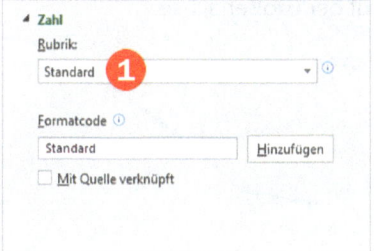
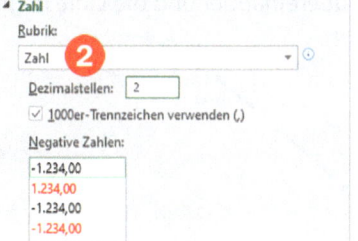
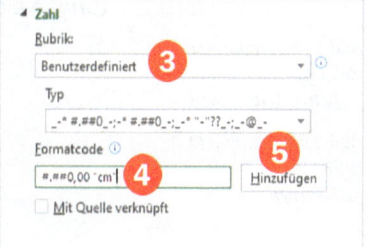

Klicken Sie im Abschnitt *Zahl* in das Feld *Rubrik* und wählen Sie statt *Standard* ❶ (Bild 2.87) ein Format aus, z. B. *Zahl* ❷. Anschließend legen Sie die Anzahl der Dezimalstellen, die Anzeige des 1000er-Trennzeichens und das Aussehen negativer Zahlen fest. Wenn Sie ein benutzerdefiniertes Zahlenformat verwenden möchten, z. B. mit einem Zusatz, dann wählen Sie *Benutzerdefiniert* ❸, geben im Feld *Formatcode* Ihr Zahlenformat ein ❹ und klicken zum Übernehmen auf die Schaltfläche *Hinzufügen* ❺.

Teilstriche auf Achse anzeigen

Standardmäßig erscheinen weder auf der Größen- noch auf der Beschriftungsachse Teilstriche zur Achsenbeschriftung. Falls Sie trotzdem, z. B. in einem Liniendiagramm, Teilstriche auf einer Achse benötigen, dann gehen Sie so vor:

Doppelklick auf die entsprechende Achse, im Bild unten die horizontale Achse, und im Aufgabenbereich *Achse formatieren* Klick auf das Register *Achsenoptionen*. Wählen Sie im Abschnitt *Teilstriche* im Feld *Haupttyp* die gewünschte Position.

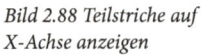
Bild 2.88 Teilstriche auf X-Achse anzeigen

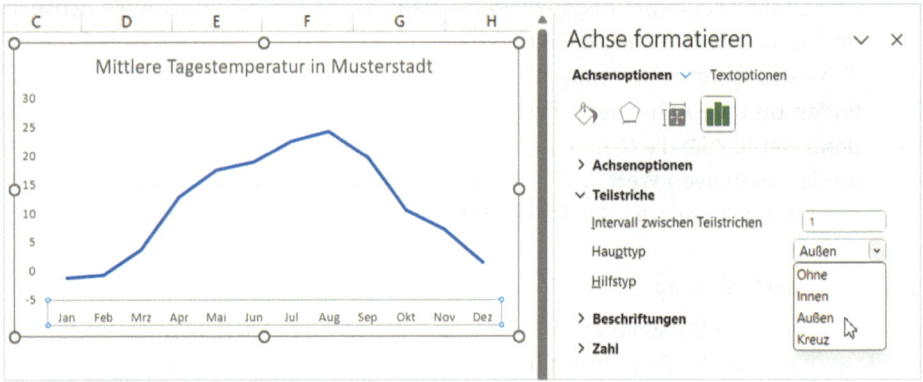

Liniendiagramm zur vertikalen Achse verlängern

In der Standardeinstellung befinden sich in Liniendiagrammen die Datenpunkte zwischen den Teilstrichen, s. Bild 2.89. Der Grund: Die Beschriftungen der Achse erscheinen zwischen den Teilstrichen, so dass sich die Datenpunkte genau über dem Text befinden, wie im Bild unten. Aus diesem Grund beginnt auch die Diagrammlinie nicht exakt an der Größenachse sondern beim ersten Datenpunkt.

Im Bild rechts daneben dagegen befinden sich Datenpunkte, Teilstriche und Beschriftungen exakt übereinander und die Linie beginnt auf der Größenachse.

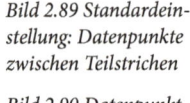
Bild 2.89 Standardeinstellung: Datenpunkte zwischen Teilstrichen

Bild 2.90 Datenpunkt befindet sich genau über Teilstrichen

Dies erreichen Sie mit einer einzigen Einstellung: Doppelklicken Sie auf die waagrechte Achse und klicken Sie im Aufgabenbereich *Achse formatieren* auf das Symbol/Register *Achsenoptionen*. Wählen Sie hier im Abschnitt *Achsenoptionen* unter *Achsenposition* die Option *Auf Teilstrichen* statt *Zwischen Teilstrichen*.

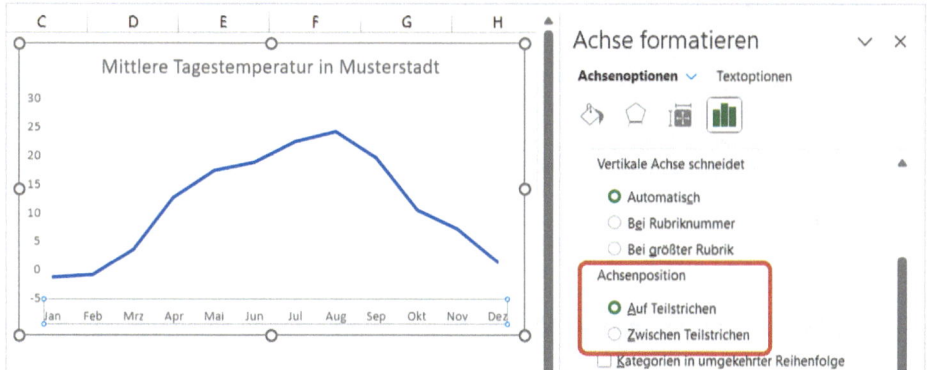

Für die Achsenposition spielt es keine Rolle, ob die Teilstriche sichtbar sind oder nicht. Diese wurden hier nur zur Verdeutlichung eingeblendet.

Bild 2.91 Achsenposition auf Teilstrichen

Zwei unterschiedliche Diagrammtypen kombinieren (Kombidiagramm)

Beispiel: Säulendiagramm mit Mittelwert als Linie

Manchmal wird in Diagrammen der Mittelwert in Form einer zusätzlichen Linie benötigt, im Bild unten als Beispiel die Umsätze von Außendienstmitarbeitern. Der Mittelwert wurde als Linie eingefügt.

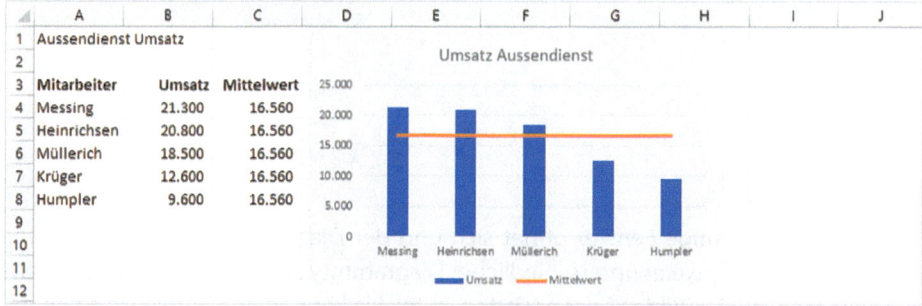

Bild 2.92 Säulendiagramm mit Mittelwert als Linie

Die Vorgehensweise

1. Berechnen Sie in einer weiteren Spalte, hier in C4, den Mittelwert mit der Funktion MITTELWERT und kopieren Sie die Formel anschließend nach unten.

   C4: =MITTELWERT($B$4:$B$8)   Ergebnis: 16.560

2. Rechtsklick in das Diagramm und Befehl *Daten auswählen...* (oder Menüband, Register *Diagrammentwurf* und Symbol *Daten auswählen*).

3 Klicken Sie im Fenster *Datenquelle auswählen* unter *Legendeneinträge (Reihen)* auf *Hinzufügen* und wählen Sie die Mittelwerte aus, wie im nachfolgenden Bild. Die Datenreihe erscheint im Diagramm zunächst als weitere Säulenreihe.

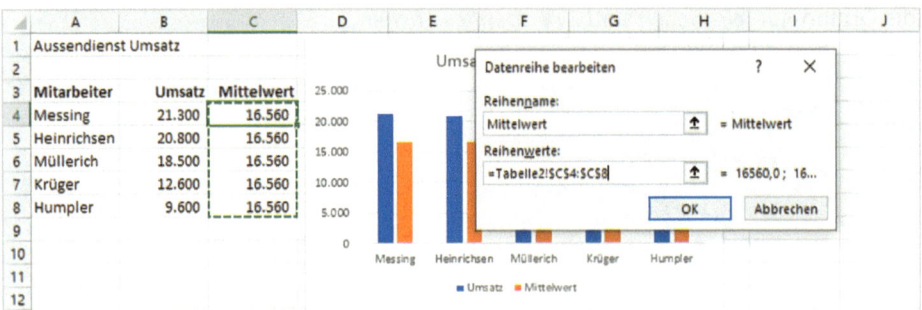

Bild 2.93 Mittelwerte in einer weiteren Spalte berechnen und als Datenreihe hinzufügen

4 Klicken Sie mit der rechten Maustaste auf eine beliebige Säule der Datenreihe *Mittelwert* und auf *Datenreihen-Diagrammtyp ändern*. Oder markieren Sie die Datenreihe und klicken im Menüband, Register *Entwurf* auf *Diagrammtyp ändern*.

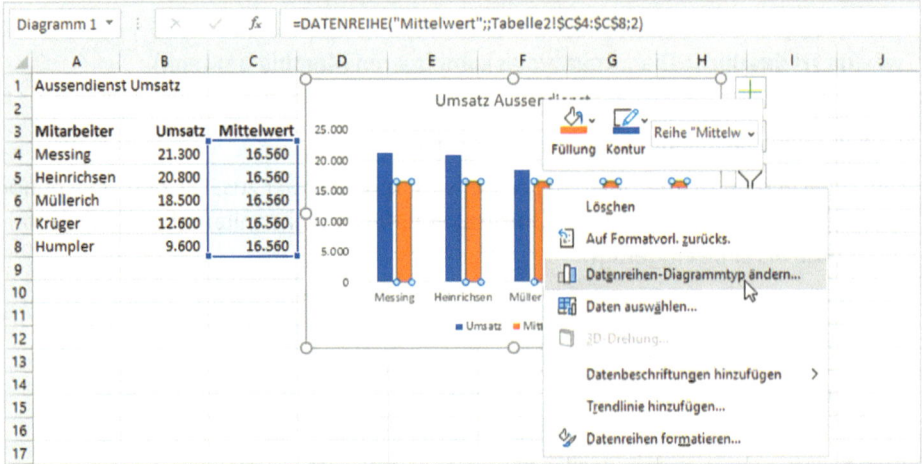

Bild 2.94 Datenreihe Mittelwert markieren und Datenreihen-Diagrammtyp ändern

Ältere Excel-Versionen bezeichnen diesen Diagrammtyp auch als *Verbunddiagramm*.

5 Das gleichnamige Fenster öffnet sich und der Diagrammtyp *Kombi*, d. h. eine Kombination zweier unterschiedlicher Diagrammtypen, ist im Normalfall bereits ausgewählt ❶ (Bild auf der nächsten Seite). Sie können nun entweder einen der Vorschläge ❷ wählen oder jeder Datenreihe gesondert einen Diagrammtyp zuweisen. Diesen wählen Sie im unteren Bereich neben der jeweiligen Datenreihe ❸ mit Klick in das Feld *Diagrammtyp* aus, hier *Gruppierte Säulen* und *Linie*.

Achtung: Wenn die Datenreihen unmittelbar miteinander vergleichbar sein sollen, wie in diesem Beispiel, müssen sich beide auf dieselbe Achse beziehen. Das Kontrollkästchen *Sekundärachse* ❹ darf dann nicht aktiviert sein.

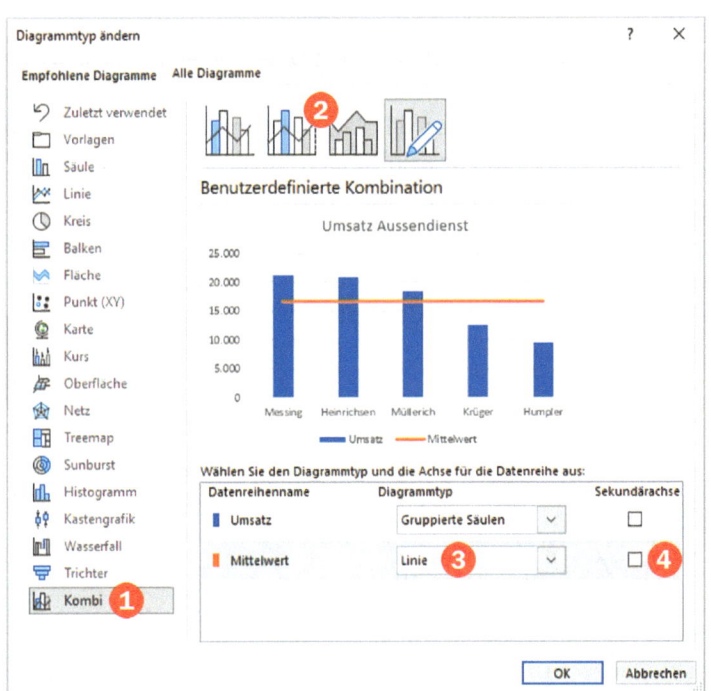

Bild 2.95 Datenreihen-Diagrammtyp ändern

Ein Beispiel für den Einsatz einer Sekundärachse finden Sie im nächsten Punkt.

Datenreihe auf einer Sekundärachse darstellen

Manchmal sollen in einem Diagramm Werte dargestellt und verglichen werden, die auf unterschiedlichen Messskalen beruhen, z. B. Körpergröße in cm und Gewicht in kg. In solchen Fällen sollte die zweite Datenreihe an einer sogenannten Sekundärachse dargestellt werden, wie im unten abgebildeten Beispiel, das Niederschlag in mm und Temperatur in ° Celsius als Liniendiagramm darstellt.

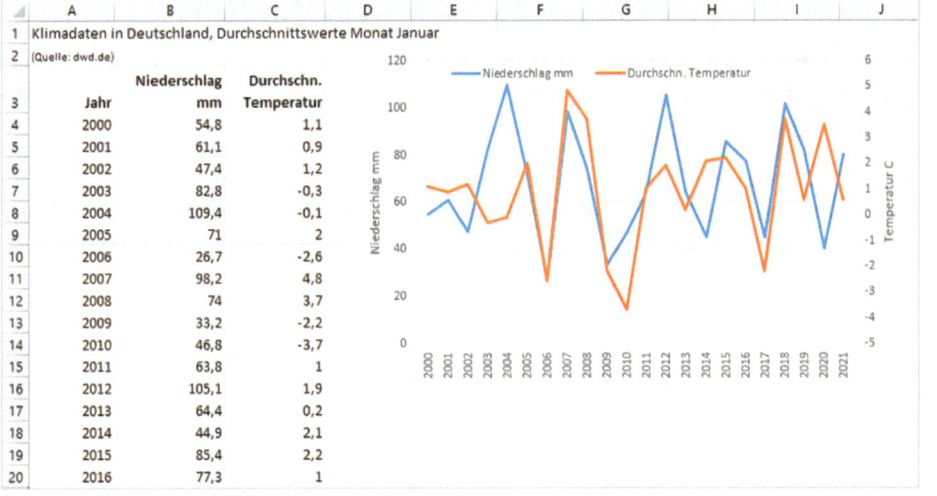

Bild 2.96 Beispieldiagramm mit Sekundärachse

Quelle: dwd.de

Hinweis: Zur Darstellung eines möglichen Zusammenhangs zwischen den beiden Datenreihen eignet sich statt eines Liniendiagramms auch ein Punkt- (XY) Diagramm. Dann erübrigt sich die Sekundärachse.

Die Vorgehensweise

Diagramme.xlsx, Blatt Sekundärachse

Im ersten Schritt erstellen Sie aus den beiden Datenreihen ein Liniendiagramm. **Achtung:** Damit die Jahre von Excel nicht als weitere Datenreihe interpretiert werden, beginnen Sie am besten mit einem leeren Diagramm und fügen über den Befehl *Daten auswählen* die Datenreihen und Beschriftungen hinzu.

Doppelklicken Sie dann auf die Datenreihe Temperatur (oder Rechtsklick und Befehl *Datenreihen formatieren...*). Aktivieren Sie im gleichnamigen Aufgabenbereich das Symbol bzw. Register *Datenreihenoptionen* und wählen Sie unter *Datenreihe zeichnen auf* die Option *Sekundärachse*, siehe Bild unten.

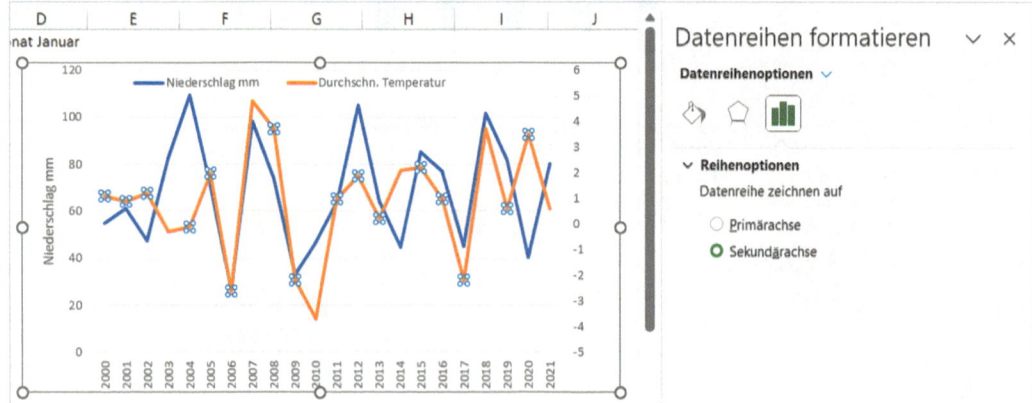

Bild 2.97 Datenreihe auf Sekundärachse zeichnen

Diagramm formatieren

Diagrammformatvorlagen nutzen

Im Menüband, Register *Diagrammentwurf*, finden Sie in der Gruppe *Diagrammformatvorlagen* ❶ einen Katalog von Vorlagen zur Formatierung des gesamten Diagramms. Die hierzu verwendeten Farben beruhen auf den aktuellen Designfarben (Register *Seitenlayout ▶ Designs* bzw. *Farben*). Über das Symbol *Farben ändern* ❷ wählen Sie aus den Designfarben andere Farbzusammenstellungen für das Diagramm, z. B. Farbabstufungen statt unterschiedlicher Farben.

Eine weitere Möglichkeit zur schnellen Gestaltung findet sich über das Symbol *Schnelllayout* ❸. Diese steuern im Gegensatz zu den Diagrammformatvorlagen die Anzeige und Position von weiteren Diagrammelementen, z. B. Legende oder Datenbeschriftungen.

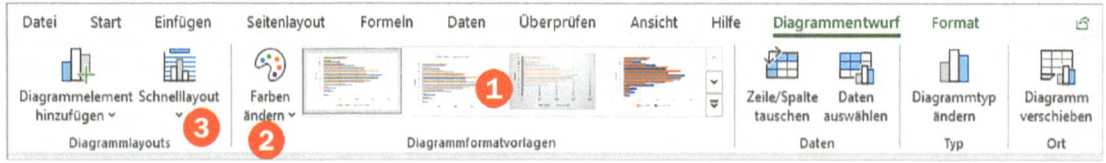

Bild 2.98 Diagrammformatvorlagen

Individuelle Farben für Datenreihen

Wenn Sie den Datenreihen bestimmte Farben zuweisen möchten, dann müssen Sie die jeweilige Datenreihe zuvor markieren, dazu genügt ein Mausklick, anschließend können Sie im Register *Format* eine Füllfarbe auswählen. Schneller geht's mit einem Rechtsklick, dann erscheint in der Minisymbolleiste das Symbol *Füllung*.

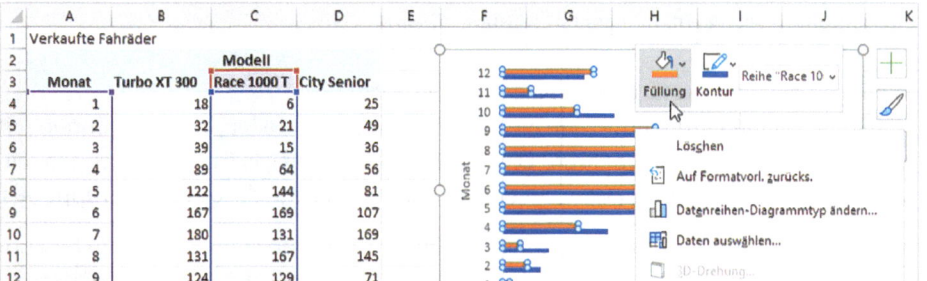

Bild 2.99 : Farbe der Datenreihe ändern

> **Beachten Sie beim Markieren von Datenreihen und Datenpunkten**
>
> Ein Mausklick auf einen beliebigen Punkt einer Datenreihe, z. B. eine Säule in einem Säulendiagramm, markiert die gesamte Datenreihe und damit alle Säulen. In diesem Fall wird die neue Farbe automatisch auch in die Legende übernommen. Klicken Sie dagegen in einer bereits markierten Datenreihe auf einen bestimmten Datenpunkt, dann wird nur dieser markiert.
>
> Ein Kreisdiagramm enthält nur eine einzige Datenreihe, in diesem Fall müssen Sie nach dem Markieren der Datenreihe die Datenpunkte einzeln markieren und einfärben. Die Farben werden in der Legende berücksichtigt.

Tabellendaten mit Sparklines visualisieren

Eine besondere Diagrammvariante sind die Sparklines. Hierbei handelt es sich um Minidiagramme ohne Beschriftungen, die in einer einzigen Zelle Platz finden und sich in erster Linie für einen grafischen Überblick oder Vergleich, z. B. mehrerer Messwerte, eignen. Im Beispiel unten dienen sie zum Temperaturvergleich.

1 Zum Einfügen klicken Sie im Register *Einfügen*, Gruppe *Sparklines*, auf die gewünschte Darstellung. Excel bietet *Linien*, *Säulen* sowie *Gewinn/Verlust* zur Darstellung negativer Zahlen an.

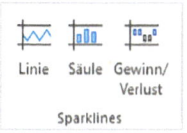

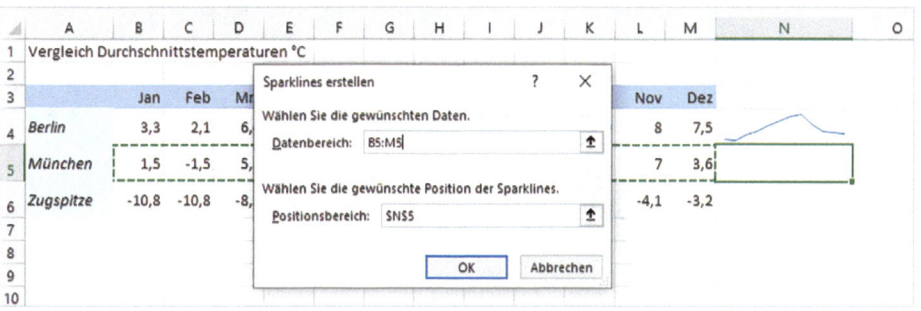

Bild 2.100 Datenbereich und Positionsbereich wählen

Sparklines.xlsx

2. Wählen Sie anschließend den Datenbereich aus, sowie im Feld *Positionsbereich* die Zelle, in die die Sparkline eingefügt werden soll, siehe Bild 2.100.

3. Passen Sie Spaltenbreite und insbesondere die Zeilenhöhe der Zelle an, bis die Anzeige Ihren Wünschen entspricht.

4. Die Sparkline kann anschließend wie eine Formel anhand des AutoAusfüllkästchens in die restlichen Zellen kopiert werden.

Eine Gruppe von Sparklines für mehrere Datenreihen erstellen

Sparklines können immer nur eine einzige Datenreihe darstellen, aber Sie können mit wenigen Klicks gleich für mehrere Datenreihen Sparklines als Gruppe erzeugen. Ein weiterer Vorteil: Formatierungen wirken sich automatisch auf die gesamte Gruppe aus.

▶ Dazu markieren Sie als Datenbereich alle betreffenden Datenreihen, im Bild unten B2:E3, und legen die nötige Anzahl Zellen, hier F2:F3, als Positionsbereich fest. Auf diese Weise erzeugte Sparklines bilden eine Gruppe, d. h. beim Anklicken werden alle dazugehörigen Sparklines markiert und Formatänderungen wirken sich auf die gesamte Gruppe aus.

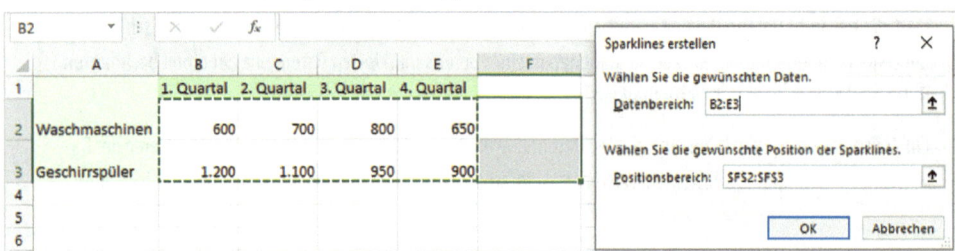

Bild 2.101 Sparklines in mehrere Zellen einfügen

Sparkline löschen

Zum Entfernen einer Sparkline markieren Sie die Zelle und klicken im Menüband, Register *Sparkline* ▶ *Gruppieren* auf die Schaltfläche *Löschen*. Handelt es sich um eine Gruppe, dann können Sie mit Klick auf den Dropdown-Pfeil zwischen Löschen der angeklickten Sparkline und der gesamten Gruppe wählen. Alternativ können Sie auch die Schaltfläche *Löschen* und die Auswahl *Alle Löschen* im Register *Start* benutzen.

Excel 2019 und älter: Register *Entwurf*.

Bild 2.102 Sparkline-Gruppe löschen

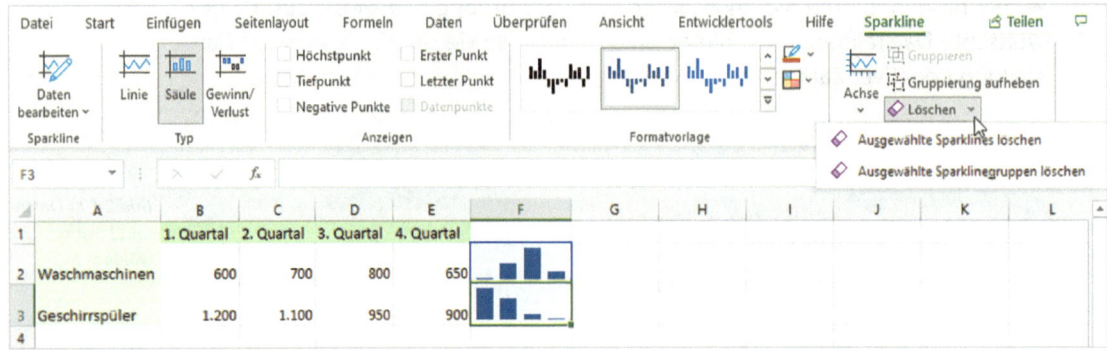

Sparklines formatieren

Sobald eine Zelle mit einer Sparkline markiert ist, stehen Ihnen im Menüband im Register *Sparklines* verschiedene Werkzeuge zur weiteren Bearbeitung zur Verfügung. Wie bei der Formatierung müssen Sie zuerst die betreffenden Zellen oder die Gruppe markieren.

Excel 2019 und älter: Register Sparklinetools - Entwurf.

Sie können etwa über die Kontrollkästchen der Gruppe *Anzeigen* ❶ bestimmte Punkte hervorheben, als Beispiel im Bild unten die Tiefstwerte (*Tiefpunkt*) und Minustemperaturen (*Negative Punkte*). Außerdem können Sie eine *Sparklinefarbe* wählen und über *Datenpunktfarbe* den ausgewählten Datenpunkten, hier negative Punkte und Höchstpunkt, jeweils eine gesonderte Farbe zuweisen ❷.

Bild 2.103 Datenpunkte hervorheben

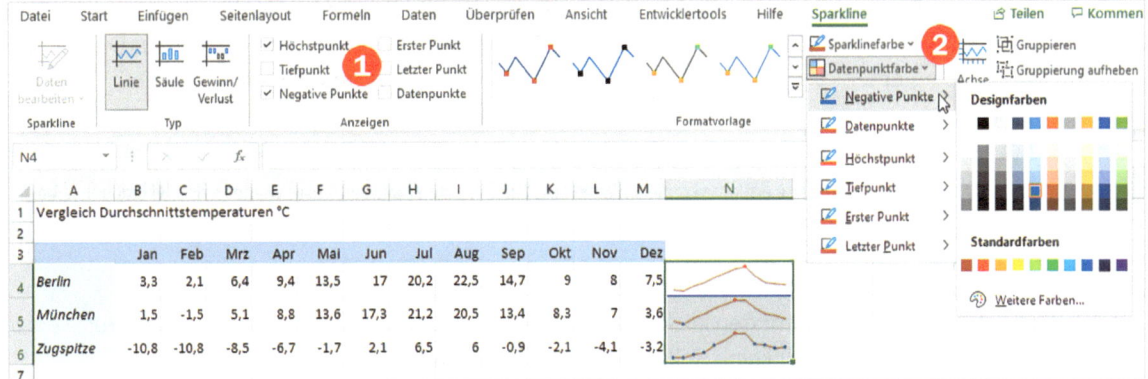

Achseneinteilung wählen

Um die Werte vergleichbar zu machen, wie in unserem Beispiel beim Temperaturvergleich deutscher Großstädte mit der Zugspitze, empfiehlt sich eine einheitliche Achseneinteilung. Klicken Sie dazu auf *Achse* und wählen Sie für Minimalwert und Höchstwert jeweils die Option *Identisch für alle Sparklines*.

Bild 2.104 Achseneinteilung

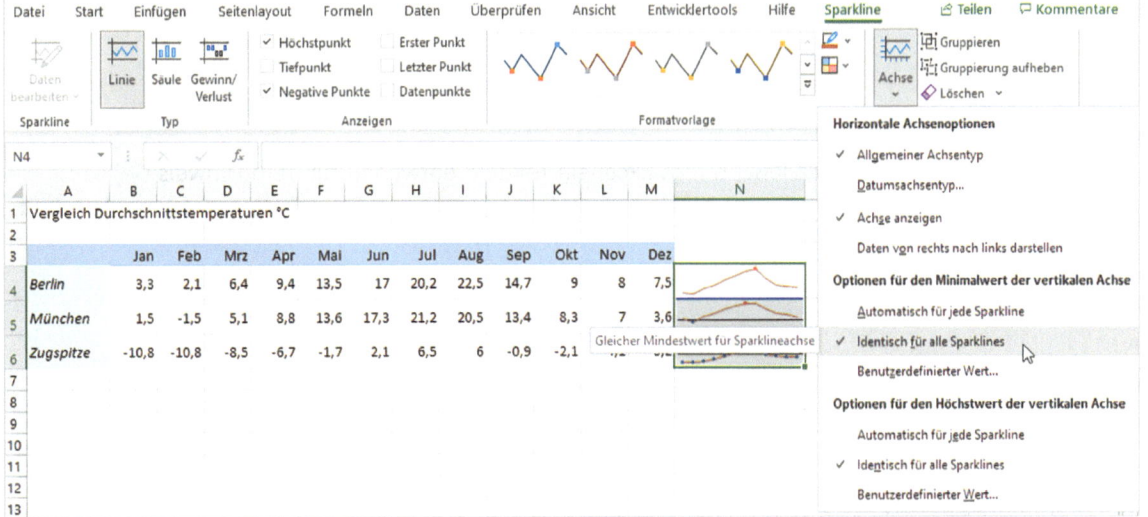

2.8 Mathematische Formeln darstellen

Dieselben Möglichkeiten finden Sie auch in den Office-Anwendungen Word und PowerPoint.

Eine visuelle Darstellung von mathematischen Formeln statt der Excel-Formel oder Funktion kann in vielen Fällen hilfreich sein. Da mathematische Formeln zahlreiche Sonderzeichen beinhalten, stellt Microsoft Office und damit auch Excel einen umfassenden Katalog an Bausteinen, z. B. für Brüche, Wurzeln, hoch- oder tiefgestellte Zeichen oder Integrale zur Verfügung, zusammen mit einer Sammlung mathematischer Symbole, Operatoren und vieles mehr. Statt in eine Zelle, werden derartige Formeln in Textfelder eingefügt, die anschließend beliebig im Tabellenblatt verschoben, vergrößert oder verkleinert werden können.

Beachten Sie: Wenn Sie eine solche Formel in ein Diagramm einfügen möchten, dann markieren Sie zuvor das Diagramm. Damit wird das eingefügte Textfeld als Diagrammelement behandelt und z. B. zusammen mit diesem verschoben.

> ■ **Auf diesem Weg eingegebene Formeln werden von Excel nicht berechnet!**
> Auf diese Weise erzeugte Formeln dienen ausschließlich zur Visualisierung, es werden keinerlei Ergebnisse berechnet.

1. Zum Einfügen klicken Sie im Menüband, Register *Einfügen* ▶ *Symbole* auf *Formel*, es spielt keine Rolle, welche Zelle gerade markiert ist.

    Tipp: Mit Klick auf den Dropdown-Pfeil des Symbols erhalten Sie verschiedene integrierte Formeln, z. B. Kreisoberfläche zur Auswahl, ein Klick direkt auf das Symbol fügt dagegen eine leere Formel ein.

Bild 2.105 Formel einfügen

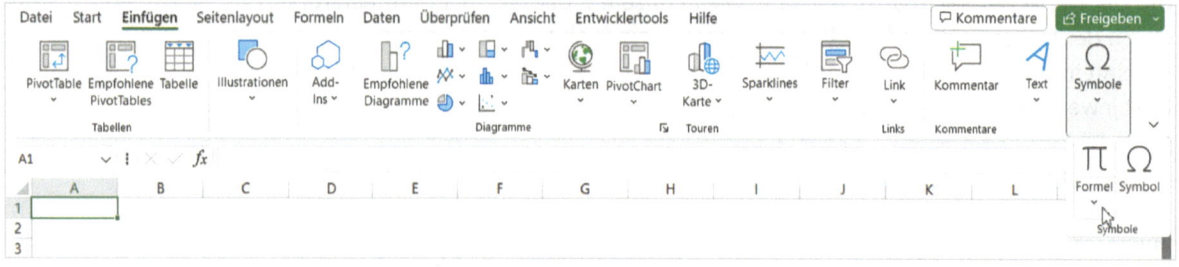

2. Anschließend fügt Excel ein Textfeld entweder mit dem Hinweis *Geben Sie hier eine Formel ein* ❶ oder mit der ausgewählten Formel ❷ in das aktuelle Arbeitsblatt ein.

Bild 2.106 Formeln werden in einem Textfeld eingefügt

3 Zur weiteren Bearbeitung klicken Sie in den Hinweistext oder die Formel und sofort erscheint im Menüband das Register *Formel*. Hier finden Sie die folgenden Möglichkeiten:

Bild 2.107 Das Register Formel

- **Bruch, Wurzel, hoch- oder tiefgestellte Zeichen, Klammern usw.**
  Klicken Sie in der Gruppe *Strukturen* ❶ auf das entsprechende Symbol, z. B. *Bruch* oder *Wurzel*, und wählen Sie das genauere Aussehen. Bild 2.108 zeigt als Beispiel verschiedene Wurzel-Varianten. Die ausgewählte Struktur wird mit kleinen Platzhaltern in das Textfeld eingefügt. Klicken Sie anschließend der Reihe nach auf die Platzhalter, um hier z. B. eine weitere Struktur, wie im Bild unten einzufügen.

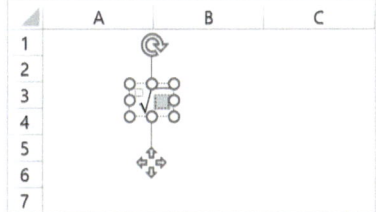 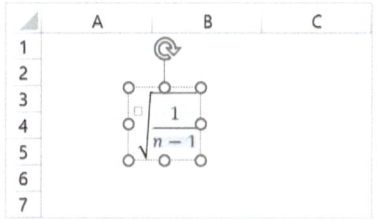

  Tipp: Die Pfeiltasten nach rechts bzw. nach links markieren schnell den nächsten bzw. vorherigen Platzhalter.

- **Mathematische Symbole, griechische Buchstaben**
  Zum Einfügen mathematischer Symbole und Sonderzeichen klicken Sie in der Gruppe *Symbole* auf den Pfeil ❷, um den gesamten Katalog zu öffnen.

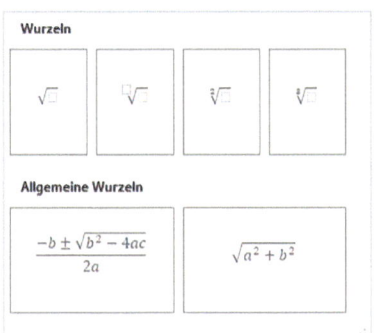

Bild 2.108 Beispiel Struktur Wurzel

Bild 2.109 Sonderzeichen bzw. Zeichenkategorie auswählen

Standardmäßig erscheinen zunächst grundlegende mathematische Sonderzeichen wie in Bild 2.109. Mit Klick auf den Pfeil in der rechten oberen Ecke ❸ erhalten Sie weitere Zeichensätze, z. B. griechische Buchstaben, Operatoren, Pfeile usw. zur Auswahl. Zahlen, einfache Buchstaben, Gleichheitszeichen und gängige Operatoren, z. B. +, -, >, < usw., geben Sie dagegen einfach über die Tastatur ein.

Weitere Möglichkeiten

Formel per Stift eingeben
Falls Ihr Gerät die Eingabe per Touchpad oder Stift unterstützt, können Sie eine Formel auch per Hand eingeben: Klicken Sie dazu im Register *Formel* ▶ *Tools* auf *Freihandgleichung*.

Lineares oder professionelles Format?
In der Gruppe *Tools* finden Sie auch die Symbole *Professionell* und *Linear*, mit denen Sie die Darstellung der Formel ändern können.

3 Datums-, Uhrzeit- und Textfunktionen

3.1 Datumsfunktionen   126

3.2 Berechnungen mit Zeitwerten   141

3.3 Textfunktionen   148

3.4 Länderspezifische Datums- und Zahlenformate mit Power Query umwandeln   161

3 Datums-, Uhrzeit- und Textfunktionen

3.1 Datumsfunktionen

Alle Datumswerte, sofern ihre Schreibweise einem der gängigen Datumsformate entspricht, sind für Excel serielle (fortlaufende) Zahlen, die als Datum formatiert sind. Ausnahme: Datumsangaben vor dem 01.01.1900 werden als Text behandelt, da dieser Tag den Beginn der „Excel-Zeitrechnung" darstellt. Daher entspricht der 01.01.1900 der Zahl 1, der 02.01.1900 der Zahl 2 usw. und aus diesem Grund werden Datumswerte von Excel auch korrekt sortiert. Uhrzeiten sind Dezimalzahlen auf der Basis eines Tages, wobei die Zahl 1 für 24 Stunden steht, 0,5 bedeutet also 12 Stunden oder 12 Uhr mittags.

Wenn Sie also wissen möchten, wie viele Tage seit dem 01.01.1900 vergangen sind, dann brauchen Sie nur das aktuelle Datum in eine beliebige Zelle eingeben und als Zahl formatieren.

Berechnungen mit Datums- und Zeitwerten sind daher problemlos möglich. Über die Schaltfläche *Datum und Uhrzeit* stehen Ihnen in der Funktionsbibliothek des Registers *Formeln* verschiedene Funktionen zur Verfügung.

Aktuelles Datum bzw. aktuelle Uhrzeit

Die nachfolgenden Datumsbeispiele finden Sie in der Mappe **Datum_allgemein.xlsx**

Die beiden Funktionen HEUTE und JETZT benötigen keine weiteren Argumente und liefern das aktuelle Datum (Systemdatum), allerdings mit einem kleinen Unterschied:

Funktion	Beschreibung	Beispiel Ergebnis
=HEUTE	Liefert das aktuelle Datum (Systemdatum)	11.04.2023
=JETZT	Liefert Datum und Uhrzeit	11.04.2023 15:46

F9: Formel oder Funktion neu berechnen.

Siehe „Flüchtige oder volatile Funktionen" auf Seite 48 ff.

Beide Funktionen werden beim Öffnen der Excel-Arbeitsmappe und bei jeder Änderung eines Zellinhalts automatisch aktualisiert. Um die Uhrzeit in einer geöffneten Mappe manuell zu aktualisieren, klicken Sie im Menüband, Register *Formeln* ▶ *Berechnung* auf die Schaltfläche *Neu berechnen* oder verwenden Sie die Funktionstaste **F9**.

> **Achtung**: Wenn Sie das aktuelle Datum für Datumsberechnungen oder Vergleiche benötigen, dann sollten Sie ausschließlich die Funktion HEUTE verwenden, da Sie sonst unter Umständen falsche Ergebnisse erhalten.

Beachten Sie den Unterschied: Ein Datum, das mit einer Funktion eingefügt wird, ist veränderbar, d. h. es erscheint stets das aktuelle Datum. Benötigen Sie dagegen im Arbeitsblatt ein gleichbleibendes Datum, dann müssen Sie dieses Datum manuell über die Tastatur oder mit den Tasten **Strg+.** (Punkt) eingeben.

Teilwerte eines Datums

Tag, Monat und Jahr als Zahl

Die folgenden Datumsfunktionen geben einen Teil eines Datums als Zahl zurück und werden beispielsweise benötigt, wenn eine Tabelle, unabhängig vom Jahr, nach Monaten sortiert oder gefiltert werden soll, oder um Tageswerte, z. B. Umsätze, zu größeren Zeiteinheiten (Monate, Quartale oder Jahre) zusammenzufassen. Beispielsweise lässt sich mithilfe der Funktion MONAT und dem Geburtsdatum ein, nach Monaten sortierter, Geburtstagskalender zusammenstellen, der das Jahr ignoriert.

Funktion	Beschreibung	Beispiel	Ergebnis
TAG(Datum)	Liefert aus einem Datum den Tag als Zahl	=TAG(23.01.2023)	23
MONAT(Datum)	Liefert aus einem Datum den Monat als Zahl	=MONAT(23.01.2023)	1
JAHR(Datum)	Liefert aus einem Datum das Jahr als Zahl	=JAHR(23.01.2023)	2023

Datumswerte zusammensetzen

Die Funktion DATUM erlaubt es umgekehrt, ein Datum aus Jahr, Monat und Tag als Zahlen zusammenzusetzen, wie im Bild unten. Die Syntax:

DATUM(Jahr;Monat;Tag)

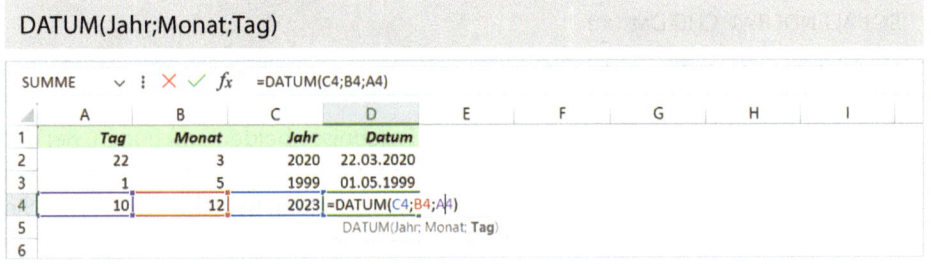

Bild 3.1 Beispiel: Die Zahlen der Spalten A, B und C zu einem Datum zusammenfügen

Wochentag ermitteln

Die Funktion WOCHENTAG liefert aus einem Datum den Wochentag als Zahl von 1 bis 7. **Achtung**: Das Argument *Typ* legt fest, mit welchem Wochentag die Woche beginnt. Wenn die Zählung mit Montag beginnen soll, dann müssen Sie hier den Typ 2 angeben, da Excel die Zählung sonst mit dem Sonntag (=1) beginnt.

WOCHENTAG(Datum;Typ)

Bild 3.2 Wochentag als Zahl ermitteln

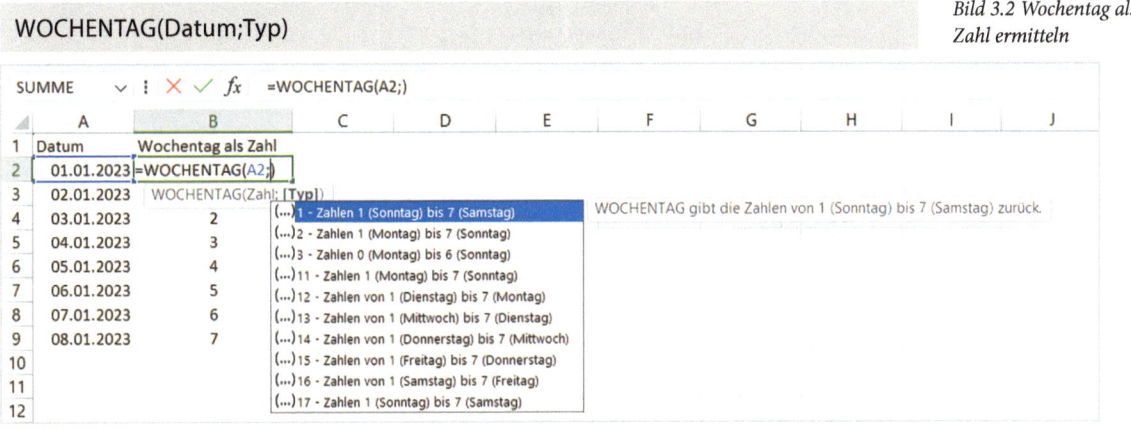

Kalenderwoche

In vielen Fällen benötigen Sie auch die Information, zu welcher Kalenderwoche ein bestimmtes Datum gehört. Hierzu stellt Excel zwei Funktionen mit unterschiedlichen Berechnungsmethoden zur Verfügung.

▶ ISOKALENDERWOCHE ermittelt die Kalenderwoche nach dem europäischen Wochennummerierungssystem. Demnach beginnt eine Woche mit dem Montag und die Woche mit dem ersten Donnerstag des Jahres ist die Kalenderwoche 1.

▶ KALENDERWOCHE erlaubt die Auswahl zwischen mehreren Systemen:
- Bei der Berechnung nach System 1 ist die Woche mit dem 1. Januar die erste Kalenderwoche. **Achtung**: Dies ist auch die Standardeinstellung, wenn das Argument *Zahl_Typ* nicht angegeben wird.
- System 2 bzw. Typ 21 entspricht ebenfalls der europäischen Norm.

```
ISOKALENDERWOCHE(Datum)
KALENDERWOCHE(Datum;Zahl_Typ)
```

Im Bild unten sehen Sie die unterschiedlichen Ergebnisse beider Funktionen. Bei der Funktion KALENDERWOCHE wurde in B3 das Argument *Zahl_Typ* nicht angegeben bzw. die Standardeinstellung Typ 1 verwendet. Zur korrekten Berechnung müssen Sie dagegen Typ 21 auswählen.

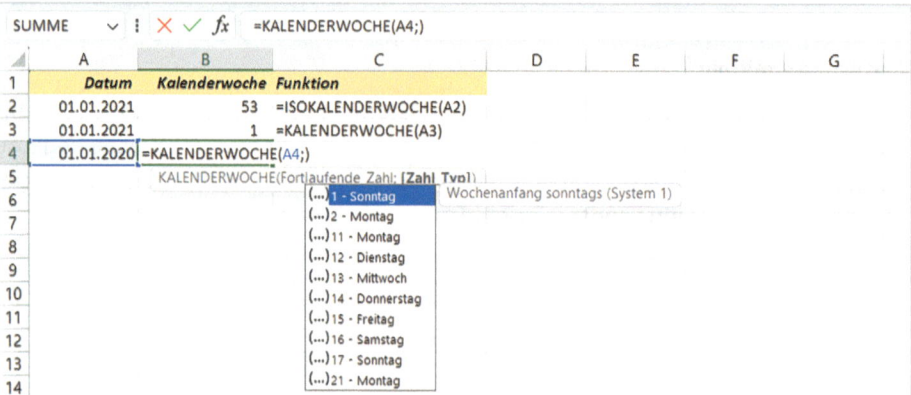

Bild 3.3 Berechnung der Kalenderwoche im Vergleich

Quartal berechnen

Zur Ermittlung des Quartals gibt es keine Funktion, dieses lässt sich aber leicht aus dem Monat eines Datums berechnen. Bevor Sie allerdings jetzt über die Funktion WENN oder WENNS nachdenken, es geht auch kürzer mit folgender Formel:

```
=AUFRUNDEN(MONAT(15.04.2023)/3;0)          Ergebnis: 2
```

Monat oder Wochentag als Text

Neben der Möglichkeit, ein Datum mit einem geeigneten Datumsformat so zu formatieren, dass Wochentag oder Monat als Text angezeigt werden, kann auch eine Funktion eingesetzt werden. Dazu steht in Excel die Funktion TEXT zur Verfügung. Diese wandelt eine Zahl entsprechend dem angegebenen Textformat in Text um, die Syntax lautet:

TEXT(Wert;Textformat)

Das Textformat muss in Anführungszeichen " " angegeben werden und entspricht den Regeln für benutzerdefinierte Zahlenformate. Eine Übersicht über die Datumsformate finden Sie in der Tabelle unten. Beachten Sie, dass Monatsformate stets mit Großbuchstaben (M) angegeben werden müssen, um Verwechslungen mit dem Uhrzeitformat Minuten zu vermeiden, diese werden in Kleinbuchstaben (m) angegeben.

Textformat	Ergebnis	Beispiel
"M"	Monat als ein- oder zweistellige Zahl	1; 12
"MM"	Monat als zweistellige Zahl	01; 02
"MMM"	Monat als Text, auf drei Zeichen abgekürzt	Jan; Feb
"MMMM"	Vollständiger Monatsname	Januar; Februar
"MMMMM"	Monat als einzelner Buchstabe (J - D)	J
"T"	Wochentag als Zahl von 1 bis 7	1; 2
"TT"	Wochentag als zweistellige Zahl mit führender 0	01; 02
"TTT"	Wochentag als Text, auf zwei Zeichen abgekürzt	Mo; Di; Mi
"TTTT"	Vollständiger Wochentag als Text	Montag; Dienstag

Im Bild unten zwei Beispiele: In Spalte B wurde der Monat mit dem Textformat „MMMM" in Text umgewandelt, in Spalte C der Wochentag mit dem Textformat „TTT".

B2		fx	=TEXT(A2;"MMMM")				
	A	B	C	D	E	F	G
1	**Datum**	**Monat**	**Wochentag**				
2	29.01.2023	Januar	So				
3	30.01.2023	Januar	Mo				
4	31.01.2023	Januar	Di				
5	01.02.2023	Februar	Mi				
6	02.02.2023	Februar	Do				
7	03.02.2023	Februar	Fr				
8							
9							

Bild 3.4 Wochentag und Monat als Text.

Hinweis: Mit TEXT und der Angabe eines Zahlenformats lassen sich auch Zahlen in Text umwandeln und formatieren. Die Zahlenformate entsprechen den benutzerdefinierten Zahlenformate.

Benutzerdefinierte Zahlenformate, siehe Seite 65.

Differenz zwischen Datumswerten berechnen

Differenz in Tagen berechnen

Um die Differenz zwischen zwei Datumswerten in Tagen zu ermitteln, genügt eine einfache Formel. Als Beispiel die Berechnung der Tage bis Weihnachten: Mit der folgenden Formel erhalten Sie allerdings ein Ergebnis, das ausschließlich für das angegebene Jahr gilt, egal ob sich das Datum entweder in einer Zelle befindet oder direkt in die Formel eingegeben wird.

```
=24.12.2023 - HEUTE()
```

Funktion DATUM, siehe Seite 127.

Damit die Formel nicht nur im angegebenen Jahr, sondern für das jeweils aktuelle Jahr gültig ist, müssen Sie den 24.12. des aktuellen Jahres verwenden. Dazu setzen Sie mit der Funktion DATUM das Weihnachtsdatum aus dem aktuellen Jahr und den Zahlen 12 und 24 zusammen. Die Formel lautet dann:

```
=DATUM(JAHR(HEUTE());12;24) - HEUTE()
```

> **Vorsicht bei negativen Datumswerten**
> Excel kann zwar bei Datumsberechnungen negative Zahlen, z. B. Tage, berechnen und anzeigen, nicht aber, wenn diese als Datum formatiert sind. Dann erscheint stattdessen das #-Zeichen.

Differenz in Jahren berechnen, z. B. Alter

Eine häufige Aufgabe ist die Berechnung des Alters. Dieses lässt sich auf verschiedenen Wegen berechnen, abhängig von der geforderten Genauigkeit. Die hier aufgezählten Möglichkeiten lassen sich natürlich auch auf andere Aufgabenstellungen, in denen die Differenz zwischen zwei Datumswerten in Jahren benötigt wird, übertragen.

Möglichkeit 1: Aus den Jahren berechnen

Wenn das Alter nicht auf den Tag genau benötigt wird, dann können Sie ganz einfach das Alter als Differenz zwischen dem aktuellen Jahr und dem Geburtsjahr berechnen. Die Formel dazu lautet:

```
=JAHR(HEUTE())-JAHR(Geburtsdatum)
```

Das Ergebnis müssen Sie in der Regel anschließend noch als Standard oder als Zahl ohne Dezimalstellen formatieren, da es meist als Datum erscheint.

Bild 3.5 Das Alter einfach als Differenz von Jahren berechnen

	A	B	C	D	E	F	G
1	Geburtsdatum	Alter in Jahren					
2	13.06.1989	34	=JAHR(HEUTE())-JAHR(A2)				
3	05.12.1966	57					
4	18.01.1982	41					
5	28.11.1995	28					

Möglichkeit 2: Mit der Funktion BRTEILJAHRE

Die Funktion BRTEILJAHRE berechnet die Differenz zwischen zwei Datumswerten in Bruchteilen von Jahren und ermittelt somit das Alter wesentlich genauer. Die Syntax:

```
BRTEILJAHRE(Anfangsdatum; Enddatum; [Basis])
```

Das Argument *Basis* ist optional und eigentlich nur zur Berechnung von Zinstagen erforderlich: Damit können Sie festlegen, auf welcher Basis die Tage gezählt werden.

Mit BRTEILJAHRE erhalten Sie ein Ergebnis mit Dezimalstellen, d. h. Bruchteilen von Jahren. Um das Alter als ganze Zahl zu erhalten, dürfen Sie das Ergebnis aber nicht einfach kaufmännisch runden, da Sie sonst unter Umständen ein falsches Alter erhalten. Sie dürfen die Zahl also nicht ohne Dezimalstellen formatieren, sondern müssen die nicht benötigten Dezimalstellen mit der Funktion KÜRZEN abschneiden.

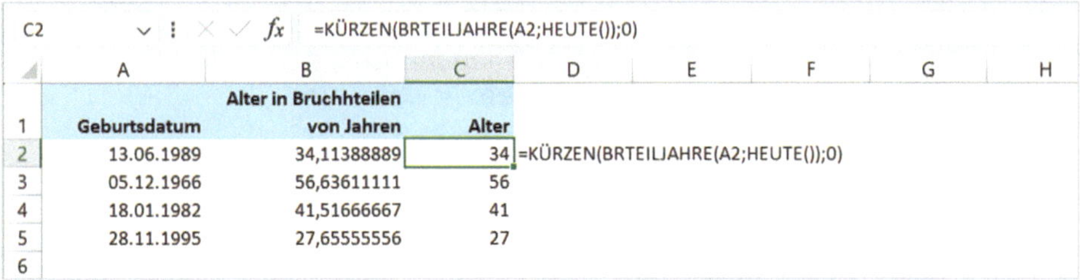

	A	B	C
1	Geburtsdatum	Alter in Bruchteilen von Jahren	Alter
2	13.06.1989	34,11388889	34
3	05.12.1966	56,63611111	56
4	18.01.1982	41,51666667	41
5	28.11.1995	27,65555556	27

C2: `=KÜRZEN(BRTEILJAHRE(A2;HEUTE());0)`

Bild 3.6 Alter mit BRTEILJAHRE berechnen

Hinweis: Mit der Funktion BRTEILJAHRE lassen sich auch Laufzeiten von Forderungen und Verbindlichkeiten vergleichen. In diesem Fall benötigen Sie auch das Argument *Basis*. Für die europäische Zählung der Zinstage (30 Tage pro Monat / 360 Tage im Jahr) muss 4 angegeben werden. 0 oder keine Angabe basiert zwar ebenfalls auf diesen Zahlen, liefert aber ein falsches Ergebnis, wenn das Ausgangsdatum ausgerechnet der 29. Februar eines Schaltjahrs ist.

Möglichkeit 3: Mit der Funktion DATEDIF

Als dritte Möglichkeit können Sie die Funktion DATEDIF zur Altersberechnung einsetzen. Leider ist diese Funktion nicht dokumentiert, kann also weder über den Funktionsassistenten noch aus der Formelbibliothek ausgewählt werden, sondern muss vollständig über die Tastatur eingegeben werden. Die Syntax:

Tipp: In der Excel-Hilfe wird DATEDIF mit einer Beschreibung aufgeführt.

```
DATEDIF(Ausgangsdatum;Enddatum;Einheit)
```

Die Argumente im Detail:

Argument	Beschreibung		
Ausgangsdatum	Startdatum, z. B. das Geburtsdatum		
Enddatum	Das Enddatum, z. B. das aktuelle Datum		
Einheit	Wie soll die Differenz berechnet werden: "y" in vollständigen Jahren "m" in Monaten "d" in Tagen	"ym" "md"	Monate, ohne Berücksichtigung des Jahres Tage, ohne Berücksichtigung des Monats

Die weiteren Möglichkeiten der Funktion DATEDIF

Die Funktion DATEDIF unterstützt mit dem Argument *Einheit* verschiedene Zeiteinheiten. Daher erweist sich diese Funktion auch in anderen Situationen als sehr praktisch.

Als Beispiel nehmen wir an, Sie möchten die Dauer der Betriebszugehörigkeit in Jahren, Monaten und Tagen berechnen. Die entsprechenden Formeln in Zeile 4 lauten (wobei sich hier das aktuelle Datum in B1 befindet):

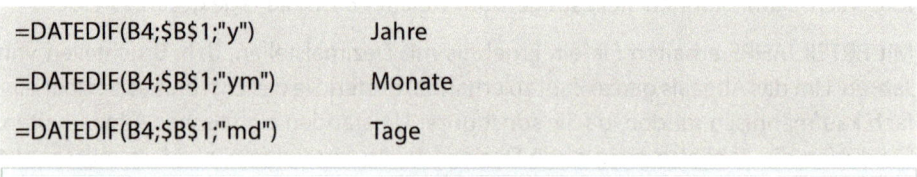

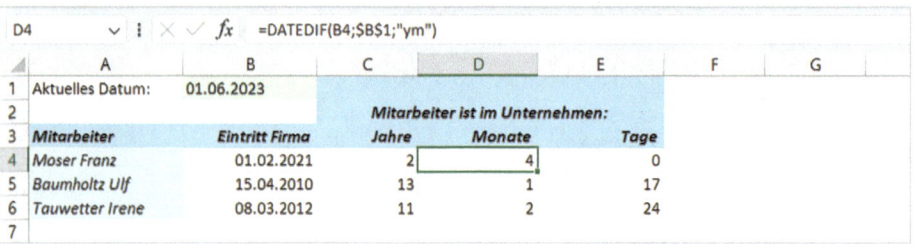

Bild 3.7 Betriebszugehörigkeit mit DATEDIF berechnen

Zur besseren Nachvollziehbarkeit wurde hier das Datum in B1 fest eingetragen. Ersetzen Sie in der Formel den Bezug B1 durch HEUTE(), so erhalten Sie jeweils tagesaktuelle Ergebnisse!

Mit NETTOARBEITSTAGE die Differenz in Arbeitstagen berechnen

Häufig sollen bei der Berechnung der Datumsdifferenz in Tagen ausschließlich Arbeitstage berücksichtigt werden, nicht aber Wochenenden und Feiertage, z. B. zur Berechnung von Urlaubstagen oder Soll-Arbeitszeiten. Dazu verwenden Sie die Funktion NETTOARBEITSTAGE.INTL.

Excel verfügt über zwei Funktionen zur Berechnung der Nettoarbeitstage: Die neuere Funktion NETTOARBEITSTAGE.INTL berechnet die Anzahl der vollen Arbeitstage zwischen zwei Datumsangaben, wobei im Gegensatz zur älteren Funktion NETTOARBEITSTAGE angegeben werden kann, welche und wie viele Tage auf Wochenenden fallen. Die Syntax:

NETTOARBEITSTAGE.INTL(Ausgangsdatum;Enddatum;[Wochenende]; [Freie_Tage])

Beachten Sie außerdem:

▶ Ausgangs- und Enddatum werden bei der Berechnung mitgezählt.

▶ Bei der Eingabe des Parameters *Wochenende* erscheint eine Liste zulässiger Angaben, *1* bedeutet *Samstag und Sonntag*. Alternativ können Sie arbeitsfreie Tage auch frei definieren, ein Beispiel finden Sie auf Seite 134.

▶ Mit *Freie_Tage* geben Sie an, welche Tage z. B. als Feiertage berücksichtigt werden sollen. Diese müssen in einer gesonderten Tabelle, entweder im selben oder einem anderen Tabellenblatt, angegeben werden. Im unten abgebildeten Beispiel erhielt die Liste den Namen *Feiertage*. Aufgrund unterschiedlicher Feiertagsregelungen in den einzelnen Bundesländern können Ihre Angaben von der Abbildung (Bayern) abweichen.

Bild 3.8 Beispiel Urlaubstage berechnen (Bayern)

	A	B	C	D	E	F	G
1	Urlaubskalender 2023					Feiertage 2023	
2						01.01.2023	Neujahrstag
3	Name	Urlaub von:	bis einschl.	Tage		06.01.2023	Hlg. Drei Könige
4	Humpler	Mo, 03.04.2023	Mo, 17.04.2023	=NETTOARBEITSTAGE.INTL(B4;C4;1;$F$2:$F$14)			
5	Baumholtz	Mo, 15.05.2023	Mi, 31.05.2023	NETTOARBEITSTAGE.INTL(Ausgangsdatum; Enddatum; [Wochenende]; [Freie_Tage])			
6	Waldfeld	Do, 01.06.2023	Fr, 09.06.2023	6		01.05.2023	Tag der Arbeit
7	Tauwetter	Mi, 02.08.2023	Fr, 18.08.2023	12		18.05.2023	Christi Himmelfahrt
8						29.05.2023	Pfingstmontag
9						08.06.2023	Fronleichnam
10						15.08.2023	Maria Himmelfahrt
11						03.10.2023	Tag der dt. Einheit
12						01.11.2023	Allerheiligen
13						25.12.2023	1. Weihnachtstag
14						26.12.2023	2. Weihnachtstag

Beispiel: Die Arbeitstage eines Monats berechnen

Mit der Funktion NETTOARBEITSTAGE.INTL können Sie auch die Anzahl der Arbeitstage eines Monats berechnen. Im Bild unten berechnen wir in Spalte B mit der Funktion MONATSENDE zunächst das Ende des jeweiligen Monats, der Monatsanfang ist in Spalte A vorgegeben, die Syntax:

Nettoarbeitstage.xlsx

    =MONATSENDE(Ausgangsdatum;Monate)

Hinweis: Das Argument *Monate* gibt an, wie viele Monate vor oder nach dem Ausgangsdatum liegen sollen. Handelt es sich um denselben Monat wie das Ausgangsdatum, wie in unserem Beispiel, dann muss 0 angegeben werden.

Bild 3.9 Arbeitstage eines Monats berechnen

C2 =NETTOARBEITSTAGE.INTL(A2;B2;1;$E$2:$E$14)

	A	B	C	D	E	F
1	Monatsanfang	Monatsende	Anzahl Arbeitstage		Feiertage 2023	
2	01.01.2023	31.01.2023	21		01.01.2023	Neujahrstag
3	01.02.2023	28.02.2023	20		06.01.2023	Hlg. Drei Könige
4	01.03.2023	31.03.2023	23		07.04.2023	Karfreitag
5	01.04.2023	30.04.2023	18		10.04.2023	Ostermontag
6	01.05.2023	31.05.2023	20		01.05.2023	Tag der Arbeit
7	01.06.2023	30.06.2023	21		18.05.2023	Christi Himmelfahrt

Damit das Ergebnis auch gleich als Datum formatiert ausgegeben wird, verwenden wir zusätzlich die Funktion TEXT, dann lautet die Formel in B2:

    B2: =TEXT(MONATSENDE(A2;0);"TT.MM.JJJJ")

In Spalte C kommt dann wieder die Funktion NETTOARBEITSTAGE.INTL zum Einsatz. Selbstverständlich könnte die gesamte Berechnung auch in einer einzigen Formel erfolgen.

Arbeitsfreie Tage frei definieren

Falls Sie die arbeitsfreien Tage in der Formel angeben möchten, müssen diese als Zeichenfolge mit der festen Länge 7 und in Anführungszeichen angegeben werden, z. B. "0000111".

Der Parameter *Wochenende* erlaubt es auch, die arbeitsfreien Tage für jeden Tag der Woche individuell zu definieren. Dazu geben Sie, beginnend mit Montag für jeden Wochentag entweder 0 (Arbeitstag) oder 1 (arbeitsfreier Tag) vor, was eine Zeichenfolge mit insgesamt 7 Zeichen ergibt. Also beispielsweise 0101001, wenn Dienstag, Donnerstag und Sonntag freie Tage sind. Liegen diese für jeden Wochentag in einer eigenen Zelle vor, wie im Bild unten, dann müssen sie mit TEXTKETTE zu einer Zeichenfolge verbunden werden. Die kopierbare Formel in H3 lautet dazu:

=NETTOARBEITSTAGE.INTL($G3;MONATSENDE($G3;0);TEXTKETTE(B$3:B$9); $M$2:$M$14)

Bild 3.10 Schema für arbeitsfreie Tage vorgeben

	A	B	C	D	E	F	G	H	I	J	K	L	M	N	O
1		Arbeitsfreie Tage						Arbeitstage					Feiertage 2023		
2		Moser	Bauer	Grumpelt	Heinrich		Monat	Moser	Bauer	Grumpelt	Heinrich				
3	Montag	0	1	1	0		01.01.2023	21	13	15	13		01.01.2023	Neujahrstag	
4	Dienstag	0	0	1	0		01.02.2023	20	12	16	12		06.01.2023	Hlg. Drei Könige	
5	Mittwoch	0	0	0	1		01.03.2023	23	13	19	13		07.04.2023	Karfreitag	
6	Donnerstag	0	1	0	1		01.04.2023	18	13	16	10		10.04.2023	Ostermontag	
7	Freitag	0	1	0	0		01.05.2023	20	14	16	12		01.05.2023	Tag der Arbeit	
8	Samstag	1	0	1	1		01.06.2023	21	12	17	13		18.05.2023	Christi Himmelfahrt	
9	Sonntag	1	1	0	1		01.07.2023	21	13	17	13		29.05.2023	Pfingstmontag	
10													08.06.2023	Fronleichnam	
11													15.08.2023	Maria Himmelfahrt	
													03.10.2023	Tag der dt. Einheit	

Arbeitstage zu einem Datum addieren (ARBEITSTAG.INTL)

Da in Excel ein Datum eigentlich eine fortlaufende Zahl (Tage) ist, brauchen Sie nur die Tage zu einem Datum addieren, wenn Sie beispielsweise die Fälligkeit einer Rechnung berechnen möchten. Anders dagegen, wenn die Fälligkeit in Arbeitstagen berechnet und die Wochenenden nicht berücksichtigt werden sollen. Dann verwenden Sie die Funktion ARBEITSTAG. Auch diese Funktion gibt es in zwei Versionen:

Die ältere Version ARBEITSTAG berücksichtigt nur freie Tage (optional), während Sie bei der Funktion ARBEITSTAG.INTL zusätzlich angeben können, welche und wie viele Tage auf ein Wochenende fallen. Die freien Tage, z. B. Feiertage, geben Sie in einer gesonderten Liste an, siehe NETTOARBEITSTAGE.INTL.

=ARBEITSTAG.INTL(Ausgangsdatum;Tage;[Wochenende];[Freie_Tage])

Im Bild unten wurde zum Vergleich in Spalte C die Fälligkeit durch einfaches Addieren berechnet, die Wochenenden also mit eingerechnet. In Spalte E wurden dagegen mit ARBEITSTAG.INTL nur Arbeitstage berücksichtigt.

Bild 3.11 Vergleich einfaches Addieren und ARBEITSTAG.INTL

	A	B	C	D	E	F
1	Ausgangsdatum	Zahlungsfrist in Tagen	Fälligkeit mit Wochenenden	Formel	Fälligkeit ohne Wochenenden	Formel
2	15.01.2023	10	25.01.2023	=A2+B2	27.01.2023	=ARBEITSTAG.INTL(A2;B2;1)
3	20.01.2023	30	19.02.2023	=A3+B3	03.03.2023	=ARBEITSTAG.INTL(A3;B3;1)
4	01.02.2023	10	11.02.2023	=A4+B4	15.02.2023	=ARBEITSTAG.INTL(A4;B4;1)
5	03.02.2023	30	05.03.2023	=A5+B5	17.03.2023	=ARBEITSTAG.INTL(A5;B5;1)

Ergebnis als Datum formatiert anzeigen

Das Ergebnis der Funktion ARBEITSTAGE.INTL erscheint im Tabellenblatt zunächst als Zahl, die Sie anschließend noch als Datum formatieren müssen. Diesen Schritt kann man umgehen, indem man mit der Funktion TEXT das Ergebnis sofort als Datum formatiert. Die Formel dazu in D2 lautet:

D2: =TEXT(ARBEITSTAG.INTL(A2;B2;1);"TT.MM.JJJJ")

D2 =TEXT(ARBEITSTAG.INTL(A2;B2;1);"TT.MM.JJJJ")

	A	B	C	D	E
1	Ausgangsdatum	Zahlungsfrist in Tagen	Fälligkeit unformatiert	Fälligkeit formatiert	
2	15.01.2023	10	44953	27.01.2023	
3	20.01.2023	30	44988	03.03.2023	
4	01.02.2023	10	44972	15.02.2023	
5	03.02.2023	30	45002	17.03.2023	

Bild 3.12 Fälligkeit formatiert ausgeben

Urlaubstage berechnen

Die Funktion NETTOARBEITSTAGE.INTL berechnet die Anzahl der Arbeitstage als Differenz zwischen zwei Datumswerten, ARBEITSTAG.INTL dagegen addiert zu einem Ausgangsdatum ganze Tage mit je 24 Stunden. Daher sind auch die Ergebnisse unterschiedlich zu interpretieren. Hier zwei Beispiele mit gleicher Ausgangslage.

Fall 1: Urlaubstage als Differenz berechnen

Wenn Sie die Anzahl der Urlaubstage mit NETTOARBEITSTAGE.INTL berechnen, erhalten Sie das korrekte Ergebnis 3, da Samstag und Sonntag nicht berücksichtigt werden.

C2 =NETTOARBEITSTAGE.INTL(A2;B2;1)

	A		B		C	D
1	Beginn		Ende		Urlaubstage	
2	Do	19.01.2023	Mo	23.01.2023	3	=NETTOARBEITSTAGE.INTL(A2;B2;1)
3						

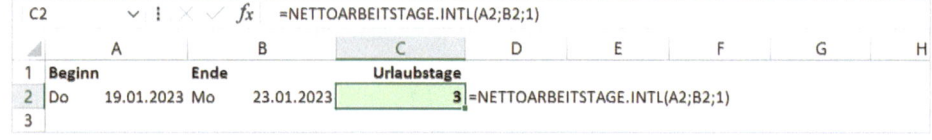

Bild 3.13 Urlaubstage mit NETTOARBEITSTAGE .INTL berechnen

Fall 2: Urlaubstage zum Ausgangsdatum addieren

Addieren Sie dagegen zum Ausgangsdatum (=Urlaubsbeginn) 3 Urlaubstage mit ARBEITSTAG.INTL, dann erhalten Sie als Ergebnis den 24. Januar. Da hier 3 volle Arbeitstage mit je 24 Stunden addiert werden, erhalten Sie nicht den letzten Urlaubstag, sondern den ersten Arbeitstag nach dem Urlaub.

C2 =ARBEITSTAG.INTL(A2;B2;1)

	A		B	C		D
1	Beginn		Urlaubstage	Ende		
2	Do	19.01.2023	3	Di	24.01.2023	=ARBEITSTAG.INTL(A2;B2;1)
3						

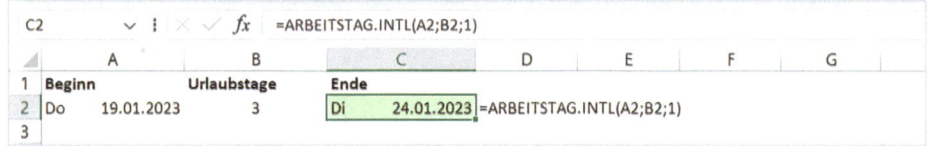

Bild 3.14 Tage mit ARBEITSTAG.INTL addieren

Geburtstagslisten

Geburtstagslisten.xlsx

Ein beliebtes Einsatzgebiet für Datumsfunktionen sind Geburtstagslisten bzw. eine Übersicht, wer heute oder in einem bestimmten Zeitraum Geburtstag hat. Diese Aufgabe lässt sich auf verschiedenen Wegen lösen, von einfach und schnell bis hin zu komplizierteren Formeln. Ausgangspunkt für die nachfolgend vorgestellten Lösungs-

ansätze ist die Tabelle in Bild 3.15. Zwecks besserer Nachvollziehbarkeit wurde hier als aktuelles Datum der 19.02.2023 fest in B1 eingetragen. In der Praxis verwenden Sie stattdessen in B1 oder anstelle von Bezügen auf B1 die Funktion HEUTE().

Eine sortierte Liste erstellen

Eine einfache und schnelle Lösung besteht darin, dass Sie in einer weiteren Spalte den jeweiligen Geburtsmonat mit der Funktion MONAT ermitteln und nach dieser Spalte sortieren. Falls nötig, können Sie auch noch mit TAG den Tag des Monats ermitteln und anschließend nach diesen beiden Spalten sortieren, wie in Bild 3.16.

Bild 3.15 Die Ausgangstabelle

	A	B	C	D
1	Aktuelles Datum:	19.02.2023		
2				
3	**Name**	**Geburtsdatum**		
4	Anna	23.08.1975		
5	Eva	14.01.1984		
6	Hugo	25.02.1978		
7	Thomas	01.03.1971		
8	Christian	16.07.1989		
9	Andreas	24.05.1995		
10	Klara	17.09.2001		
11	Johannes	19.02.1998		
12	Tobias	02.02.1994		
13	Peter	23.05.1998		
14	Sabine	30.08.1981		
15	Birgit	29.04.1986		
16	Claudia	05.11.1974		
17				

Bild 3.16 Nach Monat und Tag sortierte Liste

C4 *fx* =MONAT(B4)

	A	B	C	D	E
1	Aktuelles Datum:	19.02.2023			
2					
3	**Name**	**Geburtsdatum**	**Monat**	**Tag**	
4	Eva	14.01.1984	1	14	
5	Tobias	02.02.1994	2	2	
6	Johannes	19.02.1998	2	19	
7	Hugo	25.02.1978	2	25	
8	Thomas	01.03.1971	3	1	
9	Birgit	29.04.1986	4	29	
10	Peter	23.05.1998	5	23	
11	Andreas	24.05.1995	5	24	
12	Christian	16.07.1989	7	16	
13	Anna	23.08.1975	8	23	
14	Sabine	30.08.1981	8	30	
15	Klara	17.09.2001	9	17	
16	Claudia	05.11.1974	11	5	
17					

Wer hat diesen Monat Geburtstag?

Details zu WENN und den weiteren Logikfunktionen lesen Sie in Kap. 4.1.

Diese Frage lässt sich mit der Funktion WENN beantworten. Um in einer weiteren Spalte einen Hinweis auf den Geburtstag im aktuellen Monat auszugeben, geben Sie in C4 die folgende Formel ein und kopieren diese anschließend nach unten.

```
C4: =WENN(MONAT(B4)=MONAT($B$1);"hat in diesem Monat Geburtstag";"")
```

Bild 3.17 Hinweis auf aktuellen Monat mit der Funktion WENN ausgeben

C4 *fx* =WENN(MONAT(B4)=MONAT($B$1);"hat diesen Monat Geburtstag";"")

	A	B	C	D	E	F	G
1	Aktuelles Datum:	19.02.2023					
2							
3	**Name**	**Geburtsdatum**					
4	Anna	23.08.1975					
5	Eva	14.01.1984					
6	Hugo	25.02.1978	hat diesen Monat Geburtstag				
7	Thomas	01.03.1971					
8	Christian	16.07.1989					
9	Andreas	24.05.1995					
10	Klara	17.09.2001					
11	Johannes	19.02.1998	hat diesen Monat Geburtstag				
12	Tobias	02.02.1994	hat diesen Monat Geburtstag				
13	Peter	23.05.1998					
14	Sabine	30.08.1981					
15	Birgit	29.04.1986					
16	Claudia	05.11.1974					

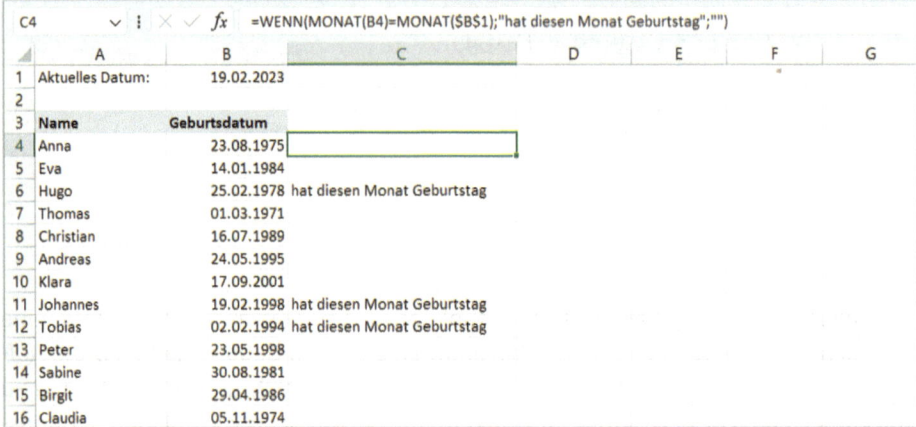

Wer hat heute Geburtstag?

Benötigen Sie dagegen einen Hinweis, wenn jemand heute Geburtstag hat, dann müssen Sie Monat und Tag vergleichen und in C4 stattdessen die folgende Formel eingeben:

```
=WENN(UND(MONAT(B4)=MONAT($B$1);TAG(B4)=TAG($B$1));"hat heute Geburtstag";"")
```

Tipp: Kürzer geht's, wenn Sie mithilfe der Funktion TEXT einen reinen Zeichenvergleich von Tag und Monat durchführen. Im Bild unten wurden zur besseren Nachvollziehbarkeit zusätzlich Tag und Monat in Spalte C mit folgender Formel ausgegeben:

```
C4: =TEXT(B4;"TT.MM")
```

Die Formel in D4 lautet dann:

```
D4: =WENN(C4=TEXT($B$1;"TT.MM");"hat heute Geburtstag!";"")
```

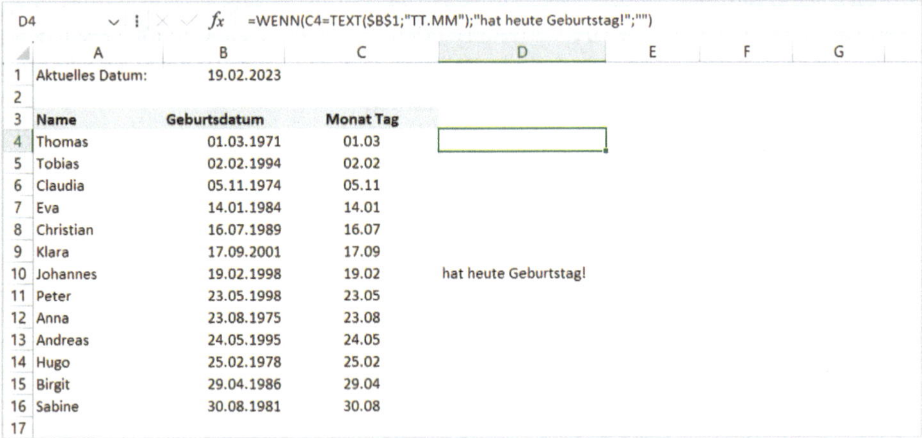
D4 =WENN(C4=TEXT($B$1;"TT.MM");"hat heute Geburtstag!";"")

	A	B	C	D	E	F	G
1	Aktuelles Datum:	19.02.2023					
2							
3	Name	Geburtsdatum	Monat Tag				
4	Thomas	01.03.1971	01.03				
5	Tobias	02.02.1994	02.02				
6	Claudia	05.11.1974	05.11				
7	Eva	14.01.1984	14.01				
8	Christian	16.07.1989	16.07				
9	Klara	17.09.2001	17.09				
10	Johannes	19.02.1998	19.02	hat heute Geburtstag!			
11	Peter	23.05.1998	23.05				
12	Anna	23.08.1975	23.08				
13	Andreas	24.05.1995	24.05				
14	Hugo	25.02.1978	25.02				
15	Birgit	29.04.1986	29.04				
16	Sabine	30.08.1981	30.08				
17							

Bild 3.18 Hinweis auf Geburtstag am heutigen Tag

Geburtstage mit der bedingten Formatierung hervorheben

Monat hervorheben

Alternativ lassen sich Geburtstage auch mit der bedingten Formatierung hervorheben, dazu wählen Sie folgende Vorgehensweise:

1. Markieren Sie den Zellbereich A4:B16, klicken auf *Bedingte Formatierung* (*Start*) und hier auf *Neue Regel...*.
2. Wählen Sie den Regeltyp *Formel zur Ermittlung der zu formatierenden Zellen verwenden*. Geben Sie im Feld *Werte formatieren, für die diese Formel wahr ist* die folgende Formel ein (Bild 3.19) und wählen Sie über die Schaltfläche *Formatierung...* anschließend eine Formatierung, hier gelbe Füllung.

```
=MONAT($B4:$B16)=MONAT($B$1)
```

Hinweis: Die bedingte Formatierung bietet unter *Regeln zum Hervorheben von Zellen* ebenfalls Datum an. Dies funktioniert hier leider nicht, da für Geburtstage ausschließlich Monate und Tage verglichen werden dürfen.

Bild 3.19 Wer hat im aktuellen Monat Geburtstag?

Wer hat heute Geburtstag?

Wenn Sie zusätzlich Personen hervorheben möchten, die am heutigen Tag Geburtstag haben, dann erstellen Sie für denselben Zellbereich eine zweite Regel zur bedingten Formatierung und verwenden die folgende Formel:

```
=TEXT($B4:$B16;"TT.MM")=TEXT($B$1;"TT.MM")
```

Bild 3.20 Wer hat heute Geburtstag?

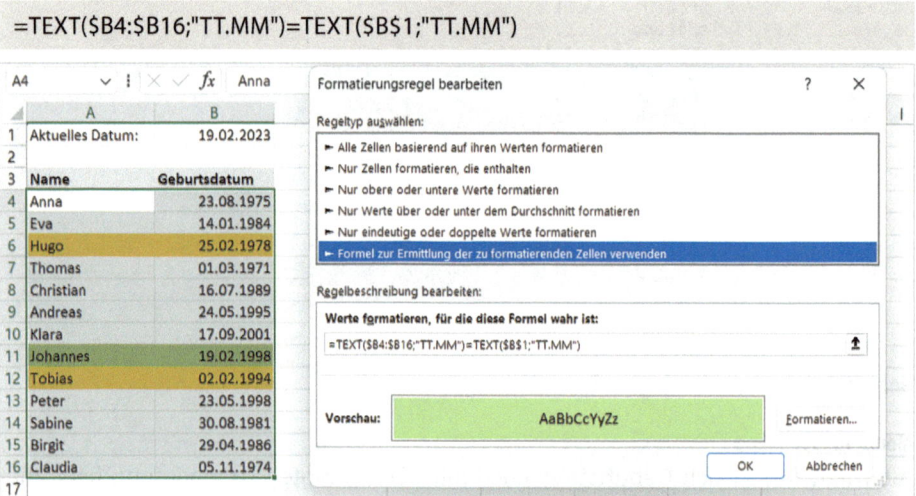

Beachten Sie die Reihenfolge der Regeln

Wenn Sie auf einen Zellbereich gleich mehrere Regeln anwenden, wie im Bild oben, dann achten Sie auf die Reihenfolge der Regeln. Im Fenster *Manager für Regeln zur bedingten Formatierung* (öffnen über *Bedingte Formatierung* und Befehl *Regeln verwalten...*) können Sie über die Pfeilschaltflächen (s. Bild unten) die Reihenfolge ändern. Die Regeln werden von oben nach unten angewendet. Sollte also z. B. der Geburtstag am heutigen Datum nicht hervorgehoben werden, dann verschieben Sie diese Regel ganz nach oben.

Bild 3.21 Reihenfolge der Regeln ändern

Wer hat in den nächsten Tagen Geburtstag?

Wann ist der nächste Geburtstag?

Komplizierter wird es, wenn Sie wissen möchten, wer unabhängig vom Monat z. B. in den nächsten 10 Tagen Geburtstag hat. Dazu ist zunächst einmal das Datum des nächsten Geburtstags erforderlich, dieses setzt sich zusammen aus Tag und Monat des Geburtsdatums und dem aktuellen Jahr bzw. muss 1 Jahr hinzuaddiert werden, wenn der Geburtstag in diesem Jahr schon zurückliegt. Die Formel in C4 lautet:

=WENN(DATUM(JAHR(HEUTE());MONAT(A5);TAG(A5))<HEUTE();DATUM(JAHR(HEUTE())+1;
MONAT(A5);TAG(A5));DATUM(JAHR(HEUTE());MONAT(A5);TAG(A5)))

Achtung: Sie erhalten als Ergebnis Zahlen und müssen diese noch als Datum formatieren!

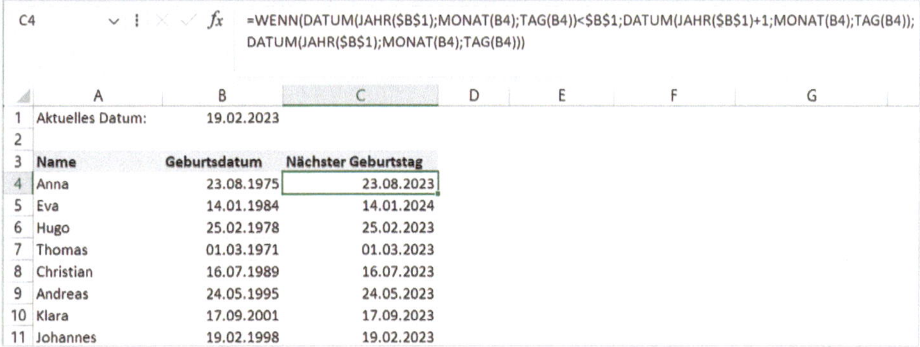

Bild 3.22 Den nächsten Geburtstag ermitteln

Die Geburtstage der nächsten 10 Tage mit Namen als gesonderte Liste

Anschließend ermitteln Sie die Geburtstage und die dazugehörigen Namen. Mit Excel 2021 oder Microsoft 365 bietet sich dazu die Funktion FILTER an.

Excel 2021 und Microsoft 365

Kopieren Sie die Spaltenüberschriften in A3:C3 in einen gesonderten Ausgabebereich, im Bild unten E1:G1, und geben Sie in E2 die folgende Funktion ein, der Ausgabebereich wird automatisch erweitert. **Achtung**: Auch hier müssen Sie die Zahlen wieder als Datum formatieren.

Detaillierte Informationen zur Funktion FILTER erhalten Sie in Kap. auf Seite 225 ff.

E2: =FILTER(A4:C16;(C4:C16>=$B$1)*(C4:C16<=$B$1+10))

Bild 3.23 Geburtstage in den nächsten 10 Tagen filtern

	A	B	C	D	E	F	G
1	Aktuelles Datum:	19.02.2023			Name	Geburtsdatum	Nächster Geburtstag
2					Hugo	25.02.1978	25.02.2023
3	Name	Geburtsdatum	Nächster Geburtstag		Thomas	01.03.1971	01.03.2023
4	Anna	23.08.1975	23.08.2023		Johannes	19.02.1998	19.02.2023
5	Eva	14.01.1984	14.01.2024				
6	Hugo	25.02.1978	25.02.2023				
7	Thomas	01.03.1971	01.03.2023				
8	Christian	16.07.1989	16.07.2023				
9	Andreas	24.05.1995	24.05.2023				
10	Klara	17.09.2001	17.09.2023				
11	Johannes	19.02.1998	19.02.2023				
12	Tobias	02.02.1994	02.02.2024				
13	Peter	23.05.1998	23.05.2023				
14	Sabine	30.08.1981	30.08.2023				
15	Birgit	29.04.1986	29.04.2023				
16	Claudia	05.11.1974	05.11.2023				

E2: `=FILTER(A4:C16;(C4:C16>=$B$1)*(C4:C16<=$B$1+10))`

Geburtstage der nächsten 10 Tage mit der bedingten Formatierung hervorheben

1 Markieren Sie den Zellbereich A4:C16, klicken Sie im Register *Start* auf *Bedingte Formatierung* und auf *Neue Regel...*.

2 Wählen Sie den Regeltyp *Formel zur Ermittlung der zu formatierenden Zellen verwenden* und geben Sie im Feld *Werte formatieren, für die diese Formel wahr ist* die folgende Formel ein und wählen Sie über die Schaltfläche *Formatierung...* anschließend eine Formatierung, hier rote Füllung.

`=$C4>=($B$1+10)`

Bild 3.24 Bedingte Formatierung: Geburtstage in den nächsten 10 Tagen

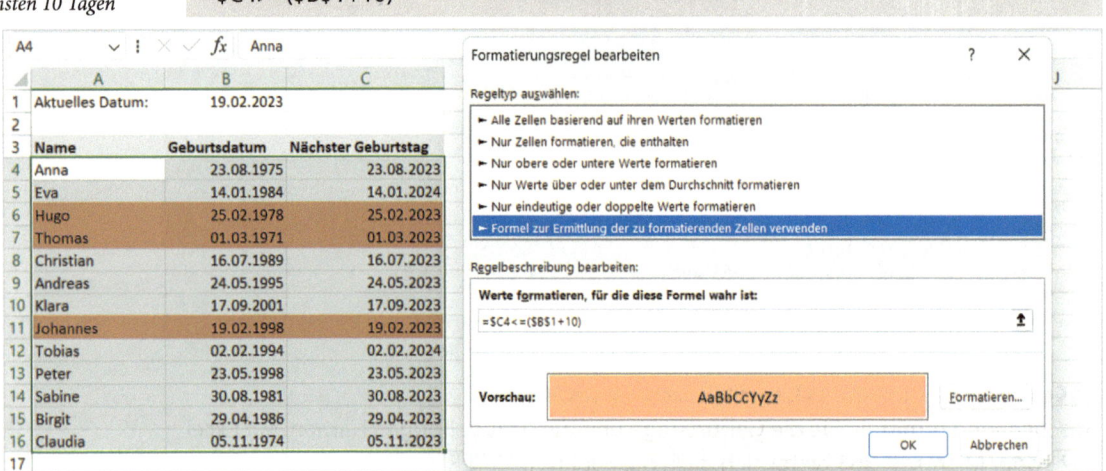

Runde Geburtstage hervorheben

Aus dem Jahr des nächsten Geburtstags und dem Geburtsjahr lässt sich in D4 leicht das Alter berechnen und anschließend nach unten kopieren:

D4:   `=JAHR(C4)-JAHR(B4)`

Wenn Sie runde Geburtstage besonders hervorheben möchten, z. B. mit grüner Farbe, dann verwenden Sie für die bedingte Formatierung die folgende Formel, Näheres zur Funktion REST finden Sie auf Seite 408:

`=REST($D4;10)=0`

Bild 3.25 Runde Geburtstage hervorheben

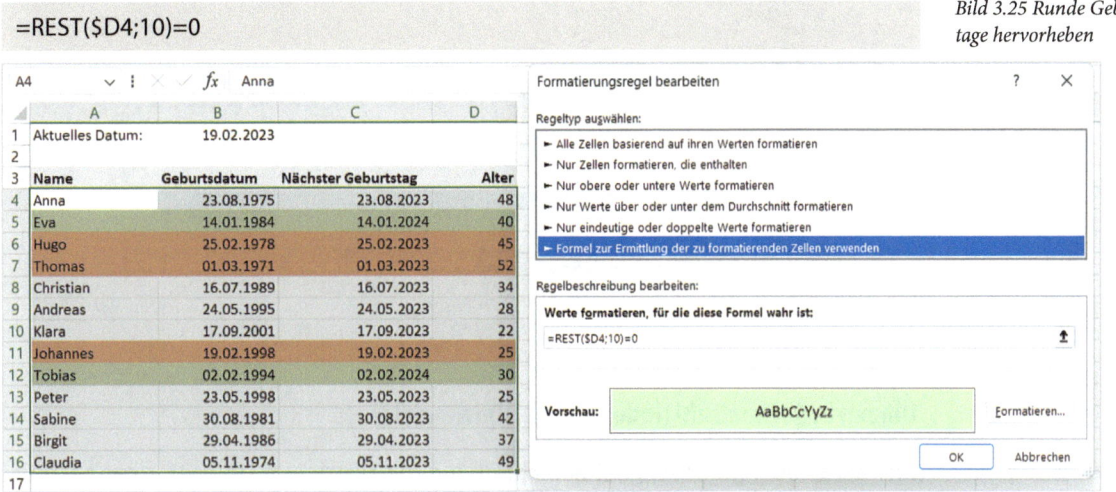

3.2 Berechnungen mit Zeitwerten

Allgemeine Grundlagen

Auch mit Zeitangaben sind Berechnungen, z. B. Addition oder Differenz, möglich. Beachten Sie aber, dass das Standard-Uhrzeitformat von Excel nicht mehr als 24 Stunden berücksichtigt. Daher können einige Ergebnisse, wie z. B. im Bild unten die Summe der Arbeitszeiten in G9, auf den ersten Blick nicht stimmen. Zur korrekten Darstellung von Uhrzeiten, die über 24 Stunden hinausgehen, benötigen Sie das Uhrzeitformat [h].

Bild 3.26 Das Ergebnis in G9 kann auf den ersten Blick nicht stimmen!

Sie finden dieses Format im Dialogfenster *Zellen formatieren*, das Sie entweder per Rechtsklick und den gleichnamigen Befehl öffnen oder im Menüband, Register *Start* mit Klick auf den kleinen Pfeil in der rechten unteren Ecke der Gruppe *Zahl*. Klicken Sie hier auf das Register *Zahlen* und wählen Sie die Kategorie *Benutzerdefiniert*. Weisen Sie dann den Zellen das Format [h]:mm zu, die Sekunden ss können gelöscht werden.

Bild 3.27 Uhrzeitformat mit mehr als 24 Stunden

Alle Details zu benutzerdefinierten Datums- und Uhrzeitformaten finden Sie in Kap. 1, auf Seite 67.

Uhrzeit in Dezimalzahl (Industriezeit) umwandeln

Arbeitszeiten.xlsx

Standardmäßig gibt Excel bei Berechnungen mit Werten im Uhrzeitformat auch das Formelergebnis im selben Format aus. Häufig benötigen Sie aber für weitere Berechnungen eine Dezimalzahl (Industriezeit), z. B. wenn Sie Arbeitszeiten mit dem Stundenlohn multiplizieren möchten, wie im unten abgebildeten Beispiel.

▶ In solchen Fällen formatieren Sie die Ergebnisse, hier in G4 bis G8 als Zahl mit zwei Nachkommastellen.

▶ Da alle Datums- und Uhrzeitformate auf Tagen basieren, erhalten Sie allerdings zunächst Bruchteile von Tagen. Um diese in Stunden umzuwandeln, müssen Sie in Spalte G die Formelergebnisse noch mit 24 multiplizieren (1 Tag = 24 Stunden).

Bild 3.28 Beispiel Arbeitszeiten

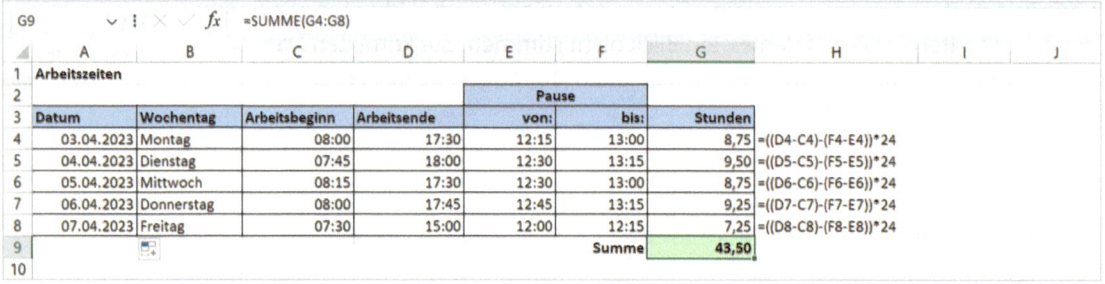

Negative Uhrzeiten, z. B. Soll- und Istzeiten

Vielleicht haben Sie bereits bemerkt, dass Excel negative Zeitwerte, z. B. Zeitdifferenzen zwar berechnet, aber nicht darstellen kann und in solchen Fällen statt eines Ergebnisses ##### anzeigt. Im Bild unten als Beispiel eine vereinfachte Arbeitszeitabrechnung mit Soll- und Istzeiten. Die Differenz in Spalte G wird zwar berechnet, negative Werte werden aber nicht dargestellt. Dass trotzdem richtig gerechnet wird, zeigt ein Vergleich der Summen in Zeile 8.

Bild 3.29 Negative Zeitwerte werden zwar richtig berechnet, können aber nicht dargestellt werden.

Negative_Zeiten.xlsx

Hinweis: Im Bild wurden zur besseren Unterscheidung positive Uhrzeiten blau dargestellt und negative in roter Farbe. Dazu wurde folgendes benutzerdefiniertes Zahlenformat verwendet, das dritte Zahlenformat kommt zum Tragen, wenn das Ergebnis exakt 0 ist: [Blau]hh:mm;[Rot]-hh:mm;hh:mm

Siehe Benutzerdefinierte Zahlenformate, Seite 65.

Möglichkeit 1: Uhrzeiten als Dezimalzahlen anzeigen

Eine Möglichkeit der Abhilfe besteht darin, die Uhrzeiten als Dezimalzahlen darzustellen. Dazu müssen die Differenzen der Spalte G jeweils mit 24 multipliziert werden, siehe oben. Außerdem muss auch das Zahlenformat dieser Spalte entsprechend angepasst werden: [Blau]0,00;[Rot]-0,00;0,00

G2: =(F2-E2)*24

Bild 3.30 Die Differenzen als Dezimalzahlen darstellen

Möglichkeit 2: Im Uhrzeitformat darstellen und in Plus- und Minusstunden aufteilen

Wenn die Zeiten im Uhrzeitformat dargestellt werden sollen, dann bietet sich eine Aufteilung in zwei Spalten bzw. Plus- und Minusstunden an, wie in Bild 3.31. Die dazugehörigen Formeln lauten:

G2: =WENN((F2-E2)>=0;F2-E2;"")

H2: =WENN((F2-E2<0;ABS(F2-E2);"")

Bild 3.31 Aufteilung in Plus- und Minusstunden

Erklärung: Die Funktion ABS liefert den Absolutwert einer Zahl, also ohne Vorzeichen und somit kann auch ein negatives Ergebnis angezeigt werden. Beide Spalten erhalten das benutzerdefinierte Format hh:mm bzw. [h]:mm, falls die Ergebnisse über 24 Stunden hinausgehen sollten. Die Farben können den Spalten über das Symbol *Schriftfarbe* zugewiesen werden.

Möglichkeit 3: Ergebnis als Text formatieren

Als dritte Möglichkeit können Sie auch die Differenz mithilfe der Funktion TEXT gleich im Uhrzeitformat formatieren. Nachteil: Sie erhalten die Differenz als Text und die Berechnung der Summe über G2:G6 ist nicht möglich. In diesem Fall muss die Summe in G8 aus der Differenz zwischen F8 und E8 berechnet werden. Die Formeln:

G2: =WENN(F2-E2<0;TEXT(ABS(F2-E2);"-hh:mm");TEXT(F2-E2;"hh:mm"))

G8: =WENN(F8-E8<0;TEXT(ABS(F8-E8);"-[h]:mm");TEXT(F8-E8;"[h]:mm"))

Auch hier benötigen Sie die Funktion ABS (Absolutwert) zur Berechnung der negativen Werte.

Bild 3.32 Ergebnis im Uhrzeitformat, aber als Text

	A	B	C	D	E	F	G
1	Datum	Beginn	Ende	Pause	Soll	Ist	Differenz
2	Montag, 15. Mai 2023	08:00	17:00	00:30	07:00	08:30	01:30
3	Dienstag, 16. Mai 2023	08:00	16:30	00:45	07:00	07:45	00:45
4	Mittwoch, 17. Mai 2023	07:45	15:00	00:35	07:00	06:40	-00:20
5	Donnerstag, 18. Mai 2023	08:10	16:00	00:50	07:00	07:00	00:00
6	Freitag, 19. Mai 2023	07:50	14:20	00:20	07:00	06:10	-00:50
7							
8				Summe	35:00	36:05	01:05

Näheres zur Funktion SUMMENPORODUKT finden Sie auf Seite 285.

Tipp: Alternativ kann die Summe in G8 auch mit der Funktion SUMMENPRODUKT über F2:F6 und E2:E6 berechnet werden, dann lautet die Formel:

G8: =WENN(SUMMENPRODUKT(F2:F6-E2:E6)<0;TEXT(ABS(SUMMENPRODUKT (F2:F6-E2:E6));"-[h]:mm");SUMMENPRODUKT(F2:F6-E2:E6))

Möglichkeit 4: Ohne Vorzeichen berechnen und mit der bedingten Formatierung hervorheben

Achtung beim Drucken: Ein Ausdruck in Schwarz Weiß lässt keine Unterscheidung mehr zu!

Als letzte Möglichkeit können Sie die Zeitdifferenzen unter Verwendung der Funktion ABS grundsätzlich ohne Vorzeichen berechnen. In diesem Fall greifen Sie zur bedingten Formatierung, um positive und negative Werte optisch voneinander zu unterscheiden. Allerdings kann dann ebenfalls die Summe der Differenzstunden in G8 nicht mit der Funktion SUMME über G2:G6 berechnet werden, sondern berechnet sich aus der Differenz zwischen F8 und E8. Die Formeln:

G2: =ABS(F2-E2)

G8: =ABS(F8-E8)

Berechnungen mit Zeitwerten

Bild 3.33 Negative Uhrzeiten mit ABS berechnen und ohne Vorzeichen anzeigen

Die bedingte Formatierung dazu: Markieren Sie G2:G8, klicken Sie auf *Start ▶ Bedingte Formatierung ▶ Neue Regel* und wählen Sie *Formel zur Ermittlung der zu formatierenden Werte wählen*. Geben Sie die folgende Formel ein und wählen Sie rote Schriftfarbe:

`=$F2:$F8<$E2:$E8`

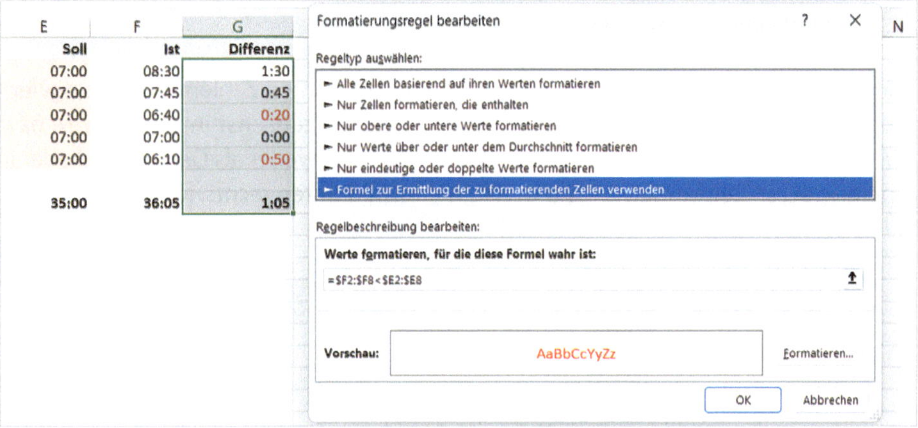

Bild 3.34 Unterscheidung positive und negative Zahlen durch bedingte Formatierung

Weitere Berechnungen mit Zeitwerten

Teile von Zeitangaben als Zahl

Wie beim Datum können Sie auch Teile von Zeitangaben, nämlich Stunden, Minuten und Sekunden als Zahl ermitteln. Dazu setzen Sie die folgenden Funktionen ein, wobei es sich bei *Zahl* jeweils um eine gültige Zeitangabe handeln muss:

`=STUNDE(Zahl)`

`=MINUTE(Zahl)`

`=SEKUNDE(Zahl)`

Bild 3.35 Stunden, Minuten und Sekunden aus Uhrzeit

Im Bild unten einige Beispiele und rechts daneben die dazugehörigen Formeln.

Zahl kann auch eine Dezimalzahl sein. So wurde im Beispiel unten die Uhrzeit 17:45 in B2 als Dezimalzahl formatiert (Standard) und aus B2 dann die Stunden und Minuten ermittelt.

Bild 3.36 Stunden und Minuten aus Uhrzeit als Dezimalzahl

	A	B	C	D
1	Zeit	Dezimalzahl	Stunden	Minuten
2	17:45	0,739583333	17	45

C2 =STUNDE(B2)

Uhrzeit aus Zahlen zusammensetzen

Umgekehrt können Sie mit der Funktion ZEIT eine Uhrzeitangabe aus Zahlen jeweils zwischen 0 und 32767 zusammensetzen. Bei negativen Zahlen erhalten Sie den Fehlerwert *#ZAHL!*. Der Aufbau der Funktion:

ZEIT(Stunde;Minute;Sekunde)

Bild 3.37 Die Funktion ZEIT

Bild 3.38 Die formatierten Ergebnisse

Achtung: Wenn zuvor für die Ergebniszelle kein bestimmtes Zahlenformat festgelegt wurde (Standard), dann erscheint das Formelergebnis zunächst im Format AM bzw. PM wie im Bild unten links. Sie können das Ergebnis entweder als Dezimalzahl oder in einem anderen Zeitformat, z. B. hh:mm:ss wie im Bild unten rechts, formatieren.

D2 =ZEIT(A2;B2;C2)

	A	B	C	D
1	Stunden	Minuten	Sekunden	Ergebnis
2	9	15	0	9:15 AM
3	13	30	15	1:30 PM
4	18	20	3	6:20 PM
5	-7	10	0	#ZAHL!

D2 =ZEIT(A2;B2;C2)

	A	B	C	D
1	Stunden	Minuten	Sekunden	Ergebnis
2	9	15	0	09:15:00
3	13	30	15	13:30:15
4	18	20	3	18:20:03
5	-7	10	0	#ZAHL!

Hinweise: Ist die Stundenzahl größer als 23, wird diese durch 24 dividiert und der Rest als Wert für die Stunden verwendet. Minuten größer als 59 werden in Stunden und Minuten umgerechnet und ein Sekundenwert über 59 wird in Stunden, Minuten und Sekunden umgerechnet, im Bild unten einige Beispiele.

D2 =ZEIT(A2;B2;C2)

	A	B	C	D
1	Stunden	Minuten	Sekunden	Ergebnis
2	18	45	0	18:45:00
3	24	30	20	00:30:20
4	28	65	0	05:05:00

Text in eine gültige Uhrzeit umwandeln

Die Funktion ZEITWERT wandelt als Text formatierte Zeitangaben in eine Zahl bzw. einen gültigen Zeitwert um. Die Syntax ist einfach:

ZEITWERT(Zeit)

Achtung: Das Argument *Zeit* muss im Textformat vorliegen, entweder indem die betreffende Zelle als Text formatiert ist oder in der Formel in "" angegeben wird, andernfalls erhalten Sie den Fehler #WERT!. Im Bild unten wurde die Zeit 17:45 in B2 als Zeit eingegeben und in B3 als Text.

Bild 3.39 ZEITWERT konvertiert Text in Uhrzeit

Zeitangaben umrechnen

Sie können Zeitangaben auch umrechnen, z. B. Stunden in Minuten oder Tage in Stunden, die Formel hängt vom Format ab. Hier als Beispiel, wie Sie Stunden in Minuten umrechnen können.

Uhrzeitformat: Liegen die Stunden im Uhrzeitformat bzw. im Format hh:mm vor, wie im Bild unten links, dann verwenden Sie zum Umrechnen in Minuten in B2 (Bild 3.40) die folgende Formel und formatieren das Ergebnis mit dem Format *Standard* oder als Zahl.

```
B2:  =STUNDE(A2)*60+MINUTE(A2)
```

Dezimalzahl: Zum Umrechnen einer, als Dezimalzahl vorliegenden Uhrzeit bietet sich dagegen die Funktion UMWANDELN an:

```
=UMWANDELN(A2;"hr";"mm")
```

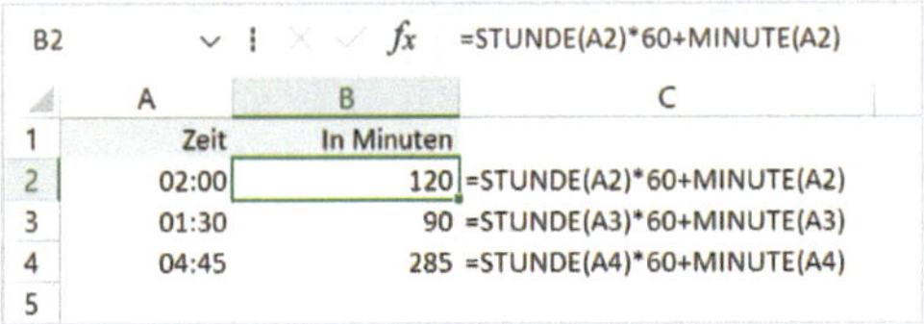

Bild 3.40 Uhrzeitformat in Minuten umrechnen

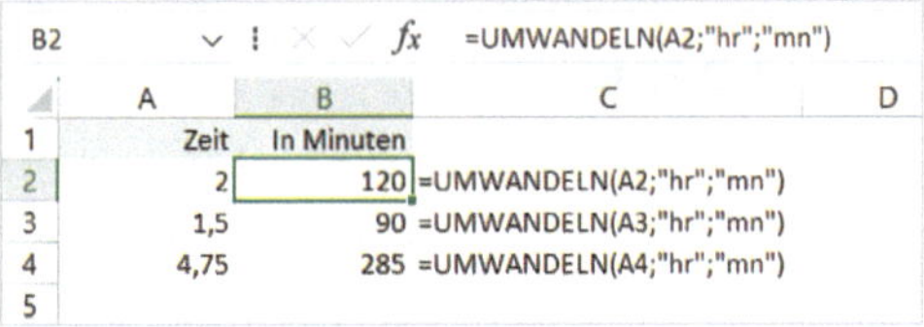

Bild 3.41 Dezimalzahl in Minuten umrechnen

Analog gehen Sie vor, wenn Sie als Dezimalzahl vorliegende Tage in Stunden oder Minuten umwandeln möchten:

Hinweis: Details zur Funktion UMWANDELN finden Sie in Kapitel 9.3.

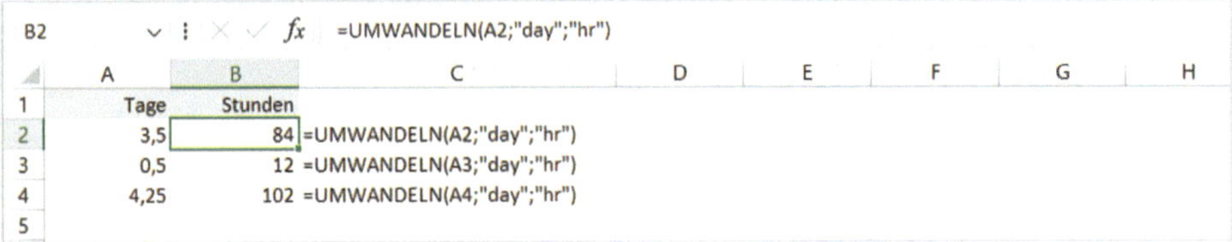

Bild 3.42 Tage in Stunden umrechnen

3.3 Textfunktionen

Text oder Zeichenfolgen aneinanderfügen

Die nachfolgenden Beispiele finden Sie in der Mappe

Textfunktionen_Textverketten.xlsx

Mehrere Zeichenfolgen, z. B. die Inhalte aus zwei oder mehr Spalten mit Hilfe einer Formel zusammenfügen, wird in der Praxis öfters benötigt, beispielsweise um Adressen platzsparend auszudrucken. Excel kennt gleich mehrere Möglichkeiten zum Aneinanderfügen von Zeichenfolgen. Auch Zahlen lassen sich auf diese Weise miteinander verketten, allerdings behandelt dann Excel das Ergebnis als Text. Die folgenden Möglichkeiten stehen Ihnen mit Excel zur Verfügung. Beachten Sie, dass in vielen Fällen noch ein zusätzliches Trennzeichen dazwischen erforderlich ist, z. B. jeweils ein Leerzeichen zwischen Anrede, Vorname und Nachname.

Funktion	Besonderheiten
&-Operator	Eignet sich, um schnell zwei oder drei Zeichenfolgen aneinanderzufügen.
TEXTKETTE(Text1;Text2;Text3;…)	Verknüpft die angegebenen Inhalte, wobei zu verkettende Zellen auch als Zellbereich, z. B. A2:D2 angegeben werden können, falls keine zusätzlichen Zeichen dazwischen benötigt werden. Hinweis: Denselben Aufbau besitzt auch die ältere Funktion VERKETTEN, die nur noch aus Kompatibilitätsgründen vorhanden ist und nach Empfehlung von Microsoft nicht mehr verwendet werden sollte.
TEXTVERKETTEN(Trennzeichen;Leer_ignorieren; Text1;Text2;…)	Diese Funktion bietet sich an, wenn mehrere Zeichenfolgen immer mit demselben Zeichen dazwischen, z. B. Leerzeichen verkettet werden sollen, da das Trennzeichen nur einmal angegeben werden muss.

Beispiele

▶ **Verketten mit dem kaufmännischen &-Zeichen**
Im einfachsten Fall fügen Sie in einer Formel die einzelnen Zeichenfolgen mit dem kaufmännischen &-Operator aneinander. Für das Beispiel in Bild 3.43 lautet die Formel in D2: =C2&" "&B2&" "&A2

▶ **Die Funktion TEXTKETTE**
Dasselbe Ergebnis erzielen Sie auch mit den Funktionen TEXTKETTE (Bild 3.44) und VERKETTEN. Beide finden Sie in der Kategorie *Text* (Register *Formeln*), die Syntax ist identisch, hier die Funktion TEXTKETTE.

=TEXTKETTE(Text1;Text2;Text3;…)

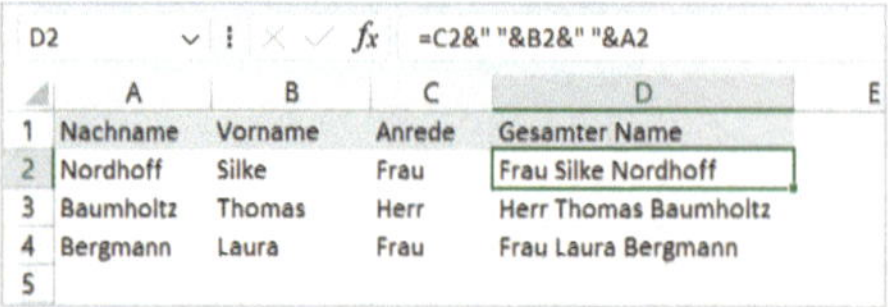

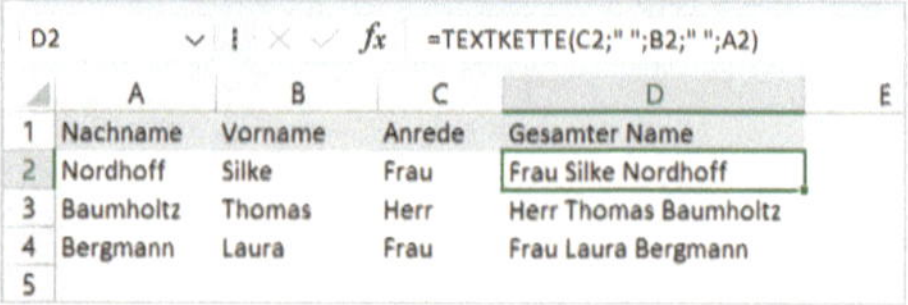

Bild 3.43 Verketten mit dem &-Operator

Bild 3.44 Funktion TEXTKETTE.

Tipp: Werden keine weiteren Zeichen dazwischen benötigt, dann können Sie mit der Funktion TEXTKETTE auch einen Zellbereich, z. B. A2:D2 wie im Bild, angeben und so Tipparbeit sparen.

E2 fx =TEXTKETTE(A2:D2)

	A	B	C	D	E	F	G	H
1	Produktgruppe	Material-Nr.	Größe	Farbe	Artikelnummer			
2	AAA	3000	10	C104	AAA300010C104			
3								

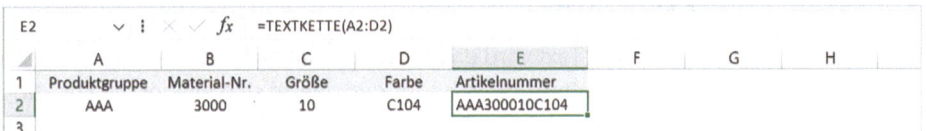

Bild 3.45 Die Funktion TEXTKETTE mit Bereichsangabe

Die Funktion TEXTVERKETTEN

Die Funktion TEXTVERKETTEN bietet sich an, wenn mehrere Zeichenfolgen immer mit demselben Zeichen dazwischen verkettet werden sollen. Sie bietet gegenüber TEXTKETTE und dem &-Operator einige Vorteile:

- Sie brauchen das Trennzeichen nur einmal eingeben.
- Aus leeren Zellen resultierende überflüssige Trennzeichen lassen sich mit dem Parameter *Leer_ignorieren* vermeiden (WAHR = leere Zellen ignorieren).

=TEXTVERKETTEN(Trennzeichen;Leer_ignorieren;Text1;Text2;...)

SUMME fx =TEXTVERKETTEN(" ";WAHR;D2;B2;C2;A2)

	A	B	C	D	E	F	G	H	I
1	Nachname	Titel	Vorname	Anrede	Gesamter Name				
2	Nordhoff		Silke	Frau	=TEXTVERKETTEN(" ";WAHR;D2;B2;C2;A2)				
3	Baumholtz		Thomas	Herr	Herr Thomas Baumholtz				
4	Bergmann	Dr.	Laura	Frau	Frau Dr. Laura Bergmann				
5									

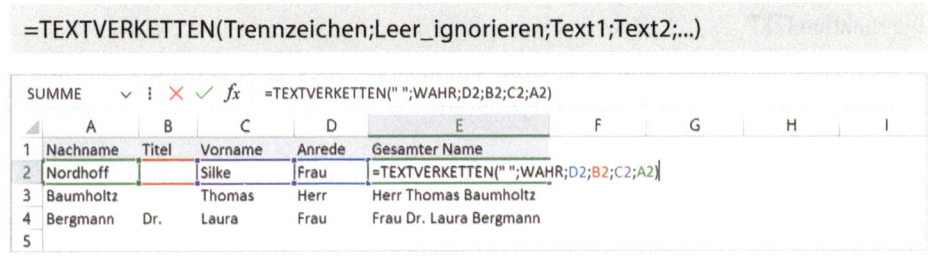

Bild 3.46 Beispiel: Mit TEXTVERKETTEN überflüssige Trennzeichen vermeiden

Hinweis: Auch die Funktion MATRIXZUTEXT verkettet Inhalte aus Spalten und/oder Zeilen zu Text, allerdings mit Semikolon als Trennzeichen. Näheres zu dieser Funktion finden Sie in Kap. 5 auf Seite 245.

Tipp: Liegen die zu verkettenden Zellen in der richtigen Reihenfolge nebeneinander vor, dann ist statt einzelner Zellangaben wie im Bild oben, auch eine Bereichsangabe zulässig, also z. B. A2:D2 statt D2;B2;C2;A2.

Zahlen verketten

Auch Zahlen können mit den oben genannten Methoden verkettet werden, z. B. mit dem &-Operator. Allerdings wird das Ergebnis als Text behandelt und kann somit nicht für weitere Berechnungen verwendet werden. Als Beispiel wurden im Bild unten mit dem &-Operator die Zahlen der Spalten A und B mit einem Komma dazwischen verkettet. Das Ergebnis sieht zwar aus wie eine Dezimalzahl, aber die Summe über die Spalte liefert das Ergebnis 0. Um trotzdem eine Zahl zu erhalten, müssen Sie mit der Funktion WERT das Formelergebnis in eine gültige Zahl umwandeln , wie im Bild rechts.

C2 fx =A2&","&B2

	A	B	C	D	E
1	Zahl 1	Zahl 2	Ergebnis		
2	12	51	12,51		
3	3	5	3,5		
4	140	44	140,44		
5		Summe	0		
6					

C2 fx =WERT(A2&","&B2)

	A	B	C	D	E
1	Zahl 1	Zahl 2	Ergebnis		
2	12	51	12,51		
3	3	5	3,5		
4	140	44	140,44		
5		Summe	156,45		
6					

Bild 3.47 Das Ergebnis als Text

Bild 3.48 Das Ergebnis mit WERT in eine Zahl umgewandelt

Hinweis: Dass das Komma als Zeichenfolge dazwischen eingefügt wurde, spielt keine Rolle. Auch ohne dieses Zeichen würden Sie Text als Ergebnis erhalten.

Text mit formatierten Zahlen verketten

Beim Verketten von Zahlen mit Text wird das Zahlenformat nicht übernommen. Wenn Sie formatierte Zahlen im verketteten Text benötigen, bietet sich wieder die Funktion TEXT als Lösung an. Beispiel: Aus dem Text „Zahlbar bis" und dem Datum soll eine Zeichenfolge gebildet werden. Ohne die Funktion TEXT würden Sie das Ergebnis erhalten: *Zahlbar bis 11452*.

```
E2: ="Zahlbar bis "&TEXT(B2;"TT.MM.JJJ")
```

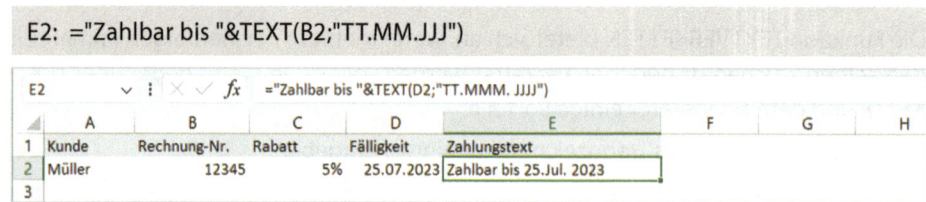

Bild 3.49 Text mit formatiertem Datum verketten

Die Funktion TEXT

Die Funktion TEXT kommt immer dann zum Einsatz, wenn eine Zahl oder ein Datum formatiert angezeigt werden soll. Der Aufbau:

```
=TEXT(zu formatierender Wert;gewünschter Formatcode)
```

Der Formatcode wird als Zeichenfolge angegeben und muss somit in Anführungszeichen stehen, z. B. "TT.MM.JJJJ" für ein Datumsformat oder "#.##0,00 €" wenn ein Währungsformat benötigt wird. Als Formatcode sind sämtliche Formate zulässig, die auch als benutzerdefinierte Formate verwendet werden können.

Formel als Text im Tabellenblatt anzeigen

Falls Sie im Tabellenblatt, beispielsweise zu Infozwecken, eine bestimmte Formel anzeigen möchten, verwenden Sie die Funktion FORMELTEXT, die Syntax ist einfach:

```
=FORMELTEXT(Bezug)
```

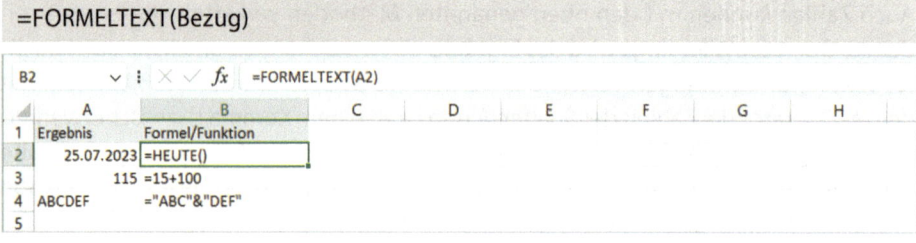

Bild 3.50 Formel einer Zelle anzeigen

Zeichenfolgen aus Text extrahieren

Unter Umständen enthält eine Zelle gleich mehrere Informationen. So können beispielsweise Artikelnummern aus Modell, Warengruppe und Farbe zusammengesetzt sein. Damit nach einem dieser Merkmale sortiert oder gefiltert werden kann, müssen Sie die benötigten Informationen zunächst herausziehen.

Zeichenfolgen anhand ihrer Position und Länge ermitteln

Im einfachsten Fall beginnt die gesuchte Zeichenfolge ab einer bestimmten Position und die Anzahl der Zeichen ist bekannt. Für solche Fälle lassen sich die Textfunktionen LINKS, RECHTS und TEIL einsetzen, in Bild 3.51 einige Beispiele dazu.

Funktion	Beschreibung und Syntax
LINKS	=LINKS(Text;Anzahl_Zeichen) Liefert aus der Zeichenfolge *Text* die angegebene Anzahl Zeichen, beginnend mit dem ersten Zeichen **links**.
RECHTS	=RECHTS(Text;Anzahl_Zeichen) Liefert aus der Zeichenfolge *Text* die angegebene Anzahl Zeichen, beginnend mit dem ersten Zeichen **rechts**.
TEIL	=TEIL(Text;Erstes_Zeichen;Anzahl_Zeichen) Liefert aus *Text* die angegebene Anzahl Zeichen, beginnend ab der, mit *Erstes_Zeichen* festgelegten Position. Damit erhalten Sie Zeichenfolgen, die sich innerhalb anderer Zeichenfolgen befinden.

> ▌ **Nachteil: Anzahl Zeichen und Position erforderlich**
>
> Alle drei Funktionen erfordern die genaue Anzahl der Zeichen und können eingesetzt werden, wenn die gesuchte Zeichenfolge eine feste Länge besitzt und an einer genau definierten Position beginnt. Andernfalls muss erst die Position des Trennzeichens ermittelt werden, siehe weiter unten auf Seite 153.

Bild 3.51 Beispiele Zeichenfolgen ermitteln

Textfunktionen_Aufteilen.xlsx

Tipp: Als Alternative kann bei einem vorgegebenen Trennzeichen in vielen Fällen der Inhalt einer Spalte auch über das Tool *Text in Spalten* (Register *Daten* ▶ *Datentools*) aufgeteilt werden.

Zeichenfolgen mit den Funktionen TEXTVOR und TEXTNACH trennen

Ist die Anzahl der Zeichen variabel und ein eindeutiges Trennzeichen vorhanden, z. B. Schrägstrich oder Leerzeichen beim Trennen von Vor- und Nachname, dann stehen Ihnen in Microsoft 365 für solche Zwecke mit TEXTVOR und TEXTNACH zwei komfortable Funktionen zur Verfügung. Sie geben die Zeichen links bzw. vor oder rechts bzw. nach dem angegebenen Trennzeichen zurück, der Aufbau ist bei beiden identisch:

Falls diese Funktionen nicht in Ihrer Excel-Version verfügbar sein sollten, finden Sie auf Seite 153 eine andere Möglichkeit.

```
=TEXTVOR(text,delimiter,[instance_num], [match_mode], [if_not_found])

=TEXTNACH(text,delimiter,[instance_num], [match_mode], [if_not_found])
```

Argument	Beschreibung
text	Die Ausgangszeichenfolge
delimiter	Trennzeichen
instance_num [optional]	Instanz des Trennzeichens, d. h. beim wievielten Trennzeichen soll die Trennung erfolgen, 1, 2,3, usw.? Standardwert = 1, mit -1 beginnt die Suche am Ende der Zeichenfolge.
match_mode [optional]	0 = Groß-/Kleinschreibung des Trennzeichens beachten (Standardwert) 1 = Groß-/Kleinschreibung ignorieren.
if_not_found [optional]	Platzhaltertext für leere Ergebniszellen, als Standardwert wird #NV angezeigt.

Beispiel: Vor- und Nachname trennen

Im Beispiel in Bild 3.52 wird der Name in Spalte A anhand des Leerzeichens aufgeteilt in Vor- und Nachname, die dazu verwendeten Funktionen lauten:

```
B2:   =TEXTVOR(A2;" ")

C2:   =TEXTNACH(A2;" ")
```

Komplizierter wird das Aufteilen, wenn die Zeichenfolge anhand mehrerer Trennzeichen, z. B. Schrägstriche, aufgeteilt werden soll, wie in Bild 3.53. In diesem Fall müssen Sie für den mittleren Teil die Funktionen ineinander verschachteln und um den dritten Teil zu erhalten, muss in der Funktion TEXTNACH nach dem zweiten Schrägstrich gesucht und daher als Argument *Instance_num* die Zahl 2 angegeben werden.

Bild 3.52 Zeichenfolgen trennen mit TEXTVOR und TEXTNACH

Bild 3.53 Beide Funktionen verschachteln

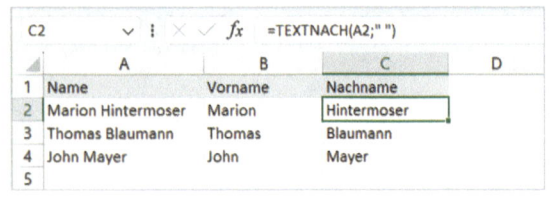
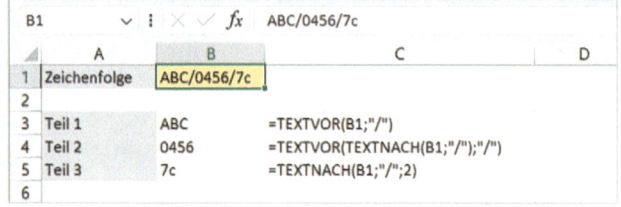

Zeichenfolgen mit der Funktion TEXTTEILEN trennen

Leider ist die Funktion TEXTTEILEN derzeit nur in Microsoft 365 verfügbar.

Sollen längere Zeichenfolgen mit mehreren identischen Trennzeichen, z. B. ISBN-Nummern mit mehreren Bindestrichen aufgeteilt werden, dann benutzen Sie dazu am einfachsten die praktische Funktion TEXTTEILEN. Diese bildet das Gegenstück zu TEXTVERKETTEN und kann im Gegensatz zum Tool *Text in Spalten* (Register Daten) auch eingesetzt werden, um Zeichenfolgen in Zeilen aufzuteilen.

```
=TEXTTEILEN(text; col_delimiter; [row_delimiter]; [ignore_empty]; [match_mode]; [pad_with])
```

Argument	Beschreibung
text	Die Ausgangszeichenfolge
col_delimiter	Trennzeichen, wenn die Aufteilung in **Spalten** erfolgen soll
row_delimiter [optional]	Trennzeichen, wenn die Aufteilung in **Zeilen** erfolgen soll
ignore_empty [optional]	WAHR = Aufeinanderfolgende Trennzeichen ignorieren FALSCH (Standardwert) = Leere Zelle ausgeben
match_mode [optional]	0 = Groß-/Kleinschreibung des Trennzeichens beachten (Standardwert) 1 = Groß-/Kleinschreibung ignorieren
pad_with [optional]	Platzhaltertext für leere Ergebniszellen, als Standardwert wird #NV angezeigt.

Im Bild unten zwei Beispiele, Trennzeichen ist jeweils der Bindestrich (-):

Artikelnummer in Spalten aufteilen in B3:   =TEXTTEILEN(A3;"-")

Artikelnummer in Zeilen aufteilen in G2:   =TEXTTEILEN(G2;;"-")

Da es sich bei dieser Funktion um eine dynamische Matrix- bzw. Arrayfunktion handelt, wird der Ausgabebereich automatisch um die erforderliche Anzahl Spalten oder Zeilen, wie in Bild 3.54 erweitert.

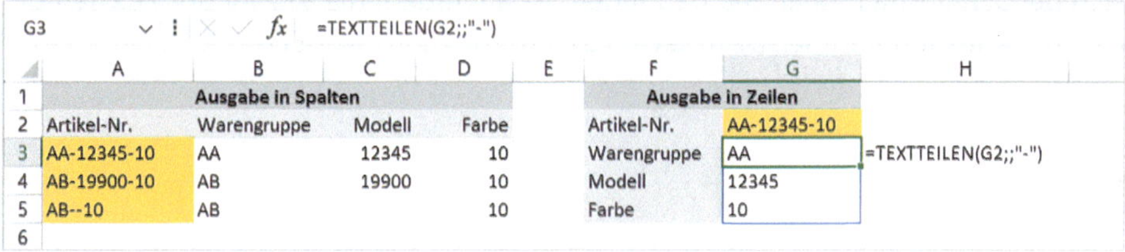

Bild 3.54 Beispiel: Aufteilen in Spalten und in Zeilen

Position einer Zeichenfolge ermitteln

Wenn Sie statt der Funktionen TEXTVOR und TEXTNACH die Funktionen LINKS bzw. RECHTS zum Aufteilen von Zeichenfolgen verwenden und die Position des Trennzeichens nicht bekannt ist, dann muss diese erst einmal ermittelt werden. Dazu setzen Sie entweder die Funktion FINDEN oder SUCHEN ein. Der Aufbau beider Funktionen ist identisch, der einzige Unterschied: FINDEN unterscheidet zwischen Groß- und Kleinschreibung, SUCHEN dagegen nicht.

=FINDEN(Suchtext;Text;Erstes_Zeichen)

=SUCHEN(Suchtext;Text;Erstes_Zeichen)

FINDEN unterscheidet zwischen Groß- und Kleinschreibung.

SUCHEN ignoriert Groß- und Kleinschreibung.

- Als *Suchtext* geben Sie die gesuchte Zeichenfolge, hier das Trennzeichen in Anführungszeichen "" ein.
- *Text* legt die zu durchsuchende Zeichenfolge fest.
- *Erstes_Zeichen* ist die Position, ab der die Suche im Text beginnen soll.

Beispiel Telefonnummern trennen

Dieses Beispiel funktioniert nur, wenn ein einheitliches Trennzeichen verwendet wird.

Sie möchten Telefonnummern in Ortsvorwahl und Rufnummer trennen, als Trennzeichen wird der Schrägstrich verwendet. Da FINDEN nur die Position des gesuchten Zeichens liefert, benötigen Sie zusätzlich noch die Funktion LINKS. Um das Beispiel besser nachvollziehbar zu machen, wurde im Bild unten zuerst in Spalte C die Position des Trennzeichens ermittelt und in Spalte E dann die eigentliche Vorwahlnummer. Da der Schrägstrich nicht erscheinen soll, muss von der Position noch 1 abgezogen werden.

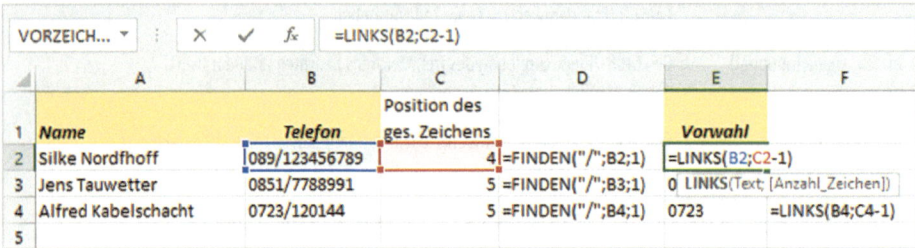

Bild 3.55 Vorwahl ermitteln

Zusammengefasst in einer einzigen Funktion lautet der Ausdruck in E2:

E2: =LINKS(B2;FINDEN("/";B2;1)-1)

Anstatt RECHTS lässt sich auch die Funktion TEIL einsetzen.

Nun muss noch die Rufnummer ermittelt werden, dies geschieht am besten mit Hilfe der Funktion RECHTS. Da allerdings nicht bekannt ist, ab welcher Position von rechts sich der Schrägstrich befindet, benötigen Sie außerdem die Anzahl der Zeichen der gesamten Telefonnummer. Dazu setzen Sie die Funktion LÄNGE(Text) ein.

Bild 3.56 Rufnummer ermitteln

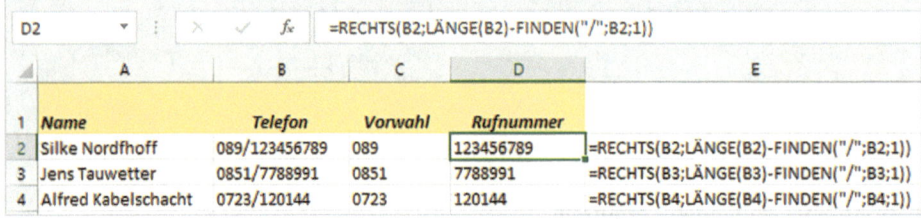

Zeichenfolgen ersetzen

Textteile austauschen mit WECHSELN

Textfunktionen_Bereinigen.xlsx

Wenn in einer Zelle eine bestimmte Zeichenfolge durch eine andere ersetzt werden soll, dann verwenden Sie dazu die Funktion WECHSELN. Die Länge der jeweiligen Zeichenfolgen spielt keine Rolle:

=WECHSELN(Text;Alter_Text;Neuer_Text;[ntes_Auftreten])

Das optionale Argument *ntes_Auftreten* regelt die Vorgehensweise, wenn die zu ersetzende Zeichenfolge in der Zelle mehrmals vorkommt. Wird das Argument weggelassen, werden alle Zeichenfolgen ersetzt. Geben Sie hingegen *1* an, so wird nur das erste Vorkommen ersetzt, mit *2* das zweite Vorkommen usw. Hier ein Beispiel, in dem das Wort *Werbe* durch Marketing ersetzt wird.

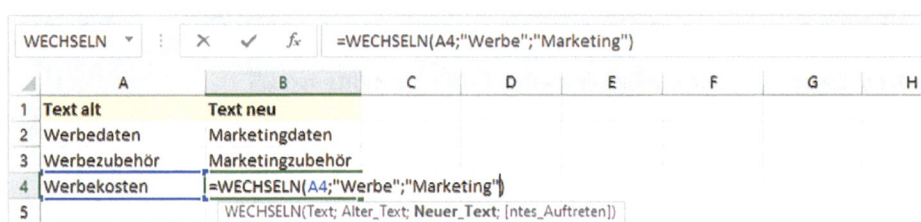

Bild 3.57 Beispiel Zeichenfolge ersetzen

Tipps und Hinweise

▷ Mit der Funktion WECHSELN können auch nicht erwünschte Zeichen aus einer Zeichenfolge entfernt werden. Dazu geben Sie als Argument *Neuer_Text* einfach nur zwei Anführungszeichen "" an.

▷ Zum Entfernen nicht druckbarer Zeichen sollten Sie es allerdings zuerst mit der Funktion SÄUBERN probieren, siehe Seite 157. Mit WECHSELN müssen Sie dagegen das zu entfernende Zeichen angeben. Bei nicht druckbaren Zeichen erledigen Sie dies mit der Funktion ZEICHEN und einer Zahl von 1 bis 255 (Codezahl). In Bild 3.58 wird z. B. mit WECHSELN und ZEICHEN(10) der Zeilenumbruch entfernt.

Bild 3.58 Zeilenumbruch entfernen

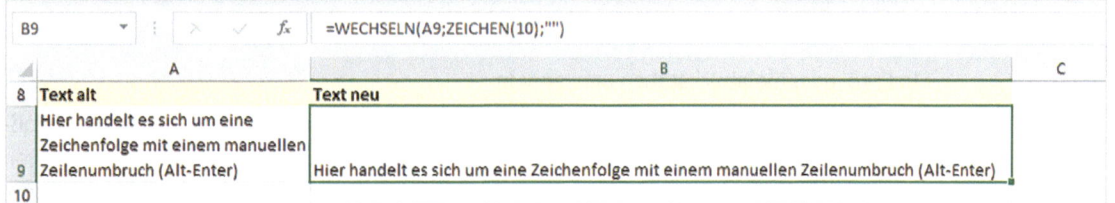

Codezahl ermitteln

Die Codezahl eines Zeichens sehen Sie im Feld *Zeichencode*, wenn Sie im Register *Einfügen* ▶ *Symbole* auf *Symbol* klicken und das betreffende Zeichen markieren. Oder geben Sie das Zeichen einfach in eine beliebige Zelle, z. B. A1, ein. Die Codezahl ermitteln Sie dann in einer zweiten Zelle mit der Funktion =CODE(A1).

Achtung: CODE liefert nur die Codezahl des ersten Zeichens! Im Bild rechts befindet sich in A1 ein manueller Zeilenumbruch (**Alt**+**Eingabetaste**=Zahl 10) vor dem Text.

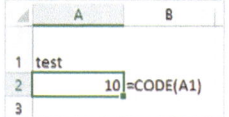

Eine feste Anzahl Zeichen ersetzen

Wenn Sie dagegen eine feste Anzahl Zeichen in einer Zeichenfolge ersetzen möchten, dann verwenden Sie die Funktion ERSETZEN.

=ERSETZEN(Alter_Text;Erstes_Zeichen;Anzahl_Zeichen;Neuer_Text)

Argument	Beschreibung
Alter_Text	Gibt die Zelle bzw. den Text an, in dem Sie Zeichen ersetzen möchten.
Erstes_Zeichen	Legt die Position fest, ab der mit dem Ersetzen begonnen werden soll.

Argument	Beschreibung
Anzahl_Zeichen	Anzahl der Zeichen, die innerhalb von Alter_Text ersetzt werden soll.
Neuer_Text	Hier geben Sie den neuen Text ein. Die Anzahl der Zeichen muss nicht mit der unter Anzahl_Zeichen angegebenen Zahl übereinstimmen.

Beispiel: Sie möchten Telefonnummern so ändern, dass die Ländervorwahl mit dem + Zeichen anstelle der beiden führenden Nullen angezeigt wird, also z. B. +49 statt 0049. Die Funktion lautet:

C2:   =ERSETZEN(B2;1;2;"+")

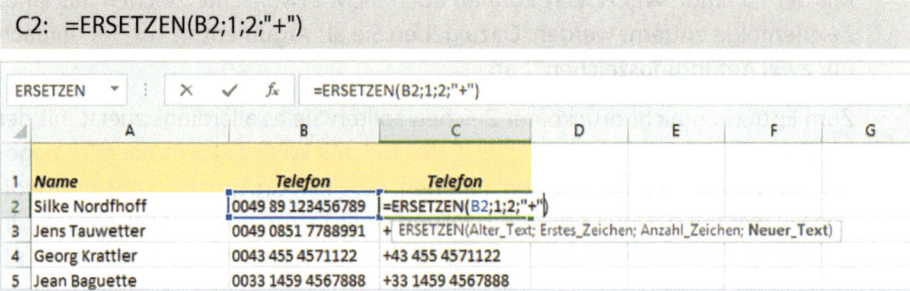

Bild 3.59 Beispiel ERSETZEN

In Groß- oder Kleinbuchstaben umwandeln

Mit den beiden Funktionen GROSS und KLEIN können Sie angegebenen Text in Groß- oder Kleinbuchstaben umwandeln und die Funktion GROSS2 wandelt den ersten Buchstaben jedes Wortes innerhalb einer Zeichenfolge in einen Großbuchstaben um. Die Syntax ist immer gleich, in der Tabelle einige Beispiele:

Funktion	Beispiel	Ergebnis
GROSS	=GROSS(müller)	MÜLLER
KLEIN	=KLEIN(MüLLeR)	müller
GROSS2	=GROSS2(müller)	Müller

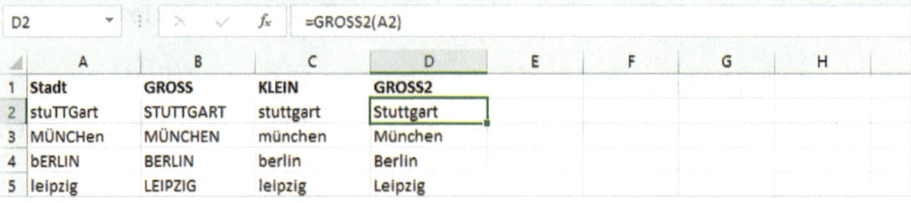

Bild 3.60 Beispiele Groß- und Kleinschreibung

Hinweis: Diese Funktionen haben nur Auswirkung auf Text, dagegen werden Zahlen und Datumsangaben, z. B. Monate, ignoriert.

Leerzeichen, Zeilenumbrüche und andere Steuerzeichen aus Text entfernen

Textfunktionen_Bereinigen.xlsx

Der Text importierter Tabellen enthält manchmal Zeilenumbrüche oder andere, unsichtbare Steuerzeichen. Mit der Funktion SÄUBERN bereinigen Sie Text von derartigen Zeichen. Überflüssige Leerzeichen vor oder nach dem eigentlichen Text dagegen lassen sich schnell mit der Funktion GLÄTTEN entfernen.

Funktion	Beschreibung und Syntax
GLÄTTEN(Text)	Entfernt alle Leerzeichen vor und hinter einem Text. Wortzwischenräume werden dagegen nicht gelöscht. Beim Import aus anderen Programmen enthält Text manchmal unerwünschte Leerzeichen, die sich mithilfe dieser Funktion entfernen lassen.
SÄUBERN(Text)	Entfernt alle nicht druckbaren Zeichen, z. B. Zeilenumbruch aus dem Text, auch diese Funktion leistet bei importierten Daten manchmal gute Dienste.

Achtung: Die Funktion SÄUBERN entfernt nur die ersten 32 Zeichen des ASCII-Zeichensatzes. Falls noch Zeichen stehen bleiben, z. B. geschütztes Leerzeichen (Nr. 160), müssen Sie zusätzlich die Funktion WECHSELN einsetzen, siehe Seite 154.

Hierzu einige Beispiele:

C2 =SÄUBERN(B2)

	A	B	C	D
1	ArtikelID	Artikelbezeichnung	Bezeichnung ohne Zeilenumbruch	
2	100411	Tischleuchte schwenkbar, Halogen	Tischleuchte schwenkbar, Halogen	
3	100503	Glas mundgeblasen 10 St.	Christbaumkugeln rot, Glas mundgeblasen 10 St.	
4	100510	Kunststoff H 1,20 m	Weihnachtsbaum aufblasbar, Kunststoff H 1,20 m	
5	200503	Kunststoff, 6 St.	Christbaumkugeln silber, Kunststoff, 6 St.	

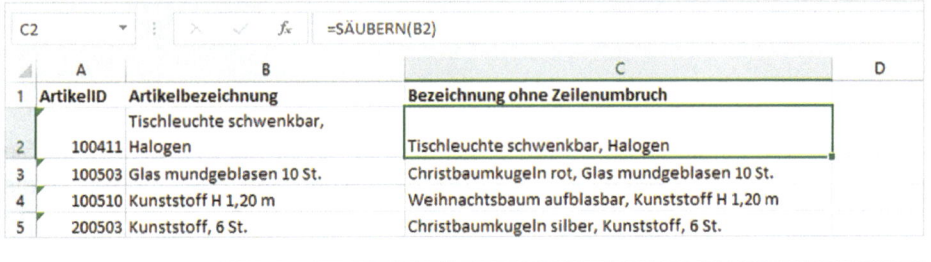

Bild 3.61 Zeilenumbrüche mit SÄUBERN entfernen. Der Text in Spalte B ist aufgrund des Zeilenumbruchs abgeschnitten.

D2 =GLÄTTEN(A2)

	A	B	C	D	E	F	G	H
1	Name	Vorname		Name bereinigt	Vorname bereinigt			
2	Muster	Rainer		Muster	Rainer			
3	Baumholtz	Philipp		Baumholtz	Philipp			
4	Meier-Lustig	Irene		Meier-Lustig	Irene			
5	Zimmermann	Sabine		Zimmermann	Sabine			
6	Kabelschacht	Alfred		Kabelschacht	Alfred			

Bild 3.62 Leerzeichen mit GLÄTTEN entfernen. Vor den Namen in Spalte A und B befinden sich teilweise Leerzeichen.

Im Bild unten ein Beispiel, bei dem sich in B2 links vom Text geschützte Leerzeichen befinden, die weder mit GLÄTTEN noch mit SÄUBERN entfernt werden. Die Lösung: Mit CODE wird die Nummer des ersten Zeichens ermittelt, anschließend kann dieses Zeichen mit WECHSELN entfernt werden.

F2 =WECHSELN(B2;ZEICHEN(160);"")

	A	B	C	D	E	F	G	H
1	Name	Stadt	GLÄTTEN	SÄUBERN	CODE	WECHSELN		
2	Maier	München	München	München	160	München		
3	Moser	Wien	Wien	Wien	87	Wien		

Bild 3.63 Geschütztes Leerzeichen entfernen

Zeichen beliebig oft wiederholen

Mit der Textfunktion WIEDERHOLEN lässt sich ein Zeichen oder eine Zeichenfolge fast beliebig oft ausgeben, allerdings darf das Ergebnis der Funktion nicht mehr als 32.767 Zeichen umfassen. Sie lässt sich beispielsweise nutzen, um Zahlen visuell, z. B. in Form von Sternchen oder als Striche darzustellen, die Syntax:

=WIEDERHOLEN(Text;Multiplikator)

Beispiel: Bewertungen als Sterne anzeigen
Um Bewertungen mit max. fünf Sternen visuell darzustellen, wie im Bild unten, geben Sie in B2 die folgende Funktion ein und kopieren Sie nach unten.

B2: =WIEDERHOLEN("*";A2)

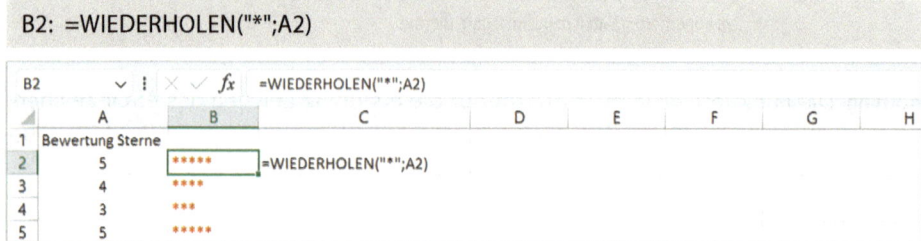

Bild 3.64 Zahlen visuell darstellen

Text in Zahl umwandeln

Beim Import aus anderen Anwendungen kommt es häufig vor, dass Zahlen, die Sie in Excel für Berechnungen benötigen, als Text gespeichert sind. Dann müssen Sie die Inhalte in Zahlen umwandeln. Dazu gibt es folgende Möglichkeiten:

Automatische Fehlererkennung von Excel

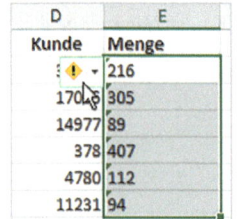

Im einfachsten Fall sind Zellen, die als Text gespeicherte Zahlen enthalten, mit einem grünen Dreieck gekennzeichnet. Sobald Sie eine dieser Zellen markieren, erscheint außerdem eine, mit einem Ausrufezeichen versehene Schaltfläche, die Sie auf einen Fehler hinweist und beim Anklicken verschiedene Lösungen und Hilfen anbietet.

Dazu markieren Sie alle Zellen der betreffenden Spalte und klicken auf dieses Fehlersymbol. Sie erhalten den Hinweis, dass Zahlen als Text gespeichert wurden. Klicken Sie auf *In eine Zahl umwandeln*.

Bild 3.65 In Zahl umwandeln

Textfunktionen_Text_in_Zahl.xlsx

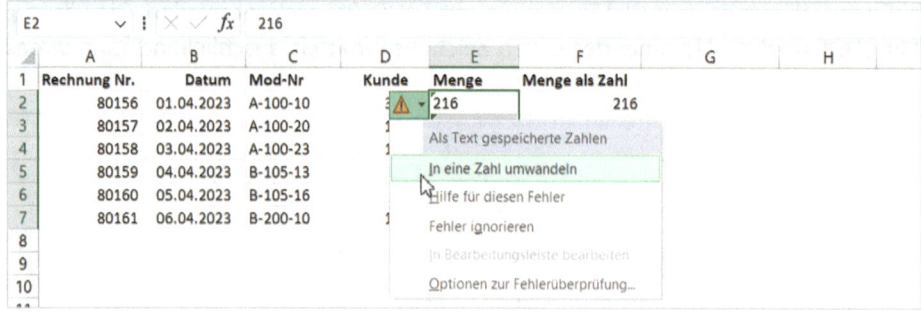

Mit der Funktion WERT in eine Zahl umwandeln

Sollte die Fehlererkennung von Excel nicht angeboten werden, können Sie als Alternative die Funktion WERT einsetzen. Diese wandelt ein als Text angegebenes Argument oder den Inhalt einer Zelle in eine Zahl um, im letzteren Fall benötigen Sie dazu allerdings eine zusätzliche Hilfsspalte. Die Syntax ist einfach:

```
=WERT(Text)
```

Bild 3.66 Die Funktion WERT verwenden

Mit 1 multiplizieren

Als weitere Möglichkeit können Sie auch als Text gespeicherte Zahlen mit 1 multiplizieren. Wenn Sie auch noch die zusätzliche Hilfsspalte vermeiden möchten, dann nehmen Sie die Zwischenablage zu Hilfe. So gehen Sie vor:

1. Geben Sie in eine beliebige Zelle die Zahl 1 ein, markieren Sie diese Zelle und kopieren Sie den Inhalt mit **Strg**+**C** in die Zwischenablage ❶. **Hinweis**: Diese Zahl können Sie später wieder löschen, da sie nur zum Kopieren benötigt wird.

2. Markieren Sie den Zellbereich mit den umzuwandelnden Zahlen, im Bild unten E2:E7 ❷.

3. Klicken Sie im Menüband, Register *Start* ▶ *Zwischenablage* auf den Dropdown-Pfeil der Schaltfläche *Einfügen* und auf *Inhalte einfügen…* ❸.

4. Wählen Sie im gleichnamigen Fenster unter *Vorgang* die Option *Multiplizieren* ❹ und klkicken Sie auf *OK*.

Bild 3.67 Als Text gespeicherte Zahlen über die Zwischenablage mit 1 multiplizieren

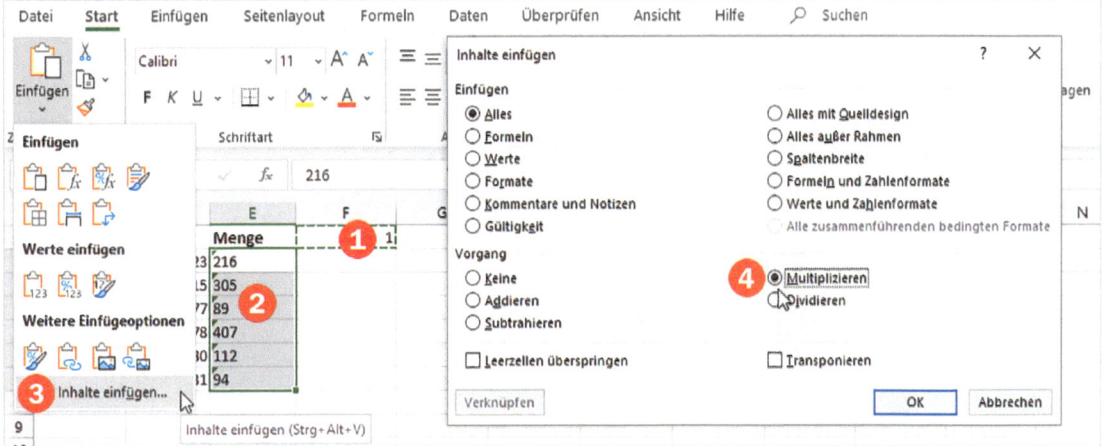

Länderabhängige Zahlen aus Text konvertieren

Häufig bereitet bei importierten Daten die unterschiedliche länderspezifische Schreibweise von Zahlen Probleme. So wird im angelsächsischen Raum als Dezimalzeichen der Punkt und als Tausenderzeichen das Komma verwendet, also z. B. 1,789.25 statt 1.789,25. Zahlen aus dem Web enthalten dagegen häufig ein Leerzeichen als Tausenderzeichen, z. B. 1 000. Beide Schreibweisen werden von Excel als Text behandelt, mit dem keine Berechnungen möglich sind. Leider versagt in solchen Fällen auch die automatische Fehlererkennung von Excel, so dass Sie den Text auf andere Weise in eine Zahl konvertieren müssen.

Abhilfe schafft die Funktion ZAHLENWERT (Kategorie *Text*) mit folgender Syntax, wobei als Dezimal- und Gruppentrennzeichen das im ursprünglichen Zahlenformat verwendete Zeichen angegeben werden muss.

=ZAHLENWERT (Text;Dezimaltrennzeichen;Gruppentrennzeichen)

Ein weiterer Vorteil: Die Funktion ZAHLENWERT ignoriert Leerzeichen, auch wenn sich diese innerhalb von Zahlen befinden, so dass sich mit ihrer Hilfe auch Leerzeichen aus Zahlen entfernen lassen, wie im Bild unten.

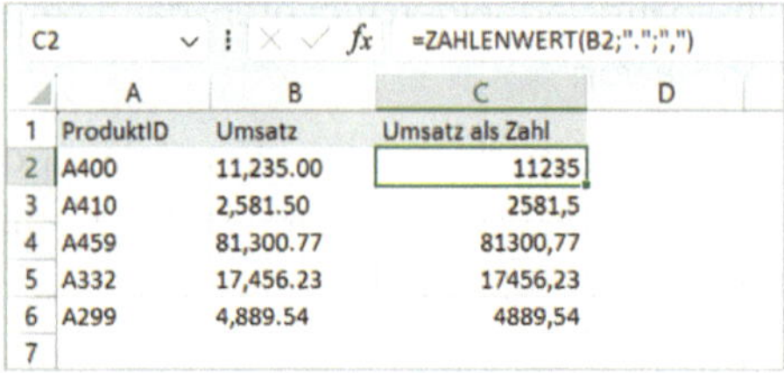

Bild 3.68 Zahlen konvertieren

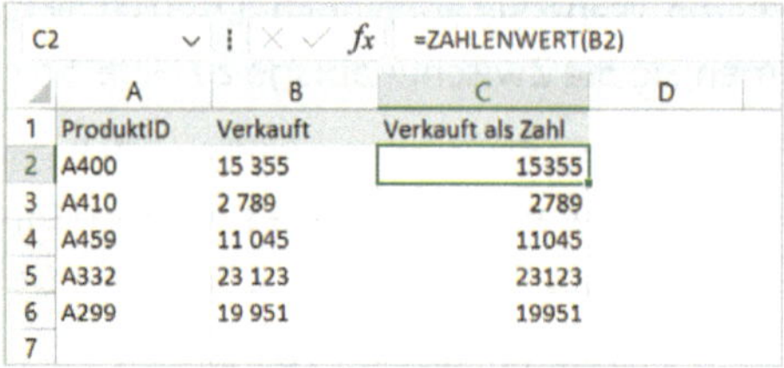

Bild 3.69 Leerzeichen entfernen

Formel in Zahl umwandeln

Wenn Sie statt der Funktionen WERT oder ZAHLENWERT (siehe oben) im Tabellenblatt eine Zahl benötigen, dann wandeln Sie einfach die Formeln mithilfe der Zwischenablage in einen Wert um. Markieren Sie alle Zellen mit der Formel und kopieren Sie den Inhalt in die Zwischenablage, z. B. mit **Strg+C**. Behalten Sie die Markierung bei, klicken Sie zum Einfügen auf den Dropdown-Pfeil der *Einfügen*-Schaltfläche (Register *Start*, Gruppe *Zwischenablage*) und auf *Werte* bzw. *Werte und Zahlenformat*.

Bild 3.70 Formel in Wert umwandeln

Die Zahlen als Text in Spalte B können anschließend gelöscht werden, wenn sie nicht mehr benötigt werden.

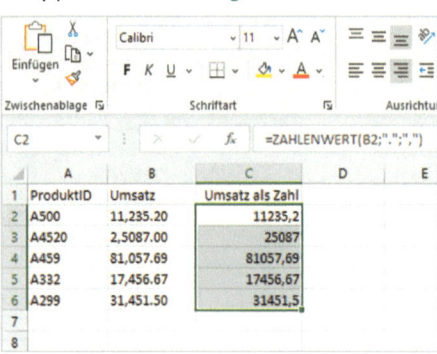
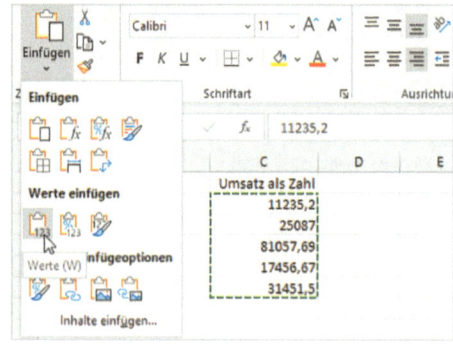

3.4 Länderspezifische Datums- und Zahlenformate mit Power Query umwandeln

Das Problem länderabhängiger Schreibweisen von Zahlen, Datum und Uhrzeit, die dann von Excel meist falsch oder als Text interpretiert werden, lässt sich anstatt mit umständlichen Formeln auch auf relativ einfache Weise auf dem Weg über Power Query bzw. *Abrufen und Transformieren* lösen.

Im Bild rechts ein Beispiel, bei dem das Datum in Spalte A in amerikanischer Schreibweise in der Reihenfolge MM-TT-JJJJ und mit Bindestrich als Trennzeichen vorliegt. Die Beträge in Spalte C verwenden als Tausenderzeichen ein Komma und Punkt als Dezimalzeichen. Beide werden folglich von Excel als Text behandelt, was sich auch leicht an der linksbündigen Ausrichtung erkennen lässt.

Bild 3.71 Beispiel: Datum und Zahlen in abweichender Schreibweise

> ■ **Was Sie auf keinen Fall tun dürfen!**
> Versuchen Sie in diesem Fall nicht, die betreffenden Zellen als Datum oder Zahl zu formatieren. Im schlimmsten Fall interpretiert nämlich Excel z. B. den 5. Januar 2023 (1-5-23) als 1. Mai (01.05.23).

1 Markieren Sie eine beliebige Zelle innerhalb des Tabellenbereichs und klicken Sie im Menüband, Register *Daten* ▶ *Daten abrufen und transformieren* auf *Aus Tabelle/Bereich* ❶.

2 Wenn die Tabelle nicht als Tabellenbereich formatiert wurde, öffnet sich anschließend das Fenster *Tabelle erstellen* und fordert Sie auf, den Bereich festzulegen. Kontrollieren Sie den Tabellenbereich ❷, achten Sie auf das Kontrollkästchen *Tabelle hat Überschriften* ❸ und bestätigen Sie mit *OK*.

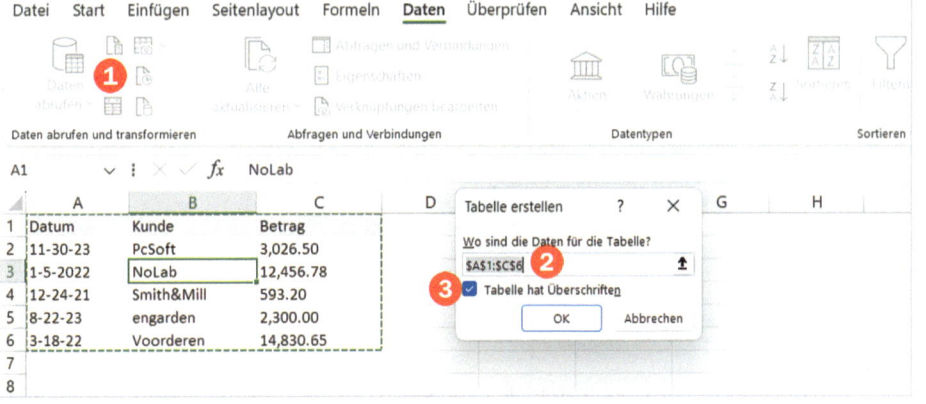

Bild 3.72 Daten abrufen und transformieren setzt einen als Tabelle formatierten Bereich voraus

3 Anschließend wird die Tabelle in den Power Query-Editor geladen und in diesem geöffnet, siehe Bild 3.73. Hier können Sie nun jede Spalte einzeln bearbeiten.

Bild 3.73 Die Tabelle im Power Query-Editor

4. Das Symbol *ABC* links von der Spaltenüberschrift bedeutet, die betreffende Spalte ist vom Typ *Text*, dies ist im abgebildeten Beispiel bei allen drei Spalten der Fall.

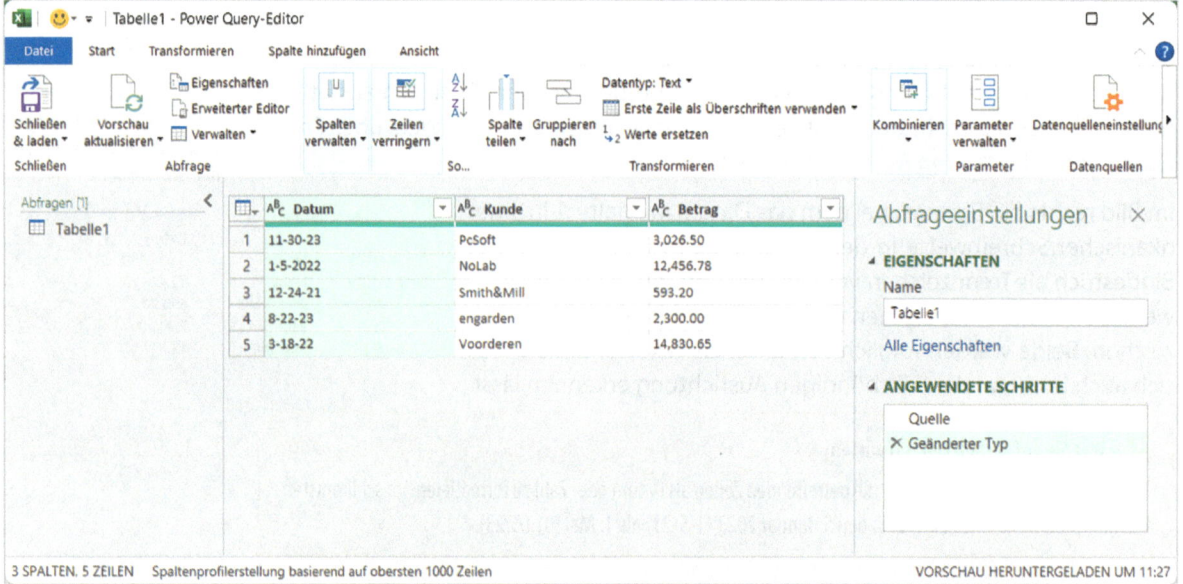

5. Klicken Sie bei der ersten Spalte, *Datum*, auf das Symbol des Datentyps (*ABC*) ④ und wählen Sie *Mit Gebietsschema…* ⑤.

Bild 3.74 Datentyp mit Gebietsschema ändern

Bild 3.75 Datentyp und Gebietsschema auswählen

6. Im Fenster *Typ mit Gebietsschema ändern* legen Sie zuerst den Datentyp fest, für diese Spalte *Datum* ⑥. Im Feld unterhalb wählen Sie das Gebietsschema aus, hier *Englisch (USA)* ⑦. Klicken Sie dann auf *OK*.

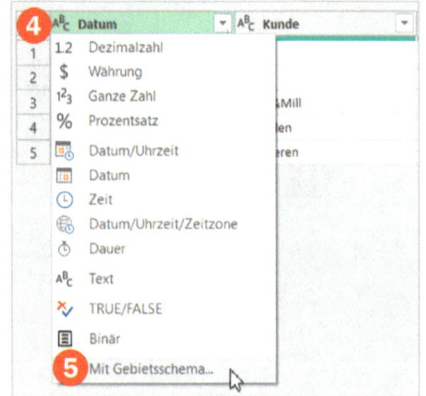
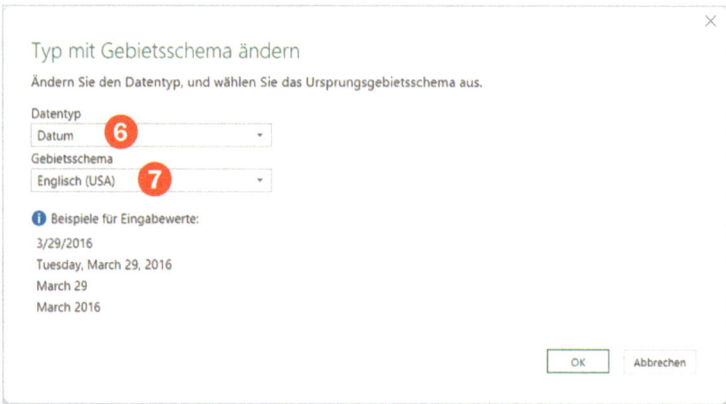

7. Um die Beträge umzuwandeln, klicken Sie in der Spaltenüberschrift *Betrag* ebenfalls auf das Symbol *Datentyp* (*ABC*) und auf *Mit Gebietsschema…*. Wählen Sie den Datentyp *Währung* und wieder das Gebietsschema *Englisch (USA)*.

8 Die Spalten *Datum* und *Betrag* sollten anschließend in der korrekten Schreibweise erscheinen und an den Symbolen der jeweiligen Spaltenüberschrift ❽ erkennen Sie neuen Datentyp, wie im Bild unten.

Hinweis: Das Dollarzeichen $ kennzeichnet hier lediglich den Datentyp *Währung*, hat aber sonst keinerlei Einfluss auf das Zahlenformat.

9 Klicken Sie zuletzt im Menüband des Power Query-Editors auf das Register *Start* und hier auf das Symbol *Schließen & laden* ❾.

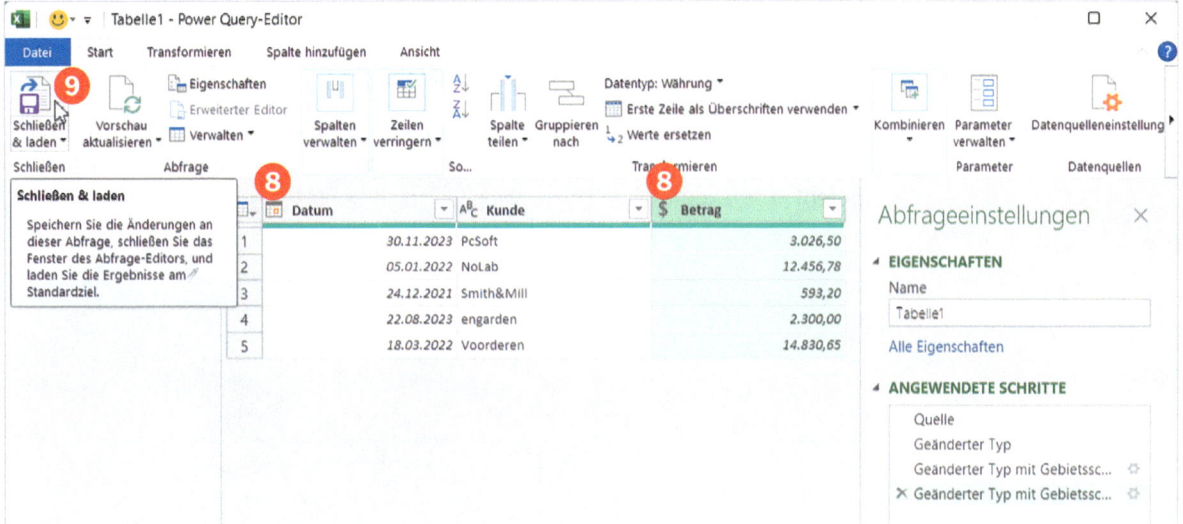

Bild 3.76 Die neuen Datentypen

10 Der Power Query-Editor wird geschlossen und die Tabelle mit den geänderten Datentypen in ein neues Arbeitsblattblatt geladen.

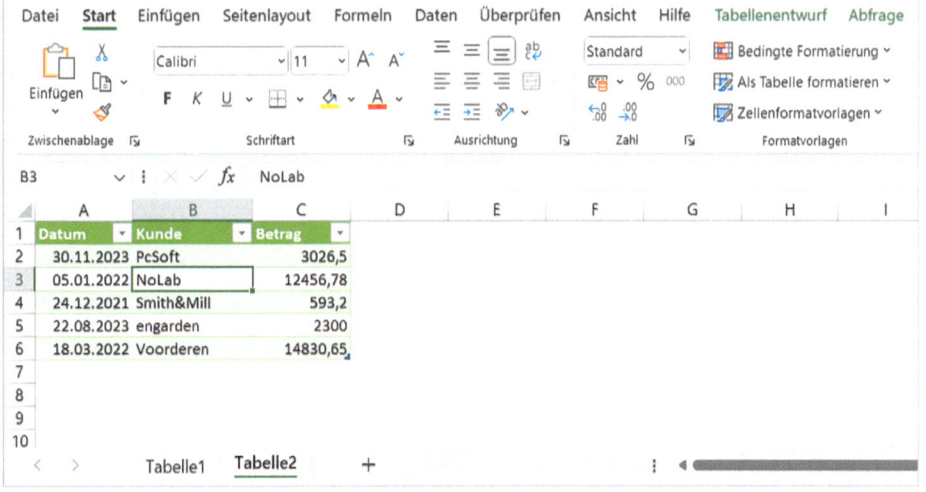

Bild 3.77 Die geänderten Daten werden als Tabelle formatiert in ein neues Tabellenblatt eingefügt

Hinweise und Tipps

- Während der Power Query-Editor geöffnet ist, sind die aktuelle Arbeitsmappe und alle übrigen Instanzen von Excel gesperrt. Ein Weiterarbeiten im Tabellenblatt ist also erst möglich, nachdem der Power Query-Editor geschlossen wurde.

- Bei der Tabelle mit den geänderten Datentypen handelt es sich um eine Verknüpfung zur Ausgangstabelle, die Originaldaten bleiben unverändert.

- Nachträgliche Änderungen an der Ausgangstabelle werden nicht automatisch in die verknüpfte Tabelle übernommen, sondern Sie müssen die Tabelle manuell aktualisieren: Klicken Sie dazu in die Tabelle und im Menüband, Register *Daten* auf *Aktualisieren* oder Rechtsklick und Befehl *Aktualisieren*.

- Wenn Sie unerwünschte Änderungen an den Ausgangsdaten verhindern möchten, dann blenden Sie das Blatt einfach aus: Rechtsklick auf das Blattregister und Befehl *Ausblenden*.

4 Logikfunktionen und Bedingungen

4.1 Wahrheitstests und Logikfunktionen   166

4.2 Die Anzeige von Fehlerwerten unterdrücken   177

4.3 Mit LET Namen innerhalb einer Formel definieren   179

4.4 Zellinhalte prüfen   180

4.5 Tipps und Beispiele   185

4.1 Wahrheitstests und Logikfunktionen

Häufig ist es notwendig, auf unterschiedliche Sachverhalte flexibel zu reagieren, z. B. unterschiedliche Eingaben bei der Berechnung des Verpflegungsmehraufwands bei beruflich bedingter Abwesenheit oder wenn eine Formel in einer größeren Tabelle kopiert und auf mehrere Daten angewendet werden soll. In solchen Fällen kommen Logikfunktionen zum Einsatz - allen voran die WENN-Funktion. Die nachfolgend behandelten Funktionen finden Sie in der Kategorie *Logik* bzw. *Logisch*, entweder im Register *Formeln* ▶ *Funktionsbibliothek* oder im Funktionsassistenten.

Prüfen von Aussagen

Eine Aussage ist ein Satz oder eine Formel, die entweder WAHR oder FALSCH ergibt, beide werden auch als Wahrheitswerte bezeichnet. Hier einige Beispiele:

- Die Zahl 6 ist eine ungerade Zahl = FALSCH
- Multipliziert man 7 mit 5, erhält man 35 = WAHR

Alle Aussagen können eindeutig beantwortet werden, es gibt keine Zwischenlösung im Sinne von vielleicht oder "Jein". Falls Sie die nachfolgenden Aussagen testen möchten, geben Sie diese nach einem Gleichheitszeichen (=) einfach in beliebige Zellen eines Excel-Arbeitsblatts ein. Nach Drücken der Eingabetaste erscheint statt der Aussage das Ergebnis WAHR oder FALSCH.

Aussage	Ergebnis
=ISTUNGERADE(7)	WAHR
=7*5=35	WAHR
=LÄNGE("Transporter") = LÄNGE("LKW")	FALSCH
=NICHT(NICHT(1=1))	WAHR
=ISTZAHL("vier")	FALSCH
=WAHR=WAHR	WAHR
=WAHR=FALSCH	FALSCH
=FALSCH=FALSCH	WAHR

Mit der Eingabe der Formeln richten Sie quasi an Excel eine Frage in der Form: Ist 5 mal 7 gleich 35? Oder ist 7 eine ungerade Zahl? Excel liefert kein Rechenergebnis, sondern antwortet mit WAHR oder FALSCH.

Obwohl die obige Prüfung von Aussagen vordergründig trivial erscheint, ist die Kenntnis über die richtige Formulierung von Wahrheitprüfungen die Voraussetzung für zahlreiche Funktionen und bedingte Formatierungen.

Wahrheitstests und Logikfunktionen

Beachten Sie außerdem

In Excel entspricht der Wert WAHR der Zahl 1 und der Wert FALSCH der Zahl 0. Man spricht auch von Booleschen Variablen. Wenn Sie also mit einem logischen Wert weitere Berechnungen vornehmen wollen, müssen Sie das bei arithmetischen Operationen berücksichtigen. So ist z. B. die Zahl 3 dividiert durch FALSCH wegen der Division durch 0 nicht definiert und ergibt den Fehlerwert #DIV/0!

Aussage	Ergebnis
=WAHR*WAHR	1
=WAHR+WAHR	2
=WAHR+FALSCH	1
=WAHR/FALSCH	#DIV/0!
=FALSCH/WAHR	0

Aussage	Ergebnis
=WAHR*1	1
=FALSCH*1	0
=--(FALSCH)	0
=FALSCH-WAHR	-1
=3/FALSCH	#DIV/0!

Die Funktion WENN

Eine der wichtigsten Funktionen, die Funktion WENN, dürfte den meisten Anwendern zumindest in Grundzügen bereits bekannt sein. Diese Funktion macht die Verwendung von Werten oder Berechnungen vom Ergebnis eines Wahrheitstests abhängig. Ihre Syntax lautet:

```
=WENN(Wahrheitstest;[Wert_wenn_wahr];[Wert_wenn_falsch])
```

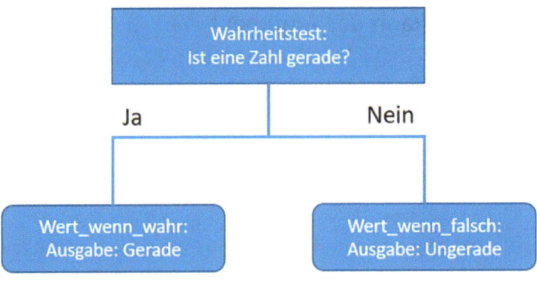

Bild 4.1 Aufbau der Funktion WENN

▶ **Wahrheitstest**
Als Wahrheitstest geben Sie eine Bedingung an, die geprüft werden soll. Diese liefert als Ergebnis die Werte WAHR oder FALSCH (Ja oder Nein).

▶ **Wert_wenn_wahr**
Das Argument *Wert_wenn_wahr* legt den Wert fest, der verwendet wird, wenn der Wahrheitstest das Ergebnis WAHR ergibt.

▶ **Wert_wenn_falsch**
Liefert der Wahrheitstest das Ergebnis FALSCH, so wird das Argument *Wert_wenn_falsch* verwendet.

Hinweis: Ältere Excel-Versionen (bis einschl. 2016) verwenden in der WENN-Funktion etwas andere Bezeichnungen für die Argumente: Prüfung;Dann_Wert; Sonst_Wert.

▶ **Beachten Sie außerdem**
- Die Argumente *Wert_wenn_wahr* und *Wert_wenn_falsch* können eine Zahl, eine Formel, Text oder eine weitere Funktion sein. Text muss in Anführungszeichen angegeben werden.
- Fehlt das Argument *Wert_wenn_wahr* und der Wahrheitstest liefert das Ergebnis WAHR, dann erscheint als Ergebnis 0. Wird dagegen *Wert_wenn_falsch* nicht angegeben, so liefert die Funktion das Ergebnis des Wahrheitstests, also FALSCH. Wenn stattdessen die Zelle leer bleiben soll, dann geben Sie hier zwei unmittelbar aufeinanderfolgende Anführungszeichen "" an.
- Das Argument *Wahrheitstest* liefert als Ergebnis einen der beiden Wahrheitswerte WAHR oder FALSCH. Das Zwischenergebnis FALSCH im Fenster *Funktionsargumente* weist also nicht auf eine fehlerhafte Eingabe hin!

Beispiel 1: Urlaubstag abhängig vom Alter

Wenn_allgemein.xlsx

Die Ausgangslage: Jeder Mitarbeiter, der 40 Jahre oder älter ist, bekommt einen Tag mehr Urlaub. Sie könnten nun zwar theoretisch für jeden einzelnen Mitarbeiter anhand seines Alters den Urlaubstag manuell in die Tabelle eintragen, allerdings ändert sich das Alter laufend und Sie müssten die zusätzlichen Urlaubstage jedes Mal neu eingeben. Zudem ist diese Methode aufwändig und fehleranfällig. Wenn Sie dagegen die Funktion WENN einsetzen, dann genügt eine einzige Formel, die Sie anschließend kopieren können.

Die Angabe der Argumente hängt ab von der Formulierung des Wahrheitstests:

```
C2:    =WENN(B2>=40;1;0)    oder    =WENN(B2<40;;1)
```

Bei der zweiten Alternative kann das Argument *Wert_wenn_wahr* auch weggelassen werden.

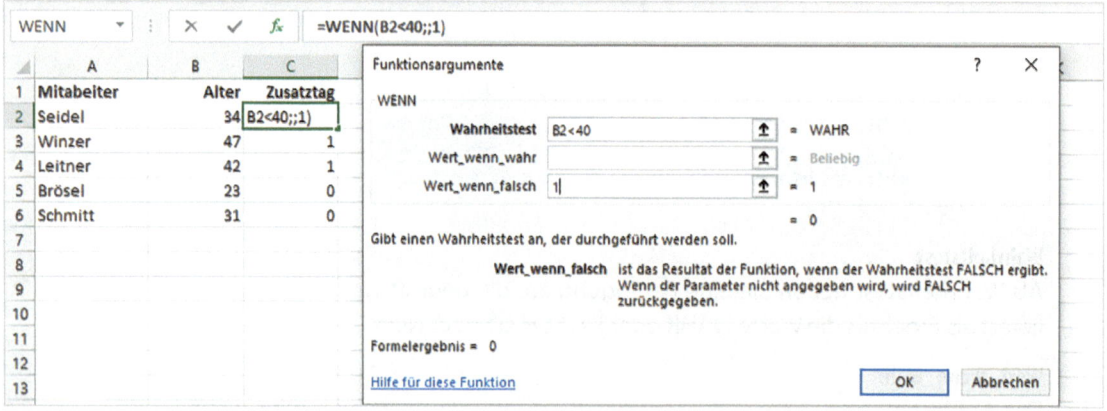

Bild 4.2 Wenn-Funktion zusätzlicher Urlaubstag

Hinweis: In der Regel ist es sinnvoller, den Vergleichswert und die zusätzlichen Urlaubstage in Zellen einzugeben, da dann bei etwaigen Änderungen nur der Inhalt der Zellen und nicht die gesamte Formel geändert werden muss.

Beispiel 2: Provision abhängig vom Umsatz berechnen

Sie möchten in der unten abgebildeten Tabelle für die Mitarbeiter im Außendienst die Höhe der monatlichen Provision berechnen. Bei einem Umsatz von 5.000 Euro oder mehr erhält der Mitarbeiter 5 % des Umsatzes als Provision, sonst 3 %. Diese Werte stehen in einen gesonderten Tabelle, hier in G2, H2 und H3.

	A	B	C	D	E	F	G	H
1	*Name*	*Umsatz*	*Provision %*	*Provisionsbetrag*			Umsatz	Provision
2	Müller	4.800,00				ab	5.000,00	5%
3	Kabelschacht	5.600,00				sonst		3%
4	Winkelmann	6.200,00						
5	Schnorrer	3.450,00						
6	Höpfli	2.900,00						
7	Bleifuss	5.100,00						

Bild 4.3 Beispiel Provision abhängig vom Umsatz

1 Markieren Sie C2 und fügen Sie die Funktion *WENN* ein, entweder mit Klick auf das Symbol *Funktion einfügen* fx und dem Funktionsassistenten (Kategorie *Logik*) oder per Tastatureingabe wie im Bild unten.

2 Geben Sie nun nacheinander die Funktionsargumente ein. **Achtung**: Da die Funktion anschließend kopiert werden soll, sind für die Zellen G2, H2 und H3 feste Zellbezüge mit $-Zeichen erforderlich!

H3 | fx =WENN(B2>=$G$2;$H$2;$H$3

	A	B	C	D	E	F	G	H
1	*Name*	*Umsatz*	*Provision %*	*Provisionsbetrag*			Umsatz	Provision
2	Müller	4.800,00	=WENN(B2>=$G$2;$H$2;$H$3			ab	5.000,00	5%
3	Kabelschacht	5.600,00	WENN(Wahrheitstest; [Wert_wenn_wahr]; [Wert_wenn_falsch])					3%
4	Winkelmann	6.200,00						

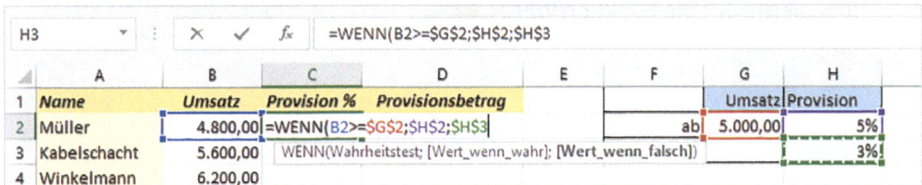

Bild 4.4 Die Wenn-Funktion

Hier nochmals die WENN-Funktion in C2, zur besseren Übersicht ohne $-Zeichen:

```
C2: =WENN(B2>=G2;H2;H3)
```

3 Anschließend kopieren Sie die Funktion in die restlichen Zeilen der Liste und formatieren die Ergebnisse im Prozentformat. Berechnen Sie dann in D2 den Provisionsbetrag mit der Formel =C2*B2 und kopieren Sie diese Formel ebenfalls.

D2 | fx =C2*B2

	A	B	C	D	E	F	G	H
1	*Name*	*Umsatz*	*Provision %*	*Provisionsbetrag*			Umsatz	Provision
2	Müller	4.800,00	3%	144,00		ab	5.000,00	5%
3	Kabelschacht	5.600,00	5%	280,00		sonst		3%
4	Winkelmann	6.200,00	5%	310,00				
5	Schnorrer	3.450,00	3%	103,50				
6	Höpfli	2.900,00	3%	87,00				
7	Bleifuss	5.100,00	5%	255,00				

Bild 4.5 Die Ergebnisse in der Tabelle

Tipp: Sie können sich natürlich auch die Spalte Provision % sparen und den Provisionsbetrag gleich in der WENN-Funktion berechnen.

```
D2: =WENN(B2>=$G$2;B2*$H$2;B2*$H$3)
```

Mehrere Wahrheitstests mit verschachtelter WENN-Funktion

Hinweis: Eventuell kommen statt einer mehrfach verschachtelten WENN-Funktion auch andere Funktionen in Frage, z. B. SVERWEIS oder WENNS, siehe weiter unten.

Sind mehr als zwei Wahrheitstests erforderlich, dann erfordert dies je nach Aufgabenstellung entweder als *Wahrheitstest* oder *Wert_wenn_wahr* bzw. *Wert_wenn_falsch* eine weitere WENN-Funktion oder eine andere Logikfunktion. Funktionen als Argument werden entweder über die Tastatur oder im Funktionsassistent über die Bearbeitungsleiste eingefügt.

Beispiel: Bestellmenge anhand der Mindestbestellmenge ermitteln

Sie möchten ermitteln, welche Artikel nachbestellt werden müssen und in welcher Stückzahl. Folgende Bedingungen sind zu beachten:

- Eine Nachbestellung ist nur erforderlich, wenn der gesamte Lagerbestand kleiner ist als der Sollbestand.
- Ist die fehlende Menge größer als die Mindestbestellmenge, dann wird diese bestellt, ansonsten die Mindestbestellmenge.

1. Fügen Sie in F3 die Funktion WENN ein, im Bild unten mit dem Funktionsassistenten, und geben Sie den Wahrheitstest Lager1+Lager2<Sollbestand ein ❶.

2. Klicken Sie in das Feld *Wert_wenn_wahr* ❷ und anschließend in der Bearbeitungsleiste auf die Funktion WENN ❸.

Bild 4.6 Zweite WENN-Funktion einfügen

3. Im Fenster *Funktionsargumente* erscheinen nun die Argumente der zweiten Funktion. Vergleichen Sie als Wahrheitstest die fehlende Menge D3-(B3+C3) mit der Mindestbestellmenge in E3. Als *Wert_wenn_wahr* geben Sie E3 an und als *Wert_wenn_falsch* die fehlende Menge ❹.

Bild 4.7 Die Argumente der zweiten WENN-Funktion

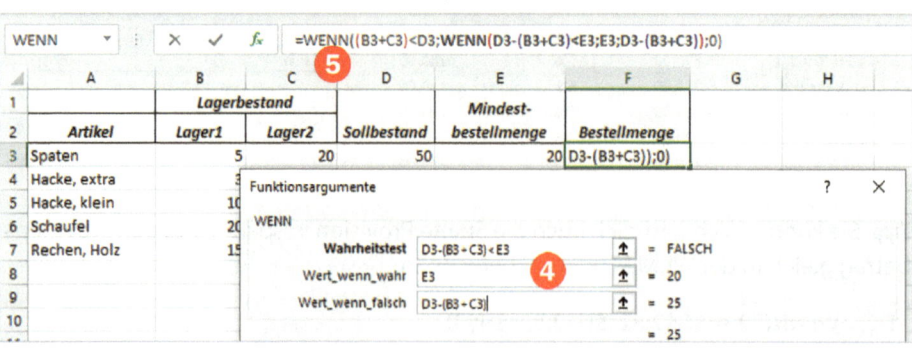

4 Jetzt fehlt nur noch das Argument *Wert_wenn_wahr* der ersten WENN-Funktion. Klicken Sie in der Bearbeitungsleiste auf das erste WENN ❺: Nun erscheinen wieder die Funktionsargumente der ersten WENN-Funktion, geben Sie als *Wert_wenn_falsch* 0 ein und übernehmen Sie die Funktion mit *OK*.

Wahrheitstests nacheinander mit WENNS durchführen

Wenn nacheinander mehrere Wahrheitstests durchzuführen sind sind, kann ab Excel 2019 statt mehrfach verschachtelter WENN-Funktionen auch die Funktion WENNS eingesetzt werden. WENNS kann in einer einzigen Funktion bis zu 127 Wahrheitstests nacheinander durchführen, der Aufbau ist dadurch im Vergleich zu verschachtelten WENN-Funktionen wesentlich einfacher und übersichtlicher:

WENNS ist erst ab Excel 2019 verfügbar!

=WENNS(Wahrheitstest1;Wert_wenn_wahr1; Wahrheitstest2;Wert_wenn_wahr2; Wahrheitstest3;Wert_wenn_wahr3; …)

Beispiel Mengenstaffel

Als Beispiel die Rabattberechnung anhand einer Mengenstaffel. Bei der Eingabe über den Funktionsassistenten sieht die Funktion wie unten abgebildet aus.

Dieses Beispiel ließe sich auch mit der Funktion SVERWEIS berechnen.

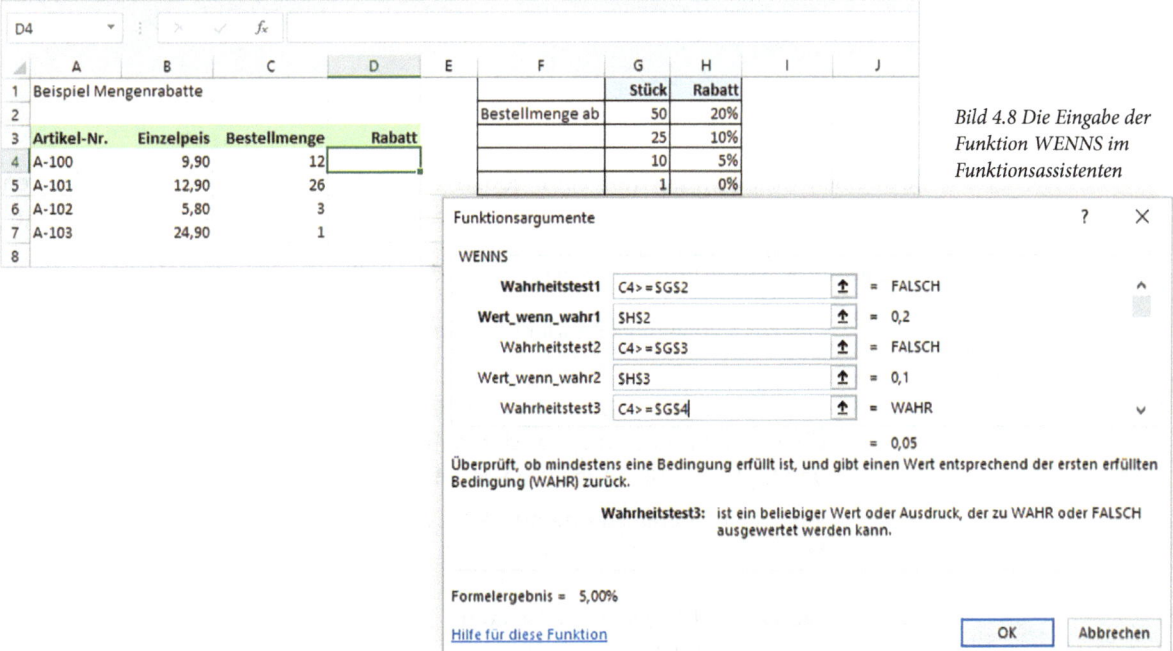

Bild 4.8 Die Eingabe der Funktion WENNS im Funktionsassistenten

WENNS.xlsx

Weitere Zeilen zur Eingabe der Wahrheitswerte werden während der Eingabe der Argumente automatisch hinzugefügt. Beachten Sie, dass Sie bei der Eingabe im Funktionsassistenten und einer Vielzahl von Argumenten eventuell die Bildlaufleiste des Fensters *Funktionsargumente* benutzen müssen, um alle Argumente anzuzeigen. Hier nochmals die Formel in D4, zur besseren Übersicht ohne die eigentlich erforderlichen festen Zellbezüge.

```
D4:    =WENNS(C4>=G2;H2;C4>=G3;H3;C4>=G4;H4;C4>=G5;H5)
```

Wo ist das Argument Wert_wenn_falsch?

Da WENNS im Gegensatz zu WENN kein Argument *Wert_wenn_falsch* anbietet, geben Sie anstelle eines letzten Wahrheitstests einfach *WAHR* als dessen Ergebnis und den dazugehörigen Wert an (im Bild unten H5). Damit wird dieser Wert verwendet, wenn keine der vorangegangenen Bedingungen erfüllt wurde. Für dieses Beispiel könnte also die Funktion auch wie folgt lauten:

```
D4:    =WENNS(C4>=G2;H2;C4>=G3;H3;C4>=G4;H4;WAHR;H5)
```

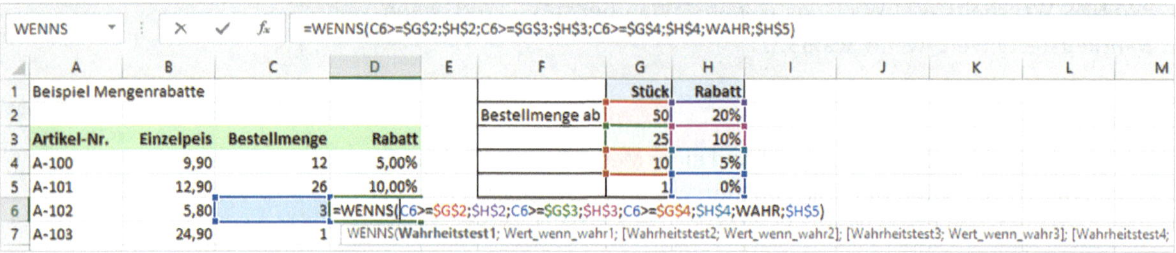
WENNS
=WENNS(C6>=$G$2;$H$2;C6>=$G$3;$H$3;C6>=$G$4;$H$4;WAHR;$H$5)
A B C D E F G H I J K L M
1 Beispiel Mengenrabatte
Stück Rabatt
2 Bestellmenge ab 50 20%
3 Artikel-Nr. Einzelpeis Bestellmenge Rabatt 25 10%
4 A-100 9,90 12 5,00% 10 5%
5 A-101 12,90 26 10,00% 1 0%
6 A-102 5,80 3 =WENNS(C6>=$G$2;$H$2;C6>=$G$3;$H$3;C6>=$G$4;$H$4;WAHR;$H$5)
7 A-103 24,90 1
WENNS(Wahrheitstest1; Wert_wenn_wahr1; [Wahrheitstest2; Wert_wenn_wahr2]; [Wahrheitstest3; Wert_wenn_wahr3]; [Wahrheitstest4;

Bild 4.9 Geben Sie statt des Wahrheitstests einfach das Ergebnis WAHR und den dazugehörigen Wert an

ERSTERWERT

Ab Excel 2019 verfügbar.

Um einem bestimmten Wert ein Ergebnis zuzuordnen oder Werte zu klassifizieren, kommt neben WENN und WENNS eventuell auch die Funktion ERSTERWERT in Frage.

```
=ERSTERWERT(Ausdruck;Wert1;Ergebnis1;[Wert2];[Ergebnis2];[Wert3];...)
```

Siehe auch SVERWEIS auf Seite 193 ff.

Hinweis: ERSTERWERT kann u. U. auch eine Verweisfunktion, z. B. SVERWEIS, ersetzen.

- *Ausdruck*: zu vergleichender Wert, vergleichbar dem Suchkriterium von SVERWEIS.
- *Wert1* und *Ergebnis1*, *Wert2* und *Ergebnis2* usw. sind jeweils der Wert für eine Übereinstimmung und der dazugehörige Rückgabewert. Bis zu 126 Werte und Ergebnisse können ausgewertet werden.
- Wenn kein übereinstimmender Wert gefunden wird, erhalten Sie das Ergebnis #NV.

Beispiel: Schulnoten und dazugehöriger Notentext

ERSTERWERT.xlsx

In der unten abgebildeten Tabelle liegen die Schulnoten als Zahl in Spalte B vor. In Spalte C soll nun der dazugehörige Notentext eingetragen werden. Im Gegensatz zu SVERWEIS werden Werte und Ergebnisse nicht als Matrix angegeben, sondern entweder in der Funktion mit: 1;"Sehr gut";2;"Gut";3;"Befriedigend";usw.. *Ausdruck* ist der zu vergleichende Wert, hier die Schulnote in B3. Alternativ können *Wert1*, *Ergebnis1* usw. auch als Zellbezüge eingegeben werden wie in Bild 4.10.

Bild 4.10 Notentext zuordnen mit ERSTERWERT (Zellbezüge)

	A	B	C	D	E	F	G	H	I
1	Schulnoten								
2	Name	Note	Notentext						
3	Moser	2	=ERSTERWERT(B3;$E$3;$F$3;$E$4;$F$4;$E$5;$F$5;$E$6;$F$6;$E$7;$F$7;$E$8;$F$8)						
4	Zeisig	3	Befriedigend		2	Gut			
5	Brösel	1	Sehr gut		3	Befriedigend			
6	Meinich	5	Mangelhaft		4	Ausreichend			
7	Stieglitz	4	Ausreichend		5	Mangelhaft			
8	Schädlich	2	Gut		6	Ungenügend			

Fehler abfangen: Um mögliche Fehler abzufangen, z. B. eine (ungültige) Note größer als 6, kann zusätzlich als letzter Wert ein Standardwert ohne dazugehörigen Rückgabewert festgelegt werden. Dieser wird ausgegeben, wenn keine Übereinstimmung gefunden wurde, im Bild unten ein Fragezeichen.

```
=ERSTERWERT(B3;1;"Sehr gut";2;"Gut";3;"Befriedigend";4;"Ausreichend";5;
"Mangelhaft";6;"Ungenügend";"?")
```

Bild 4.11 Fehler mit Standardwert abfangen

	A	B	C	D	E	F	G	H	I
1	Schulnoten								
2	Name	Note	Notentext						
3	Moser	2	Gut		1	Sehr gut			
4	Zeisig	3	Befriedigend		2	Gut			
5	Brösel	1	Sehr gut		3	Befriedigend			
6	Meinich	5	Mangelhaft		4	Ausreichend			
7	Stieglitz	7	?		5	Mangelhaft			
8	Schädlich	2	Gut		6	Ungenügend			

Logikfunktionen zum Verknüpfen mehrerer Wahrheitstests

Nicht selten müssen zwei oder mehr Bedingungen gleichzeitig anstatt nacheinander geprüft werden. Dann kommen die Logikfunktionen UND, ODER, XODER und NICHT (Kategorie *Logik*) zum Einsatz. Diese liefern als Ergebnis die Wahrheitswerte WAHR oder FALSCH. Sie werden nur selten eigenständig im Arbeitsblatt eingesetzt, sondern dienen hauptsächlich dazu, innerhalb einer Formel oder Funktion mehrere Bedingungen miteinander zu verknüpfen.

Tipp: Bei komplexen Bedingungen kann es manchmal nützlich sein, wenn Sie diese zunächst in einer beliebigen Hilfszelle auf WAHR oder FALSCH prüfen und erst danach mit dem Ergebnis weiterarbeiten.

Funktion UND
Verknüpft man zwei oder mehr Bedingungen mit UND, dann muss jede Bedingung WAHR sein, damit man als Ergebnis WAHR erhält.

```
=UND(Wahrheitswert1;Wahrheitswert2;Wahrheitswert3;...)
```

Funktion NICHT
```
=NICHT(Wahrheitswert)
```

Die Funktion NICHT kehrt den Wahrheitswert um: Aus einem FALSCH-Ausdruck wird WAHR und umgekehrt. Wird eine beliebige Zahl als Argument eingegeben, erhalten Sie das Ergebnis FALSCH und bei Text als Argument den Fehlerwert #WERT.

Funktion ODER

Verknüpft man zwei oder mehr Bedingungen mit ODER, dann muss mindestens eine Bedingung WAHR sein, damit man als Ergebnis WAHR erhält. Allerdings erhalten Sie auch das Ergebnis WAHR, wenn beide Bedingungen WAHR sind.

=ODER(Wahrheitswert1;Wahrheitswert2;Wahrheitswert3;...)

Funktion XODER

XODER ist im Gegensatz zu ODER ein ausschließendes Oder im Sinne von „entweder-oder". Bei zwei Bedingungen bedeutet das, nur eine der Bedingungen darf WAHR sein.

=XODER(Wahrheitswert1;Wahrheitswert2;Wahrheitswert3;...)

> In Excel ist die Funktion XODER mit mehr als drei Argumenten also kein ausschließendes Oder.

Achtung: Umfasst die Funktion XODER mehr als zwei Argumente, so gilt in Excel: Das Ergebnis ist WAHR, wenn die Anzahl der Argumente eine ungerade Zahl ist und das Ergebnis ist FALSCH, wenn die Anzahl der Argumente eine gerade Zahl ist.

Einige Beispiele zum Vergleich

Zum Vergleich werden im Bild unten jeweils die Inhalte der Spalten A und B sowie D und E miteinander verglichen und in Spalte G die Ergebnisse ausgegeben. Im Bild daneben die Funktion NICHT.

Bild 4.12 UND, ODER und XODER zum Vergleich

Bild 4.13 Die Funktion NICHT

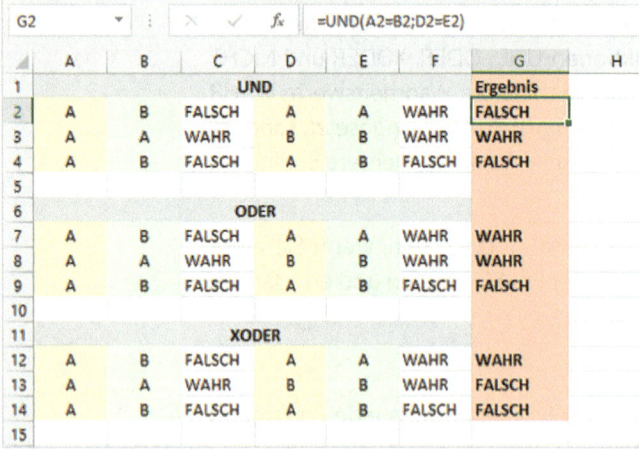
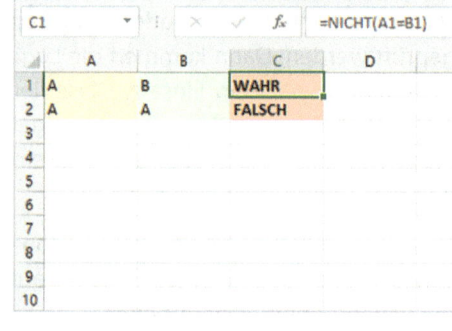

Logikfunktionen.xlsx

> Mit den Logikfunktionen UND und ODER lassen sich bis zu 30 Bedingungen abfragen. Bei der Eingabe mit dem Funktionsassistenten bzw. im Fenster *Funktionsargumente* erscheint daher nach Eingabe einer Bedingung (*Wahrheitswert2*) automatisch ein weiteres Feld zur Eingabe der nächsten Bedingung.

Beispiel 1: Versandkosten, abhängig von zwei Bedingungen

Häufig ist es die WENN-Funktion, in der zwei oder mehr Wahrheitstests benötigt werden. Daher hier ein Beispiel, wie Sie in der WENN-Funktion mit ODER zwei Wahrheitstests kombinieren.

Ausgangssituation: Ab einem Bestellwert von mindestens 300 Euro **oder** einer Entfernung unter 75 km erfolgt die Lieferung kostenlos. Für alle anderen Lieferungen werden für die Lieferung 10 Euro berechnet. Dazu muss die Funktion wie folgt lauten:

```
=WENN(ODER(Bestellwert>=300;Entfernung<75);0;10)
```

Bild 4.14 Beispiel ODER

	A	B	C	D	E	F	G	H
1	Kosten für Lieferung							
2								
3			Lieferung		Kunde	Bestellwert	Entfernung km	Lieferung
4	Bestellwert ab	300,00 €			Schulze	254,00 €	56	0,00
5	oder Entfernung unter km	75	0,00		Kunz	785,00 €	123	0,00
6	sonst		10,00		Wiesenhagel	69,00 €	92	10,00
7					Blattner	348,00 €	189	0,00

H4: `=WENN(ODER(F4>=$B$4;G4<$B$5);$C$5;$C$6)`

Beispiel 2: Gewichtseinstufung anhand des Body-Mass-Index

Im zweiten Beispiel wird anhand des Body-Mass-Index (BMI) ermittelt, ob eine Person normalgewichtig ist. Der Body-Mass-Index berechnet sich wie folgt:

$$BMI = \text{Körpergewicht in kg} / (\text{Körpergröße in m})^2$$

Normalgewichtig sind nach der Klassifikation der DGE Männer mit einem BMI zwischen 20 und 25 und Frauen mit einem BMI zwischen 19 und 24. Es sind also gleich mehrere Bedingungen zu berücksichtigen und die Formel in E2 lautet:

Quelle: DGE, Ernährungsbericht (1992).

```
E2: =ODER(UND(C2=$G$2;D2>=$H$2;D2<=$I$2);UND(C2=$G$3;D2>=$H$3;D2<=$I$3))
```

Bild 4.15 Normalgewicht Ja/Nein?

	A	B	C	D	E	F	G	H	I
1	Größe	Gewicht	Geschlecht	BMI	Normalgewicht Ja/Nein			Untergrenze	Obergrenze
2	1,70	70	m	24,22	WAHR		m	20	25
3	1,79	90	m	28,09	FALSCH		w	19	24
4	1,65	68	w	24,98	FALSCH				
5	1,63	55	w	20,70	WAHR				
6	1,75	95	m	31,02	FALSCH				

Hinweis: Dies ist in erster Linie ein Beispiel zur Demonstration der verschiedenen Logikfunktionen. Falls Sie eine vollständige Klassifikation in Untergewicht, Normalgewicht und Übergewicht vornehmen möchten, stellen die Funktionen SVERWEIS und XVERWEIS die besseren und vor allem übersichtlicheren Lösungen dar.

Die Ergebnisse WAHR und FALSCH als 1 und 0 anzeigen

Bild 4.16 Mit Wahrheitswerten sind keine Berechnungen möglich.

Um mit Wahrheitswerten zu rechnen, werden manchmal anstelle von WAHR oder FALSCH die Zahlen 1 (WAHR) und 0 (FALSCH) als Ergebnis von Logikfunktionen benötigt, beispielsweise, wenn die Summe der WAHR-Werte benötigt wird. Im Bild rechts ein Beispiel, das in Spalte C jeweils die Spalten A und B miteinander vergleicht mit der Formel =A2=B2.

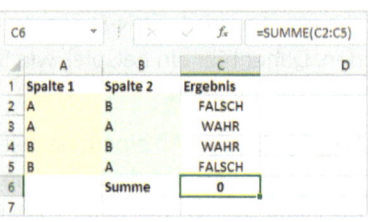

Um WAHR und FALSCH in Zahlen umzuwandeln, haben Sie mehrere Möglichkeiten:

▶ **Multiplikation mit 1**
Multiplizieren Sie einfach das Ergebnis mit 1, im Bild unten in Spalte G. Dann lautet die Formel in G2: =(E2=F2)*1

▶ **Die Funktion N**
Die Funktion N (im Bild in Spalte K) wandelt Wahrheitswerte ebenfalls in die Zahlen 1 und 0 um, und die Formel in K2 lautet: =N(I2=J2)

▶ **Summe mit SUMMENPRODUKT berechnen**
Als dritte Alternative können Sie auch mit der Funktion SUMMENPRODUKT die Ergebnisse mit 1 multiplizieren. Diese Funktion wurde in C6 verwendet: =SUMMENPRODUKT(C2:C5*1)

Bild 4.17 Die Zahlen 1 und 0 als Ergebnis erhalten

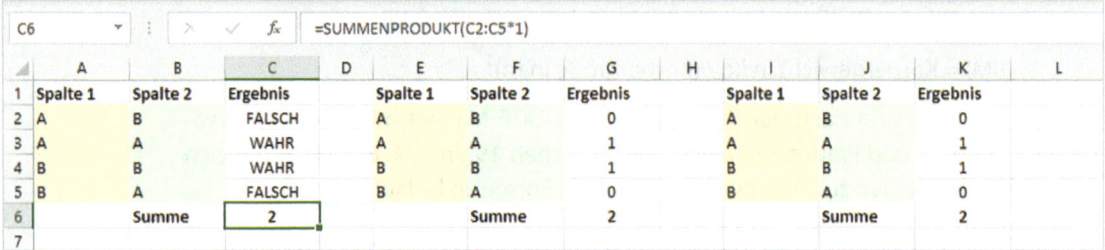

Ja oder Nein anzeigen

Bild 4.18 Ja oder Nein anzeigen

Falls Ja und Nein statt der Wahrheitswerte angezeigt werden sollen, müssen Sie diese zuerst mit einer der oben beschriebenen Methoden in Zahlen umwandeln und die Zellen anschließend mit einem benutzerdefinierten Zahlenformat versehen.

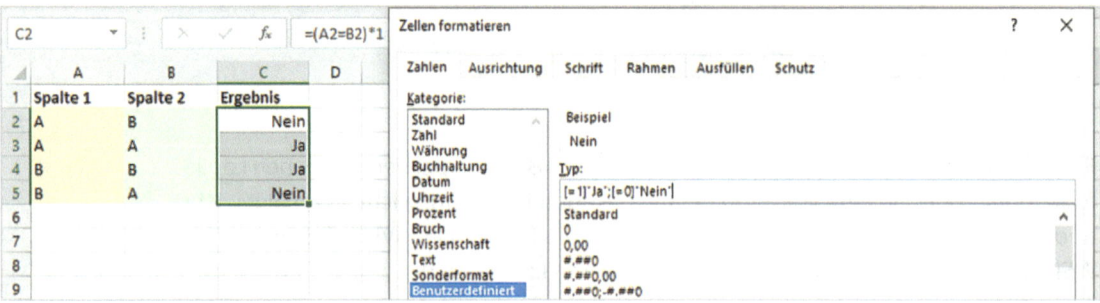

1   Dazu markieren Sie den Bereich C2:C5, klicken mit der rechten Maustaste in diesen Bereich und auf *Zellen formatieren*.

2   Klicken Sie im nachfolgenden Dialogfenster auf das Register *Zahlen* und hier auf die Kategorie *Benutzerdefiniert*. Geben Sie dann das folgende benutzerdefinierte Format ein: [=1]"Ja";[=0]"Nein" (siehe Bild 4.18).

4.2 Die Anzeige von Fehlerwerten unterdrücken

Häufig dienen Excel-Tabellen auch als Vorlagen, in die später nur noch die Daten eingegeben werden. Solche Vorlagen enthalten auch bereits alle, zur Berechnung erforderlichen Formeln. Wenn sich diese allerdings auf Zellen beziehen, in denen noch keine Werte vorhanden sind, erhalten Sie in vielen Fällen die typischen Fehlerwerte wie z. B. #NV oder #DIV/0. Um solche Fehlerwerte zu unterdrücken, stellt Excel verschiedene Funktionen zur Verfügung.

Beliebigen Text statt Fehlerwert anzeigen

Mit der Funktion WENNFEHLER können Sie statt eines Fehlerwerts eine Zahl oder beliebigen Text als Ergebnis ausgeben lassen. Berücksichtigt werden alle Fehlerwerte wie #DIV/0, #NV, #WERT und #BEZUG. Die Syntax dieser Funktion:

Fehlerbehandlung. xlsx

    =WENNFEHLER(Wert bzw. Formel;Wert_falls_Fehler)

Im unten abgebildeten Beispiel erhalten Sie in der mittleren Tabelle für das zweite Quartal anstelle des Mittelwerts den Fehlerwert #DIV/0, da hier noch keine Zahlen vorliegen. Als Abhilfe wurde in der Tabelle rechts daneben die Berechnung des Mittelwerts in die Funktion WENNFEHLER eingeschlossen. Wenn die Funktion MITTELWERT einen Fehlerwert liefert, dann wird als Ergebnis der, als *Wert_falls_Fehler* angegebene Wert angezeigt, im abgebildeten Beispiel "Keine Werte vorhanden".

    K6: =WENNFEHLER(MITTELWERT(K1:K3);"Keine Werte vorhanden")

Bild 4.19 Beispiel Mittelwertberechnung ohne Werte

	A	B	C	D	E	F	G	H	I	J	K	L
1	1. Quartal	Januar	5.000		2. Quartal	April			2. Quartal	April		
2		Februar	6.800			Mai				Mai		
3		März	8.000			Juni				Juni		
4												
5		Summe	19.800			Summe		0		Summe	0	
6		Mittelwert	6.600			Mittelwert	#DIV/0!			Mittelwert	Keine Werte vorhanden	

ISTFEHLER

Als zweite Möglichkeit könnte in solchen Fällen stattdessen auch die Funktion ISTFEHLER (Kategorie *Informationen*) eingesetzt werden. Diese Funktion prüft ebenfalls,

ISTFEHLER, siehe Seite 180 ff.

ob das Ergebnis einer Formel ein Fehlerwert ist, liefert aber nur die Werte WAHR oder FALSCH. Daher müssen Sie diese Funktion noch in eine WENN-Funktion einbinden, für das vorherige Beispiel wäre die Formel also wesentlich komplexer und müsste lauten:

=WENN(ISTFEHLER(MITTELWERT(K1:K3))=WAHR;"Keine Werte";MITTELWERT(K1:K3))

Den Fehlerwert Nicht vorhanden (#NV) ersetzen

Die Funktion WENNNV ersetzt ausschließlich den Fehlerwert #NV, den beispielsweise Verweisfunktionen wie SVERWEIS liefern, wenn der gesuchte Wert nicht gefunden wird. Sie kann nützlich sein, wenn nur #NV abgefangen, alle übrigen Fehlerwerte dagegen angezeigt werden sollen.

=WENNNV(Wert:Wert_bei_NV)

Beispiel: Anhand der Artikelnummern soll das Gesamtgewicht einer Lieferung berechnet werden. Das Gewicht je Artikel wird in Spalte C mit SVERWEIS aus der zweiten Tabelle ermittelt und mit der Menge multipliziert und in D2 mit der Funktion SUMME das Gesamtgewicht. Die Formel in C2 lautet:

C2: =SVERWEIS(A2;$F$2:$H$7;3;FALSCH)*B2

Kopiert man diese Funktion nach unten in Zeilen, in denen keine Artikelnummer angegeben ist, erscheint #NV. Der Fehlerwert #WERT in C4 und D2 resultiert dagegen daraus, dass das Gewicht dieses Artikels in der Gewichtstabelle keine Zahl ist (H2).

Bild 4.20 #NV erscheint, wenn ein Wert nicht gefunden wird

	A	B	C	D	E	F	G	H
1	Artikelnr.	Anzahl	Gewicht Artikel	Gesamtgewicht		Artikelnr.	Bezeichnung	Gewicht
2	145	1	3,6	#WERT!		123	Artikel 1	12&
3	151	2	5			134	Artikel 2	2,00
4	123	5	#WERT!			145	Artikel 3	3,60
5			#NV			146	Artikel 4	14,70
6			#NV			151	Artikel 5	2,50
7			#NV			155	Artikel 6	0,25

Wird die Formel SVERWEIS um WENNNV ergänzt, verschwindet #NV, der Fehlerwert #WERT bleibt dagegen erhalten und weist auf den tatsächlich vorhandenen Fehler hin.

=WENNNV(SVERWEIS(A2;$F$2:$H$7;3;FALSCH)*B2;"")

Bild 4.21 WENNNV unterdrückt nur den Fehlerwert #NV

	A	B	C	D	E	F	G	H
1	Artikelnr.	Anzahl	Gewicht Artikel	Gesamtgewicht		Artikelnr.	Bezeichnung	Gewicht
2	145	1	3,6	#WERT!		123	Artikel 1	12&
3	151	2	5			134	Artikel 2	2,00
4	123	5	#WERT!			145	Artikel 3	3,60
5						146	Artikel 4	14,70
6						151	Artikel 5	2,50
7						155	Artikel 6	0,25

4.3 Mit LET Namen innerhalb einer Formel definieren

Die Funktion LET erlaubt es, in einer Formel einzelnen Werten oder Berechnungsschritten bzw. deren Zwischenergebnissen Namen zuzuweisen, wobei diese Namen nur innerhalb der Formel Gültigkeit besitzen. Dies bringt mehrere Vorteile mit sich: Bessere Lesbarkeit bei komplexen Formeln, Vermeidung der mehrfachen Eingabe von Zwischenberechungen, indem Sie sich stattdessen einfach auf den Namen beziehen sowie eine schnellere Berechnung der gesamten Formel.

```
=LET(Name1, Name_Wert1; Berechnung_oder_Name2; [Name_Wert2, Berechnung_oder_Name3;...])
```

- *Name1* ist der erste Name, den Sie zuweisen möchten. Dieser muss mit einem Buchstaben beginnen und darf nicht identisch sein mit einem bereits vorhandenen Namen oder einer Zelladresse.
- Als *Name_Wert1* geben Sie den Wert für *Name_1* an.
- Für *Berechnung_oder_Name2* ist eine der folgenden Angaben möglich:
  - Eine Formel, die alle Namen innerhalb der LET-Funktion verwendet. In diesem Fall darf danach kein weiteres Argument folgen.
  - Ein zweiter Name, dem dann ein zweiter Wert zugewiesen wird. In diesem Fall sind auch *Name_Wert2* und *Berechnung_oder_Name3* erforderlich.

Beispiel 1: Zur Verdeutlichung als einfaches Beispiel die folgende Formel:

```
C2:  =LET(n;A2;m;B2;n+m)          Ergebnis 30
```

	A	B	C	D
1	Zahl 1	Zahl 2	Ergebnis	
2	10	20	30	=LET(n;A2;m;B2;n+m)
3				

Bild 4.22 Beispiel Funktion LET

Beispiel 2: Als zweites Beispiel greifen wir das Beispiel von Seite 170 auf, bei dem mit einer verschachtelten WENN-Funktion die Bestellmenge in Abhängigkeit von der Mindestbestellmenge ermittelt wird. Die fehlende Menge muss hier gleich zweimal berechnet werden, einmal zum Vergleich mit der Mindestbestellmenge und ein zweites Mal als Bestellmenge. Hier die Originalformel mit WENN in Spalte F (Bild 4.23):

LET.xlsx

```
F3:  =WENN((B3+C3)<D3;WENN((D3-C3-B3)<E3;E3;D3-C3-B3);0)
```

In G3 wurde dagegen mit LET dem Ausdruck B3+C3 (Lagerbestand) ein Name, hier *Bestand* zugewiesen und dem Ausdruck zur Berechnung der fehlenden Menge der Name *Fehlt*. Die Formel wird dadurch zwar nicht kürzer, aber leichter lesbar:

```
G3:  =LET(Bestand;B3+C3;Fehlt;D3-Bestand;WENN(Bestand<D3;WENN(Fehlt<E3;E3;
     Fehlt);0))
```

Bild 4.23 Formel mit LET

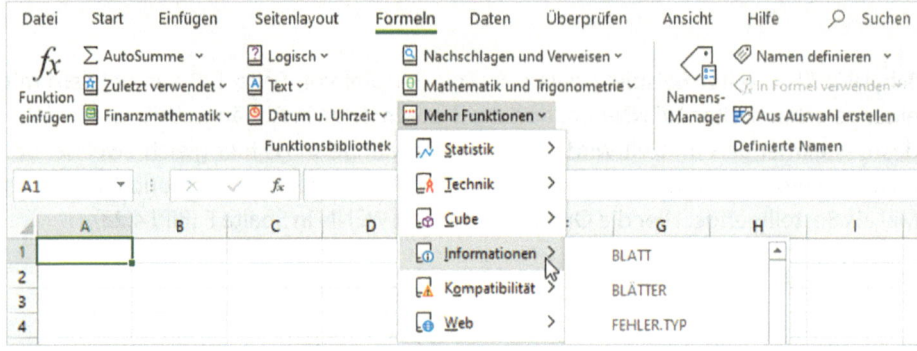

Hinweis: Einmal zugewiesene Namen können, wie im Beispiel oben, nicht nur in der Formel, sondern auch bei der Definition weiterer Namen verwendet werden, wie in diesem Beispiel. Hier wird dem Namen *Fehlt* der Ausdruck *D3-Bestand* zugewiesen.

4.4 Zellinhalte prüfen

Die IST-Funktionen

Manche Formeln können nur mit gültigen Zahlen berechnet werden, in anderen Fällen sind (noch) leere Zellen die Ursache für Fehlerwerte. Um Fehlerwerte als Formelergebnis, insbesondere in Vorlagen, zu vermeiden, können Sie statt einer Gültigkeitsprüfung auch in der Formel prüfen, ob beispielsweise die angegebene Zelle leer ist oder eine Zahl enthält. Zur Überprüfung von Zellinhalten stellt Excel in der Kategorie *Informationen* mehrere Funktionen bereit, die alle mit IST beginnen. Auch diese Funktionen kommen meist in Verbindung mit anderen Funktionen, z. B. WENN, zum Einsatz.

Die Kategorie *Informationen* versteckt sich in der Funktionsbibliothek im Register *Formeln* hinter der Schaltfläche *Mehr Funktionen*.

Bild 4.24 Klicken Sie in der Funktionsbibliothek auf Mehr Funktionen

Information.xlsx

Alle IST-Funktionen besitzen denselben Aufbau und liefern die Wahrheitswerte WAHR und FALSCH. Als Beispiel die Funktion ISTLEER. Diese prüft, ob die angegebene Zelle leer ist, als Argument *Wert* wird ein Zellbezug oder ein Name angegeben.

=ISTLEER(Wert)

Übersicht der IST-Funktionen

Funktion	Beschreibung	Beispiel
ISTLEER	Liefert WAHR, wenn die angegebene Zelle leer ist	ISTLEER(A1) =FALSCH
ISTFEHL	WAHR, wenn die Zelle einen Fehlerwert enthält, mit Ausnahme von #NV	
ISTFEHLER	WAHR, wenn die Zelle einen beliebigen Fehlerwert enthält (#NV, #WERT!, #BEZUG!, #DIV/0!, #ZAHL!, #NAME?, #NULL!)	
ISTLOG	WAHR, wenn die Zelle einen WAHRHEITSWERT enthält	ISTLOG(WAHR)=WAHR
ISTNV	WAHR, wenn die Zelle den Fehlerwert #NV (nicht verfügbar) enthält	
ISTTEXT	WAHR, wenn es sich um Text handelt	ISTTEXT("Otto")=WAHR
ISTKTEXT	Liefert WAHR, wenn es sich um keinen Text handelt	ISTKTEXT(25)=WAHR
ISTZAHL	Liefert das Ergebnis WAHR, wenn es sich um eine Zahl handelt. Da Datumswerte serielle Zahlen sind, erhalten Sie auch bei einem Datum das Ergebnis WAHR.	ISTZAHL(25)=WAHR ISTZAHL(01.01.2019) = WAHR
ISTGERADE ISTUNGERADE	Liefert WAHR, wenn es sich um eine gerade bzw. ungerade Zahl handelt	ISTGERADE(25)=FALSCH ISTUNGERADE(25)=WAHR
ISTBEZUG	Liefert WAHR, wenn es sich um einen Zellbezug handelt	ISTBEZUG(A1)=WAHR ISTBEZUG("Text")=FALSCH
ISTFORMEL	Ergibt WAHR, wenn die angegebene Zelle eine Formel enthält	ISTFORMEL(A1)=WAHR

Beispiel 1: Keine Berechnung bei fehlenden Werten

Oftmals wird eine Formel gleich über mehrere Zeilen kopiert. Allerdings erhalten Sie dann Formelergebnisse auch in den Zeilen, in denen noch keine Zahlen vorhanden sind, wie im unten abgebildeten Beispiel eines Kassenbuchs.

Kassenbuch.xlsx

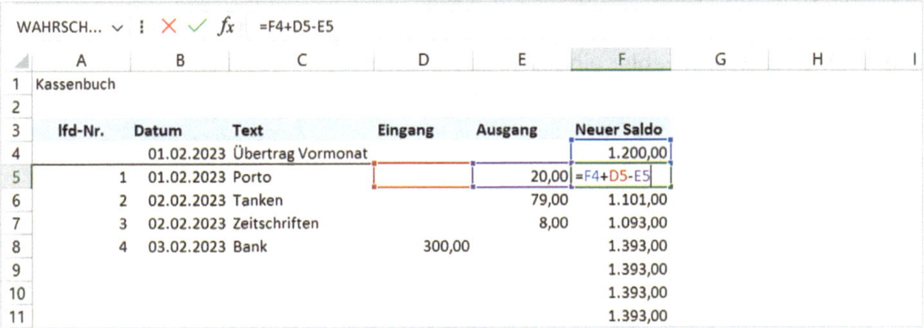

Bild 4.25 Kassenbuch - einfache Formel

Achtung: Zellen mit Formeln werden von Excel nicht als leer betrachtet. Dies gilt auch, wenn die Formel als Ergebnis "" anzeigt und die Zelle somit scheinbar leer ist.

Setzen Sie in solchen Fällen, abhängig vom Formelergebnis die Funktion ISTZAHL oder bei Text die Funktion LÄNGE ein.

Als Abhilfe prüfen Sie mit der WENN-Funktion, ob ein Eingangs- oder Ausgangsbetrag vorhanden ist. Wenn ja, dann wird der Saldo mit der oben angegebenen Formel berechnet, ansonsten bleibt die Zelle leer. Dazu werden weitere Funktionen benötigt:

- Zur Prüfung, ob die Zellen D5 und E5 leer sind, wird die Funktion ISTLEER eingesetzt. Da zwei Zellen, nämlich D5 und E5 zu überprüfen sind, werden die beiden Funktionen mit UND verknüpft, und die Formel in F5 lautet:

F5:   =WENN(UND(ISTLEER(D5);ISTLEER(E5));"";F4+D5-E5)

Achtung: ISTLEER liefert auch FALSCH, wenn die angegebene Zelle als einziges Zeichen ein (unsichtbares) Leerzeichen oder eine Formel enthält!

- Da jedoch die Berechnung des Saldos nur mit gültigen Zahlen möglich ist, bietet sich statt ISTLEER als bessere Lösung die Funktion ISTZAHL an. Diese besitzt dieselbe Syntax und liefert nur WAHR, wenn die Zelle eine gültige Zahl oder ein Datum enthält. In diesem Fall lautet die Formel in F5:

F5:   =WENN(ODER(ISTZAHL(D5);ISTZAHL(E5));F4+D5-E5;"")

Wird die Formel über die gesamte Spalte kopiert, so wird nur dann ein Ergebnis berechnet, wenn ein Eingangs- oder Ausgangsbetrag vorhanden ist, wie im Bild unten.

Bild 4.26 Kassenbuch - Berechnung unterdrücken

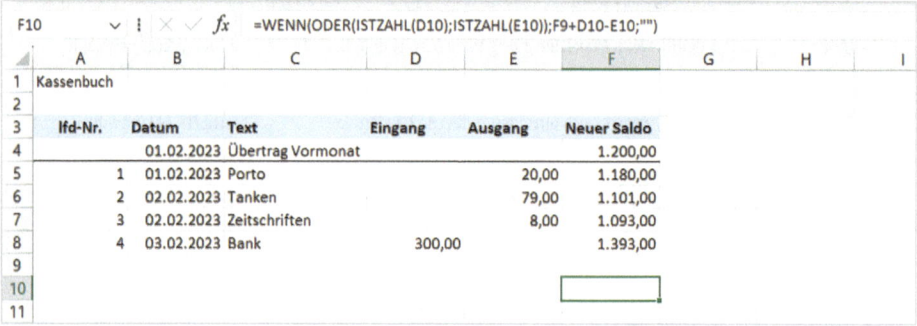

Beispiel 2: Zellen auf gültige Zahlen überprüfen

Bild 4.27 Auf gültige Zahl prüfen

Ob eine Liste mit Artikelnummern wirklich nur gültige Zahlen enthält oder Artikelnummern fehlen bzw. sich Fehler eingeschlichen haben, können Sie mit ISTZAHL überprüfen, wie im Beispiel rechts.

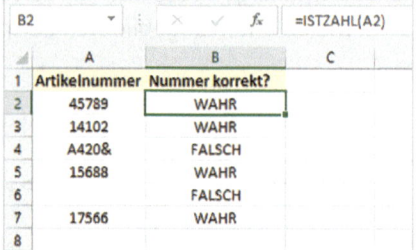

Informationen zu Arbeitsmappe und Zelle

Neben den IST-Funktionen finden Sie in der Kategorie *Informationen* noch einige andere nützliche Funktionen, hier eine kleine Übersicht.

Funktion	Beschreibung	Beispiel
BLATT	Liefert die relative Position des angegebenen Tabellenblattes innerhalb der Arbeitsmappe als Zahl. Sie erhalten z. B. das Ergebnis 2, wenn sich das angegebene Blatt an zweiter Stelle befindet.	BLATT("Kassenbuch") =2

Funktion	Beschreibung	Beispiel
BLÄTTER	Wird diese Funktion ohne Argumente verwendet, so erhalten Sie die Anzahl der Arbeitsblätter in der aktuellen Arbeitsmappe. Das Ergebnis schließt auch eventuell ausgeblendete Blätter mit ein.	BLÄTTER()=3
N	Wandelt WAHR in die Zahl 1 und FALSCH in 0 um. Außerdem wird damit ein Datum in eine fortlaufende Zahl umgewandelt.	N(WAHR)=1 N(01.01.2020)=43466
TYP	Gibt den Datentyp der angegebenen Zelle als Zahl zurück. Eine nützliche Funktion, wenn weitere Aktionen vom Typ des Inhalts einer Zelle abhängig sind. Enthält die angegebene Zelle eine Formel, dann liefert TYP den Typ des Formelergebnisses. Eine Übersicht über die Rückgabewerte erhalten Sie in der Excel-Hilfe.	TYP(4711) = 1 TYP("Otto") = 2
ZELLE	Liefert, abhängig vom Argument Infotyp, Informationen zur angegebenen Zelle, z. B. die Zeile oder Spalte als Zahl oder den Dateinamen und Pfad der aktuellen Mappe.	ZELLE("Spalte";B5)=2

Die Funktion ZELLE genauer betrachtet

Informationen zur aktuellen Arbeitsmappe und einzelnen Zellen erhalten Sie mit der Funktion ZELLE, der Aufbau:

=ZELLE(Infotyp;Bezug)

▶ Als Parameter *Infotyp* wählen die gewünschte Information aus, z. B. Zelladresse, Zeile, Spalte, Dateiname oder Inhalt (Bild 4.28).

▶ Unter *Bezug* geben Sie die betreffende Zelle oder einen Zellbereich an, bei Angabe eines Zellbereichs beziehen sich allerdings die Parameter *Inhalt*, *Adresse*, *Zeile* und *Spalte* immer auf die erste Zelle des Bereichs. In Bild 4.29 sehen Sie einige Beispiele, alle Formeln beziehen sich auf A3.

Tipp: Dateinamen anzeigen

Der Parameter *Dateiname* liefert den Dateinamen zusammen mit dem Dateipfad und dem Namen des aktuellen Arbeitsblatts und erfordert keinen Bezug. Achtung: Wenn die Mappe noch nicht gespeichert wurde, bleibt als Ergebnis die Zelle leer.

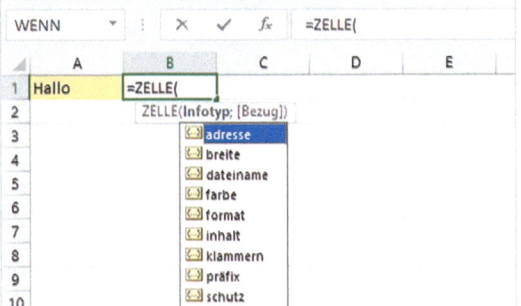

Bild 4.28 Die Parameter der Funktion Zelle

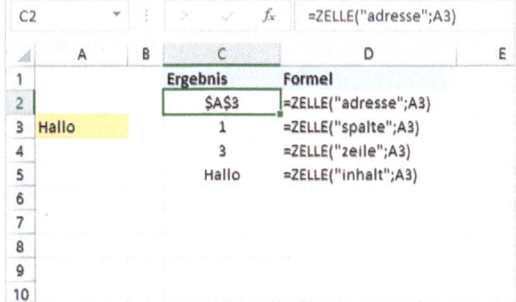

Bild 4.29 Beispiele

Den Namen des aktuellen Arbeitsblatts in eine Zelle übernehmen

Textfunktionen, s. Kap. 3, Seite 148.

Haben Sie sich in umfangreichen Arbeitsmappen schon manchmal gewünscht, Sie könnten den Namen des Arbeitsblatts einfach mit einer Formel in eine Zelle übernehmen? Die Funktion ZELLE mit dem Parameter "dateiname" liefert auch diese Information, allerdings zusammen mit Dateiname und -pfad, wie im Bild unten.

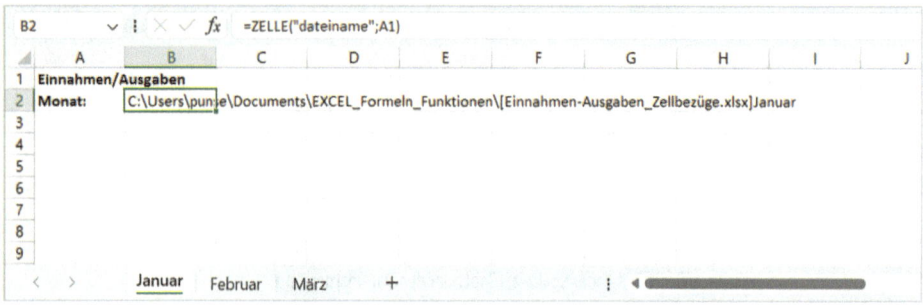

Bild 4.30 Die Funktion ZELLE liefert zum Dateinamen auch den Blattnamen

Blattname in Zelle.xlsx

Um daraus den letzten Teil, nämlich den Blattnamen zu extrahieren, benötigen Sie zusätzlich noch eine Textfunktion; am einfachsten die Funktion TEXTNACH oder die beiden Funktionen FINDEN und TEIL.

Ab Excel 2021 verfügbar!

TEXTNACH: Am einfachsten gestaltet sich die Lösung mit der Funktion TEXTNACH und der folgenden Funktion, da Sie hier nur die Zeichenfolge und das Textbegrenzungszeichen, hier die schließende eckige Klammer angeben brauchen. Der Zellbezug A1 ist in diesem Fall für den Bezug auf das aktuelle Tabellenblatt unbedingt erforderlich.

    =TEXTNACH(ZELLE("dateiname";A1);"]")

Statt A1 kann auch eine beliebige Zelle des aktuellen Arbeitsblatts angegeben werden.

FINDEN und TEIL: Mit Excel 2019 oder älter müssen Sie stattdessen erst einmal mit der Funktion FINDEN die Position des Trennzeichens] suchen und ab dem nächsten Zeichen (+1) die Zeichenfolge mit der Länge 31 (dies ist die maximal zulässige Anzahl Zeichen für Blattnamen).

    =TEIL(ZELLE("dateiname";A1);FINDEN("]";ZELLE("dateiname";A1))+1;31)

Beide Formeln liefern dasselbe Ergebnis, wie das Bild unten zeigt.

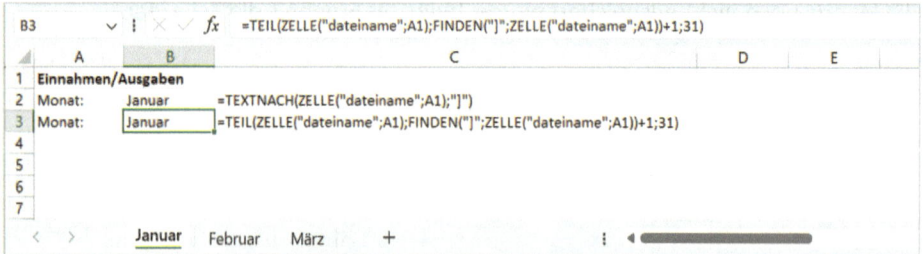

LAMBDA ist nur für Microsoft 365 verfügbar!

Tipp: Wenn Sie diese Formel schneller eingeben möchten, können Sie aus dieser eine benutzerdefinierte Funktion erstellen. Dazu brauchen Sie die Formel nur in eine LAMBDA-Funktion einschließen und dieser einen Namen zuweisen, siehe Kap. 6, Seite 258.

4.5 Tipps und Beispiele

Eine ABC-Analyse erstellen

Es gibt in Excel mehrere Möglichkeiten, eine ABC-Analyse zu erstellen. Hier ein Beispiel, das auf der Funktion WENN bzw. WENNS basiert.

Die ABC-Analyse ist eine klassische betriebswirtschaftliche Methode zur Einteilung von Kunden, Lieferanten, Produkten usw. Diese werden anhand einer absteigenden Rangliste in die drei Kategorien A, B und C eingeteilt. Die Einteilung der Kategorien basiert auf individuellen Überlegungen/Erfahrungen, hier ein Beispiel:

Klasse	Anteil am Gesamtumsatz	Bereich
A	80 %	oberster Anteil, sehr wichtig
B	15 %	Anteil zwischen 80 % und 95 %
C	5 %	die restlichen 5 %, weniger wichtig

Beispiel Kundenumsätze

Als Beispiel die Einteilung von Kunden anhand ihrer Umsätze. Im ersten Schritt werden die Kunden absteigend nach Umsätzen sortiert, siehe Bild unten. In Spalte C wird dann der kumulierte Umsatz berechnet und in Spalte D der kumulierte Prozentanteil. Die Klasseneinteilung ist aus der Hilfstabelle ersichtlich.

	A	B	C	D	E	G	H	I
1	Kunde	Umsatz	Kum. Umsatz	kum. Anteil	ABC	Klasseneinteilung		
2	Moser	75.300	75.300	24,02%		A	bis	80%
3	Lechner	68.500	143.800	45,87%		B	bis	95%
4	Leitinger	58.300	202.100	64,47%		C		
5	Bräsig	51.000	253.100	80,73%				
6	Kleinlich	22.000	275.100	87,75%				
7	Kabelschach	12.500	287.600	91,74%				
8	Baumholtz	9.800	297.400	94,86%				
9	Grübel	7.200	304.600	97,16%				
10	Hinz	3.200	307.800	98,18%				
11	Karg	2.000	309.800	98,82%				
12	Hummel	1.300	311.100	99,23%				
13	Fürsich	1.100	312.200	99,59%				
14	Dark	800	313.000	99,84%				
15	Kunz	500	313.500	100,00%				
16	Summe	313.500						

Bild 4.31 Ausgangstabelle ABC-Analyse

ABC-Analyse.xlsx

Tipp: Die Berechnung der kumulierten Umsätze und Prozentanteile erfolgt am einfachsten über die Schnellanalyse:

B2:B15 markieren, Symbol *Schnellanalyse*, Register *Ergebnisse*, Auswahl *Laufende Summe*.

Im nächsten Schritt erfolgt die eigentliche ABC-Analyse in Spalte E. Dazu geben Sie in E2 die folgende Formel ein und kopieren diese anschließend nach unten in die restlichen Zeilen. Hier die Formel zwecks besserer Nachvollziehbarkeit mit Werten:

E2: =WENNS(C2<$B$16*0,8;"A";C2<$B$16*0,95;"B";WAHR;"C")

Und hier die Formel in E2 mit Bezügen:

E2: =WENNS(C2<$B$16*$I$2;$G$2;C2<$B$16*$I$3;$G$3;WAHR;$G$4)

Wenn statt WENNS die Funktion WENN eingesetzt wird, dann lautet die Formel in E2:

E2: =WENN(C2<$B$16*$I$2;$G$2;WENN(C2<$B$16*$I$3;$G$3;$G$4))

Bild 4.32 ABC-Analyse mit Hilfsspalte

	A	B	C	D	E	F	G	H	I
1	Kunde	Umsatz	Kum. Umsatz	kum. Anteil	ABC		Klasseneinteilung		
2	Moser	75.300	75.300	24,02%	A		A	bis	80%
3	Lechner	68.500	143.800	45,87%	A		B	bis	95%
4	Leitinger	58.300	202.100	64,47%	A		C		
5	Bräsig	51.000	253.100	80,73%	B				
6	Kleinlich	22.000	275.100	87,75%	B				
7	Kabelschach	12.500	287.600	91,74%	B				
8	Baumholtz	9.800	297.400	94,86%	B				
9	Grübel	7.200	304.600	97,16%	C				
10	Hinz	3.200	307.800	98,18%	C				
11	Karg	2.000	309.800	98,82%	C				
12	Hummel	1.300	311.100	99,23%	C				
13	Fürsich	1.100	312.200	99,59%	C				
14	Dark	800	313.000	99,84%	C				
15	Kunz	500	313.500	100,00%	C				
16	Summe	313.500							

ABC-Analyse ohne Hilfsspalten

Zur Ergänzung eine zweite Lösung, die ohne Hilfsspalten auskommt, aber ebenfalls eine absteigende Sortierung voraussetzt. Dazu lautet die Formel in C2 wie folgt; beachten Sie die gemischten Zellbezüge zur Summenberechnung: SUMME($B$2:B3)

C2: =WENNS(SUMME($B$2:B3)<$B$16*0,8;"A";SUMME($B$2:B3)<$B$16*0,95;"B"; WAHR;"C")

Bild 4.33 ABC-Analyse ohne Hilfsspalten

	A	B	C	D	E	F	G
1	Kunde	Umsatz	ABC		Klasseneinteilung		
2	Moser	75.300	A		A	bis	80%
3	Lechner	68.500	A		B	bis	95%
4	Leitinger	58.300	A		C		
5	Bräsig	51.000	B				
6	Kleinlich	22.000	B				
7	Kabelschach	12.500	B				
8	Baumholtz	9.800	B				
9	Grübel	7.200	C				
10	Hinz	3.200	C				
11	Karg	2.000	C				
12	Hummel	1.300	C				
13	Fürsich	1.100	C				
14	Dark	800	C				
15	Kunz	500	C				
16	Summe	313.500					

Fehlerwerte mit der bedingten Formatierung ausblenden

Neben den, unter Punkt 4.2 auf Seite 177 beschriebenen Funktionen zur Unterdrückung der Ausgabe von Fehlerwerten, können Fehlerwerte auch mit der bedingten Formatierung unsichtbar gemacht werden. Allerdings darf dann der Fehlerwert, z. B. #NV, nicht einfach als Vergleichswert eingegeben werden, sondern Sie benötigen die Funktion ISTFEHLER oder ISTNV, siehe Seite 180.

Beispiel: Tabelle mit Diagramm

Fehlerwerte_Bedingte_Formatierung.xlsx

Als Beispiel eine Tabelle, in die regelmäßig die monatlichen Verkaufszahlen eingetragen werden. In Spalte C wird die Differenz zum Vormonat berechnet und als Liniendiagramm dargestellt. Allerdings liefert die einfache Formel in C3 (=B3-B2) wie im Bild unten nicht das gewünschte Ergebnis. Beim Kopieren der Formel über die restlichen Monate erhalten Sie bei fehlenden Werten das Ergebnis 0 und dieser Wert erscheint auch im Diagramm.

C3 | =B3-B2

	A	B	C
1	Monat	Verkauft	Differenz z. Vormonat
2	Januar	200	200
3	Februar	450	250
4	März	280	-170
5	April	300	20
6	Mai		-300
7	Juni		0
8	Juli		0
9	August		0
10	September		0
11	Oktober		0
12	November		0
13	Dezember		0
14			

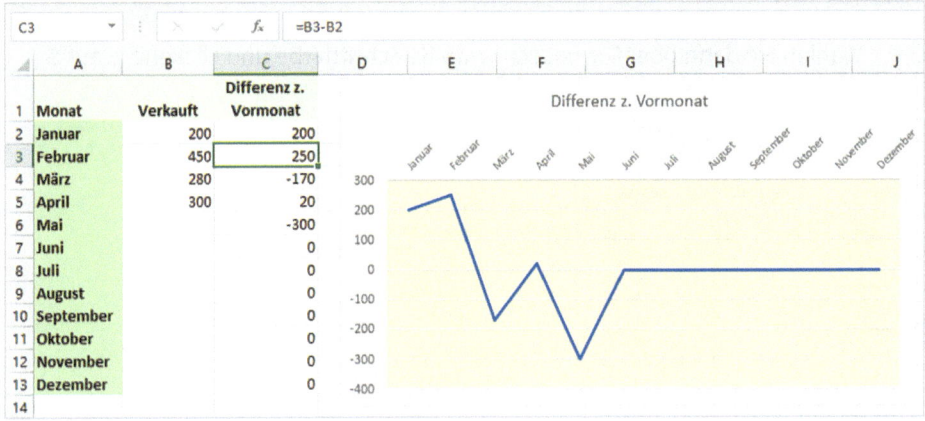

Bild 4.34 Bei leeren Zellen erscheint das Ergebnis 0

Die Ausgabe der 0-Werte in der Tabelle und im Diagramm lässt sich mit folgender Formel unterdrücken, diese wird anschließend bis C13 kopiert.

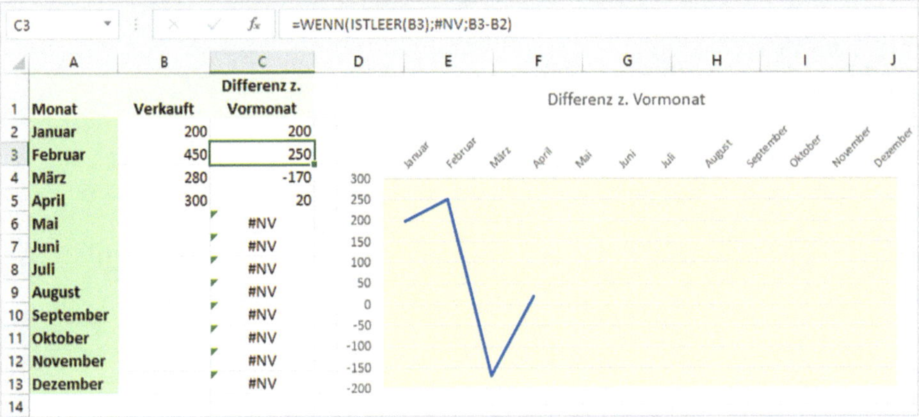

```
C3: =WENN(ISTLEER(B3);#NV;B3-B2)
```

C3 | =WENN(ISTLEER(B3);#NV;B3-B2)

	A	B	C
1	Monat	Verkauft	Differenz z. Vormonat
2	Januar	200	200
3	Februar	450	250
4	März	280	-170
5	April	300	20
6	Mai		#NV
7	Juni		#NV
8	Juli		#NV
9	August		#NV
10	September		#NV
11	Oktober		#NV
12	November		#NV
13	Dezember		#NV
14			

Bild 4.35 Formel nur für nicht leere Zellen berechnen

Zur Erklärung: Leere Zellen als Ergebnis einer Formel werden in Diagrammen trotzdem mit 0 dargestellt, der Fehlerwert #NV wird dagegen nicht berücksichtigt. Würden Sie also in der WENN-Funktion das Argument *Wert_wenn_wahr* mit Leer bzw. "" angeben, dann würden diese leeren Zellen trotzdem im Diagramm mit 0 erscheinen.

Fehlerwerte ausblenden

Mit der bedingten Formatierung blenden Sie anschließend in der Tabelle die Fehlerwerte #NV aus:

1. Markieren Sie den Bereich C3:C13, klicken Sie im Register *Start* auf *Bedingte Formatierung* und auf *Neue Regel*.

2. Wählen Sie *Formel zur Ermittlung der zu formatierenden Zellen verwenden* und geben Sie die folgende Formel ein, alternativ könnten Sie statt ISTNV auch die Funktion ISTFEHLER verwenden.

```
=ISTNV($C3)
```

3. Wählen Sie dann über *Formatieren...* weiße Schriftfarbe und klicken Sie auf *OK*.

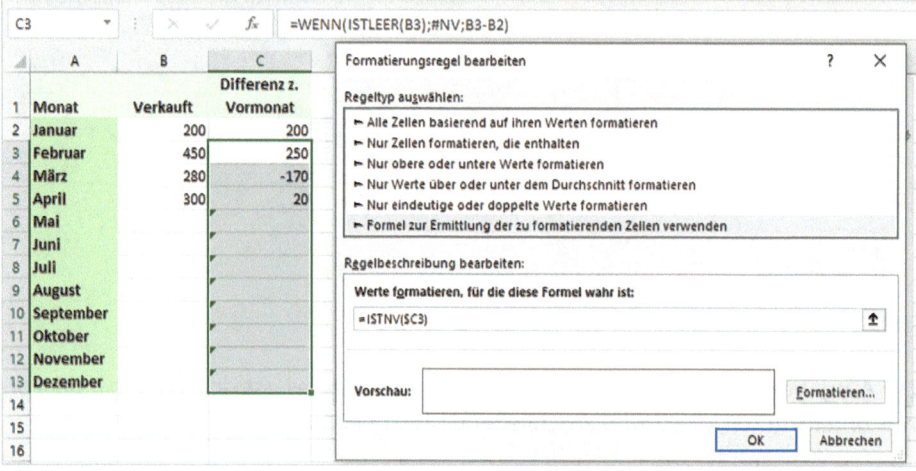

Bild 4.36 Fehlerwerte mit bedingter Formatierung und Formel ausblenden

5 Nachschlage- und Verweisfunktionen

5.1 Werte in einer Matrix mit den Verweisfunktionen finden   190

5.2 Tabellen mit INDEX und VERGLEICH/XVERGLEICH durchsuchen   201

5.3 Zelladressen ermitteln   214

5.4 Mehrere Rückgabewerte erhalten   225

5.5 Tabellenbereiche mit Funktionen umstellen (Microsoft 365)   236

5.6 Weitere Einsatzmöglichkeiten für Verweisfunktionen   246

5.7 Mit Hyperlinks zu Zellen, Arbeitsblättern und Webseiten navigieren   251

Die Nachschlage- und Verweisfunktionen von Excel dienen dazu, einen Zellbereich (Matrix) zu durchsuchen und bestimmte Inhalte oder die Position eines Inhalts zu ermitteln. Sie finden die nachfolgend beschriebenen Funktionen in der Kategorie *Nachschlagen und Verweisen* der Formelbibliothek.

5.1 Werte in einer Matrix mit den Verweisfunktionen finden

Spalte einer Matrix mit SVERWEIS durchsuchen

Aufbau und Funktionsweise von SVERWEIS

SVERWEIS = Senkrecht-Verweis

Die Funktion SVERWEIS (Senkrecht-Verweis) gehört zu den am häufigsten eingesetzten Nachschlage- und Verweisfunktionen von Excel. Sie durchsucht die erste Spalte einer Tabelle mit mehreren Zeilen und Spalten (Matrix) von oben nach unten nach einem vorgegebenen Suchkriterium und liefert bei der ersten Übereinstimmung einen Wert aus dieser Zeile und der angegebenen Spalte (Spaltenindex). Wird kein Wert gefunden, der dem Suchkriterium entspricht, liefert die Funktion den Fehlerwert #NV (nicht verfügbar). Die Funktion besitzt folgenden Aufbau:

Hinweis: Wenn Sie Excxel 2021 oder Microsoft 365 nutzen, dann ist die Funktion XVERWEIS in vielen Fällen einfacher in der Handhabung, s. Seite 198.

=SVERWEIS(Suchkriterium;Matrix;Spaltenindex;Bereich_Verweis)

▸ *Suchkriterium*: Der Wert, nach dem die Tabelle (Matrix) durchsucht wird. Dieser muss sich unbedingt in der ersten Spalte der Tabelle befinden.

▸ *Matrix*: Geben Sie hier den gesamten zu durchsuchenden Tabellenbereich an, hierfür kann auch ein Bereichsname verwendet werden. Die erste Spalte der Matrix muss den gesuchten Wert enthalten, dies können Zahlen, Datumswerte oder Zeichenfolgen sein. Bei Text wird nicht zwischen Groß- und Kleinbuchstaben unterschieden.

▸ Der *Spaltenindex* gibt an, in der wievielten Spalte der Matrix sich der gesuchte Wert befindet. Der Spaltenindex ist eine fortlaufende Zahl, er beginnt mit der ersten Spalte der Matrix und darf nicht verwechselt werden mit der Spaltennummerierung des Tabellenblattes! Der Spaltenindex 3 bedeutet z. B. den Wert aus der dritten Spalte des auszuwertenden Tabellenbereichs.

▸ *Bereich_Verweis* legt fest, ob nur bei genauer Übereinstimmung mit dem Suchkriterium ein Ergebnis angezeigt werden soll oder ob auch der nächstliegende Wert als Ergebnis verwendet werden darf.

- WAHR oder 1 oder keine Angabe bedeutet, es ist keine exakte Übereinstimmung mit dem Suchkriterium erforderlich und SVERWEIS liefert als Ergebnis den nächstgelegenen Wert aus der darüber liegenden Zeile. In diesem Fall muss die Matrix unbedingt nach der ersten Spalte sortiert sein!

- Mit FALSCH oder 0 erhalten Sie dagegen nur bei exakter Übereinstimmung mit dem Suchkriterium ein Ergebnis, andernfalls den Wert #NV (nicht verfüg-

bar). **Achtung**: Falls die erste Spalte der Matrix zwei oder mehr übereinstimmende Werte enthält, so wird nur der erste Wert gefunden.
- **Tipp**: Hilfe zu *Bereich_Verweis* erhalten Sie sowohl im Funktionsassistent als auch bei der Eingabe über die Tastatur. In diesem Fall können die Werte WAHR bzw. FALSCH auch übernommen werden.

> **Wichtige Voraussetzung für den Einsatz von SVERWEIS**
>
> SVERWEIS kann nur nach einem Kriterium suchen, das sich in der ersten Spalte der Matrix befindet! Unter Umständen müssen Sie also zuvor die Tabelle umstellen. Wenn sich der gesuchte Wert rechts von der Spalte mit dem Suchkriterium befindet, können Sie die Matrix auch so wählen, dass diese mit der Spalte beginnt, die das Suchkriterium enthält.
>
> **Tipp**: Wenn Sie Microsoft Office 365 oder Excel 2021 nutzen, dann sollten Sie sich auch mit der wesentlich flexibleren Funktion XVERWEIS befassen, siehe Seite 198. Diese erlaubt das Durchsuchen einer beliebigen Spalte sowie die Rückgabe auch mehrerer Spalten.

Beispiel 1: Genaue Übereinstimmung mit dem Suchkriterium

Ein typischer Fall für den Einsatz der Funktion SVERWEIS: Sie benötigen für eine Auswertung zusätzliche Daten oder Informationen, diese befinden sich allerdings in einer anderen Tabelle oder in einem anderen Arbeitsblatt. Im unten abgebildeten Beispiel sind für die monatliche Auswertung der Arbeitsstunden Nachname, Kostenstelle und Standort erforderlich, diese befinden sich in der Personalliste im Blatt *Personal*. Anhand des Suchkriteriums Personalnummer können in diesem Fall mit SVERWEIS die fehlenden Daten ermittelt und eingefügt werden.

SVERWEIS.xlsx

Bild 5.1 Die Arbeitsblätter Person und Auswertung

	A	B	C	D	E	F
1	Personal-Nr.	Nachname	Vorname	Kostenstelle	Eintrittsdatum	Standort
2	75	Moser	Karl	300		
3	76	Kabelschacht	Alfred	100		
4	77	Hinterleitner	Sandra	100		
5	79	Thomas	Sabine	200		
6	80	Baumholtz	Philipp	100		
7	81	Bleifuss	Tobias	300		
8	83	Nordhoff	Silke	400		
9	84	Leutz	Sven	400		
10	86	Mumpitz	Nicole	300		
11	87	Rumpenhorst	Walter	300		
12	89	Weber	Wolfgang	200		
13	90	Pförtner	Max	200		
14	91	Winzig	Peter	300		
15	93	Zauner	Irene	400		
16	94	Flegel	Katrin	200		

	A	B	C	D	E
1	Auswertung Arbeitsstunden				
2	Monat:	Januar			
4	Personal-Nr.	Geleistete Stunden	Nachname	Kostenstelle	Standort
5	77	120			
6	84	134			
7	75	89			
8	93	115			
9	80	125			
10	87	145			
11	81	91			
12	94	138			
13	90	126			
14	79	109			
15	86	152			
16	91	136			
17	76	140			
18	89	144			
19	83	76			

Zur Ermittlung des Nachnamens geben Sie im Blatt *Auswertung* in C5 die Funktion SVERWEIS wie folgt ein.

```
C5:  =SVERWEIS(A5;Personal!$A$2:$F$16;2;FALSCH)
```

- Suchkriterium ist die Personalnummer in A5,
- Matrix ist der Bereich A2:F16 im Blatt Personal,
- der Nachname befindet sich in der zweiten Spalte der Matrix, daher Spaltenindex 2.
- Da eine genaue Übereinstimmung der Personalnummern erforderlich ist, muss als *Bereich_Verweis* FALSCH oder 0 angegeben werden. Würde dagegen das Argument weggelassen oder WAHR angegeben, so würden Sie bei einer fehlenden Personalnummer den Nachnamen des Mitarbeiters aus der darüber liegenden Zeile und somit ein falsches Ergebnis erhalten.

Kopieren Sie anschließend die Formel in die restlichen Zeilen der Spalte. Mit derselben Funktion ermitteln Sie auch in Spalte D die Kostenstelle und in Spalte E den Standort, für die Kostenstelle geben Sie Spaltenindex 4 und für den Standort Spaltenindex 6 an.

Tipp: Sie sparen Arbeit, wenn Sie für das Suchkriterium in Spalte A einen gemischten Zellbezug, also $A5 verwenden. Dadurch können Sie die Funktion in C5 in die Spalten D und E kopieren und brauchen anschließend nur jeweils den Spaltenindex ändern.

Bild 5.2 Die Ergebnisse im Blatt Auswertung

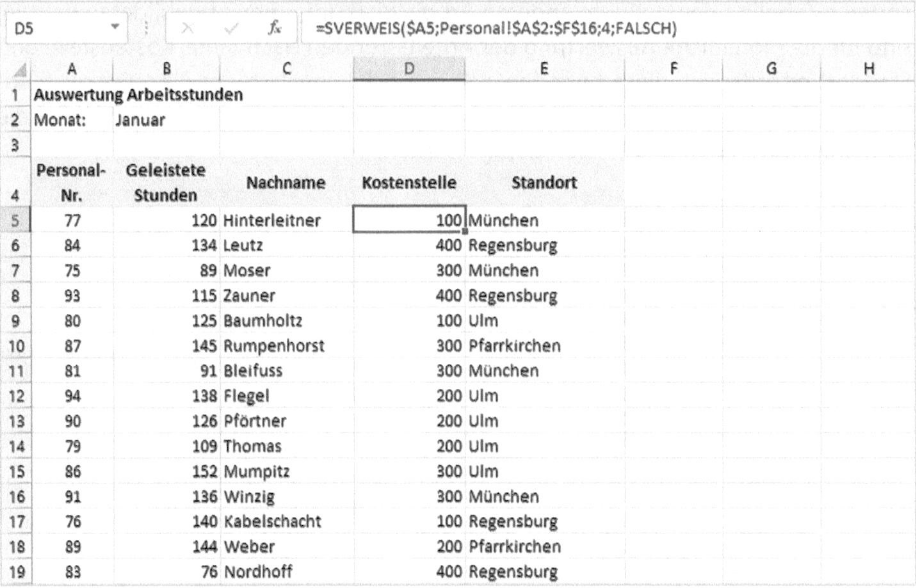

D5: =SVERWEIS($A5;Personal!$A$2:$F$16;4;FALSCH)

	A	B	C	D	E
1	Auswertung Arbeitsstunden				
2	Monat:	Januar			
3					
4	Personal-Nr.	Geleistete Stunden	Nachname	Kostenstelle	Standort
5	77	120	Hinterleitner	100	München
6	84	134	Leutz	400	Regensburg
7	75	89	Moser	300	München
8	93	115	Zauner	400	Regensburg
9	80	125	Baumholtz	100	Ulm
10	87	145	Rumpenhorst	300	Pfarrkirchen
11	81	91	Bleifuss	300	München
12	94	138	Flegel	200	Ulm
13	90	126	Pförtner	200	Ulm
14	79	109	Thomas	200	Ulm
15	86	152	Mumpitz	300	Ulm
16	91	136	Winzig	300	München
17	76	140	Kabelschacht	100	Regensburg
18	89	144	Weber	200	Pfarrkirchen
19	83	76	Nordhoff	400	Regensburg

Beispiel 2: Einen Näherungswert finden

Anders verhält es sich, wenn Sie beispielsweise anhand des Prüfungsergebnisses in Punkten die dazugehörige Note aus einer zweiten Tabelle, der Notentabelle, ermitteln möchten wie in Bild 5.3 unten. Da die Notentabelle nicht jede einzelne Punktzahl, sondern Spannen enthält, muss als *Bereich_Verweis* der Wert WAHR angegeben werden, alternativ können Sie in diesem Fall das Argument auch leer lassen. Wird die genaue Punktzahl in der Notentabelle nicht gefunden, so liefert SVERWEIS die nächstgelegene Note aus der Zeile darüber. **Achtung:** Wird ein Näherungswert benötigt, muss die Matrix, in diesem Fall die Notentabelle, nach der ersten Spalte, hier der Anzahl der erforderlichen Punkte sortiert sein.

Suchkriterium ist die jeweils erzielte Punktzahl, die Notentabelle bildet die Matrix. Die Note befindet sich in der zweiten Spalte der Matrix, daher Spaltenindex 2.

> Da SVERWEIS in Verbindung mit dem Bereichsverweis WAHR den nächstgelegenen Wert aus der darüber liegenden Zeile der Matrix liefert, muss diese unbedingt auf- oder absteigend sortiert sein!

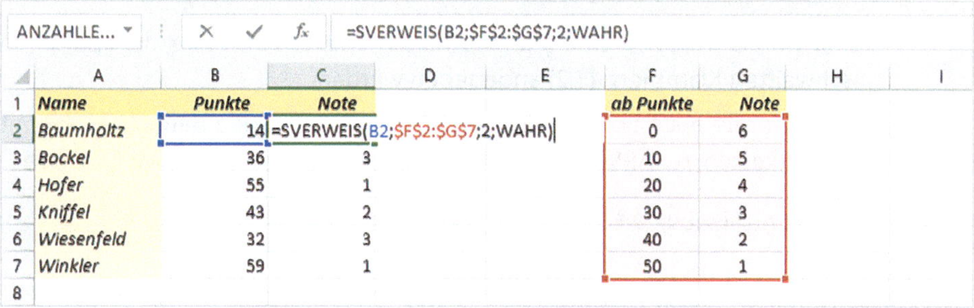

ANZAHLLE... =SVERWEIS(B2;$F$2:$G$7;2;WAHR)

	A	B	C	D	E	F	G	H	I
1	Name	Punkte	Note			ab Punkte	Note		
2	Baumholtz	14	=SVERWEIS(B2;$F$2:$G$7;2;WAHR)			0	6		
3	Bockel	36	3			10	5		
4	Hofer	55	1			20	4		
5	Kniffel	43	2			30	3		
6	Wiesenfeld	32	3			40	2		
7	Winkler	59	1			50	1		
8									

Bild 5.3 Mit SVERWEIS anhand der Punktzahl die Note ermitteln

SVERWEIS mit zwei Suchkriterien

SVERWEIS kann nur nach einem einzigen Suchkriterium suchen. Manchmal hängt aber das gewünschte Ergebnis von zwei Suchkriterien ab, z. B. die Telefonnummer von Nachname und Vorname, falls ein Nachname mehrfach in einer Telefonliste vorhanden ist.

Beispiel: Telefonnummer anhand von Nachname und Vorname finden

Als Beispiel soll aus der unten abgebildeten Telefonliste eine Telefonnummer gefunden werden. Der Nachname als Suchkriterium reicht nicht aus, da z. B. Müller mehrmals in der Liste vorkommt. Also muss der Vorname als zweites Suchkriterium herangezogen werden.

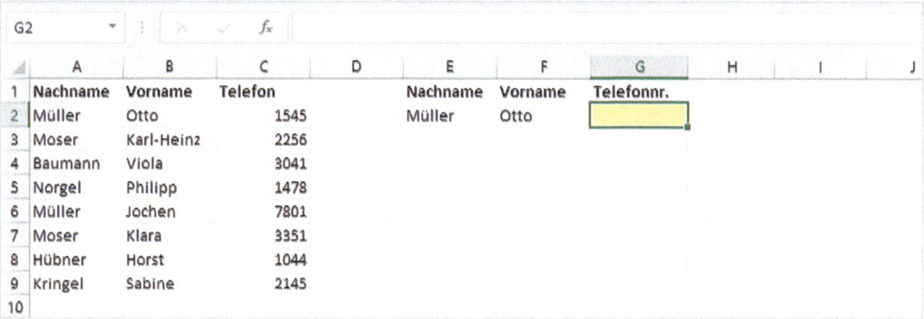

G2

	A	B	C	D	E	F	G	H	I	J
1	Nachname	Vorname	Telefon		Nachname	Vorname	Telefonnr.			
2	Müller	Otto	1545		Müller	Otto				
3	Moser	Karl-Heinz	2256							
4	Baumann	Viola	3041							
5	Norgel	Philipp	1478							
6	Müller	Jochen	7801							
7	Moser	Klara	3351							
8	Hübner	Horst	1044							
9	Kringel	Sabine	2145							
10										

Bild 5.4 Die Ausgangstabelle

SVERWEIS_2Suchkriterien.xlsx

Dazu werden als Suchkriterium Nachname und Vorname mit dem &-Operator verkettet, dieses lautet dann beispielsweise MüllerOtto, Groß- und Kleinschreibung spielt im Übrigen bei SVERWEIS keine Rolle.

Damit diese Zeichenfolge in der Tabelle bzw. Matrix gefunden werden kann, müssen hier die Spalten Nachname und Vorname ebenfalls mit & verkettet werden. Dazu nehmen wir die Funktion WAHL zu Hilfe und stellen mit dieser Funktion die Matrix zusammen, die dann von SVERWEIS durchsucht wird.

`=WAHL(Index;Wert1;[Wert2];...)`

Befassen wir uns zunächst mit WAHL
WAHL ermittelt einen Wert anhand seiner Position (Index) aus einer Liste (*Wert1*; *Wert2*;...), die Werte können Bezüge sein oder mit der Funktion eingegeben werden.

- Damit wir als Ergebnis eine Matrix erhalten, müssen als *Index* die Spalten in geschweiften Klammern {1.2} angegeben werden.
- *Wert1*, also die erste Spalte, wird gebildet, indem wir den Bereich A2:A9 mit B2:B9 verketten: A2:A9&B2:B9. Als *Wert2* (zweite Spalte) geben wir C2:C9 an.

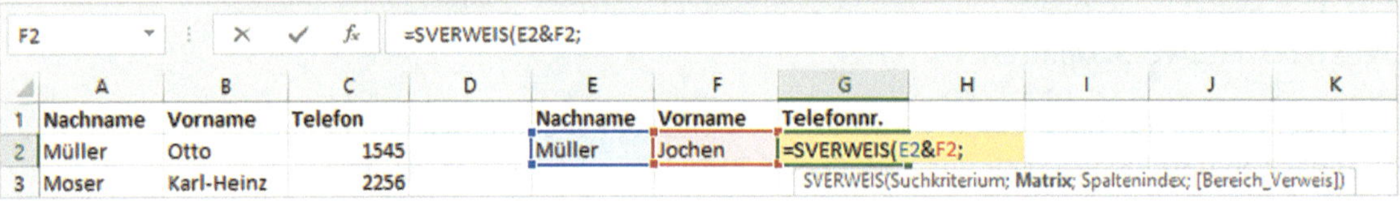

Matrixformeln und -konstanten, siehe Seite 56.

`=WAHL({1.2};A2:A9&B2:B9;C2:C9)`

Diese Funktion wird in die Funktion SVERWEIS als Argument *Matrix* eingefügt

Bild 5.5 Suchkriterium

Schritt 1: die Funktion SVERWEIS mit dem Suchkriterium E2&F2.

Bild 5.6 Funktion WAHL

Schritt 2: als Argument *Matrix* die Funktion WAHL eingeben, siehe oben.

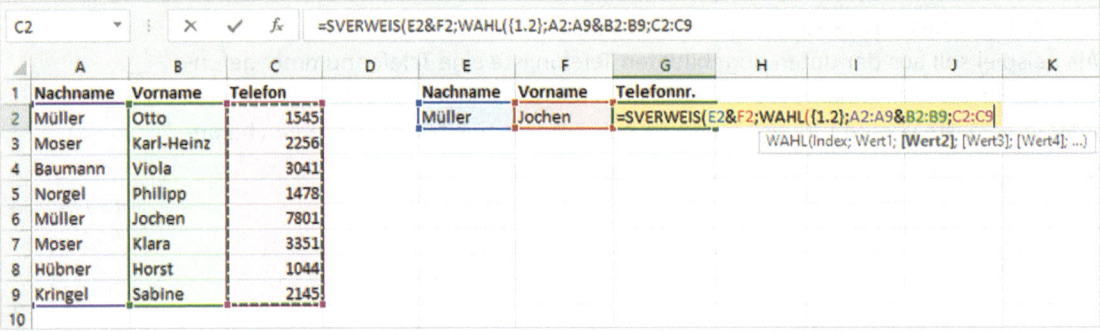

Schritt 3: SVERWEIS vervollständigen. Beachten Sie, dass WAHL durch das Verketten der beiden ersten Spalten eine Matrix mit zwei statt drei Spalten liefert. Die gesuchte Telefonnummer befindet sich in der zweiten Spalte, also Spaltenindex 2.

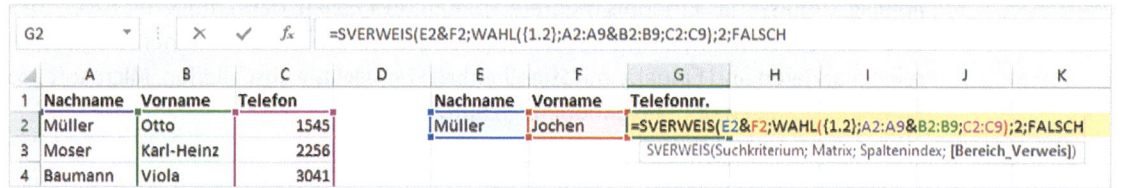

Bild 5.7 SVERWEIS abschließen

Die vollständige Funktion in G2:

G2: =SVERWEIS(E2&F2;WAHL({1.2};A2:A9&B2:B9;C2:C9);2;FALSCH)

Hinweis: Wenn Sie Microsoft 365 nutzen, können Sie stattdessen die Funktion XVERWEIS einsetzen. Diese erlaubt im Gegensatz zu SVERWEIS auch das Verketten von Spalten, da hier Suchmatrix und Rückgabematrix getrennt festgelegt werden. Details zu XVERWEIS finden Sie auf Seite 200 ff.

Zum besseren Verständnis der Funktion WAHL

In der einfachsten Form geben Sie Index und Wertliste in der folgenden Form an und erhalten das Ergebnis C (Index 3 = der dritte Wert in Spalte A, die Überschrift in A1 wird nicht eingerechnet).

WAHL, siehe auch Seite 213.

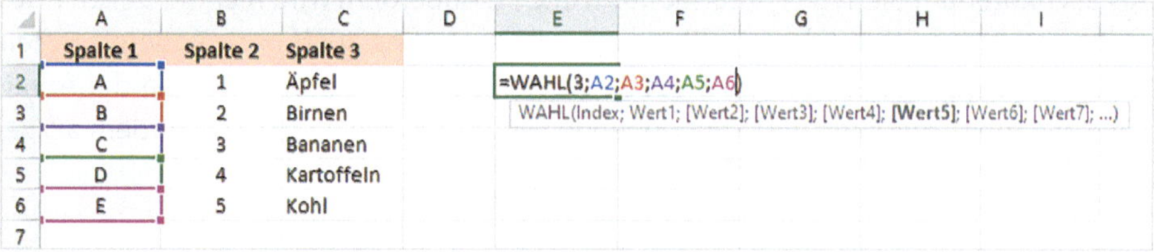

Bild 5.8 Wert aus einer Liste anhand des Index ermitteln

Ob die Werte vertikal (Spalte) oder horizontal (Zeile) angeordnet sind, wie im Bild unten, spielt keine Rolle. In diesem Beispiel erhalten Sie mit Index 3 das Ergebnis Äpfel.

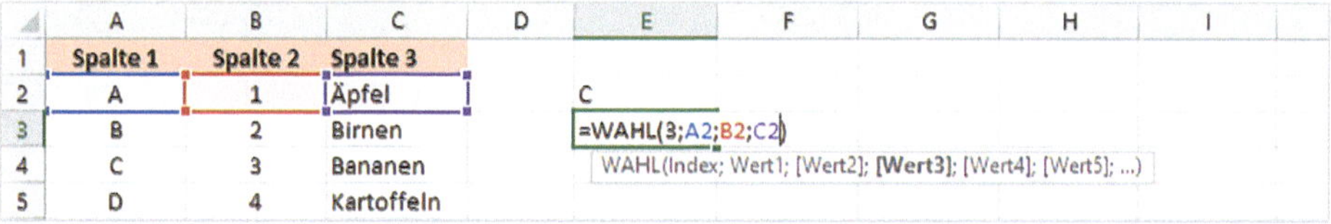

Bild 5.9 Ob neben- oder untereinander, spielt keine Rolle

Wenn Sie als Ergebnis eine Matrix mit zwei Spalten erhalten möchten, dann geben Sie als Index die Spalten 1 und 2 an, also {1.2}, wie im Bild unten. Bei drei Spalten müsste der Index lauten {1.2.3}.

Bild 5.10 Eine Matrix als Ergebnis der Funktion WAHL

Siehe Matrixformeln eingeben, Kapitel 1.7.

Achtung: Umfasst das Ergebnis mehrere Spalten und Zeilen, dann muss mit Excel 2019 und älter die Funktion als Matrixformel eingegeben werden, also vorher Ausgabebereich markieren und Eingabe mit **Strg+Umschalt+Eingabetaste** abschließen. Microsoft 365 erweitert dagegen den Ausgabebereich automatisch.

Mit WVERWEIS eine Tabelle waagrecht durchsuchen

Die Funktion WVERWEIS (Waagrecht-Verweis) hat den gleichen Aufbau wie die Funktion SVERWEIS. Im Gegensatz zu SVERWEIS durchsucht diese Funktion waagrecht von links nach rechts die erste Zeile einer Matrix und liefert den Wert aus der, als Zeilenindex angegebenen Zeile. Diese Funktion setzen Sie daher ein, wenn die erste Zeile der zu durchsuchenden Tabelle das Suchkriterium enthält.

=WVERWEIS(Suchkriterium;Matrix;Zeilenindex;Bereich_Verweis)

Das Beispiel im Bild 5.11 unten kennen Sie vielleicht aus Katalogen von Reiseveranstaltern, in denen Hotels je nach Saison zu verschiedenen Preisen angeboten werden. In C13 soll aus der Hotelpreisliste der Preis der jeweiligen Hotels zum angegebenen Datum ermittelt werden.

Sowohl WVERWEIS als auch SVERWEIS funktionieren auch mit Datumswerten als Suchkriterium, wie das Beispiel zeigt.

Als Suchkriterium dient das Anreisedatum in C11. Außerdem wird hier der Zeilenindex nicht in der Formel sondern in C12 angegeben, so dass auch nach anderen Hotels gesucht werden kann. Als Matrix geben Sie den Bereich A3:H8 an und da der Anreisetermin meist zwischen den angegebenen Datumswerten liegt, ist außerdem als *Bereich_Verweis* WAHR erforderlich.

Bild 5.11 Beispiel WVERWEIS

	A	B	C	D	E	F	G	H
1	Preis pro Tag (Übernachtung, Frühstück & Halbpension)							
2			ab Datum					
3	Zeile	Hotel	01.01.2023	15.04.2023	15.06.2023	10.09.2023	11.11.2023	31.12.2023
4	2	Bella Vista	33	45	65	75	55	40
5	3	Club Amigo	42	48	80	69	55	50
6	4	Sole mio	50	60	75	85	60	55
7	5	Mare Club	63	75	105	110	95	85
8	6	Casa sole	79	85	119	125	110	90
9								
10	Preis ermitteln							
11	Anreisedatum		01.07.23					
12	gewünschtes Hotel Zeile		3					
13	Preis pro Übernachtung		80	=WVERWEIS(C11;A3:H8;C12;WAHR)				

Verweise.xlsx

Die Funktion VERWEIS

Eine mögliche Alternative zu SVERWEIS und WVERWEIS stellt die Funktion VERWEIS dar. VERWEIS kann als Vektor- und als Matrixversion eingesetzt werden, Microsoft empfiehlt allerdings statt der Matrixversion die Verwendung von SVERWEIS, WVERWEIS oder XVERWEIS, da diese wesentlich flexibler sind. VERWEIS in der Vektorversion durchsucht eine zuvor festgelegte Spalte oder Zeile (Suchvektor) nach dem angegebenen Suchkriterium und liefert aus einem ebenfalls festgelegten Bereich (Ergebnisvektor) den dazugehörigen Wert in derselben Spalte oder Zeile. Wird kein Wert gefunden, der mit dem Suchkriterium exakt übereinstimmt, so verwendet VERWEIS automatisch den nächstkleineren Wert des Suchvektors und liefert dessen dazugehörigen Wert. Die Syntax:

```
=VERWEIS(Suchkriterium;Suchvektor;[Ergebnisvektor])
```

Argument	Beschreibung
Suchkriterium	Der Wert, nach dem der Suchvektor, d. h. eine Zeile oder Spalte, durchsucht wird.
Suchvektor	Legt den zu durchsuchenden Zellbereich fest. Dies kann eine Zeile oder Spalte sein und zwar immer nur eine einzige. **Wichtig**: Die Tabelle muss nach den Werten des Suchvektors aufsteigend sortiert sein.
Ergebnisvektor	Das optionale Argument legt bei Bedarf den Ausgabebereich für das gewünschte Ergebnis fest. Dieser darf nur eine Tabellenzeile oder -spalte umfassen und Ergebnisvektor und Suchvektor müssen dieselbe Anzahl Elemente bzw. Zellen enthalten.

Beispiel: Sie möchten den Lagerbestand eines bestimmten Artikels ermitteln (Bild 5.12). Die Nummer des gesuchten Artikels befindet sich in B1 (850), der dazugehörige Lagerbestand wird in B2 mit VERWEIS ermittelt. Als Suchvektor muss der Bereich B5:B11 angegeben werden, Ergebnisvektor ist der Bereich D5:D11.

```
B2: =VERWEIS(B1;B5:B11;D5:D11)
```

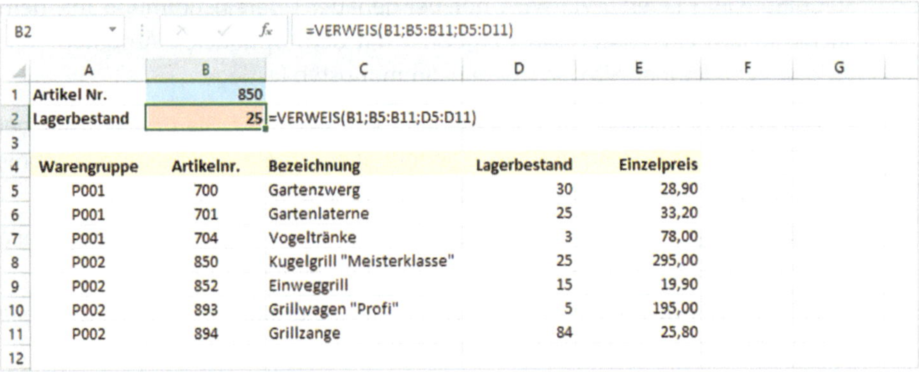

	A	B	C	D	E
1	Artikel Nr.	850			
2	Lagerbestand	25	=VERWEIS(B1;B5:B11;D5:D11)		
3					
4	Warengruppe	Artikelnr.	Bezeichnung	Lagerbestand	Einzelpreis
5	P001	700	Gartenzwerg	30	28,90
6	P001	701	Gartenlaterne	25	33,20
7	P001	704	Vogeltränke	3	78,00
8	P002	850	Kugelgrill "Meisterklasse"	25	295,00
9	P002	852	Einweggrill	15	19,90
10	P002	893	Grillwagen "Profi"	5	195,00
11	P002	894	Grillzange	84	25,80
12					

Bild 5.12 Beispiel VERWEIS

Verweise.xlsx

Vor- und Nachteile

Der Vorteil dieser Funktion gegenüber SVERWEIS liegt darin, dass sich das Suchkriterium nicht zwingend in der ersten Spalte der Tabelle befinden muss.

Nachteil: Wenn das angegebene Suchkriterium nicht gefunden wird, dann liefert VERWEIS automatisch den nächstkleineren Wert. Dies lässt sich dagegen mit SVERWEIS ausschließen.

Mit XVERWEIS eine beliebige Spalte oder Zeile durchsuchen

Nicht in Excel 2019 und älter verfügbar!

Statt SVERWEIS, WVERWEIS und VERWEIS (Vektorversion) kann auch die Funktion XVERWEIS eingesetzt werden. Sie vereint alle Eigenschaften der genannten Funktionen und kann sogar noch mehr. Die einzige Einschränkung: Genau wie SVERWEIS, WVERWEIS und VERWEIS liefert XVERWEIS nur den ersten gefundenen Wert. Leider ist diese praktische Funktion derzeit nur in Excel 2021 und Microsoft 365 verfügbar. Die Syntax:

```
=XVERWEIS(Suchkriterium; Suchmatrix; Rückgabematrix; [wenn_nicht_gefunden]; [Vergleichsmodus]; [Suchmodus])
```

- *Suchkriterium*: Nach welchem Wert soll gesucht werden (siehe SVERWEIS)?
- *Suchmatrix*: Zellbereich, der durchsucht werden soll, dies kann im Gegensatz zu SVERWEIS eine beliebige Spalte oder Zeile (statt WVERWEIS) sein. Auch die Angabe mehrerer Spalten/Zeilen ist möglich, ein Beispiel finden Sie weiter unten.
- *Rückgabematrix*: Zellbereich, der den benötigten Wert enthält (Rückgabewert). Dies muss ein zusammenhängender Zellbereich sein und kann auch mehrere Spalten oder Zeilen umfassen.
- *Wenn_nicht_gefunden*: Mit diesem optionalen Argument können Sie angeben, welcher Wert zurückgegeben wird, wenn keine Übereinstimmung mit dem Suchkriterium gefunden wird. Dies kann eine Zahl oder beliebiger Text sein. Wird dieses Argument weggelassen, erhalten Sie #NV, wenn keine Übereinstimmung gefunden wird.
- Standardmäßig liefert XVERWEIS nur bei genauer Übereinstimmung mit dem Suchkriterium ein verwertbares Ergebnis. Mit dem optionalen Argument *Vergleichsmodus* können Sie den Übereinstimmungstyp festlegen:
    - **Genaue Übereinstimmung**: Keine Angabe oder 0 bedeutet, Sie erhalten nur bei genauer Übereinstimmung ein Ergebnis, ansonsten #NV. Dasselbe Ergebnis erhalten Sie auch, wenn Sie als Suchmodus 0 angeben.
    - **Nächstkleinerer Wert**: Mit -1 erhalten Sie das nächstkleinere Element aus der Zeile darüber, falls keine genaue Übereinstimmung gefunden wird.
    - **Nächstgrößerer Wert**: 1 liefert dagegen den nächstgrößeren Wert aus der Zeile darunter, falls keine Übereinstimmung vorliegt.
    - **Platzhalter**: 2 erlaubt die Verwendung der Platzhalterzeichen * und ? im Suchkriterium. Diese Zeichen dürften den meisten Anwendern bekannt sein: ? steht für ein einzelnes Zeichen und * ersetzt eine beliebige Anzahl von Zeichen.
- Das optionale Argument *Suchmodus* legt die Suchrichtung fest: 1 oder keine Angabe bedeutet, die Suche erfolgt von oben nach unten bzw. von links nach rechts. Mit -1 beginnt dagegen die Suche unten oder rechts.

> **XVERWEIS bietet im Vergleich zu SVERWEIS, WVERWEIS und VERWEIS gleich mehrere Vorteile**
>
> - Das Suchkriterium muss sich nicht in der ersten Spalte der zu durchsuchenden Tabelle (Matrix) befinden.
> - Suchmatrix kann sowohl eine Zeile als auch eine Spalte sein.
> - Die Rückgabematrix kann sich auch links vom Suchkriterium befinden. Werden mehrere Rückgabewerte benötigt, können die betreffenden Spalten (oder Zeilen) als Rückgabematrix angegeben werden. Einzige Voraussetzung: Diese muss ein zusammenhängender Zellbereich sein.

Beispiel 1: Artikelbezeichnung anhand der Artikelnummer finden

Sie möchten aus der unten abgebildeten Artikelliste anhand der Artikelnummer dessen Bezeichnung finden. Die Artikelnummer befindet sich in B3 und daneben in C3 soll die Bezeichnung mit XVERWEIS ermittelt werden.

Bild 5.13 Die Artikelliste

	A	B	C	D	E	F
1	Artikelliste					
2		ArtikelNr.	Bezeichnung			
3		309911				
4						
5	Lagerort	ArtikelID	Artikelbezeichnung	Einzelpreis	Lagerbestand	Produktgruppe
6	H-1	100010	Arbeitsdrehstuhl, Holz mit Rollen	89,00	1	Büromöbel
7	H-1	100023	Arbeitsdrehstuhl mit Bodengleitern und verchromtem Fußring	129,00	0	Büromöbel
8	H-1	100234	Arbeitsdrehstuhl Tec 20 mit Rollen	59,00	1	Büromöbel
9	H-1	309911	Flachablageschrank 110,0 x 76,5 x 42,0cm 5 Schubladen	699,00	0	Büromöbel
10	H-1	309921	Flachablageschrank 110,0 x 76,5 x 42,0cm 3 Schubladen	599,00	10	Büromöbel
11	G-3	100200	Kugelschreiber, transparent mit Innenbeleuchtung	1,50	200	Bürobedarf
12	G-4	100245	Bleistifte, extra hart, 100 St.	6,23	15	Bürobedarf
13	G-5	100248	PROFI Kugelschreiber, farbig sortiert, 100 St.	13,00	0	Bürobedarf

- Suchkriterium ist die Artikelnummer in B3,
- als Suchmatrix geben Sie den Bereich mit den Artikelnummern, hier B6:B33 an
- und als Rückgabematrix den Bereich mit den Artikelbezeichnungen, also C6:C33. Die übrigen Argumente können vorerst weggelassen werden und die Formel in C3 lautet:

XVERWEIS.xlsx

`C3: =XVERWEIS(B3;B6:B33;C6:C33)`

Falls Sie diese Aufgabe mit SVERWEIS lösen möchten, lautet die Funktion in C3:

`C3: =SVERWEIS(B3;B6:F33;2;FALSCH)`

XVERWEIS mit mehreren Rückgabewerten

Wenn Sie zur Artikelbezeichnung auch noch Preis und Lagerbestand benötigen, müssten Sie bei der Verwendung von SVERWEIS diese Funktion jedes Mal neu eingeben. XVERWEIS erledigt dies dagegen in einer einzigen Funktion, Sie brauchen nur als Rückgabematrix einfach alle benötigten Spalten angeben. Die Funktion in C3 lautet dann:

`C3: =XVERWEIS(B3;B6:B33;C6:E33)`

Bild 5.14 Mehrere Rückgabewerte ausgeben

Beachten Sie: Die Rückgabematrix muss ein zusammenhängender Zellbereich sein, Mehrfachmarkierung mit gedruckter **Strg**-Taste wird nicht unterstützt. Excel erweitert den Ausgabebereich automatisch auf die Zellen D3 und E3, zu erkennen am Erweiterungsrahmen.

	A	B	C	D	E	F	G
1	Artikelliste						
2		ArtikelNr.	Bezeichnung	Preis	Lagerbestand		
3		309911	=XVERWEIS(B3;B6:B33;C6:E33)	699	0		
4							
5	Lagerort	ArtikelID	Artikelbezeichnung	Einzelpreis	Lagerbestand	Produktgruppe	
6	H-1	100010	Arbeitsdrehstuhl, Holz mit Rollen	89,00	1	Büromöbel	
7	H-1	100023	Arbeitsdrehstuhl mit Bodengleitern und verchromtem Fußring	129,00	0	Büromöbel	
8	H-1	100234	Arbeitsdrehstuhl Tec 20 mit Rollen	59,00	1	Büromöbel	
9	H-1	309911	Flachablageschrank 110,0 x 76,5 x 42,0cm 5 Schubladen	699,00	0	Büromöbel	
10	H-1	309921	Flachablageschrank 110,0 x 76,5 x 42,0cm 3 Schubladen	599,00	10	Büromöbel	

Beispiel 2: XVERWEIS mit zwei und mehr Suchkriterien

Da bei XVERWEIS Suchmatrix und Rückgabematrix zwei getrennte Argumente darstellen, gestaltet sich im Gegensatz zu SVERWEIS die Verwendung mehrerer Suchkriterien einfach. Hier das Beispiel von Seite 193, aber mit der Funktion XVERWEIS.

Bild 5.15 Zwei und mehr Suchkriterien

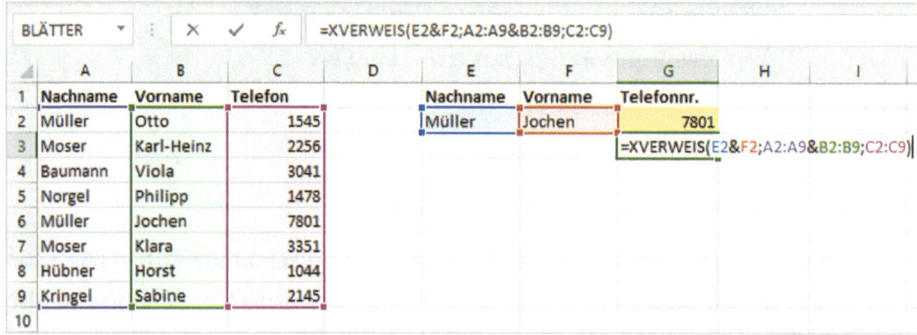

- Als Suchkriterium werden Nachname und Vorname E2 und F2 zum Ausdruck E2&F2 verkettet.
- Als Suchmatrix verketten Sie die Nachnamen in Spalte A mit den Vornamen in Spalte B zum Ausdruck: A2:A9&B2:B9
- Rückgabematrix sind die Telefonnummern in C2:C9.

G2: =XVERWEIS(E2&F2;A2:A9&B2:B9;C2:C9)

Beispiel 3: Eine Tabelle senkrecht und waagrecht durchsuchen

Mit einer verschachtelten XVERWEIS-Funktion kann eine Tabelle sowohl senkrecht als auch waagrecht durchsucht werden, ähnlich wie mit den Funktionen INDEX und VERGLEICH. Als Beispiel die Zimmerpreise eines Hotels: In E2 soll abhängig von Datum und Zimmerkategorie der Preis ermittelt werden.

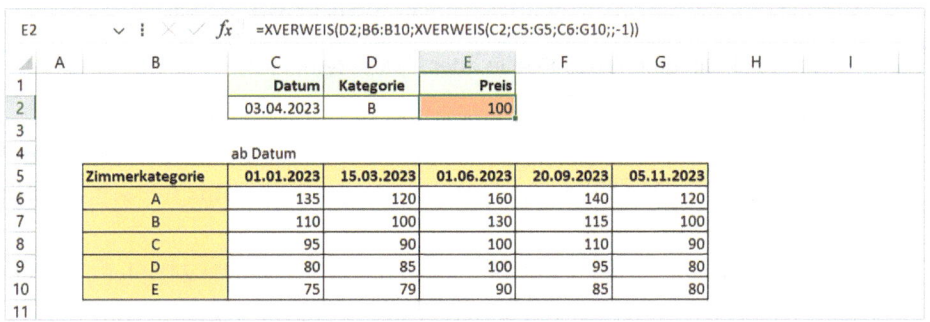

Bild 5.16 Zimmerpreis ermitteln

- Erstes Suchkriterium ist die Zimmerkategorie in D2, nach dieser wird der Bereich B6:B10 durchsucht (Suchmatrix).
- Anschließend wird mit der zweiten XVERWEIS-Funktion zunächst der Bereich C5:G5 nach dem angegebenen Datum in C2 durchsucht, und Rückgabematrix ist der Bereich C6:G10. **Achtung**: Genaue Übereinstimmung mit dem Suchkriterium ist nicht erforderlich, sondern es soll der Wert links davon, das nächstkleinere Datum verwendet werden, daher wird Vergleichsmodus -1 benötigt.

```
=XVERWEIS(D2;B6:B10;XVERWEIS(C2;C5:G5;C6:G10;;-1))
```

Beispiel 3: Suche mit Platzhalter

Enthält das Suchkriterium ein Platzhalterzeichen, wie in diesem Beispiel in D2, dann muss der *Vergleichsmodus* 2 angegeben werden und die Formel in E2 lautet:

```
E2:  =XVERWEIS(D2;A2:A6;A2:B6;"Nicht gefunden";2)
```

	A	B	C	D	E	F
1	Name	Geburtsdatum		Suchkriterium:	Name	Geburtsdatum
2	Müller	15.07.1979		Mo*	Moser	03.11.1995
3	Moser	03.11.1995				
4	Klein	28.10.2001				
5	Huber	17.01.1985				
6	Heinrich	09.12.1981				

Bild 5.17 Suche mit Platzhalter

5.2 Tabellen mit INDEX und VERGLEICH/XVERGLEICH durchsuchen

Position eines Werts mit VERGLEICH finden

Die Funktion VERGLEICH durchsucht ebenfalls eine Matrix, liefert aber im Gegensatz zu den oben beschriebenen Verweisfunktionen nicht den Inhalt, sondern die relative Position der Zelle innerhalb der Matrix, die Syntax:

Achtung: VERGLEICH liefert nur den ersten gefundenen Wert!

```
=VERGLEICH(Suchkriterium;Suchmatrix;[Vergleichstyp])
```

- *Suchkriterium* ist wieder der Wert, nach dem gesucht werden soll.
- *Suchmatrix* kann eine Tabellenzeile oder -spalte sein.
- Das Argument *Vergleichstyp* ist optional und steuert die Rückgabe:
  - 1 (oder keine Angabe) liefert die Position des größten Wertes, der kleiner oder gleich dem Suchkriterium ist. Die Werte in der Suchmatrix müssen deshalb **aufsteigend** sortiert sein.
  - 0 liefert den ersten Wert, der dem Suchkriterium exakt entspricht, die Sortierung der Suchmatrix spielt dabei keine Rolle.
  - -1 gibt die Position des kleinsten Wertes zurück, der größer oder gleich dem Suchkriterium ist. Dies setzt **absteigende** Sortierung der Suchmatrix voraus.

> **Achtung**: Das Argument *Suchmatrix* darf nur jeweils eine Zeile oder Spalte umfassen! Geben Sie beispielsweise A1:D25 als Suchmatrix an, so erhalten Sie als Ergebnis den Fehler #NV.

VERGLEICH_XVERGLEICH.xlsx

Die drei Abbildungen unten verdeutlichen die unterschiedlichen Vergleichstypen und ihre Wirkung. Die Position der gefundenen Zahl darf nicht verwechselt werden mit der Zeile des Tabellenblatts:

- In Bild 5.18 links liegt eine genaue Übereinstimmung mit dem Suchkriterium vor, es wird der Vergleichstyp 0 verwendet und der gesuchte Wert befindet sich an zweiter Position in der Tabelle (nicht zu verwechseln mit der Zeilennummer des Arbeitsblatts). Die Sortierung spielt keine Rolle.
- In Bild 5.19 wird der Vergleichstyp -1 verwendet und der gesuchte Wert (5,5) befindet sich bei absteigender Sortierung in Zeile 3 der Tabelle.
- Im Bild 5.20 ganz rechts liefert der Vergleichstyp 1 die Zeile 4 als Position, die Werte sind aufsteigend sortiert.

Bild 5.18 Vergleichstyp 0
Bild 5.19 Vergleichstyp -1
Bild 5.20 Vergleichstyp 1

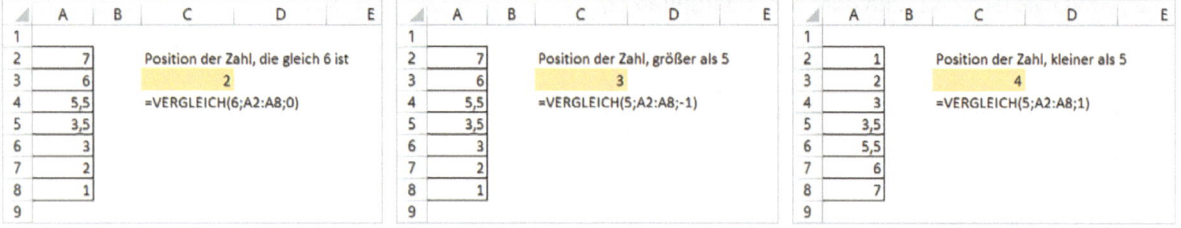

Vereinfachte Suche mit XVERGLEICH

Wesentlich einfacher und weniger verwirrend ist die Funktion XVERGLEICH, die zusätzlich zum Vergleichstyp bzw. Vergleichsmodus auch die Wahl des Suchmodus, d. h. vom ersten zum letzten oder vom letzten zum ersten Element, erlaubt. Unterschiedliche Sortierungen, wie bei der Funktion VERGLEICH sind damit überflüssig. Leider steht diese Funktion in älteren Excel-Versionen nicht zur Verfügung. Die Syntax:

> Nicht in Excel 2019 oder älter verfügbar.

```
=XVERGLEICH(Suchkriterium;Suchmatrix;[Vergleichsmodus];[Suchmodus])
```

Der Unterschied zu VERGLEICH: Mit Ausnahme des Vergleichsmodus 0 (genaue Übereinstimmung und Sortierung egal) sind die Werte immer gleich, also aufsteigend, sortiert und die Suchrichtung wird mit dem Suchmodus festgelegt (vom ersten zum letzten Element = 1; vom letzten zum ersten Element = -1).

Um also die Position der Zahl, die größer ist als 5, zu erhalten (vgl. Bild 5.19), geben Sie bei aufsteigender Sortierung die folgende Funktion ein:

D3: =XVERGLEICH(5;A1:A7;1;1)

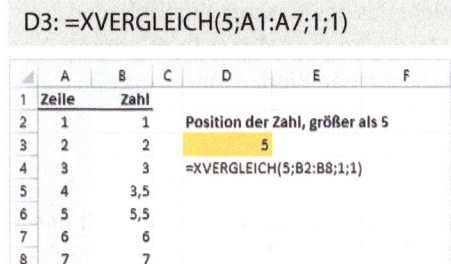

Bild 5.21 XVERGLEICH größer Suchwert

Bild 5.22 XVERGLEICH kleiner Suchwert

Beispiel 1: Preis aus einer Preistabelle ermitteln (VERGLEICH oder XVERGLEICH)

Als Beispiel soll aus einer nach Mengen gestaffelten Preistabelle anhand von Artikelnummer und Menge der dazugehörige Preis ermittelt werden, siehe Bild unten. Dieser befindet sich in der Preistabelle am Schnittpunkt der gesuchten Zeile mit der gesuchten Spalte, daher wird VERGLEICH zweimal benötigt: Die erste Funktion ermittelt die Spalte, in der sich der gesuchte Wert befindet, und die zweite die Zeile der Suchmatrix.

Bild 5.23 Beispiel VERGLEICH

INDEX_VER-GLEICH_1.xlsx

Mit der folgenden Formel ermitteln Sie in D10 den Zeilenindex (Zeile innerhalb der Suchmatrix) der gesuchten Artikelnummer (*Suchkriterium*: B10, *Suchmatrix*: A4:A7) und erhalten das Ergebnis 3. Die Suchkriterien müssen exakt übereinstimmen, daher Vergleichstyp 0.

D10: =VERGLEICH(B10;A4:A7;0)   Ergebnis: 3

Die zweite Formel in D11 liefert den Spaltenindex (*Suchkriterium*: B11, *Suchmatrix*: B3:F3). Für die Menge, z. B. 25 kg, wird der nächstkleinere Wert benötigt, daher Vergleichstyp 1.

D11: =VERGLEICH(B11;B3:F3;1)   Ergebnis: 2

Mit XVERGLEICH lauten die beiden Formeln wie folgt, die Ergebnisse sind dieselben:

D10: =XVERGLEICH(B10;A4:A7;0;1)

D11: =XVERGLEICH(B11;B3:F3;-1;1)

Leider erhalten Sie mit diesen Formeln noch nicht das gewünschte Ergebnis, den Preis, sondern nur dessen relative Position in der Matrix. Anhand dieser Positionsangaben ermitteln Sie nun mit der Funktion INDEX den gesuchten Wert.

Mit INDEX einen Wert anhand seiner Position ermitteln

Die Funktion INDEX liefert einen Wert oder einen Bezug aus einer Matrix und benötigt dazu seine genaue Position innerhalb der Matrix, d. h. in welcher Zeile (Zeilenindex) und Spalte (Spaltenindex) er sich befindet. Diese Angaben wurden zuvor mit VERGLEICH oder XVERGLEICH ermittelt.

Ein Beispiel, bei dem das Ergebnis einer INDEX-Funktion als Bezug genutzt wird, finden Sie auf Seite 207.

Für dieses Beispiel setzen wir INDEX in der Matrixversion ein, die Syntax:

=INDEX(Matrix;Zeilenindex;Spaltenindex)

Sie brauchen also für unser Beispiel nur noch in B12 mit INDEX den Preis ermitteln, die Formel dazu lautet:

B12: =INDEX(B4:F7;D10;D11)   Ergebnis: 18,00

Natürlich ist dies auch mit verschachtelten Funktionen in einer einzigen Formel möglich, dann sieht die Formel so aus:

B12: =INDEX(B4:F7;VERGLEICH(B10;A4:A7;0); VERGLEICH(B11;B3:F3;1))

Bild 5.24 Beispiel INDEX

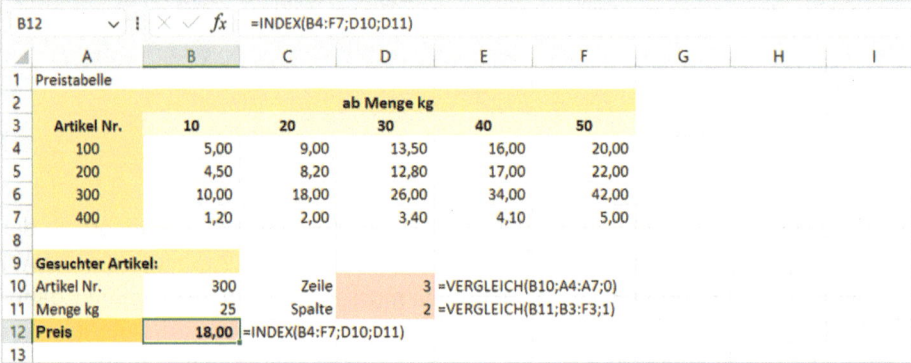

Beispiel 2: Benachbarte Werte auslesen

Die täglichen Höchsttemperaturen eines Monats wurden für mehrere Städte in einer Tabelle festgehalten. Jetzt soll für jede Stadt der höchste Wert im gemessenen Zeitraum ermittelt und zusammen mit dem Datum angezeigt werden.

Tabellen mit INDEX und VERGLEICH/XVERGLEICH durchsuchen

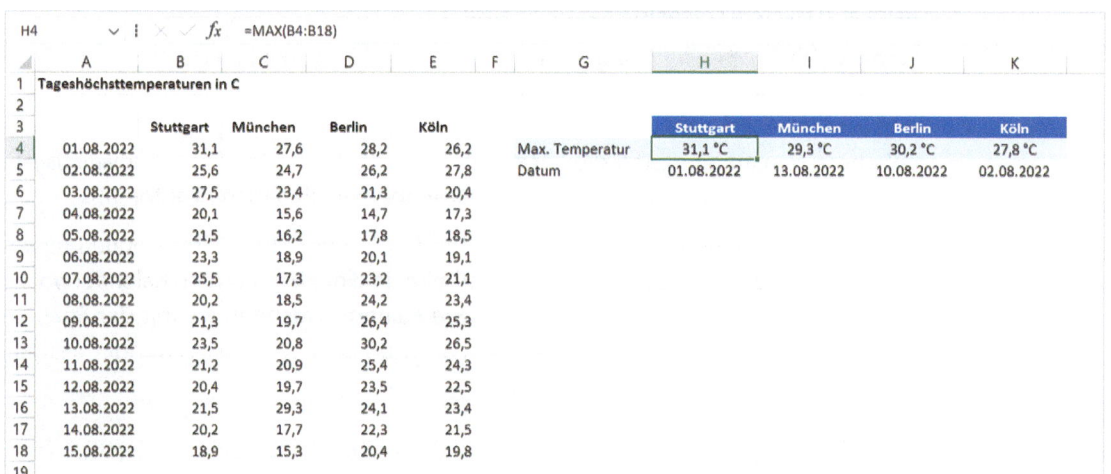

Bild 5.25 Temperatur und Datum

1. In H4 wird mit der Funktion MAX der höchste Wert für Stuttgart ermittelt und die Formel anschließend nach rechts kopiert.

2. Darunter wird in H5 mit den beiden Funktionen INDEX und VERGLEICH das dazugehörige Datum ermittelt:

INDEX_VERGLEICH_2.xlsx

H5: =INDEX($A$4:$E$18; VERGLEICH(H4;B4:B18;0);1)

Zur Erklärung:
- Die Funktion INDEX durchsucht den Bereich $A$4:$E$18 (Matrix), die absoluten Zellbezüge werden benötigt, damit die Formel auf die übrigen Städte kopiert werden kann.
- Die Zeile wird mit VERGLEICH ermittelt: VERGLEICH sucht in Spalte B nach der Zeile mit der höchsten Temperatur (Suchkriterium in H4). Da genaue Übereinstimmung erforderlich ist, lautet der Ausdruck: =VERGLEICH(H4;B4:B18;0)
- Anschließend vervollständigen Sie die Funktion INDEX um die Spaltenangabe 1 (das Datum befindet sich in der ersten Spalte).

3. Zuletzt müssen die Ergebnisse noch als Datum formatiert werden, da Index nur den Wert, also ohne Formatierung ermittelt.

> **Achtung**: VERGLEICH liefert nur den ersten gefundenen Wert! Sollte also beispielsweise an zwei Tagen derselbe Höchstwert gemessen worden sein, so erhalten Sie nur das Datum des ersten Tages.

Tipp: Wenn Ihnen die Funktion XVERWEIS zur Verfügung steht, dann verwenden Sie besser diese zur Lösung der Aufgabe. Die Formel in H5 lautet dann ganz einfach:

XVERWEIS, siehe Seite 198.

H5: =XVERWEIS(H4;B4:B18;$A$4:$A$16)

Beispiel 3: Mehrere Ergebnisse mit INDEX auslesen

Wenn Sie als *Zeilenindex* 0 angeben, dann liefert INDEX den Inhalt der gesamten Spalte und umgekehrt erhalten Sie mit *Spaltenindex* 0 die gesamte Zeile der Matrix. Dazu müssen Sie INDEX mit Excel 2019 und älter als Matrixformel eingeben, d. h. den Ausgabebereich markieren und die Formeleingabe mit den Tasten **Strg+Umschalt+Eingabe** abschließen. Microsoft 365 erweitert den Ausgabebereich dagegen automatisch.

Matrixformeln eingeben, siehe Kapitel 1.7.

Hier als Beispiel eine Tabelle mit den Arbeitsstunden der Mitarbeiter je Kalenderwoche. In N3:N6 sollen die Stunden aller Mitarbeiter in einer bestimmten Kalenderwoche herausgesucht werden. Da die vorgegebene Kalenderwoche in N2 mit der Spaltenabfolge in der Matrix übereinstimmt, kann diese als Spaltenindex verwendet werden. Dazu geben Sie in N3 bzw. N3:N6 die folgende Formel ein:

N3: =INDEX(B3:K6;0;N2)

Bild 5.26 Kalenderwoche, ganze Spalte

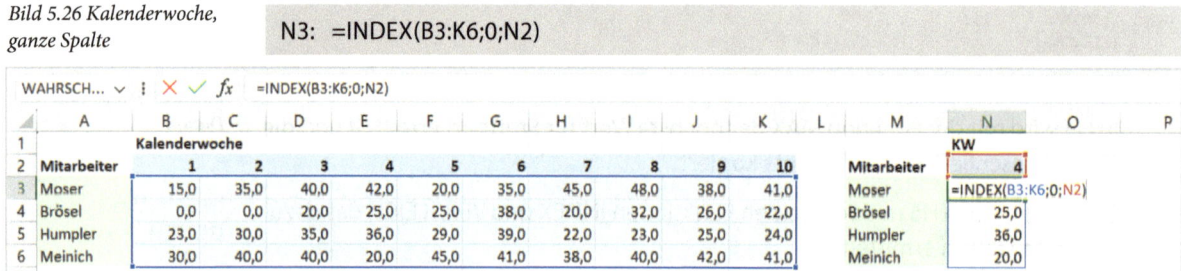

Umgekehrt könnten Sie auch eine ganze Zeile, hier die Stunden eines bestimmten Mitarbeiters, auslesen, dann geben Sie *Spaltenindex* 0 an, den Mitarbeiter müssten Sie entweder in der Funktion als Zeilenindex vorgeben, z. B. 2 für den Mitarbeiter Brösel, oder mit VERGLEICH ermitteln.

Alternative Lösung mit XVERWEIS

Diese Aufgabe lässt sich auch mit XVERWEIS lösen: Suchkriterium ist die Kalenderwoche oder der Name des Mitarbeiters, Suchmatrix je nach Kriterium die Kalenderwochen oder Mitarbeiternamen und Rückgabematrix der gesamte Bereich B3:K6. Die Formel in N3 lautet dann:

Bild 5.27 Alternative Lösung mit XVERWEIS

N3: =XVERWEIS(N2;B2:K2;B3:K3)

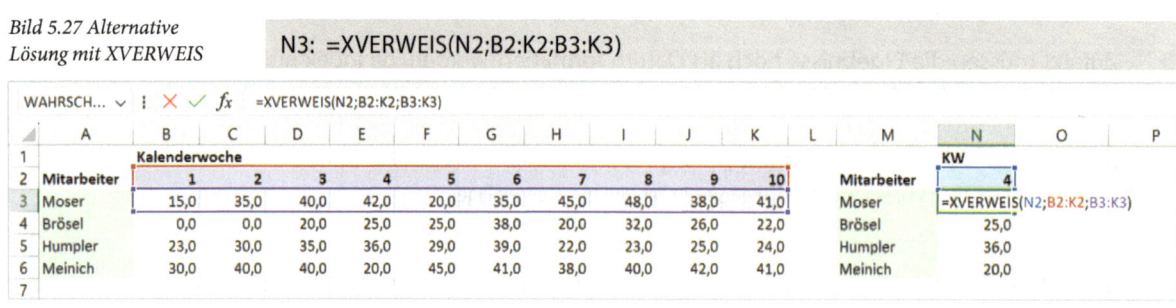

So funktioniert INDEX - eine Zusammenfassung

Die Funktion INDEX ist eine der flexibelsten Excel-Funktionen zum Durchsuchen von Tabellen und entsprechend zahlreich sind ihre Einsatzmöglichkeiten. Da allerdings IN-

DEX meist in Verbindung mit anderen Funktionen eingesetzt wird, kann die Formel auch komplex werden. Aus diesem Grund hier eine kurze Zusammenfassung.

`=INDEX(Matrix;Zeile;[Spalte])`

- *Matrix*: Zu durchsuchender Zellbereich. Dieser kann eine Zeile oder Spalte oder auch mehrere Zeilen und Spalten umfassen, wie im Bild unten C3:G6.
- *Zeile*: Legt fest, welche Zeile der Matrix durchsucht werden soll. 0 liefert den Inhalt der gesamten angegebenen Spalte ❶, im Bild unten Spalte 3 bzw. J3.
- *Spalte*: Gibt an, welche Spalte durchsucht werden soll. 0 gibt den Inhalt der gesamten angegebenen Zeile zurück ❷, im Bild ist dies Zeile 2 bzw. J2.

Eines der Argumente *Zeile* oder *Spalte* ist zwingend erforderlich. Werden beide Argumente angegeben, liefert INDEX den Wert am Schnittpunkt von *Zeile* und *Spalte* ❸.

Wenn INDEX einen Zellbereich zurückgeben soll, z.B. eine Zeile oder Spalte des Matrix, dann muss mit Excel 2019 und älter die Formel als Matrixformel eingegeben werden. Ausgabebereich markieren und Eingabe mit **Strg+Umschalt**+Eingabe abschließen.

Bild 5.28 Die Funktion INDEX

Hinweis: Die Zeilen- und Spaltennummern in Zeile 2 und Spalte B wurden nur zu Infozwecken eingefügt, haben aber für das Beispiel selbst keine Bedeutung.

Das Funktionsergebnis als Bezug verwenden

Das Ergebnis einer INDEX-Funktion ist stets ein Bezug und wird von anderen Formeln auch als solcher behandelt. Das bedeutet, im oben abgebildeten Beispiel liefert die Formel =INDEX(C3:G6;J2;J3) eigentlich den Bezug auf den Schnittpunkt, hier E4 und die Formel könnte auch lauten: =E4

Somit lässt sich INDEX auch einsetzen, um dynamische Zellbereiche zu erhalten. Hierzu ein einfaches Beispiel, das die Summe über die Zahlen in Spalte A berechnet und auch nachträglich hinzugekommene Zahlen automatisch berücksichtigt. Erste Zelle des Zellbereichs in der Funktion SUMME ist in diesem Beispiel A2 und die letzte, nicht leere Zelle wird mit INDEX und ANZAHL2 ermittelt. Die Formel in D2 lautet:

INDEX_Übersicht.xlsx

Bild 5.29 Bezug als Ergebnis der INDEX-Funktion

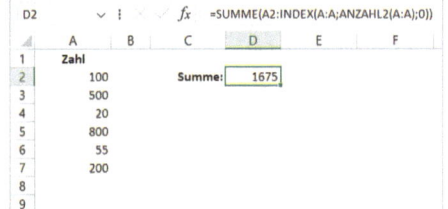

`D2: =SUMME(A2:INDEX(A:A;ANZAHL2(A:A);0))`

Zur Erklärung: Als *Matrix* der Funktion INDEX wird die gesamte Spalte A (A:A) angegeben. Als Argument *Zeile* benötigen wir die letzte nicht leere Tabellenzeile, diese wird durch die Funktion ANZAHL2 ermittelt und liefert hier das Ergebnis 7. Folglich gibt die Funktion INDEX den Bezug A7 zurück. Befinden sich oberhalb der Tabelle leere Zeilen, so müssen diese noch hinzuaddiert werden.

Ein weiteres Beispiel, wie Sie einen Bezug als Ergebnis der INDEX-Funktion nutzen, finden Sie weiter unten auf Seite 211.

Die Funktion INDEX als Bezugsversion

Ein weiteres, etwas ausführlicheres Beispiel finden Sie in der Downloaddatei INDEX_Übersicht.xlsx.

INDEX als Bezugversion wird benötigt, wenn statt einer Matrix mehrere nicht zusammenhängende Zellbereiche verwendet werden (*Bezug*). Diese müssen sich im selben Arbeitsblatt befinden und werden in Klammern zusammengefasst. Das Argument *Bereich* ist eine Zahl, die angibt, auf welchen Bezug Zeilenindex und Spaltenindex angewendet werden, 1=Bezug 1, usw..

=INDEX(Bezug;Zeile;[Spalte];[Bereich])

Beispiel: =INDEX((B3:C6;D3:E6;E3:F6);3;2;1) liefert den Bezug auf die Zelle C5 (Zeile 3, Spalte 2 aus Bereich 1 (B3:C6).

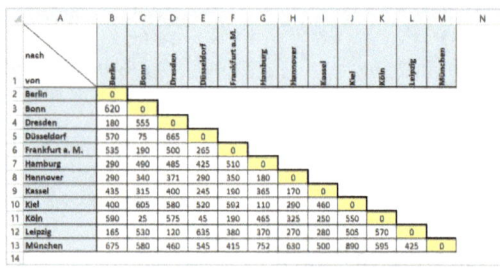

Beispiel: Werte aus einer Entfernungsmatrix auslesen

Als weiteres Beispiel für die Einsatzmöglichkeiten von INDEX und VERGLEICH die unten abgebildete Entfernungstabelle einiger deutscher Städte.

Entfernungstabelle vervollständigen

Bild 5.30 Entfernungstabelle

Entfernungstabelle.xlsx

In der Entfernungsmatrix fehlen noch die Entfernungsangaben oberhalb der Diagonalen. Da es egal ist, ob Sie beispielsweise von München nach Hamburg fahren oder umgekehrt, sind die Entfernungen dieselben wie im unteren Teil, allerdings gespiegelt, also Zeilen und Spalten vertauscht.

Um die vorhandenen Werte in den oberen Bereich zu übernehmen, setzen Sie die Funktion INDEX zusammen mit den Funktionen ZEILE und SPALTE ein, siehe Bild 5.30. Als Argument *Zeile* verwenden Sie die aktuelle Spalte und als Argument *Spalte* die aktuelle Zeile und die Formel in C2 lautet:

C2: =INDEX($A$1:$M$13;SPALTE();ZEILE())

Bild 5.31 Die fertige Entfernungsmatrix

E2: =INDEX($A$1:$M$13;SPALTE();ZEILE())

	A	B	C	D	E	F	G	H	I	J	K	L	M
1	von \ nach	Berlin	Bonn	Dresden	Düsseldorf	Frankfurt a.M.	Hamburg	Hannover	Kassel	Kiel	Köln	Leipzig	München
2	Berlin	0	620	180	570	535	290	290	435	400	590	165	675
3	Bonn	620	0	555	75	190	490	340	315	605	25	530	580
4	Dresden	180	555	0	665	500	485	371	400	580	575	120	460
5	Düsseldorf	570	75	665	0	265	425	290	245	520	45	635	545
6	Frankfurt a. M.	535	190	500	265	0	510	350	190	592	190	380	415
7	Hamburg	290	490	485	425	510	0	180	365	110	465	370	752
8	Hannover	290	340	371	290	350	180	0	170	290	325	270	630
9	Kassel	435	315	400	245	190	365	170	0	460	250	280	500
10	Kiel	400	605	580	520	592	110	290	460	0	550	505	890
11	Köln	590	25	575	45	190	465	325	250	550	0	570	595
12	Leipzig	165	530	120	635	380	370	270	280	505	570	0	425
13	München	675	580	460	545	415	752	630	500	890	595	425	0

Beachten Sie, dass die Funktionen SPALTE und ZEILE nicht die relative Position innerhalb der Matrix sondern die Zeilen- und Spaltennummer des Tabellenblatts liefern. Falls sich oberhalb der eigentlichen Matrix eine Überschrift befindet, müssen deren Zeilen von der ermittelten Zeile abgezogen werden.

Alternative: Spalten und Zeilen mit MTRANS oder ZUZEILE vertauschen

Alternativ könnten Sie auch Spalten und Zeilen vertauschen, in diesem Fall müssen Sie allerdings die Formel zeilenweise eingeben. Hierfür eignen sich die beiden Funktionen MTRANS und ZUZEILE. Beide geben die Werte einer Zeile in einer Spalte aus und entsprechen dem Befehl *Transponieren* beim Einfügen aus der Zwischenablage (*Einfügen ▶ Transponieren*).

Info: Mit MTRANS können auch die Werte einer Spalte als Zeile ausgegeben werden. Statt ZUZEILE erledigen Sie dies mit ZUSPALTE.

▶ **MTRANS**: Achtung, mit Excel 2019 oder älter, muss diese Funktion als Matrixformel eingegeben werden, d. h., Sie müssen den Bereich C2:M2 markieren und die Eingabe mit **Strg+Umschalt+Eingabetaste** abschließen. In D3 bzw. D3:M3 lautet die Funktion dann: =MTRANS(C4:C13) usw.

C2: =MTRANS(B3:B13)

▶ **ZUZEILE** (Microsoft 365): Mit ZUZEILE lautet die Formel in C2:

C2: =ZUZEILE(B3:B13;0;WAHR)

Aufgabe 1: Entfernung zwischen zwei Städten auslesen

Unterhalb der Entfernungstabelle soll nun die Entfernung zwischen den beiden Städten München und Hamburg ausgegeben werden. Dazu wird jeweils mit der Funktion VERGLEICH ermittelt, in welcher Zeile sich der Ausgangsort München und in welcher Spalte sich das Ziel Hamburg befindet. Zur besseren Nachvollziehbarkeit wurden diese im Bild unten gesondert ermittelt.

	A	B	C	D	E	F	G	H	I	J	K	L	M
11	Köln	590	25	575	45	190	465	325	250	550	0	570	595
12	Leipzig	165	530	120	635	380	370	270	280	505	570	0	425
13	München	675	580	460	545	415	752	630	500	890	595	425	0
14													
15	Von:		Zeile										
16	München		12	=VERGLEICH(A16;A2:A13)									
17													
18	Nach:		Spalte										
19	Hamburg		6	=VERGLEICH(A19;B1:M1)									
20													

Bild 5.32 Start und Ziel als Zeile und Spalte ermitteln

B16: =VERGLEICH(A16;A2:A13)   Ergebnis: 12

B19: =VERGLEICH(A19;B1:M1)   Ergebnis: 6

Diese beiden Ergebnisse brauchen Sie anschließend nur in die Funktion INDEX einsetzen, um das gewünschte Ergebnis zu erhalten:

=INDEX(A2:M13;B16;B19)

Wenn Sie statt der Zwischenberechnungen die Funktionen in einer einzigen Formel zusammenfassen, dann lautet diese wie unten. **Achtung**: Die Matrixbezüge müssen in allen Funktionen identisch sein.

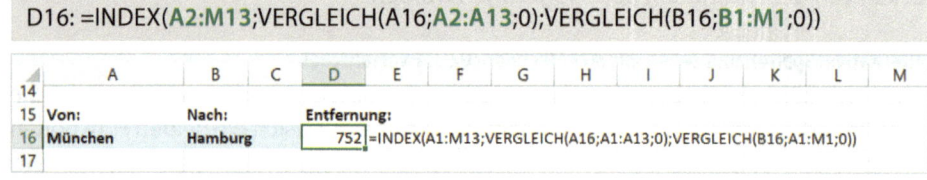

Bild 5.33 Entfernung in einer einzigen Formel zusammenfassen

Tipp: Start und Ziel auswählen statt eingeben

Um die Sache zu vereinfachen, können Ausgangsort und Ziel auch als Auswahlfelder gestaltet werden. Theoretisch könnten Sie dazu die Gültigkeitsprüfung in Verbindung mit der Auswahl aus einer Liste einsetzen. Noch besser eignet sich in diesem Fall aber das Formularsteuerelement Kombinationsfeld, da dieses auch gleich die Position des ausgewählten Werts und damit die Argumente für die Funktion INDEX liefert.

1 Dazu fügen Sie zunächst zwei Kombinationsfelder ein: Register *Entwicklertools* ▸ *Steuerelemente* ▸ *Einfügen* ▸ *Formularsteuerelemente* ▸ *Kombinationsfeld*.

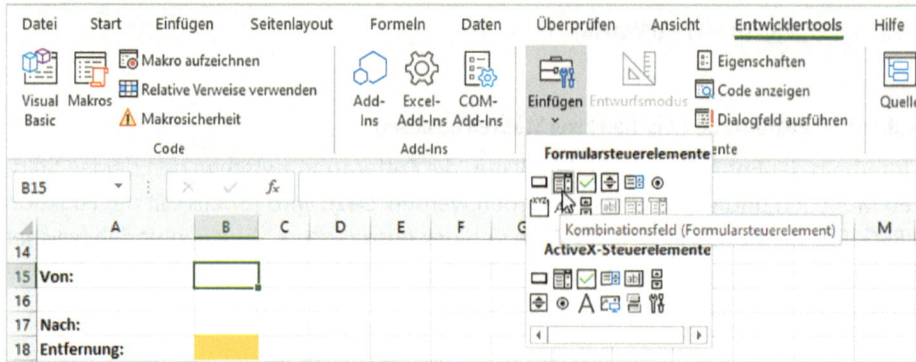

Bild 5.34 Kombinationsfeld einfügen

Register *Entwicklertools* einblenden und Steuerelemente einfügen, s. Kap. 2.5.

2 Ziehen Sie dann mit der Maus nacheinander die beiden Kombinationsfelder an der gewünschten Stelle auf. **Tipp**: Halten Sie die **Alt**-Taste gedrückt, um das Kombinationsfeld exakt in die Zellen einzupassen.

3 Klicken Sie dann mit der rechten Maustaste in das erste Kombinationsfeld (Von:) und auf *Steuerelement formatieren*....

Eingabebereich ist die Spalte mit den auszuwählenden Städten, also A2:A13. Als Zellverknüpfung geben Sie die Zelle rechts vom Kombinationsfeld an, hier E15. Genauso verfahren Sie mit dem zweiten Kombinationsfeld. **Achtung**: Kombinationsfelder lassen als Eingabebereich nur Text in Zeilen untereinander zu, dies ist in unserem Fall jedoch kein Problem, da in der Entfernungsmatrix die Reihenfolge der Städte identisch ist. Geben Sie also auch hier wieder als Eingabebereich A2:A13 an und als Zellverknüpfung E17.

5 | Tabellen mit INDEX und VERGLEICH/XVERGLEICH durchsuchen

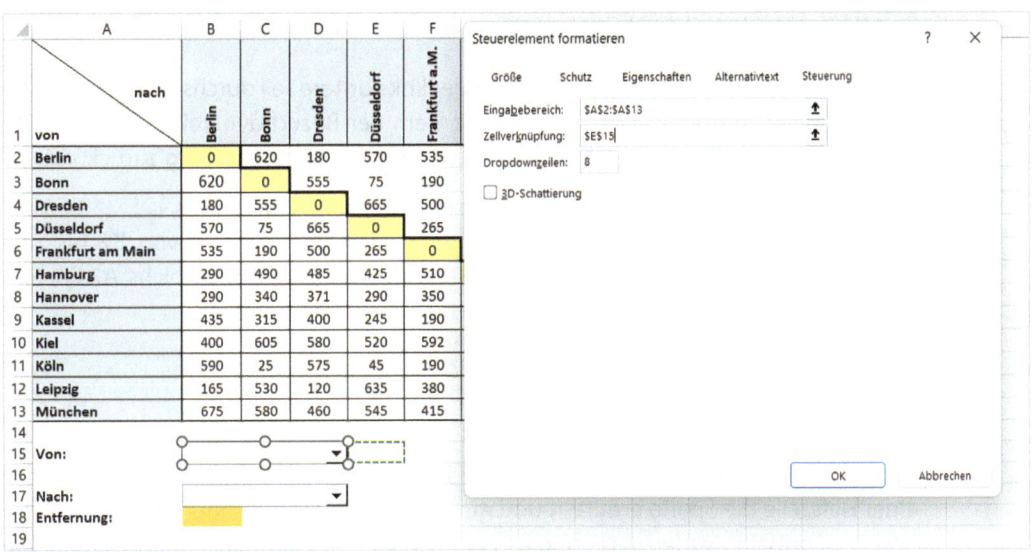

Bild 5.35 Steuerelement formatieren

4 Anschließend können Sie die Entfernung mit INDEX ermitteln, als *Zeile* geben Sie die Zellverknüpfung des ersten und als *Spalte* die Zellverknüpfung des zweiten Kombinationsfelds an. **Achtung**: Matrix ist in diesem Fall B2:M13!

```
B18: =INDEX(B2:M13;E15;E17)
```

	A	B	C	D	E	F	G	H	I	J	K	L	M
14													
15	Von:	München			12								
16													
17	Nach:	Hamburg			6								
18	Entfernung:	752											
19													

Bild 5.36 Start und Ziel über Kombinationsfeld auswählen

Tipp Zahlen ausblenden: Falls Sie die Zahlen in E15 und E17 als störend empfinden, formatieren Sie die Schrift am einfachsten in der Farbe des Tabellenhintergrunds, z. B. Weiß. Oder formatieren Sie die Zellen mit dem benutzerdefinierten Zahlenformat ;;;

Aufgabe 2: Die beiden Städte mit der maximalen Entfernung aus der Tabelle ermitteln

Man kann die Aufgabenstellung auch umkehren und die Entfernungsmatrix z. B. nach der größten oder kleinsten Entfernung zwischen zwei Städten durchsuchen. Auch hierzu sind mehrere Funktionen erforderlich, die wir Schritt für Schritt betrachten.

1. Schritt: Größte Entfernung ermitteln
Die größte Entfernung ist schnell mit der Funktion MAX gefunden (Bild 5.38):

```
B16: =MAX(B2:M13)
```

2. Schritt: Position des größten Werts finden
Um die Position des gesuchten Werts zu ermitteln, setzen wir die Funktion ZÄHLENWENN ein. Suchkriterium ist der größte Wert, hier in B16, komplizierter ist dagegen die Bestimmung der Matrix, d. h. des Bereichs der durchsucht werden soll.

Bild 5.37 Beispiele INDEX Bezug als Ergebnis verwenden

=ZÄHLENWENN(Bereich;Suchkriterium)

Da jeder Wert zweimal vorkommt, soll nur der linke untere Teil durchsucht werden. Um Zeile für Zeile zu durchsuchen, muss außerdem der Bezug dynamisch sein, dies erreicht man mit der Funktion INDEX (s. Seite 207), da diese einen Bezug zurückgibt.

Exkurs: So liefert z. B. in Bild 5.37 der Ausdruck B2:INDEX(A2:C6;4;3) innerhalb der Funktion SUMME den Bereich von B2 bis zum Schnittpunkt von Zeile 4 mit Spalte 3 des Bereichs A2:C6, also B2:C5, im Bild gelb hervorgehoben.

F1: =SUMME(B2:INDEX(A2:C6;4;3))

	A	B	C	D	E	F
1	Zahl 1	Zahl 2	Zahl 3		Summe Bezug	104
2	100	7	10			
3	200	5	15			
4	300	9	30			
5	400	3	25			
6	500	2	40			

Bereich mit INDEX festlegen

Im Bild unten wird mit ZÄHLENWENN und INDEX in einer Hilfsspalte die Zeile und in einer Hilfszeile die Spalte ermittelt und mit der bedingten Formatierung hervorgehoben. Die Formeln werden in N2 und B14 eingegeben und können kopiert werden. Damit erhalten Sie in Spalte J und in Zeile 13 jeweils das Ergebnis 1.

Das Argument Zeile wird mit der Funktion ZEILE ermittelt. Diese setzen wir auch als Spalte ein, da die Anzahl Zeilen und Spalten identisch sind.

Hilfsspalte in N2: =ZÄHLENWENN(B2:INDEX($A$1:$M$13;ZEILE();ZEILE());$B$16)

Hilfszeile in B14: =ZÄHLENWENN(INDEX($A$1:$M$13;SPALTE();SPALTE()):B13;$B$16)

Bild 5.38 Position in einer Hilfsspalte und Hilfszeile ermitteln

Ein zweites Beispiel, wie Sie eine Matrix nach einem bestimmten Wert durchsuchen, finden Sie auf Seite 246.

	A	B	C	D	E	F	G	H	I	J	K	L	M	N
	nach → von ↓	Berlin	Bonn	Dresden	Düsseldorf	Frankfurt a.M.	Hamburg	Hannover	Kassel	Kiel	Köln	Leipzig	München	Hilfsspalte
2	Berlin	0	620	180	570	535	290	290	435	400	590	165	675	0
3	Bonn	620	0	555	75	190	490	340	315	605	25	530	580	0
4	Dresden	180	555	0	665	500	485	371	400	580	575	120	460	0
5	Düsseldorf	570	75	665	0	265	425	290	245	520	45	635	545	0
6	Frankfurt a. M	535	190	500	265	0	510	350	190	592	190	380	415	0
7	Hamburg	290	490	485	425	510	0	180	365	110	465	370	752	0
8	Hannover	290	340	371	290	350	180	0	170	290	325	270	630	0
9	Kassel	435	315	400	245	190	365	170	0	460	250	280	500	0
10	Kiel	400	605	580	520	592	110	290	460	0	550	505	890	0
11	Köln	590	25	575	45	190	465	325	250	550	0	570	595	0
12	Leipzig	165	530	120	635	380	370	270	280	505	570	0	425	0
13	München	675	580	460	545	415	752	630	500	890	595	425	0	1
14	Hilfszeile	0	0	0	0	0	0	0	0	1	0	0	0	
15														
16	Grösste Entfernung:				890									
17	Ausgangsort													
18	Zielort													

3. Schritt: Dazugehörigen Ort ermitteln

Anhand der Hilfsspalte kann nun der Ausgangsort und über die Hilfszeile der Zielort mit folgenden Formeln ausgelesen werden:

Ausgangsort B17:   =INDEX(A2:A13;VERGLEICH(1;N2:N13;0);1)

Zielort B18:   =INDEX(B1:M1;1;VERGLEICH(1;B14:M14;0))

	A	B	C	D	E	F	G	H	I	J	K	L	M	N	O
11	Köln	590	25	575	45	190	465	325	250	550	0	570	595	0	
12	Leipzig	165	530	120	635	380	370	270	280	505	570	0	425	0	
13	München	675	580	460	545	415	752	630	500	890	595	425	0	1	
14	Hilfszeile	0	0	0	0	0	0	0	0	1	0	0	0		
15															
16	Grösste Entfernung:	890													
17	Ausgangsort	München													
18	Zielort	Kiel													

Zelle B18: `=INDEX(B1:M1;1;VERGLEICH(1;B14:M14;0))`

Bild 5.39 Ausgangsort und Zielort auslesen

Die Funktion WAHL

Die Funktion WAHL haben Sie eventuell in Verbindung mit SVERWEIS und zwei Suchkriterien bereits kennengelernt. WAHL ermittelt einen Wert anhand seiner Position (Index) aus einer Liste von Werten (Wert1; Wert2;...). Diese werden im Gegensatz zu INDEX als Wertliste angegeben.

Siehe Beispiel SVERWEIS mit zwei Suchkriterien auf Seite 193.

```
=WAHL(Index;Wert1;[Wert2];...)
```

- *Index* ist eine ganze Zahl zwischen 1 und 254.
- Die *Werte* können Zellbezüge sein oder direkt eingegeben werden (Bild 5.40).

Beispiel: Auf welchen Wochentag fällt Weihnachten?

Zur Verdeutlichung ein einfaches Beispiel das ermittelt, auf welchen Wochentag ein bestimmtes Datum, hier der 24. Dezember des jeweiligen Jahres fällt. Der Indexwert des jeweiligen Wochentags von 1 bis 7 wird mit der Funktion WOCHENTAG aus dem Datum ermittelt, diese liefert den Wochentag als Zahl. Die Wochentage selbst (Montag, Dienstag, usw.) werden als Argumente *Wert1*, *Wert2*, ... eingegeben, könnten aber auch Zellbezüge sein. Die vollständige Funktion in B4:

Achtung: Zellbezüge als Wert1; Wert2, ... müssen mit Semikolon getrennt angegeben werden!

```
B4: =WAHL(WOCHENTAG(A4;2)"Montag";"Dienstag";"Mittwoch";"Donnerstag";
"Freitag";"Samstag";"Sonntag")
```

	A	B	C
1	Wochentage Weihnachten		
2			
3		Wochentag	
4	24.12.2019	=WAHL(WOCHENTAG(A4;2);"Montag";"Dienstag";"Mittwoch";"Donnerstag";"Freitag";"Samstag";"Sonntag")	
5	24.12.2020	Donnerstag	
6	24.12.2021	Freitag	
7	24.12.2022	Samstag	
8	24.12.2023	Sonntag	
9	24.12.2024	Dienstag	
10	24.12.2025	Mittwoch	
11	24.12.2026	Donnerstag	

Bild 5.40 Wochentag Weihnachten

WAHL.xlsx

5.3 Zelladressen ermitteln

Im Gegensatz zu beispielsweise VERGLEICH ermitteln die nachfolgenden Funktionen nicht die relative Position innerhalb einer Matrix, sondern die Adresse im Tabellenblatt. Sie werden daher in der Regel nicht als eigenständige Funktionen sondern als Ergänzung in anderen Funktionen eingesetzt.

ZEILE / SPALTE und ZEILEN / SPALTEN

Die Funktionen ZEILE und SPALTE liefern als Ergebnis die Zeilen- bzw. Spaltennummer des angegebenen Bezugs als Zahl. **Achtung:** Auch die Spalte wird als Zahl und nicht mit dem Spaltenbuchstaben zurückgegeben. ZEILEN und SPALTEN ermitteln dagegen, wie viele Zeilen oder Spalten der angegebene Zellbereich umfasst. Der Aufbau dieser Funktionen ist immer gleich.

Funktion	Beschreibung	Beispiel
ZEILE(Bezug)	Gibt die Zeilennummer des angegebenen Zellbezugs zurück. Wenn kein Bezug angegeben ist, wird die Zeilennummer der aktuellen Zelle, in der sich die Funktion befindet, ausgegeben.	ZEILE(A8) = 8
SPALTE(Bezug)	Gibt die Spaltennummer des angegebenen Zellbezugs zurück. Wenn kein Bezug angegeben wird, liefert SPALTE die Nummer der aktuellen Spalte, in der sich die Funktion befindet.	SPALTE(A8) = 1
ZEILEN(Bezug)	Liefert die Anzahl der Zeilen des angegebenen Zellbereichs	ZEILEN(A1:C10) = 10
SPALTEN(Bezug)	Liefert die Anzahl der Spalten des angegebenen Zellbereichs	SPALTEN(A1:C10) = 3

ZEILE_SPALTE.xlsx

Hier zwei Beispiele: In Bild 5.41 wird in A2 die Zeilen- und in B2 die Spaltennummer der rot hervorgehobenen Zelle D3 ermittelt und in Bild 5.42 die Anzahl der Zeilen und Spalten. Die dazugehörige Funktion sehen Sie jeweils unterhalb.

Bild 5.41 Zeilen- und Spaltennummer

	A	B	C	D	E	F	G	H	I
1	Zeile	Spalte							
2	3	4							
3	=ZEILE(D3)	=SPALTE(D3)							
4									

Bild 5.42 Anzahl Zeilen und Spalten eines Bereichs

	A	B	C	D	E	F	G	H	I	J
1	Beispieltabelle							Zeilen	Spalten	
2								11	6	
3	Kundennr.	Nachname	Vorname	PLZ	Ort	Land		=ZEILEN(A3:F13)	=SPALTEN(A3:F13)	
4	450	Meister	Jürgen	55129	Mainz	DE				
5	452	Klug	Otto	16818	Langen	DE				
6	453	Humpler	Emil	94315	Straubing	DE				
7	454	Schräg	Sabine	94032	Passau	DE				
8	455	Kabelschacht	Alfred	78464	Konstanz	DE				
9	457	Einstein	Jaqueline	24107	Kiel	DE				
10	459	Mumpitz	Nadine	82223	Eichenau	DE				
11	460	Norgel	Philipp	93078	Pentling	DE				
12	462	Waldner	Alois	2340	Mödling	AT				
13	463	Brösel	Anna	4020	Linz	AT				
14										

Tipp: Formatieren Sie den Zellbereich als Tabelle, dann passt sich beim Hinzufügen weiterer Zeilen und Spalten der Zellbereich und damit auch das Ergebnis der beiden Funktionen automatisch an.

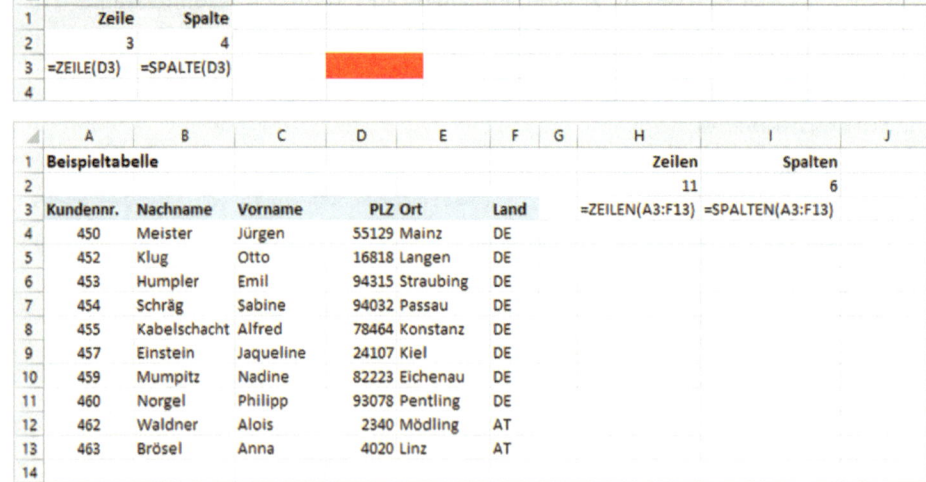

Weitere Beispiele

Die Zeilennummer der aktuellen Zeile:

A10:   =ZEILE()   Ergebnis: 10

Nummer der Spalte Z:

A11:   =SPALTE(Z:Z)   Ergebnis: 26

Anzahl der Spalten des Tabellenblatts:

A12:   =SPALTEN(1:1)   Ergebnis: 16.384   (Spalten A:XFD)

Variable Zellbezüge mit INDIREKT

Wenn Sie in einer Formel auf den Inhalt einer bestimmten Zelle zugreifen, dann verwenden Sie vermutlich einen Zellbezug in der Schreibweise A1, also Spalte und Zeile oder $A$1. Befindet sich die Zelle in einem anderen Arbeitsblatt, dann setzen Sie noch den Blattnamen, gefolgt von einem Ausrufezeichen davor, z. B. Tabelle1!A1. Um also z. B. in D3 den Inhalt der Zelle A3 anzuzeigen, genügt die einfache Formel =A3.

Manchmal muss aber die Zelladresse variabel sein und z. B. berechnet oder aus anderen Zellen abgeleitet und zusammengesetzt werden. Dann kommt die Funktion INDIREKT zum Einsatz, die Syntax:

=INDIREKT(Bezug;[A1]

- *Bezug* gibt die Zelle an.
- Der optionale Parameter *A1* legt die Schreibweise fest: WAHR oder keine Angabe steht für die gewohnte Schreibweise A1 (Spalte, Zeile), während mit FALSCH auch die Schreibweise Zeile, Spalte (Z1,S1) verwendet werden kann.

Als Ergebnis erhalten Sie den Inhalt der unter *Bezug* angegebenen Zelle. Beachten Sie, dass in der Schreibweise A1 die Spalte als Buchstabe angegeben werden muss.

Falls die Spalte als Zahl vorliegt, verwenden Sie die Funktion ADRESSE.

Ein einfaches Beispiel

Im Bild unten soll in E4 der Lagerbestand eines bestimmten Artikels ermittelt werden. Die Spalte befindet sich in E2 und die Zeilennummer in E3. Mit INDIREKT setzen Sie nun in E4 den Zellbezug aus den Inhalten der Zellen E2 und E3 mit folgendem Ausdruck zusammen: E2&E3 und erhalten als Ergebnis den Inhalt der Zelle B5.

	A	B	C	D	E	F	G	H
1								
2	**Artikel**	**Lagerbestand**		Spalte	B			
3	Gartenzwerg	500		Zeile	5			
4	Zierkugeln	1.800		Lagerbestand	120	=INDIREKT(E2&E3)		
5	Vogelhäuschen	120						
6	Vogeltränke	290						
7	Budha klein	20						
8	Budha mittel	120						

Bild 5.43 Mit INDIREKT Zellbezug aus Zellinhalten erzeugen

INDIREKT_1.xlsx

Weitere Beispiele

Im Bild unten einige Beispiele, etwa um den Inhalt der letzten nicht leeren Zelle in Spalte A auszugeben. Beachten Sie, dass bei Einbeziehung des Tabellennamens wie in C5 Tabellenname und Zellbezug mit ! getrennt werden.

Bild 5.44 Beispiele INDIREKT

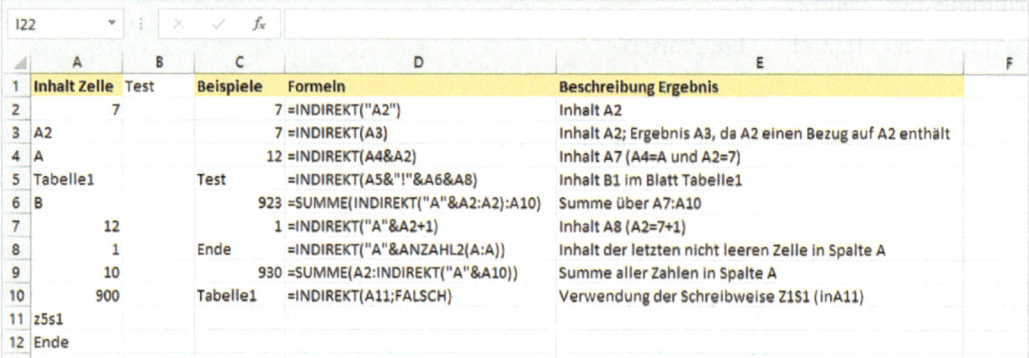

Variabler Zugriff auf Arbeitsblätter

INDIREKT erlaubt auch variablen Zugriff auf andere Arbeitsblätter. Voraussetzung: Die benötigten Werte müssen sich in jedem Tabellenblatt in denselben Zellen befinden. Bezüge auf andere Arbeitsmappen werden außerdem nur korrekt angezeigt, wenn diese geöffnet sind, andernfalls liefert INDIREKT den Fehlerwert #BEZUG. Dies gilt auch für nicht vorhandene Tabellenblätter.

Beispiel: Monatliche Einnahmen und Ausgaben in einer Gesamtübersicht zusammenfassen

INDIREKT_2.xlsx

Als Beispiel eine Zusammenfassung der monatlichen Einnahmen und Ausgaben. Diese wurden nach Monaten getrennt in Tabellenblättern erfasst; für jeden Monat existiert also ein gleichnamiges Tabellenblatt, die Tabellen selbst sind identisch aufgebaut. Als Beispiel in Bild 5.45 die Einnahmen und Ausgaben im Monat Januar. Nun sollen in einem zusätzlichen Tabellenblatt mit dem Namen *Gesamtübersicht* (Bild 5.46) die monatlichen Summen über Einnahmen und Ausgaben berechnet werden. Statt die Summen für jeden Monat einzeln zu berechnen, lässt sich dies mit INDIREKT jeweils für die Einnahmen und Ausgaben mit einer einzigen Formel erledigen.

Bild 5.45 Einnahmen und Ausgaben Januar

Bild 5.46 Das Blatt Gesamtübersicht

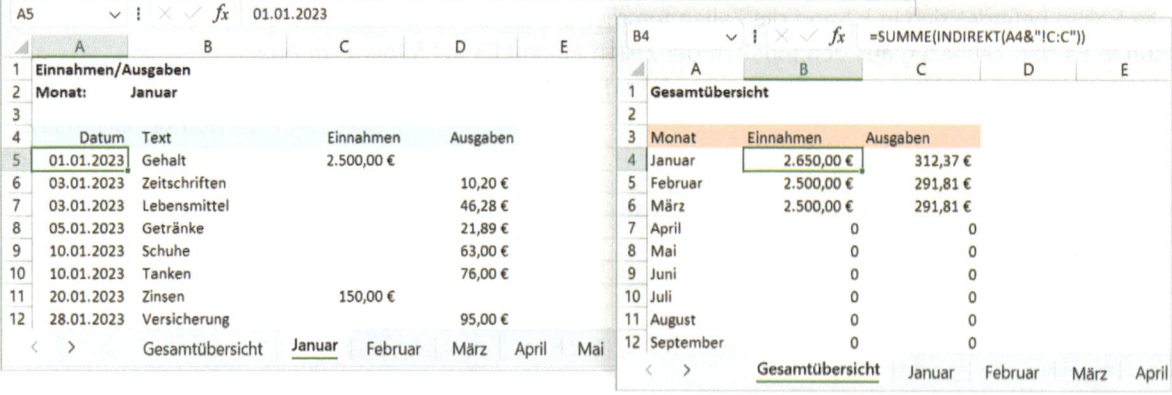

Würden Sie jeden Monat einzeln berechnen, dann würde die Formel für die Einnahmen des Monats Januar lauten: =SUMME(Januar!C:C). Da aber im Blatt *Gesamtübersicht* der Name des Tabellenblatts mit dem Monat in Spalte A identisch ist, ersetzen Sie den Blattnamen bei der Berechnung der Summe einfach durch die Funktion INDIREKT und verketten die Zelladresse mit dem benötigten Zellbereich, C:C (Einnahmen) bzw. D:D (Ausgaben). **Achtung**: Da Excel Blattname und Zellbezug mit ! trennt, ist außerdem noch ein Ausrufezeichen erforderlich. Die Funktionen in B4 und C4 lauten also:

B4: =SUMME(INDIREKT(A4&"!C:C"))   C4: =SUMME(INDIREKT(A4&"!D:D"))

Zelladresse mit ADRESSE in der Schreibweise A1 ausgeben

Die Funktion ADRESSE liefert aus Zeilen- und Spaltennummer einen Zellbezug als Zeichenfolge, z. B. A1. Wird der Inhalt der, auf diese Weise ermittelten Zelle benötigt, so kann die Zelladresse an die Funktion INDIREKT übergeben werden. Dadurch lassen sich umständliche und fehleranfällige Verkettungen vermeiden. Die Syntax:

=ADRESSE(Zeile;Spalte;[Abs];[A1];[Tabellenname])

Argument	Beschreibung
Zeile	Numerischer Wert, der die Zeile festlegt. Kann direkt oder als Bezug eingegeben oder z. B. mit der Funktion ZEILE ermittelt werden.
Spalte	Numerischer Wert, der die Spalte festlegt, siehe Argument Zeile.
Abs	Legt den Bezugstyp fest: - 1 oder keine Angabe: absoluter (unveränderlicher) Zellbezug, z. B. $A$1. - 2 = Zeile fest, Spalte relativ, z. B. $A1. - 3 = Zeile relativ, Spalte fest, z. B. A$1. - 4 = relativer Bezug
Tabellenname	Optional, Name des Arbeitsblatts. Wird dieser weggelassen, gilt der Bezug für das aktuelle Tabellenblatt.

Hier einige Beispiele, in denen jeweils die Adresse der letzten nicht leeren Zelle einer Spalte, hier Spalte A, und die Adresse der letzten Tabellenzelle ermittelt wird. Zusammen mit INDIREKT wird der Inhalt der jeweiligen Zelle ausgegeben.

Bild 5.47 Beispiel ADRESSE und INDIREKT

	A	B	C	D	E	F	G
1	Beispieltabelle				Adresse letzte Zelle in Spalte A	A8	=ADRESSE(ZEILEN(A3:A8)+2;1;4)
2					Inhalt letzte Zelle in Spalte A	Moritz	=INDIREKT(ADRESSE(ZEILEN(A3:A8)+2;1;4))
3	Otto	100	Äpfel		Adresse letzte Tabellenzelle	C8	=ADRESSE(ZEILEN(A3:C8)+2;SPALTEN(A3:C8);4)
4	Emil	200	Birnen		Inhalt letzte Tabellenzelle	Kiwi	=INDIREKT(ADRESSE(ZEILEN(A3:C8)+2;SPALTEN(A3:C8);4))
5	Sabine	300	Kartoffeln		Adresse der aktuellen Zelle	F5	=ADRESSE(ZEILE();SPALTE();4)
6	Julia	400	Zitronen				
7	Max	500	Bananen				
8	Moritz	600	Kiwi				
9							

Beispiel: Zugriff auf Arbeitsblätter mit INDIREKT und ADRESSE

Zur Verdeutlichung ein einfaches Beispiel: Im Blatt *Auswertung* soll für die Monate Januar bis März eine Auswertung über die Verkaufszahlen der einzelnen Verkaufsbezirke zusammengestellt werden. In Bild 5.48 als Beispiel das Blatt *Nord*, die übrigen Blätter *Mitte* und *Süd* sind identisch aufgebaut. Aus diesen Blättern sollen jeweils die Summen in die Auswertung (Bild 5.49) übernommen werden.

Die Adresse der ersten Summe (Verkaufsbezirk Nord, Januar) lässt sich in B4 des Auswertungsblatts (s. Bild 5.49) mit der folgenden Formel ermitteln:

B4: =ADRESSE(8;SPALTE();4;1;$A4)   Ergebnis: Nord!B8

Bild 5.48 Beispiel Tabellenblatt Nord

Bild 5.49 Blatt Auswertung

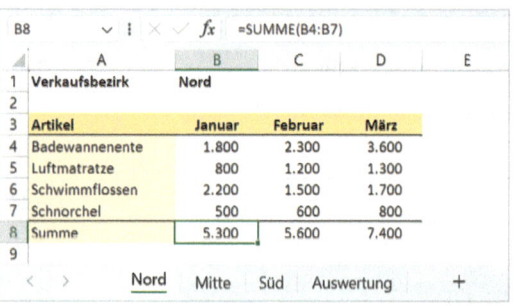
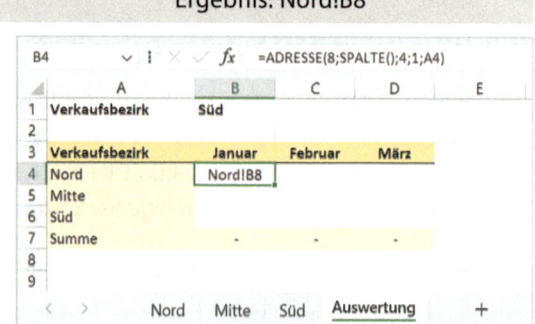

INDIREKT_3.xlsx

Erklärung: Wenn sich die Summen stets in derselben Zeile befinden, hier in Zeile 8, dann kann diese direkt eingegeben werden. *Spalte* ist immer die aktuelle Spalte bzw. die Spalte des jeweiligen Monats, diese wird mit *SPALTE()* ohne Bezugsangabe ermittelt. Zum Kopieren sind relative Zellbezüge erforderlich, daher 4 als Argument *Abs* und der Name der jeweiligen Tabelle befindet sich immer in Spalte A, also $A4.

Um statt der Zelladresse deren Inhalt zu erhalten, benötigen wir noch die Funktion INDIREKT. Die endgültige Formel in B4 lautet dann wie folgt, diese kann problemlos nach rechts und nach unten kopiert werden:

Bild 5.50 Arbeitsblattübergreifender Zugriff mit ADRESSE und INDIREKT

B4: =INDIREKT(ADRESSE(8;SPALTE();4;1;$A4))

Variable Zellbereiche mit BEREICH.VERSCHIEBEN

Sie kennen sicher das folgende Problem: Sie möchten mit einer Funktion eine Liste auswerten, allerdings soll der Zellbereich dynamisch sein, also automatisch um nachträglich am Ende der Liste angefügte Zeilen erweitert werden. Eine einfache Lösung dieses Problems sind dynamische Tabellenbereiche, die Sie über das Menüband, Register *Einfügen* ▶ *Tabelle* erstellen. Wo dies nicht möglich ist, z. B. in Formeln, bietet sich als Alternative die Funktion BEREICH.VERSCHIEBEN an, damit Sie den Datenbereich nicht nach jeder Änderung manuell anpassen müssen.

BEREICH.VERSCHIEBEN verschiebt und/oder vergrößert einen Zellbereich um die angegebene Anzahl Spalten und/oder Zeilen und liefert als Ergebnis einen Zellbereich. Die Funktion eignet sich als Argument überall dort, wo Sie Bezüge auf Zellbereiche benötigen, deren Größe variabel ist, und kann in vielen Fällen die oben beschriebenen Funktionen ZEILEN, SPALTEN, INDIREKT und ADRESSE ersetzen. Die Syntax:

Info: Um nur einen Teil aus einer Tabelle zu übernehmen, können auch noch die Funktionen FILTER und ÜBERNEHMEN interessant sein.

Auch die Funktion INDEX kann unter Umständen eine hilfreiche Alternative sein.

=BEREICH.VERSCHIEBEN(Bezug;Zeilen;Spalten;[Höhe];[Breite])

Argument	Beschreibung
Bezug	Bezug gibt den Ausgangspunkt des zu verschiebenden Bereichs an, hier genügt die linke obere Ecke des Zellbereichs.
Zeilen	Anzahl der Zeilen, um die der Bezug nach unten verschoben werden soll, negative Werte verschieben den Bereich nach oben.
Spalten	Anzahl der Spalten, um die der Bezug nach rechts verschoben werden soll, negative Angaben verschieben nach links.
Höhe	Optional, die Anzahl der Zeilen des neuen Bereichs; wenn nichts angegeben ist, wird die ursprüngliche Höhe verwendet.
Breite	Optional, die Anzahl der Spalten des neuen Bereichs; wenn nichts angegeben ist, wird die ursprüngliche Breite verwendet.

> **Achtung Matrixformel!**
> BEREICH.VERSCHIEBEN liefert als Ergebnis einen Zellbereich. Excel 2021 und Microsoft 365 erweitern den Ausgabe- bzw. Überlaufbereich automatisch, während Sie mit älteren Excel-Versionen vorher den gesamten Ausgabebereich markieren und die Eingabe der Funktion mit Strg+Umschalt+Eingabe abschließen müssen.

Hinweis: Eine komfortable Alternative kann in manchen Fällen auch die Funktion ÜBERNEHMEN sein, vorausgesetzt Sie verfügen über Microsoft 365, s. Seite 232.

Beispiel 1: Ausschnitt aus einer Tabelle

Hier ein einfaches Beispiel zur Verdeutlichung der Funktionsweise von BEREICH.VERSCHIEBEN. Aus einer Tabelle (Bild 5.51) soll ein bestimmter Zellbereich, hier A6:C7 an anderer Stelle, hier ab E1, angezeigt werden.

Bild 5.51 Zellbereich aus Tabelle mit BEREICH.VERSCHIEBEN

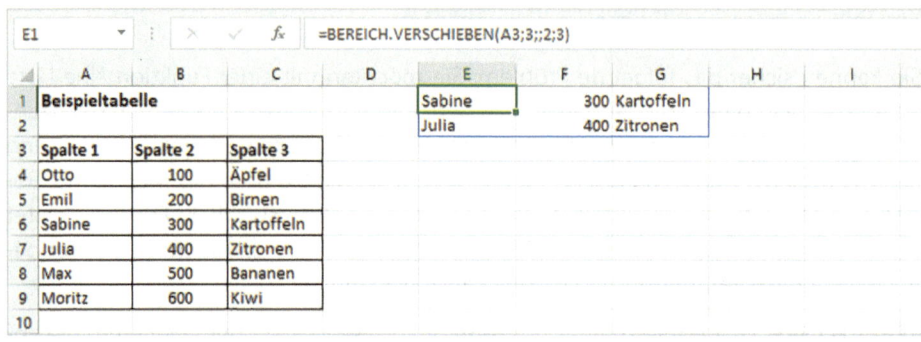

BEREICH.VERSCHIEBEN.xlsx

Dazu geben Sie in E1 die folgende Formel ein, mit Excel 2019 und älter müssen Sie zuvor den Bereich E1:G2 markieren und die Formeleingabe mit **Strg+Umschalt+Eingabe** abschließen.

E1: =BEREICH.VERSCHIEBEN(A3;3;;2;3)

- Als *Bezug* kann theoretisch jede beliebige Zelle des Tabellenbereichs angegeben werden. In der Praxis ist der Bezug auf die obere linke Ecke der Tabelle am einfachsten nachvollziehbar, also geben Sie in diesem Beispiel A3 an.
- Der Bezug soll um 3 *Zeilen* nach unten verschoben werden.
- Die *Spalten* werden beibehalten, also geben Sie hier 0 ein oder lassen das Argument *Spalten* leer, in diesem Fall muss das Semikolon trotzdem angegeben werden.
- Da 2 Zeilen aus der Tabelle benötigt werden, beträgt die neue *Höhe* 2.
- Als *Breite* geben Sie 3 (Spalten) an.

Beispiel 2: Börsenkurse auswerten

In einer Tabelle werden die Börsenkurse täglich aktualisiert, es kommen also jeden Tag am Ende der Tabelle neue Werte hinzu (Bild 5.52). Der Mittelwert in D4 soll aber immer nur für die letzten Tage berechnet werden, deren Anzahl wird in E3 angegeben. Zur Lösung der Aufgabe setzen Sie in der Funktion MITTELWERT anstelle eines festen Zellbereichs die Funktion BEREICH.VERSCHIEBEN ein.

Geben Sie die nachfolgende Formel in D4 ein und testen Sie anschließend, was passiert, wenn Sie am Ende der Tabelle weitere Zeilen mit beliebigen Kursen eingeben oder die Anzahl der Tage in E3 ändern.

D4: =MITTELWERT(BEREICH.VERSCHIEBEN(B4;ANZAHL(B:B)-E3;0;E3;1))

- *Bezug* ist die linke obere Ecke des zu verschiebenden Bereichs, hier B4.
- Nun benötigen Sie die Anzahl der Zeilen, um die der Bezug nach unten verschoben werden soll. Dazu ermitteln Sie mit der Funktion ANZAHL zunächst die Anzahl der nicht leeren Zellen im angegebenen Bereich. Da ANZAHL ausschließlich Zahlen berücksichtigt, kann als Bereich die gesamte Spalte B (B:B)

angegeben werden. Allerdings werden nur die letzten fünf Werte des Zellbereichs benötigt, Sie müssen also vom Ergebnis noch 5 Zeilen bzw. den Inhalt von E3 abziehen.

- Da der Bereich ausschließlich um Zeilen nach unten verschoben wird, kann das Argument *Spalten* entweder leer bleiben oder Sie geben 0 an.
- Die *Höhe* des neuen Bereichs befindet sich in E3 und als *Breite* geben Sie 1 an.

D4 · fx =MITTELWERT(BEREICH.VERSCHIEBEN(B4;ANZAHL(B:B)-E3;0;E3;1))

	A	B	C	D	E	F
1	Börsenkurse der XY AG					
2						
3	Datum	Kurs (€)		Mittelwert der letzen	5	Tage
4	01.01.	12,456		9,4848		
5	02.01.	12,569				
6	03.01.	11,974				
7	04.01.	10,216				
8	05.01.	9,205				
9	06.01.	10,115				
10	07.01.	11,126				
11	08.01.	10,978				
12	09.01.	9,321				
13	10.01.	9,568				
14	11.01.	9,881				
15	12.01.	8,945				
16	13.01.	9,135				
17	14.01.	9,870				
18	15.01.	10,020				
19	16.01.	9,454				
20						

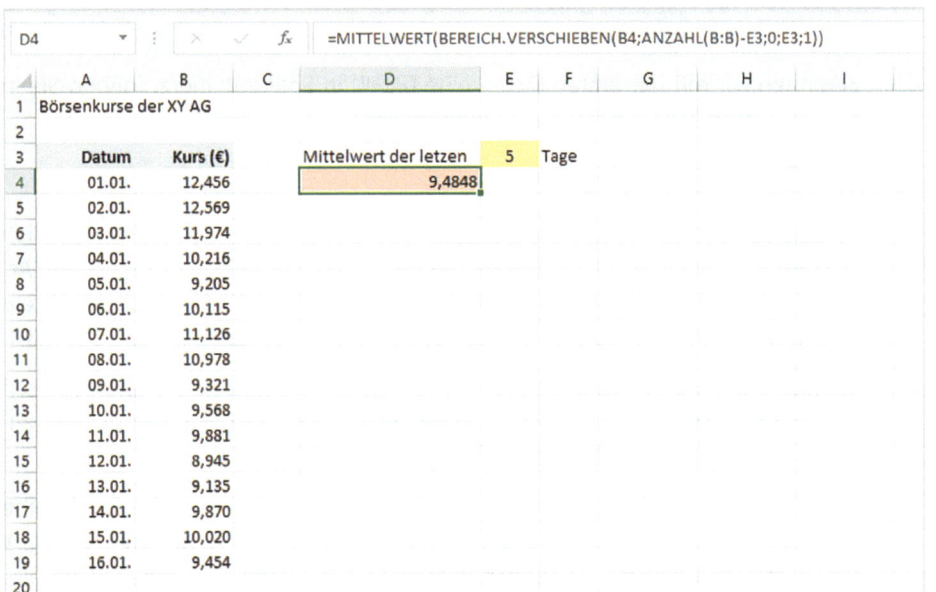

Bild 5.52 Mittelwert der letzten 5 Tage

BEREICH.VERSCHIEBEN.xlsx

Tipp: Falls Sie das Ergebnis der Funktion BEREICH.VERSCHIEBEN kontrollieren möchten, geben Sie diese (ohne MITTELWERT) in einen beliebigen Zellbereich ein, siehe Beispiel 1. Anschließend brauchen Sie die Funktion nur in die Zwischenablage kopieren (**Achtung:** in der Bearbeitungsleiste markieren und kopieren) und in die Funktion MITTELWERT als Argument einfügen.

Beispiel 3: Diagramm aus automatisch erweiterbarem Zellbereich erstellen

BEREICH.VERSCHIEBEN kann auch benutzt werden, wenn beim Hinzufügen neuer Daten in der Tabelle auch das dazugehörige Diagramm automatisch erweitert werden soll. Hier ein Beispiel mit den wöchentlichen Verkaufszahlen eines Autohauses.

	A	B	C
1	Verkaufszahlen		
2			
3	Kalenderwoche	PKW	Nutzfahrzeuge
4	KW 1	12	28
5	KW 2	18	33
6	KW 3	22	28
7	KW 4	35	19
8	KW 5	42	25
9	KW 6	45	29
10	KW 7	33	35
11	KW 8	28	45

Bild 5.53 Die Ausgangstabelle (Auszug)

Namen definieren

Da Excel-Diagramme als Bezug auf die Datenreihe keine Formel akzeptieren, müssen Sie im ersten Schritt für jede Datenreihe sowie die Beschriftung jeweils einen Namen vergeben und den dazugehörigen Bereich mit BEREICH.VERSCHIEBEN definieren. Am einfachsten geben Sie zuerst die Funktion in eine beliebige Zelle des Tabellenblatts ein und kopieren diese anschließend in den Namensmanager. Die Funktion kann dann wieder aus dem Tabellenblatt gelöscht werden. Beachten Sie bei der Formeleingabe, dass die Namen feste (absolute) Zellbezüge erfordern.

1. Beginnen wir mit der ersten Datenreihe (PKW) in Spalte B; hierzu geben Sie in eine beliebige Zelle die folgende Funktion ein:

=BEREICH.VERSCHIEBEN($B$4;0;0;ANZAHL($B:$B);1)

Hinweis: Mit Excel 2019 oder älter erhalten Sie das Ergebnis #WERT, da die Funktion nicht als Matrixformel eingegeben wurde. Dies soll uns hier aber nicht weiter stören.

Zur Erklärung: Bezug ist die erste Zelle der Datenreihe, hier B4. Da der Zellbereich weder verschoben, noch vergrößert oder verkleinert wird, geben Sie bei den Argumenten *Zeilen* und *Spalten* jeweils 0 ein; die *Höhe* des Zellbereichs ermitteln Sie mit der Funktion ANZAHL über die gesamte Spalte B und die *Breite* beträgt 1.

2. Markieren Sie die vollständige Funktion in der Bearbeitungsleiste und kopieren Sie diese mit **Strg+C** in die Zwischenablage. Brechen Sie anschließend die Formelbearbeitung mit der **Esc**-Taste ab.

3. Klicken Sie im Menüband, Register *Formeln* auf *Namen definieren*. Die Datenreihe erhält den Namen *ReihePKW* und im Feld *Bezieht sich auf* fügen Sie mit **Strg+V** die Formel ein. **Achtung**: Als *Bereich* muss unbedingt das aktuelle Arbeitsblatt, hier *Verkauf*, ausgewählt werden! Übernehmen Sie den Namen mit *OK*.

Bild 5.54 Formel für die erste Datenreihe

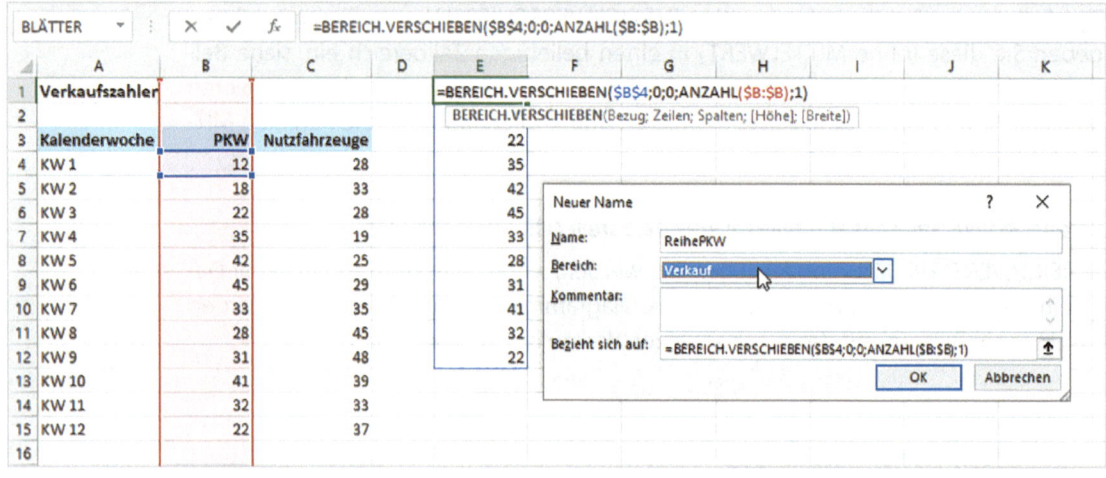

Reihe PKW = BEREICH.VERSCHIEBEN($B$4;0;0;ANZAHL($B:$B);1)

4. Wiederholen Sie diese drei Schritte für die zweite Datenreihe (Nutzfahrzeuge). Diese erhält den Namen *ReiheNutzfahrzeuge* und die Funktion lautet:

ReiheNutzfahrzeuge =BEREICH.VERSCHIEBEN($C$4;0;0;ANZAHL($C:$C);1)

5 Zuletzt fehlen nur noch die Beschriftungen in Spalte A. Diese erhalten den Namen *Beschriftungen* und die dazugehörige Funktion lautet:

```
Beschriftungen   =BEREICH.VERSCHIEBEN($A$4;0;0;ANZAHL2($A:$A)-2;1)
```

Achtung: Diese Spalte enthält Text, daher wird die Anzahl nicht leerer Zellen mit ANZAHL2 ermittelt und davon werden die beiden Zeilen 1 und 3 abgezogen.

6 Löschen Sie im Tabellenblatt die Formel BEREICH.VERSCHIEBEN.

Diagramm einfügen

1 Klicken Sie auf eine beliebige leere Zelle im Tabellenblatt und danach im Menüband, Register *Einfügen* ▶ *Diagramme* auf den gewünschten Diagrammtyp, hier ein einfaches gruppiertes Säulendiagramm.

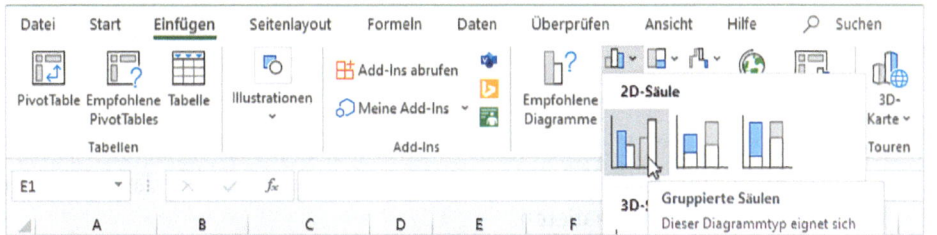

Bild 5.55 Diagramm einfügen und Typ auswählen

2 Eine leere Diagrammfläche wird in das Tabellenblatt eingefügt. Klicken Sie in das Diagramm und danach im Register *Diagrammtools-Entwurf* auf *Daten auswählen*.

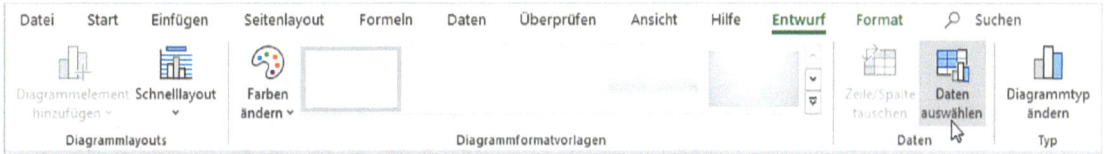

Bild 5.56 Klicken Sie auf Daten auswählen

3 Klicken Sie im Fenster *Datenquelle auswählen* im Bereich *Legendeneinträge (Reihen)* auf *Hinzufügen*. Geben Sie im Feld *Reihenname* die Bezeichnung *PKW* und im Feld *Reihenwerte* nach dem Gleichheitszeichen den Namen der ersten Datenreihe zusammen mit dem Namen des Tabellenblatts ein: *=Verkauf!ReihePKW*. Übernehmen Sie die erste Datenreihe mit *OK*.

Bild 5.57 Die erste Datenreihe hinzufügen

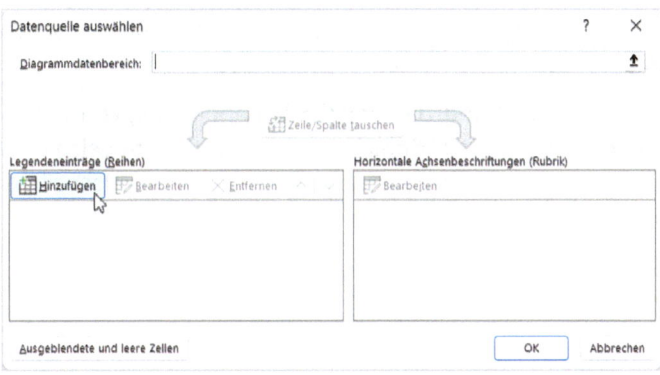

4 Klicken Sie erneut auf *Hinzufügen*, geben Sie als Namen für die zweite Datenreihe *Nutzfahrzeuge* ein und als *Reihenwerte* =*Verkauf!ReiheNutzfahrzeuge*.

5 Nun fehlen noch die Beschriftungen: Klicken Sie im Fenster *Datenquelle auswählen* im Bereich *Horizontale Achsenbeschriftungen (Rubrik)* auf *Bearbeiten* und geben Sie als Beschriftungsbereich an: =*Verkauf!Beschriftungen*.

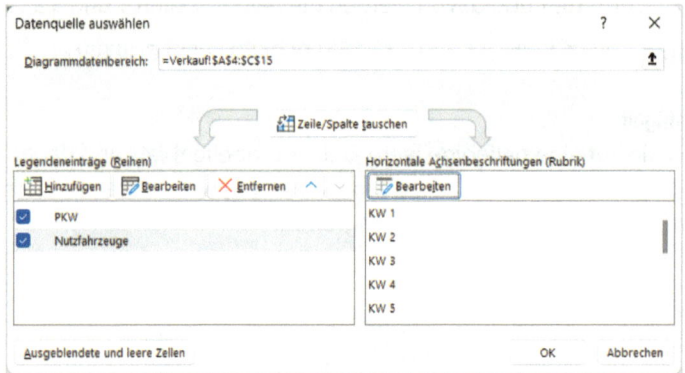

Bild 5.58 Datenreihen und Achsenbeschriftung im Fenster Datenquelle auswählen

6 Schließen Sie zuletzt das Fenster mit *OK*. Anschließend können Sie das Diagramm noch nach Belieben formatieren.

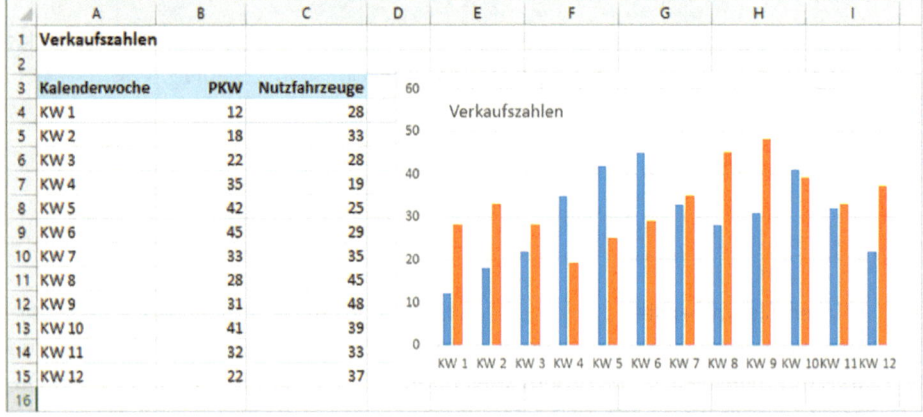

Bild 5.59 Das Ergebnis im Tabellenblatt

Wenn Sie nun ab Zeile 16 weitere Kalenderwochen samt Verkaufszahlen eingeben, werden diese den Datenreihen im Diagramm automatisch hinzugefügt. Beim Löschen von Werten wird das Diagramm ebenfalls automatisch angepasst.

Damit haben Sie ein Werkzeug an der Hand, das eine flexible Anpassung von Datenbereichen auch für Diagramme erlaubt, und könnten anschließend dieses Beispiel so abwandeln, dass immer nur die letzten 10 Kalenderwochen im Diagramm erscheinen, siehe Beispiel 2.

5.4 Mehrere Rückgabewerte erhalten

Die Funktionen SVERWEIS, XVERWEIS, INDEX und Co. haben alle denselben Nachteil: Sie liefern nur den ersten gefundenen Wert. Was aber, wenn der gesuchte Wert in der Tabelle mehrmals vorkommt und man alle Ergebnisse angezeigt haben möchte?

Mit Microsoft 365 oder Excel 2021 und den Funktionen FILTER, EINDEUTIG, ÜBERNEHMEN und SORTIEREN ist dies schnell erledigt. Wie Sie das Problem auch mit älteren Excel-Versionen lösen, lesen Sie weiter unten ab Seite 233.

Tabelle filtern mit der Funktion FILTER

Nicht in Excel 2019 und älter verfügbar!

Die Funktion FILTER filtert einen Tabellenbereich (Matrix) anhand von Kriterien und gibt die Ergebnisse in Form einer Matrix aus. Im Gegensatz zu den üblichen Excel-Filtermethoden erhalten Sie also die Ergebnisse als gesonderte Tabelle.

```
=FILTER(Matrix;einschließen;[wenn_leer])
```

Argument	Beschreibung
Matrix	Der zu filternde Tabellenbereich; bei mehreren Spalten muss dies ein zusammenhängender Zellbereich sein.
einschließen	Hier geben Sie die Filterkriterien an, genauer gesagt die Spalten, auf die die Filterkriterien angewendet werden, z. B. C5:C10>100
wenn_leer	Rückgabewert, wenn keine Werte vorhanden sind, die dem angegebenen Kriterium entsprechen. Wird nichts angegeben, erscheint in solchen Fällen der Fehlerwert #KALK!.

Beispiel Bundesländer Deutschland

Als Beispiel im Bild unten eine Liste der deutschen Bundesländer mit Einwohnerzahlen und Fläche. Aus dieser sollen alle Bundesländer mit mehr als 10.000.000 Einwohnern herausgefiltert werden, das Filterkriterium ist in H4 vorgegeben.

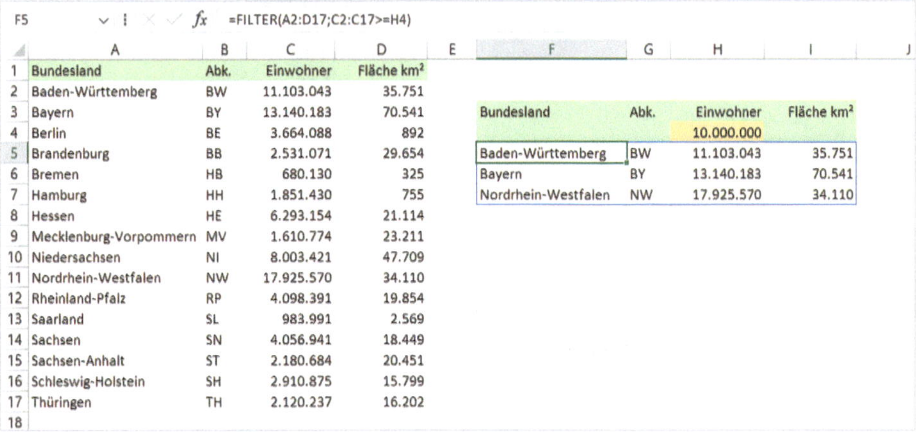

F5 =FILTER(A2:D17;C2:C17>=H4)

	A	B	C	D
1	Bundesland	Abk.	Einwohner	Fläche km²
2	Baden-Württemberg	BW	11.103.043	35.751
3	Bayern	BY	13.140.183	70.541
4	Berlin	BE	3.664.088	892
5	Brandenburg	BB	2.531.071	29.654
6	Bremen	HB	680.130	325
7	Hamburg	HH	1.851.430	755
8	Hessen	HE	6.293.154	21.114
9	Mecklenburg-Vorpommern	MV	1.610.774	23.211
10	Niedersachsen	NI	8.003.421	47.709
11	Nordrhein-Westfalen	NW	17.925.570	34.110
12	Rheinland-Pfalz	RP	4.098.391	19.854
13	Saarland	SL	983.991	2.569
14	Sachsen	SN	4.056.941	18.449
15	Sachsen-Anhalt	ST	2.180.684	20.451
16	Schleswig-Holstein	SH	2.910.875	15.799
17	Thüringen	TH	2.120.237	16.202
18				

	F	G	H	I
3	Bundesland	Abk.	Einwohner	Fläche km²
4			10.000.000	
5	Baden-Württemberg	BW	11.103.043	35.751
6	Bayern	BY	13.140.183	70.541
7	Nordrhein-Westfalen	NW	17.925.570	34.110

Bild 5.60 Ausgangsdaten und rechts daneben die Ergebnistabelle

FILTER_Bundesländer.xlsx

Quelle: Wikipedia

Die Formel in F5 lautet dazu:

F5: =FILTER(A2:D17;C2:C17>=H4)

- *Matrix* ist die gesamte Tabelle (ohne Überschriften), also A2:D17.
- Filterkriterium (*einschließen*) sind die Einwohnerzahlen im Bereich C2:C17 und der Vergleichswert befindet sich in H4, also C2:C17>=H4.

> **Matrix und Zellbereich müssen dieselben Zeilen umfassen**
>
> Matrix und *einschließen* müssen dieselbe Anzahl Zeilen umfassen. Achten Sie außerdem darauf, dass ausreichend Platz für die Ergebnismatrix vorhanden ist.

Filter mit mehreren Kriterien

Die Funktion FILTER erlaubt auch mehrere Kriterien:

Ein weiteres Beispiel für FILTER mit mehreren Kriterien finden Sie in Kap. 6 auf Seite 269.

- Wenn alle Kriterien erfüllt sein müssen (**Und**), werden diese mit dem Operator für Multiplikation * verbunden.
- Wenn sie dagegen mit dem + Operator verbunden werden, dann genügt es, wenn mindestens eines der Kriterien erfüllt ist (**Oder**).

Und-Verbindung

Als Beispiel für eine Und-Verbindung das Weinlager im Bild 5.61: Es sollen alle Rotweine (Kategorie Rot) aus Italien herausgefiltert werden, die Filterkriterien befinden sich in G1 und G2. Die dazugehörige Funktion lautet:

F5: =FILTER(A2:B24;(D2:D24=G1)*(C2:C24=G2);"Nicht vorhanden")

Bild 5.61 Zwei Filterkriterien mit Und verknüpfen

FILTER_mehrfach.xlsx

	A	B	C	D	E	F	G
1	BestellNr	Bezeichnung	Land	Kategorie		Kategorie:	Rot
2	A-123	Steile Kellertreppe	Deutschland	Weiß		Land	Italien
3	K-399	Merlot, DOC Montepulciano	Italien	Rot			
4	A-129	Müller Thurgau	Deutschland	Weiß		Bestellnr.	Bezeichnung
5	K-445	Vino Montepulciano	Italien	Rot		K-399	Merlot, DOC Montepulciano
6	K-780	Rosso de Gran Sasso	Italien	Rot		K-445	Vino Montepulciano
7	D-788	Rheingau Schattenhang	Deutschland	Weiß		K-780	Rosso de Gran Sasso
8	D-902	Riesling "Kirchenspiel"	Deutschland	Weiß		H-002	Vino de la Casa, Umbrien
9	G-770	Chateau la Fleur	Frankreich	Rot		K-444	Sangiovese Riserva
10	H-111	Pinot Noir	Frankreich	Rot			
11	H-356	Sauvignon	Italien	Weiß			
12	U-400	Chardonnay	Frankreich	Weiß			
13	U-700	Château Moulin Rouge	Frankreich	Rot			
14	H-002	Vino de la Casa, Umbrien	Italien	Rot			
15	B-003	Kremser Kiesgrube trocken	Österreich	Rot			
16	H-555	Chardonnay	Italien	Weiß			
17	K-444	Sangiovese Riserva	Italien	Rot			

Hinweis: In der Ergebnistabelle werden nur Bestellnummer und Bezeichnung benötigt, daher geben Sie nur diese beiden Spalten als Matrix an. Die Spalten Land und Kategorie nach denen gefiltert wird, müssen nicht zwingend Teil der Matrix sein. Matrix und zu durchsuchende Spalten müssen aber unbedingt dieselbe Anzahl Zeilen umfassen.

Tipp: Benötigen Sie im Ergebnisbereich Werte aus einem nicht zusammenhängenden Zellbereich, dann schalten Sie entweder die Funktion SPALTENWAHL (Seite 237) dazwischen oder setzen zusätzlich zum Ermitteln der Matrix die Funktion WAHL ein. Ein Beispiel, wie Sie mit WAHL eine Matrix aus beliebigen Spalten bilden, finden Sie in Verbindung mit SVERWEIS auf Seite 193 ff.

Achtung: SPALTENWAHL ist nur mit Microsoft 365 verfügbar!

Oder-Verbindung

Benötigen Sie dagegen alle Weine aus Frankreich **oder** Italien, dann lautet die Funktion:

F5: =FILTER(A2:D24;(C2:C24=G1)+(C2:C24=G2);"Nicht vorhanden")

Bild 5.62 Oder-Verbindung

Teil einer Zeichenfolge als Suchkriterium

Falls Sie nur den Teil einer Zeichenfolge als Filterkriterium verwenden möchten, wird es komplizierter, da die Funktion FILTER ausschließlich exakt übereinstimmende Zeichenfolgen berücksichtigt.

Beispiel: Sie möchten aus der unten abgebildeten Tabelle alle Weine mit dem Begriff „Riesling" in der Bezeichnung herausfiltern. Wenn Sie allerdings in D4 die Formel =FILTER(A2:B13;A2:A13=E1) eingeben, dann erhalten Sie den Fehlerwert #KALK!, da keine übereinstimmenden Werte gefunden werden.

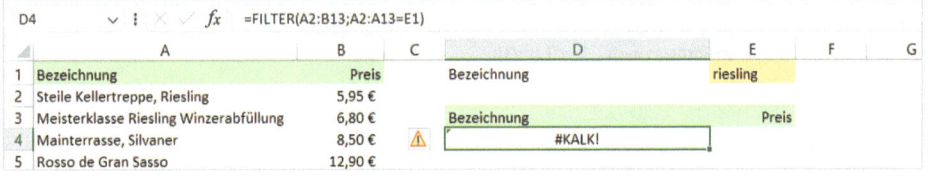

Bild 5.63 Fehler, da nur exakte Übereinstimmung berücksichtigt wird

Abhilfe schafft die Funktion SUCHEN, mit der Sie Text, hier die Bezeichnung in Spalte A auf eine Zeichenfolge durchsuchen können. Diese liefert als Ergebnis entweder eine Zahl, nämlich die Position ab der die Zeichenfolge beginnt oder den Fehler #WERT!, falls die Zeichenfolge nicht gefunden wurde. Um also alle Datensätze mit der gesuchten Zeichenfolge herauszufiltern, brauchen Sie nur überprüfen, ob SUCHEN eine Zahl liefert, dies erledigt die Funktion ISTZAHL. Dann lautet die komplette Formel in D4:

```
D4:  =FILTER(A2:B13;ISTZAHL(SUCHEN(E1;A2:A13)))
```

Bild 5.64 Ergebnis

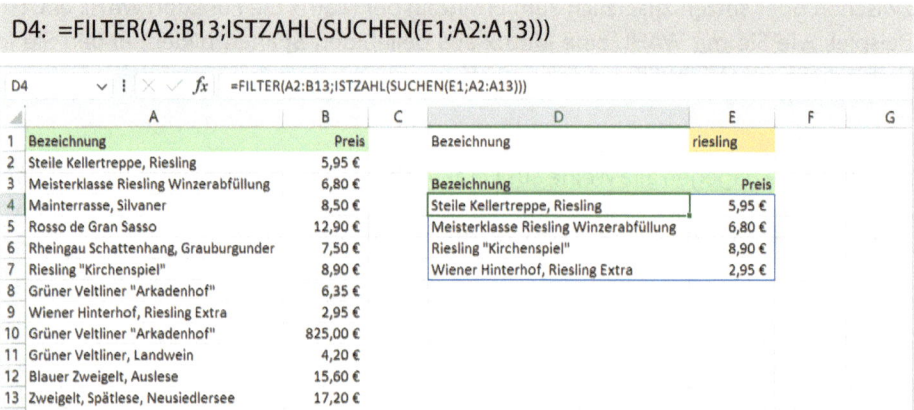

Tipp: Mit dieser Methode können auch die bekannten Platzhalter- oder Jokerzeichen ? und * verwendet werden und Sie könnten beispielsweise in E1 auch *ries** angeben.

Rückgabematrix sortieren (SORTIEREN und SORTIERENNACH)

Nicht in Excel 2019 oder älter!

Die Funktion FILTER gibt die Ergebnisse in der ursprünglichen Reihenfolge in der Ausgangstabelle aus. Falls Sie sortierte Rückgabewerte benötigen, dann verwenden Sie zusätzlich die Funktion SORTIEREN.

```
=SORTIEREN(Matrix;[Sortierindex];[Sortierreihenfolge];[nach_Spalte])
```

Argument	Beschreibung
Matrix	Tabelle oder Bereich, der sortiert werden soll, dabei kann es sich um den dynamischen Rückgabebereich einer Matrixformel handeln (z. B. FILTER).
Sortierindex	Zahl, die die Spalte (oder Zeile, s. Argument nach_Spalte) angibt, nach der sortiert werden soll, z. B. 2 = zweite Spalte. Fehlt das Argument, dann wird nach der ersten Spalte sortiert.
Sortierreihenfolge	1 = aufsteigende Sortierung, -1 = absteigende Sortierung. Die Standardeinstellung ist aufsteigend.
nach_Spalte	Gibt an, ob spaltenweise (WAHR) oder zeilenweise (FALSCH) sortiert wird. Die Standardeinstellung ist Sortieren nach Zeilen (FALSCH).

Beispiel: Gefilterte Bundesländer sortieren

Um die gefilterten Bundesländer mit mehr als 10 Mio. Einwohnern (siehe Beispiel im Bild 5.60 auf Seite 225) nach Einwohnerzahlen absteigend zu sortieren, schließen Sie einfach die Funktion FILTER in die Funktion SORTIEREN ein (Bild 5.65), dann lautet die Formel in FF5:

```
F5: = SORTIEREN(FILTER(A2:D17;C2:C17>=H4);3;-1;FALSCH)
```

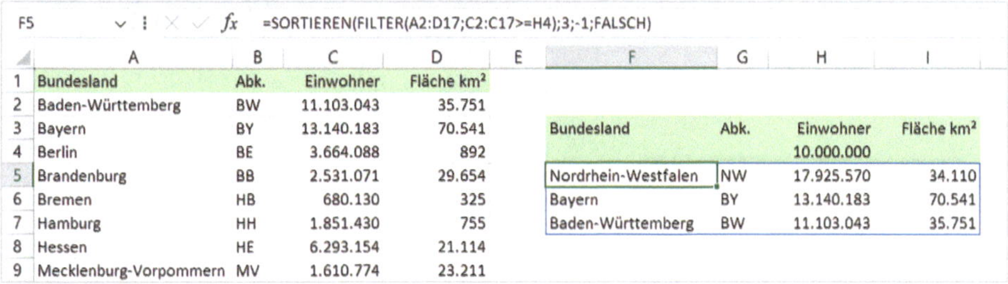
F5 =SORTIEREN(FILTER(A2:D17;C2:C17>=H4);3;-1;FALSCH)

	A	B	C	D	E	F	G	H	I
1	Bundesland	Abk.	Einwohner	Fläche km²					
2	Baden-Württemberg	BW	11.103.043	35.751					
3	Bayern	BY	13.140.183	70.541		Bundesland	Abk.	Einwohner	Fläche km²
4	Berlin	BE	3.664.088	892				10.000.000	
5	Brandenburg	BB	2.531.071	29.654		Nordrhein-Westfalen	NW	17.925.570	34.110
6	Bremen	HB	680.130	325		Bayern	BY	13.140.183	70.541
7	Hamburg	HH	1.851.430	755		Baden-Württemberg	BW	11.103.043	35.751
8	Hessen	HE	6.293.154	21.114					
9	Mecklenburg-Vorpommern	MV	1.610.774	23.211					

Bild 5.65 Rückgabematrix der FILTER-Funktion nach Einwohnern sortieren

FILTER_Bundesländer.xlsx

Alle Bundesländer sortieren

Sie können natürlich auch eine ungefilterte Tabelle sortieren. Um z. B. alle Bundesländer nach Einwohnerzahlen absteigend zu sortieren, geben Sie einfach die folgende Funktion ein:

```
=SORTIEREN(A2:D17;3;-1)
```

Die Funktion SORTIERENNACH

Excel stellt mit SORTIERENNACH noch eine zweite Funktion zum Sortieren zur Verfügung. Diese gibt die Ergebnisse ebenfalls in Form einer Matrix aus, unterscheidet sich aber in einigen Punkten von SORTIEREN.

- Das Sortierkriterium, also die Spalte (oder Zeile), nach der sortiert wird, wird als Zellbereich (Matrix) angegeben statt als Index.
- Es kann auch nach mehreren Spalten sortiert werden, wobei die jeweilige Reihenfolge für jede Matrix gesondert festgelegt wird.

```
=SORTIERENNACH(Matrix;Nach_Matrix1;[Sortierreihenfolge1]; [Nach_Matrix2;
Sortierreihenfolge2];...)
```

Argument	Beschreibung
Matrix	Die Ausgangstabelle bzw. der gesamte zu sortierende Zellbereich
Nach_Matrix1	Bereich, nach dem sortiert werden soll, z. B. A1:A20
Sortierreihenfolge1	Reihenfolge, in der sortiert werden soll: 1 = aufsteigend; -1 = absteigend
Nach_Matrix2	Zweiter Bereich, nach dem sortiert werden soll, usw.

Beachten Sie, dass alle *Nach-Matrix*-Argumente entweder eine Zeile oder Spalte umfassen und dieselbe Größe haben müssen. Wenn nach zwei oder mehr Bereichen sortiert wird, muss die *Sortierreihenfolge* für jede Matrix angegeben werden.

Beispiel: Liste nach Nachname und Vorname sortieren

Als Beispiel sortieren wir die unten abgebildete Namensliste nach Nachname und Vorname. Dazu geben Sie in E2 folgende Funktion ein:

Bild 5.66 Namensliste nach Nachname und Vorname sortieren

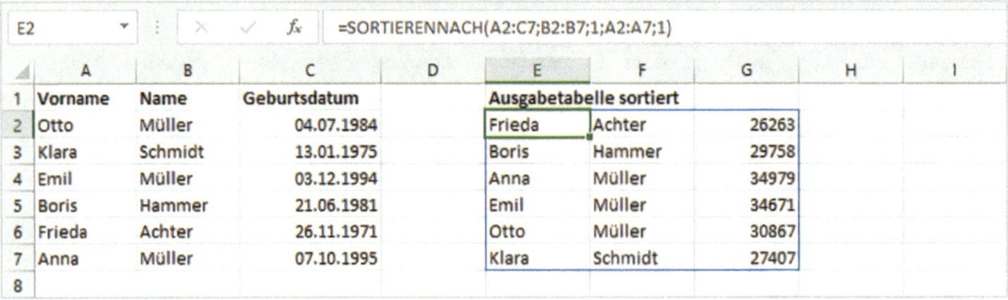

```
E2: =SORTIERENNACH(A2:C7;B2:B7;1;A2:A7;1)
```

	A	B	C	D	E	F	G
1	Vorname	Name	Geburtsdatum		Ausgabetabelle sortiert		
2	Otto	Müller	04.07.1984		Frieda	Achter	26263
3	Klara	Schmidt	13.01.1975		Boris	Hammer	29758
4	Emil	Müller	03.12.1994		Anna	Müller	34979
5	Boris	Hammer	21.06.1981		Emil	Müller	34671
6	Frieda	Achter	26.11.1971		Otto	Müller	30867
7	Anna	Müller	07.10.1995		Klara	Schmidt	27407

Achtung: SORTIEREN, SORTIERENNACH und FILTER geben nur die Werte ohne Formatierung zurück, wie im oben abgebildeten Beispiel. Sie müssen also den Ausgabebereich G2:G7 oder gleich die Spalte G abschließend noch als Datum formatieren.

Rückgabematrix ohne Duplikate (EINDEUTIG)

Viele Tabellen enthalten bestimmte Werte gleich mehrfach, so kann beispielsweise jeder Kunde oder Verkäufer in einer monatlichen Umsatzliste auch mehrmals vorkommen. Um daraus eine Liste mit eindeutigen Werten, d. h. jeder Wert darf nur ein einziges Mal enthalten sein, zu erstellen, gibt es verschiedene Möglichkeiten: Sie können z. B. den erweiterten Filter (Register *Daten* ▶ *Erweitert*) mit der Option *Keine Duplikate* nutzen oder eine passende Pivot-Tabelle erstellen. Microsoft 365 und Excel 2021 stellen für solche Zwecke zusätzlich die Funktion EINDEUTIG zur Verfügung.

```
=EINDEUTIG(array,[nach_Spalte],[genau_einmal])
```

Argument	Beschreibung
array	Bereich (Spalte oder Zeile), aus dem die eindeutigen Werte zurückgegeben werden sollen.
nach_Spalte	WAHR gibt die eindeutigen Werte aus den **Spalten** des angegebenen Bereichs zurück, FALSCH oder keine Angabe liefert die eindeutigen Werte aus den **Zeilen** des angegebenen Bereichs
genau_einmal	Logischer Wert, der das Ergebnis genauer definiert: WAHR: alle Werte, die exakt ein einziges Mal vorkommen FALSCH oder keine Angabe: alle unterschiedlichen Werte, egal wie oft diese vorkommen.

Beispiel: Kundenliste aus Bestellungen erzeugen

Ihnen liegt eine Tabelle mit Einzelbestellungen vor (Bild 5.67), aus der Sie ab H2 eine Liste aller Kunden erstellen möchten, jeder Kunde soll hier nur ein einziges Mal vorkommen.

Hinweis: Die Bestellliste hat den Bereichsnamen *Auftraege* erhalten und ist als dynamische Tabelle formatiert (*Einfügen* ▶ *Tabelle*). Dies hat den Vorteil, dass nachträglich neu angefügte Zeilen und Spalten automatisch in der Ergebnisliste berücksichtigt werden.

Die Funktion in H2 lautet in diesem Fall wie folgt, wobei die Argumente *nach_Spalte* und *genau_einmal* auch entfallen können.

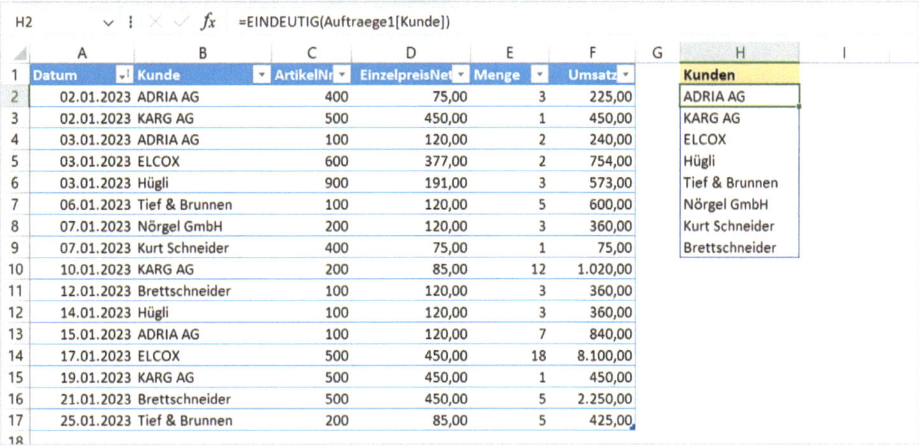

```
H2: =EINDEUTIG(Auftraege[Kunde];FALSCH)
```

H2 =EINDEUTIG(Auftraege1[Kunde])

	Datum	Kunde	ArtikelNr	EinzelpreisNet	Menge	Umsatz	G	Kunden
2	02.01.2023	ADRIA AG	400	75,00	3	225,00		ADRIA AG
3	02.01.2023	KARG AG	500	450,00	1	450,00		KARG AG
4	03.01.2023	ADRIA AG	100	120,00	2	240,00		ELCOX
5	03.01.2023	ELCOX	600	377,00	2	754,00		Hügli
6	03.01.2023	Hügli	900	191,00	3	573,00		Tief & Brunnen
7	06.01.2023	Tief & Brunnen	100	120,00	5	600,00		Nörgel GmbH
8	07.01.2023	Nörgel GmbH	200	120,00	3	360,00		Kurt Schneider
9	07.01.2023	Kurt Schneider	400	75,00	1	75,00		Brettschneider
10	10.01.2023	KARG AG	200	85,00	12	1.020,00		
11	12.01.2023	Brettschneider	100	120,00	3	360,00		
12	14.01.2023	Hügli	100	120,00	3	360,00		
13	15.01.2023	ADRIA AG	100	120,00	7	840,00		
14	17.01.2023	ELCOX	500	450,00	18	8.100,00		
15	19.01.2023	KARG AG	500	450,00	1	450,00		
16	21.01.2023	Brettschneider	500	450,00	5	2.250,00		
17	25.01.2023	Tief & Brunnen	200	85,00	5	425,00		

Bild 5.67 Kundenliste aus Bestellungen erzeugen

EINDEUTIG.xlsx

Wäre der Zellbereich nicht als Tabelle formatiert, dann müsste statt des Bereichsnamens und der Spalte der Bereich B2:B15 als Array angegeben werden.

```
H2: =EINDEUTIG(B2:B15)
```

Nur Werte, die exakt einmal vorkommen

Um eine Liste aller Kunden zu erhalten, die genau ein einziges Mal bestellt haben, geben Sie als Argument *genau_einmal* WAHR an.

H2 =EINDEUTIG(Auftraege1[Kunde];;WAHR)

	Datum	Kunde	ArtikelNr	EinzelpreisNet	Menge	Umsatz	G	Kunden
2	02.01.2023	ADRIA AG	400	75,00	3	225,00		Nörgel GmbH
3	02.01.2023	KARG AG	500	450,00	1	450,00		Kurt Schneider
4	03.01.2023	ADRIA AG	100	120,00	2	240,00		

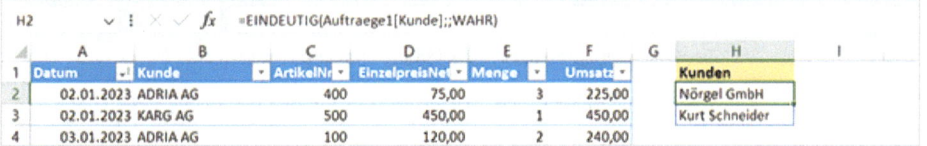

Bild 5.68 Nur Werte, die exakt einmal vorkommen

Kundenliste sortieren

Damit die Rückgabeliste alphabetisch sortiert ausgegeben wird, schließen Sie die Funktion in die Funktion SORTIEREN ein.

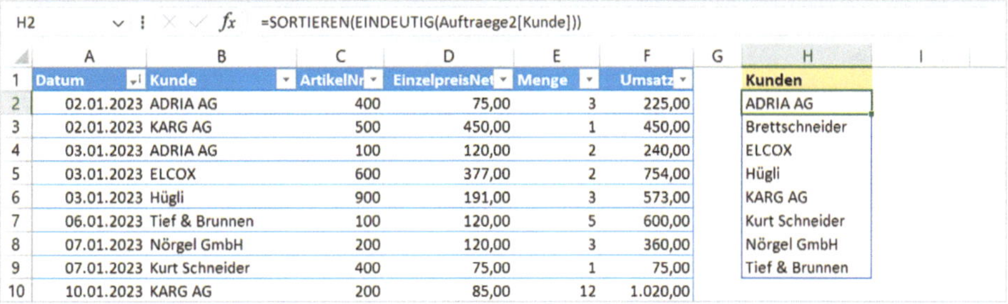

```
H2: =SORTIEREN(EINDEUTIG(Auftraege[Kunde];FALSCH))
```

H2 =SORTIEREN(EINDEUTIG(Auftraege2[Kunde]))

	Datum	Kunde	ArtikelNr	EinzelpreisNet	Menge	Umsatz	G	Kunden
2	02.01.2023	ADRIA AG	400	75,00	3	225,00		ADRIA AG
3	02.01.2023	KARG AG	500	450,00	1	450,00		Brettschneider
4	03.01.2023	ADRIA AG	100	120,00	2	240,00		ELCOX
5	03.01.2023	ELCOX	600	377,00	2	754,00		Hügli
6	03.01.2023	Hügli	900	191,00	3	573,00		KARG AG
7	06.01.2023	Tief & Brunnen	100	120,00	5	600,00		Kurt Schneider
8	07.01.2023	Nörgel GmbH	200	120,00	3	360,00		Nörgel GmbH
9	07.01.2023	Kurt Schneider	400	75,00	1	75,00		Tief & Brunnen
10	10.01.2023	KARG AG	200	85,00	12	1.020,00		

Bild 5.69 Rückgabeliste sortieren

Umsatzsumme je Kunde berechnen

SUMMEWENN, s. Seite 282.

Wenn Sie anschließend für jeden Kunden die Umsatzsumme berechnen möchten, dann setzen Sie dazu die Funktion SUMMEWENN ein. **Achtung**: Da das Suchkriterium aus dem Überlaufbereich der Funktion FILTER gebildet wird und dies ein dynamischer Bereich ist, lautet der Bezug dafür H2#.

I2: =SUMMWENN(Auftraege[Kunde];H2#;Auftraege[Umsatz])

Bild 5.70 Umsatzsumme je Kunde

Einen bestimmten Bereich aus einer Matrix übernehmen (ÜBERNEHMEN)

Nur in Microsoft 365 verfügbar!

Auch die Funktion ÜBENEHMEN erzeugt an anderer Stelle eine Ergebnistabelle, verwendet aber im Gegensatz zu FILTERN keine Suchkriterien, sondern übernimmt eine bestimmte Anzahl zusammenhängender Zeilen und Spalten ab Beginn oder Ende der angegebenen Tabelle. Die Syntax ist einfach:

=ÜBERNEHMEN(Array, Zeilen,[Spalten])

Argument	Beschreibung
Array	Tabellenbereich, aus der die Zeilen und Spalten übernommen werden.
Zeilen	Anzahl der zu übernehmenden Zeilen; ein negativer Wert geht vom Ende des Arrays aus.
Spalten	Anzahl der zu übernehmenden Spalten; ein negativer Wert geht vom Ende des Arrays aus.

Beispiel: Als einfaches Beispiel werden im Bild unten aus der Tabelle links die Verkaufszahlen der ersten 5 Kalenderwochen übernommen, die Formel in E4 lautet dazu:

ÜBERNEHMEN.xlsx

E4: =ÜBERNEHMEN(A4:C15;5;3)

Bild 5.71 Die ersten 5 Kalenderwochen übernehmen

Tipp: ÜBERNEHMEN eignet sich auch, um die Spaltenüberschriften über dem Auswertungsbereich zu übernehmen.

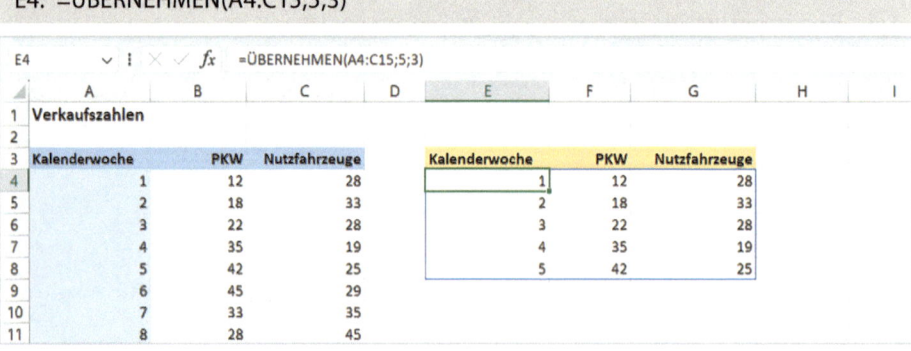

Möchten Sie dagegen die letzten drei Kalenderwochen übernehmen, dann lautet die Formel:

```
=ÜBERNEHMEN(A4:A15;-3;3)
```

Top-Ten filtern

In Verbindung mit SORTIEREN kann ÜBERNEHMEN auch eingesetzt werden, um eine beliebige Anzahl der größten oder kleinsten Werte einer Tabelle auszugeben. Damit kann ÜBERNEHMEN in manchen Fällen die Funktionen KGRÖSSTE und KKLEINSTE ersetzen, z. B. um die fünf umsatzstärksten Kunden herauszufiltern, wie im Bild unten. In diesem Fall schließen Sie einfach die Funktion SORTIEREN als Argument *Array* in die Formel ein.

KGRÖSSTE und KKLEINSTE, s. Seite 298.

```
D3:  =ÜBERNEHMEN(SORTIEREN(A2:B13;2;-1);5;2)
```

	A	B	C	D	E
1	Name	Umsatz		Die 5 umsatzstärksten Kunden	
2	Bartlett	2.300		Name	Umsatz
3	Drögel	5.780		Schmidt	7.100
4	Heinrich	890		Hofer	6.340
5	Hofer	6.340		Drögel	5.780
6	Hügli	4.800		Hügli	4.800
7	Kunz	3.200		Mumpitz	4.350
8	Moser	1.890			
9	Müller	2.890			
10	Mumpitz	4.350			
11	Schlögmann	1.500			
12	Schmidt	7.100			
13	Werkan	900			

Bild 5.72 Die 5 umsatzstärksten Kunden

Mehrere Rückgabewerte mit Excel 2019 und älter

Leider ist in Excel 2019 und älteren Versionen die praktische Funktion FILTER nicht verfügbar, stattdessen müssen Sie sich mit INDEX und weiteren Funktionen behelfen, wenn Sie nicht auf VBA zurückgreifen wollen.

Beispiel: Bevölkerung Bundesländer

Als Beispiel nehmen wir wieder die Tabelle mit den Bevölkerungszahlen der deutschen Bundesländer (siehe Seite 225) und möchten alle Länder mehr als 10.000.000 Einwohnern auflisten, wie im Bild 5.73.

Ohne VBA und ohne die Funktion FILTER lässt sich diese Aufgabe nur mit einer mehrfach verschachtelten Funktion lösen. Diese lautet in E2 wie folgt:

```
E2:=WENNFEHLER(KGRÖSSTE($B$2:$B$17;ZÄHLENWENN($B$2:$B$17;">10000000")
   +1-ZEILE(A1));"")
```

Bild 5.73 Alle Bundesländer mit mehr als 10.000.000 Einwohnern

Filtern_Excel_2019.xlsx

	A	B	C	D	E
1	Bundesland	Einwohner		Bundesland	Einwohner
2	Baden-Württemberg	11.103.043		Baden-Württemberg	11.103.043
3	Bayern	13.140.183		Bayern	13.140.183
4	Berlin	3.664.088		Nordrhein-Westfalen	17.925.570
5	Brandenburg	2.531.071			
6	Bremen	680.130			
7	Hamburg	1.851.430			
8	Hessen	6.293.154			
9	Mecklenburg-Vorpommern	1.610.774			
10	Niedersachsen	8.003.421			
11	Nordrhein-Westfalen	17.925.570			
12	Rheinland-Pfalz	4.098.391			
13	Saarland	983.991			
14	Sachsen	4.056.941			
15	Sachsen-Anhalt	2.180.684			
16	Schleswig-Holstein	2.910.875			
17	Thüringen	2.120.237			

E2: `=WENNFEHLER(KGRÖSSTE($B$2:$B$17;ZÄHLENWENN($B$2:$B$17;">10000000")+1-ZEILE(A1));"")`

Zum besseren Verständnis teilen wir die Formel in einzelne Schritte auf und beginnen mit der Ermittlung aller Werte, die größer sind als 10.000.000.

Eine genauere Beschreibung der Funktion KGRÖSSTE finden Sie auf Seite 298 ff.

1 Dazu setzen wir die Funktion KGRÖSSTE ein. Diese sucht aus einer Matrix den k-größten Wert heraus, wobei *k* den Rang des gesuchten Elements angibt, also den erstgrößten Wert, den zweitgrößten Wert usw.

`=KGRÖSSTE(Matrix;k)`

Matrix ist der Bereich B2:B17, *k* muss dagegen erst bestimmt werden und zwar mit der Funktion ZÄHLENWENN.

2 Würden Sie mit ZÄHLENWENN einfach die Anzahl der Werte ermitteln und diese Funktion nach unten kopieren, erhalten Sie in allen Zeilen dasselbe Ergebnis, nämlich 3 wie im Bild unten in Spalte G. Wenn Sie dagegen die aktuelle Zeilennummer vom Ergebnis abziehen, erhalten Sie für jede Zeile einen niedrigeren Wert, wie im Bild unten in Spalte H. Allerdings muss zuvor noch die Überschriftzeile hinzuaddiert werden.

Bild 5.74 Anzahl der Bundesländer und Rangfolge ermitteln

H2: `=ZÄHLENWENN($B$2:$B$17;">10000000")+1-ZEILE(A1)`

	A	B	C	D	E	F	G	H
1	Bundesland	Einwohner		Bundesland	Einwohner		Anzahl Werte	Rangfolge
2	Baden-Württemberg	11.103.043					3	3
3	Bayern	13.140.183					3	2
4	Berlin	3.664.088					3	1
5	Brandenburg	2.531.071					3	0
6	Bremen	680.130					3	-1
7	Hamburg	1.851.430					3	-2
8	Hessen	6.293.154					3	-3

3 Setzt man nun diesen Ausdruck als Argument *k* in die Funktion KGRÖSSTE ein und kopiert die Formel nach unten, erhält man das unten abgebildete Ergebnis.

`=KGRÖSSTE($B$2:$B$17;ZÄHLENWENN($B$2:$B$17;">10000000")+1-ZEILE(A1))`

Bild 5.75 Einwohnerzahlen mit KGRÖSSTE

Damit haben wir auch schon die Formel zur Ermittlung der Einwohnerzahlen. Der Fehler *#ZAHL!* entsteht beim Kopieren dadurch, dass KGRÖSSTE mit 0 und negativen Werten nicht umgehen kann. Dies lässt sich jedoch mit der Funktion WENNFEHLER vermeiden. Geben Sie also in E2 folgende Funktion ein und kopieren Sie die Formel nach unten.

E2:=WENNFEHLER(KGRÖSSTE($B$2:$B$17;ZÄHLENWENN($B$2:$B$17;">10000000")+1-ZEILE(A1));"")

Bild 5.76 Die gefundenen Einwohnerzahlen

Das dazugehörige Bundesland in D2 ermitteln Sie anhand der Einwohnerzahl mit INDEX und VERGLEICH und kopieren dann die Formel ebenfalls.

D2: =WENNFEHLER(INDEX($A$2:$B$17;VERGLEICH(E2;$B$2:$B$17;0);1);"")

Bild 5.77 Das Bundesland wird anhand der Einwohnerzahl ermittelt

5.5 Tabellenbereiche mit Funktionen umstellen (Microsoft 365)

Nicht immer entspricht der Aufbau einer Tabelle den Anforderungen für nachfolgende Auswertungen, z. B. wenn nur bestimmte Spalten und/oder Zeilen benötigt werden oder Zeilen in Spalten umgewandelt werden müssen und umgekehrt. Abhilfe schaffen in solchen Fällen einige neue Matrixfunktionen, die derzeit nur in Microsoft 365 und Excel für das Web verfügbar sind, nicht aber in älteren Excel-Versionen. Diese Funktionen sind ebenfalls in der Excel-Kategorie *Nachschlagen und Verweisen* zu finden.

Tabellenbereiche mit WEGLASSEN ausschließen

Microsoft 365

Wie Sie mit der Funktion ÜBERNEHMEN eine bestimmte Anzahl Zeilen und/oder Spalten aus einer Tabelle übernehmen, wurde auf Seite 232 beschrieben. Wenn Sie dagegen zusammenhängende Zeilen und Spalten ausschließen möchten, dann setzen Sie dazu die Funktion WEGLASSEN ein.

=WEGLASSEN(Array, Zeilen,[Spalten])

Argument	Beschreibung
Array	Die Matrix, aus der Zeilen oder Spalten entfernt werden sollen.
rows	Anzahl der auszuschließenden Zeilen, ein negativer Wert entfernt diese vom Ende der Matrix.
columns	Anzahl der auszuschließenden Spalten, eine negative Zahl entfernt die Spalten vom Ende der Matrix.

Damit lassen sich beispielsweise Überschrift- oder Ergebniszeilen von einer Excel-Tabelle entfernen oder in weiteren Auswertungen nicht benötigte Spalten ausschließen. Als Beispiel wurden im Bild unten in E3 die Summe und die letzte Spalte der Ausgangstabelle ausgeschlossen mit der Formel:

=WEGLASSEN(A3:C8;-1;-1)

Bild 5.78 Beispiel: Summenzeile weglassen

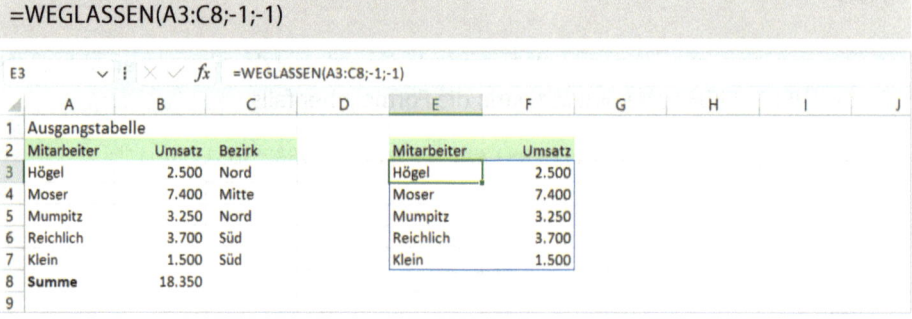

Hinweis: Sie können mit WEGLASSEN entweder vom Beginn oder vom Ende der Matrix her Zeilen und Spalten ausschließen, nicht aber von beiden Seiten. Um einen dazwischen liegenden Bereich zu erhalten, müssen Sie die Funktion entweder verschachteln oder Sie verwenden die Funktionen ZEILENWAHL bzw. SPALTENWAHL, siehe nächster Punkt.

Spalten auswählen und/oder neu anordnen (SPALTENWAHL)

Microsoft 365

Wenn Sie nur bestimmte Spalten übernehmen und/oder Spalten in anderer Reihenfolge anordnen möchten, dann benutzen Sie dazu die Funktion SPALTENWAHL.

```
=SPALTENWAHL(array,col_num1,[col_num2],...)
```

Argument	Beschreibung
Array	Tabelle oder Matrix, aus der die Spalten oder Zeilen zurückgegeben werden sollen.
col_num1	Erste Spaltennummer, die zurückgegeben werden soll.
[col_num2]	Weitere Spaltennummern, die zurückgegeben werden sollen.

Beispiel: Preisliste zusammenstellen (SPALTENWAHL)

SPALTENWAHL.xlsx

So lässt sich mit SPALTENWAHL für weitere Auswertungen aus den benötigten Spalten ein zusammenhängender Bereich bilden, ohne die übrigen Spalten zu löschen. Hier ein Beispiel, das aus einer Artikeltabelle nur die, für eine Preisliste relevanten Spalten zusammenstellt. Im Bild ein Auszug aus der Ausgangstabelle im Blatt *Artikeltabelle*.

	A	B	C	D	E	F	G
1	**Ausgangstabelle**						
2	Lagerort	ArtikelID	Artikelbezeichnung	Lagerbestand	Preis Netto	Produktgruppe	
3	H-1	100010	Arbeitsdrehstuhl, Holz mit Rollen	1	89,00	Büromöbel	
4	H-1	100023	Arbeitsdrehstuhl mit Bodengleitern und verchromtem Fußring	0	129,00	Büromöbel	
5	H-1	100234	Arbeitsdrehstuhl Tec 20 mit Rollen	1	59,00	Büromöbel	
6	H-1	309911	Flachablageschrank 110,0 x 76,5 x 42,0cm 5 Schubladen	0	699,00	Büromöbel	
7	H-1	309921	Flachablageschrank 110,0 x 76,5 x 42,0cm 3 Schubladen	10	599,00	Büromöbel	
8	G-3	100200	Kugelschreiber, transparent mit Innenbeleuchtung	200	1,50	Bürobedarf	
9	G-4	100245	Bleistifte, extra hart, 100 St.	15	6,23	Bürobedarf	
10	G-5	100248	PROFI Kugelschreiber, farbig sortiert, 100 St.	0	13,00	Bürobedarf	
11	G-6	100251	Klebestift, Sparkleber extrastark 10,0 g	600	0,35	Bürobedarf	
12	G-7	100256	IQ Kugelschreiber, Oberfläche metallic 10 St.	60	4,33	Bürobedarf	
13	G-8	307001	Kopierpapier weiss A4, Standardqualität 500 Blatt	89	3,99	Bürobedarf	

Bild 5.79 Artikeltabelle (Auszug)

Tipp: Formatieren Sie die Ausgangsdaten als Tabellenbereich, dann werden im Ausgabebereich auch neu hinzugekommene Zeilen automatisch berücksichtigt.

Um in einem gesonderten Tabellenblatt eine Preisliste aus den Spalten *Produktgruppe* (Spalte 6), *ArtikelID* (Spalte 2); *Artikelbezeichnung* (Spalte 3) und *Preisnetto* (Spalte 5) zusammenzustellen, geben Sie hier in A2 folgende Formel ein:

```
A2: =SPALTENWAHL(Artikeltabelle!A2:F30;6;2;3;5)
```

A2 fx =SPALTENWAHL(Artikeltabelle!A2:F30;6;2;3;5)

	A	B	C	D	E	F
1	**Preisliste**					
2	Produktgruppe	ArtikelID	Artikelbezeichnung	Preis Netto		
3	Büromöbel	100010	Arbeitsdrehstuhl, Holz mit Rollen	89,00		
4	Büromöbel	100023	Arbeitsdrehstuhl mit Bodengleitern und verchromtem Fußring	129,00		
5	Büromöbel	100234	Arbeitsdrehstuhl Tec 20 mit Rollen	59,00		
6	Büromöbel	309911	Flachablageschrank 110,0 x 76,5 x 42,0cm 5 Schubladen	699,00		
7	Büromöbel	309921	Flachablageschrank 110,0 x 76,5 x 42,0cm 3 Schubladen	599,00		
8	Bürobedarf	100200	Kugelschreiber, transparent mit Innenbeleuchtung	1,50		
9	Bürobedarf	100245	Bleistifte, extra hart, 100 St.	6,23		
10	Bürobedarf	100248	PROFI Kugelschreiber, farbig sortiert, 100 St.	13,00		
11	Bürobedarf	100251	Klebestift, Sparkleber extrastark 10,0 g	0,35		
12	Bürobedarf	100256	IQ Kugelschreiber, Oberfläche metallic 10 St.	4,33		
13	Bürobedarf	307001	Kopierpapier weiss A4, Standardqualität 500 Blatt	3,99		

Bild 5.80 Auszug aus der Ergebnismatrix

Nur bestimmte Zeilen mit ZEILENWAHL ausgeben

Microsoft 365

Die Funktion ZEILENWAHL gibt die angegebenen Zeilen aus einer Matrix zurück und besitzt denselben Aufbau wie SPALTENWAHL, wobei als *Array* wieder die gesamte Tabelle oder Matrix angegeben wird und *row_num1*; *row_num2* usw. für die zurückzugebenden Zeilennummern der Matrix stehen.

```
=ZEILENWAHL(array,row_num1,[row_num2],...)
```

ZEILENWAHL.xlsx

Im Bild unten als einfaches Beispiel eine Reihe von Messdaten, aus der die Zeilen 1, 5, 6 und 10 zurückgegeben werden mit der Formel:

```
E2: =ZEILENWAHL(A2:C45;1;5;6;10)
```

Bild 5.81 Mit ZEILENWAHL die angegebenen Zeilen auswählen

Die fortlaufende Nummer in Spalte A wird eigentlich nicht benötigt und dient hier nur zur Kontrolle.

E2 =ZEILENWAHL(A2:C45;1;5;6;10)

	A	B	C	D	E	F	G	H	I
1	Lufttemperatur in ° C								
2	Lfd.Nr.	Datum-Uhrzeit	Temperatur		Lfd.Nr.	Datum-Uhrzeit	Temperatur		
3	1	2021010000	-2,1		4	2021010030	-2,3		
4	2	2021010010	-2,1		5	2021010040	-2,2		
5	3	2021010020	-2,1		9	2021010120	-2,5		
6	4	2021010030	-2,3						
7	5	2021010040	-2,2						
8	6	2021010050	-2,4						
9	7	2021010100	-2,4						
10	8	2021010110	-2,4						
11	9	2021010120	-2,5						
12	10	2021010130	-2,5						

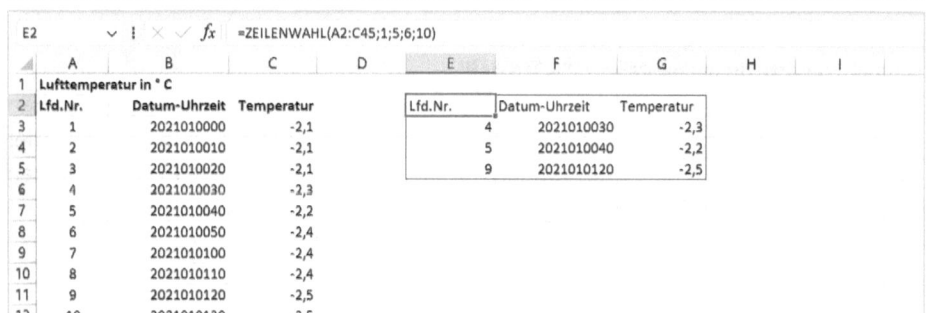

Beispiel: Jede n-te Zeile zurückgeben (Stichprobe)

Häufig wird jedoch statt fest vorgegebener Zeilen eine Stichprobe, z. B. jede 5. Zeile benötigt. In diesem Fall ermitteln Sie die Zeilennummern mit der Funktion SEQUENZ. Diese erzeugt eine Datenreihe mit der angegebenen Schrittweite und besitzt folgenden Aufbau, wobei die Anzahl der Zeilen (oder Spalten) als Argument zwingend erforderlich ist.

```
=SEQUENZ(Zeilen;[Spalten];[Anfang];[Schritt])
```

Wenn Sie also eine Stichprobe von insgesamt 3 Messwerten benötigen und dazu jeden 5. Messwert heranzuziehen möchten, dann geben Sie in E2 die folgende Formel ein. Wird das Argument *Anfang* nicht angegeben, dann beginnt die Reihe mit 1, in diesem Beispiel also mit der Überschriftzeile.

```
E2: =ZEILENWAHL(A2:C46;SEQUENZ(3;;;5))
```

Bild 5.82 Drei Messwerte ermitteln (Auszug aus der Tabelle)

E2 =ZEILENWAHL(A2:C46;SEQUENZ(3;;;5))

	A	B	C	D	E	F	G	H	I
1	Lufttemperatur in ° C								
2	Lfd.Nr.	Datum-Uhrzeit	Temperatur		Lfd.Nr.	Datum-Uhrzeit	Temperatur		
3	1	2021010000	-2,1		5	2021010040	-2,2		
4	2	2021010010	-2,1		10	2021010130	-2,5		
5	3	2021010020	-2,1						
6	4	2021010030	-2,3						
7	5	2021010040	-2,2						

Allerdings ist das noch nicht zufriedenstellend, da sich der Umfang der Stichprobe in der Regel nach der Anzahl der vorhandenen Werte richtet. Dann ermitteln Sie die Anzahl der Messwerte mit ANZAHL2 und teilen diese durch 5. Dann lautet die Formel:

```
E2: =ZEILENWAHL(A2:C46;(SEQUENZ(ANZAHL2(A2:A46)/5;;;5))
```

E2 fx =ZEILENWAHL(A2:C46;SEQUENZ(ANZAHL2(A2:A46)/5;;;5))

	A	B	C	D	E	F	G
1	Lufttemperatur in ° C						
2	Lfd.Nr.	Datum-Uhrzeit	Temperatur		Lfd.Nr.	Datum-Uhrzeit	Temperatur
3	1	2021010000	-2,1		5	2021010040	-2,2
4	2	2021010010	-2,1		10	2021010130	-2,5
5	3	2021010020	-2,1		15	2021010220	-2,4
6	4	2021010030	-2,3		20	2021010310	-2,8
7	5	2021010040	-2,2		25	2021010400	-2,9
8	6	2021010050	-2,4		30	2021010450	-3,6
9	7	2021010100	-2,4		35	2021010540	-3,7
10	8	2021010110	-2,4		40	2021010630	-3,8
11	9	2021010120	-2,5				
12	10	2021010130	-2,5				
13	11	2021010140	-2,6				
14	12	2021010150	-2,6				
15	13	2021010200	-2,5				
16	14	2021010210	-2,4				
17	15	2021010220	-2,4				
18	16	2021010230	-2,4				
19	17	2021010240	-2,6				
20	18	2021010250	-2,6				
21	19	2021010300	-2,6				
22	20	2021010310	-2,8				
23	21	2021010320	-2,8				

Bild 5.83 Beispiel Stichprobe: jeder 5. Wert

Hinweis: Wenn Sie mit dem 1. Wert beginnen möchten, dann geben Sie in der Funktion SEQUENZ als Argument *Anfang* eine 2 an. Dann beginnt die Reihe ab der zweiten Tabellenzeile und die Überschriften werden nicht ausgegeben.

Jeden n-ten Wert mit Excel 2019 und älter ermitteln

Leider steht die Funktion ZEILENWAHL nur in Microsoft 365 zur Verfügung. Mit Excel 2019 und älter müssen Sie sich bei solchen Aufgabenstellungen anders behelfen. Hier ein Beispiel, das mit den Funktionen INDEX und ZEILE ebenfalls jeden 5. Wert aus der zuvor verwendeten Tabelle mit Messdaten liefert (Bild 5.84).

Dabei wird zuerst in E3 mit INDEX und ZEILE die laufende Nummer der benötigten Werte ermittelt; damit die Funktion über mehrere Zeilen kopiert werden kann und Fehlerwerte bei nicht vorhandenen Zahlen unterdrückt werden, schließen wir die Formel außerdem in die Funktion WENNFEHLER ein:

```
E3: =WENNFEHLER(INDEX($A$3:$A$46;ZEILE(A1)*5);"")
```

Anschließend wird in F3 mit SVERWEIS Datum und Uhrzeit und in G3 die Temperatur ermittelt, beide werden ebenfalls in die Funktion WENNFEHLER eingeschlossen.

```
F3: =WENNFEHLER(SVERWEIS(E3;$A$3:$C$46;2;FALSCH);"")
G3: =WENNFEHLER(SVERWEIS(E3;$A$3:$C$46;3;FALSCH);"")
```

Die Funktion INDEX liefert in diesem Fall als ersten Wert die Tabellenzeile 5; falls Sie mit der Zeile 1 beginnen möchten so müssen Sie in E3 in der Funktion ZEILE jeweils 4 (Zeilen) abziehen.

```
E3:  =WENNFEHLER(INDEX($A$3:$A$46;ZEILE(A1)*5-4);"")
```

Bild 5.84 Jeden n-ten Wert mit INDEX und ZEILE ermitteln

Zeilen in Spalten umwandeln und umgekehrt (ZUZEILE und ZUSPALTE)

Microsoft 365!

Möchten Sie die Werte einer Spalte in einer Zeile anordnen oder umgekehrt die Werte einer Zeile als Spalte, dann kommen die beiden Funktionen ZUZEILE und ZUSPALTE zum Einsatz, beide besitzen denselben Aufbau:

Wenn es nur um das Anordnen einer einzigen Zeile oder Spalte geht, dann können Sie mit älteren Excel-Versionen stattdessen die Funktion MTRANS einsetzen, siehe nächste Seite.

```
=ZUZEILE(Array, [ignorieren], [nach_Spalte_scannen])
=ZUSPALTE(Array, [ignorieren], [nach_Spalte_scannen])
```

Argument	Beschreibung
Array	Bereich, der als Zeile /Spalte zurückgegeben werden soll
ignorieren	Gibt an, ob bestimmte Werte ignoriert werden sollen, folgenden Angaben sind möglich: ▪ 0: Alle Werte zurückgeben (Standardeinstellung) ▪ 1: Leerzeichen ignorieren ▪ 2: Fehlerwerte ignorieren ▪ 3: Leerzeichen und Fehlerwerte ignorieren
nach_Spalte_scannen	Falls das Array mehrere Zeilen und Spalten umfasst, werden in der Standardeinstellung oder mit dem Wert FALSCH die Werte zeilenweise gescannt und ausgegeben. Mit WAHR dagegen werden die Werte spaltenweise gescannt.

Beispiel 1: Werte aus Zeile in Spalte anordnen

Die folgende Formel ordnet die Werte in Zeile 1 in einer Spalte an:

```
H1:  =ZUSPALTE(A1:F1)
```

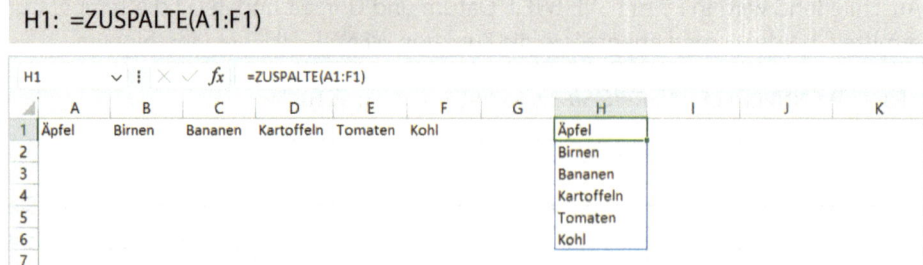

Bild 5.85 Werte aus Zeile in Spalte

ZUZEILE_ZUSPALTE_MTRANS.xlsx

Beispiel 2: Werte aus Spalte in Zeile anordnen

Umgekehrt ordnet die folgende Formel die Werte der Spalte A in einer Zeile an:

C1: =ZUZEILE(A1:A5)

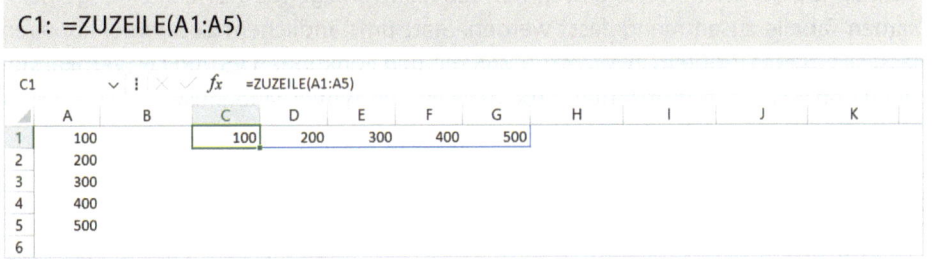

Bild 5.86 Werte aus Spalte in Zeile anordnen

Beispiel 3: Array aus mehreren Spalten und Zeilen in Spalte anordnen

Manchmal liegen die Werte auch als Matrix in mehreren Zeilen und Spalten vor, werden aber zur Auswertung als Spalte benötigt. Dann entscheiden Sie mit dem Argument, ob die Werte zeilenweise (*FALSCH* oder keine Angabe) oder spaltenweise eingelesen (*WAHR*) bzw. ausgegeben werden.

Bild 5.87 Werte aus Matrix in Spalte anordnen

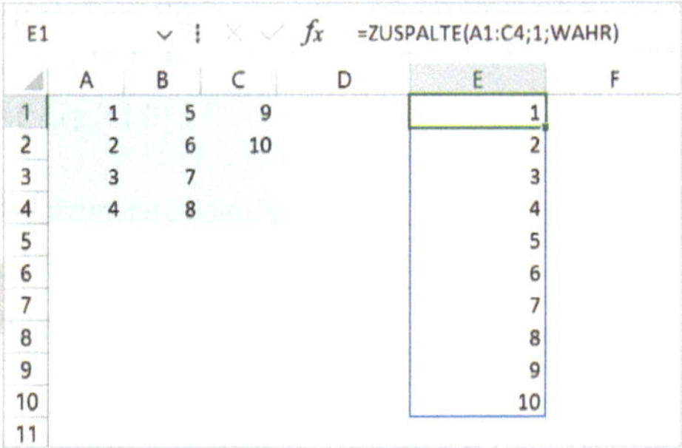

Damit z. B. die rechts abgebildeten Zahlen in der korrekten Reihenfolge ausgegeben werden, muss das Argument *nach_Spalte_scannen* WAHR lauten. Außerdem sollen die fehlenden Werte in C3 und C4 ignoriert werden und die Formel in E1 lautet somit:

E1: =ZUSPALTE(A1:C4;1;WAHR)

Tabellen drehen (transponieren) mit MTRANS

Mit der Funktion MTRANS können Sie Tabellen drehen, d. h. vertikal angeordnete Werte in Zeilen umwandeln und umgekehrt. Diese Funktion ist auch in älteren Excel-Versionen verfügbar und entspricht dem Transponieren beim Einfügen aus der Zwischenablage, die Syntax ist einfach:

=MTRANS(Matrix)

Hier ein einfaches Beispiel, bei dem in D1 mit MTRANS die Tabelle in A:B5 gedreht wird.

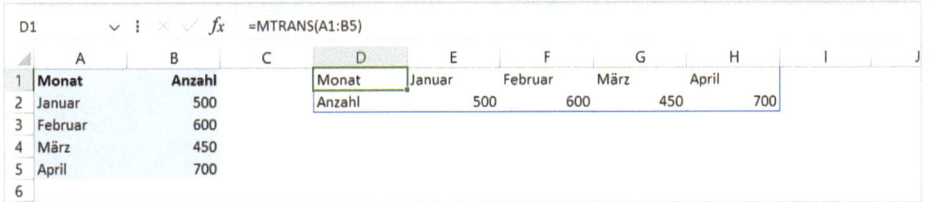

Bild 5.88 Tabelle drehen mit MTRANS

Achtung Matrixformel: Mit Excel 2019 und älter muss diese Funktion als Matrixformel eingegeben werden, d. h. Sie müssen zuvor den gesamten Ausgabebereich markieren und die Formeleingabe mit **Strg+Umschalt+Eingabetaste** abschließen.

Mehrere Tabellenbereiche aneinanderfügen mit VSTAPELN und HSTAPELN

Oftmals müssen mehrere, in getrennten Tabellen vorliegende Werte in einer gemeinsamen Tabelle zusammengefasst werden. Statt umständlichem Zusammenkopieren lässt sich dieses Problem in Microsoft 365 mit den Funktionen VSTAPELN (vertikal stapeln) und HSTAPELN (horizontal stapeln) lösen. Die Syntax ist identisch:

Microsoft 365!

=VSTAPELN(array1;[array2];…)

=HSTAPELN(array1;[array2];…)

▶ Ob sich die zu stapelnden Arrays neben- oder untereinander oder in gesonderten Arbeitsblättern befinden, spielt keine Rolle. Der Tabellenaufbau sollte hingegen identisch sein.

▶ Bei VSTAPELN richtet sich die Anzahl der Spalten der Ergebnismatrix nach der maximalen Anzahl Spalten der einzelnen Arrays. Umfasst ein Array weniger Spalten, so erscheint bei den fehlenden Werten der Fehlerwert #N/A. Genauso verhält es sich mit fehlenden Zeilen in der Funktion HSTAPELN. Der Fehlerwert lässt sich jedoch unterdrücken, wenn die jeweilige Funktion in die Funktion WENNFEHLER eingeschlossen wird.

Beispiel: Quartalstabellen zusammenfassen

Hier ein Beispiel bei dem die Quartalszahlen in getrennten Tabellen vorliegen. Diese werden in M2 mit folgender Formel vertikal gestapelt. Damit die Spaltenüberschriften nur ein einziges Mal erscheinen, werden diese nur beim ersten Array berücksichtigt.

Bild 5.89 Ausgangstabellen und Ergebnis

M2: =VSTAPELN(A2:B5;D3:E5;G3:H5;J3:K5)

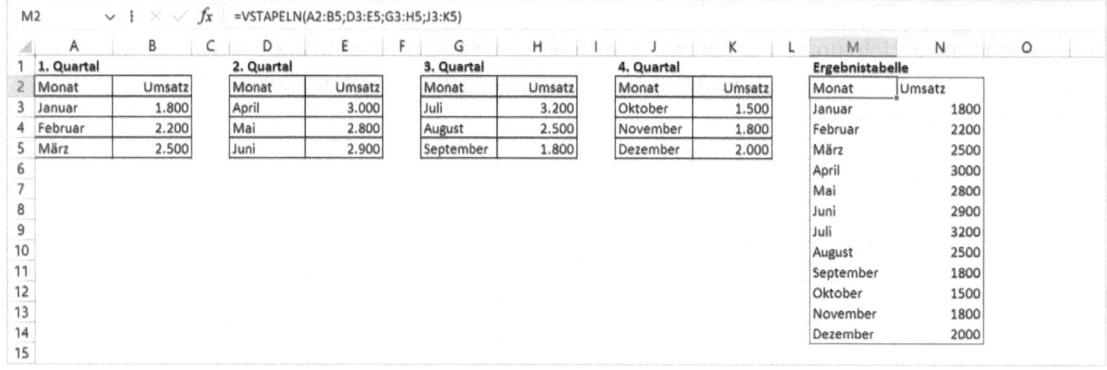

VSTAPELN_HSTAPELN.xlsx

Beispiel: Dynamische Tabellen zusammenfassen

Noch interessanter ist natürlich die Möglichkeit, umfangreiche Tabellen aus mehreren Tabellenblättern zusammenzufassen und damit auch nachträglich neu hinzugekommene Daten automatisch berücksichtigt werden, sollten diese als dynamische Tabellen formatiert sein (s. Kap. 1.4). Hier ein Beispiel, das die Teilnehmer aus Kurs A, Kurs B und Kurs C in einer einzigen Liste zusammenfasst. Jede Teilnehmerliste befindet sich in einem gesonderten Tabellenblatt und wurde als Tabelle formatiert, die die jeweilige Kursbezeichnung als Name erhalten hat.

 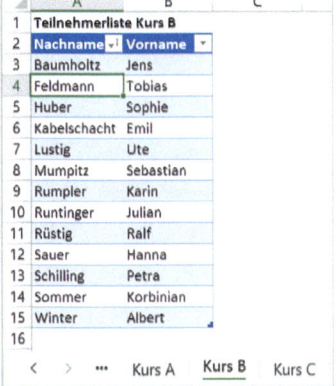 

Bild 5.90 Die einzelnen Teilnehmertabellen

Um diese Listen in einem weiteren Tabellenblatt zusammenzufassen, geben Sie hier in A2 die folgende Formel ein. Damit die Namensliste sortiert ausgegeben wird, wurde sie außerdem in die Funktion SORTIEREN eingeschlossen (Bild 5.91).

A2: = SORTIEREN(VSTAPELN(KursA;KursB;KursC))

Manche Teilnehmer haben sich allerdings gleich für mehrere Kurse angemeldet und sind daher in der Liste mehrfach aufgeführt. Wenn Sie Mehrfachnennungen ausschließen möchten, dann verwenden Sie zusätzlich die Funktion EINDEUTIG (Bild 5.92).

A2: = SORTIEREN(EINDEUTIG(VSTAPELN(KursA;KursB;KursC)))

Bild 5.91 Sortierte Liste ausgeben

Bild 5.92 Eindeutige Liste

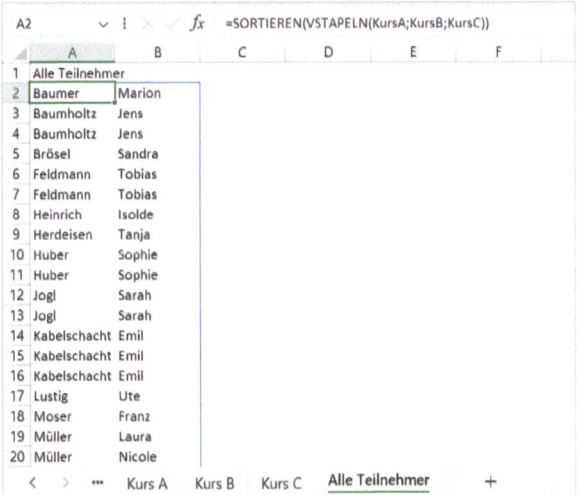 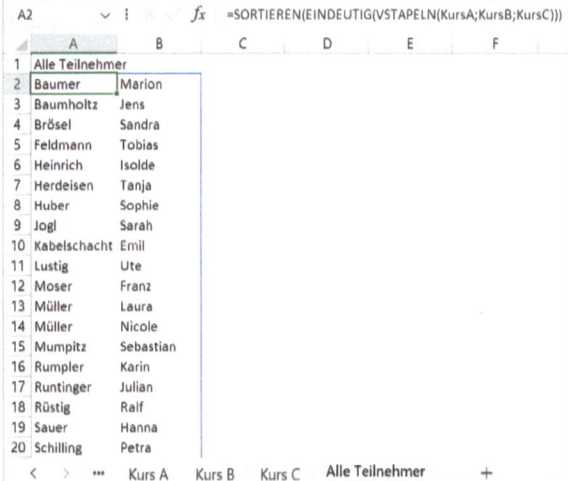

Tabellen mit HSTAPELN zusammenfassen

Im Gegensatz zu VSTAPELN fügt die Funktion HSTAPELN horizontal aneinander, dabei ist ebenfalls darauf zu achten, dass die Tabellen den gleichen Aufbau besitzen. Hier ein einfaches Beispiel, bei dem drei Tabellen mit unterschiedlichen Informationen zum jeweils selben Artikel nebeneinander zusammengefasst werden mit folgender Formel:

Bild 5.93 Tabellen horizontal stapeln

```
E1: =HSTAPELN(A1:C5;B7:C11;B13:C17)
```

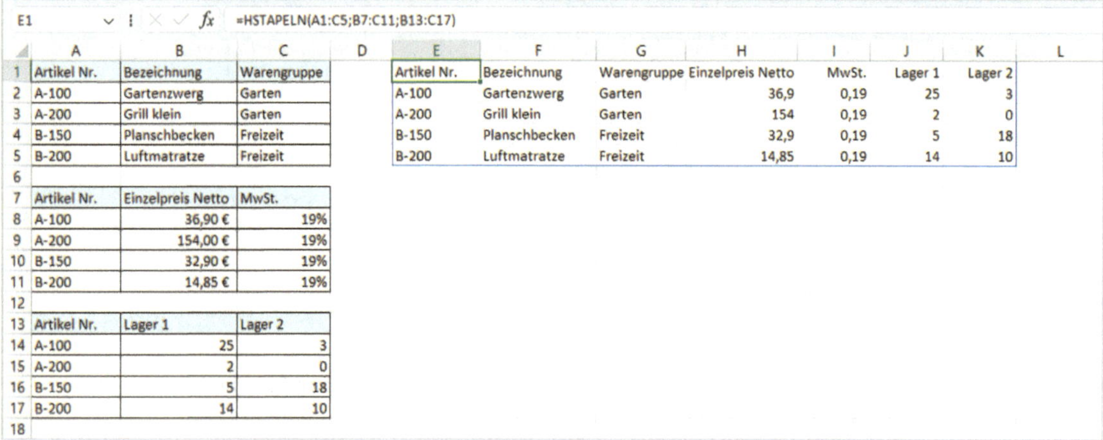

E1 =HSTAPELN(A1:C5;B7:C11;B13:C17)

Artikel Nr.	Bezeichnung	Warengruppe
A-100	Gartenzwerg	Garten
A-200	Grill klein	Garten
B-150	Planschbecken	Freizeit
B-200	Luftmatratze	Freizeit

Artikel Nr.	Einzelpreis Netto	MwSt.
A-100	36,90 €	19%
A-200	154,00 €	19%
B-150	32,90 €	19%
B-200	14,85 €	19%

Artikel Nr.	Lager 1	Lager 2
A-100	25	3
A-200	2	0
B-150	5	18
B-200	14	10

Artikel Nr.	Bezeichnung	Warengruppe	Einzelpreis Netto	MwSt.	Lager 1	Lager 2
A-100	Gartenzwerg	Garten	36,9	0,19	25	3
A-200	Grill klein	Garten	154	0,19	2	0
B-150	Planschbecken	Freizeit	32,9	0,19	5	18
B-200	Luftmatratze	Freizeit	14,85	0,19	14	10

Zeilen oder Spalten in Matrix umwandeln (ZEILENUMBRUCH, SPALTENUMBRUCH)

Nur Microsoft 365!

Falls Sie eine Zeile oder Spalte in eine Matrix umwandeln möchten, stellt Excel bzw. Microsoft 365 auch dafür zwei passende Funktionen zur Verfügung.

- ZEILENUMBRUCH teilt eine Spalte oder Zeile nach der angegebenen Anzahl Elemente in **Zeilen** auf.
- SPALTENUMBRUCH teilt eine Spalte oder Zeile nach der angegebenen Anzahl Elemente in **Spalten** auf.

```
=ZEILENUMBRUCH(Vektor; wrap_count; [pad_with])
=SPALTENUMBRUCH(Vektor; wrap_count; [pad_with])
```

ZEILENUMBRUCH_ SPALTENUMBRUCH. xlsx

- *Vektor*: Die aufzuteilende Spalte oder Zeile
- *wrap_count*: gibt an, nach wie vielen Elementen der Umbruch erfolgt
- *pad_with*: mit welchem Zeichen sollen fehlende Einträge aufgefüllt werden? Wenn nichts angegeben wird, erscheint #NV.

Bild 5.94 Zeilenumbruch nach 3 Elementen

Bild 5.95 Spaltenumbruch nach 5 Elementen

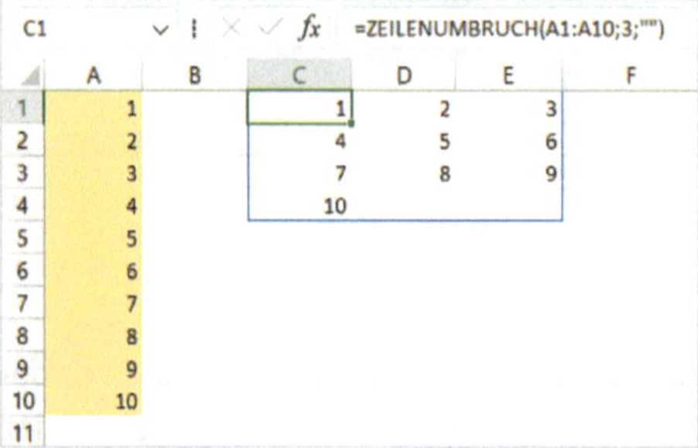

C1 =ZEILENUMBRUCH(A1:A10;3;"")

A	B	C	D	E
1		1	2	3
2		4	5	6
3		7	8	9
4		10		
5				
6				
7				
8				
9				
10				

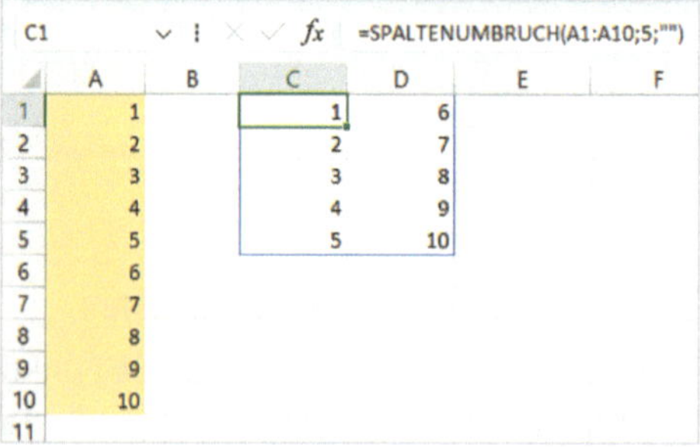

C1 =SPALTENUMBRUCH(A1:A10;5;"")

A	B	C	D
1		1	6
2		2	7
3		3	8
4		4	9
5		5	10
6			
7			
8			
9			
10			

In Bild 5.94 ein Beispiel, bei denen mit ZEILENUMBRUCH der Umbruch nach jeweils drei Elementen erfolgt und in Bild Bild 5.95 erfolgt mit SPALTENUMBRUCH nach jeweils fünf Einträgen die Aufteilung in Spalten. Die Formeln dazu jeweils in C1 lauten:

```
C1:  =ZEILENUMBRUCH(A1:A10;3;"")

C1:  =SPALTENUMBRUCH(A1:A10;5;"")
```

Ausgabebereich um Zeilen und Spalten ergänzen (ERWEITERN)

Mit der Funktion ERWEITERN lässt sich der Ausgabebereich um die angegebene Anzahl Zeilen und/Spalten erweitern.

Microsoft 365

```
=ERWEITERN(Matrix;Zeilen;[Spalten];[Pad])
```

- *Matrix*: Die Ausgangstabelle
- *Zeilen*: Keine Angabe oder 0: es werden keine Zeilen angefügt. Zahl größer als Ausgangsmatrix: Ausgabebereich erhält die neue Anzahl Zeilen.
- *Spalten*: Keine Angabe oder 0: es werden keine Zeilen angefügt. Zahl größer als Ausgangsmatrix: Ausgabebereich erhält die neue Anzahl Spalten.
- *Pad*: Standardmäßig werden neu hinzugefügte Zellen mit #NV aufgefüllt. Alternativ kann mit dem Argument *Pad* eine Zeichenfolge angegeben werden.

Hier ein Beispiel, bei dem die Tabelle in A1:B6 um eine Spalte auf drei Spalten erweitert und hier ein Bindestrich ausgegeben wird. Dazu geben Sie in D1 folgende Formel ein:

```
D1:  =ERWEITERN(A1:B6;;3;"-")
```

	A	B	C	D	E	F
1	Produkt	Menge		Produkt	Menge	-
2	A-100	75		A-100	75	-
3	A-200	5		A-200	5	-
4	A-300	120		A-300	120	-
5	B-120	66		B-120	66	-
6	B-150	120		B-150	120	-

Bild 5.96 Ausgabebereich erweitern

ERWEITERN.xlsx

Matrix in Zeichenfolge umwandeln (MATRIXZUTEXT)

Die Funktion MATRIXZUTEXT fügt die Inhalte eines zusammenhängenden Zellbereichs mit Semikolon als Trennzeichen aneinander und gibt eine Zeichenfolge zurück. Nützlich kann diese Funktion sein, wenn ein nachfolgender Bearbeitungsschritt die Ausgangsdaten in dieser Form voraussetzt. Beachten Sie aber, dass der Rückgabewert vom Typ Text ist.

```
=MATRIXZUTEXT(Matrix;[Format])
```

- *Matrix*: der umzuwandelnde Bereich

- *Format* steuert das Ausgabeformat: *0* (knapp) gibt alle Werte mit Semikolon als Trennzeichen zurück; *1* (streng) trennt Spalten mit Punkt und Zeilen mit Semikolon, außerdem wird Text in Anführungszeichen gesetzt und der gesamte Ausdruck in geschweifte Klammern eingeschlossen.

Im Bild unten ein Vergleich der beiden Formate: In D1 das Format *knapp* und in D2 das Format *streng*.

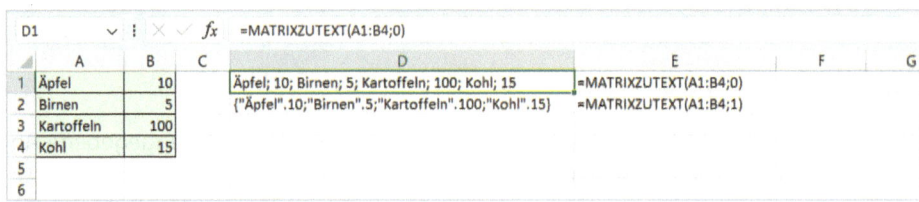

Bild 5.97 MATRIXZU-TEXT

5.6 Weitere Einsatzmöglichkeiten für Verweisfunktionen

Die Adresse eines bestimmten Werts in einer Matrix finden

Die Funktionen SVERWEIS, VERGLEICH usw. haben einen Nachteil: Sie akzeptieren jeweils nur eine Zeile oder Spalte als Suchmatrix. Geben Sie in diesen Funktionen z. B. den Bereich A2:C6 als Suchmatrix an, erhalten Sie als Ergebnis den Fehlerwert #NV.

Beispiel: Adresse des höchsten Werts in einer Matrix ermitteln

Als Beispiel soll aus der unten abgebildeten Matrix die Adresse des höchsten Werts ermittelt werden. Der Wert selbst ist mit der Formel =MAX(A2:C6) schnell berechnet, hier in F1.

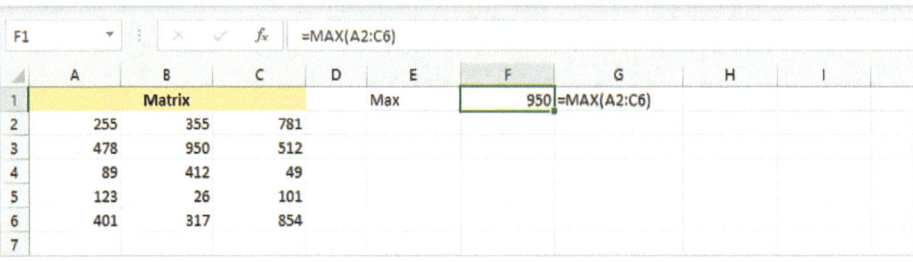

Bild 5.98 Beispielmatrix

Zelladressen in Matrix.xlsx

Will man nicht Zeile für Zeile oder Spalte durchsuchen, wie im Beispiel Entfernungsmatrix auf Seite 207, dann ermitteln Sie mit der Funktion SUMMENPRODUKT jeweils die Zeile und Spalte und bilden aus diesen mit der Funktion ADRESSE die Zelladresse. Zur Verdeutlichung werden die einzelnen Funktionen zunächst gesondert berechnet.

1 Die Zeile ermitteln Sie mit der folgenden Funktion, hier in F2:

F2: =SUMMENPRODUKT((A2:C6=F1)*ZEILE(2:6))

2 Die Spalte wird in F3 mit dieser Funktion ermittelt:

F3: =SUMMENPRODUKT((A2:C6=F1)*SPALTE(A:C))

3 Die Zelladresse erhalten Sie dann in F4 mit der Funktion ADRESSE; der Parameter *[Abs]* legt fest, ob Sie eine relative (4), wie im Bild unten, oder eine absolute Zelladresse (1) erhalten möchten.

F4: =ADRESSE(F2;F3;4)

Bild 5.99 Die einzelnen Funktionen

	A	B	C	D	E	F	G
1		Matrix			Max	950	=MAX(A2:C6)
2	255	355	781		Zeile	3	=SUMMENPRODUKT((A2:C6=F1)*ZEILE(2:6))
3	478	950	512		Spalte	2	=SUMMENPRODUKT((A2:C6=F1)*SPALTE(A:C))
4	89	412	49		Adresse	B3	=ADRESSE(F2;F3;4)
5	123	26	101				
6	401	317	854				
7							

Wenn Sie alles in einer einzigen Funktion zusammenfassen möchten, dann brauchen Sie nur die Funktionen zur Ermittlung der Zeile und Spalte in die Funktion ADRESSE kopieren.

Bild 5.100 Adresse in einer einzigen Funktion

F2 =ADRESSE(SUMMENPRODUKT((A2:C6=F1)*ZEILE(2:6));SUMMENPRODUKT((A2:C6=F1)*SPALTE(A:C));4)

	A	B	C	D	E	F	G	H	I	J	K
1		Matrix			Max	950					
2	255	355	781		Adresse	B3					
3	478	950	512								
4	89	412	49								
5	123	26	101								
6	401	317	854								
7											

Ein Waffel-Diagramm erzeugen

Bild 5.101 Beispiel Waffeldiagramm

Ein Rechteck- oder Waffeldiagramm lässt sich wie ein Kreisdiagramm einsetzen und eignet sich am besten zum Vergleich einer Größe mit der Grundgesamtheit. Beispielsweise, um den Umsatzanteil eines Produkts am Gesamtumsatz zu zeigen oder den Frauenanteil im Bundestag. Als Beispiel im Bild rechts der Frauenanteil in der IT-Abteilung einer fiktiven Firma.

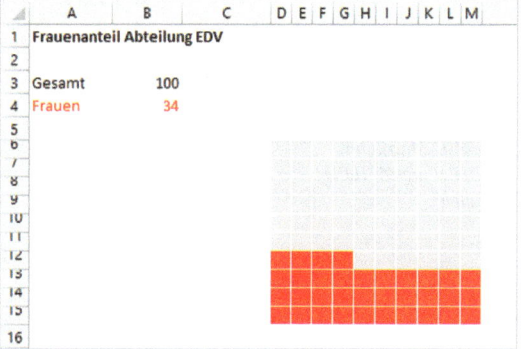

Der Diagrammtyp Waffeldiagramm wird von Excel nicht zur Verfügung gestellt, kann aber leicht nachgebaut werden. Sie benötigen dazu nur eine 10 x 10 Matrix mit fortlaufenden Zahlen von 1 bis 100 und etwas bedingte Formatierung. Beachten Sie außerdem, dass als Ausgangsdaten Prozentanteile erforderlich sind, diese werden im Gegensatz zum Kreisdiagramm nicht automatisch berechnet.

Waffeldiagramm.xlsx

Matrix mit fortlaufenden Zahlen erzeugen

Im ersten Schritt erzeugen Sie eine 10 x 10 Matrix mit fortlaufenden Zahlen von 1 bis 100, beginnend in der linken unteren Ecke (siehe Bild unten). Diese bildet das Raster des Waffeldiagramms. Wenn Sie die Zahlen nicht manuell eingeben bzw. als Reihe ausfüllen möchten, dann erledigen Sie dies mit einer Formel.

> Details zur Funktion SEQUENZ finden Sie auf Seite 416.

▶ **Microsoft 365**: Wenn Sie Microsoft 365 einsetzen, geht dies am einfachsten und schnellsten mit der Funktion SEQUENZ und folgender Formel in D6. Damit die Zahlen in absteigender Folge erzeugt werden, benötigen Sie zusätzlich noch die Funktion SORTIEREN mit dem Parameter -1. Nach Betätigen der Eingabetaste wird der Ausgabebereich automatisch erweitert.

D6: =SORTIEREN(SEQUENZ(10;10;1;1);;-1)

▶ **Alternative, Excel 2019 und älter**: Als Alternative bzw. wenn Sie Excel 2019 und älter einsetzen, geben Sie in D6 die folgende Funktion ein und kopieren diese anschließend über 10 Zeilen und Spalten.

D6: =SPALTEN($A1:A$10)+10*(ZEILEN($A1:A$10)-1)

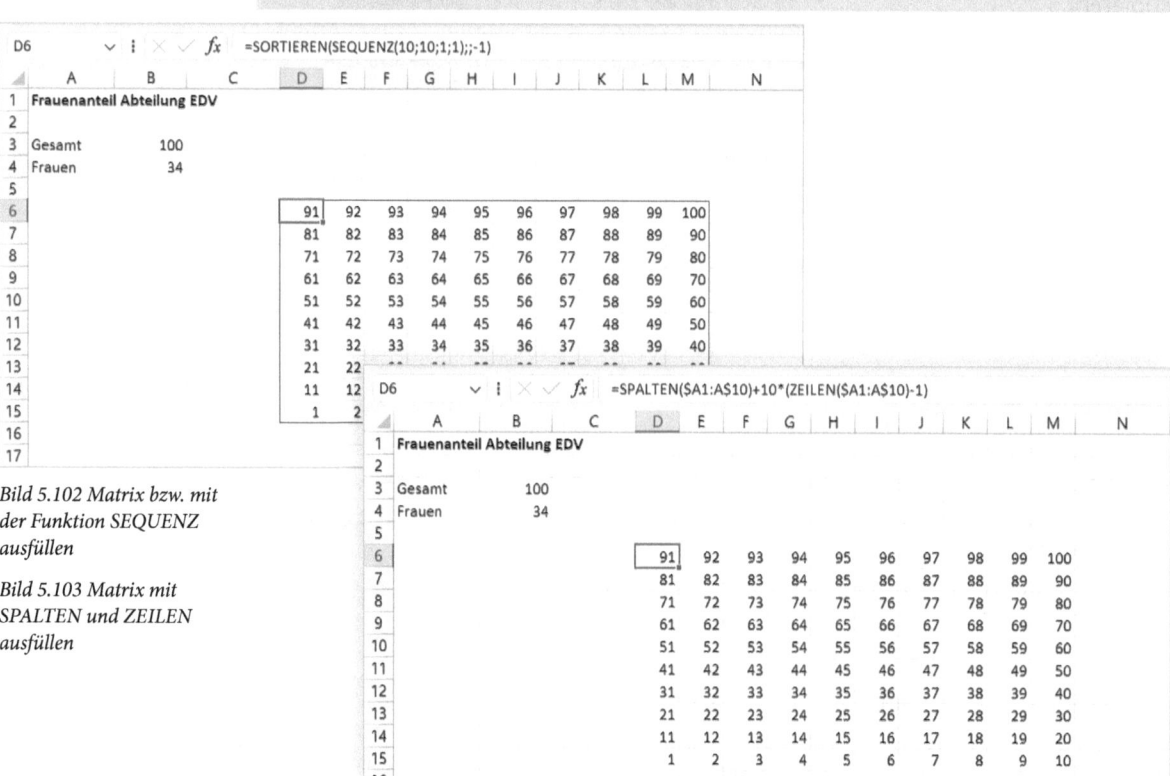

Bild 5.102 Matrix bzw. mit der Funktion SEQUENZ ausfüllen

Bild 5.103 Matrix mit SPALTEN und ZEILEN ausfüllen

Bedingte Formatierung anwenden

Im nächsten Schritt wird die Matrix mit einer bedingten Formatierung versehen. Markieren Sie die Matrix, hier D6:M15, klicken Sie im Register *Start* auf *Bedingte Formatierung* und auf *Neue Regel*. Zuerst erhalten alle Zellen graue Hintergrundfarbe:

1. Wählen Sie den Regeltyp *Nur Zellen formatieren, die enthalten* und legen Sie darunter folgende Regel fest: Zellwert kleiner oder gleich =$B$3.

Bild 5.104 Bedingte Formatierung, erste Regel: Alle Zellen grau

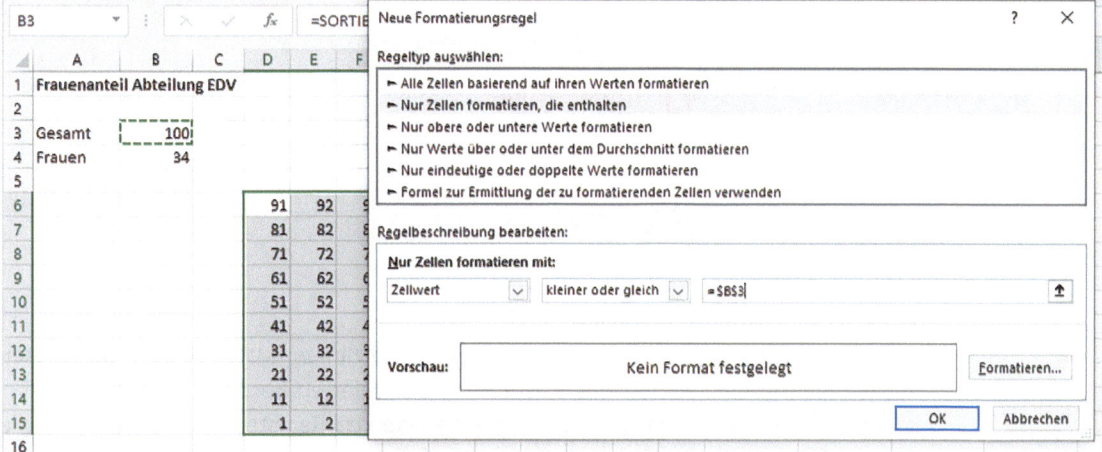

2. Klicken Sie auf die Schaltfläche *Formatieren…* und wählen Sie im Register *Ausfüllen* graue Farbe. Wenn die Zahlen nicht sichtbar sein sollen, dann klicken Sie im selben Fenster auch noch auf das Register *Schrift* und wählen hier dieselbe Farbe als Schriftfarbe. Schließen Sie dann nacheinander die Fenster mit *OK*.

3. Klicken Sie dann erneut auf *Bedingte Formatierung* ▸ *Neue Regel* ▸ *Nur Zellen formatieren, die enthalten* und legen Sie die zweite Regel fest: Zellwert kleiner oder gleich =$B$4. Über die Schaltfläche *Formatieren…* wählen Sie diesmal Rot, sowohl als Hintergrund- als auch als Schriftfarbe.

Bild 5.105 Zweite Regel: Zellen rot einfärben

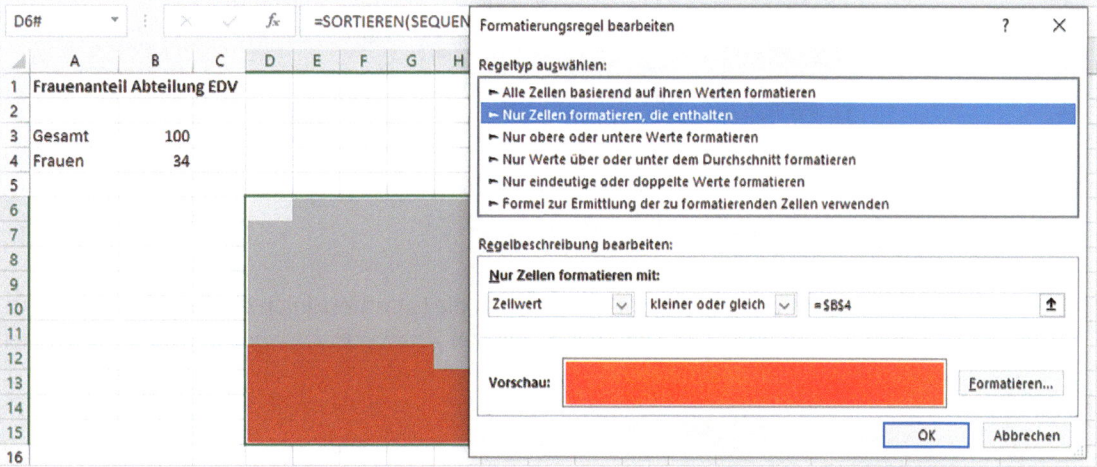

Bild 5.106 Achten Sie auf die richtige Reihenfolge der Regeln

Achten Sie unbedingt auf die Reihenfolge der beiden Regeln: Die Regeln der bedingten Formatierung werden von oben nach unten angewendet. Sollte das gesamte Raster grau ausgefüllt sein, so klicken Sie auf *Bedingte Formatierung* ▶ *Regeln verwalten* und verschieben über die Pfeile ❶ die Regel mit der roten Füllfarbe nach oben ❷, siehe Bild unten.

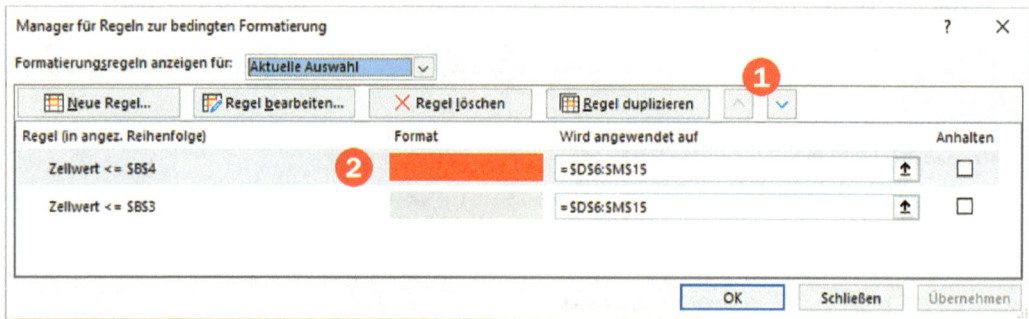

Raster mit Gitternetzlinien formatieren

Zuletzt erhält das Waffeldiagramm noch Gitternetzlinien: Markieren Sie das Raster, klicken Sie mit der rechten Maustaste in den markierten Bereich und auf *Zellen formatieren…*. Wählen Sie im gleichnamigen Fenster das Register *Rahmen* und hier die Rahmenfarbe weiß und klicken Sie danach auf die Symbole *Außen* und *Innen*.

Bild 5.107 Raster mit weißen Rahmenlinien versehen

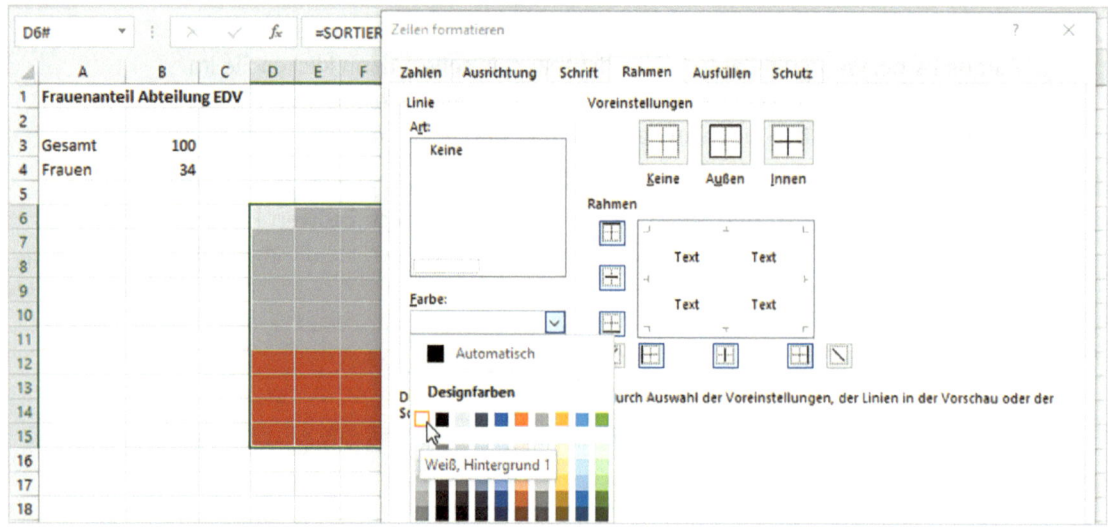

Gitternetz ausblenden

Zuletzt brauchen Sie eigentlich nur noch die Gitternetzlinien des Tabellenblattes ausblenden indem Sie im Menüband, Register *Ansicht* ▶ *Anzeigen* das Kontrollkästchen *Gitternetzlinien* deaktivieren.

5.7 Mit Hyperlinks zu Zellen, Arbeitsblättern und Webseiten navigieren

Im Gegensatz zu den übrigen Funktionen liefert die Funktion HYPERLINK kein Ergebnis in der Zelle, sondern erlaubt über eine Verknüpfung das schnelle Navigieren zu einer bestimmten Zelle oder einem Zellbereich oder zu einem bestimmten Arbeitsblatt. Außerdem lassen sich auf diese Weise auch Dateien öffnen oder Webseiten im Intranet oder Internet ansteuern. Der Aufbau der Funktion:

=HYPERLINK(Hyperlink_Adresse;[Freundlicher_Name])

- Als *Hyperlink_Adresse* geben Sie den vollständigen Pfad und Dateinamen sowie den Zellbezug an, z. B. D:\Daten\Mitarbeiter\Beispieldatei.xlsx.
- *Freundlicher_Name* ist die optionale Bezeichnung, die später statt des eigentlichen und oft wenig aussagefähigen Hyperlinks erscheint.

Tipp: Falls Sie zu einer Zelle oder einem Zellbereich navigieren möchten, sollten Sie diesen einen Namen geben. Dies ist zwar nicht zwingend notwendig, da auch eine Zelladresse angegeben werden kann, erleichtert aber den Überblick in umfangreichen Tabellenblättern und Arbeitsmappen.

Hyperlink erstellen

Ein Hyperlink lässt sich durch Eingabe der Funktion HYPERLINK, entweder über den Funktionsassistenten oder direkte Eingabe in die Zelle, erzeugen. Der einfachste Weg führt jedoch über einen kleinen Assistenten: Klicken Sie mit der rechten Maustaste auf die Zelle, in die der Hyperlink eingefügt werden soll, und auf den Befehl *Link*. Oder markieren Sie die Zelle und klicken im Register *Einfügen* ▶ *Link* auf *Link einfügen...*, oder drücken Sie die Tasten **Strg+K**.

Navigation innerhalb der aktuellen Arbeitsmappe

Wählen Sie links *Aktuelles Dokument* ❶ und danach entweder unter *Zellbezug* ❷ ein Arbeitsblatt oder unter *Festgelegte Namen* ❸ den Namen der gewünschten Zelle.

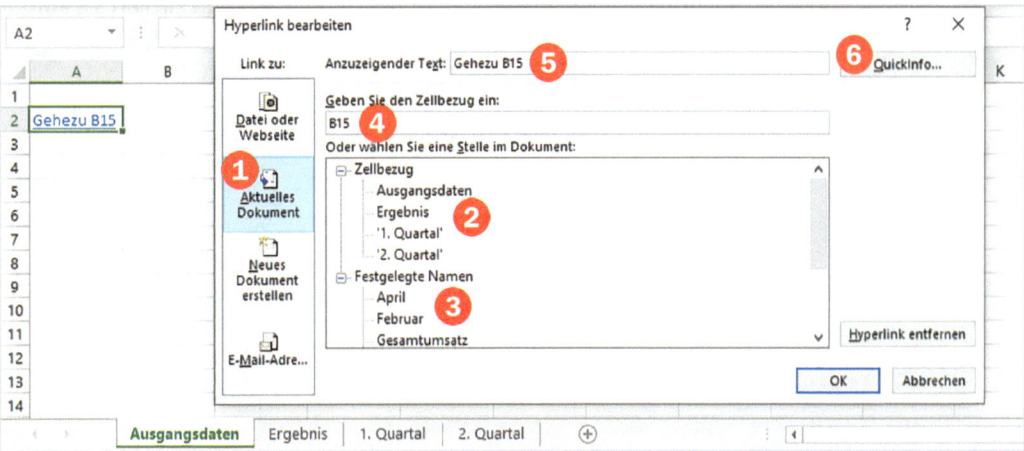

Bild 5.108 Hyperlink einfügen

- Wenn Sie nur ein bestimmtes Arbeitsblatt auswählen, gilt in diesem Blatt standardmäßig der Zellbezug A1. Sie können jedoch im Feld *Geben Sie den Zellbezug ein* ❹ jederzeit auch eine andere Adresse, z. B. B15, angeben.

- Wählen Sie dagegen einen Namen (*Festgelegte Namen*) aus, so spielt es keine Rolle, in welchem Blatt sich die Zelle oder der Zellbereich befindet.

- In der Standardeinstellung erscheint in der Zelle als Hyperlinktext der ausgewählte Name bzw. der Name des Arbeitsblatts zusammen mit der Zelladresse in der Schreibweise *Blattname!A1*. Im Feld *Anzuzeigender Text* ❺ können Sie optional angeben, welcher Text stattdessen angezeigt werden soll.

- Falls im Tabellenblatt weitere Informationen zum Hyperlink benötigt werden, dann klicken Sie auf *Quickinfo...* ❻ und geben Ihren Text ein. Dieser erscheint beim Zeigen anstelle des Standardtexts, siehe Bild unten.

Wie im Browser werden Hyperlinks zumeist in blauer Schrift und unterstrichen dargestellt, beim Zeigen erscheint der Mauszeiger als Hand und beim Anklicken gelangen Sie zu der betreffenden Stelle. Bereits besuchte Hyperlinks sind an der geänderten Schriftfarbe zu erkennen, im Bild unten einige Beispiele.

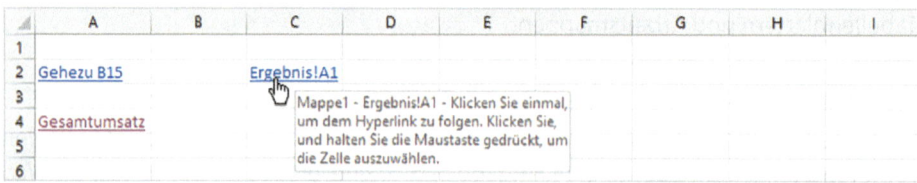

Bild 5.109 Beispiele Hyperlinks

Andere Datei öffnen und anzeigen

Um mittels Hyperlink eine andere Datei zu öffnen und anzuzeigen, klicken Sie im Fenster *Link einfügen* auf *Datei oder Webseite* ❶. Es erscheinen alle Unterordner des Ordners *Dokumente*, öffnen Sie den gewünschten Ordner mit Doppelklick oder wählen Sie mit Klick auf den Dropdown-Pfeil *Suchen in* ❷ einen Ordner oder ein anderes Laufwerk aus. Klicken Sie auf die Datei ❸, geben Sie im Feld *Anzuzeigender Text* statt des kompletten Suchpfads einen aussagefähigeren Hinweis ein und klicken Sie auf *OK*.

Bild 5.110 Datei auswählen

Achtung: Die Adresse ❹ darf nicht überschrieben werden!

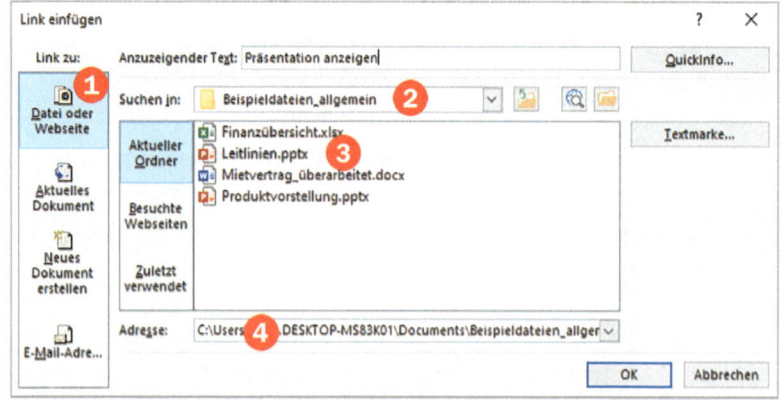

Hinweis: Der Dateityp spielt keine Rolle, Sie können also z. B. auch eine PowerPoint-Präsentation, ein Bild oder ein Word-Dokument auswählen. Beachten Sie aber, dass eine Datei, auf die per Hyperlink verwiesen wird, weder umbenannt, verschoben oder gelöscht werden sollte, da sonst der Hyperlink ins Leere läuft.

Webseiten anzeigen

Genauso gehen Sie auch vor, wenn Sie per Hyperlink eine bestimmte Webseite anzeigen möchten. In diesem Fall geben Sie im Feld *Adresse* die URL der gewünschten Seite ein. **Tipp**: Am einfachsten kopieren Sie diese im Browser mit Klick in das Adressfeld und **Strg+C** in die Zwischenablage und fügen diese anschließend hier ein.

Die Funktion HYPERLINK direkt eingeben

Wenn Sie die Funktion mit dem Funktionsassistenten oder direkt in eine Zelle eingeben möchten, dann berücksichtigen Sie folgende Punkte:

- Die Adresse muss vollständig und in Anführungszeichen angegeben werden, also z. B.:

=HYPERLINK("http://Bildner-verlag.de";"Verlag anzeigen")

- Um zu einer Zelle in der aktuellen Arbeitsmappe zu springen, müssen Dateiname, Blattname und Zelladresse oder Name angegeben werden. Der Dateiname muss in eckigen Klammern stehen, z. B.:

=HYPERLINK("[Mappe1.xlsx]Tabelle1!B10";"Gehe zu B10")

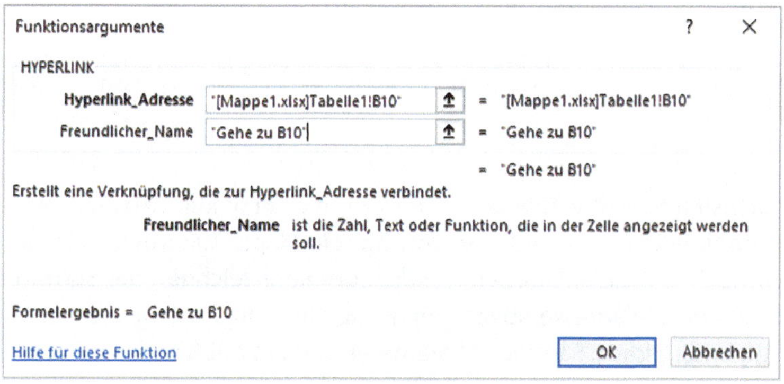

Bild 5.111 Aktuelle Arbeitsmappe

- Um eine andere Datei aufzurufen, muss der vollständige Suchpfad angegeben werden. Ausnahme: Wenn sich die betreffende Datei im selben Ordner wie die aktuelle Arbeitsmappe befindet, kann dieser auch weggelassen werden.

=HYPERLINK("D:\Daten\Beispielordner\[Mappe1.xlsx]Tabelle1!A10")

=HYPERLINK("[Beispieldatei.xlsx]Tabelle3!A10")

Entfernung zwischen zwei Adressen per Hyperlink abrufen

Für Reisekostenabrechnungen und ähnliche Zwecke ist es hilfreich, wenn Sie zur Ermittlung der Entfernung zwischen zwei Adressen nicht ständig zwischen Excel und Browser bzw. Google Maps wechseln müssen, sondern schnell aus Excel heraus den Google Routenplaner aufrufen und dabei die Adressen gleich mit übergeben. Anschließend brauchen Sie nur noch die Km-Angaben ablesen.

Ein automatisches Übernehmen der Km ist mit dieser Methode leider nicht möglich.

Im Bild unten die Ausgangstabelle mit Start- und Zieladresse; Postleitzahl, Ort und Straße befinden in verschiedenen Spalten. Beachten Sie, dass zusätzlich auch das Land, und zwar auf englisch angegeben werden sollte. Außerdem wird noch die Webadresse von Google Maps benötigt, diese befindet sich hier in A2.

Hyperlink_Entfernung.xlsx

Achtung: Verwenden Sie in den Adressangaben keine Umlaute, also z. B. ae statt ä und ss statt ß, andernfalls müssten diese Zeichen zusätzlich UTF8 codiert werden.

1. Im ersten Schritt werden die Adressangaben mit dem &-Operator verknüpft, hier jeweils rechts von Start- und Zieladresse in Spalte F. Als Trennzeichen verwenden wir + statt Leerzeichen. Die Formeln dazu:

Tipp: Als Alternative kann auch die Funktion TEXTVERKETTEN verwendet werden.

F5: =B5&"+"&C5&"+"&D5&"+"&E5   oder: =TEXTVERKETTEN("+";FALSCH;B5:E5)

F6: =B6&"+"&C6&"+"&D6&"+"&E6

Bild 5.112 Start- und Zieladresse

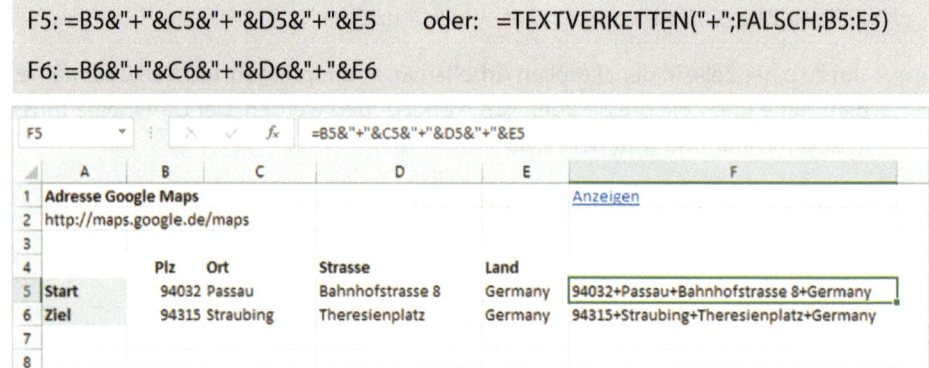

2. Im nächsten Schritt verknüpfen wir in F1 in der Funktion HYPERLINK diese beiden Ergebnisse mit der Adresse von Google Maps. Außerdem erfordert Google Maps noch folgende Parameter: *saddr* zum Kennzeichnen der Startadresse und *daddr* für die Zieladresse, sowie *t* für die gewünschte Ansicht, hier verwenden wir *t=h* (hybrid). **Wichtig:** Sämtliche Parameter müssen mit & verknüpft werden.

Bild 5.113 Die Funktion HYPERLINK

F1:   =HYPERLINK(A2&"?saddr="&F5&"&daddr="&F6&"&t=h&om=0";"Anzeigen")

Zum Testen klicken Sie auf den Hyperlink in F1. Daraufhin öffnet sich Ihr Standardbrowser mit Google Maps und den gewünschten Informationen.

Bild 5.114 Das Ergebnis in Google Maps

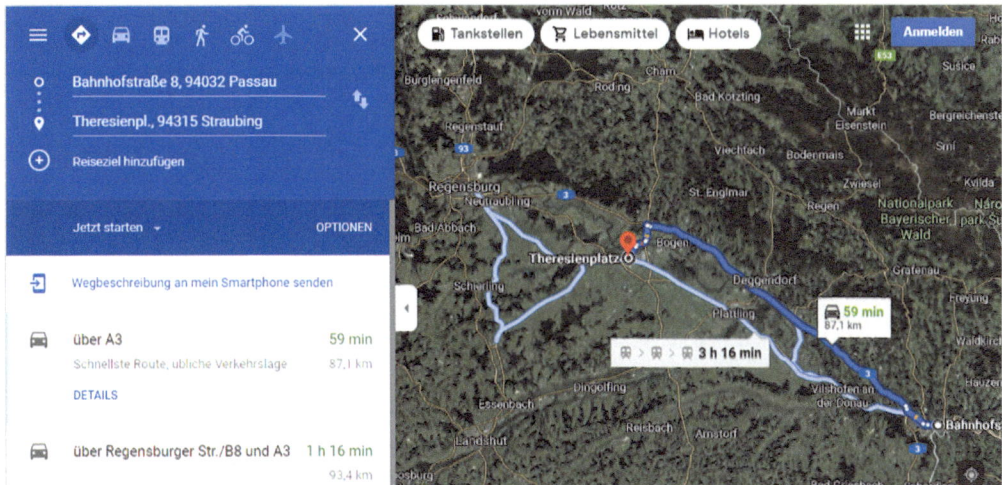

Das Verknüpfen der einzelnen Adressangaben kann natürlich auch innerhalb der Funktion HYPERLINK erfolgen. Oder kopieren Sie nachträglich die beiden Formeln in F5 und F6 in die Funktion in F1 und ersetzen hier die Zelladressen.

Die Formel funktioniert auch, wenn wie im Bild unten, die Postleitzahl fehlt oder Sie statt der Straße z. B. einfach Hauptbahnhof eingeben.

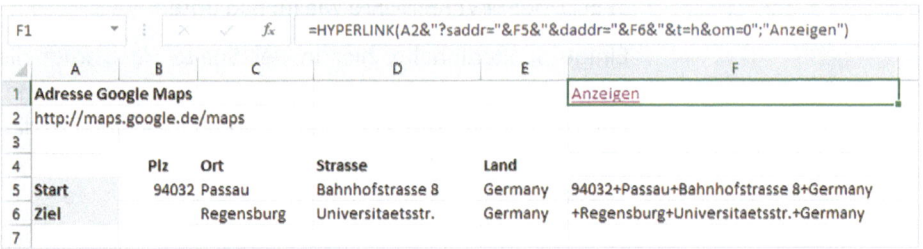

Bild 5.115 Beispiel mit fehlender Postleitzahl

Geografische Informationen abrufen

Excel 365 stellt im Register *Daten* sogenannte verknüpfte Datentypen zur Verfügung, mit denen Sie Informationen aus dem Internet, genauer gesagt Wikipedia, abrufen und in eine Tabelle einfügen können, derzeit sind allerdings nur die Typen *Aktien*, *Währungen* und *Geografie* verfügbar. Beachten Sie außerdem, dass die dazugehörigen Informationen nicht immer korrekt sind und manchmal auch ganz fehlen können.

Ein Beispiel für den Datentyp Aktien finden Sie auf Seite 458.

Beispiel: Informationen zu ausgewählten Bundesländern

Als Beispiel erstellen wir eine Tabelle mit einigen Bundesländern und rufen zu diesen Informationen wie Fläche, Bevölkerungszahl usw. ab. Damit auch nachträglich hinzugefügte Länder berücksichtigt werden, formatieren wir den Zellbereich als Tabelle (Register *Start* ▶ *Als Tabelle formatieren*). Markieren Sie dann die Länder und klicken Sie im Menüband, Register *Daten* ▶ *Datentypen* auf den Pfeil und wählen Sie *Geografie*.

Bild 5.116 Datentyp Geografie

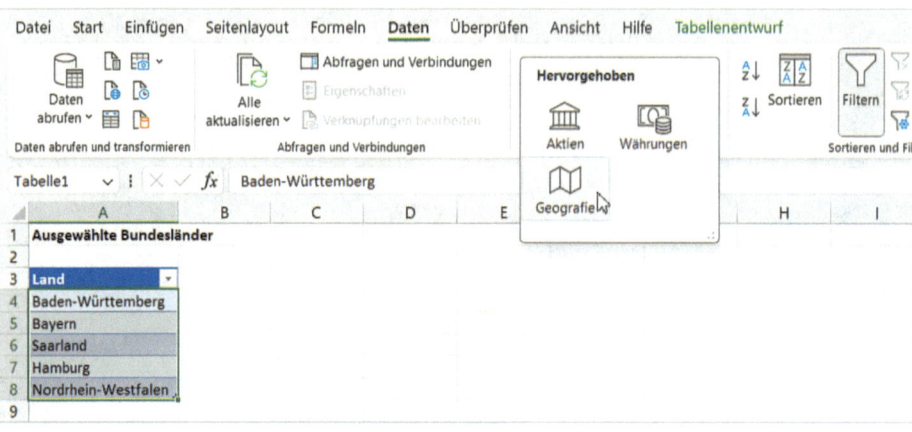

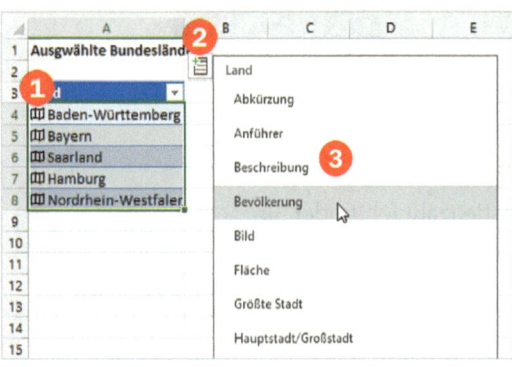
Bild 5.117 Weitere Spalten hinzufügen

Links von jedem Land erscheint das Symbol *Karte* ❶ über das Sie beim Anklicken verschiedene Informationen erhalten. Zum Einfügen in die Tabelle klicken Sie auf das Symbol *Spalte hinzufügen* ❷ und danach auf ein Feld, z. B. Bevölkerung ❸. Im Bild unten einige weitere Beispiele.

Falls eine Information nicht verfügbar ist oder nicht gefunden wurde, erscheint in der Zelle entweder der Fehlerwert #FELD! oder #VERBINDEN! wie im Bild unten.

Einige Spalteninhalte, hier in der Spalte *Hauptstadt* die Städte Stuttgart, München und Düsseldorf, weisen ebenfalls das Kartensymbol auf. Das bedeutet, dass auch zu diesen Städten Informationen abgerufen werden können.

Bild 5.118 Die Spalten Bevölkerung, Hauptstadt und Anführer (Regierung)

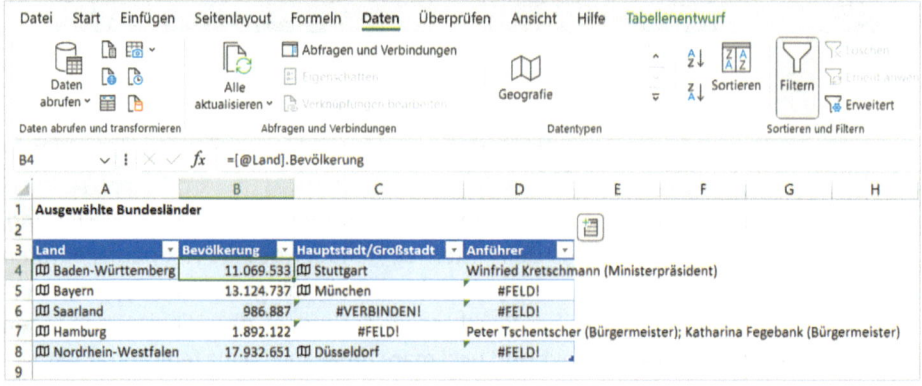

Informationen aktualisieren
Um die Informationen zu aktualisieren, klicken Sie im Menüband, Register *Daten* auf *Alle aktualisieren*.

6 Benutzerdefinierte Funktionen mit LAMBDA und Co.

6.1   Die Funktion LAMBDA   258

6.2   LAMBDA innerhalb der Formel mehrfach aufrufen (Rekursion)   264

6.3   Weitere Funktionen, die LAMBDA unterstützen   267

Haben Sie sich auch schon manchmal gewünscht, eine Formel einfach als Funktion einzufügen, z. B. wenn Sie zum x-ten Mal den Umsatzsteuerbetrag herausgerechnet haben oder in der Arbeitsmappe dieselbe komplexe Formel an verschiedenen Stellen benötigen? Genau dies erledigt die Funktion LAMBDA, die Excel seit der Version 2021 zur Verfügung stellt, die weiteren Vorteile:

- Im Gegensatz zu VBA sind keinerlei Programmierkenntnisse erforderlich.
- LAMBDA und verwandte Funktionen werden mit der Arbeitsmappe im normalen Dateiformat .xlsx gespeichert und nicht als Arbeitsmappe mit Makros (.xlsm), sollten also sicherheitstechnisch keinerlei Probleme bereiten.

Eine andere Möglichkeit, eigene Funktionen zu erstellen, bietet VBA (Visual Basic for Applications). Solche Funktionen können, im Gegensatz zu LAMBDA auch als Add-In gespeichert und anderen Arbeitsmappen zur Verfügung gestellt werden. Allerdings setzt dieser Weg Kenntnisse der Programmiersprache VBA voraus und würde den Rahmen dieses Buches sprengen.

Wie Sie benutzerdefinierte Funktionen mit VBA erstellen, finden Sie unter anderem im Buch „VBA mit Excel, der leichte Einstieg: Vom ersten Makros zur eigenen Eingabemaske"

BILDNER Verlag
ISBN 978-3-8328-0303-2

6.1 Die Funktion LAMBDA

Aufbau und Funktionsweise von LAMBA

Die Funktion LAMBDA basiert auf dem folgenden Prinzip:

- Sie definieren als Funktionsargumente zuerst alle erforderlichen Werte und zuletzt die Formel zur Berechnung.
- Anschließend weisen Sie der gesamten Funktion einen Namen zu, unter dem Sie diese später an jeder beliebigen Stelle der Arbeitsmappe aufrufen können.
- **Einschränkung**: Auf diese Weise erstellte Funktionen stehen ausschließlich in der Arbeitsmappe oder Vorlage, in der sie definiert wurden, zur Verfügung.

Info: Die Bezeichnung Lambda stammt aus der Programmierung und steht in vielen Programmiersprachen für eine nicht benannte Funktion mit ein oder mehreren Parametern für Berechnungen.

LAMBDA ist in der Kategorie *Logik* zu finden und besitzt folgenden Aufbau:

`=LAMBDA([Parameter1; Parameter2; ...;] Formel)`

- Als Parameter definieren Sie alle, zur Berechnung erforderlichen Werte.
- Als letztes Argument folgt die Formel zur Berechnung des Ergebnisses unter Verwendung der zuvor definierten Parameter. Hierzu können auch Excel-Funktionen, z. B. WENN verwendet werden.

LAMBDA unterstützt maximal 253 Parameter. Für die Bennung der Parameter gelten dieselben Regeln wie für Namen, s. Kap. 1.3.

Beispiel 1: Zwei Zahlen mit einer benutzerdefinierten Funktion addieren

Zur Verdeutlichung ein einfaches Beispiel zum Addieren von zwei Zahlen. Die folgende Formel definiert die Parameter *zahl1* und *zahl2* und addiert diese anschließend.

LAMBDA.xlsx

`C2:  =LAMBDA(zahl1;zahl2;zahl1+zahl2)`

Wenn Sie allerdings diese Formel in ein Excel-Tabellenblatt eingeben, wie im nachfolgenden Bild, dann erhalten Sie als Ergebnis den Fehlerwert #KALK!.

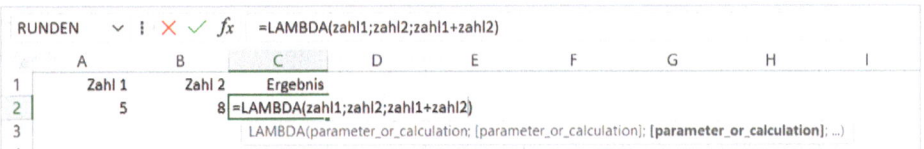

Bild 6.1 Beispiel: Zwei Zahlen addieren

Werte mit übergeben

Um ein Ergebnis zu erhalten, müssen Sie für jeden Parameter auch den dazugehörigen Wert, eine Zahl oder wie in diesem Beispiel, die jeweiligen Zellbezüge, übergeben und zwar unmittelbar nach der LAMBDA-Funktion in Klammern und durch Semikolon getrennt. Bezogen auf Bild 6.1 muss gesamte Ausdruck in C2 also lauten:

C2: =LAMBDA(zahl1;zahl2;zahl1+zahl2)(A2;B2)   Ergebnis: 13

Namen für die Funktion erstellen

Wirklich zielführend ist dies aber noch nicht. Damit Sie diese Funktion wie alle Funktionen einfach eingeben und die Zellbezüge variabel festlegen können, müssen Sie einen Namen definieren und diesem dann die Funktion zuweisen. Dazu klicken Sie im Menüband, Register *Formeln* ▶ *Definierte Namen* auf *Namen definieren*. Geben Sie dann im Feld *Name* den Namen ein, unter dem Sie die Funktion später aufrufen möchten, hier verwenden wir den Namen ZAHLENTEST (Bild 6.2).

Löschen Sie im Feld *Bezieht sich auf* den vorhandenen Inhalt und geben Sie nach dem Gleichheitszeichen die Funktion LAMBDA ein.

=LAMBDA(Zahl1;Zahl2;Zahl1+Zahl2)

Hinterlassen Sie außerdem im Feld *Kommentar* einen kurzen Hinweistext, dieser erscheint später bei der Auswahl der Funktion im Tabellenblatt und klicken Sie abschließend auf *OK*. Danach können Sie die Funktion wie jede andere Funktion im Tabellenblatt verwenden (Bild 6.3).

Bild 6.2 LAMBDA einen Namen zuweisen

Bild 6.3 Funktion auswählen

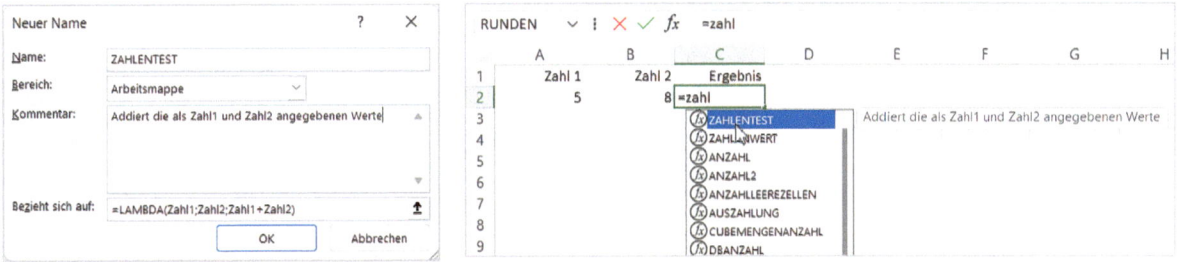

> ■ **Achten Sie auf eine aussagekräftige Benennung der Parameter**
>
> Definieren Sie als Funktionsargumente bzw. Parameter „sprechende" Bezeichnungen, da diese später der einzige Anhaltspunkt sind, welcher Wert an welcher Stelle in der Funktion einzusetzen ist.

Funktion im Tabellenblatt einfügen

Da es sich eigentlich um Namen handelt, werden benutzerdefinierte LAMBDA-Funktionen zwar bei der Eingabe über die Tastatur vorgeschlagen (s. Bild 6.3), stehen aber nicht über das Symbol *Funktion einfügen* fx bzw. im Fenster *Funktion einfügen* zur Verfügung. Stattdessen können Sie solche Funktionen auch mit der Taste **F3** im Fenster *Namen einfügen* anzeigen und in eine Zelle einfügen oder klicken Sie zum Einfügen im Menüband, Register *Formeln* ▶ *Definierte Namen* auf *In Formel verwenden*.

Namen verwenden, siehe Kap. 1.3, Namen anstelle von Zellbezügen.

Beispiel 2: Eine Funktion zur Berechnung des Quartals

Als weiteres Beispiel eine Funktion, die aus einem Datum das Quartal ermittelt. Dazu klicken Sie im Menüband, Register *Formeln* auf *Namen definieren*. Die Funktion erhält den Namen QUARTAL und im Feld *Bezieht sich auf* geben Sie die folgende Funktion ein, wobei Datum den benötigten Parameter bezeichnet:

=LAMBDA(Datum;AUFRUNDEN(MONAT(Datum)/3;0))

Bild 6.4 Beispiel: Quartal mit einer benutzerdefinierten Funktion ermitteln

Tipp: Alternativ können Sie beim abgebildeten Beispiel in B2 statt A2 auch den Bereich A2:A7 als Datum übergeben. In diesem Fall erhalten Sie das Ergebnis für alle Zeilen des Bereichs.

Zellbereiche als Parameter, Beispiel Spannweite

Auch Zellbereiche können als Parameter übergeben werden, z. B. wenn Sie mit LAMBDA eine Funktion zur Berechnung der Spannweite erstellen möchten. Dazu geben Sie in D1 die folgende Formel ein:

D1: =LAMBDA(Bereich;MAX(Bereich)-MIN(Bereich))(A2:A8)

Weisen Sie anschließend der Funktion den Namen SPANNWEITE zu, wie in Bild 6.5, dann kann die Funktion auch so eingegeben werden:

=SPANNWEITE(A2:A8)

Bild 6.5 Spannweite aus Bereich berechnen

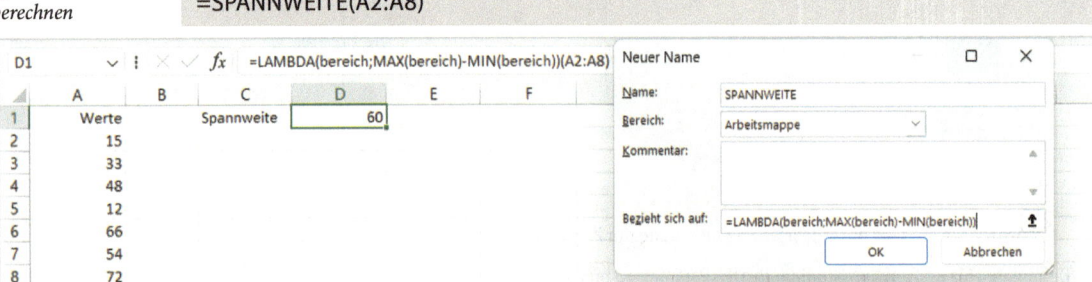

Systematische Vorgehensweise beim Erstellen einer LAMBDA-Funktion

Beispiel: Nettopreis berechnen

Um mögliche Fehler zu vermeiden, empfiehlt es sich, beim Erstellen einer LAMBDA-Funktion systematisch vorzugehen, da sich etwaige Fehler nachträglich nur schwer aufspüren lassen. Hier die Vorgehensweise am Beispiel einer Funktion, die aus dem Bruttopreis dem Nettopreis herausrechnet.

1. **1. Schritt**: Testen Sie die Formel, für die Sie eine Lambda-Funktion erstellen möchten, indem Sie diese einfach im Arbeitsblatt eingeben und kontrollieren Sie, ob die Formel auch bei unterschiedlichen Ausgangswerten korrekte Ergebnisse liefert (Bild 6.6).

2. **2. Schritt**: Erstellen Sie die LAMBDA-Funktion in einer Zelle (Bild 6.7) und beachten Sie, dass Sie dann zum Testen auch die Parameter bzw. Zellbezüge mit übergeben müssen, da sonst der Fehler #KALK! zurückgegeben wird, siehe Beispiel 1 auf Seite 258.

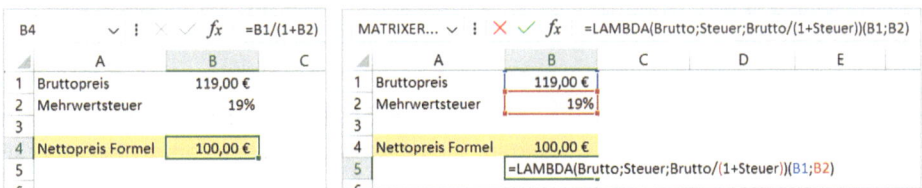

Bild 6.6 Schritt 1: Formel erstellen und testen

Bild 6.7 Schritt 2: Lambda-Funktion mit Übergabe der Parameter erstellen

3. **3. Schritt**: Kopieren Sie die Funktion in die Zwischenablage (ohne die übergebenen Parameterwerte) und klicken Sie im Menüband, Register *Formeln* auf *Namen definieren*. Geben Sie für die Funktion einen Namen ein und fügen Sie die dazugehörige Formel im Feld *Bezieht sich auf* zusammen mit dem Gleichheitszeichen ein. **Wichtig**: Im Feld *Kommentar* sollten Sie außerdem eine kurze Beschreibung hinterlegen, diese erscheint später bei der Eingabe im Tabellenblatt als Infotext.

Bild 6.8 3. Schritt: Namen erstellen

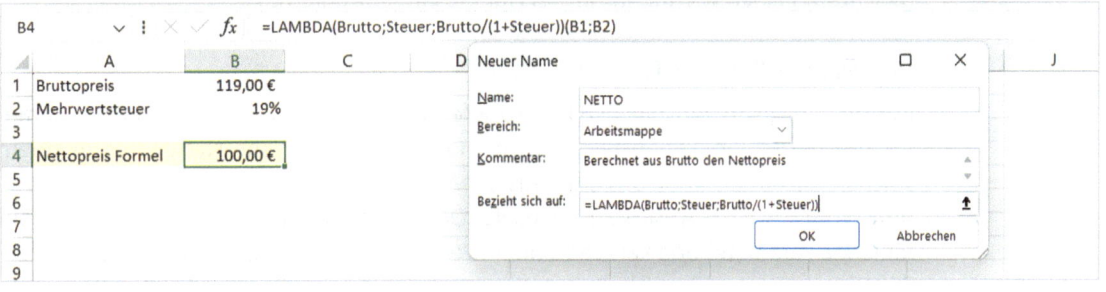

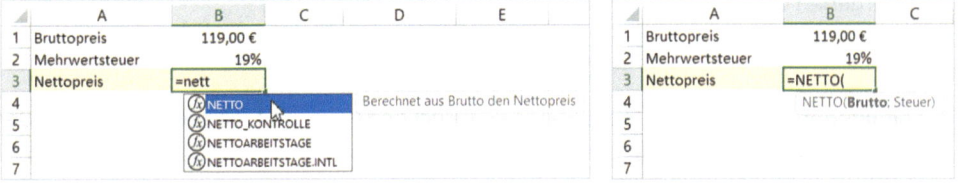

Bild 6.9 Kommentar und Parameter erscheinen bei der Eingabe über die Tastatur

Optionale Parameter für LAMBDA definieren

Viele Excel-Funktionen kennen optionale Argumente oder Parameter, leicht zu erkennen an den eckigen Klammern. Diese werden auch von LAMBDA unterstützt.

Optionale Parameter in eckigen Klammern [ ]

Angenommen, Sie möchten im unten abgebildeten Beispiel in Spalte E mit der Funktion LAMBDA die beiden Zahlen in Spalte A und B addieren und das Ergebnis mit Spalte C multiplizieren. Dann geben Sie dazu in E2 die folgende Formel ein, wobei zur Verdeutlichung die entsprechenden Zelladressen mit übergeben werden:

E2: =LAMBDA(A;B;C;(A+B)*C)(A2;B2;C2)

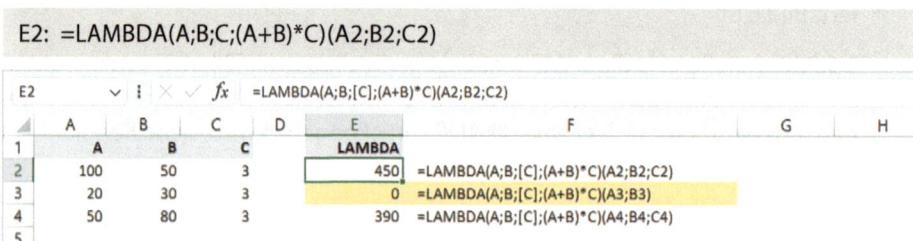

Bild 6.10 Optionale Parameter in eckigen Klammern

Wird der dritte Parameter, hier die Zahl in Spalte C nicht übergeben, wie in E3, dann würde Excel den Fehler #WERT! anzeigen. Setzen Sie dagegen den Parameter C in eckige Klammern, dann erhalten Sie korrekt das Ergebnis 0.

E3: =LAMBDA(A;B;[C];(A+B)*C)(A2;B2)

Hinweis: Statt der Definition optionaler Parameter in eckigen Klammern könnten Sie bei der Übergabe der Werte auch nur die dazugehörigen Semikolons angeben, z. B. (A2;;C2). Allerdings ist dann auch vor dem letzten Parameter ein Semikolon erforderlich, also (A2;B2;). Die eckigen Klammern sollten Sie trotzdem verwenden, da sie gleichzeitig einen wichtigen Hinweis für die Eingabe liefern.

Die Funktion WURDEAUSGELASSEN

Das oben gezeigte Beispiel in Bild 6.10 liefert das Ergebnis 0, wenn der dritte Parameter, hier der Multiplikationsfaktor nicht angegeben wird. Wenn stattdessen in einem solchen Fall die Funktion das Ergebnis der Addition liefern soll, dann kommt die Funktion WURDEAUSGELASSEN zum Einsatz. Diese Hilfsfunktion überprüft LAMBDA auf fehlende Parameter und kann also nur in Verbindung mit LAMBDA eingesetzt werden. Die Syntax ist einfach, wobei als *Argument* der zu überprüfende LAMBDA-Parameter übergeben wird.

=WURDEAUSGELASSEN(Argument)

Als Ergebnis wird WAHR oder FALSCH zurückgegeben und beispielsweise mit der Funktion WENN kann dann die Formelberechnung nach Wunsch gesteuert werden.

Beispiel: Formelberechnung steuern

Zur Verdeutlichung ändern wir das Beispiel von Seite 262 so ab, dass LAMBDA statt 0 das Ergebnis der Addition liefern soll, wenn kein Multiplikationsfaktor angegeben wird. Dazu überprüft in der folgenden Formel die Funktion WENN, ob der optionale Parameter C fehlt: Wenn ja, dann werden die Werte A und B addiert, andernfalls wird das Ergebnis mit der dritten Zahl multipliziert.

```
E2: =LAMBDA(A;B;[C];WENN(WURDEAUSGELASSEN(C);(A+B);(A+B)*C))
```

Werden alle drei Parameter übergeben, wie in Bild 6.11 in E2 und E4, dann liefert die Formel dasselbe Ergebnis wie in Bild 6.10. Wird dagegen der Parameter C nicht angegeben, dann erhalten Sie das Ergebnis der Addition, im Bild unten in E3.

E2 =LAMBDA(A;B;[C];WENN(WURDEAUSGELASSEN(C);(A+B);(A+B)*C))(A2;B2;C2)

	A	B	C	D	E	F
1	A	B	C		LAMBDA	
2	100	50	3		450	=LAMBDA(A;B;[C];WENN(WURDEAUSGELASSEN(C);(A+B);(A+B)*C))(A2;B2;C2)
3	20	30			50	=LAMBDA(A;B;[C];WENN(WURDEAUSGELASSEN(C);(A+B);(A+B)*C))(A3;B3)
4	50	80	3		390	=LAMBDA(A;B;[C];WENN(WURDEAUSGELASSEN(C);(A+B);(A+B)*C))(A4;B4;C4)
5						

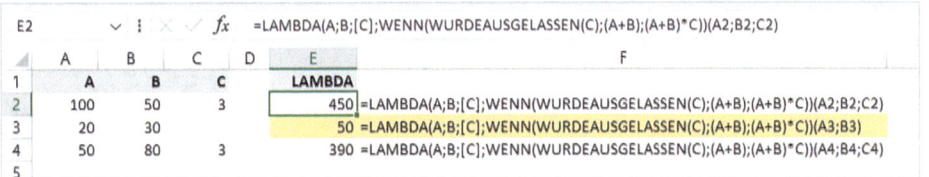

Bild 6.11 Die Funktion WURDEAUSGELASSEN

Tipp: Sie können sich auch die Abfrage mit WENN sparen, wenn Sie zur Multiplikation anstelle des Operators * die Funktion PRODUKT einsetzen. Dann lautet die Formel:

Funktion PRODUKT, s. Seite 411.

```
E2: =LAMBDA(A;B;[C];PRODUKT((A+B);C))
```

LAMBDA auf fehlende oder unzulässige Werte überprüfen

Die Funktion WURDEAUSGELASSEN kann auch eingesetzt werden, um einen Hinweis auf fehlende Parameter auszugeben. Da jedoch häufig ein Verweis auf eine leere Zelle oder ein nicht zulässiger Wert die Ursache für ein fehlendes oder falsches Ergebnis ist, ist es in der Praxis sinnvoller, einen Parameter bzw. Zellbezug z. B. mit ISTLEER oder mit ISTZAHL zu überprüfen. So liefert beispielsweise die Berechnung des Nettobetrags aus dem Bruttobetrag und dem Steuersatz nur dann das richtige Ergebnis, wenn beide als Zahl eingegeben wurden.

Mit eingebauter Kontrollfunktion könnte dann die LAMBDA-Funktion, hier mit dem Namen NETTO_KONTROLLE so lauten:

```
=LAMBDA(Brutto;Steuersatz;WENNS(ISTZAHL(Brutto)=FALSCH;"Betrag fehlt";
ISTZAHL(Steuersatz)=FALSCH;"Steuersatz fehlt";WAHR;Brutto/(1+Steuersatz)))
```

C2 =NETTO_KONTROLLE(A2;B2)

	A	B	C	D	E	F	G	H	I
1	Bruttopreis	MwSt.	Nettobetrag						
2	119,00 €	19%	100,00 €						
3		19%	Betrag fehlt						
4	788,90 €	19%	662,94 €						
5	25,00 €		Steuersatz fehlt						
6	300,00 €	7%	280,37 €						
7									

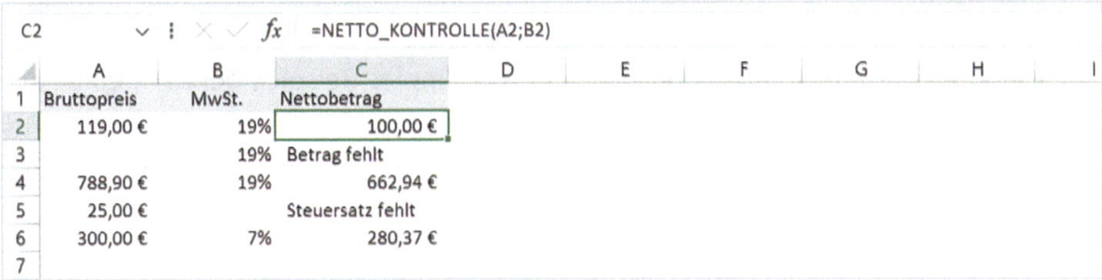

Bild 6.12 LAMBDA mit Überprüfung der Zellinhalte

Mit WAHL die Berechnungsart wählen

WAHL, s. Seite 213.

Wenn Sie beim Aufruf von LAMBDA zwischen zwei oder auch mehr unterschiedlichen Berechnungsarten wählen möchten, dann setzen Sie zusätzlich die Funktion WAHL ein. Hier ein Beispiel, das mit dem Parameter *modus* die Wahl zwischen Addieren und Subtrahieren erlaubt. Wird für *modus* der Wert 1 übergeben, so werden *zahl1* und *zahl2* addiert und mit *modus* 2 werden die Zahlen subtrahiert. Die entsprechende Formel mit dem Namen ADD_SUBTR lautet:

Bild 6.13 Die Formel ADD_SUBTR

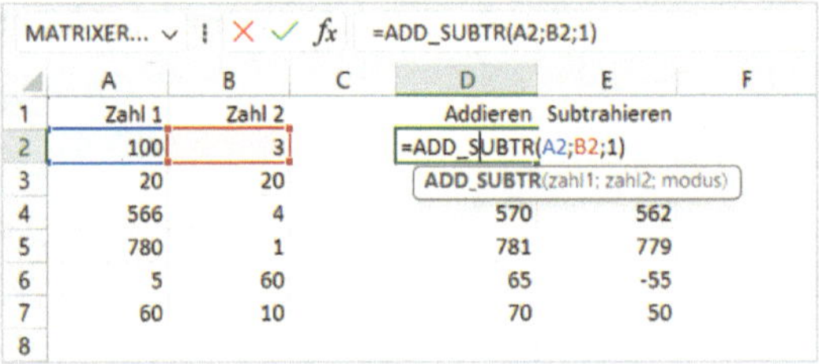

Bild 6.14 Aufruf der Funktion

`=LAMBDA(zahl1; zahl2;modus;WAHL(modus;zahl1+zahl2;zahl1-zahl2))`

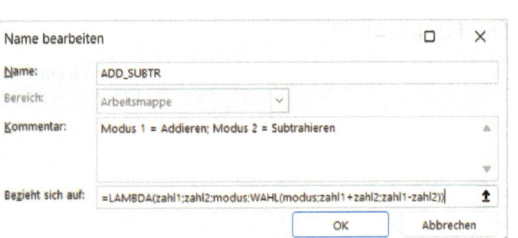

6.2 LAMBDA innerhalb der Formel mehrfach aufrufen (Rekursion)

Nicht nur Excel-Funktionen, sondern auch die LAMBDA-Funktion selbst kann aus sich heraus erneut aufgerufen werden, dies bezeichnet man als Rekursion. Da der Aufruf über ihren Namen geschieht, muss natürlich der Name zuvor definiert werden. Auf diese Weise lassen sich auch die, aus der Programmierung bekannten Wiederholungs- oder Zählerschleifen mit LAMBDA realisieren. Wichtig ist dabei, dass Sie entweder die Anzahl der Wiederholungen fest vorgeben oder eine Abbruchbedingung definieren, z. B. mit Hilfe einer WENN-Funktion, wie in den nachfolgenden Beispielen.

Als Beispiel für den Aufbau hier eine Funktion mit dem Namen *LambdaTest*:

=LAMBDA(x;y;	Parameter
WENN(Wahrheitstest;	zu prüfende Bedingung
Wert_wenn_wahr;	z. B. Ausstieg aus der Funktion
Wert_wenn_falsch)	erneuter Aufruf von *LambdaTest*

Beispiel 1: Zahl jeweils um die angegebene Schrittweite erhöhen

Zur Verdeutlichung des Prinzips in Bild 6.15 ein simples Beispiel, bei dem eine Ausgangszahl so oft um die angegebene Schrittweite erhöht wird, bis eine bestimmte Anzahl Wiederholungen erreicht ist. Die dazugehörige Funktion in D1 mit dem Namen *LambdaTest* lautet wie folgt:

D1: =LAMBDA(zahl;schrittweite;max;[zähler];WENN(zähler=max;zahl;
LambdaTest(zahl+schrittweite;schrittweite;max;zähler+1)))

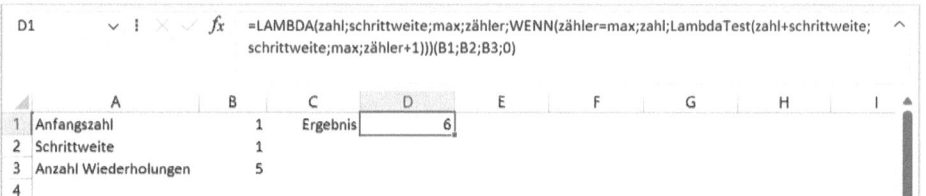

Bild 6.15 Beispiel Zahl um angegebene Schrittweite erhöhen

LAMBDA_Weitere_Beispiele.xlsx

Zum besseren Verständnis der Ablauf in Einzelschritten:

- Zunächst werden die erforderlichen Parameter definiert:
  - *zahl* ist der Ausgangswert, hier die Zahl in B1.
  - *schrittweite* ist der Wert, um den *zahl* jeweils erhöht wird, hier in B2.
  - *max* ist die maximale Anzahl Wiederholungen, diese ist in B3 vorgegeben.
  - Außerdem wird noch ein Zähler benötigt, der mit jedem Durchlauf um 1 erhöht wird, dies übernimmt der optionale Parameter *[zähler]*. Optional deshalb, weil nicht angegebene Zahlenparameter automatisch den Wert 0 erhalten, d. h. *zähler* beginnt dann mit 0 als Ausgangswert.
- In der Formel prüft die WENN-Funktion, ob der Parameter *zähler* gleich der vorgegebenen Anzahl Wiederholungen (*max*) ist.
  - Wenn ja (*Wert_wenn_wahr*), dann wird der Parameter *zahl* ausgegeben und die Funktion beendet.
  - Wenn nein, dann erfolgt der nächste Aufruf der Funktion *Lambdatest* und folgende Parameterwerte werden übergeben:
  - *zahl* wird um die *schrittweite* erhöht (*zahl+schrittweite*),
  - *schrittweite* und *max* werden unverändert übergeben,
  - *zähler* wird um 1 erhöht (*zähler+1*).

Damit die Funktion *LambdaTest* aufgerufen werden kann, müssen Sie ihr selbstverständlich auch noch diesen Namen zuweisen. Testen Sie anschließend die Funktion mit unterschiedlichen Ausgangswerten.

Beispiel 2: Zeichen wiederholen

Dies funktioniert auch mit Zeichen: Hier ein Beispiel (Bild 6.16), bei dem an einen vorgegebenen Ausgangstext ein Zeichen (hier *) so oft angefügt wird, bis die maximale Länge erreicht ist. Die Funktion hat den Namen *ZeichenWiederholen* erhalten und lautet:

```
=LAMBDA(text;zeichen;maxlänge;
     WENN(LÄNGE(text)=maxlänge;text;
     ZeichenWiederholen(text&zeichen;zeichen;maxlänge)))
```

In D2 braucht dann nur die folgende Formel eingegeben werden:

D2: =ZeichenWiederholen(B2;B3;B4)

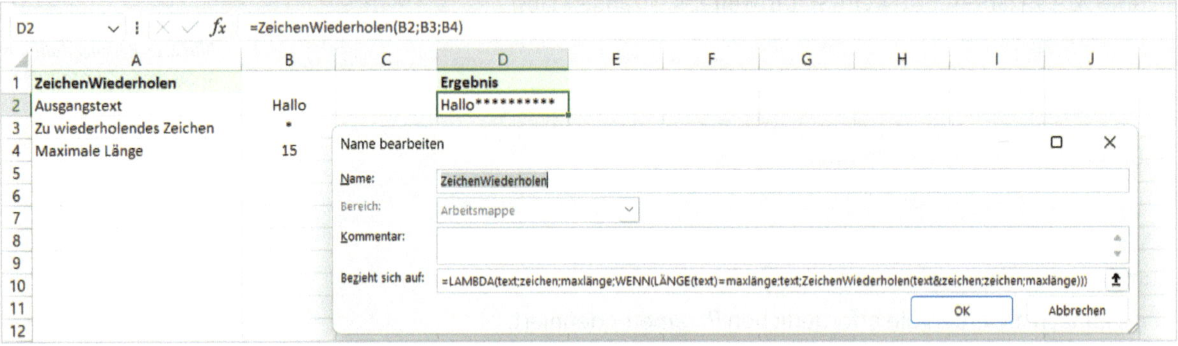

Bild 6.16 Die Beispielfunktion ZeichenWiederholen

Die angegebene Formel liefert allerdings den Fehlerwert #ZAHL!, wenn die maximale Länge kleiner als die Anzahl Zeichen des Ausgangstextes ist. Dies können Sie mit einer zusätzlichen WENN-Funktion vermeiden.

D2: =WENN(B4<=LÄNGE(B2);"Maximale Länge zu klein"; ZeichenWiederholen(B2;B3;B4))

Beispiel 3: Schnecke und Mauer

Mit einer rekursiven LAMBDA-Funktion lässt sich auch die folgende Aufgabe berechnen, die Sie vielleicht in der einen oder anderen Form kennen: Eine Schnecke klettert eine Mauer hoch. Tagsüber klettert sie um 50 cm nach oben, in jeder Nacht rutscht sie 10 cm nach unten, die Mauer ist 4,5 m hoch. Nach wie vielen Tagen ist sie oben?

Die Funktion in E2 (Bild 6.17) mit dem Namen *Schnecke* zur Lösung des Schneckenproblems lautet wie folgt und liefert das korrekte Ergebnis 11:

E2: =LAMBDA(mauer;tag;nacht;[abend];[anzahltage];
WENN(abend>=mauer;anzahltage;
Schnecke(mauer;tag;nacht;
WENN(abend=0;abend+tag;abend-nacht+tag);anzahltage+1)))(B2;B3;B4)

Bild 6.17 Schnecke und Mauer

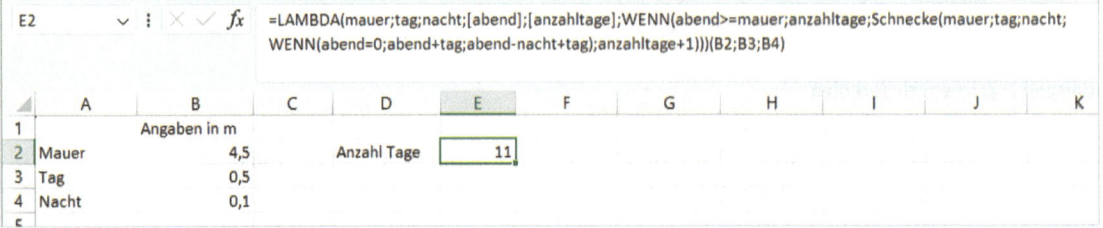

Erklärung: Der Parameter *[abend]* dient zur Aufnahme der Zwischenergebnisse und wird berechnet aus der Höhe des vorherigen Abends minus der Strecke, die sie Nachts wieder nach unten rutscht plus der Strecke, die die Schnecke tagsüber zurücklegt (*abend-nacht+tag*).

Zu beachten ist dabei, dass die Schnecke am Abend des ersten Tages um 50 cm nach oben geklettert ist, und erst am Abend des zweiten Tages wieder um 10 cm wieder nach unten gerutscht ist. Am ersten Tag wird daher die abendliche Höhe (*abend*) berechnet mit *abend+tag* und für die folgenden Tage mit der Formel *abend-nacht-tag*. Geprüft wird dies mit der Funktion WENN: *WENN(abend=0;abend+tag;abend-nacht+tag)*

Der Parameter *[anzahlTage]* übernimmt die Zählerfunktion und wird mit jedem Aufruf der Funktion um 1 erhöht. Beide Parameter beginnen mit dem Anfangswert 0 und sind daher optional.

6.3 Weitere Funktionen, die LAMBDA unterstützen

Zu LAMBDA sind mit Microsoft 365 eine Reihe weiterer Funktionen neu hinzugekommen, die eine LAMBDA-Funktion als Argument integriert haben. Diese werden auch als LAMBDA-Hilfsfunktionen bezeichnet und LAMBDA kann dabei entweder in der Funktion definiert oder über ihren Namen aufgerufen werden.

Mit MAP mehrere Arrays an LAMBDA als Parameter übergeben

Mithilfe der Funktion MAP lassen sich auch Arrays, Zellbereiche oder Matrizen an LAMBDA (s. Seite 258) als Parameter übergeben. Sinnvoll ist dies allerdings nur, wenn zwei oder mehr Arrays benötigt werden. MAP ordnet dann die Werte der Arrays einander zu (dies wird auch als mapping bezeichnet), d. h. der erste Wert aus Array1 wird an den ersten Parameter der Funktion LAMBDA übergeben und der erste Wert aus Array2 an den zweiten Parameter, usw.. Als Ergebnis wird ein Array zurückgegeben.

Ein einziges Array kann auch direkt an LAMBDA übergeben werden.

```
= MAP(array1;lambda_or_array2; [lambda_or_array3];…)
```

- *array1* ist das Array, auf das LAMBDA angewendet werden soll,
- *lambda_or_array2* kann entweder ein weiteres Array sein oder eine LAMBDA-Funktion, mit der aus den zuvor definierten Arrays neue Werte berechnet werden. In diesem Fall muss LAMBDA das letzte Argument sein.
  - Die LAMBDA-Funktion kann entweder eingegeben oder, falls ein Name vergeben wurde, auch über ihren Namen aufgerufen werden.
  - Mehrere zu übergebende Arrays müssen sich nicht zwingend nebeneinander und auch nicht in denselben Zeilen befinden.

Beispiel 1: Quadrat für Matrixwerte berechnen
Zur Verdeutlichung ein einfaches Beispiel, das mit MAP für sämtliche Werte einer Matrix das Quadrat berechnet, dazu geben Sie in D2 die folgende Formel ein:

MAP.xlsx

```
D2:  =MAP(A2:B5;LAMBDA(x;x^2))
```

Bild 6.18 Mit MAP für jede Zahl einer Matrix das Quadrat berechnen

Hinweis: DiesesBeispiel dient nur zur Verdeutlichung der MAP-Funktion. Dieselben Ergebnisse lassen sich auch mit der einfachen Matrixformel A2:B5^2 berechnen.

D2 | fx =MAP(A2:B5;LAMBDA(x;x^2))

	A	B	C	D	E
1	Spalte 1	Spalte 2			
2	1	8		1	64
3	5	24		25	576
4	12	8		144	64
5	3	13		9	169
6					

Beispiel 2: Spalten vergleichen

Wie bereits erwähnt, ist ein Einsatz der MAP-Funktion nur sinnvoll, wenn mehrere Arrays in der LAMBDA-Funktion benötigt werden, z. B. um die Inhalte zweier Spalten miteinander zu vergleichen. Als zweites Beispiel ein einfacher Spaltenvergleich: Ein Kurs findet nur statt, wenn die Anzahl der Anmeldungen größer oder gleich der Mindestteilnehmerzahl ist, ansonsten fällt der betreffende Kurs aus. Die entsprechende Formel in F2 lautet:

```
=MAP(C2:C7;D2:D7;LAMBDA(anzahl;min;WENN(anzahl>=min;"Findet statt";"Fällt aus")))
```

Bild 6.19 Spaltenvergleich

F2 | fx =MAP(C2:C7;D2:D7;LAMBDA(anzahl;min;WENN(anzahl>=min;"Findet statt";"Fällt aus")))

	A	B	C	D	E	F
1	Kurs	Dauer Tage	Angemeldet	Mindest-Teilnehmer	Kursgebühr	
2	Kurs A	3	12	10	258,00	Findet statt
3	Kurs B	1	3	15	190,00	Fällt aus
4	Kurs C	1	15	20	190,00	Fällt aus
5	Kurs D	3	21	10	320,00	Findet statt
6	Kurs E	2	8	12	250,00	Fällt aus
7	Kurs F	1	10	18	200,00	Fällt aus
8						

Beispiel 3: Übereinstimmende Wertepaare suchen

Im dritten Beispiel sollen in Bild 6.20 die Werte der Spalten B und D nur dann addiert werden, wenn die Inhalte der Spalten A und C übereinstimmen, andernfalls bleibt die Ergebniszelle leer. Dazu geben Sie in F2 folgende Formel ein:

```
F2: =MAP(A2:A10;B2:B10;C2:C10;D2:D10;LAMBDA(a;b;c;d;WENN(a=c;b+d;"")))
```

Bild 6.20 Spalten miteinander vergleichen

F2 | fx =MAP(A2:A10;B2:B10;C2:C10;D2:D10;LAMBDA(a;b;c;d;WENN(a=c;b+d;"")))

	A	B	C	D	E	F
1	Spalte 1	Wert 1	Spalte 2	Wert 2		Übereinstimmend
2	A	100	B	50		
3	D	200	A	20		
4	A	30	A	10		40
5	B	80	C	40		
6	C	400	C	10		410
7	A	10	D	20		
8	E	70	B	30		
9	D	50	D	50		100
10	D	100	E	40		
11						

Alternativ kann die Funktion LAMBDA auch über ihren Namen aufgerufen werden, vorausgesetzt, dieser wurde zuvor vereinbart. Hat diese beispielsweise den Namen *Uebereinstimmung* erhalten, dann lautet die Funktion:

```
F2: =MAP(A2:A10;B2:B10;C2:C10;D2:D10;Uebereinstimmung)
```

Tabelle nach mehreren Spalten filtern

Beispiel: Übereinstimmende Wertepaare filtern

Vielleicht ahnen Sie es schon: Da sich mit der Funktion MAP problemlos zwei oder mehr Arrays miteinander vergleichen lassen, können Sie MAP auch zusammen mit der Funktion FILTER einsetzen, wenn Sie eine Tabelle nach zwei oder mehr Kriterien filtern möchten. Als Beispiel sollen aus der Tabelle in Bild 6.21 alle Zeilen herausgefiltert werden, bei denen Spalte 1 und Spalte 2 übereinstimmen:

Funktion FILTER, s. Seite 225.

Entweder beziehen Sie sich dazu in der Funktion FILTER auf den dynamischen Überlaufbereich der Funktion MAP, wie in Bild 6.21, dann fügt Excel dem Überlaufbereich E2 automatisch das #-Zeichen hinzu.

```
G2: =FILTER(A2:C10;E2#<>"")
```

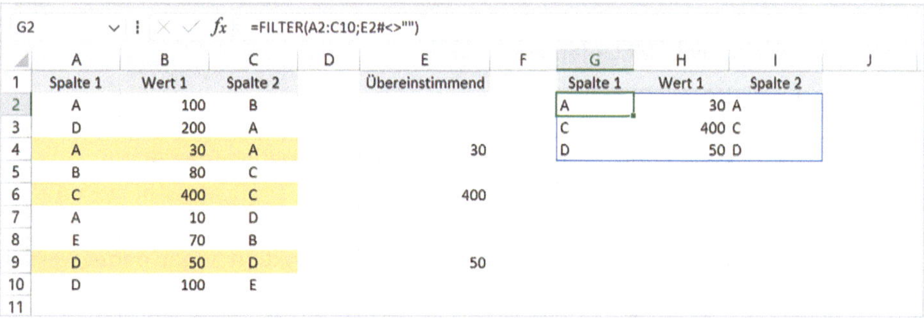

	A	B	C	D	E	F	G	H	I	J
1	Spalte 1	Wert 1	Spalte 2		Übereinstimmend		Spalte 1	Wert 1	Spalte 2	
2	A	100	B				A	30	A	
3	D	200	A				C	400	C	
4	A	30	A		30		D	50	D	
5	B	80	C							
6	C	400	C		400					
7	A	10	D							
8	E	70	B							
9	D	50	D		50					
10	D	100	E							
11										

Bild 6.21 Filter anhand des dynamischen Überlaufbereichs

Oder Sie packen alles in eine einzige Funktion, dann lautet diese in E2 (Bild 6.22):

```
E2: =FILTER(A2:C10;MAP(A2:A10;B2:B10;C2:C10;LAMBDA(a;b;c;WENN(a=c;b;"")))<>"")
```

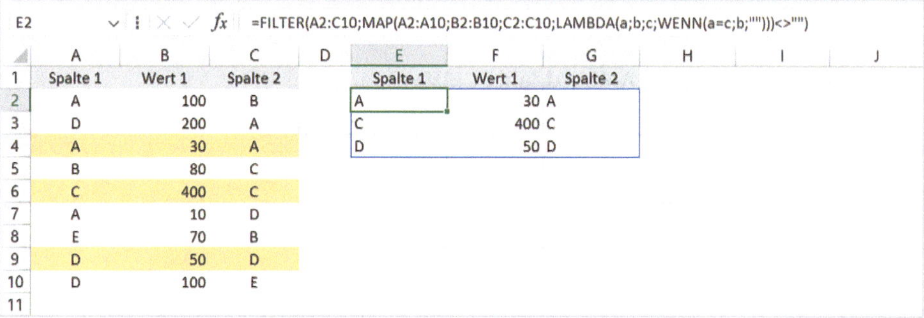

	A	B	C	D	E	F	G	H	I	J
1	Spalte 1	Wert 1	Spalte 2		Spalte 1	Wert 1	Spalte 2			
2	A	100	B		A	30	A			
3	D	200	A		C	400	C			
4	A	30	A		D	50	D			
5	B	80	C							
6	C	400	C							
7	A	10	D							
8	E	70	B							
9	D	50	D							
10	D	100	E							
11										

Bild 6.22 FILTER und MAP in einer einzigen Formel

Beispiel 2: Aus einer Artikeltabelle alle Artikel einer bestimmten Größe und Farbe herausfiltern

Um im Beispiel in Bild 6.23 alle Artikel der Göße M und Farbe blau herauszufiltern, geben Sie in H2 die folgende Formel ein:

```
H2: =FILTER(A2:C9;MAP(B2:B9;C2:C9;LAMBDA(gr;fb;UND(gr=F1;fb=F2))))
```

Bild 6.23 MAP in Verbindung mit der Funktion FILTER

	A	B	C	D	E	F	G	H	I	J
1	Artikel	Größe	Farbe		gesuchte Größe	M		Artikel	Größe	Farbe
2	301	S	rot		gesuchte Farbe	blau		420	M	blau
3	420	M	blau					423	M	blau
4	308	XL	blau							
5	315	L	rot							
6	411	L	grün							
7	423	M	blau		Matrix nach mehreren Bedingungen durchsuchen					
8	456	M	grün							
9	354	S	blau							
10										

LAMBDA zeilen- oder spaltenweise berechnen (NACHZEILE, NACHSPALTE)

Nur für Microsoft 365 verfügbar!

Wenn Sie schnell für größere Tabellen Zeilen- oder Spaltenwerte berechnen und die Formel nicht extra kopieren möchten, dann können Sie die beiden Funktionen NACHZEILE und NACHSPALTE einsetzen. Beide Funktionen haben denselben Aufbau:

```
=NACHSPALTE(Array;LAMBDA(Spalte))
```

```
=NACHZEILEArray;LAMBDA(Zeile))
```

▶ NACHZEILE berechnet LAMBDA für jede Zeile des angegebenen Arrays,

▶ NACHSPALTE berechnet LAMBDA für jede Spalte des Arrays.

- *Array* ist der Zellbereich, auf den die LAMBDA-Funktion angewendet werden soll.
- *LAMBDA* benötigt hier nur einen einzigen Parameter, an diesen wird das Array übergeben, sowie eine Formel.

Beispiel 1: Zeilensummen und -mittelwerte berechnen

NACHZEILE_NACH-SPALTE.xlsx

Als einfaches Beispiel zu Verdeutlichung berechnen wir mit der Funktion NACHZEILE für jede Zeile jeweils in H2 die Summe und in I2 den Mittelwert mit folgenden Formeln:

```
H2: =NACHZEILE(B2:G4;LAMBDA(Zahl;SUMME(Zahl)))
```

```
I2: =NACHZEILE(B2:G4;LAMBDA(Zahl;MITTELWERT(Zahl)))
```

Bild 6.24 Zeilensummen mit NACHZEILE berechnen

	A	B	C	D	E	F	G	H	I	J	K
1	Warengruppe	Jan	Feb	Mrz	Apr	Mai	Jun	Summe	Mittelwert		
2	Haushalt	120	200	250	400	150	230	1.350	225		
3	Unterhaltung	900	300	280	350	275	120	2.225	371		
4	Computer	65	89	120	150	170	220	814	136		
5											

Spaltensummen und Mittelwerte

Nach demselben Prinzip berechnen Sie mit NACHSPALTE auch die Summen und Mittelwerte über die Spalten der Tabelle, wie im Bild unten.

	A	B	C	D	E	F	G	H	I	J	K
	B6			fx	=NACHSPALTE(B2:G4;LAMBDA(Zahl;SUMME(Zahl)))						
1	Warengruppe	Jan	Feb	Mrz	Apr	Mai	Jun	Summe	Mittelwert		
2	Haushalt	120	200	250	400	150	230	1.350	225		
3	Unterhaltung	900	300	280	350	275	120	2.225	371		
4	Computer	65	89	120	150	170	220	814	136		
5											
6	Summe	1.085	589	650	900	595	570				
7	Max	900	300	280	400	275	230				
8											

Bild 6.25 Spaltensummen mit NACHSPALTE berechnen

Beispiel 2: Höchsten Wert jeder Spalte ausgeben

In einem zweiten Beispiel soll für jede Spalte der unten abgebildeten Matrix der jeweils höchste Wert ausgegeben werden. Dazu geben Sie in E2 die folgende Formel ein:

E2: =NACHSPALTE(A2:C5;LAMBDA(s;MAX(s)))

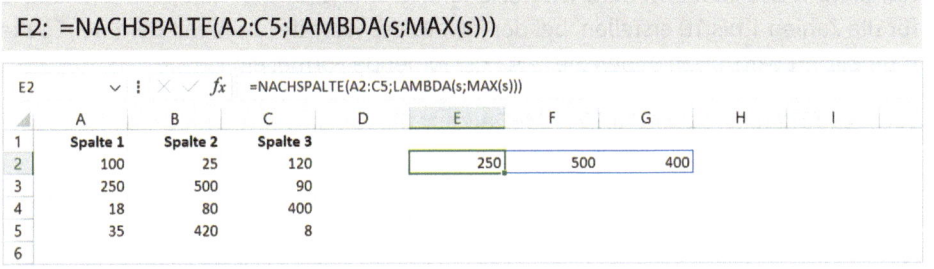

	A	B	C	D	E	F	G	H	I
	E2		fx	=NACHSPALTE(A2:C5;LAMBDA(s;MAX(s)))					
1	Spalte 1	Spalte 2	Spalte 3						
2	100	25	120		250	500	400		
3	250	500	90						
4	18	80	400						
5	35	420	8						
6									

Bild 6.26 Beispiel: Höchsten Wert jeder Spalte ermitteln

Beispiel 3: Umsätze filtern

Beide Funktionen können in Kombination mit der Funktion FILTER auch zum Filtern herangezogen werden: Hier ein Beispiel, das aus einer Tabelle die Jahre herausfiltert, in denen mindestens eines der Produkte einen Umsatz über 1.000 EUR erzielt hat. Dazu geben Sie in F2 die folgende Formel ein:

F2: =FILTER(A2:D2;NACHZEILE(B2:D7;LAMBDA(zeile;MAX(zeile)>=1000)))

	A	B	C	D	E	F	G	H	I	J
	F2			fx	=FILTER(A2:D7;NACHZEILE(B2:D7;LAMBDA(zeile;MAX(zeile)>=1000)))					
1	Jahr	Produkt A	Produkt B	Produkt C		Jahr	Produkt A	Produkt B	Produkt C	
2	2018	1.050	1.060	1.000		2018	1.050	1.060	1.000	
3	2019	890	920	945		2021	1.800	1.000	680	
4	2020	300	550	590						
5	2021	1.800	1.000	680						
6	2022	390	910	730						
7	2023	520	400	700						
8										

Bild 6.27 Zeilen filtern

Matrix mit LAMBDA berechnen (MATRIXERSTELLEN)

Mit Hilfe der Funktion MATRIXERSTELLEN lässt sich auch eine Matrix mit der angegebenen Anzahl Zeilen und Spalten mit einer LAMBDA-Funktion berechnen.

=MATRIXERSTELLEN(Zeilen; Spalten; lambda(Zeilen, Spalten))

- *Zeilen*: Gibt an wie viele Zeilen die Matrix hoch sein soll
- *Spalten*: Gibt an wie viele Spalten die Matrix breit sein soll
- *lambda*: Die LAMBDA-Funktion erlaubt hier nur die Zeilen und Spalten als Parameter zur Berechnung der Matrix.

Hinweis: Zum Erzeugen einer Matrix aus fortlaufenden Zahlen mit einer festen Schrittweite, ist in vielen Fällen die Funktion SEQUENZ besser geeignet, s. Seite 416.

Beispiel 1: Einfache Multiplikationstabelle

Auf diese Weise lässt sich beispielsweise schnell eine einfache Multiplikationstabelle für die Zahlen 1 bis 10 erstellen, bei der jeweils der Wert der Zeile mit dem der Spalte multipliziert wird. Dazu geben Sie in A1 die folgende Formel ein:

A1: =MATRIXERSTELLEN(10;10;LAMBDA(z;s;z*s))

Bild 6.28 Beispiel: Einfache Multiplikationstabelle

A	B	C	D	E	F	G	H	I	J
1	2	3	4	5	6	7	8	9	10
2	4	6	8	10	12	14	16	18	20
3	6	9	12	15	18	21	24	27	30
4	8	12	16	20	24	28	32	36	40
5	10	15	20	25	30	35	40	45	50
6	12	18	24	30	36	42	48	54	60
7	14	21	28	35	42	49	56	63	70
8	16	24	32	40	48	56	64	72	80
9	18	27	36	45	54	63	72	81	90
10	20	30	40	50	60	70	80	90	100

MATRIXERSTELLEN.xlsx

Beispiel 2: Matrix aus Quadratzahlen berechnen

Als zweites Beispiel werden für eine Matrix mit 9 Zeilen und 5 Spalten die Quadratzahlen berechnet (Bild 6.29). Wenn die Berechnung erst ab der Zahl 2 erfolgen soll, dann muss in der LAMBDA-Funktion die Zahl 1 zur Zeile hinzuaddiert werden.

A1: =MATRIXERSTELLEN(9;5;LAMBDA(z;s;(z+1)^s))

Bild 6.29 Matrix mit Quadratzahlen berechnen

A	B	C	D	E
2	4	8	16	32
3	9	27	81	243
4	16	64	256	1024
5	25	125	625	3125
6	36	216	1296	7776
7	49	343	2401	16807
8	64	512	4096	32768
9	81	729	6561	59049
10	100	1000	10000	100000

Mit der SCAN-Funktion Zwischenergebnisse als Matrix ausgeben

Im Gegensatz zu MATRIXERSTELLEN wendet SCAN eine Berechnung mit LAMBDA auf jeden Wert einer bestehenden Matrix an und erzeugt so als Ergebnis eine Matrix mit Zwischenergebnissen.

=SCAN ([initial_value], Array, Lambda(Akkumulator, Wert))

- *initial_value*: Legt den Startwert für den Akkumulator fest. Wird dieser nicht angegeben, so verwendet SCAN den ersten Wert des Arrays.
- *Array*: Array, das gescannt werden soll.
- *Lambda*: Die Lambda-Funktion besteht hier aus den Parametern *Akkumulator* und *Wert*: *Akkumulator* ist das Zwischenergebnis der vorhergehenden Berechnung bzw. der akkumulierende Wert wobei *Wert* auf jedes Element im Array angewendet wird.

In Bild 6.30 zwei Beispiele:
Im Beispiel 1 wird in E2 mit folgender Formel jeder Wert des Ausgangsarrays zum vorhergehenden Ergebnis hinzuaddiert, Startwert ist 0:

SCAN.xlsx

E2: =SCAN(0;A2:A4;LAMBDA(a;b;a+b))

Das zweite Beispiel in E7 verkettet die Zeichen des Arrays schrittweise miteinander, Startwert ist eine leere Zeichenfolge "".

E7: =SCAN("";A1:C2;LAMBDA(a;b;a&b))

Bild 6.30 Beispiele Zwischenergebnisse ausgeben mit SCAN

Eine Liste mit Fakultäten berechnen

Auf diese Weise lässt sich beispielsweise eine Liste von Fakultäten berechnen. Dazu geben Sie einfach die folgende Formel ein ein, hier in C1:

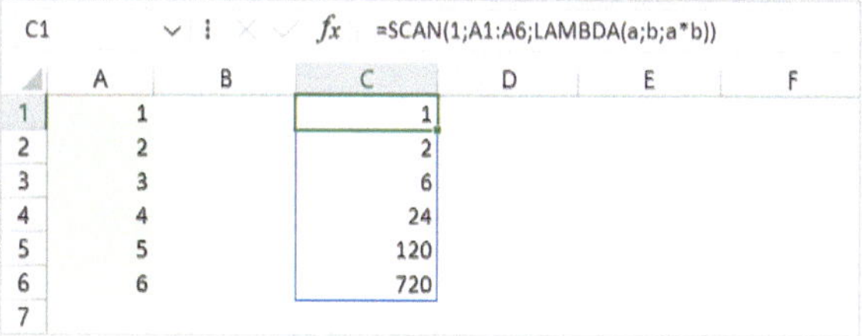

Bild 6.31 Fakultäten berechnen

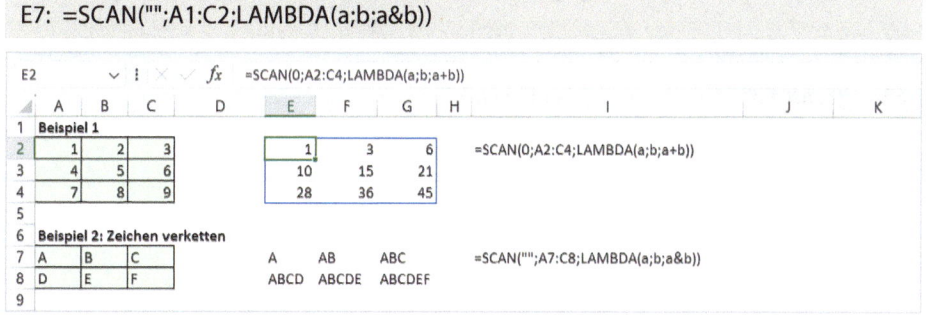

C1: =SCAN(1;A1:A6;LAMBDA(a;b;a*b))

Hinweis: Alternativ und wesentlich einfacher berechnen Sie Fakultäten mit der Excel-Funktion FAKULTÄT, s. Kap. 9 auf Seite 413.

Nur den akkumulierten Wert ausgeben (REDUCE)

Im Gegensatz zu SCAN gibt REDUCE nur das akkumulierte Endergebnis und damit nur einen einzigen Wert aus. Aufbau und die Bedeutung der Argumente ist identisch mit SCAN.

Zur Bedeutung der Argumente, siehe SCAN auf Seite 273.

=REDUCE([initial_value], Array, Lambda(Akkumulator, Wert))

Beispiel: Werte eines Arrays aufaddieren

Als Beispiel werden in Bild 6.32 in E2 mit REDUCE die Werte des Ausgangsarrays aufsummiert und nur das Endergebnis ausgegeben (s. auch Beispiel 1 in Bild 6.30):

E2: =REDUCE(0;A1:C4;LAMBDA(a;b;a+b))

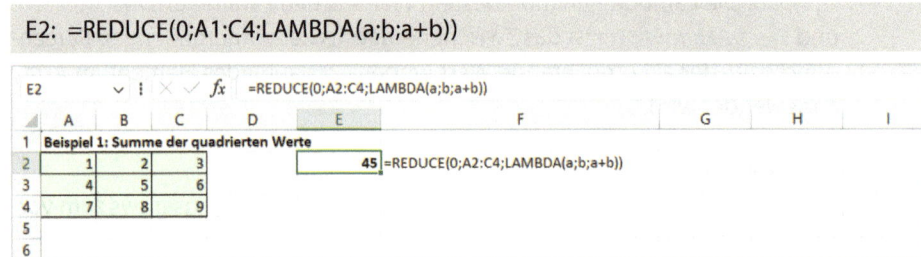

Bild 6.32 Beispiel REDUCE: Nur Endwert ausgeben

REDUCE.xlsx

Gegenüberstellung SCAN und REDUCE

Zur Verdeutlichung eine Gegenüberstellung von SCAN und REDUCE. In Spalte C wurden mit SCAN die Werte aus Spalte A nacheinander aufaddiert, während in E2 mit REDUCE nur das Endergebnis ausgegeben wird. LAMBDA ist in beiden Fällen gleich.

C2: =SCAN(0;A2:A11;LAMBDA(a;b;a+b))

E2: =REDUCE(0;A2:A11;LAMBDA(a;b;a+b))

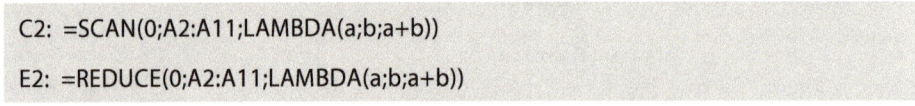

Bild 6.33 Gegenüberstellung SCAN und REDUCE

7 Allgemeine Auswertungsfunktionen

7.1 Zellen oder Werte zählen 276

7.2 Summenberechnungen 281

7.3 Mittelwerte 287

7.4 Rangfolge, größte und kleinste Werte 295

7.5 Behandlung von ausgeblendeten Zellen und Fehlerwerten 301

7.6 Zellen anhand ihrer Füllfarbe auswerten 307

Häufig werden in Excel zusammenfassende Auswertungen über Tabellen unterschiedlicher Größe benötigt. Zu diesem Zweck stellt Excel zahlreiche Auswertungsfunktionen zur Verfügung. Die Funktionen SUMME, ANZAHL, ANZAHL2 und MITTELWERT dürften allgemein bekannt sein, daneben gibt es aber auch noch zahlreiche, weniger bekannte Möglichkeiten. Die verschiedenen Datenbank (DB)-Funktionen, z. B. DBSUMME usw. werden allerdings nur kurz gestreift, da sich dieselben Ergebnisse mit anderen Funktionen und Tools in vielen Fällen einfacher berechnen lassen.

> Nicht immer nachvollziehbar ist die Zuordnung der nachfolgend beschriebenen Funktionen: Manche sind in der Kategorie Statistik zu finden, andere dagegen in der Kategorie Mathematik und Trigonometrie.

Die meisten der hier beschriebenen Funktionen finden Sie im Menüband, Register *Formeln* ▶ *Funktionsbibliothek* über die Schaltfläche *Mehr Funktionen*, Auswahl *Statistik* bzw. im Funktionsassistenten in der Kategorie *Statistik*. Allerdings ist die Zuordnung zu einer Kategorie nicht immer eindeutig, daher sind einige davon auch in der Kategorie *Mathematik und Trigonometrie* enthalten.

Hinweis: Für die Auswertung und Zusammenfassung umfangreicher Tabellen eignet sich unter Umständen das komfortable Tool *PivotTable* wesentlich besser als die hier vorgestellten Funktionen. Eine kleine Einführung hierzu finden Sie zu Beginn des Kapitels 8, Ausgewählte statistische Funktionen. Falls Sie näher in dieses interessante Thema einsteigen möchten, empfehle ich Ihnen das Buch "Excel Spezial: Daten abrufen, aufbereiten & mit Pivot-Tabellen auswerten" (ISBN 978-3-8328-0409-1).

7.1 Zellen oder Werte zählen

Anzahl der Zellen oder Werte ermitteln (ANZAHL und ANZAHL2)

Die Funktion ANZAHL ist neben der SUMME eine der meistgenutzten Excel-Funktionen. Doch Vorsicht, hier versteckt sich eine kleine Falle: Es gibt zwei Funktionen, nämlich ANZAHL und ANZAHL2.

```
=ANZAHL(Wert1;[Wert2];...)
=ANZAHL2(Wert1;[Wert2];...)
```

Beide erlauben als Argumente auch nicht zusammenhängende Zellbereiche, die Sie am einfachsten nacheinander mit gedrückter **Strg**-Taste markieren, das Trennzeichen Semikolon wird dann automatisch eingefügt. Der Unterschied liegt in der Behandlung von Zahlen und Text:

▶ **ANZAHL**: Die Funktion ANZAHL zählt ausschließlich Zahlen, hierzu zählen auch Datumswerte, ignoriert aber Text und leere Zellen.

▶ **ANZAHL2:** ANZAHL2 berücksichtigt alle Inhalte (außer leere Zellen) und wird benötigt, wenn der Zellbereich, den Sie zum Zählen heranziehen möchten, Text enthält, z. B. Namen oder Artikelnummern mit Buchstaben.

Als Beispiel eine einfache Gegenüberstellung

Als Beispiel im Bild unten eine Artikelübersicht. Die Artikelnummern in Spalte A setzen sich aus Buchstaben und Zahlen zusammen, werden also von Excel als Text behandelt. Würden Sie die Anzahl der Artikel anhand der Artikelnummer und mit der Funktion ANZAHL berechnen, so würden Sie trotz korrekter Syntax das Ergebnis 0 erhalten. Also muss in F2 die Gesamtzahl aller Artikel mit der Funktion ANZAHL2 berechnet werden.

Anders dagegen die Anzahl aller lagernden und bestellten Artikel in F3 und F4: Hier muss die Funktion ANZAHL eingesetzt werden, damit Text, in diesem Fall der Stern *, im angegebenen Zellbereich nicht berücksichtigt wird.

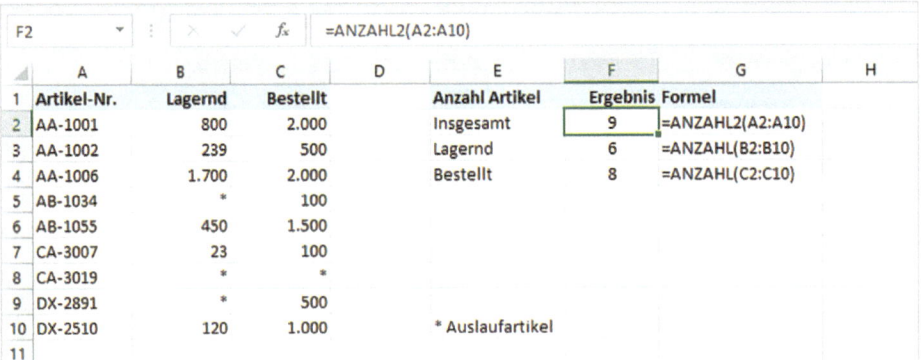

Bild 7.1 ANZAHL und ANZAHL2 im Vergleich

Anzahl_Zählenwenn.xlsx

Leere Zellen zählen mit ANZAHLLEEREZELLEN

Die Funktion ANZAHLLEEREZELLEN liefert das Gegenteil von ANZAHL und ANZAHL2, nämlich die Anzahl aller leeren Zellen im angegebenen Bereich, die Syntax:

`=ANZAHLLEEREZELLEN(Bereich)`

Bereich kann ein beliebiger, auch mehrere Zeilen und Spalten umfassender Zellbereich sein. Gezählt werden ausschließlich leere Zellen sowie leere Zeichenfolgen "" die aus Formeln resultieren. Die Zahl 0 wird nicht als leere Zelle gewertet, s. Bild unten.

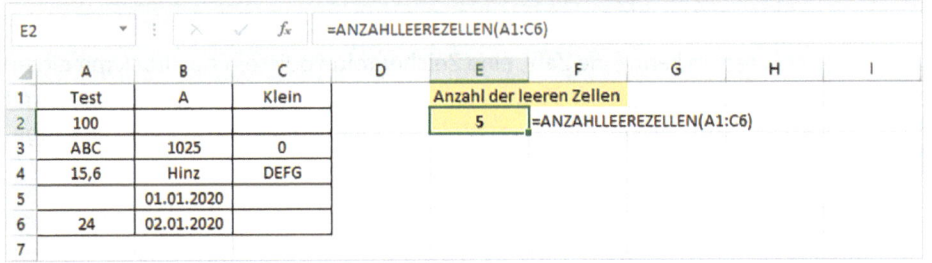

Bild 7.2 ANZAHLLEEREZELLEN

Tipp: Fehlende Daten bzw. leere Zellen anzeigen

ANZAHLLEEREZELLEN lässt sich beispielsweise einsetzen, um die Anzahl der Zellen zu ermitteln, in denen eine Eingabe fehlt. Wenn Sie aber konkret diejenigen Daten herausfiltern möchten, bei denen ein bestimmter Wert fehlt, dann erledigen Sie dies ent-

Funktion FILTER, siehe Seite 225.

weder mit dem Autofilter: Register *Daten* ▶ *Sortieren und Filtern* ▶ *Filter* und Auswahl *(Leere)* oder setzen die Funktion FILTER (Excel 365) ein.

Beispiel fehlende Preise: Im Bild unten als Beispiel eine Tabelle, aus der alle Artikel mit fehlendem Preis herausgefiltert werden sollen. Die Funktion in E3 lautet:

```
E3:  =FILTER(A3:C10;C3:C10="")
```

Hinweis: FILTER ersetzt in der Ergebnismatrix grundsätzlich alle leeren Inhalte durch 0, egal ob der Zellbereich Text oder Zahlen enthält.

Bild 7.3 Leere Zellen filtern

	A	B	C	D	E	F	G
1	Lagerliste				Fehlende Preise		
2	Bestell-Nr.	Bezeichnung	Einzelpreis		Bestell-Nr.	Bezeichnung	Einzelpreis
3	10051	Gartenschuhe	5,99 €		10089	Vogelfutter 1 kg	0
4	10060	Rasendünger 3 kg	4,59 €		10076	Schaufel extrastark	0
5	10074	Gartenschere	18,20 €				
6	10089	Vogelfutter 1 kg					
7	10050	Gummistiefel	8,99 €				
8	10066	Meisenknödel 10 Stck.	2,66 €				
9	10076	Schaufel extrastark					
10	10078	Rechen	21,90 €				

Nur bestimmte Werte/Inhalte zählen mit ZÄHLENWENN und ZÄHLENWENNS

Wenn die Ermittlung der Anzahl mit einer Bedingung verknüpft ist, z. B. die Anzahl aller Kunden mit einem Umsatz über 500 €, dann verwenden Sie die Funktionen ZÄHLENWENN oder ZÄHLENWENNS.

▶ **ZÄHLENWENN**: ZÄHLENWENN ermittelt aus dem vorgegebenen Zellbereich die Anzahl aller nichtleeren Zellen, deren Inhalt mit einem vorgegebenen Suchkriterium übereinstimmt, die Syntax lautet:

```
=ZÄHLENWENN(Bereich;Suchkriterien)
```

Ein Beispiel für die verwendung von Platzterzeichen in Verbindung mit SUMMEWENN finden Sie auf Seite 283.

- *Bereich* ist der Zellbereich, der das Suchkriterium enthält und dessen Inhalte gezählt werden sollen.
- *Suchkriterium* kann eine Zahl, eine Zeichenfolge oder ein Ausdruck mit einem Vergleichsoperator oder Platzhalter (? oder *) sein. Text und Ausdrücke mit Vergleichsoperatoren müssen als Zeichenfolgen in Anführungszeichen eingeschlossen werden.

ZÄHLENWENNS unterstützt bis zu 127 Kriterienbereiche und Kriterien.

▶ **ZÄHLENWENNS**: Diese Funktion unterstützt im Gegensatz zu ZÄHLENWENN auch mehrere Auswahlkriterien. Dazu geben Sie einfach nacheinander jeweils Kriterienbereich und das dazugehörige Suchkriterium an. **Achtung**: Alle Kriterienbereiche müssen dieselbe Anzahl Zeilen und Spalten umfassen! , die Syntax:

```
=ZÄHLENWENNS(Kriterienbereich1;Kriterien1;[Kriterienbereich2]; [Kriterien2];
[Kriterienbereich3];[Kriterien3];...)
```

Beispiel 1: Anzahl Artikel aus einer Liste ermitteln

Ein einziges Suchkriterium: ZÄHLENWENN

Wenn Sie beispielsweise die Anzahl der Artikel je Warengruppe ermitteln möchten, wie im Bild unten, dann verwenden Sie die Funktion ZÄHLENWENN, da hier nur ein einziges Suchkriterium benötigt wird.

MATRIXER... =ZÄHLENWENN(B2:B10;E2)

	A	B	C	D	E	F	G	H	I
1	Artikel-Nr.	Warengruppe	Lagerbest,		Warengruppe	Anzahl Artikel			
2	AA-1001	A	800		A	=ZÄHLENWENN(B2:B10;E2)			
3	AA-1002	A	239		C	ZÄHLENWENN(Bereich; Suchkriterien)			
4	AA-1006	A	1.700		D	2			
5	AB-1034	A	0						
6	AB-1055	A	450						
7	CA-3007	C	23						
8	CA-3019	C	0						
9	DX-2891	D	0						
10	DX-2510	D	120						
11									

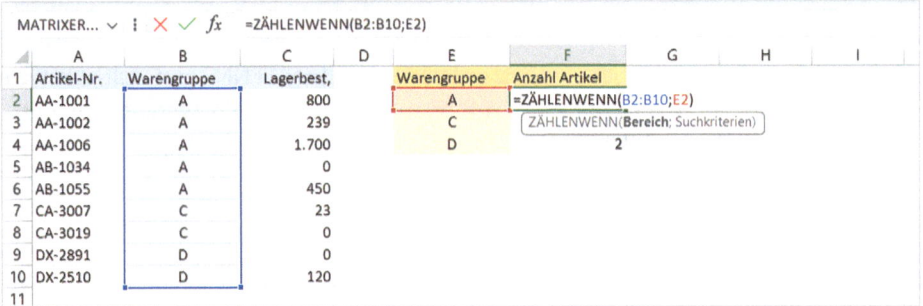

Bild 7.4 Beispiel: Anzahl Artikel je Warengruppe

Anzahl_Zählenwenn.xlsx

> **Vorsicht Falle!**
>
> Machen Sie bitte nicht den Fehler, als Suchkriterium einen Bezug auf einen passenden Wert in der Tabelle anzugeben, im Bild oben z. B. B2 für Warengruppe A. Möglicherweise kommt später jemand auf die Idee, die Tabelle z. B. nach Lagerbestand zu sortieren, dann steht in B2 unter u. U. eine andere Warengruppe.
>
> Wenn Sie das Suchkriterium nicht in die Formel eingeben möchten, dann legen Sie am besten eine gesonderte Auswertungstabelle mit den benötigten Kriterien an, wie im Bild oben.

Zwei Suchkriterien: ZÄHLENWENNS

Bei zwei und mehr Suchkriterien, z. B. wenn Sie die Anzahl aller Artikel in Warengruppe A benötigen, deren Lagerbestand größer ist als 500, dann setzen Sie die Funktion ZÄHLENWENNS ein. Die Funktion in F3 lautet:

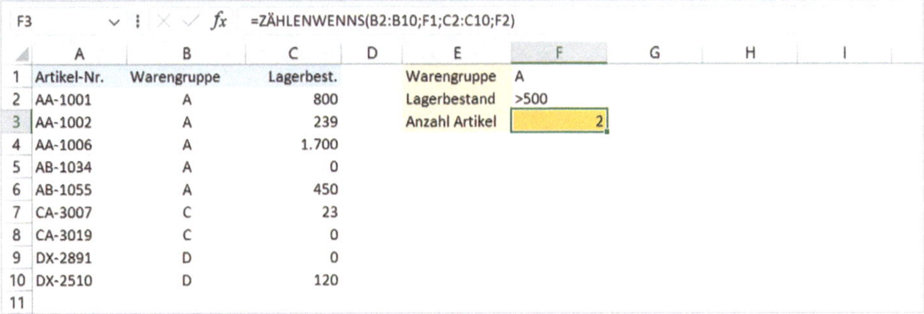

```
F3: =ZÄHLENWENNS(B2:B10;F1;C2:C10;F2)
```

F3 =ZÄHLENWENNS(B2:B10;F1;C2:C10;F2)

	A	B	C	D	E	F	G	H	I
1	Artikel-Nr.	Warengruppe	Lagerbest.		Warengruppe	A			
2	AA-1001	A	800		Lagerbestand	>500			
3	AA-1002	A	239		Anzahl Artikel	2			
4	AA-1006	A	1.700						
5	AB-1034	A	0						
6	AB-1055	A	450						
7	CA-3007	C	23						
8	CA-3019	C	0						
9	DX-2891	D	0						
10	DX-2510	D	120						
11									

Bild 7.5 ZÄHLENWENNS mit zwei Suchkriterien

Die Funktionsweise von ZÄHLENWENNS

ZÄHLENWENNS arbeitet die Kriterien zeilenweise ab, beginnt also mit der ersten Zeile der angegebenen Kriterienbereiche (im unten abgebildeten Beispiel Zeile 3), vergleicht diese miteinander und liefert als Ergebnis 1, wenn in dieser Zeile alle Zellen den Kriterien entsprechen. Anschließend wird die Prüfung in der nächsten Zeile fortgesetzt; wenn auch hier alle Zellen den Kriterien entsprechen, erhöht sich das Zwischenergebnis um 1 usw., bis alle Zellen ausgewertet sind.

Bild 7.6 ZÄHLENWENNS mit mehreren Kriterien

Als Beispiel wird aus der Tabelle im Bild unten mit ZÄHLENWENNS ermittelt, wie viele Teilnehmer eines Lehrgangs mit zwei Prüfungen beide Prüfungen bestanden haben.

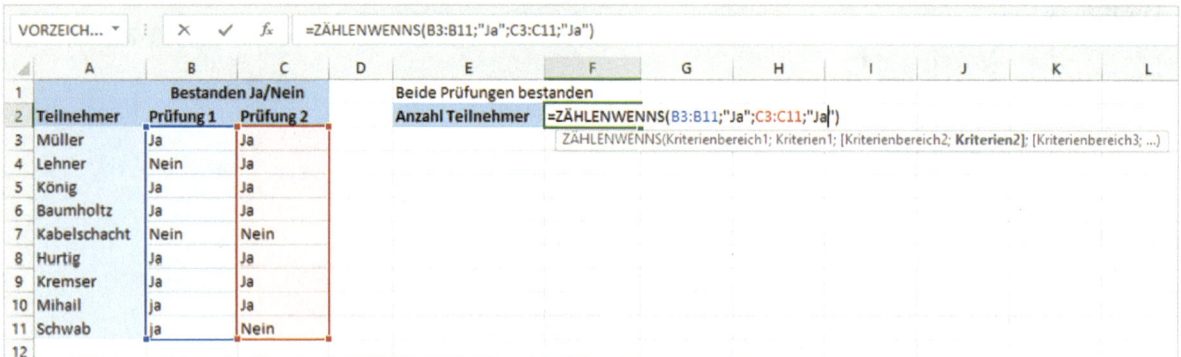

Vergleichsoperatoren als Suchkriterium

Mit Nullwerten ist in diesem Fall die Zahl 0 gemeint.

Wenn in der Funktion ZÄHLENWENN Vergleichsoperatoren für das Suchkriterium benötigt werden, z. B. um mit >0 Nullwerte auszuschließen, dann muss das gesamte Suchkriterium als Ausdruck in Anführungszeichen eingegeben werden. Befindet sich dagegen der Ausdruck in einer Zelle wie in Bild 7.5, wird der Inhalt ohnehin als Text gewertet.

Beispiel: Im Bild unten soll die Anzahl der Teilnehmer mit mindestens 50 Punkten ermittelt werden. Dazu geben Sie als Suchkriterium den folgenden Ausdruck ein: ">=50".

Bild 7.7 Anzahl Teilnehmer mit mindestens 50 Punkten

	A	B	C	D	E	F
	E1			fx	=ZÄHLENWENN(B2:B9;">=50")	
1	Teilnehmer	Punkte		Anzahl Teilnehmer mit mindestens 50 Punkten	5	
2	Müller	98				
3	Lehner	51				
4	König	62				
5	Baumholtz	38				
6	Kabelschacht	71				
7	Hurtig	23				
8	Kremser	49				
9	Mihail	88				
10						

Wenn sich der Vergleichswert in einer Zelle befindet, wie im etwas abgewandelten Beispiel unten, dann müssen Sie Vergleichsoperator und Zellbezug mit dem &-Operator verknüpfen und der Ausdruck lautet dann ">="&D2.

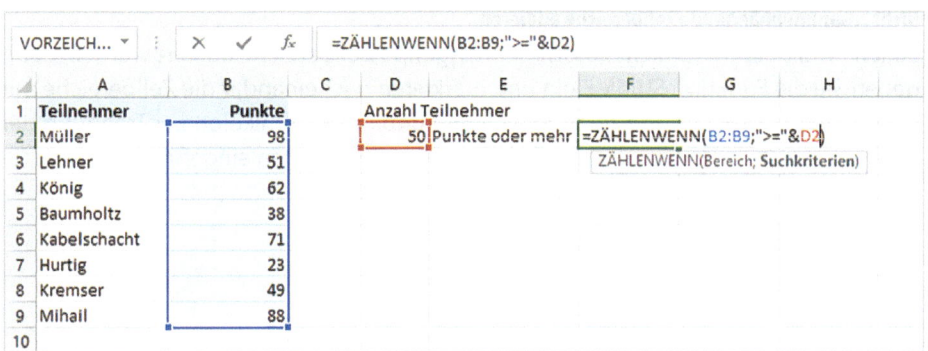

Bild 7.8 Vergleichsoperator und Zellbezug verknüpfen

7.2 Summenberechnungen

Einfache Summen (SUMME)

Die Verwendung der Funktion SUMME dürfte allen Excel-Anwendern geläufig sein, daher wird hier auf diese nur kurz eingegangen.

Summe gleichzeitig über mehrere Spalten berechnen

Über das Symbol *Summe* bzw. *AutoSumme* im Menüband (Register *Start* ▶ *Bearbeiten* oder Register *Formeln* ▶ *Funktionsbibliothek*) erhalten Sie eine intelligente Summe, die z. B. die Summe gleich für mehrere Spalten gleichzeitig berechnet und automatisch in die Zeile unterhalb einfügt, wie im Bild unten. Sie brauchen dazu nur die betreffenden Spalten markieren und auf *AutoSumme* klicken.

Gleiches gilt auch für Zeilensummen, in diesem Fall markieren Sie die noch leere Ergebnisspalte mit, bevor Sie auf *AutoSumme* klicken.

Bild 7.9 Summe für mehrere Spalten gleichzeitig berechnen

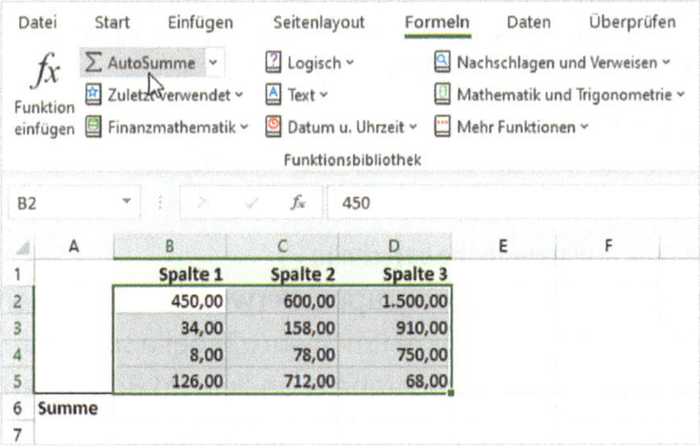

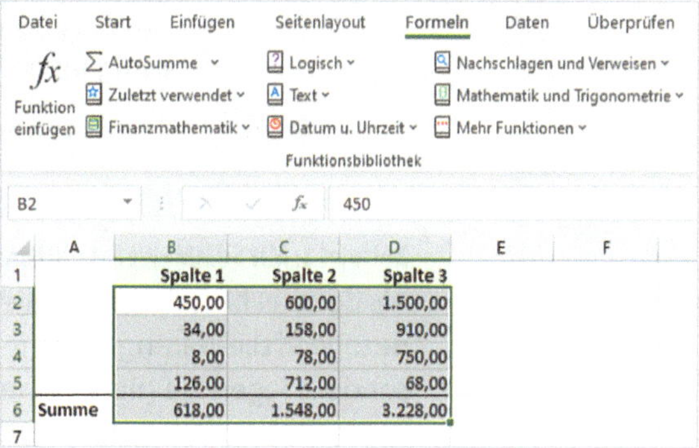

Bild 7.10 Nicht zusammenhängende Bereiche addieren

Nicht zusammenhängende Zellbereiche addieren

Sollen zwei oder mehr nicht zusammenhängende Zellbereiche addiert werden, dann geben Sie die Funktion SUMME ein und markieren nacheinander die Zellbereiche mit gleichzeitig gedrückter **Strg**-Taste, wie im Bild unten. Ein Semikolon zur Trennung der Argumente wird automatisch zwischen den Bereichsangaben eingefügt.

Summenberechnung mit Bedingungen (SUMMEWENN und SUMMEWENNS)

Hinweis: Beide Funktionen finden Sie nicht in der Kategorie Statistik sondern in der Kategorie Mathematik und Trigonometrie.

Um die Summenberechnung auf bestimmte Werte einzuschränken, stellt Excel die Funktionen SUMMEWENN und SUMMEWENNS zur Verfügung.

- SUMMEWENN unterstützt nur ein einziges Suchkriterium.
- Mit SUMMEWENNS sind bis zu 127 Kriterienbereiche und Kriterien möglich, s. ZÄHLENWENN (ab Excel 2019).

Die Funktion SUMMEWENN

Die Funktion SUMMEWENN ist wie folgt aufgebaut:

=SUMMEWENN(Bereich;Suchkriterien;Summe_Bereich)

Argument	Beschreibung
Bereich	Zellbereich, der nach dem angegebenen Suchkriterium durchsucht wird.
Suchkriterien	Als *Suchkriterien* können Zahlen, Text oder Ausdrücke verwendet werden. In Ausdrücken sind neben Vergleichsoperatoren auch die Platzhalter * (beliebig viele Zeichen) und ? (genau 1 Zeichen) zulässig. Text und Ausdrücke müssen in Anführungszeichen "" eingeschlossen sein.
Summe_Bereich	Der Zellbereich, dessen Werte addiert werden sollen.

Beispiel 1: Mit SUMMEWENN die Umsatzsumme je Warengruppe berechnen

Summewenn.xlsx

Als Beispiel berechnen wir die Umsatzsumme je Warengruppe. Verwenden Sie keinen Bezug auf die Warengruppe in Spalte B als Suchkriterium (Stichwort: Tabelle sortieren), sondern legen Sie hierzu eine gesonderte Auswertungstabelle an, wie im Bild unten. Die Funktion in F2 lautet:

F2: =SUMMEWENN($B$2:$B$7;E2;$C$2:$C$7)

Summenberechnungen

	A	B	C	D	E	F	G
1	Artikel	Warengruppe	Umsatz			Umsatzsumme	
2	Notebook	Computer	120.000		Computer	200.000	=SUMMEWENN($B$2:$B$7;E2;$C$2:$C$7)
3	Monitor	Computer	30.000		Haushaltsgeräte	244.000	=SUMMEWENN($B$2:$B$7;E3;$C$2:$C$7)
4	Drucker	Computer	50.000				
5	Waschmaschine	Haushaltsgeräte	110.000				
6	Geschirrspüler	Haushaltsgeräte	96.000				
7	Kaffeemaschine	Haushaltsgeräte	38.000				

Bild 7.11 Beispiel 1

Beispiel 2: SUMMEWENN mit Vergleichsoperator

Ausdrücke mit Vergleichsoperatoren als Suchkriterium müssen in Anführungszeichen ("") angegeben werden. Benötigen Sie Vergleichsoperatoren zusammen mit einem Zellbezug, dann verketten Sie die beiden Ausdrücke mit dem &-Zeichen und das Kriterium lautet im Bild unten beispielsweise: ">"&E2.

Bild 7.12 Beispiel 2

F2: =SUMMEWENN(C2:C7;">"&E2;C2:C7)

	A	B	C	D	E	F	G
1	Artikel	Warengruppe	Umsatz		Summe der Umsätze über		
2	Notebook	Computer	120.000		50.000	326.000	=SUMMEWENN(C2:C7;">"&E2;C2:C7)
3	Monitor	Computer	30.000				
4	Drucker	Computer	50.000				
5	Waschmaschine	Haushaltsgeräte	110.000				
6	Geschirrspüler	Haushaltsgeräte	96.000				
7	Kaffeemaschine	Haushaltsgeräte	38.000				

SUMMEWENN mit Platzhalter, Beispiel Postleitzahlenbereich

Hier ein Beispiel, wie Sie Platzhalter bei der Summenberechnung einsetzen. Um nur die Umsätze des Postleitzahlenbereichs 8 zu erhalten, lautet die Formel in G2:

G2: =SUMMEWENN(B2:B13;F2&"*";D2:D13)

Bild 7.13 Umsatzsumme Postleitzahlenbereich 8

	A	B	C	D	E	F	G	H
1	Kunde	PLZ	Ort	Umsatz		Umsatz PLZ-Bereich		
2	Hintermoser	94032	Passau	45.000,00 €		8	22850	
3	Klein	55129	Mainz	500,00 €				
4	Müller-Maus	48156	Münster	4.570,00 €				
5	Lüderitz	71560	Mittelfischbach	489,00 €				
6	Thundorfer	16818	Langen	708,00 €				
7	Hardenbach	78464	Konstanz	60,00 €				
8	Hacker	60314	Frankfurt	6.900,00 €				
9	Bechler	88131	Lindau	15.000,00 €				
10	Meyer	84307	Eggenfelden	1.800,00 €				
11	Lang	57632	Eulenberg	2.304,00 €				
12	Schmitz	14547	Fichtenwalde	360,00 €				
13	Rodriguez	82467	Garmisch-Partenkirchen	6.050,00 €				

Hinweis: Genauso verfahren Sie auch, wenn Sie Platzhalter in der Funktion ZÄHLENWENN verwenden möchten.

Mehrere Kriterien mit der Funktion SUMMEWENNS verwenden

Auch SUMMEWENNS erlaubt Vergleichsoperatoren und Platzhalter als Kriterien, siehe SUMMEWENN.

Die Funktion SUMMEWENNS erlaubt die Verwendung mehrerer Suchkriterien für verschiedene Spalten. Kriterienbereich und das dazugehörige Kriterium werden jeweils nacheinander angegeben und bilden ein Paar.

=SUMMEWENNS(Summe_Bereich; Kriterien_Bereich1;Kriterien1;Kriterien_Bereich2; Kriterien2;...)

Argument	Beschreibung
Summe_Bereich	Der zu addierende Zellbereich
Kriterien_Bereich1	Der Bereich, der nach *Kriterien1* durchsucht wird
Kriterien1	Kriterien für Kriterien_Bereich1. *Kriterien_Bereich1* und *Kriterien1*; *Kriterien_Bereich2* und *Kriterien2* usw. bilden je ein Suchpaar.

Achtung: Beachten Sie die abweichende Reihenfolge der Argumente im Vergleich zu SUMMEWENN. Zudem müssen *Summe_Bereich* und alle Kriterienbereiche denselben Umfang haben bzw. dieselbe Anzahl Zellen umfassen und es werden nur Werte addiert, für die in allen angegebenen Kriterienbereichen die jeweilige Bedingung erfüllt ist. Maximal 127 Kriterien und Kriterienbereiche lassen sich auf diese Weise vergleichen.

Beispiel: Summe der verkauften Menge eines Artikels in einem bestimmten Monat

Als Beispiel wird im Bild unten aus einer Verkaufsstatistik für einen bestimmten Artikel (Artikelnummer 4812) die Summe aller verkauften Mengen des angegebenen Monats (1 = Januar) berechnet. *Summe_Bereich* ist die Menge in Spalte D, *Kriterienbereich1* ist Spalte A mit der Artikelnummer und das dazugehörige *Suchkriterium1* befindet sich in F4. *Kriterienbereich2* sind die Monate in Spalte C und *Suchkriterium2* ist G4.

Bild 7.14 Summe unter Verwendung mehrerer Kriterien berechnen

	A	B	C	D	E	F	G	H
1	Verkaufsstatistik							
2						Anzahl verkaufte Artikel pro Monat		
3	Artikel-Nr.	Warengruppe	Monat	Menge		Artikel-Nr.	Monat	Menge
4	4812	A	1	15		4812	1	20
5	5012	B	1	3				
6	4811	A	1	26				
7	4811	A	1	18				
8	4812	A	1	4				
9	4812	A	1	1				
10	5110	B	2	7				
11	5012	B	2	25				
12	4811	A	2	13				
13	3001	D	2	75				
14	5012	B	2	21				
15	4812	A	3	17				
16	5110	B	3	11				
17	4811	A	3	8				

Formel in H4: =SUMMEWENNS(D4:D17;A4:A17;F4;C4:C17;G4)

Diese Aufgabe lässt sich auch mit der Funktion DBSUMME lösen. Da der Aufbau identisch ist mit der Funktion DBMITTELWERT, finden Sie nähere Details auf Seite 291.

Die Funktion SUMMENPRODUKT

Nützliche Dienste bei komplexen Formeln leistet manchmal die Funktion SUMMENPRODUKT (Kategorie *Mathematik und Trigonometrie*). Grob vereinfacht multipliziert diese Funktion zwei oder mehr Zellbereiche, diese werden als Matrizen bzw. Arrays bezeichnet, miteinander (Produkte) und berechnet anschließend die Summe der Ergebnisse. Beachten Sie, dass alle Arrays hinsichtlich der Anzahl Zeilen und Spalten identisch sein müssen!

SUMMENPRODUKT. xlsx

    =SUMMENPRODUKT(Array1;Array2;Array3;…)

Zwei Bereiche multiplizieren und Summe berechnen

Um die Funktionsweise von SUMMENPRODUKT zu verdeutlichen, wurden im Bild links unten die Werte aus Spalte A (*Matrix 1*) und Spalte B (*Matrix 2*) in Spalte D miteinander multipliziert und anschließend darunter in D8 die Summe berechnet. Die Funktion SUMMENPRODUKT im Bild rechts rechnet genauso, aber in einer einzigen Formel.

Bild 7.15 Matrizen miteinander multiplizieren und Summe berechnen

Bild 7.16 Das Ergebnis mit der Funktion SUMMENPRODUKT

	A	B	C	D	E
1	Matrix 1	Matrix 2		Produkte	Formel
2	10	5		50	=A2*B2
3	50	2		100	=A3*B3
4	5	24		120	=A4*B4
5	2	18		36	=A5*B5
6	15	3		45	=A6*B6
7					
8			Summe	351	=SUMME(D2:D6)
9					

	A	B	C	D	E
1	Matrix 1	Matrix 2			
2	10	5			
3	50	2			
4	5	24			
5	2	18			
6	15	3			
7					
8	Summe		351	=SUMMENPRODUKT(A2:A6;B2:B6)	
9					

Beispiel 1: SUMMENPRODUKT mit einer Bedingung

SUMMENPRODUKT kann auch zusammen mit einer Bedingung verwendet werden, als Beispiel im Bild unten zur Berechnung der Umsätze eines bestimmten Verkaufsbezirks. In C12 wurde mit SUMMENPRODUKT die Gesamtsumme berechnet. Die Formel in C13 soll berücksichtigt dagegen nur Werte, wenn die Inhalte von B2:B11 mit B13 übereinstimmen.

Bild 7.17 SUMMENPRODUKT mit Bedingung

C13 fx =SUMMENPRODUKT((B2:B11=B13)*1;C2:C11;D2:D11)

	A	B	C	D
1	Verkäufer	VK-Bezirk	Einzelpreis	Menge
2	Huber	Nord	78,90	10
3	Berger	Süd	123,00	3
4	Müller	Mitte	56,00	5
5	Kohlschratt	Nord	396,00	4
6	Marger	Nord	213,00	1
7	Schmidt	Mitte	65,00	5
8	Fünfziger	Nord	25,00	15
9	Ammer	Süd	369,00	6
10	Vogel	Süd	78,90	18
11	Franz	Mitte	427,00	7
12	Gesamtsumme		10.558,20	=SUMMENPRODUKT(C2:C11;D2:D11)
13	Summe	Mitte	3.594,00	=SUMMENPRODUKT((B2:B11=B13)*1;C2:C11;D2:D11)
14				

Erklärung: Die Bedingung lautet: (B2:B11=B13). Allerdings liefert diese die Wahrheitswerte WAHR bzw. FALSCH, daher wird das Ergebnis noch mit 1 multipliziert. Die Bedingung wird als erstes Argument der Funktion SUMMENPRODUKT eingegeben, anschließend folgen die beiden miteinander zu multiplizierenden Arrays Einzelpreis und Menge bzw. C2:C11 und D2:D11. Die Funktion in C13 lautet daher:

```
C13: =SUMMENPRODUKT((B2:B11=B13)*1;C2:C11;D2:D11)
```

Alternativ erzielen Sie das dasselbe Ergebnis mit folgender, etwas abgewandelter Funktion:

```
C13: =SUMMENPRODUKT((B2:B11=B13)*C2:C11*D2:D11)
```

Beispiel 2: Zwei Bedingungen

In diesem Beispiel wird die Umsatzsumme unter Vorgabe von zwei Bedingungen berechnet: Kategorie A und Bereich Nord, die Formel dazu in G2 lautet:

```
G2: =SUMMENPRODUKT((A2:A9=E2)*(B2:B9=F2)*(C2:C9))
```

	A	B	C	D	E	F	G
1	Bereich	Kategorie	Umsatz		Bereich	Kategorie	Umsatzsumme
2	Nord	A	3.000		Nord	A	6.300
3	Mitte	B	2.500				
4	Mitte	A	1.800		=SUMMENPRODUKT((A2:A9=E2)*(B2:B9=F2)*(C2:C9))		
5	Süd	B	4.100				
6	Nord	B	900				
7	Süd	C	1.500				
8	Mitte	C	2.200				
9	Nord	A	3.300				
10							

Bild 7.18 Umsatzsumme unter Vorgabe von zwei Bedingungen

Beispiel 3: SUMMENPRODUKT mit Konstanten

Das nächste Beispiel berechnet in C8 und C9 die Summe der Umsatzsteuer getrennt nach 19% (hier USt. 1) und 7% (USt. 2). Wenn die Bedingung zutrifft, dann soll der Einzelpreis mit B8 bzw. B9 multipliziert werden. Da die Argumente in der Schreibweise A2:A5;B6 den Fehlerwert #WERT liefern, müssen Sie die Formel im Argument angeben: A2:A6*B8. Die Funktion in C8 lautet:

```
C8: =SUMMENPRODUKT((B2:B6=2)*1;A2:A6*B8)
```

	A	B	C	D
1	Einzelpreis	Ust.		
2	4,80	2		
3	5,95	2		
4	12,80	1		
5	34,90	1		
6	2,50	2		
7				
8	Summe Ust. Betrag 1	19%	9,06	=SUMMENPRODUKT((B2:B6=1)*1;A2:A6*B8)
9	Summe Ust. Betrag 2	7%	0,93	=SUMMENPRODUKT((B2:B6=2)*1;A2:A6*B9)
10				

Bild 7.19 SUMMENPRODUKT mit einer Konstanten

7.3 Mittelwerte

Durchschnitt mit MITTELWERT berechnen

Was umgangssprachlich häufig als Durchschnitt bezeichnet wird, ist eigentlich das sogenannte arithmetische Mittel. Es wird berechnet, indem man alle Zahlen der angegebenen Gruppe addiert und dann durch die Anzahl der Zahlen dividiert. In Excel verwenden Sie dafür die Funktion MITTELWERT, die Syntax ist identisch mit SUMME.

Siehe auch Funktion SUMME auf Seite 281.

Am schnellsten lässt sich der Mittelwert über das Menüband, Register *Formeln* ▶ *Funktionsbibliothek* und Klick auf den Dropdown-Pfeil *AutoSumme* berechnen. Um mehrere Mittelwerte über mehrere Spalten oder Zeilen gleichzeitig einzufügen, markieren Sie die noch leeren Zielzellen, klicken auf den Pfeil *AutoSumme* und dann auf *Mittelwert*.

Bild 7.20 Mittelwerte für mehrere Zeilen berechnen

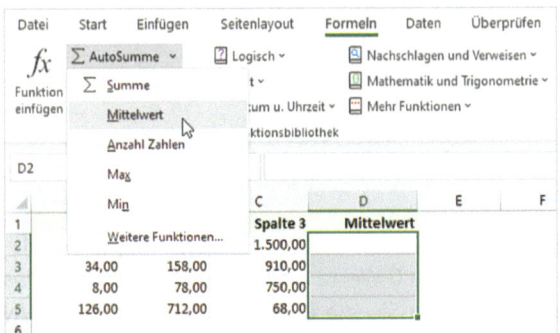 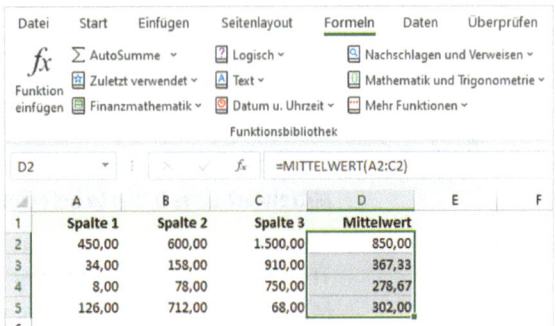

Mittelwert mit Bedingungen (MITTELWERTWENN und MITTELWERTWENNS)

Auch die Berechnung des Mittelwerts lässt sich mit einem oder mehreren Suchkriterien verknüpfen, dazu verwenden Sie die Funktionen MITTELWERTWENN und MITTELWERTWENNS. Beide berechnen das arithmetische Mittel (Durchschnitt) von Zellen, die vorgegebenen Kriterien entsprechen. Wie bei SUMMEWENN und SUMMEWENNS besteht der Hauptunterschied darin, dass MITTELWERTWENN nur ein einziges Kriterium und MITTELWERTWENNS bis zu 127 Kriterien unterstützt.

MITTELWERTWENNS ist erst ab Excel 2019 verfügbar.

Die Funktion MITTELWERTWENN

=MITTELWERTWENN(Bereich;Kriterien;Mittelwert_Bereich)

Argument	Beschreibung
Bereich	Zellbereich, der nach dem angegebenen Suchkriterium durchsucht wird.
Kriterien	*Kriterien* legt die Bedingung fest und kann eine Zahl, Text oder ein Ausdruck sein. In Ausdrücken können Vergleichsoperatoren und Platzhalter * (beliebig viele Zeichen) und ? (genau 1 Zeichen) verwendet werden. Text und Ausdrücke müssen in Anführungszeichen "" eingeschlossen sein.
Mittelwert_Bereich	Zellbereich, aus dessen Werten der Mittelwert berechnet wird.

Der Aufbau ist ähnlich der Funktion SUMMEWENN, nur die Argumente haben eine etwas andere Bezeichnung.

Beispiel Sportwettbewerb: Auswertung nach Geschlechtern

Bei der Auswertung eines Sportwettbewerbs sollen die durchschnittlichen Punktzahlen für Männer (m) und Frauen (w) getrennt berechnet werden. *Bereich* ist das Geschlecht in B2:B8, das Kriterium befindet sich in E2 bzw. in E3 und *Mittelwert_Bereich* ist die jeweils erzielte Punktezahl in C2:C9.

```
=MITTELWERTWENN(B2:B9;E2;C2:C9)
```

	A	B	C	D	E	F	G
1	Name	Geschlecht	Punkte			Durchschnittliche Punktzahl	
2	Schwab	m	46		m	33,8	
3	Bergmann	w	33		w	29,5	
4	Baumholtz	m	29				
5	Moser	w	38				
6	Wiese	w	21				
7	Faller	w	26				
8	Sarov	m	42				
9	Lienitz	m	18				

Bild 7.21 Beispiel MITTELWERTWENN

Mittelwerte.xlsx

Mittelwert ohne 0-Werte berechnen

Enthält der, als *Bereich* angegebene Zellbereich leere Zellen, so werden diese von MITTELWERT ignoriert, nicht aber die Zahl 0. Wenn 0-Werte nicht in die Berechnung des Mittelwerts einfließen sollen, dann verwenden Sie die Funktion MITTELWERTWENN und als *Kriterien* "<>0". Damit im unten abgebildeten Beispiel der Feiertag mit 0 Stunden bei der Berechnung der durchschnittlichen Arbeitszeit pro Tag nicht berücksichtigt wird, geben Sie in F4 folgende Formel ein:

```
F4: =MITTELWERTWENN(C3:C7;"<>0";C3:C7)
```

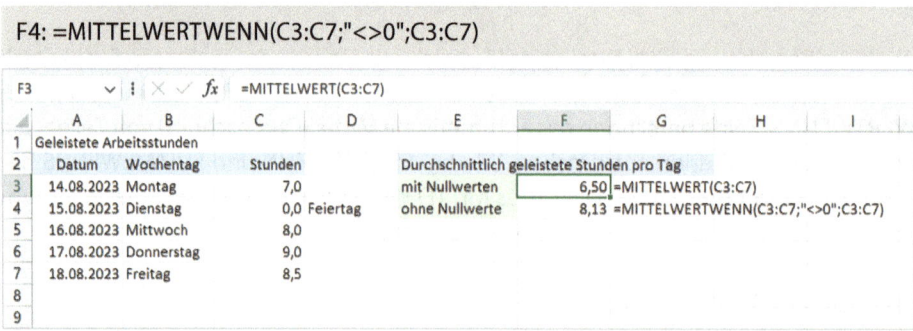

Bild 7.22 Mittelwert ohne 0-Werte

Die Funktion MITTELWERTWENNS mit mehreren Kriterien

Sollen mehrere Kriterien für die Berechnung des Mittelwerts herangezogen werden, dann verwenden Sie die Funktion MITTELWERTWENNS. Der Aufbau unterscheidet sich wenig von der Funktion SUMMEWENNS.

```
=MITTELWERTWENNS(Mittelwert_Bereich; Kriterien_Bereich1;Kriterien1;
Kriterien_Bereich2;Kriterien2;...)
```

Argument	Beschreibung
Mittelwert_Bereich	Zellbereich, für den der Mittelwert berechnet werden soll.
Kriterien_Bereich1	Der Bereich, der nach *Kriterien1* durchsucht wird.
Kriterien1	Kriterien für Kriterien_Bereich1. Wie bei der Funktion SUMMEWENNS bilden *Kriterien_Bereich1* und *Kriterien1*; *Kriterien_Bereich2* und *Kriterien2* usw. jeweils ein Suchpaar.

Beachten Sie: *Mittelwert_Bereich* und alle Kriterienbereiche müssen denselben Umfang haben bzw. dieselbe Anzahl Zellen umfassen und es werden nur Werte berücksichtigt, für die in allen angegebenen Kriterienbereichen die jeweilige Bedingung erfüllt ist.

Beispiel Durchschnittspreis Immobilien

Als Beispiel soll aus der unten abgebildeten Tabelle der Durchschnittspreis (Mittelwert) für alle Einfamilienhäuser in Passau mit einer Fläche über 120 m² berechnet werden. Die Funktion dazu lautet in F1:

F1: =MITTELWERTWENNS(C4:C11;B4:B11;"Einfamilienhaus";D4:D11;"Passau";E4:E11; ">120")

Bild 7.23 Mittelwert mit mehreren Bedingungen berechnen

	A	B	C	D	E	F
1	Durchschnittspreis Einfamilienhaus in Passau über 120 m²					570000
2						
3	Objekt-Nr.	Typ	Preis	Ort	Größe in m²	Garage?
4	A-10	Einfamilienhaus	350.000	Freyung	140	Ja
5	A-11	Einfamilienhaus	420.000	Passau	110	Nein
6	C-12	Reihenhaus	280.000	Freyung	120	Nein
7	D-13	Eigentumswohnung	180.000	Straubing	65	Ja
8	A-14	Einfamilienhaus	620.000	Passau	185	Ja
9	C-15	Reihenhaus	360.000	Passau	132	Nein
10	A-16	Einfamilienhaus	520.000	Passau	140	Ja
11	D-17	Eigentumswohnung	150.000	Passau	80	Nein

Kriterien zur Mittelwertberechnung verknüpfen

MITTELWERTWENNS eignet sich für mehrere Suchkriterien, die sich auf unterschiedliche Bereiche beziehen, wie im oben gezeigten Immobilienbeispiel. Komplizierter wird es, wenn mehrere Kriterien auf denselben Bereich zutreffen müssen, also beispielsweise ein gemeinsamer Durchschnittspreis für Einfamilienhäuser und Reihenhäuser.

Hinweis: Derartige Aufgaben lassen sich meist mit Funktionen lösen. Insbesondere bei größeren Tabellen stellen jedoch Pivot-Tabellen meist die schnellere und komfortablere Lösung dar.

Einen Bereich mit Zahlen auf zwei Kriterien durchsuchen

Als erstes Beispiel wird der Durchschnittspreis aller Immobilien mit einer Fläche zwischen 100 und 150 Quadratmetern ermittelt.

Hinweis: Zur besseren Nachvollziehbarkeit wurden hier die Kriterien in die Formel geschrieben, stattdessen können selbstverständlich auch Bezüge auf H4 und I4 verwendet werden.

Hier gilt für die Funktion MITTELWERTWENNS: Wenn der Kriterienbereich Zahlen enthält, kann dieser mit MITTELWERTWENNS auch zweimal nacheinander nach zwei unterschiedlichen Kriterien durchsucht werden. In diesem Fall lautet die Formel in I5:

I5: =MITTELWERTWENNS(C4:C11;E4:E11;">100";E4:E11;"<150")

Bild 7.24 Kriterienbereich mit Zahlen (Größe in m²)

	A	B	C	D	E	F	G	H	I
1									
2									
3	Objekt-Nr.	Typ	Preis	Ort	Größe in m²	Garage?			Fläche
4	A-10	Einfamilienhaus	350.000	Freyung	140	Ja		>100	<150
5	A-11	Einfamilienhaus	420.000	Passau	110	Nein		Mittelwert	386000
6	C-12	Reihenhaus	280.000	Freyung	120	Nein			
7	D-13	Eigentumswohnung	180.000	Straubing	65	Ja			
8	A-14	Einfamilienhaus	620.000	Passau	185	Ja			
9	C-15	Reihenhaus	360.000	Passau	132	Nein			
10	A-16	Einfamilienhaus	520.000	Passau	140	Ja			
11	D-17	Eigentumswohnung	150.000	Passau	80	Nein			
12									

Text auf zwei Kriterien durchsuchen

Leider funktioniert die oben verwendete Formel nicht, wenn es sich beim Kriterienbereich um Text handelt, z. B. wenn ein gemeinsamer Durchschnittspreis für Reihenhäuser und Einfamilienhäuser berechnet werden soll. In diesem Fall verwenden Sie die Funktion MITTELWERT und bestimmen den Zellbereich mit der Funktion WENN. Die beiden Bedingungen werden mit + verknüpft und die Formel in I5 lautet:

I5: =MITTELWERT(WENN((B4:B11=H4)+(B4:B11=I4);C4:C11))

Achtung Excel 2019 und älter: Die Formel muss als Matrixformel eingegeben bzw. mit **Strg+Umschalt+Eingabe** übernommen werden!

Bild 7.25 Textbereich auf zwei Kriterien durchsuchen

	A	B	C	D	E	F	G	H	I
1									
2									
3	Objekt-Nr.	Typ	Preis	Ort	Größe in m²	Garage?		Typ	
4	A-10	Einfamilienhaus	350.000	Freyung	140	Ja		Reihenhaus	Einfamilienhaus
5	A-11	Einfamilienhaus	420.000	Passau	110	Nein		Mittelwert	425000
6	C-12	Reihenhaus	280.000	Freyung	120	Nein			
7	D-13	Eigentumswohnung	180.000	Straubing	65	Ja			
8	A-14	Einfamilienhaus	620.000	Passau	185	Ja			
9	C-15	Reihenhaus	360.000	Passau	132	Nein			
10	A-16	Einfamilienhaus	520.000	Passau	140	Ja			
11	D-17	Eigentumswohnung	150.000	Passau	80	Nein			
12									

Durchschnittspreis Reihenhäuser und Einfamilienhäuser über 130 Quadratmeter

Noch komplizierter wird es, wenn der Durchschnittspreis über alle Einfamilien- und Reihenhäuser mit einer Fläche über 130 m² berechnet werden soll. In diesem Fall greifen Sie statt auf eine verschachtelte WENN-Abfrage besser auf die Datenbankfunktion DBMITTELWERT zurück, die Syntax:

Eine weitere mögliche Lösung ist die Verwendung der Funktion TEILERGEBNIS, siehe Seite 301.

=DBMITTELWERT(Datenbank;Datenbankfeld;Suchkriterien)

Argument	Beschreibung
Datenbank	Die gesamte Tabelle einschließlich der Spaltenüberschriften.
Datenbankfeld	Die Spalte, über die der Mittelwert berechnet werden soll. Sie kann entweder als Index, z. B. 2 für die zweite Tabellenspalte, oder mit der genauen Spaltenüberschrift angegeben werden, z. B. "Alter".
Suchkriterien	Zellbereich mit den Kriterien. Dieser muss in der ersten Zeile exakt dieselben Spaltenüberschriften wie die Tabelle und darunter alle erforderlichen Kriterien enthalten.

DBMITTELWERT gehört zur selten verwendeten Kategorie *Datenbank*. Zu dieser Kategorie zählen alle Funktionen, die mit DB... beginnen.

DBMITTELWERT und auch alle übrigen Datenbankfunktionen funktionieren ähnlich wie der erweiterte Filter von Excel (Register *Daten* ▶ *Sortieren und Filtern* ▶ *Erweitert*), der ebenfalls einen gesonderten Kriterienbereich erfordert.

Im Beispiel unten bildet der Bereich A3:F11 die Datenbank, der Preis befindet sich in Spalte 3 und die Suchkriterien in H3:I5, die Spaltenüberschriften eingerechnet.

I6: =DBMITTELWERT(A3:F11;3;H3:I5)

Bild 7.26 Mittelwert mit DBMITTELWERT berechnen

	A	B	C	D	E	F	G	H	I
1									
2									
3	Objekt-Nr.	Typ	Preis	Ort	Größe in m²	Garage?		Typ	Größe in m²
4	A-10	Einfamilienhaus	350.000	Freyung	140	Ja		Einfamilienhaus	>130
5	A-11	Einfamilienhaus	420.000	Passau	110	Nein		Reihenhaus	>130
6	C-12	Reihenhaus	280.000	Freyung	120	Nein		Durchschnittspreis	462500
7	D-13	Eigentumswohnung	180.000	Straubing	65	Ja			
8	A-14	Einfamilienhaus	620.000	Passau	185	Ja			
9	C-15	Reihenhaus	360.000	Passau	132	Nein			
10	A-16	Einfamilienhaus	520.000	Passau	140	Ja			
11	D-17	Eigentumswohnung	150.000	Passau	80	Nein			
12									

Weitere DB-Funktionen

Excel kennt noch weitere Datenbankfunktionen. Diese beginnen alle mit DB und besitzen denselben Aufbau wie DBMITTELWERT. Sie können also beispielsweise zur Summenberechnung mit DBSUMME im Kriterienbereich mehrere Kriterien beliebig miteinander kombinieren, siehe oben, oder mit DBANZAHL und DBANZAHL2 Werte unter Berücksichtigung von Kriterien zählen. Da allerdings Pivot-Tabellen in solchen Fällen meist die schnellere und komfortablere Lösung darstellen, wird auf eine genauere Beschreibung der DB-Funktionen verzichtet.

Wahrheitswerte und als Text formatierte Zahlen berücksichtigen

MITTELWERT ignoriert die Wahrheitswerte WAHR und FALSCH sowie Zahlen, die als Text formatiert sind. Wenn diese Werte in die Berechnung des Mittelwerts einbezogen werden sollen, dann verwenden Sie statt MITTELWERT die Funktion MITTELWERTA. Diese interprtiert den Wahrheitswert WAHR als 1 und FALSCH als 0.

    =MITTELWERTA(Wert1;[Wert2];...)

Als Beispiel eine kleine Gegenüberstellung. Im oberen Teil wurden die Mittelwerte mit MITTELWERT berechnet, im unteren Teil mit MITTELWERTA. Eine Abweichung ergibt sich überall dort, wo der angegebene Bereich entweder Wahrheitswerte oder als Text formatierte Zahlen, hier in D4 und D8, enthält.

Bild 7.27 Vergleich MITTELWERT und MITTELWERTA

MITTELWERTA.xlsx

	A	B	C	D	E	F	G	H
1	Zahl 1	Zahl 2	Zahl 3	Zahl 4	Zahl 5	Zahl 6	Mittelwert	Formel
2	1	2	3	4	5	6	3,5	=MITTELWERT(A2:F2)
3	1	2	FALSCH	4	5	WAHR	3,0	=MITTELWERT(A3:F3)
4	1	2	3	4	5	6	3,4	=MITTELWERT(A4:F4)
5								
6	1	2	3	4	5	6	3,5	=MITTELWERTA(A6:F6)
7	1	2	FALSCH	4	5	WAHR	2,2	=MITTELWERTA(A7:F7)
8	1	2	3	4	5	6	2,8	=MITTELWERTA(A8:F8)
9								

Der praktische Nutzen

▶ Enthält eine Spalte Formeln, die Wahrheitswerte als Ergebnis liefern, kann auch hieraus der Durchschnitt berechnet werden.

▶ Sie können MITTELWERTA benutzen, um in einer umfangreichen Tabelle festzustellen, ob eine bestimmte Spalte als Text formatierte Zahlen enthält. Einfach beide Mittelwerte berechnen, wenn die Ergebnisse abweichen, befindet sich in der Spalte unter anderem auch Text.

Gewichteter Mittelwert

Bei der üblichen Berechnung des Mittelwerts, alle Zahlen addieren und durch die Anzahl der Zahlen dividieren, haben alle Zahlen die gleiche Bedeutung. Dies ergibt aber nicht immer auch das richtige Ergebnis.

Hier als Beispiel die Einkaufspreise eines Produkts. Die unterschiedlichen Preise der einzelnen Bestellungen, wie im Bild unten, können z. B. abhängig sein von der bestellten Menge oder der Nachfrage. Berechnen Sie einfach nur den Mittelwert aller Einkaufspreise, wie hier in C7, dann erhalten Sie das Ergebnis 2,52.

Beziehen Sie dagegen auch die bestellte Menge ein, indem Sie den jeweiligen Preis mit der Menge multiplizieren und anschließend die Gesamtsumme durch die Summe der Mengen dividieren, dann erhalten Sie mit 2,42 einen niedrigeren Mittelwert, da die größeren Mengen zu einem niedrigeren Preis stärker berücksichtigt werden. Hierzu setzen Sie die Funktion SUMMENPRODUKT ein und die Formel in C6 lautet:

Details zur Funktion SUMMENPRODUKT, siehe Seite 285.

```
C6: =SUMMENPRODUKT(B2:B4;C2:C4)/SUMME(B2:B4)
```

	A	B	C
1	Datum	Menge	Einkaufspreis pro Stück
2	05.02.2023	50	2,86
3	09.06.2023	150	2,20
4	13.10.2023	120	2,51
5			
6	Gewichteter Mittelwert		2,42 =SUMMENPRODUKT(B2:B4;C2:C4)/SUMME(B2:B4)
7	Einfacher Mittelwert		2,52 =MITTELWERT(C2:C4)

Bild 7.28 Gewichteten Mittelwert mit SUMMENPRODUKT berechnen

Gewichteter_Mittelwert.xlsx

Weitere Mittelwerte (Median und Modalwert)

Neben dem arithmetischen Mittel oder umgangssprachlich Durchschnitt (MITTELWERT) werden noch zwei weitere Kennzahlen häufig eingesetzt.

▸ **Median**
Der Median halbiert die Verteilung der Werte, d. h. die eine Hälfte der Zahlenwerte ist größer als der Median, und die andere Hälfte kleiner als der Median. In der Statistik wird der Median beispielsweise zur Darstellung der Einkommensverteilung herangezogen. In Excel erfolgt die Berechnung des Median mit der Funktion MEDIAN.

```
=MEDIAN(Zahl1;[Zahl2];…)
```

▸ **Modalwert**
Der Modalwert ist dagegen die am häufigsten vorkommende Zahl einer Zahlengruppe. Er wird in Excel mit der Funktion MODUS.EINF berechnet.

```
=MODUS.EINF(Zahl1;[Zahl2];…)
```

	A	B	C	D	E	F
1	Name	Note		Mittelwert	3,0	=MITTELWERT(B2:B11)
2	Schwab	6		Median	2,5	=MEDIAN(B2:B11)
3	Bergmann	4		Modalwert	2,0	=MODUS.EINF(B2:B11)
4	Baumholtz	2				
5	Moser	3				
6	Wiese	2				
7	Faller	1				
8	Sarov	2				
9	Lienitz	5				
10	Muster	3				
11	Müller	2				
12	Anzahl TN	10				

Bild 7.29 Beispiel Prüfungsnoten

Modalwert.xlsx

Mittelwert, Median und Modalwert liefern unterschiedliche Ergebnisse, die sich zum Teil sogar erheblich unterscheiden können, wie ein Vergleich am Beispiel Prüfungsnoten im Bild oben zeigt.

- Ein Median von 2,5 bedeutet, fünf von insgesamt 10 Teilnehmern haben eine Note, die besser ist als 2,5 und fünf Teilnehmer haben eine schlechtere Note.
- Die am häufigsten vorkommende Note ist 2 (Modalwert).

Beachten Sie bei der Berechnung des Modalwerts

Enthält eine Zahlenreihe mehrere Modalwerte, dann liefert MODUS.EINF nur den ersten Wert. Die Funktion MODUS.VIELF berücksichtigt dagegen alle Modalwerte.

Achtung Excel 2019 und älter: MODUS.VIELF liefert ein Array mit mehreren Ergebnissen und muss mit Excel 2019 und älter als Matrixformel eingegeben, d. h. mit **Strg**+**Umschalt**+**Eingabetaste** abgeschlossen werden.

```
MODUS.VIELF(Zahl1;Zahl2];...)
```

Im Bild unten ein Vergleich der beiden Funktionen. MODUS.EINF liefert nur den ersten gefundenen Modalwert, hier 1, MODUS.VIELF dagegen die drei Modalwerte 1,2 und 3, jede dieser Zahlen ist fünfmal in der Tabelle enthalten.

Bild 7.30 Mehrere Modalwerte

Die dazugehörigen Zahlen wurden zwecks besserer Übersicht farbig hervorgehoben.

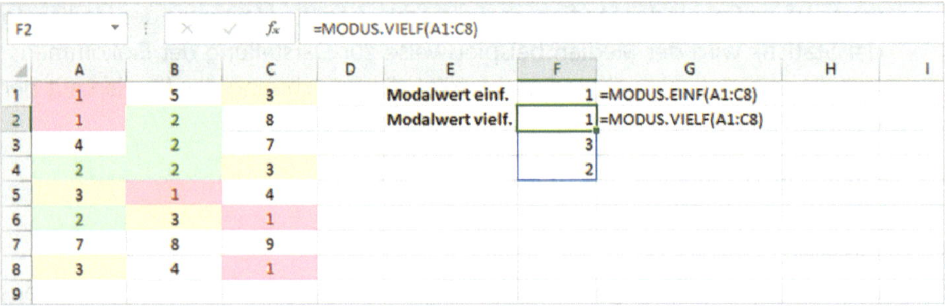
F2 =MODUS.VIELF(A1:C8)

	A	B	C	D	E	F	G	H	I
1	1	5	3		Modalwert einf.	1	=MODUS.EINF(A1:C8)		
2	1	2	8		Modalwert vielf.	1	=MODUS.VIELF(A1:C8)		
3	4	2	7			3			
4	2	2	3			2			
5	3	1	4						
6	2	3	1						
7	7	8	9						
8	3	4	1						
9									

7.4 Rangfolge, größte und kleinste Werte

Die Funktionen MIN und MAX

Genau wie SUMME, ANZAHL und MITTELWERT dürften auch die beiden Funktionen MIN und MAX allgemein bekannt sein.

- MIN liefert den kleinsten Wert,
- MAX den größten Wert aus einer Zahlenreihe.

Hinweise: Beide Funktionen ignorieren leere Zellen, Wahrheitswerte und Text. Wenn auch Wahrheitswerte und als Text formatierte Zahlen einbezogen werden sollen, dann verwenden Sie die Funktionen MINA und MAXA. Die Syntax dieser Funktionen ist identisch mit MIN und MAX.

Siehe auch MITTELWERTA auf Seite 292.

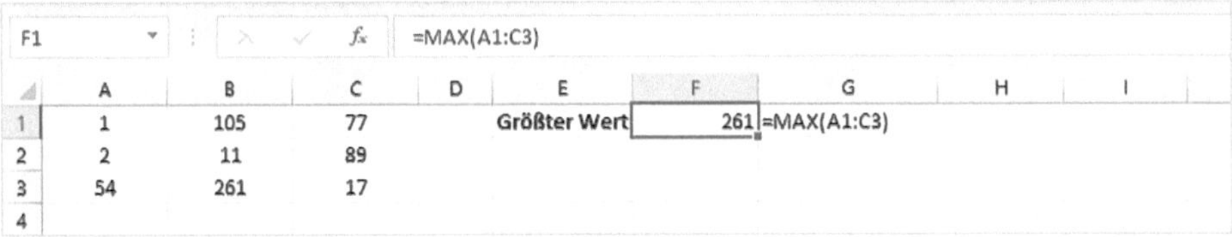

Bild 7.31 Beispiel Funktion MAX

Größten und kleinsten Wert mit Bedingung verknüpfen

Wie beim Mittelwert und der Summe kann auch die Ermittlung des größten oder kleinsten Werts mit Bedingungen verknüpft werden, dazu stellt Excel die Funktionen MINWENNS und MAXWENNS bereit. Die Syntax ist bei beiden Funktionen identisch:

MINWENNS und MAXWENNS sind erst ab Excel 2019 verfügbar!

=MINWENNS(Min_Bereich; Kriterienbereich1; Kriterien1; [Kriterienbereich2; Kriterien2]; ...)

=MAXWENNS(Max_Bereich; Kriterienbereich1; Kriterien1; [Kriterienbereich2; Kriterien2]; ...)

Argument	Beschreibung
Min_Bereich Max_Bereich	Zellbereich, aus dem der kleinste bzw. größte Wert ermittelt werden soll.
Kriterienbereich1	Bereich, der nach dem mit *Kriterien1* angegebenen Kriterium durchsucht wird.
Kriterien1	Suchkriterium für *Kriterienbereich1*. Beide bilden, genau wie die nachfolgenden Kriterien und Kriterienbereiche, jeweils ein Paar.

Siehe auch SUMMEWENNS auf Seite 284.

Achtung: *Min_Bereich* bzw. *Max_Bereich* und alle Kriterienbereiche müssen gleich groß sein bzw. dieselbe Anzahl Zeilen und/oder Spalten umfassen.

Im Bild unten als Beispiel die Auswertung eines Sportfestes, in der für Männer und Frauen je Gruppe die jeweils höchste und niedrigste Punktzahl ermittelt wird. Die erste Funktion in H4 (Bester männlicher Teilnehmer in Gruppe A) lautet:

Bild 7.32 MAXWENNS und MINWENNS

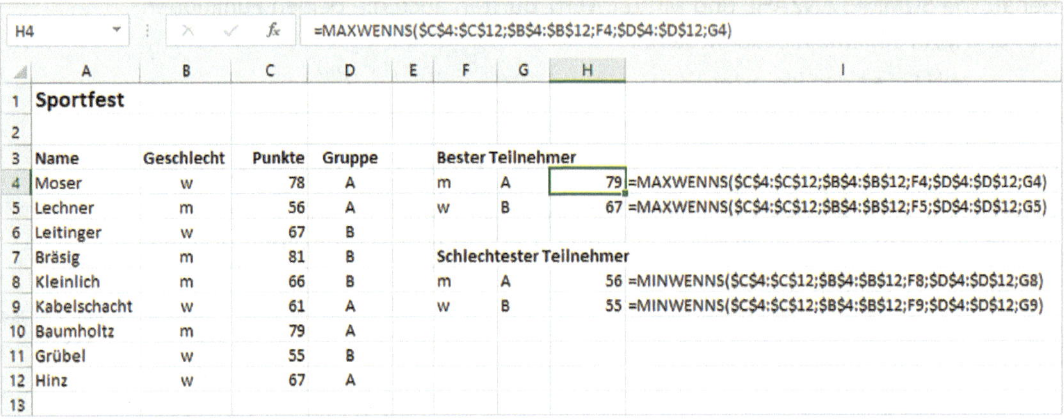

H4: =MAXWENNS($C$4:$C$12;$B$4:$B$12;F4;$D$4:$D$12;G4)

	A	B	C	D	E	F	G	H	I
1	Sportfest								
2									
3	Name	Geschlecht	Punkte	Gruppe		Bester Teilnehmer			
4	Moser	w	78	A		m	A	79	=MAXWENNS($C$4:$C$12;$B$4:$B$12;F4;$D$4:$D$12;G4)
5	Lechner	m	56	A		w	B	67	=MAXWENNS($C$4:$C$12;$B$4:$B$12;F5;$D$4:$D$12;G5)
6	Leitinger	w	67	B					
7	Bräsig	m	81	B		Schlechtester Teilnehmer			
8	Kleinlich	m	66	B		m	A	56	=MINWENNS($C$4:$C$12;$B$4:$B$12;F8;$D$4:$D$12;G8)
9	Kabelschacht	w	61	A		w	B	55	=MINWENNS($C$4:$C$12;$B$4:$B$12;F9;$D$4:$D$12;G9)
10	Baumholtz	m	79	A					
11	Grübel	w	55	B					
12	Hinz	w	67	A					
13									

Ranglisten mit RANG.GLEICH erstellen

Im einfachsten Fall lässt sich der Rang einer Zahl innerhalb einer Liste von Zahlen durch auf- oder absteigendes Sortieren ermitteln. Unabhängig von der Sortierung ist dagegen die Ermittlung mit der Funktion RANG.GLEICH.

=RANG.GLEICH(Zahl;Bezug;[Reihenfolge])

Hinweis: Aus Kompatibilitätsgründen zu älteren Excel-Versionen ist auch noch die Funktion RANG verfügbar. Diese sollte aber nach Empfehlung von Microsoft nicht mehr verwendet werden.

Argument	Beschreibung
Zahl	Die Zahl, für welche der Rang ermittelt werden soll.
Bezug	Liste oder Bereich aller Werte, innerhalb derer die Rangfolge ermittelt wird.
Reihenfolge	Optional, legt aufsteigende oder absteigende Reihenfolge fest. 0 oder keine Angabe: Der höchste Wert erhält Rang 1; 1: Der niedrigste Wert erhält Rang 1.

Rang_Grösste_Kleinste.xlsx

Als Beispiel die Einwohnerzahlen der deutschen Bundesländer. *Zahl* ist die jeweilige Einwohnerzahl, als *Bezug* werden alle Zahlen in B2:B17 herangezogen und die *Reihenfolge* 0 legt das Bundesland mit den meisten Einwohnern als Rang 1 fest. Die Formel in C2 lautet:

C2: =RANG.GLEICH(B2;$B$2:$B$17;0)

Bild 7.33 Rangliste der deutschen Bundesländer nach Einwohnerzahl

Quelle: Wikipedia

	A	B	C
	C2		fx =RANG.GLEICH(B2;$B$2:$B$17;0)
1	Bundesland	Einwohner	Rang
2	Baden-Württemberg	11.103.043	3
3	Bayern	13.140.183	2
4	Berlin	3.664.088	8
5	Brandenburg	2.531.071	10
6	Bremen	680.130	16
7	Hamburg	1.851.430	13
8	Hessen	6.293.154	5
9	Mecklenburg-Vorpommern	1.610.774	14
10	Niedersachsen	8.003.421	4
11	Nordrhein-Westfalen	17.925.570	1
12	Rheinland-Pfalz	4.098.391	6
13	Saarland	983.991	15
14	Sachsen	4.056.941	7
15	Sachsen-Anhalt	2.180.684	11
16	Schleswig-Holstein	2.910.875	9
17	Thüringen	2.120.237	12

Hinweis: Falls dieselbe Zahl zweimal in der Liste enthalten ist, erhalten beide Zahlen denselben Rang und der nachfolgende Rang wird weggelassen. So existiert beispielsweise im Bild unten in der linken Tabelle Rang 4 gleich zweimal und Rang 5 fehlt.

Fortlaufende Rangfolge bei gleichen Zahlen

Um bei zwei gleichen Zahlen trotzdem eine fortlaufende Rangfolge zu erhalten, bezieht man in einer Hilfsspalte einen zweiten Wert ein, dies kann z. B. die Zeilennummer sein, wie in der Tabelle unten rechts.

In der rechten Tabelle wurde die Hilfsspalte in Spalte G berechnet, indem zum Umsatz ein sehr kleiner Wert hinzuaddiert wurde. Die Formel dazu in G2:

G2: =F2+ZEILE()/1000000

Aus dieser Hilfsspalte wird anschließend in H2 die Rangfolge berechnet mit:

H2: =RANG.GLEICH(G2;$G$2:$G$8;0)

Bild 7.34 Fortlaufende Rangfolge bei gleichen Zahlen

	A	B	C	D	E	F	G	H
	H2		fx		=RANG.GLEICH(G2;$G$2:$G$8;0)			
1	Verkäufer	Umsatz	Rang		Verkäufer	Umsatz	Hilfsspalte	Rang
2	Leitinger	8.500	1		Leitinger	8.500	8500,000002	1
3	Bräsig	6.700	4		Bräsig	6.700	6700,000003	5
4	Kleinlich	2.500	7		Kleinlich	2.500	2500,000004	7
5	Kabelschacht	6.500	6		Kabelschacht	6.500	6500,000005	6
6	Baumholtz	7.200	3		Baumholtz	7.200	7200,000006	3
7	Grübel	6.700	4		Grübel	6.700	6700,000007	4
8	Hinz	7.800	2		Hinz	7.800	7800,000008	2

Hinweis: Formatieren Sie die Ergebnisse in der Hilfsspalte ohne oder mit zwei Nachkommastellen. Die Hilfsspalte wurde hier nur zu Demonstrationszwecken mit mehreren Nachkommastellen dargestellt.

Top Ten ermitteln mit KGRÖSSTE und KKLEINSTE

Mit den Funktionen KGRÖSSTE und KKLEINSTE lassen sich Werte anhand ihres Rangs aus einer Liste ermitteln. Benötigen Sie beispielsweise die drei größten Werte, dann setzen Sie dazu KGRÖSSTE ein, die Syntax:

=KGRÖSSTE(Matrix;k)

- *Matrix* ist der Wertebereich, aus dem der k-größte Wert bestimmt werden soll.
- *k* ist der Rang des gewünschten Elements, z. B. 1 = erstgrößter Wert, 2 = zweitgrößter Wert usw.

Bild 7.35 Die drei höchsten Umsätze

Als Beispiel werden in Bild 7.35 die drei höchsten Umsätze in Spalte B bestimmt, die Formel in E2 lautet:

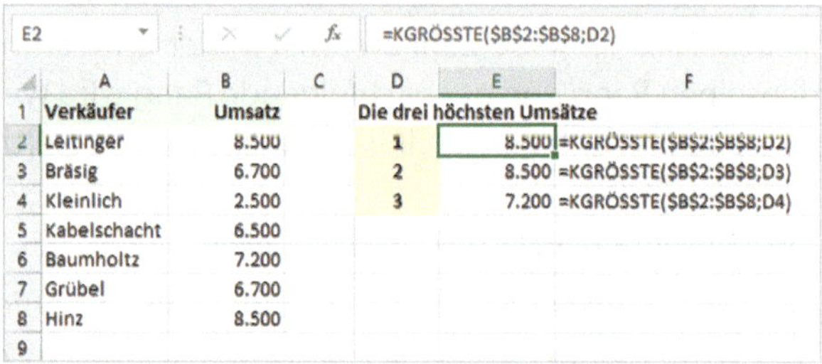

Bild 7.36 KGRÖSSTE und doppelte Zahlen

E2: =KGRÖSSTE($B$2:$B$8;D2)

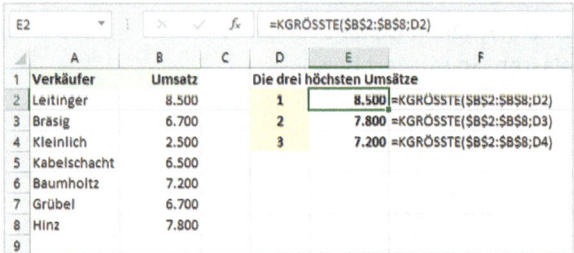

Hinweise

Ein weiteres Beispiel für den Einsatz von KGRÖSSTE finden Sie auf Seite 233 ff.

▷ Wenn *k* eine negative Zahl oder größer ist als die Anzahl der Werte in der Matrix, dann erscheint der Fehlerwert #ZAHL!.

▷ KGRÖSSTE sucht nach der Position und nicht nach Werten, d. h. intern wird die Matrix absteigend sortiert und daraus der Wert ermittelt. Dies bedeutet bei mehrfach vorhandenen Zahlen, dass diese Zahl zweimal als Ergebnis erscheint, wie in Bild 7.36 oben, und erst als drittgrößter Wert der eigentlich zweitgrößte.

Dieser Effekt lässt sich am einfachsten mit einer Hilfsspalte vermeiden, siehe Seite 297. Addieren Sie in dieser Spalte zu den Umsätzen die jeweilige Zeilennummer, dividiert durch 1000000, also ZEILE()/1000000.

▷ Mit Microsoft 365 kann in E2 auch die Formel =KGRÖSSTE(B2:B8;D2:D4) eingegeben werden, der Ausgabebereich wird dann automatisch erweitert.

Die Summe der drei höchsten Werte

Dies funktioniert natürlich auch mit dem Mittelwert.

Wird die Summe der drei höchsten Umsätze benötigt, siehe Bild oben, dann berechnen Sie diese am einfachsten mit der Funktion SUMME z. B. unterhalb in E5. Sie können dasselbe Ergebnis aber auch in einer einzigen Formel berechnen, ohne zuvor die einzelnen Werte zu ermitteln. Dies geschieht mit der folgenden Matrixformel in D2.

D2: =SUMME(KGRÖSSTE(B2:B8;ZEILE(1:3)))

Achtung Excel 2019 und älter: Die Funktion muss als Matrixformel mit den Tasten **Strg+Umschalt+Eingabetaste** abgeschlossen werden und erscheint dann in { } Klammern!

D2 =SUMME(KGRÖSSTE(B2:B8;ZEILE(1:3)))

	A	B	C	D
1	Verkäufer	Umsatz		Summe der drei höchsten Umsätze
2	Leitinger	8.500		23.500
3	Bräsig	6.700		
4	Kleinlich	2.500		
5	Kabelschacht	6.500		
6	Baumholtz	7.200		
7	Grübel	6.700		
8	Hinz	7.800		
9				

Bild 7.37 Summe der 3 höchsten Umsätze in einer einzigen Formel

Zur Erklärung: Als k-Wert wird hier die Funktion ZEILE(1:3) verwendet. ZEILE gibt die Zeilennummer eines Bezugs zurück und ein Bezug auf die gesamte erste ZEILE(1:1) ergibt logischerweise 1. Beim Kopieren der Formel nach unten ändert sich der Zeilenbezug und lautet ZEILE(2:2), ZEILE(3:3) usw. Um die drei größten Umsätze zu erhalten, brauchen also in der Matrixformel nur die Zeilen 1:3 als k-Wert angegeben werden.

Falls statt der größten 3 Umsätze die Summe der größten 10 Umsätze benötigt wird, lautet der Ausdruck ZEILE(1:10).

Die Anzahl der größten Werte variabel halten

Mithilfe der Funktion SEQUENZ können Sie auch die Anzahl der zu ermittelnden größten oder kleinsten Werte (siehe KKLEINSTE weiter unten) variabel halten und als Zahl in eine Zelle, im Beispiel im Bild unten in F1, eingeben. Die höchsten Umsätze werden dann in F2 mit folgender Formel ermittelt, wobei der Wert in F1 die Anzahl vorgibt.

Achtung: SEQUENZ ist in den Versionen bis einschließlich 2019 nicht verfügbar!

Details zur Funktion SEQUENZ finden Sie auf Seite 416.

F2: =KGRÖSSTE(C2:C18;SEQUENZ(F1))

F2 =KGRÖSSTE(Tabelle1[Umsatz];SEQUENZ(F1))

	A	B	C	D	E	F
1	Auftragsdatum	Kunde	Umsatz		Höchste Umsätze	10
2	02.01.2023	KARG AG	438,00			2.700,00
3	02.01.2023	BRAIN	120,00			2.250,00
4	03.01.2023	ELCOX	150,00			1.350,00
5	03.01.2023	Hügli	240,00			1.275,00
6	03.01.2023	Heimlich und Brenner	438,00			1.022,00
7	06.01.2023	KARG AG	375,00			900,00
8	06.01.2023	Tief & Brunnen	900,00			600,00
9	12.01.2023	Brettschneider	1.350,00			600,00
10	14.01.2023	Hügli	600,00			510,00
11	15.01.2023	EGW Werke	1.022,00			438,00
12	17.01.2023	ELCOX	200,00			
13	19.01.2023	KARG AG	510,00			
14	21.01.2023	Brettschneider	2.250,00			
15	25.01.2023	Tief & Brunnen	600,00			
16	30.01.2023	Tief & Brunnen	75,00			
17	30.01.2023	WGT GmbH	2.700,00			
18	01.02.2023	Heimlich und Brenner	1.275,00			
19						

Bild 7.38 Anzahl der höchsten Umsätze aus F1 ermitteln

Zur Erklärung: SEQUENZ erzeugt eigentlich eine Datenreihe mit der angegebenen Anzahl Zeilen (hier in F1). Wenn Anfangswert und Schrittweite nicht angegeben werden, beginnt diese automatisch mit 1 und erhöht sich jeweils um 1. Um die Anzahl der höchsten Umsätze zu ändern, brauchen Sie nur in F1 eine andere Zahl, z. B. 5, eingeben. Da SEQUENZ eine Matrixfunktion ist, wird bei der Neuberechnung der Ausgabebereich automatisch angepasst.

Die Funktion KKLEINSTE

Analog zur Funktion KGRÖSSTE liefert KKLEINSTE den k-kleinsten Wert, also z. B. den kleinsten, zweitkleinsten, drittkleinsten usw. Wert aus einer Liste. Die Argumente und die Funktionsweise sind identisch mit KGRÖSSTE.

```
=KKLEINSTE(Matrix:k)
```

Alle Beispiele für KGRÖSSTE lasssen sich auf KKLEINSTE übertragen, daher hier nur ein einfaches Beispiel.

Beispiel: Die drei kleinsten Werte ohne 0

Als Beispiel werden die drei kleinsten Zahlen aus einer Liste ermittelt und dabei die Zahl 0 ausgeschlossen. Dazu wird die Funktion WENN mit der Bedingung >0 eingesetzt und die Funktion in D2 lautet:

```
D2:  =KKLEINSTE(WENN(A2:A10>0;A2:A10);C2:C4)
```

Achtung Matrixformel: Mit Excel 2021 bzw. Microsoft kann die Formel einfach in D2 eingegeben werden, der Ausgabebereich wird automatisch erweitert, wie im Bild unten.

Mit Excel 2019 und älteren Versionen müssen Sie dagegen zuvor den Ausgabebereich D2:D4 markieren und die Formeleingabe mit den Tasten **Strg**+**Umschalt**+**Eingabetaste** abschließen.

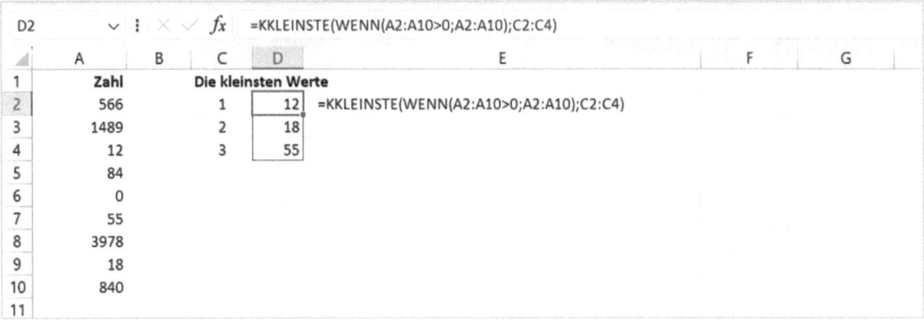

D2   fx =KKLEINSTE(WENN(A2:A10>0;A2:A10);C2:C4)

	A	B	C	D	E
1	Zahl		Die kleinsten Werte		
2	566		1	12	=KKLEINSTE(WENN(A2:A10>0;A2:A10);C2:C4)
3	1489		2	18	
4	12		3	55	
5	84				
6	0				
7	55				
8	3978				
9	18				
10	840				
11					

Bild 7.39 Die drei kleinsten Werte ohne 0

7.5 Behandlung von ausgeblendeten Zellen und Fehlerwerten

Gefilterte Tabellen mit TEILERGEBNIS auswerten

Normalerweise beziehen Funktionen wie z. B. SUMME oder MITTELWERT alle Zeilen des angegebenen Bereichs ein. Also auch alle Zeilen, die mit dem Befehl *Zellen* ▶ *Format* ▶ *Ausblenden und Einblenden* oder durch das Filtern der Tabelle z. B. mit dem AutoFilter ausgeblendet wurden. Möchten Sie dagegen ausgeblendete Zeilen aus der Berechnung ausschließen, dann berechnen Sie Auswertungen wie Summe oder Mittelwert mit der Funktion TEILERGEBNIS, eine Übersicht über die unterstützten Funktionen finden Sie in der Tabelle unten.

`=TEILERGEBNIS(Funktion;Bezug1;[Bezug2];...)`

- *Bezug* ist der Zellbereich, für den die Funktion berechnet werden soll. **Achtung**: TEILERGEBNIS zeigt nur Wirkung bei ausgeblendeten Zeilen, nicht aber bei ausgeblendete Spalten. Als Bezug eignen sich also sinnvollerweise nur Tabellenspalten.
- Das Argument *Funktion* ist eine Zahl und bestimmt die anzuwendende Funktion. Die Zahlen 1 bis 11 beziehen ausgeblendete Zeilen mit ein, während 101 bis 111 ausgeblendete Zeilen ausschließen.

Zahl (einschl. ausgeblendete Werte)	Zahl (ohne ausgeblendete Werte)	Funktion
1	101	MITTELWERT
2	102	ANZAHL
3	103	ANZAHL2
4	104	MAX
5	105	MIN
6	106	PRODUKT
7	107	STABW
8	108	STABWN
9	109	SUMME
10	110	VARIANZ
11	111	VARIANZEN

Tipp: Geben Sie die Funktion direkt und ohne Funktionsassistent in die Zelle ein, dann kann die Zahl bequem aus einer Liste übernommen werden.

Achtung: Der Unterschied zwischen den beiden Zahlengruppen macht sich nur bei Zeilen bemerkbar, die über den Befehl *Zellen* ▶ *Format* ▶ *Ausblenden und Einblenden* ausgeblendet wurden. Zeilen dagegen, die bei Verwendung des AutoFilters aktuell nicht sichtbar sind, werden nie in die Berechnung einbezogen.

Beispiel: Körpergröße von Männern und Frauen

Als Beispiel eine Tabelle mit Körpergrößen von Männern und Frauen. Diese wurde mit dem AutoFilter gefiltert (Register *Daten* ▶ *Sortieren und Filtern* ▶ *Filtern*).

Während die Ergebnisse in B2:B5 mit ANZAHL, MITTELWERT, MIN und MAX berechnet wurden und auch beim Filtern der Tabelle, im Bild unten nach Frauen (w), unverändert bleiben, passen sich die Teilergebnisse in E2:E5 sofort an den Filter an.

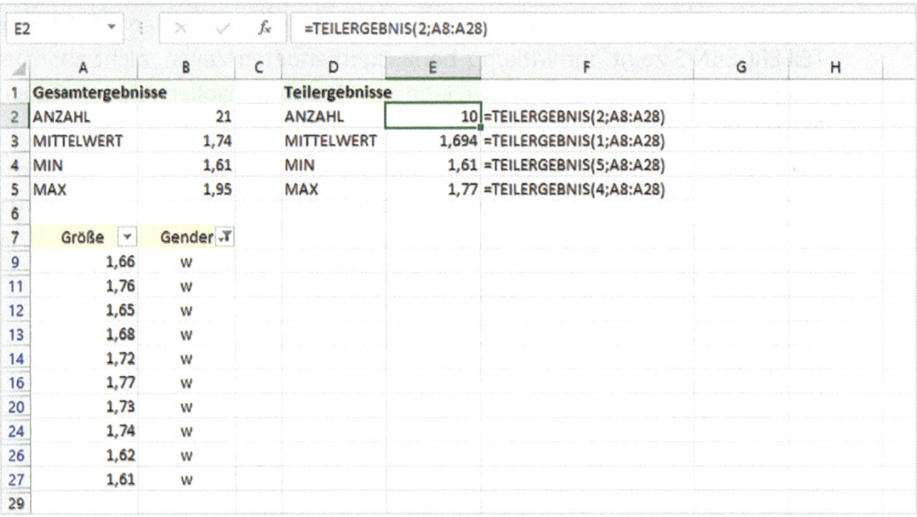

E2: =TEILERGEBNIS(2;A8:A28)

E3: =TEILERGEBNIS(1;A8:A28)

E4: =TEILERGEBNIS(5;A8:A28)

E5: =TEILERGEBNIS(4;A8:A28)

Bild 7.40 TEILERGEBNIS und AutoFilter

TEILERGEBNIS.xlsx

	A	B	C	D	E	F
1	Gesamtergebnisse			Teilergebnisse		
2	ANZAHL	21		ANZAHL	10	=TEILERGEBNIS(2;A8:A28)
3	MITTELWERT	1,74		MITTELWERT	1,694	=TEILERGEBNIS(1;A8:A28)
4	MIN	1,61		MIN	1,61	=TEILERGEBNIS(5;A8:A28)
5	MAX	1,95		MAX	1,77	=TEILERGEBNIS(4;A8:A28)
6						
7	Größe	Gender				
9	1,66	w				
11	1,76	w				
12	1,65	w				
13	1,68	w				
14	1,72	w				
16	1,77	w				
20	1,73	w				
24	1,74	w				
26	1,62	w				
27	1,61	w				
29						

Hinweis: Damit durch das Filtern bzw. Ausblenden von Tabellenzeilen nicht auch der Auswertungsbereich ausgeblendet wird, sollte sich dieser unter- oder oberhalb der Tabelle, wie in diesem Beispiel, oder in einem gesonderten Arbeitsblatt befinden.

Tipp: Auswertungsfunktion flexibel wählen

Das Argument *Funktion* als Zahl macht es möglich, dass die Auswertungsfunktion flexibel über ein Auswahl- bzw. Kombinationsfeld ausgewählt werden kann.

1. Dazu wurde eine Liste der verfügbaren Funktionen in einem gesonderten Tabellenblatt angelegt und der Bereich A2:A12 mit dem Namen *Funktionsliste* versehen. **Wichtig**: Die Reihenfolge der Funktionen muss exakt eingehalten werden, da ein Kombinationsfeld nicht den ausgewählten Wert, sondern dessen Index liefert, also z. B. 4, wenn die vierte Funktion der Liste (A2:A12) ausgewählt wurde. Die Zahlen in Spalte B sind daher eigentlich überflüssig und wurden nur zwecks besserer Nachvollziehbarkeit hinzugefügt (Bild 7.41).

2 Anschließend wurde im ursprünglichen Tabellenblatt in B2 ein Kombinationsfeld eingefügt (*Entwicklertools ▶ Steuerelemente ▶ Einfügen ▶ Formularsteuerelement Kombinationsfeld*).

3 Mit Rechtsklick auf das Kombinationsfeld und dem Befehl *Steuerelement formatieren...* wird anschließend der Bereich *Funktionsliste* als Eingabebereich zugewiesen und als Zellverknüpfung C2 festgelegt.

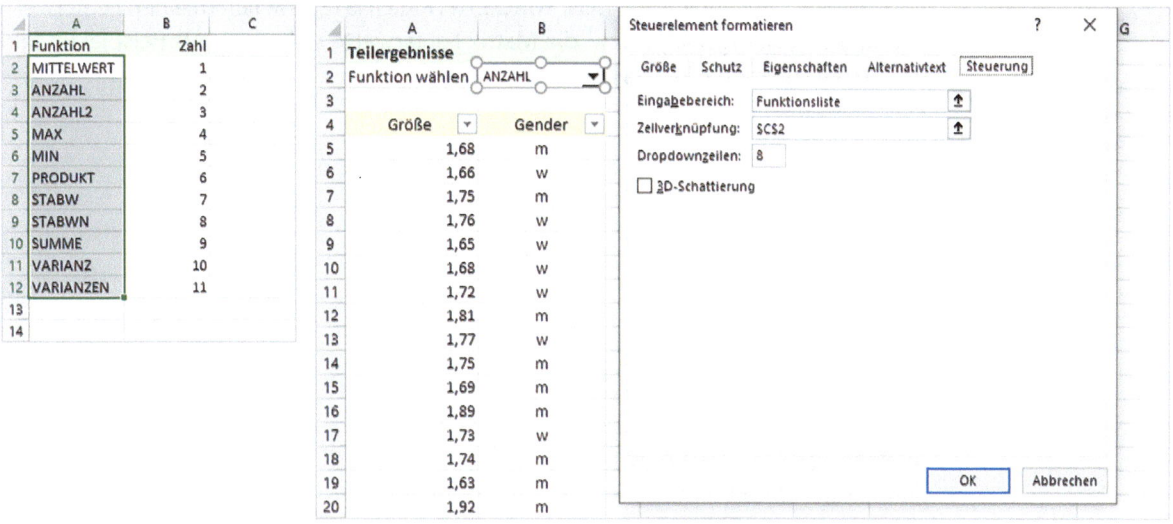

Bild 7.41 Die Liste mit den Funktionen

Bild 7.42 Steuerelement formatieren

4 Die Funktion TEILERGEBNIS in D2 lautet dann:

D2:   =TEILERGEBNIS(C2;A5:A15)

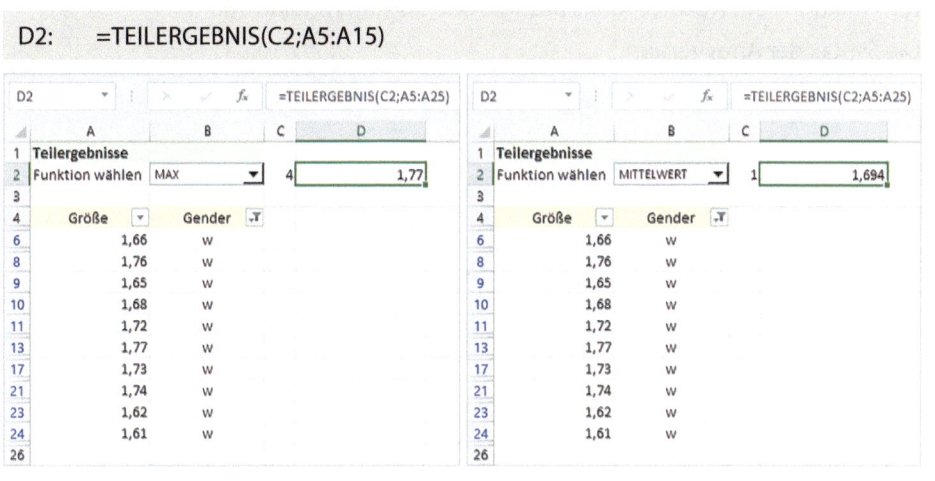

Bild 7.43 Funktion im Kombinationsfeld auswählen

Tipp: Falls Werte in ausgeblendeten Zellen nicht berücksichtigt werden sollen, addieren Sie in der Funktion TEILERGEBNIS die Zahl 100 zur verknüpften Zelle. Hier C2+100.

Falls Sie etwaige Fehleingaben abfangen möchten, packen Sie die Funktion in die WENN-Funktion:

D2: =WENN(TEILERGEBNIS(C2>11;"Falsche Eingabe";A5:A15))

Hinweis: Neben der oben beschriebenen Funktion können Sie auch das gleichnamige Tool nutzen, das Sie im Register *Daten ▶ Gliederung ▶ Teilergebnis* finden. Allerdings setzt dieses Werkzeug im Gegensatz zur Funktion eine Sortierung nach der zu gruppierenden Spalte voraus. Dies wäre im hier verwendeten Beispiel die Spalte Gender.

Ausgeblendete Zeilen und/oder Fehlerwerte ignorieren (AGGREGAT)

Die meisten der in diesem Kapitel behandelten Funktionen, wie z. B. SUMME, ANZAHL, MITTELWERT, MEDIAN, MAX, MIN, KGRÖSSTE, KKLEINSTE usw. liefern einen Fehlerwert, wenn die Ausgangswerte bzw. die Matrix Fehlerwerte enthalten. Als Beispiel im Bild unten die Funktion KGRÖSSTE.

Bild 7.44 KGRÖSSTE mit Fehlerwert in der Liste

Statt komplizierter Abfragen mit WENN und WENNFEHLER, lassen sich in solchen Fällen die genannten Funktionen und noch einige mehr (siehe Tabelle unten) auch mit der Funktion AGGREGAT berechnen. Zusätzlich unterstützt AGGREGAT auch das Ausschließen ausgeblendeter Zeilen aus der Berechnung. Je nach Syntax der gewünschten Funktion liegt AGGREGAT als Bezugs- und als Arrayversion vor.

Die Syntax der Arrayversion:

=AGGREGAT(Funktion;Optionen;Array;[k])

Syntax der Bezugsversion:

=AGGREGAT(Funktion;Optionen;Bezug1;[Bezug2];[Bezug3]…)

▸ *Funktion* ist ein numerischer Wert, der die zu verwendende Funktion festlegt:

Zahl	Funktion		Zahl	Funktion
1	MITTELWERT		11	VAR.P
2	ANZAHL		12	MEDIAN
3	ANZAHL2		13	MODUS.EINF
4	MAX		14	KGRÖSSTE
5	MIN		15	KKLEINSTE
6	PRODUKT		16	QUANTIL.INKL
7	STABW.S		17	QUARTILE.INKL
8	STABW.N		18	QUANTIL.EXKL

Zahl	Funktion
9	SUMME
10	VAR.S

Zahl	Funktion
19	QUARTILE.EXKL

▶ *Optionen* ist ebenfalls ein numerischer Wert, der angibt, welche Werte im Berechnungsbereich ignoriert, also aus der Berechnung ausgeschlossen werden.

Option	Verhalten
0	Geschachtelte Teilergebnis- und AGGREGAT-Funktionen ignorieren. Dies ist auch die Standardeinstellung, wenn nichts angegeben wird.
1	Ausgeblendete Zeilen, geschachtelte Teilergebnis- und AGGREGAT-Funktionen ignorieren
2	Fehlerwerte, geschachtelte Teilergebnis- und AGGREGAT-Funktionen ignorieren
3	Ausgeblendete Zeilen, Fehlerwerte, geschachtelte Teilergebnis- und AGGREGAT-Funktionen ignorieren
4	Nichts ignorieren
5	Ausgeblendete Zeilen ignorieren
6	Fehlerwerte ignorieren
7	Ausgeblendete Zeilen und Fehlerwerte ignorieren

Tipp: Wenn Sie die AGGREGAT-Funktion per Tastatur eingeben, dann erhalten Sie automatisch eine Liste aller Funktionen und können die dazugehörige Zahl übernehmen.

▶ *Bezug* oder *Array* legt fest, für welchen Bereich der Aggregatwert berechnet wird.

▶ *k* muss für alle Funktionen angegeben werden, die neben dem Bereich ein zweites Argument erfordern, z. B. Rang des gesuchten Elements mit KGRÖSSTE und KKLEINSTE.

Achtung: Genau wie TEILERGEBNIS ist auch die AGGREGAT-Funktion nur für Datenspalten bzw. vertikale Bereiche vorgesehen. Das bedeutet, dass sich zwar ausgeblendete Zeilen auf das Ergebnis auswirken, nicht aber ausgeblendete Spalten. Eventuell müssen Sie also zuvor die Tabelle umstellen, z. B. mit MTRANS (s. Seite 241).

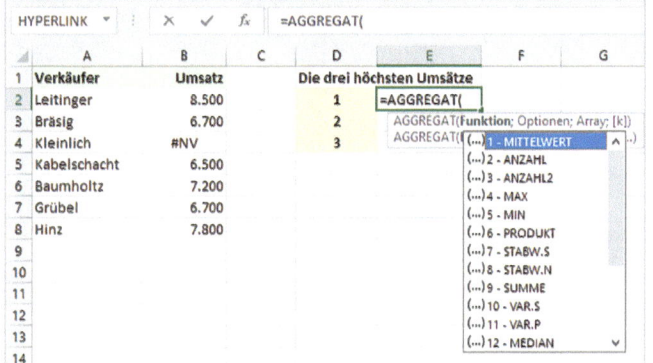

Bild 7.45 Funktion aus Liste übernehmen

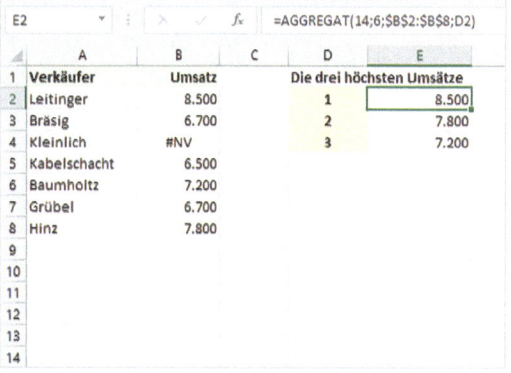

Bild 7.46 KGRÖSSTE trotz Fehlerwert

Damit im Beispiel auf der vorhergehenden Seite der Fehlerwert in der Liste ignoriert wird, geben Sie die folgende Funktion in E2 ein und kopieren diese anschließend nach unten, siehe Bild 7.46.

```
E2:  =AGGREGAT(14;6;$B$2:$B$8;D2)
```

Mittelwert, Summe, Min und Max mit der Funktion AGGREGAT berechnen

Auch die Funktionen MITTELWERT, SUMME, MIN und MAX liefern einen Fehler, wenn die Liste einen Fehlerwert enthält. Im Bild unten noch weitere Beispiele, wie Sie mit AGGREGAT trotzdem Ergebnisse erhalten.

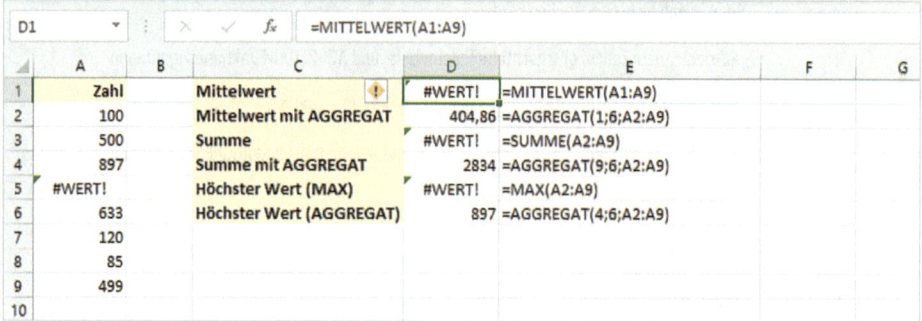

Bild 7.47 Beispiele AGGREGAT

Ausgeblendete/gefilterte Zeilen ausschließen

Dynamische Auswertungen in Verbindung mit dem AutoFilter wie im Bild unten, können auch mit der Funktion AGGREGAT erstellt werden. Hier wurden am Beispiel der Körpergröße von Männern und Frauen ANZAHL, MITTELWERT, MIN und MAX ermittelt (siehe auch das Beispiel auf Seite 302).

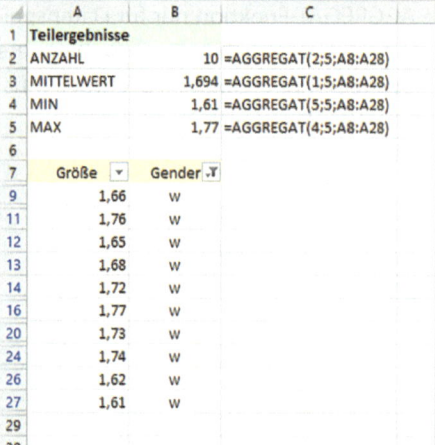

Bild 7.48 Gefilterte Zeilen ausschließen, Beispiele

7.6 Zellen anhand ihrer Füllfarbe auswerten

Um Zellen anhand Ihrer Füllfarbe zu finden, beispielsweise wenn mit SUMMEWENN die Summe über alle Zellen mit gelber Füllfarbe berechnet werden soll, gibt es verschiedene Möglichkeiten. Im Bild unten die Ausgangstabelle für die nachfolgenden Beispiele. Die Lagerbestände einzelner Produkte wurden manuell mit grüner oder gelber Farbe gekennzeichnet, eindeutige Kriterien existieren dafür nicht.

	A	B
1	Produktnr.	Lagerbestand Stck.
2	1005	300
3	1188	15
4	1025	822
5	1278	0
6	1301	22
7	1497	56
8	2365	67
9	2509	108
10	2666	300
11	3002	20
12	4711	1
13		

Bild 7.49 Ausgangsdaten mit farbiger Kennzeichnung

Farben.xlsm

Achtung: die Mappe enthält ein Makro das nur funktioniert, wenn Sie beim Öffnen auf *Inhalte aktivieren* klicken.

Hinweis: Die nachfolgenden Lösungsvorschläge benötigen Sie meist nicht, wenn die Zellen mit einer bedingten Formatierung hervorgehoben wurden. In solchen Fällen berechnen Sie die Summen je Farbe mit SUMMEWENN bzw. SUMMEWENNS in Verbindung mit derselben Regel, die Sie für die bedingte Formatierung verwendet haben.

Nach Farbe filtern und das Ergebnis mit der Funktion TEILERGEBNIS berechnen

Eine einfache Möglichkeit besteht darin, dass Sie die Tabelle nach Farben filtern und anschließend die Summe oder eine andere Zusammenfassung mit der Funktion TEILERGEBNIS berechnen. Dazu blenden Sie neben den Spaltenüberschriften der Tabelle die Filterpfeile ein (Menüband, Register *Daten* ▶ *Filtern*), klicken auf den Pfeil einer der Überschriften, dann auf *Nach Farbe filtern* und auf die betreffende Farbe.

Funktion TEILERGEBNIS, siehe Seite 301.

Anschließend berechnen Sie unterhalb der gesamten Tabelle, hier in B14 die Summe mit TEILERGEBNIS und folgender Formel.

```
B14: =TEILERGEBNIS(109;B2:B12)
```

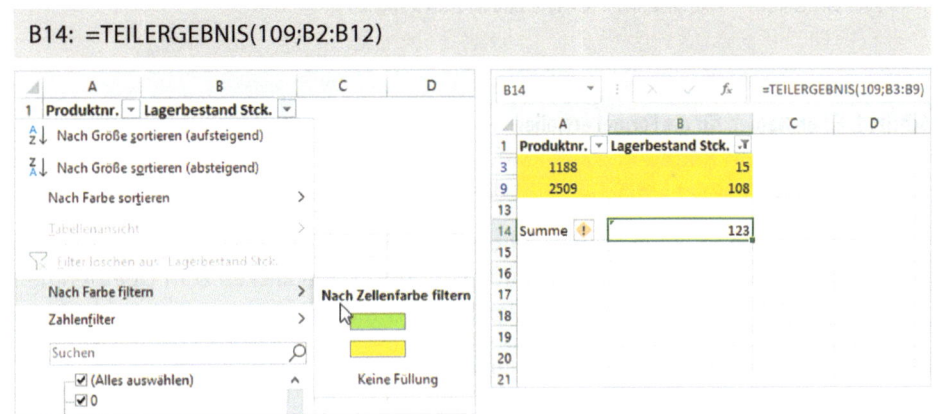

Bild 7.50 Nach Farbe filtern

Bild 7.51 Teilergebnis, z. B. Summe berechnen

Selbstverständlich lässt sich der Farbwert einer Zelle auch mit einer eigenen VBA-Funktion ermitteln, Details dazu würden aber den Rahmen dieses Buches sprengen.

Zellfarben über den Farbindex identifizieren

Jede Farbe wird in Excel intern über ihre Nummer bzw. ihren Farbwert definiert. Als zweite Möglichkeit können Sie daher den Farbwert jeder Zelle ermitteln und als Kriterium für SUMMEWENN und Co. verwenden. Leider existiert zum gegenwärtigen Zeitpunkt keine Tabellenblattfunktion, die die Farbnummer einer Zelle liefert. Sie müssen sich also mit dem alten Excel-Makro ZELLE.ZUORDNEN behelfen. Beachten Sie aber folgende Einschränkungen:

▶ Die Arbeitsmappe muss unbedingt als .xlsm Mappe gespeichert werden (*Speichern unter*, dann in das Feld *Excel-Arbeitsmappe (*.xlsx)* und auf den Typ *Excel-Arbeitsmappe mit Makros (*.xlsm)* klicken).

▶ ZELLE.ZUORDNEN liefert nur für die Standardfarben mit dem Farbindex von 1 bis 56 den korrekten Farbwert. Nicht einsetzbar ist ZELLE.ZUORDNEN dagegen bei Designfarben, benutzerdefinierten Farben und Farben, die über die bedingte Formatierung zugewiesen wurden.

▶ Falls die Farbe einer Zelle nachträglich geändert wird, erfolgt keine automatische Aktualisierung. Dies passiert erst bei manueller Neuberechnung mit **F9** oder Register *Formeln* ▶ Symbol *Blatt berechnen*.

ZELLE.ZUORDNEN ist keine Funktion, sondern ein Makro, das noch aus alten Excel-Versionen stammt. Aus diesem Grund kann ZELLE.ZUORDNEN auch nicht einfach in eine Zelle eingegeben werden, sondern muss als benannte Formel aufgerufen werden.

> ■ **Achtung Sicherheitsproblem!**
>
> Die hier beschriebene Lösung ist sicherheitstechnisch problematisch, da sie auf einem veralteten Makro beruht, das möglicherweise in der Standardeinstellung automatisch blockiert wird. Falls Sie sie trotzdem ausprobieren möchten, müssen Sie die entsprechende Einstellung in den Excel-Optionen aktivieren: Register *Datei* ▶ *Optionen* ▶ *Trust Center* ▶ Schaltfläche *Einstellungen für das Trust Center* ▶ *Makroeinstellungen* ▶ Kontrollkästchen *Excel 4.0 Makros aktivieren, wenn VBA-Makros aktiviert sind*. Außerdem muss unter *Makroeinstellungen* die Option *Deaktivieren von VBA-Makros mit Benachrichtigung* ausgewählt sein. Schließen Sie dann die Mappe und öffnen Sie sie erneut.
>
> Am besten deaktivieren Sie anschließend das Kontrollkästchen wieder.

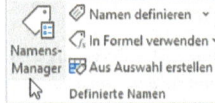

Schritt 1: Einen Namen für die Formel erstellen

1. Klicken Sie im Register *Formeln* auf *Namens-Manager* ❶ und im gleichnamigen Fenster auf die Schaltfläche *Neu...* ❷.

2. Geben Sie dann einen Namen für die Formel ein, hier Farbwert ❸. Im Feld *Bezieht sich auf* ❹ geben Sie folgende Formel ein und klicken zum Übernehmen auf *OK*. Schließen Sie dann auch den Namens-Manager.

```
Farbwert:  =ZELLE.ZUORDNEN(63;INDIREKT("ZS(-1)";FALSCH))
```

Zellen anhand ihrer Füllfarbe auswerten

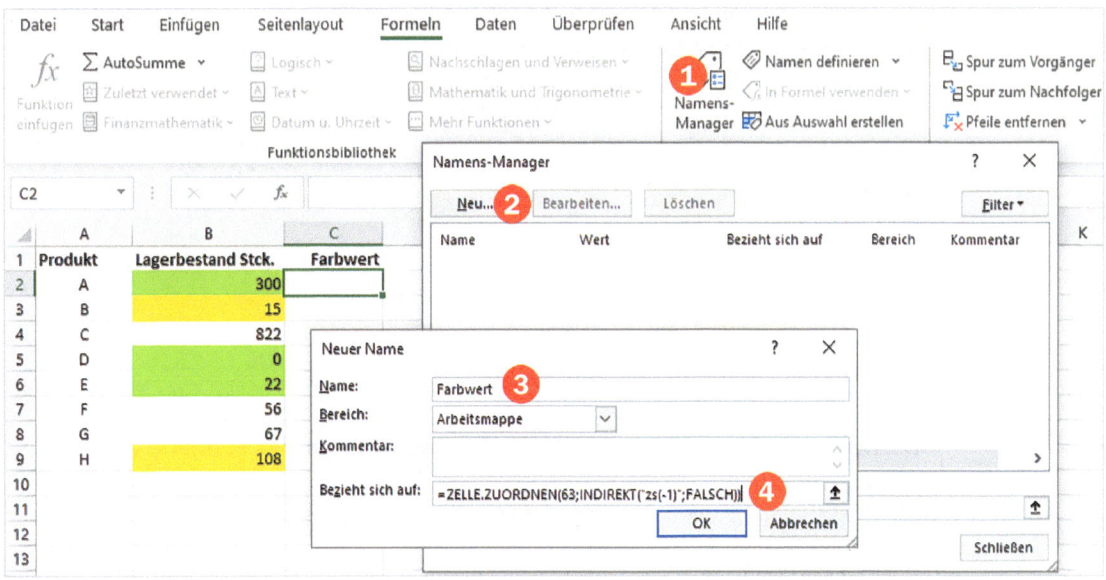

Zur Erklärung

- Der erste Parameter, hier 63 legt fest, welche Zelleigenschaft zurückgegeben werden soll, 63 steht für die Füllfarbe. Wenn Sie dagegen die Schriftfarbe ermitteln möchten, dann geben Sie stattdessen 24 ein.
- Die Funktion INDIREKT legt den Zellbezug fest: Befindet sich die Zelle mit der zu ermittelnden Farbe jeweils eine Spalte links (-1) von der aktuellen Zelle, dann adressieren Sie diese mit dem Bezug "ZS(-1)", FALSCH besagt, dass Z1S1 statt der Bezugsart A1 verwendet wird.

Details zur Funktion INDIREKT siehe Seite 215.

Schritt 2: Benannte Formel aufrufen

Mit dieser Formel wird nun in einer Hilfsspalte rechts von den eingefärbten Zellen (siehe Formel oben) der Farbwert ermittelt:

3 Geben Sie in der ersten Zelle der Hilfsspalte, hier C2 das Gleichheitszeichen und die ersten Zeichen des Formelnamens ein. Dieser erscheint dieser in der Auswahlliste und kann mit Doppelklick übernommen werden. Betätigen Sie anschließend die **Eingabetaste** und kopieren Sie die Formel nach unten.

Bild 7.52 Formel über ihren Namen einfügen und kopieren

Anschließend kann in einer weiteren Tabelle, wie im Bild unten, die Summe der jeweiligen Farbe mit SUMMEWENN berechnet werden.

Bild 7.53 Summe je Farbe berechnen

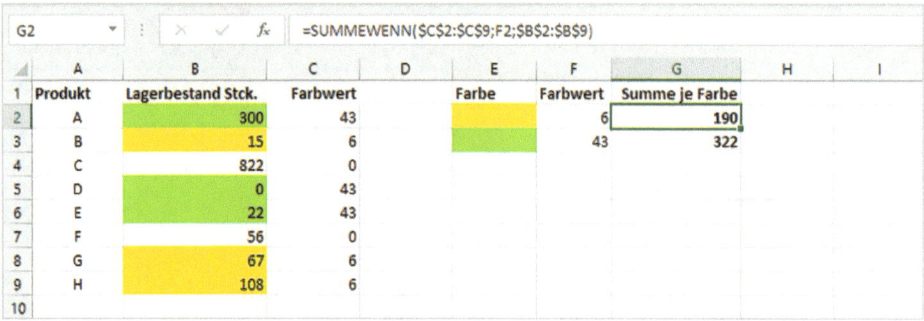

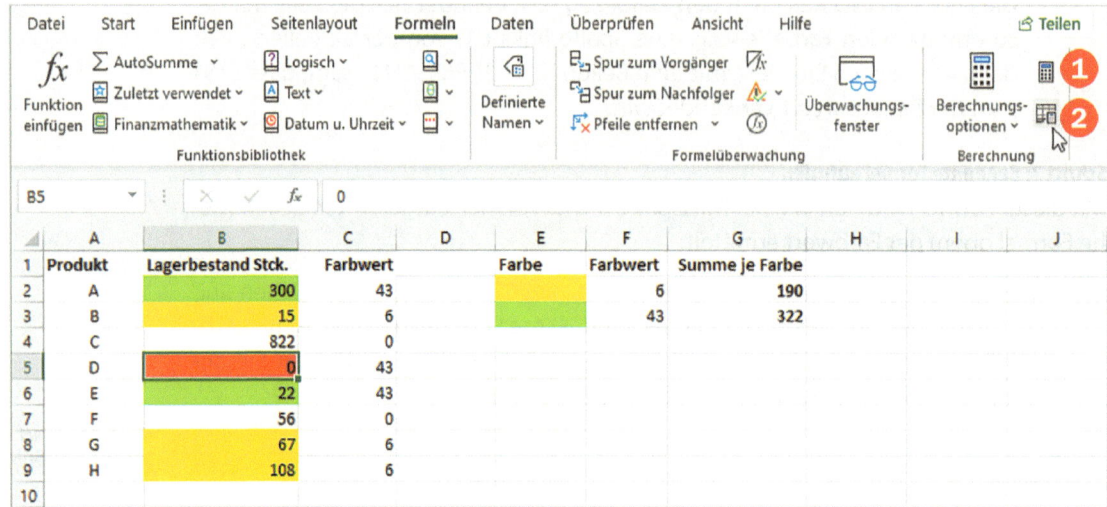

Dazu wurde in E2 und E3 nochmals der Farbwert ermittelt, die Formel in G2 lautet:

G2:   =SUMMEWENN($C$2:$C$9;F2;$B$2:$B$9)   Ergebnis: 190

Farbwert neu berechnen

Wenn die Farbe einer Zelle nachträglich geändert wurde, wie z. B. B5 in rot statt gelb, dann muss der Farbwert manuell neu berechnet werden:

Bild 7.54 Bei Farbänderungen muss der Farbwert manuell neu berechnet werden

Klicken Sie entweder im Menüband, Register *Formeln* ▶ *Berechnung* auf *Neu berechnen* ❶ (Gesamte Arbeitsmappe) oder auf *Blatt berechnen* ❷. Oder verwenden Sie die Tasten **F9** (Arbeitsmappe berechnen) bzw. **Umschalt+F9** (Blatt berechnen).

Hinweis: Die Daten für das zweite Beispiel finden Sie ebenfalls in der Mappe Farben.xlsm. Beachten Sie, dass beim ersten Öffnen die in der Mappe enthaltenen Makros deaktiviert werden und erst nach einem Klick auf *Inhalt aktivieren* verwendet werden können. Falls die Formeln blockiert werden sollten, siehe Seite 308.

8 Ausgewählte statistische Funktionen

8.1 Umfangreiche Daten mit Pivot-Tabellen auswerten   312

8.2 Statistische Maßzahlen   323

8.3 Zufallszahlen   345

8.4 Verteilungsfunktionen   351

8.5 Korrelationsanalysen   372

8.6 Regressions- und Trendanalysen   377

8.7 Weitere Funktionen   394

Die gängigen Auswertungsfunktionen wie z. B. MITTELWERT, ANZAHL, MIN oder MAX und verwandte Funktionen werden in Kapitel 7 ausführlich beschrieben. Darüber hinaus stellt Excel noch zahlreiche weitere Funktionen für statistische Analysen bereit, mit denen sich die meisten Aufgaben auf diesem Gebiet lösen lassen. Dieses Kapitel beschreibt ausgewählte Statistikfunktionen und ihre Verwendung.

Da eine Funktion oder Formel nicht immer am schnellsten zum Ziel führt, beginnt dieses Kapitel mit einer kurzen Einführung in die Erstellung und Verwendung von Pivot-Tabellen. Diese können bei großen Datenmengen Funktionen wie ZÄHLENWENN, MITTELWERTWENN usw. sowie die Datenbankfunktionen (DBSUMME, DBMITTELWERT,...) überflüssig machen und sind wesentlich flexibler in der Handhabung.

8.1 Umfangreiche Daten mit Pivot-Tabellen auswerten

Was Sie über Pivot-Tabellen wissen sollten

Excel stellt mit den Pivot-Tabellen ein äußerst flexibles Werkzeug zur Auswertung und Zusammenfassung großer Datenmengen dar. Die Bezeichnung Pivot-Tabelle (PivotTable) beruht auf dem englischen Begriff „pivot" = Dreh- oder Angelpunkt und bedeutet, dass Sie mit diesem Werkzeug Daten unter verschiedenen Gesichtspunkten nach dem Baukasten-Prinzip zusammenfassen, anordnen und auswerten können, ohne dabei die Ausgangsdaten zu verändern. Ein weiterer Vorteil: Eine Pivot-Tabelle ist interaktiv, d. h. sie kann vom Benutzer jederzeit verändert werden, beispielsweise um nach bestimmten Kriterien zu filtern oder um Daten auszublenden. Die Ausgangsdaten werden in keinem Fall angetastet.

Eine umfassende Beschreibung von Pivot-Tabellen und ihren Möglichkeiten würde den Rahmen dieses Kapitels sprengen, daher werden an dieser Stelle nur einfache Häufigkeitsauszählungen und deren prozentuale Darstellung vorgestellt.

Falls Sie sich näher mit diesem interessanten Werkzeug befassen möchten, empfehle ich Ihnen das Buch „Excel Spezial - Daten abrufen, aufbereiten & mit Pivot-Tabellen auswerten" BILDNER Verlag GmbH 2020, ISBN 978-3-8328-0409-1

Folgende Besonderheiten sind bei der Verwendung von Pivot-Tabellen zu beachten

▸ Dateneingabe und Änderung der Daten sind in Pivot-Tabellen nicht möglich, da diese entweder schreibgeschützt sind oder die Änderungen nicht in die Originaldaten übernommen werden.

▸ Die Ausgangsdaten werden durch Pivot-Tabellen grundsätzlich nicht verändert.

▸ Im Gegensatz zu Funktionen erfolgt nach einer Änderung der Daten in der Ausgangstabelle **keine automatische Aktualisierung**. Pivot-Tabellen müssen vom Benutzer manuell aktualisiert werden!

Voraussetzungen

Für die Auswertung mit einer Pivot-Tabelle müssen die Ausgangsdaten folgende Voraussetzungen erfüllen:

- Die Daten müssen als zusammenhängender Tabellenbereich vorliegen, d. h. sie dürfen keine leeren Spalten und möglichst auch keine Leerzeilen aufweisen. Einzelne leere Zellen stellen dagegen kein Problem dar.

- Die erste Tabellenzeile muss eindeutige Spaltenüberschriften enthalten.

- Die Tabelle muss in mindestens einer Spalte mehrfach vorkommende Werte enthalten. Nur diese lassen sich mit Pivot-Tabellen zusammenfassen und auswerten.

- Eventuell vorhandene Teilergebnisse (gemeint ist damit nicht die Funktion, sondern Teilergebnisse, die über das Register *Daten* ▶ *Gliederung* erzeugt wurden) oder Filter müssen zuvor entfernt werden.

- Innerhalb der auszuwertenden Spalten müssen alle Daten vom gleichen Typ sein, beispielsweise Zahlen, Text oder Datumswerte.

- Die Datentabelle kann neben Text und Zahlen auch Formeln enthalten. Diese werden bei der Auswertung als Werte behandelt.

- Falls eine Variable sehr viele Ausprägungen aufweist, z. B. Datumswerte oder Alter, können diese mit wenig Aufwand in Pivot-Tabellen zu Gruppen zusammengefasst werden.

Tipp: Formatieren Sie die Ausgangsdaten als Tabelle (Register *Einfügen* ▶ *Tabelle*). Der Vorteil: Wenn sich bei späteren Aktualisierungen der Umfang der Datentabelle ändern sollte, dann muss der Datenbereich für die Pivot-Tabelle nicht jedes Mal neu festgelegt werden, es genügt, wenn Sie die Pivot-Tabelle aktualisieren.

Pivot-Tabelle mit einfacher Häufigkeitsauszählung erstellen

Beispiel Fragebogenauswertung

Zur Auswertung von Umfragen werden meist einfache Häufigkeitsauszählungen benötigt, die für jede Variable die Häufigkeit ihrer Ausprägungen ermitteln. Als einfaches Beispiel die Gästebefragung eines Hotels, in der die Gäste anhand eines Fragebogens verschiedene Merkmals des Hotels bewerteten.

Pivot_Tabellen_1.xlsx

Die zentrale Frage lautete: Bitte bewerten Sie das Hotel in folgenden Punkten, indem Sie maximal 6 Sterne vergeben. ★★★★★★ (6 Sterne) = Sehr gut, ★ (1 Stern) = sehr schlecht, bewertet wurden u. a. Lage, Ausstattung, Service, Zimmer und Restaurant.

Die Ergebnisse der einzelnen Fragebögen wurden in eine Excel-Tabelle übertragen (das Bild auf der nächsten Seite zeigt einen Auszug) und Sie möchten nun wissen, wie oft für jedes zu bewertende Kriterium 6 Sterne, 5 Sterne usw. vergeben wurden.

Alternative ZÄHLENWENN: Sie könnten auch mit der Funktion ZÄHLENWENN für jede Spalte die Anzahl der 6 Sterne, 5 Sterne usw. ermitteln. Wesentlich schneller und einfacher, insbesondere bei größeren Datenmengen lässt sich diese Aufgabe mit Pivot-Tabellen erledigen.

Bild 8.1 Rohdaten Fragebogen (Auszug)

Fragebogen Nr.	Jahr	Lage	Ausstattung	Service	Zimmer	Restaurant	Geschlecht (m, w)
1	2022	5	6	5	5	2	w
2	2022	5	4	6	3	3	w
3	2022	6	3	5	2	2	m
4	2022	5	4	6	3	1	m
5	2022	4	4	5	3	4	m
6	2022	5	4	3	3	3	m
7	2022	6	5	1	4	2	w
8	2022	4	6	2	4	5	m
9	2022	5	6	5	6	2	w
10	2022	6	5	5	1	3	w
11	2022	4	6	4	2	4	m
12	2022	3	5	5	3	3	m
13	2022	5	6	6	4	2	m

1 Markieren Sie eine beliebige Zelle innerhalb des auszuwertenden Datenbereichs oder den gesamten Datenbereich einschließlich der Überschriften und klicken Sie im Menüband, Register *Einfügen* auf *Pivot-Table* ❶.

2 Im nachfolgenden Fenster *PivotTable aus Tabelle oder Bereich* sehen Sie nun im Feld *Tabelle/Bereich* den ausgewählten Zellbereich ❷. Im Arbeitsblatt selbst können Sie diesen Bereich anhand des Laufrahmens kontrollieren oder durch Markieren manuell festlegen.

3 Zum Platzieren der Pivot-Tabelle sollte die Standardeinstellung *Neues Arbeitsblatt* ❸ beibehalten werden. Klicken Sie dann auf *OK*.

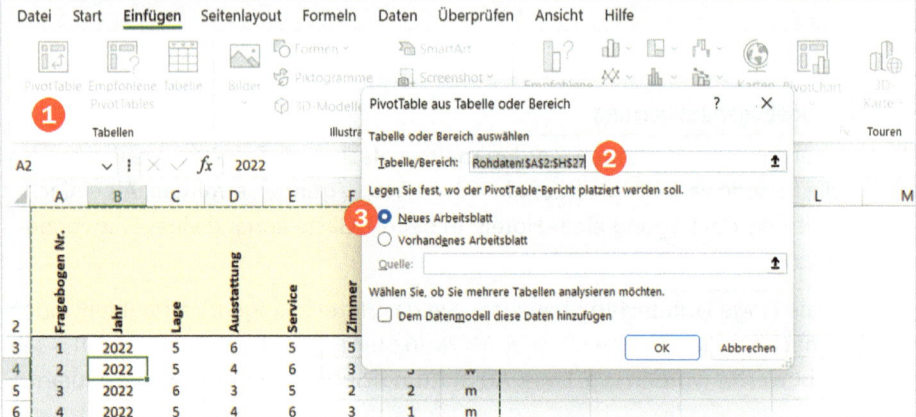

Bild 8.2 PivotTable einfügen

4 Ein neues Arbeitsblatt wird zusammen mit einer leeren Pivot-Tabelle ❹ eingefügt, gleichzeitig erscheint am rechten Bildschirmrand der Bereich *PivotTable-Felder*. Aus den Spaltenüberschriften der Tabelle wurden Felder gebildet, diese sind in der Feldliste ❺ aufgeführt und aus ihnen wird die Pivot-Tabelle zusammengestellt.

5   Unterhalb befinden sich die vier Bereiche ❻ einer Pivot-Tabelle. Diese setzt sich zusammen aus den Bereichen *Filter*, *Spalten*, *Zeilen* und *Werte* (siehe Bild unten), wobei mit Ausnahme des Wertebereichs nicht alle Bereiche zwingend verwendet werden müssen.

Bild 8.3 PivotTable und Feldliste

6   Die Zusammenstellung der Pivot-Tabelle erfolgt durch Anordnen bzw. Ziehen der Felder mit der Maus. Als erstes soll die Lage ausgewertet werden: Ziehen Sie daher dieses Feld in den Bereich *Zeilen* ❼. In der Tabelle erscheinen nun alle Ausprägungen als Zeilenbeschriftung ❽. Da wir wissen möchten, wie häufig jeder der Werte vorkommt, ziehen Sie das Feld *Lage* erneut aus der Liste und diesmal in den Bereich *Werte* ❾. Die beiden Bereiche *Filter* und *Spalten* werden vorerst nicht benötigt und bleiben leer.

Bild 8.4 Ziehen Sie das Feld Lage in den Bereich Zeilen und in den Bereich Werte

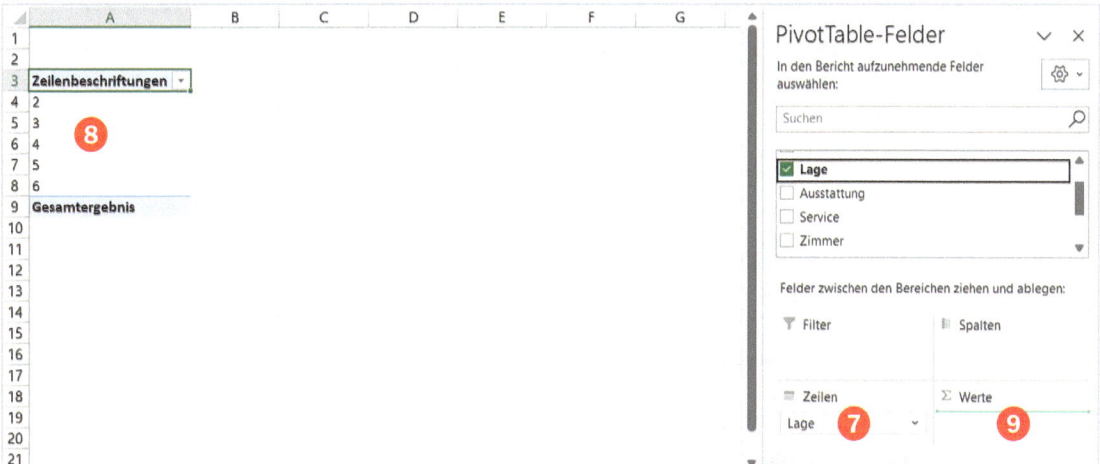

7   Die Pivot-Tabelle enthält nun alle erforderlichen Werte. Leider werden numerische Werte automatisch addiert, so auch in unserem Beispiel in Spalte B (siehe

Bild unten) und leicht zu erkennen an der Überschrift *Summe von Lage*. Um eine andere Auswertungsfunktion zu wählen, klicken Sie in der Pivot-Tabelle mit der rechten Maustaste auf ein beliebiges Summenergebnis, zeigen auf *Werte zusammenfassen nach* und klicken auf *Anzahl*.

Bild 8.5 Berechnungsfunktion ändern

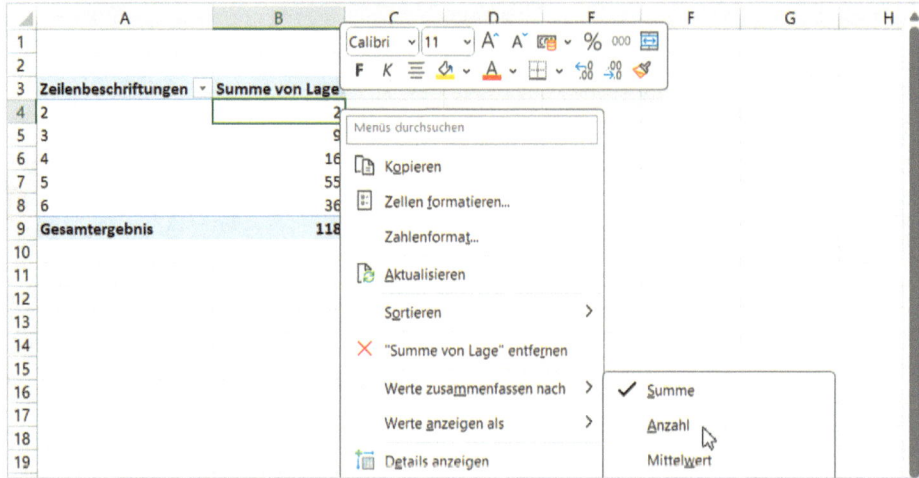

8   Damit ist die erste Häufigkeitsauszählung bis auf einige Kleinigkeiten fertig.

- Falls Sie die Zeilenbeschriftungen ändern möchten, klicken Sie einfach auf die betreffende Zelle und geben Ihren Text ein, siehe Bild unten.
- Damit anstelle des Textes *Zeilenbeschriftungen* der Name der Variablen angezeigt wird, klicken Sie im Menüband auf das Register *Entwurf* und auf *Berichtslayout*. Wählen Sie *Im Gliederungsformat anzeigen*. Die fertige Tabelle könnte dann etwa aussehen, wie in Bild 8.6.

Bild 8.6 Zeilenbeschriftungen ändern

Bild 8.7 Berichtslayout ändern

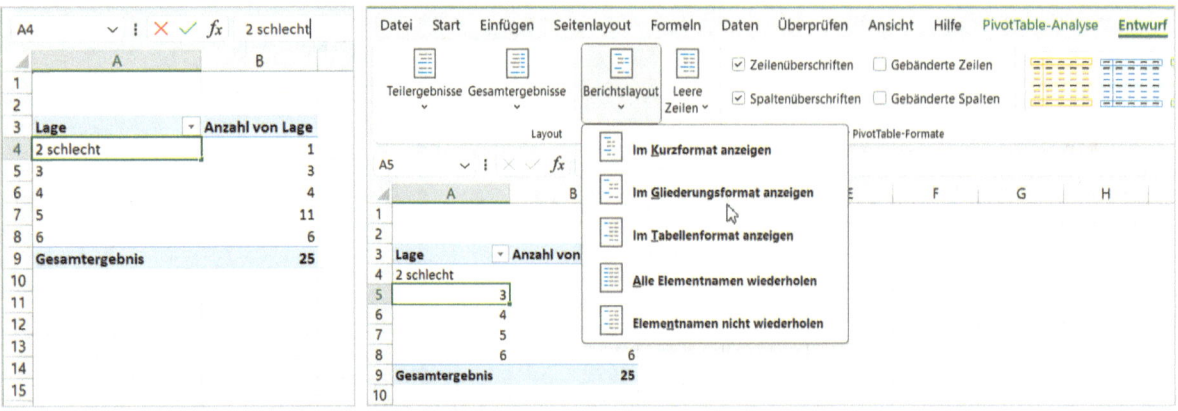

In Excel 2019 und älter sind diese beiden Register zusätzlich mit *PivotTable-Tools* beschriftet.

Hinweise zum Umgang mit der Pivot-Tabelle

▶ **Die kontextbezogenen Register PivotTable-Analyse und Entwurf**
Sobald Sie in den Bereich der Pivot-Tabelle geklickt haben, erscheinen im Menüband die beiden kontextbezogenen Register *PivotTable-Analyse* und *Entwurf*.

▸ **Den Bereich PivotTable-Felder anzeigen**
Ebenfalls zusammen mit der aktivierten Pivot-Tabelle erscheint am rechten Bildschirmrand die Feldliste. Sollte dies nicht der Fall sein, so klicken Sie im Menüband, Register *PivotTable-Analyse* ▸ *Einblenden* auf *Feldliste*.

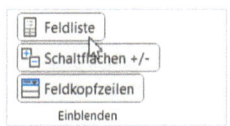

▸ **Feld entfernen**
Ein überflüssiges Feld entfernen Sie aus der Pivot-Tabelle, indem Sie in der Feldliste einfach das Kontrollkästchen deaktivieren oder das Feld aus dem jeweiligen Bereich heraus an eine freie Stelle im Arbeitsblatt ziehen.

▸ **Pivot-Tabelle aktualisieren**
Falls sich die Ausgangsdaten nachträglich ändern, müssen Sie die Pivot-Tabelle manuell aktualisieren. Entweder per Rechtsklick in die Tabelle und Befehl *Aktualisieren*, oder klicken Sie in die Tabelle und im Menüband, Register *PivotTable-Analyse* auf *Aktualisieren* oder betätigen Sie die Tasten **Alt+F5**.

Bild 8.8 Die zusätzlichen Register

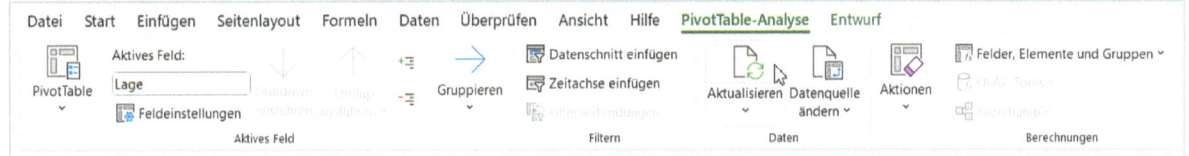

Prozentuale Häufigkeiten anzeigen

Wenn statt der absoluten die prozentualen Häufigkeiten benötigt werden, dann klicken Sie mit der rechten Maustaste in der Spalte *Anzahl von Lage* auf ein beliebiges Ergebnis, zeigen auf *Werte anzeigen als* und wählen im Untermenü *% des Spaltengesamtergebnisses*.

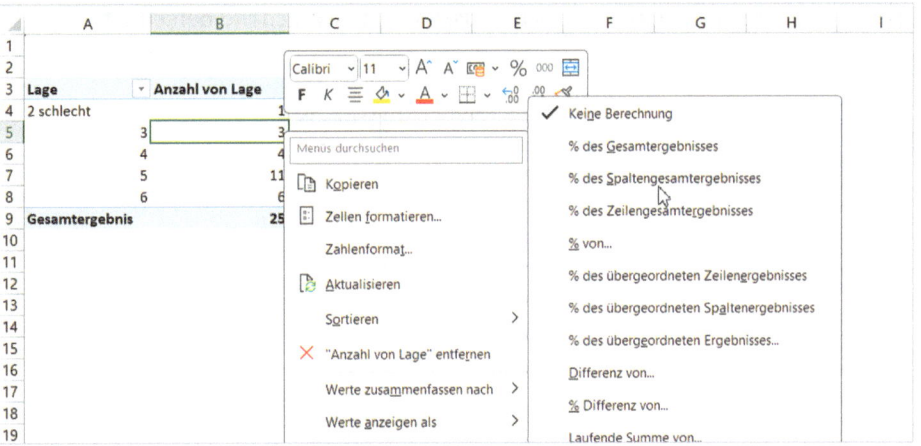

Bild 8.9 Prozentuale Häufigkeiten anzeigen

Zahlen und Prozentwerte anzeigen

Benötigen Sie Zahlen und Prozentanteile, dann ziehen Sie einfach das betreffende Feld, z. B. *Lage* zweimal in den Bereich *Werte*. Achten Sie darauf, dass für beide Spalten die Anzahl statt der Summe ermittelt wird und wandeln Sie anschließend eine der beiden Spalten in die Anzeige von Prozentwerten um, siehe oben. Die Spaltenüberschrift kann beliebig geändert werden.

Bild 8.10 Zahlen und Prozentanteile

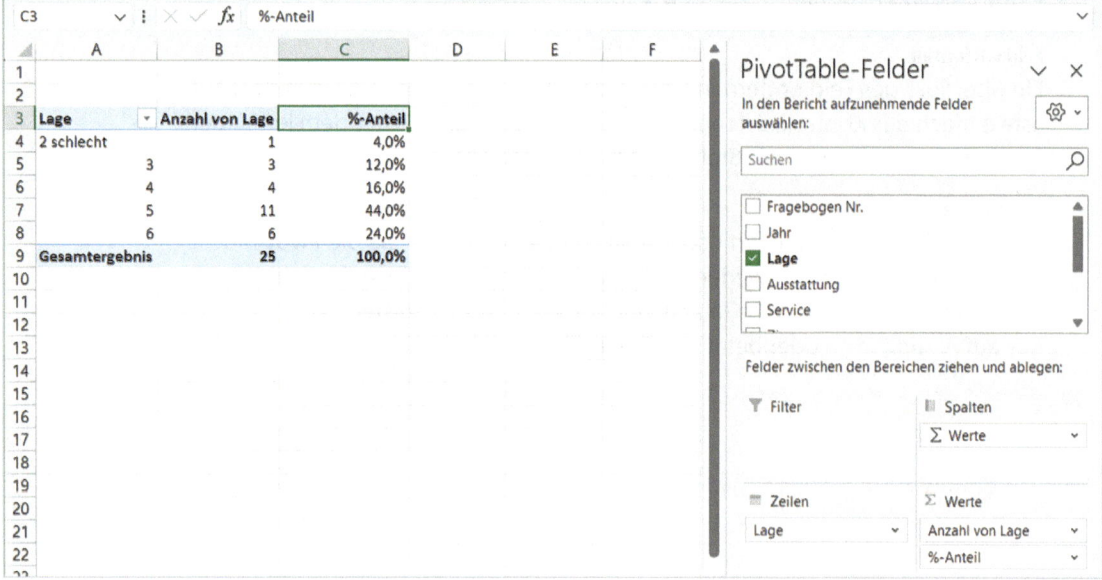

Eine Kreuztabelle erstellen

Mit Pivot-Tabellen sind auch sogenannte Kreuztabellen schnell erstellt. Möchten Sie z. B. die Antworten von Männern und Frauen vergleichen, so ziehen Sie einfach das Feld *Geschlecht* in den Bereich *Spalten*. Dadurch werden aus den beiden Ausprägungen m und w zwei Spalten gebildet und die Werte entsprechend berechnet.

Bild 8.11 Eine einfache Kreuztabelle

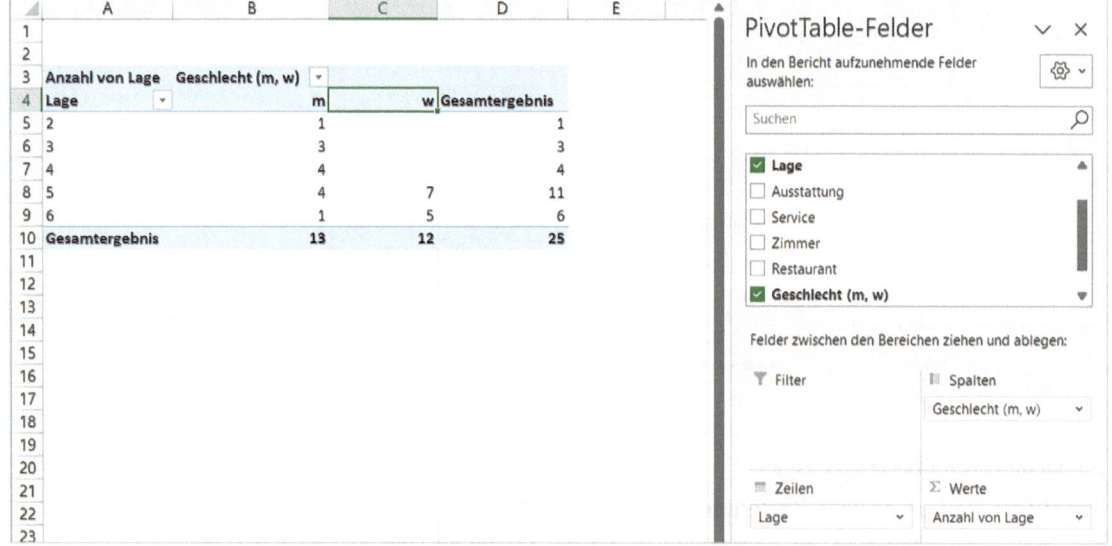

Spalten und Zeilenergebnisse

Zusätzlich berechnet Excel Gesamtergebnisse sowohl für Spalten als auch für Zeilen. Wenn diese überflüssig sind bzw. stören, dann klicken Sie zum Ausblenden im Menüband, Register *Entwurf* auf *Gesamtergebnisse* und aktivieren nur die benötigten Ergebnisse.

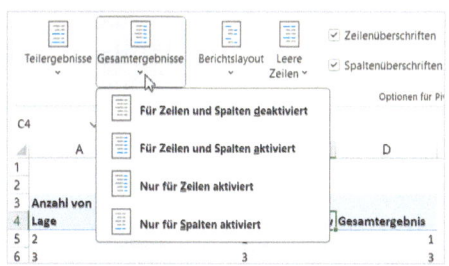

Häufigkeitsklassen bilden

Zur Auswertung von Variablen mit sehr vielen Ausprägungen wie z. B. Alter oder Körpergewicht, müssen erst einmal Klassen gebildet werden. Dies kann in der Ausgangstabelle z. B. mit den Funktionen WENN, WENNS oder SVERWEIS erfolgen. Wird die Auswertung mit einer Pivot-Tabelle vorgenommen, ist auch hier eine Klassenbildung möglich.

Siehe Kap. 5, Nachschlage- und Verweisfunktionen.

Beispiel Umfrage zur Hausarbeit

Als Beispiel die Ergebnisse einer Umfrage zur Beteiligung an der Hausarbeit. Erhoben wurden nicht nur die Häufigkeit pro Woche sondern auch Geschlecht und Alter. Im Bild unten ein Auszug aus den Ausgangsdaten.

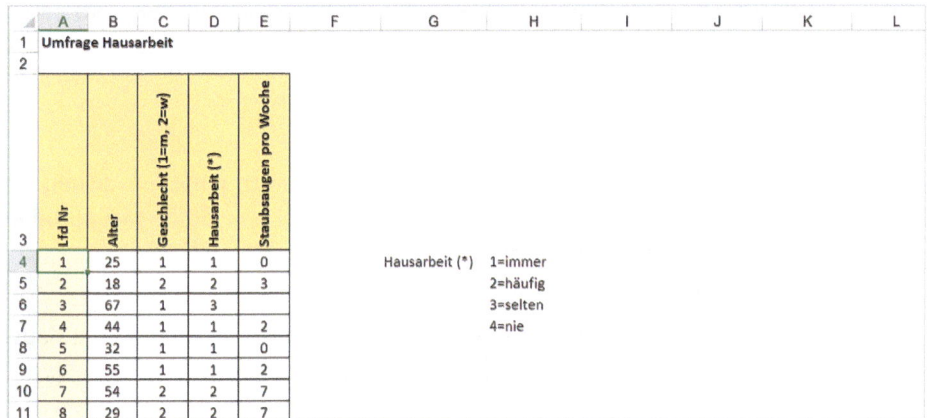

Bild 8.12 Ausschnitt Ausgangsdaten der Umfrage

Pivot_Tabellen_2.xlsx

Für eine Häufigkeitsauszählung nach Alter benötigen wir zunächst Altersklassen, diese sollen in 10er-Intervallen gebildet werden. Dazu gehen Sie wie folgt vor:

1. Im ersten Schritt erstellen Sie aus den Ausgangsdaten eine Pivot-Tabelle und ziehen das Feld *Alter* in den Bereich *Zeilen*. Dadurch wird zunächst aus jedem vorkommenden Alter eine Zeile bzw. Zeilenbeschriftung erstellt.

2. Klicken Sie anschließend mit der rechten Maustaste in der Pivot-Tabelle auf eine beliebige Zeilenbeschriftung und auf *Gruppieren....* Oder klicken Sie in die betreffende Spalte und im Menüband, Register *PivotTable-Analyse* ▶ *Gruppieren* auf *Feld gruppieren*.

3. Im Fenster *Gruppierung* legen Sie nun Start- und Endwert sowie das Klassenintervall fest. Standardmäßig werden diese automatisch aus dem kleinsten und

größten Wert der Tabelle gebildet. Geben Sie stattdessen den Startwert 10 und den Endwert 100 ein, so werden die Kontrollkästchen *Automatisch* neben *Starten* und *Beenden* deaktiviert. Das Intervall 10 im Feld *Nach* kann in diesem Beispiel beibehalten werden. Klicken Sie abschließend auf *OK*.

Bild 8.13 Nach Alter gruppieren

Bild 8.14 Start und Ende manuell festlegen

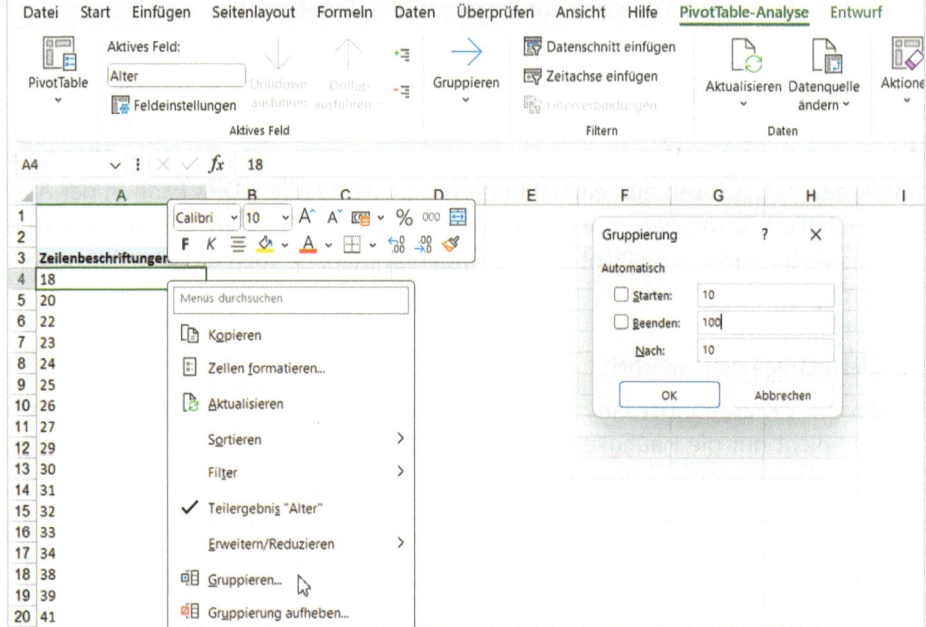

4 Um Anzahl der Befragen in der jeweiligen Altersklasse zu ermitteln, ziehen Sie anschließend das Feld *Alter* zusätzlich in den Bereich *Werte*. Sollte hier automatisch die Summe gebildet werden, müssen Sie außerdem stattdessen *Anzahl* wählen (Rechtsklick ▶ *Werte zusammenfassen nach*).

5 Damit Sie nun in Form einer Kreuztabelle sehen, wie sich die Häufigkeit der Hausarbeit auf die Altersklassen verteilt, wie in Bild 8.16, ziehen Sie das Feld *Hausarbeit* in den Bereich *Spalten*.

Bild 8.15 Häufigkeit nach Altersklassen

	A	B
3	Alter	Anzahl Befragte
4	10-19	1
5	20-29	12
6	30-39	13
7	40-49	10
8	50-59	11
9	60-69	5
10	70-79	1
11	80-90	1
12	Gesamtergebnis	54

Bild 8.16 Altersklassen und Hausarbeit

	A	B	C	D	E	F
3	Hausarbeit	Häufigkeit				
4	Alter	1 immer	2 häufig	3 selten	4 nie	Gesamt
5	10-19		1			1
6	20-29	4	4	3	1	12
7	30-39	3	4	4	2	13
8	40-49	3	4	2	1	10
9	50-59	3	2	2	4	11
10	60-69		2	2	1	5
11	70-79				1	1
12	80-90		1			1
13	Gesamt	13	18	13	10	54

Behandlung fehlender Werte

Fehlende Werte einfach ausblenden

Leere Zellen bzw. keine Angaben in der Ausgangstabelle werden in der Pivot-Tabelle bzw. in der Zeilenbeschriftung zwar ausgewiesen, jedoch fehlt die dazugehörige Zahl, wie im Bild unten. Um auch die dazugehörige Zeile auszublenden, klicken Sie auf die Pfeilschaltfläche der Spaltenüberschrift ❶ und deaktivieren leere Werte ❷.

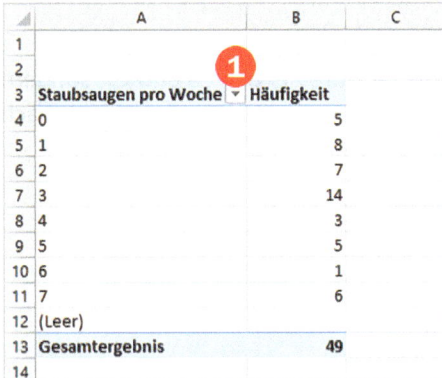

Bild 8.17 Fehlende Angaben ausblenden

Anzahl der fehlenden Werte anzeigen

Wenn dagegen die Anzahl der fehlenden Angaben ebenfalls benötigt wird, dann darf die Ausgangstabelle keine leeren Zellen enthalten. Häufig wird zu diesem Zweck eine Ausprägung vereinbart, die in den Antwortvorgaben nicht enthalten ist, z. B. 99 (die Häufigkeit pro Woche kann in unserem Beispiel maximal 7 = täglich annehmen).

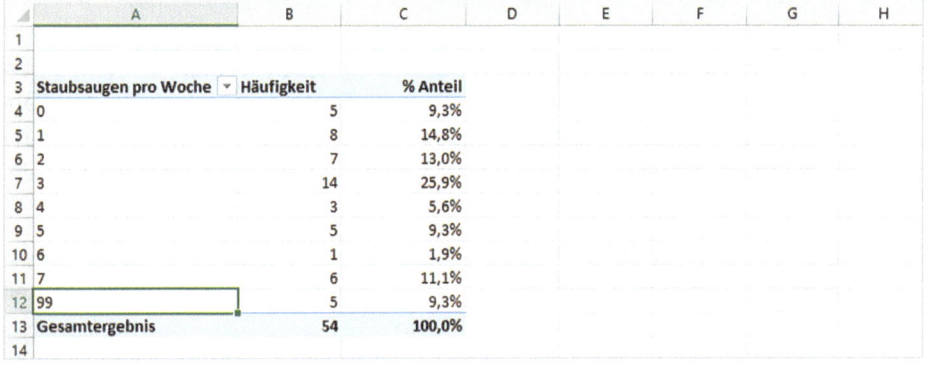

Bild 8.18 Fehlende Werte anzeigen

Bild 8.19 Leere Zellen ersetzen

Tipp: Mit Hilfe von Suchen und Ersetzen lassen sich die fehlenden Werte in der Ausgangstabelle schnell ersetzen. Markieren Sie die betreffende Spalte, klicken Sie im Menüband, Register *Start* ▶ *Bearbeiten* auf *Suchen und Auswählen* und auf *Ersetzen*. Lassen Sie das Feld *Suchen nach* leer und geben Sie im Feld *Ersetzen durch* die Zeichenfolge oder Zahl für die fehlenden Werte ein.

Die Funktion PIVOTDATENZUORDNEN

Benötigen Sie für weitere Auswertungen nur einzelne Werte einer Pivot-Tabelle, die sich entweder in einem anderen Arbeitsblatt oder in einer anderen Arbeitsmappe befindet? Oder möchten Sie ein Diagramm erstellen, das nur bestimmte Werte einer Pivot-Tabelle einbezieht? Dann benötigen Sie Verweise auf die entsprechenden Zellen der Pivot-Tabelle. Excel verwendet in diesem Fall anstelle eines Zellbezugs automatisch die Funktion PIVOTDATENZUORDNEN, sobald Sie nach Eingabe des Gleichheitszeichens auf die gewünschte Zelle klicken, siehe Bild unten.

Bild 8.20 Excel verwendet automatisch die Funktion PIVOTDATENZUORDNEN

Vorteil: Diese Funktion bezieht sich nicht auf die Zelladresse, z. B. C8 und C7, sondern auf einen bestimmten Wert eines Feldes. So ist sichergestellt, dass dieser auch nach dem Aktualisieren der Tabelle oder Ändern des Berichtslayouts noch korrekt ist.

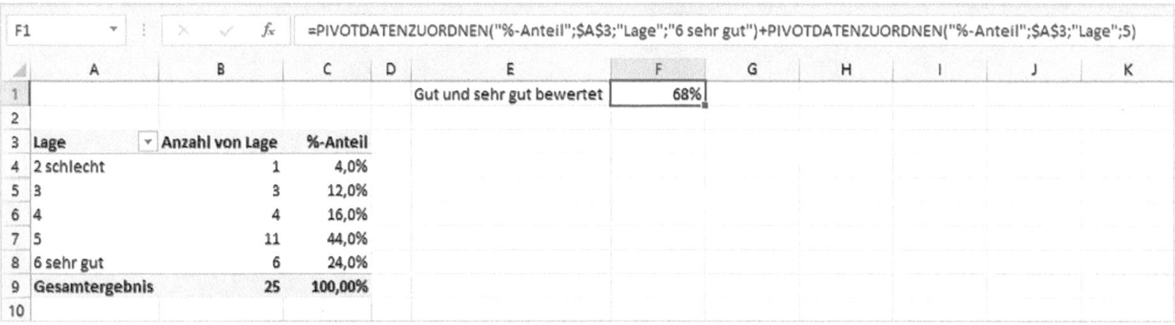

F1 ▼ : × ✓ ƒx   =PIVOTDATENZUORDNEN("%-Anteil";$A$3;"Lage";"6 sehr gut")+PIVOTDATENZUORDNEN("%-Anteil";$A$3;"Lage";5)

	A	B	C	D	E	F	G
1					Gut und sehr gut bewertet	68%	
2							
3	Lage	Anzahl von Lage	%-Anteil				
4	2 schlecht	1	4,0%				
5	3	3	12,0%				
6	4	4	16,0%				
7	5	11	44,0%				
8	6 sehr gut	6	24,0%				
9	Gesamtergebnis	25	100,00%				
10							

Die Funktion besitzt folgenden Aufbau:

=PIVOTDATENZUORDNEN(Datenfeld;PivotTable;Feld1;Element1;Feld2;Element2;...)

Die Nachteile der Funktion

▸ Die Funktion kann zwar in angrenzende Zellen kopiert werden, allerdings werden dadurch die Zellbezüge nicht angepasst. Daran ändert auch das Umwandeln in einen relativen Zellbezug in der Formel nichts. Werden mehrere Werte aus der Pivot-Tabelle benötigt, dann muss daher die Funktion jedes Mal neu eingegeben werden.

▸ Wenn sich die Pivot-Tabelle in einer anderen Arbeitsmappe befindet, dann muss diese Mappe beim späteren Öffnen ebenfalls geöffnet sein, andernfalls erhalten Sie den Fehlerwert #BEZUG.

8.2 Statistische Maßzahlen

Mittelwerte spielen nicht nur in der Statistik eine große Rolle und werden daher in Kapitel 7, Allgemeine Auswertungsfunktionen ausführlich besprochen. Häufig werden jedoch darüber hinaus noch weitere statistische Maßzahlen benötigt.

Häufigkeiten und Klassenbildung

- Für einfache Häufigkeitsauszählungen bietet sich neben den, in Punkt 8.1 beschriebenen Pivot-Tabellen, auch noch die Funktion ZÄHLENWENN an, eine ausführliche Beschreibung dieser Funktion finden Sie auf Seite 278 ff.
- Merkmale mit sehr vielen Ausprägungen, wie z. B. Alter, müssen häufig erst einmal in Klassen eingeteilt werden. Dazu eignen sich je nach Aufgabenstellung die Funktionen WENN, WENNS sowie Verweisfunktionen wie z. B. SVERWEIS.

Siehe Kap. 5, Nachschlage- und Verweisfunktionen.

- Möchten Sie wissen, welcher Wert am häufigsten vorkommt (Modalwert), dann verwenden Sie die Funktion MODUS.EINF, siehe Seite 293.

Häufigkeiten für Klassen berechnen

Die Funktion HÄUFIGKEIT fasst Daten in Klassen zusammen und berechnet für diese gleichzeitig die Häufigkeit, die Syntax:

=HÄUFIGKEIT(Daten;Klassen)

Argument	Beschreibung
Daten	Als Argument *Daten* geben Sie den auszuwertenden Zellbereich an. Es werden ausschließlich Zahlen berücksichtigt, Text und leere Zellen werden dagegen ignoriert.
Klassen	*Klassen* ist der Bereich mit der Klasseneinteilung in der Auswertungstabelle. Den Klassen werden alle Werte zugeordnet, die kleiner oder gleich der angegebenen Klassengrenze sind.

Beachten Sie:

- Die Funktion HÄUFIGKEIT erfordert eine Ergebnistabelle, die gleichzeitig auch die Klasseneinteilung festlegt. Die Ergebnistabelle sollte außerdem eine zusätzliche Zelle für Werte aufweisen, die oberhalb der höchsten angegebenen Klassengrenze liegen (Überlauf), da solche Werte sonst nicht berücksichtigt werden.
- Die Funktion muss in Excel 2019 oder älter als Matrixformel eingegeben werden (Ausgabebereich markieren und die Eingabe mit den Tasten **Strg+Umschalt+Eingabe** abschließen).

Beispiel Altersklassen

Sie möchten eine Umfrage auswerten und die Anzahl der Teilnehmer je Altersklasse ermitteln, siehe Bild unten. Dazu benötigen Sie zunächst eine Ergebnistabelle, die gleichzeitig die Altersklassen festlegt. In unserem Beispiel gehören zu Altersklasse 1 alle Personen bis einschließlich 20 Jahre, Altersklasse 2 umfasst alle zwischen 21 und einschließlich 30 usw. und zu Altersklasse 6 gehören alle, die älter sind als 60. Die Formel in F2 lautet:

```
F2: =HÄUFIGKEIT(B2:B12;E2:E6)
```

Hinweis: Als Argument *Klassen* werden nur die Klassengrenzen in E2:E6 (bis 60 Jahre) angegeben. Werte, die über der höchsten angegebenen Klassengrenze liegen, hier über 60 Jahre, werden automatisch in die angrenzende Zelle unterhalb, hier in F7 eingefügt. Die Altersklasse in D7 und die dazugehörige Beschriftung in E7 dienen also nur zur Information.

Bild 8.21 Beispiel Einteilung in Altersklassen

Häufigkeit.xlsx

	A	B	C	D	E	F
1	Teilnehmer	Alter		Altersklasse	Alter bis	Anzahl Teilnehmer
2	Nordhauser	14		1	20	3
3	Gruber	26		2	30	3
4	Kleinlich	69		3	40	2
5	Högel	31		4	50	0
6	König	18		5	60	2
7	Hackmann	22		6	älter	1
8	Dörfler	12				
9	Rüstig	53				
10	Bramitz	58				
11	Erlmeier	35				
12	Sommer	27				

Achtung Matrixformel: Excel 365 erweitert nach der Eingabe in F2 der Ergebnisbereich automatisch bis einschließlich F7. Verwenden Sie dagegen Excel 2019 oder eine ältere Version, müssen Sie den Ausgabebereich F2:F7 vor Eingabe der Formel markieren und diese mit den Tasten **Strg+Umschalt+Eingabe** abschließen. Dadurch wird die Formel automatisch in geschweifte Klammern eingeschlossen.

Häufigkeitsverteilung als Diagramm darstellen

Zur Visualisierung von Häufigkeitsverteilungen kommt in der Statistik meist ein Histogramm zum Einsatz. Excel berechnet für diesen Diagrammtyp die Häufigkeit je Klasse automatisch und die Einteilung der Klassen können Sie beliebig festlegen. Die Funktion HÄUFIGKEIT wird dazu also nicht benötigt, es sei denn, die Zahlen sollen auch als Tabelle dargestellt werden.

Vorgehensweise beim Erstellen des Histogramms
Als Beispiel soll aus der unten abgebildeten Liste (Ausschnitt) die Altersverteilung als Histogramm dargestellt werden.

1. Da ein Histogramm nur eine einzige Datenreihe bzw. Spalte der Tabelle darstellen kann, markieren Sie ausschließlich die betreffende Spalte der Ausgangstabelle, im Bild unten das Alter in Spalte C.

Statistische Maßzahlen 8 325

2 Klicken Sie im Menüband, Register *Einfügen* auf *Statistikdiagramm einfügen* und wählen Sie den Typ *Histogramm*.

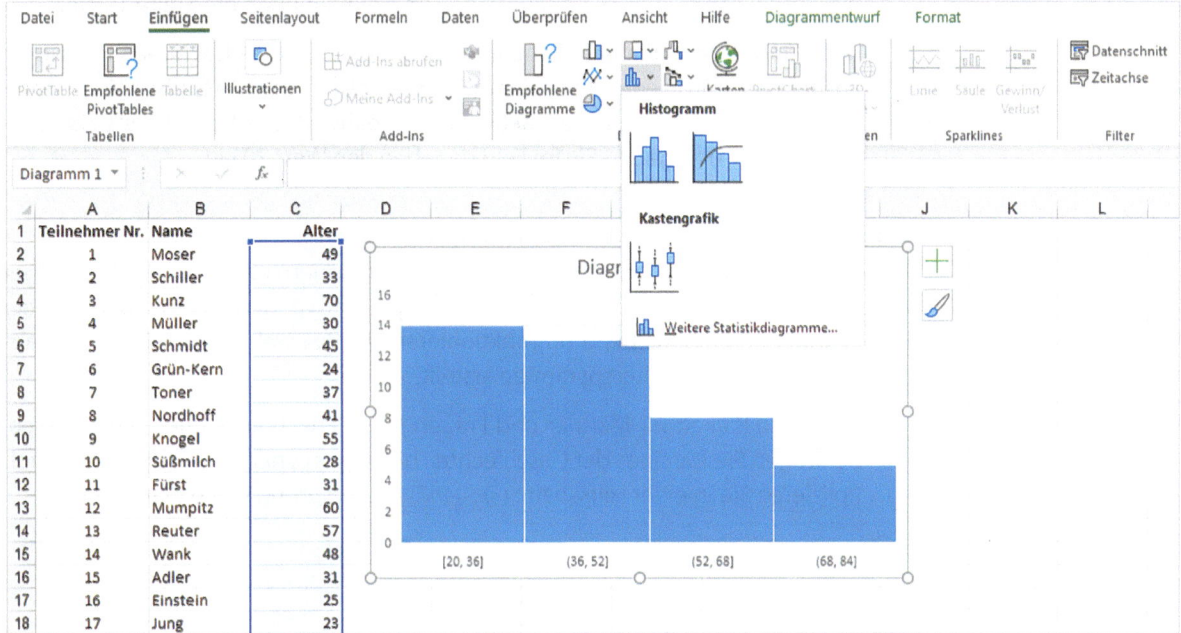

Bild 8.22 Histogramm einfügen

3 Excel wählt die Klasseneinteilung aus den vorgegebenen Daten zunächst automatisch. Die Unter- und Obergrenzen sind aus der Beschriftung der X-Achse ersichtlich und entsprechen vermutlich nicht Ihren Vorstellungen. Zum Ändern klicken Sie mit der rechten Maustaste auf die Beschriftungen der X-Achse und auf *Achse formatieren*….

4 Am rechten Bildschirmrand öffnet sich der Aufgabenbereich *Achse formatieren*. Achten Sie darauf, dass die *Achsenoptionen* ausgewählt sind (Symbol) ❶. Im Abschnitt *Achsenoptionen* legen Sie die Einstellungen für die Intervalle fest:

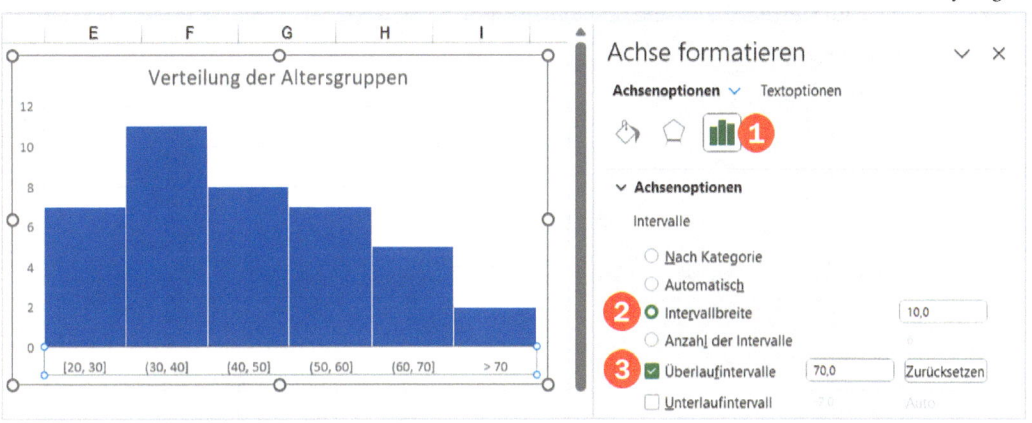

Bild 8.23 Intervalle festlegen

Um die Intervalle zu bestimmen, können Sie entweder die Anzahl oder die Intervallbreite vorgeben. Für eine Einteilung in 10er-Schritten, wie im Bild, wählen Sie die Option *Intervallbreite* ❷ und geben im Feld daneben die Breite 10 ein.

5 Über- und Unterlaufintervalle nehmen alle Werte auf, die über oder unter einem bestimmten Wert liegen. In unserem Beispiel soll aus dem Alter über 70 ein Überlaufintervall gebildet werden, aktivieren Sie daher das entsprechende Kontrollkästchen ❸ und geben Sie im Feld daneben den Wert 70 ein.

Alterspyramide als Diagramm

Für die Gegenüberstellung von Altersgruppen von Männern und Frauen in Form einer Alterspyramide hat Excel keinen passenden Diagrammtyp parat. Sie müssen also ein Balkendiagramm entsprechend umfunktionieren. Als Beispiel wird aus der unten abgebildeten Tabelle eine Alterspyramide erstellt.

1 Damit die Balken für Männer und Frauen jeweils nach links und rechts weisen, benötigen Sie für eines der Geschlechter, hier Frauen, negative Werte. Dazu multiplizieren Sie in einer Hilfsspalte (*Frauen2*) den ursprünglichen Wert mit -1.

Bild 8.24 In der Ausgangstabelle muss ein Geschlecht mit negativem Vorzeichen dargestellt werden

Alterspyramide.xlsx

	A	B	C	D	E
1	Altersgruppe	Männer	Frauen	Frauen 2	Gesamt
2	16-20	3	8	=C2*-1	11
3	21-25	7	7	-7	14
4	26-30	5	6	-6	11
5	31-35	12	9	-9	21
6	36-40	15	10	-10	25
7	41-45	10	12	-12	22
8	46-50	9	8	-8	17
9	51-55	11	7	-7	18
10	56-60	6	3	-3	9
11	>60	5	7	-7	12

2 Markieren Sie die Spalten *Altersgruppe*, *Männer* ❶ und *Frauen2* ❷, klicken Sie im Menüband, Register *Einfügen*, auf *Säulen- oder Balkendiagramm einfügen* und auf *Gestapelte Balken (2D-Balken)* ❸.

Bild 8.25 Fügen Sie ein gestapeltes Balkendiagramm ein

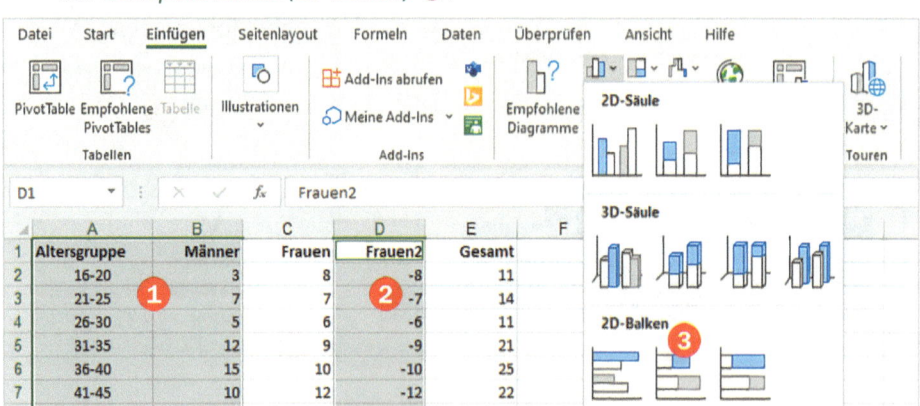

Das Diagramm sieht zunächst aus, wie im Bild unten; um daraus eine Alterspyramide zu erhalten, sind noch einige Bearbeitungsschritte notwendig.

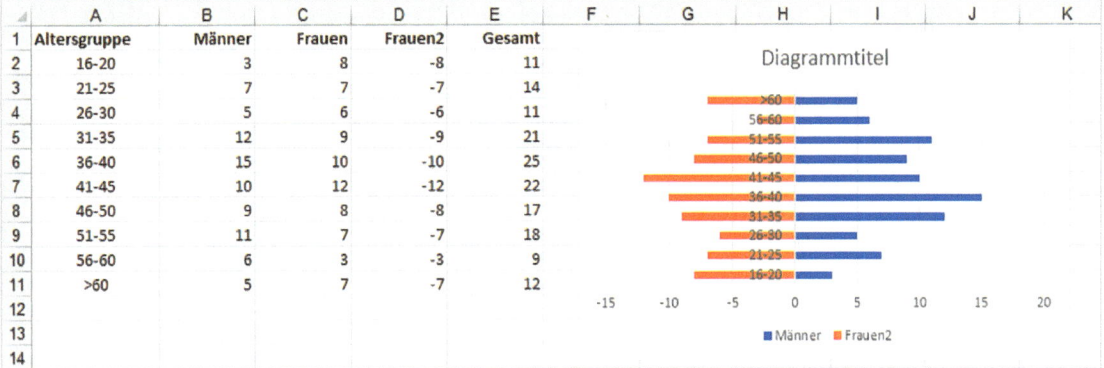

Bild 8.26 Das Balkendiagramm nach dem Einfügen

3. Zunächst soll die Beschriftung der vertikalen Achse aus der Mitte heraus an den linken Rand gerückt werden. Klicken Sie dazu mit der rechten Maustaste auf die waagrechte X-Achse ❶ und auf *Achse formatieren*.

4. Im Aufgabenbereich *Achse formatieren* können Sie nun unter *Achsenoptionen* ❷ und *Vertikale Achse schneidet* die Position dieser Achse festlegen. Wählen Sie die Option *Achsenwert* ❸ und geben Sie im Feld daneben einen Wert ein, hier -900. Dieser Wert hat keinen Einfluss auf die Achseneinteilung und sollte daher ausreichend groß gewählt werden; wenn sich die Beschriftung links befinden soll, ist außerdem ein negativer Wert erforderlich.

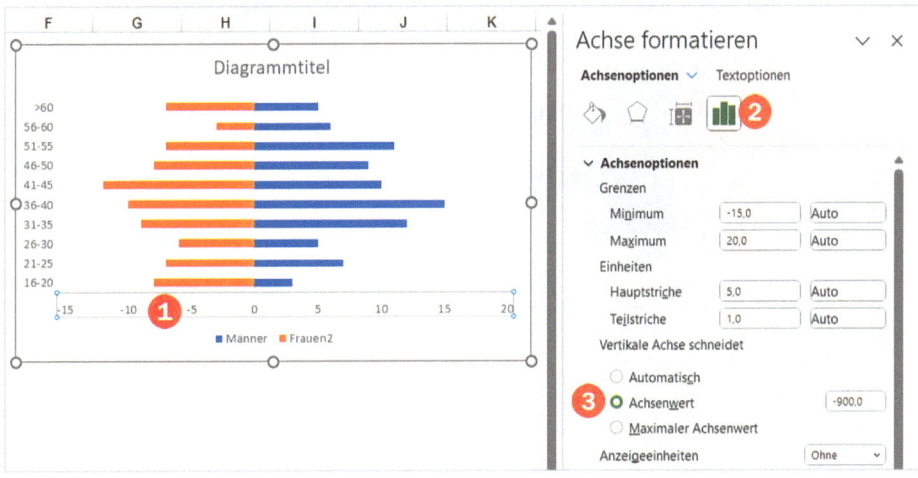

Bild 8.27 Vertikale Achse nach links rücken

5. Die Anzeige des Vorzeichens bei den negativen Werten der X-Achse lässt sich mit einem Zahlenformat unterdrücken. Klicken Sie im Aufgabenbereich unter *Achsenoptionen* auf den Abschnitt *Zahl* ❹, geben Sie im Feld *Formatcode* ❺ das folgende Zahlenformat ein: 0;0 und klicken Sie auf *Hinzufügen* ❻. **Info**: Das Zahlenformat nach dem Semikolon legt das Aussehen negativer Zahlen fest.

Bild 8.28 Zahlenformat X-Achse

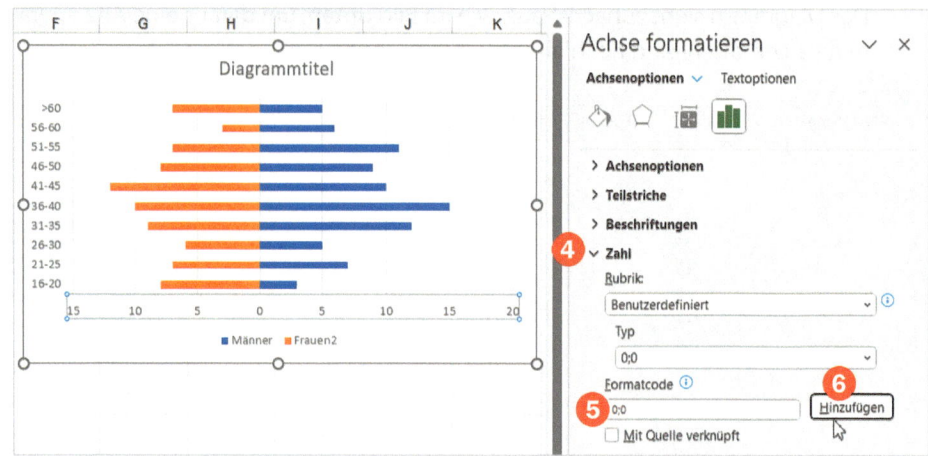

6 Wenn jetzt auch noch die Abstände zwischen den Balken verringert oder ganz entfernt werden sollen, dann klicken Sie mit der linken Maustaste auf einen beliebigen Balken. Die gesamte Datenreihe wird markiert ❼ und im Aufgabenbereich sehen Sie nun die Überschrift *Datenreihen formatieren*. Unter *Reihenoptionen* bearbeiten Sie die Abstände zwischen den Balken: Ändern Sie die *Abstandsbreite* ❽ auf einen sehr kleinen Wert bzw. 0 %, wenn die Abstände ganz verschwinden sollen. (siehe Bild unten).

7 Farben, Titel und sonstige Formate des Diagramms legen Sie nach Belieben fest.

Bild 8.29 Balkenabstände verringern

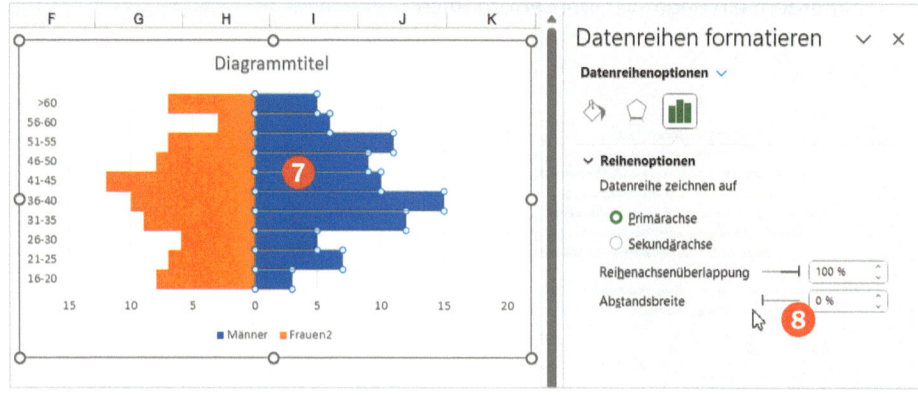

Streuungsmaße (Standardabweichung und Varianz)

Die Funktionen zur Berechnung der verschiedenen Mittelwerte werden in Kapitel 7.3 ausführlich beschrieben. Häufig stellt sich die jedoch die zusätzliche Frage „Wie gut repräsentiert der Mittelwert die Gesamtheit?".

Beispiel: Bei Schulnoten von 1 bis 6 kann ein Mittelwert (arithmetisches Mittel) von 3,0 im Extremfall bedeuten, dass alle Schüler dieselbe Note, nämlich 3,0 erreicht haben. Denselben Mittelwert von 3,0 erhalten Sie aber auch, wenn sich die Einzelnoten aus einerseits sehr guten und andererseits sehr schlechten Noten zusammensetzen. Daher werden in der Regel noch Streuungsmaße einbezogen, die die Differenz zwischen den Einzelergebnissen und dem Mittelwert messen. Generell gilt: Je geringer die Streuung der Einzelwerte, umso treffender werden sie durch den Mittelwert repräsentiert. Man unterscheidet die folgenden gängigen Streuungsmaße.

Durchschnittliche absolute Abweichung

Die durchschnittliche absolute Abweichung ist das arithmetische Mittel aller Abweichungen vom Mittelwert und wird in Excel berechnet mit der Funktion MITTELABW. Die Syntax ist einfach und unterscheidet sich nicht von der Funktion MITTELWERT.

$$\frac{1}{n}\sum |x - \bar{x}|$$

x=Mittelwert
n=Stichprobenumfang

Das arithmetische Mittel der Abweichungen vom Mittelwert wird auch als Standardfehler bezeichnet.

    =MITTELABW(Zahl1;[Zahl2];...)

Varianz

Ein weiteres, häufig verwendetes Streuungsmaß ist die mittlere quadratische Abweichung vom arithmetischen Mittel, diese wird als Varianz bezeichnet. Excel stellt zu ihrer Berechnung die folgenden Funktionen zur Verfügung, die Verwendung hängt davon ab, ob Sie mit der Grundgesamtheit arbeiten oder eine Stichprobe verwenden.

Funktion	Beschreibung
VAR.P(Zahl1;[Zahl2];...)	Berechnet die Varianz, ausgehend von der Grundgesamtheit. Wahrheitswerte und Text werden ignoriert.
VARIANZENA(Wert1;[Wert2];...)	Berechnet die Varianz, ausgehend von der Grundgesamtheit einschließlich logischer Werte und als Text formatierter Zahlen. WAHR = 1, Text und FALSCH = 0.
VAR.S(Zahl1;[Zahl2];...)	Schätzt die Varianz, ausgehend von einer Stichprobe. Wahrheitswerte und als Text formatierte Zahlen werden ignoriert.
VARIANZA(Wert1;[Wert2];...)	Schätzt die Varianz, ausgehend von einer Stichprobe einschließlich logischer Werte und Text. WAHR wird als 1 interpretiert, Text und FALSCH als 0.

Grundgesamtheit:

$$\frac{\sum (x - \bar{x})^2}{n}$$

Stichprobe:

$$\frac{\sum (x - \bar{x})^2}{(n-1)}$$

Standardabweichung

Die Standardabweichung wird als Quadratwurzel aus der Varianz berechnet. Dabei fallen größere Abweichungen vom Mittelwert erheblich größer ins Gewicht als kleinere Abweichungen. Je kleiner die Standardabweichung, umso näher befinden sich alle Werte am Mittelwert.

Auch hier unterscheidet Excel zwischen Grundgesamtheit und Stichprobe und ob Text und Wahrheitswerte berücksichtigt werden.

$$\sqrt{\frac{\sum(x-\bar{x})^2}{n}}$$

$$\sqrt{\frac{\sum(x-\bar{x})^2}{(n-1)}}$$

Funktion	Beschreibung
STABW.N(Zahl1;[Zahl2];...)	Berechnet die Standardabweichung ausgehend von der Grundgesamtheit. Wahrheitswerte und als Text formatierte Zahlen werden ignoriert.
STABWNA(Wert1;[Wert2];...)	Berechnet die Standardabweichung, ausgehend von der Grundgesamtheit einschließlich logischer Werte und Text. WAHR wird als 1 interpretiert, Text und FALSCH als 0.
STABW.S(Zahl1;[Zahl2];...)	Schätzt die Standardabweichung, ausgehend von einer Stichprobe. Wahrheitswerte und als Text formatierte Zahlen werden ignoriert.
STABWA(Wert1;[Wert2];...)	Schätzt die Standardabweichung, ausgehend von einer Stichprobe einschließlich logischer Werte und Text. WAHR wird als 1 interpretiert, Text und FALSCH als 0.

Hinweis: Die Funktion STABW aus älteren Excel-Versionen sollte nach Empfehlung von Microsoft nicht mehr verwendet werden.

Beispiel 1: Vergleich von Schulnoten

Zur Verdeutlichung ein Vergleich der Mittelwerte und der verschiedenen Streuungsmaße am Beispiel von Schulnoten. Die Mittelwerte der Noten beider Gruppen sind ähnlich. Allerdings sind die Noten in Gruppe 1 weitgehend homogen und entsprechend klein fallen auch die Streuungsmaße aus. Gruppe 2 dagegen umfasst einerseits viele gute Noten, auf der anderen Seite aber auch viele schlechte Noten, daher fallen hier Varianz und Abweichungen wesentlich höher aus.

Bild 8.30 Mittelwerte und Streuungsmaße

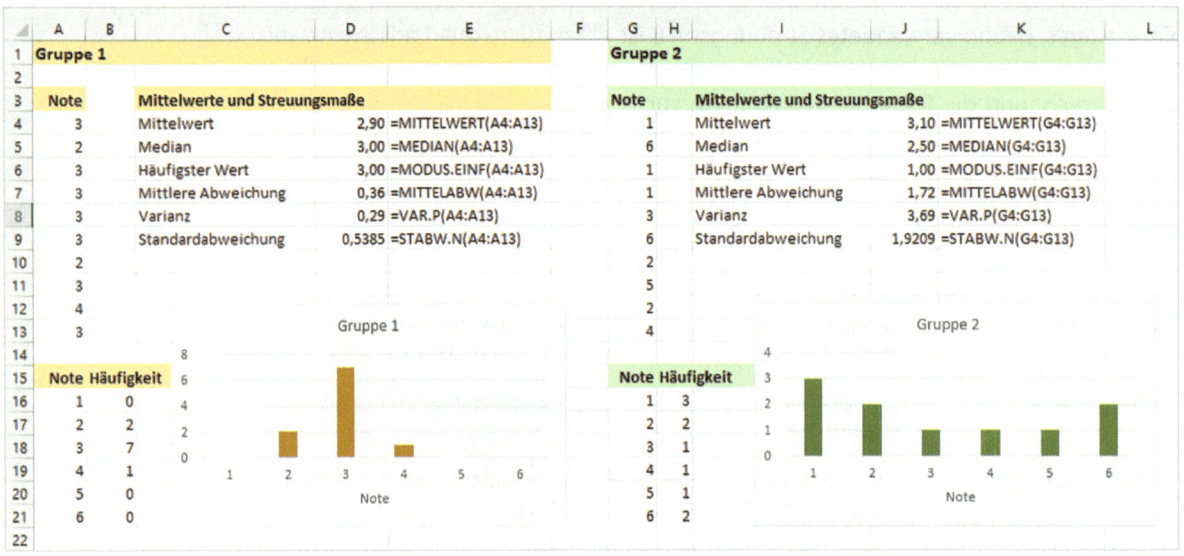

Streuungsmaße.xlsx

Die Verteilung der Noten wird auch durch die Diagramme unterhalb visualisiert: Zuerst wurden in B16:B21 die Notenhäufigkeiten für Gruppe 1 mit der Funktion HÄUFIGKEIT ermittelt, dann dieser Bereich markiert und über *Einfügen* ▶ *Diagramme* ▶ *Säulen- oder Balkendiagramme* ein 2D-Säulendiagramm erstellt. Genauso wurde auch mit der Notenhäufigkeit für Gruppe 2 in H16:H21 verfahren.

Hinweis: Da es sich bei diesem Beispiel um die Grundgesamtheit handelt, wurde die Varianz mit VAR.P und die Standardabweichung mit STABW.N berechnet.

Beispiel 2: Altersstruktur von Hotelgästen

Als zweites Beispiel die Altersstruktur eines Hotels: Die Geschäftsführung wünscht für künftige Planungen eine Analyse des Alters der Hotelgäste, die Datenbasis liefert eine Stichprobe von 100 Gästen, siehe Bild 8.31.

Hinweis: Die Ausgangsdaten müssen nicht zwingend in einer einzigen Spalte untereinander angeordnet sein, sondern können sich auch nebeneinander in mehreren Spalten nebeneinander befinden, wie im Bild unten. Vorheriges Sortieren der Ausgangstabelle ist ebenfalls nicht erforderlich.

Häufigkeitsklassen bilden

Im ersten Schritt werden Altersklassen gebildet und die Häufigkeiten ermittelt. Diese werden in einer gesonderten Tabelle mit der Funktion HÄUFIGKEIT berechnet:

```
G3:  =HÄUFIGKEIT(A3:D27;F3:F13)
```

Funktion HÄUFIGKEIT, siehe Seite 323.

Achtung: Mit Excel 2019 und älter muss HÄUFIGKEIT als Matrixformel eingegeben werden, also zuvor G3:G14 markieren und mit **Strg+Umschalt+Eingabe** abschließen.

Bild 8.31 Einteilung in Altersklassen

	A	B	C	D	E	F	G
1		Alter der Gäste				Altersklassen	
2		Stichprobe n=100				Klassen-obergrenze	Absolute Häufigkeit
3	40	46	48	31		0	0
4	48	61	27	54		10	1
5	50	37	40	54		20	2
6	31	36	42	34		30	10
7	25	28	11	42		40	13
8	49	55	34	53		50	34
9	22	65	59	57		60	26
10	61	43	47	34		70	10
11	67	52	43	50		80	3
12	60	50	52	25		90	1
13	64	51	41	58		100	0
14	37	57	50	56		110	0
15	53	49	45	46			
16	54	49	55	45			
17	67	43	53	46			
18	48	73	59	9			
19	55	55	39	61			
20	54	29	49	61			
21	69	41	57	46			
22	74	81	54	26			
23	50	44	70	45			
24	48	49	53	45			
25	54	34	25	23			
26	29	55	75	46			
27	35	42	19	46			

Alterstruktur.xlsx

Altersverteilung im Diagramm darstellen

Die Anordnung der Ausgangsdaten in mehreren Spalten, wie in diesem Beispiel, hat einen Nachteil bei der Darstellung der Altersverteilung als Diagramm: Da Excel mehrere Spalten immer als einzelne Datenreihen interpretiert, muss das Diagramm aus den ermittelten Häufigkeiten erstellt werden. Aus diesem Grund muss auch ein 2D-Säulendiagramm statt des Diagrammtyps Histogramm gewählt werden.

Tipp: Wie Sie nachträglich die Daten mit wenig Aufwand trotzdem in einer Spalte untereinander anordnen, dafür finden Sie ein Beispiel auf Seite 343.

1. Markieren Sie den Bereich G4:G13, klicken Sie im Register *Einfügen* ▶ *Diagramme* auf *Säulen- oder Balkendiagramm* und auf *2D-Säule / Gruppierte Säulen*.

   Hinweis: Die beiden Klassen 0 (<=0) und 110 (>100) haben nur Überlauffunktion bei der Berechnung mit der Funktion HÄUFIGKEIT und werden im Diagramm nicht benötigt.

2. Damit die X-Achse korrekt beschriftet wird, klicken Sie in das Diagramm und im Menüband, Register *Diagrammentwurf* ▶ *Daten* auf *Daten auswählen*. Klicken Sie dann im Fenster *Datenquelle auswählen* unter *Horizontale Achsenbeschriftungen (Rubrik)* auf *Bearbeiten* und geben Sie F4:F13 als Achsenbeschriftungsbereich an.

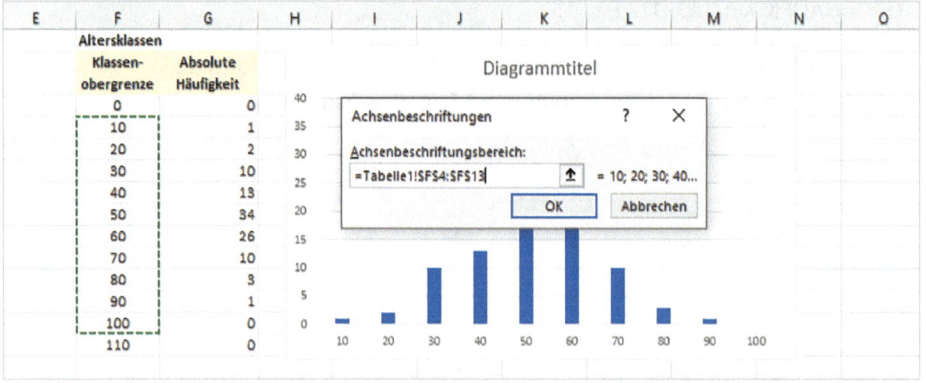

Bild 8.32 Beschriftung X-Achse hinzufügen

Tipp: Falls Ihnen die Klassenobergrenzen als Achsenbeschriftung zu wenig aussagekräftig erscheinen, dann fügen Sie der Häufigkeitstabelle eine weitere Spalte mit einer Beschreibung, z. B. >0-10 hinzu und verwenden diese als Beschriftung.

Bild 8.33 Abstandsbreite der Säulen verringern

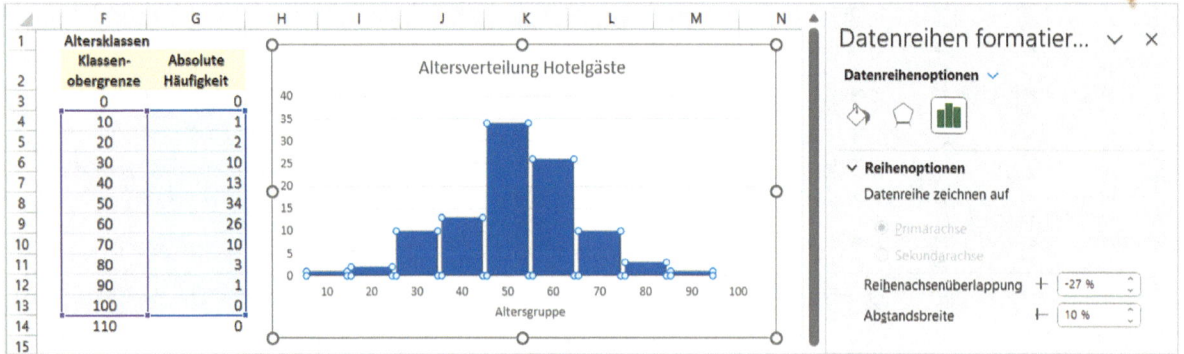

3 Die Abstandsbreite zwischen den Säulen verringern Sie im Aufgabenbereich *Datenreihen formatieren* (Rechtsklick auf eine beliebige Säule und Befehl *Datenreihen formatieren...*). Geben Sie im Feld *Abstandsbreite* ca. 10 % ein.

4 Diagrammtitel und Achsentitel (Altersgruppen) fügen Sie über das Register *Diagrammentwurf ▶ Diagrammelement hinzufügen* hinzu.

Mittelwerte und Streuungsmaße berechnen

Für dieses Beispiel werden ebenfalls Mittelwerte und Streuungsmaße berechnet. Da es sich um eine Stichprobe handelt, wird hier STABW.S zur Berechnung der Standardabweichung verwendet.

	A	B	C	D	E	F	G	H	I
1		Alter der Gäste							
2		Stichprobe n=100				Mittelwert	47		
3	40	46	48	31		Median	49		
4	48	61	27	54		Modalwert	46		
5	50	37	40	54		Standardabweichung	13,66045313		
6	31	36	42	34		Min	9		
7	25	28	11	42		Max	81		
8	49	55	34	53		Spannweite	72		
9	22	65	59	57					
10	61	43	47	34					

Bild 8.34 Mittelwerte und Streuungsmaße

Die Formeln lauten:

G2 (Mittelwert):	=MITTELWERT(A3:D27)	Ergebnis: 47
G3 (Median):	=MEDIAN(A3:D27)	Ergebnis: 49
G4 (Modalwert):	=MODUS.EINF(A3:D27)	Ergebnis: 46
G5 (Standardabw.):	=STABW.S (A3:D27)	Ergebnis: 13,66045
G6 (Min):	=MIN (A3:D27)	Ergebnis: 9
G7 (Max):	=MAX (A3:D27)	Ergebnis: 81
G8 (Spannweite):	=G7-G6	Ergebnis: 72

Verteilungsmaße (QUANTILE und QUARTILE)

Quantile und Quartile

Hinweise auf die Verteilung der Daten einer Stichprobe erhalten Sie über die Quantile. Diese zerlegen eine, der Größe nach geordnete Wertereihe in Abschnitte, genauer gesagt bestimmte Mengenverhältnisse und werden häufig herangezogen, um eine Grundgesamtheit in gleich große Gruppen aufzuteilen. So zerlegen beispielsweise Dezile eine Wertereihe in zehn Abschnitte, Quartile in vier Abschnitte usw.. Der Median ist also nichts anderes als ein 50% Quantil, das eine Stichprobe in zwei Hälften teilt. Auch die Farbskalen und Symbolsätze der bedingten Formatierung von Excel beruhen auf Quantilen, siehe Seite 77 ff..

Hinweis: Hier geht es um empirische Quantile, also Kennzahlen von Stichproben und nicht um Kennzahlen von Wahrscheinlichkeitsverteilungen.

Die Funktion QUARTILE.INKL

Am gebräuchlichsten sind Quartile, mit denen Sie beispielsweise ermitteln können, ab welchem Betrag ein Einkommen zu den untersten oder obersten 25 % gehört. In Excel verwenden Sie zur Ermittlung von Quartilen die Funktion QUARTILE.INKL.

```
=QUARTILE.INKL(Matrix;Quartil)
```

- *Matrix*: Ein Array oder Zellbereich mit numerischen Werten, deren Quartile bestimmt werden sollen.
- *Quartil*: Eine Zahl, die den Rückgabewert festlegt. Diese kann bei der Tastatureingabe der Funktion ausgewählt werden.

Quartil gleich	Rückgabewert
0	Minimalwert, entspricht der Funktion MIN
1	Das untere Quartil (25%)
2	Median bzw. 50% Quantil, entspricht der Funktion MEDIAN
3	Das obere Quartil (75%)
4	Maximalwert, entspricht der Funktion MAX

Als Beispiel im Bild unten eine Stichprobe der Körpergröße von Männern. Die Anzahl der Werte, also wie viele Männer jeweils zu den unteren und oberen 25% gehören, lässt sich anschließend mit der Funktion ZÄHLENWENN ermitteln. Hier die Formeln für das untere Quartil (25% = 1) in E6 und die dazugehörige Anzahl in F6:

```
E6: =QUARTILE.INKL(A2:A19;1)            Ergebnis: 1,68
F6: =ZÄHLENWENN(A2:A19;"<="&E6)         Ergebnis: 5
```

Bild 8.35 Quartile berechnen

Quantile.xlsx

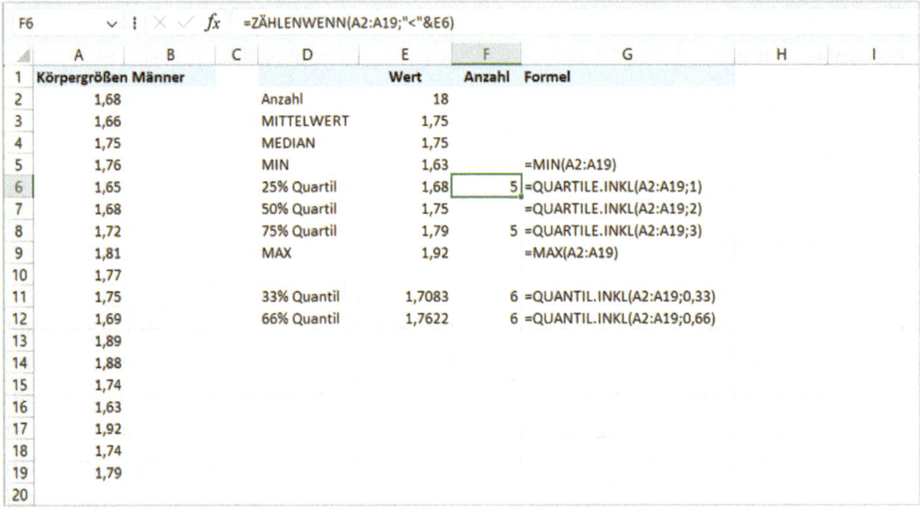

F6 | =ZÄHLENWENN(A2:A19;"<"&E6)

	A	B	C	D	E	F	G	H	I
1	Körpergrößen Männer				Wert	Anzahl	Formel		
2	1,68			Anzahl	18				
3	1,66			MITTELWERT	1,75				
4	1,75			MEDIAN	1,75				
5	1,76			MIN	1,63		=MIN(A2:A19)		
6	1,65			25% Quartil	1,68	5	=QUARTILE.INKL(A2:A19;1)		
7	1,68			50% Quartil	1,75		=QUARTILE.INKL(A2:A19;2)		
8	1,72			75% Quartil	1,79	5	=QUARTILE.INKL(A2:A19;3)		
9	1,81			MAX	1,92		=MAX(A2:A19)		
10	1,77								
11	1,75			33% Quantil	1,7083	6	=QUANTIL.INKL(A2:A19;0,33)		
12	1,69			66% Quantil	1,7622	6	=QUANTIL.INKL(A2:A19;0,66)		
13	1,89								
14	1,88								
15	1,74								
16	1,63								
17	1,92								
18	1,74								
19	1,79								
20									

Das Ergebnis 1,68 als 25% Quartil sagt aus, dass 25% oder ein Viertel der betrachteten Männer kleiner sind als 1,68 m, dies sind im hier verwendeten Beispiel 5 Personen.

Die Funktion QUANTIL.INKL

Im Gegensatz zu QUARTILE.INKL lassen sich mit der Funktion QUANTIL.INKL beliebige Quantile berechnen.

=QUANTIL.INKL(Array;k)

- Das Argument *k* legt den Quantilwert fest und muss zwischen 0 und 1 liegen. Möchten Sie beispielsweise wissen, ab welcher Körpergröße eine Person zum oberen Drittel gehört, dann verwenden Sie als k-Wert 0,66 (=66%).

Die Funktionen QUARTILE.EXKL und QUANTIL.EXKL im Vergleich

Excel kennt neben den Funktionen QUARTILE.INKL und QUANTIL.INKL auch noch die beiden Funktionen QUARTILE.EXKL und QUANTIL.EXKL. Beide besitzen dieselbe Syntax wie die oben beschriebenen Inklusiv-Versionen, liefern aber aufgrund der abweichenden Berechnungsweise etwas andere Ergebnisse, wie das Bild unten zeigt:

In F3:F5 wurden die Quartile aus den Zahlen in C2:C11 mit QUARTILE.INKL berechnet, in G3:G5 dagegen mit QUARTILE.EXKL. Das zweite Quartil bzw. der Medianwert ist bei beiden Methoden identisch, das erste und das dritte Quartil weichen dagegen voneinander ab.

	A	B	C	D	E	F	G
1	Index INKL	Index EXKL	Zahl		Anzahl Werte	10	
2	0	1	80			QUARTILE.INKL	QUARTILE.EXKL
3	1	2	110		25 % Quartil	197	166,25
4	2	3	185		50 % Quartil	294,5	294,5
5	3	4	233		75 % Quartil	427,5	451,5
6	4	5	289				
7	5	6	300				
8	6	7	360				
9	7	8	450				
10	8	9	456				
11	9	10	520				

Bild 8.36 Vergleich QUARTILE.INKL und QUARTILE.EXKL

Der Unterschied

Zur Erklärung des Unterschieds betrachten wir das 25% Quartil genauer. Beide Funktionen berechnen die Position des 25% Quartils aus dem größten Index, multipliziert mit 0,25. Allerdings ordnet die Inklusiv-Version (QUARTILE.INKL) dem kleinsten Wert den Index 0 zu, die Exklusiv-Version (QUARTILE.EXKL) dagegen den Wert 1. Zur Verdeutlichung wurden diese Indexwerte im Bild oben den aufsteigend sortierten Zahlen in C2:C11 in den Spalten A und B hinzugefügt.

In Bild 8.37 auf der nächsten Seite wurde in F7 und F8 jeweils die relative Position berechnet mit folgenden Formeln:

F7:	=A11*0,25	Ergebnis: 2,25
G7:	=B11*0,25	Ergebnis: 2,50

Bild 8.37 Die unterschiedlichen Berechnungswege

	A	B	C	D	E	F	G	H
1	Index INKL	Index EXKL	Zahl		Anzahl Werte	10		
2	0	1	80			QUARTILE.INKL	QUARTILE.EXKL	
3	1	2	110		25 % Quartil	197	166,25	
4	2	3	185		50 % Quartil	294,5	294,5	
5	3	4	233		75 % Quartil	427,5	451,5	
6	4	5	289					
7	5	6	300		Position 1. Quartil	2,25	2,50	
8	6	7	360		25 % Quartil ber.	197	166,25	
9	7	8	450		Formel	=C4+(C5-C4)*0,25	=C3+(C4-C3)*0,75	
10	8	9	456					
11	9	10	520					

Die jeweiligen Positionen im Index sind grau hervorgehoben.

Für QUARTILE.INKL liegt daher der Wert zwischen den Indexwerten 2 und 3 und damit den Zahlen 185 und 233, für QUARTILE.EXKL dagegen zwischen den Zahlen 110 und 185. Addiert man nun zur jeweils kleineren Zahl anteilig die Differenz zwischen den beiden Zahlen, erhält man ebenfalls das jeweilige Quartil. Achtung: Beim exklusiven Quartil wird von der nächsthöheren Zahl ausgegangen, daher Multiplikation mit 0,75.

Dieser Weg lässt sich natürlich auch auf die Berechnung des 75% Quartils übertragen.

Fazit: Beide Funktionsvarianten können eingesetzt werden, sollten dann aber jeweils konsequent verwendet werden. Auch die Bildung des Mittelwerts zwischen dem Inklusivwert und dem Exklusivwert ist denkbar.

> **Tipp: Fehlerwerte ausschließen**
>
> Die Funktionen QUARTILE.INKL, QUANTIL.INKL sowie QUARTILE.EXKL und QUANTIL.EXKL liefern einen Fehler, wenn die Matrix einen Fehlerwert, z. B. #NV enthält! Um trotzdem ein Ergebnis zu erhalten, verwenden Sie in solchen Fällen die Funktion AGGREGAT, siehe Seite 304. Diese unterstützt alle vier Funktionen zur Quantilsberechnung.

Lage- und Streuungswerte als Boxplot-Diagramm darstellen

Die Lage und Verteilung von Quartilen wird in der Statistik in einem Bopxlot-Diagramm, auch als Box-Whisker-Plot oder Kastengrafik bezeichnet, dargestellt. Dieser Diagrammtyp ist seit der Version 2016 auch in Excel verfügbar, zu finden unter der Bezeichnung *Kastengrafik* nach einem Klick auf *Statistikdiagramm einfügen* (Menüband, Register *Einfügen* ▶ *Diagramme*).

Quelle: Wikipedia.de

Info: Ein Boxplot- oder Kastendiagramm vermittelt lt. Wikipedia einen Eindruck darüber, in welchem Bereich die Daten liegen und wie sie sich über diesen Bereich verteilen. Es besteht aus einem Rechteck, genannt Box, und zwei Linien, die dieses Rechteck verlängern. Diese Linien werden durch einen Strich abgeschlossen und als Antennen (Whisker) bezeichnet.

Die Box entspricht dem Bereich, in dem die mittleren 50% der Daten liegen (auch als Interquartilsabstand bezeichnet) und die waagrechte Linie in der Box repräsentiert den Median. Die Antennen stellen die außerhalb der Box liegenden Werte dar, ihre Länge wird durch Minimum und Maximum bestimmt. Sogenannte Ausreißer, also Werte die weit ober- oder unterhalb liegen, können gesondert dargestellt werden.

Beispiel: Körpergröße von Männern und Frauen

Als Beispiel stellen wir die Verteilung der Körpergrößen von Männern und Frauen dar. Die Daten stammen aus der Tabelle im Bereich A1:B37, im Bild unten ein Ausschnitt.

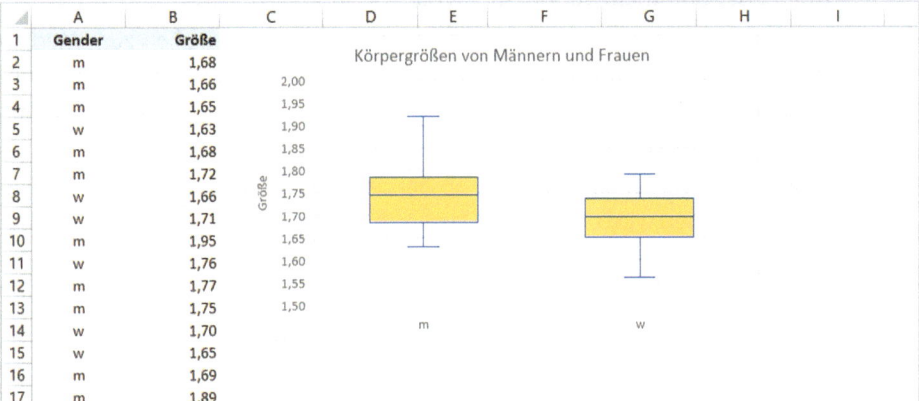

Bild 8.38 Box-Plot zur Verteilung der Körpergrößen

Quantile.xlsx, Blatt Kastengrafik

1. Zum Erstellen des Diagramms markieren Sie die Ausgangsdaten, hier A5:B37, klicken im Menüband, Register *Einfügen* ▶ *Diagramme* auf *Statistikdiagramm einfügen* und anschließend auf *Kastengrafik*.

2. Im nächsten Schritt sollten Sie, um die Verteilung besser zu verdeutlichen, für dieses Beispiel den Wertebereich der Größenachse eingrenzen. Dieser beginnt standardmäßig bei 0, was bei Körpergrößen nicht realistisch ist: Ein Rechtsklick auf die Größenachse und der Befehl *Achse formatieren...* öffnet den gleichnamigen Aufgabenbereich; hier können Sie unter *Achsenoptionen* das Minimum manuell festsetzen. In diesem Beispiel geben wir 1,5 (m) an.

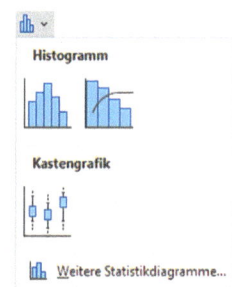

Bild 8.39 Minimum Größenachse festlegen

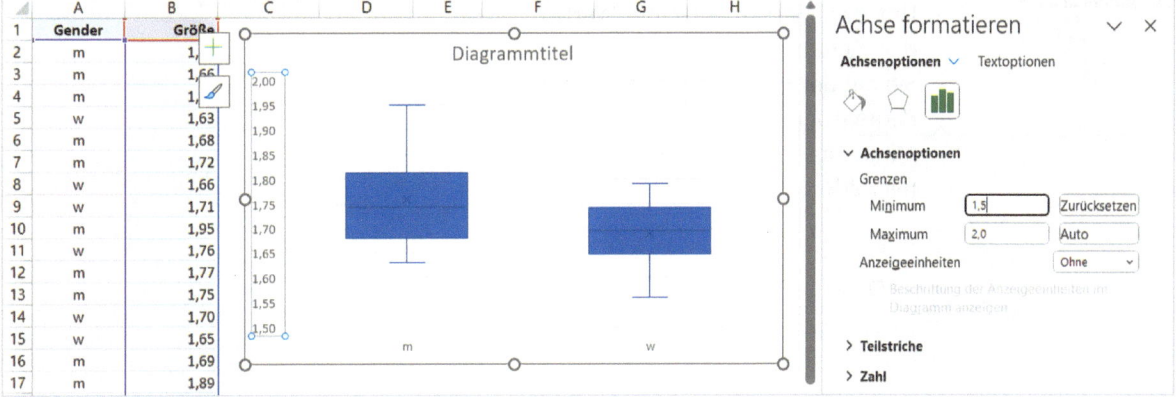

Tipp: Ist der Aufgabenbereich bereits geöffnet, genügt es wenn Sie einfach in eine Box klicken.

3 Im nächsten Schritt passen Sie die Darstellung von Box und Antennen an. Klicken Sie mit der rechten Maustaste auf eine beliebige Box und im Kontextmenü auf *Datenreihen formatieren...*. Im gleichnamigen Aufgabenbereich können Sie nun die Reihenoptionen bearbeiten (Bild 8.40).

Hinweis: Um die Lage des Medians besser hervorzuheben, wurde im abgebildeten Beispiel eine hellere Füllfarbe gewählt.

- *Innere Punkte anzeigen* zeigt die Lage jedes Datenpunkts im Diagramm an.
- Mit *Ausreißerpunkte anzeigen* stellen Sie, falls vorhanden, die Ausreißerwerte ober- oder unterhalb der Antennen dar.
- *Mittelwertmarkierungen anzeigen* ❶ fügt in der Box zusätzlich zum Median (Linie) noch das arithmetische Mittel (Funktion MITTELWERT) hinzu, gekennzeichnet durch ein x. Falls gewünscht, können diese mit einer Linie verbunden werden (*Mittelwertlinie anzeigen*).
- Außerdem können Sie angeben, ob bei der Quartilsberechnung der Median mit einbezogen wird oder nicht. Dazu wählen Sie *Inklusive Median* oder *Exklusive Median* ❷.

Bild 8.40 Die Darstellung steuern Sie über die Datenreihenoptionen

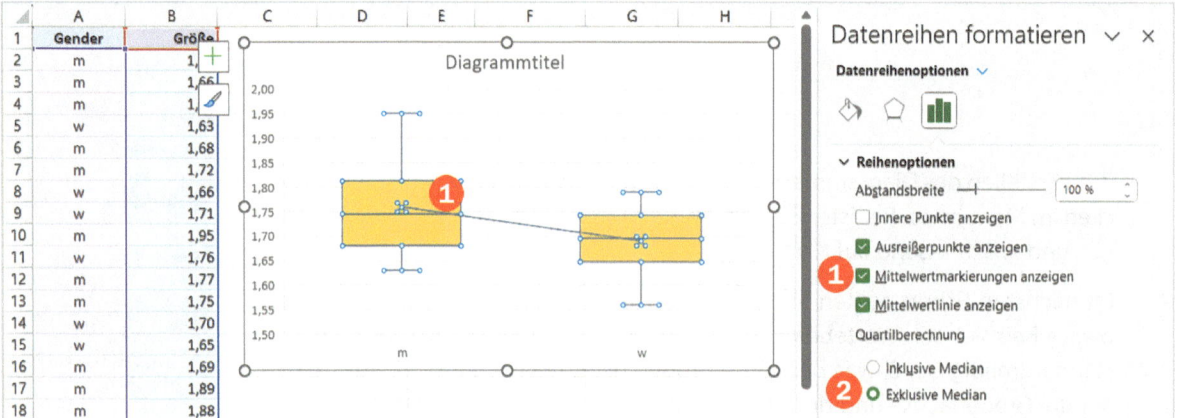

Bild 8.41 Werte aus dem Diagramm ablesen

Tipp: Werte anzeigen
Um den Median oder die Werte der Quartile abzulesen, zeigen Sie mit der Maus auf die jeweilige Begrenzung. Gleiches gilt auch für Minimum, Maximum und Ausreißerwerte.

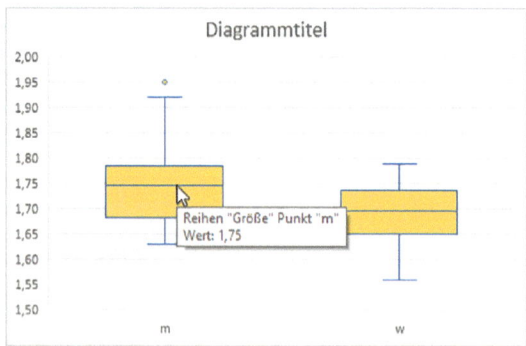

Konfidenzintervalle von Stichproben berechnen

Bei Stichproben ist es wichtig, aus den Stichprobenergebnissen die Grundgesamtheit zu schätzen und diese Schätzung mit einem Vertrauensniveau, dem Konfidenzniveau zu versehen. Ein Konfidenzniveau von 95% bedeutet beispielsweise, dass ein statistischer Kennwert auf der Basis einer Stichprobe auch bei der Grundgesamtheit innerhalb des errechneten Konfidenzintervalls liegt.

Konfidenzintervall für den Mittelwert

Zur Berechnung des 1-Alpha Konfidenzintervalls für den Erwartungswert einer Zufallsvariablen stellt Excel die beiden Funktionen KONFIDENZ.T und KONFIDENZ.NORM zur Verfügung. Beide verwenden dieselbe Syntax bzw. dieselben Argumente, der einzige Unterschied besteht darin, dass KONFIDENZ.T auf einer Student.t Verteilung basiert während KONFIDENZ.NORM die Normalverteilung verwendet.

```
=KONFIDENZ.T(Alpha;Standabwn;Umfang)
=KONFIDENZ.NORM(Alpha;Standabwn;Umfang)
```

$$\bar{x} \pm 1.96\left(\frac{\sigma}{\sqrt{n}}\right)$$

Argument	Beschreibung
Alpha	Eine Zahl zwischen 0 und 1, die die Irrtumswahrscheinlichkeit bei der Berechnung des Konfidenzintervalls angibt. Das Konfidenzintervall ist gleich 100*(1-Alpha)%, was bedeutet, dass ein Wert von 0,05 für Alpha einem Konfidenzniveau von 95% entspricht.
Standabwn	Die als bekannt angenommene Standardabweichung der Grundgesamtheit.
Umfang	Umfang der Stichprobe.

Beispiel: Fahrtzeit zur Arbeit

Nehmen wir an, Sie haben stichprobenartig an 16 Tagen die einfache Fahrtzeit zur Arbeit gemessen und in einer Tabelle, ähnlich wie in A2:B18 in Bild 8.42 notiert.

E6 fx =KONFIDENZ.NORM(0,05;E4;16)

	A	B	C	D	E	F	G	H
1	**Fahrzeit für die Fahrt zur Arbeit**							
2	**lfd. Nr.**	**Zeit Min**						
3	1	24		**Mittelwert**	31,5625	=MITTELWERT(B3:B18)		
4	2	30		**Standardabweichung**	6,7327	=STABW.S(B3:B18)		
5	3	35		**Anzahl Werte**	16	=ANZAHL(B3:B18)		
6	4	36		**Konfidenzintervall**	3,2990	=KONFIDENZ.NORM(0,05;E4;16)		
7	5	43						
8	6	25		**Obergrenze**	34,8615	=E3+E6		
9	7	33		**Untergrenze**	28,2635	=E3-E6		
10	8	36						
11	9	22						
12	10	26						
13	11	30						
14	12	37						
15	13	45						
16	14	28						
17	15	25						
18	16	30						
19								

Bild 8.42 Beispiel Konfidenzintervall für die mittlere Fahrzeit zur Arbeit

Konfidenz.xlsx

Der auf der Basis der Stichprobe errechnete Mittelwert, hier die in E3 mittlere Fahrzeit von 31,5625 Minuten ist eine Schätzgröße und lässt sich nicht ohne Weiteres auf die Grundgesamtheit, d. h. alle Fahrten zur Arbeit, übertragen. Mit der Funktion KONFIDENZ.NORM erhalten wir in E6 die halbe Breite des 95%-Konfidenzintervalls, hier 3,299 Minuten.

E6: =KONFIDENZ.NORM(0,05;E4;16)	Ergebnis: 3,299

Das bedeutet, dass das Konfidenzintervall für den zugrunde liegenden Erwartungswert einer Zufallsvariablen einer mittleren Fahrzeit zur Arbeit von 31,5625 Minuten ± 3,299 Minuten entspricht, also zwischen 34,8615 (Obergrenze) und 28,2635 Minuten (Untergrenze) liegt. Ober- und Untergrenze können sehr einfach mit folgenden Formeln berechnet werden:

E8 (Obergrenze): =E3+E6	Ergebnis 34,8615
E9 (Untergrenze): =E3-E6	Ergebnis 28,2635

Hinweise

▸ Zwecks Kompatibilität mit älteren Versionen existiert in Excel auch noch die Funktion KONFIDENZ. Diese basiert ebenfalls auf der Normalverteilung, sollte aber lt. Empfehlung von Microsoft nicht mehr verwendet werden.

▸ Laut einschlägiger Literatur sollten bei einem Stichprobenumfang von n > 30 die Quantile der Normalverteilung, also KONFIDENZ.NORM herangezogen werden, was das Konfidenzintervall gegenüber KONFIDENZ.T etwas verkleinert.

Die Analyse-Funktion Populationskenngrößen

Die wichtigsten Lage- und Streuungsparameter, die hier beschrieben werden, lassen sich auch im Paket erzeugen und in einer Auswertung zusammenfassen. Dazu benutzen Sie die *Datenanalyse*, die zusammen mit dem Add-In *Analyse-Funktionen* verfügbar ist. Nachteil: Sie erhalten als Ergebnis ausschließlich Werte, d. h. die zur Berechnung verwendeten Formeln und Funktionen sind im Arbeitsblatt nicht ersichtlich.

> ■ **Das Add-In Analyse-Funktionen muss evtl. zuerst geladen werden**
> Damit Sie diese Analyse-Funktion nutzen können, müssen Sie vor der ersten Verwendung das Add-In Analyse-Funktionen aktivieren.

Beispiel: Die mittleren Temperaturen im Monat August über die Jahre 1960 bis 2020
Die unten abgebildete Beispieltabelle umfasst die mittleren Tagestemperaturen in Deutschland im Monat August.

1 Klicken Sie im Menüband, Register *Einfügen* auf *Datenanalyse* ❶, wählen Sie *Populationskenngrößen* ❷ und klicken Sie danach auf *OK*.

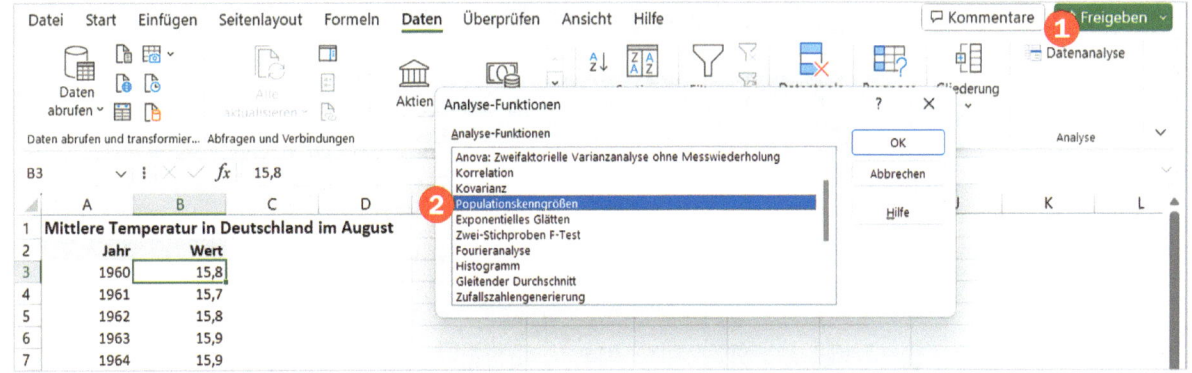

Bild 8.43 Klicken Sie auf Datenanalyse ▶ Populationskenngrößen

2 Im nachfolgenden Fenster legen Sie die weiteren Optionen fest:

- Der *Eingabebereich* legt die auszuwertenden Daten fest, hier die Temperaturen in B2:B63. Diese befinden sich in einer Spalte untereinander, daher muss unter *Geordnet nach* die Option *Spalten* ausgewählt werden.
- Wenn der Eingabebereich eine Überschrift mit einschließt, aktivieren Sie zusätzlich das Kontrollkästchen *Beschriftungen in erster Zeile*.
- Die *Ausgabe* kann in eine neue Arbeitsmappe, in ein neues Tabellenblatt oder im selben Tabellenblatt erfolgen. In diesem Fall wählen Sie *Ausgabebereich* und geben daneben die linke obere Ecke der Ausgabetabelle an, z. B. E3.
- Über die Kontrollkästchen legen Sie die zu berechnenden Werte fest. Mit *Statistische Kenngrößen* erhalten Sie alle gängigen Maßzahlen, z. B. Mittelwert, Standardabweichung usw.. Das Konfidenzniveau für den Mittelwert, hier 95% kann gesondert vorgegeben werden, außerdem der jeweils k-größte und k-kleinste Wert (im Bild die höchste und niedrigste Temperatur = 1).

Hinweis: Wenn Sie die Spaltenüberschrift, hier in B2 mit angeben, dann muss auch das Kontrollkästchen *Beschriftungen in erster Zeile* aktiviert werden.

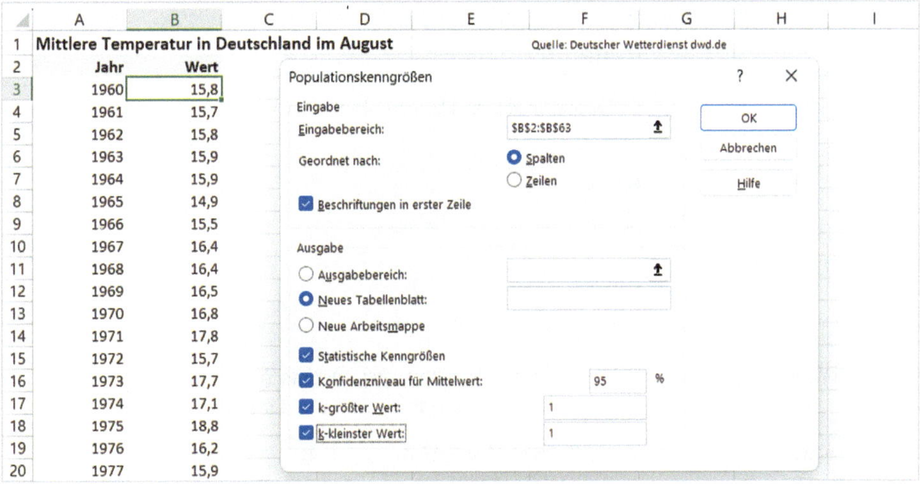

Bild 8.44 Optionen für Populationskenngrößen

Das Ergebnis sehen Sie im Bild auf der nächsten Seite, eine Zusammenstellung der verwendeten Funktionen finden Sie in der Tabelle unterhalb.

Bild 8.45 Die Ergebnisse der Analyse-Funktion Populationskenngrößen

	A	B	C	D	E	F
1	Mittlere Temperatur in Deutschland im August					Quelle: Deutscher Wetterdienst dwd.de
2	Jahr	Wert				
3	1960	15,8			Wert	
4	1961	15,7				
5	1962	15,8			Mittelwert	17,21967213
6	1963	15,9			Standardfehler	0,175785818
7	1964	15,9			Median	17
8	1965	14,9			Modus	15,8
9	1966	15,5			Standardabweichung	1,372931131
10	1967	16,4			Stichprobenvarianz	1,884939891
11	1968	16,4			Kurtosis	-0,464142034
12	1969	16,5			Schiefe	0,506003909
13	1970	16,8			Wertebereich	5,7
14	1971	17,8			Minimum	14,9
15	1972	15,7			Maximum	20,6
16	1973	17,7			Summe	1050,4
17	1974	17,1			Anzahl	61
18	1975	18,8			k-größter Wert(1)	20,6
19	1976	16,2			k-kleinster Wert(1)	14,9
20	1977	15,9			Konfidenzniveau(95,0%)	0,35162399
21	1978	15,1				

Kenngröße	Excel-Funktion bzw. Formel
Mittelwert	MITTELWERT
Standardfehler	Hierzu ist keine Excel-Funktion vorhanden, die Berechnung erfolgt mit der Formel =STABW.S()/WURZEL(n)
Median	MEDIAN
Modus	MODUS.EINF
Standardabweichung	STABW.S
Stichprobenvarianz	VAR.S
Kurtosis (Exzess)	KURT
Schiefe	SCHIEFE
Wertebereich (Spannweite)	Die Spannweite wird als Differenz von Maximum und Minimum berechnet: =MAX()-MIN()
Minimum	MIN
Maximum	MAX
Summe	SUMME
Anzahl	ANZAHL
k-größter Wert	KGRÖSSTE, hier die höchste Temperatur. Benötigen Sie dagegen z. B. die zweithöchste Temperatur, dann müssen Sie als k-größten Wert 2 angeben, s. Bild 8.44.
k-kleinster Wert	KKLEINSTE, siehe k-kleinster Wert.
Konfidenzniveau (95%)	KONFIDENZ.T, hier: KONFIDENZ(0,05;1,3729;61)

Kurtosis/Exzess und Schiefe, siehe Seite 360.

Exkurs: Als Matrix vorliegende Ausgangsdaten in einer Spalte anordnen

Wie Sie gesehen haben, erlauben manche Funktionen, z. B. HÄUFIGKEIT die Anordnung der Ausgangsdaten auch als Matrix, d. h. über mehrere Zeilen und Spalten hinweg. Andere Funktionen dagegen, z. B. die Analyse-Funktion Populationskenngrößen werten jede Spalte getrennt aus und setzen somit voraus, dass sich die Ausgangswerte in einer einzigen Spalte untereinander befinden. Kopieren der Daten ist in solchen Fällen eine Möglichkeit. Wesentlich schneller ist der Weg über eine Funktion oder das Umwandeln in eine einspaltige Matrixkonstante.

Es gibt noch eine weitere Möglichkeit, nämlich die Werte mit einem Makro in eine Spalte kopieren. Allerdings setzt dies VBA-Kenntnisse voraus, die nicht Gegenstand dieses Buches sind.

Daten mit einer Funktion in einer Spalte untereinander anordnen

Am einfachsten ordnen Sie die Daten einer Matrix mit Hilfe der Funktion ZUSPALTE in einer Spalte untereinander an. Dazu geben Sie für das unten abgebildete Beispiel in G2 die Formel ein: =ZUSPALTE(A1:E3).

Funktion ZUSPALTE, s. Seite 240 (Microsoft 365).

Da ZUSPALTE jedoch nur in Microsoft 365 verfügbar ist, müssen Sie mit Excel 2019 und älter auf die Funktion INDEX zurückgreifen. Dann geben Sie in der Zelle, ab der die Spalte beginnen soll, hier I2, die folgende Funktion ein und kopieren Sie diese anschließend nach unten, bis die Reihe vollständig ist. Sobald der Fehlerwert *#BEZUG!* erscheint, ist das Ende erreicht.

Zur Erinnerung: INDEX liefert einen Bezug als Ergebnis, s. Seite 204!

I2: =INDEX($A$2:$E$4;AUFRUNDEN(ZEILE(A1)/5;0);REST(ZEILE(A1)-1;5)+1)

Details zu den Funktionen AUFRUNDEN und REST finden Sie in Kap. 9.

Hinweise: Der Bezug auf A1 dient nur als Fixpunkt zum Erzeugen des Zeilenindex, Sie könnten auch jede andere beliebige Spalte in Zeile 1 wählen. Die Zahl 5 ist die Anzahl der Spalten, aus denen die Matrix besteht.

	A	B	C	D	E	F	G	H	I	J	K
1	7	15	23	100	4		Funktion ZUSPALTE		Funktion INDEX		
2	18	22	35	66	9		7		7		
3	57	29	14	19	71		15		15		
4							23		23		
5							100		100		
6							4		4		
7							18		18		
8							22		22		
9							35		35		
10							66		66		
11							9		9		
12							57		57		
13							29		29		
14							14		14		
15							19		19		
16							71		71		

Bild 8.46 Daten mit der Funktion INDEX anordnen

Werte_in_Spalte.xlsx

In eine einspaltige Matrixkonstante umwandeln

Als weitere, allerdings etwas umständlichere Möglichkeit können Sie die Daten zuerst in eine Matrixkonstante umwandeln, die Sie dann in einer Spalte oder Zeile des Tabellenblatts ausgeben. So gehen Sie vor:

Bild 8.47 Die Ausgangsdaten als Matrix über mehrere Zeilen und Spalten

1. Markieren Sie die Zelle, ab der die umgewandelte Spalte eingefügt werden soll, dies kann eine beliebige leere Zelle außerhalb des Tabellenbereichs sein, z. B. F1.

2. Geben Sie in diese Zelle die folgende Formel ein: =A3:D27, betätigen Sie anschließend die Taste **F9** und übernehmen dann die Formel mit der **Eingabetaste**.

    Die Zelle enthält damit die 24 x 4 Matrixkonstante {40.46.48.31;48.61. …}, siehe Bild unten. Microsoft 365 erweitert gleichzeitig den Ausgabebereich, in älteren Excel-Versionen sehen Sie dagegen nur den Inhalt von F1.

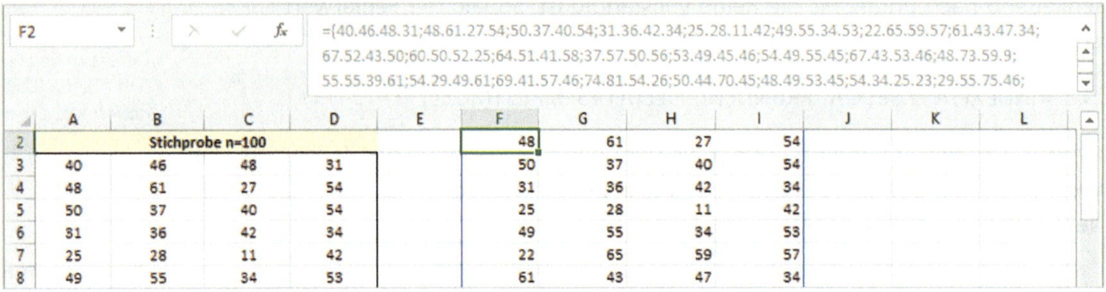

Bild 8.48 Die erzeugte Matrixkonstante

3. Im nächsten Schritt wandeln Sie die Matrixkonstante in eine einspaltige Matrixkonstante um, indem Sie einfach den Punkt (.) durch Semikolon (;) ersetzen. Markieren Sie die Zelle F1, klicken Sie im Register *Start* ▶ *Bearbeiten* ▶ auf *Suchen und Auswählen* und hier auf *Ersetzen*. Geben Sie im Feld *Suchen nach* einen Punkt (.) und im Feld *Ersetzen durch* ein Semikolon (;) ein und klicken Sie auf *Alle ersetzen*.

Bild 8.49 Punkt durch Semikolon ersetzen

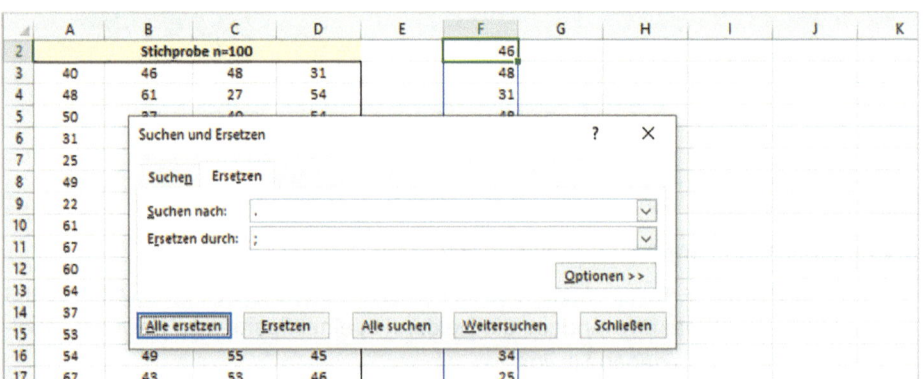

4   Mit Excel 365 erhalten Sie nun automatisch eine einspaltige Matrix im Tabellenblatt (im Bild oben in Spalte F), bei älteren Excel-Versionen müssen Sie diese erst ausgeben lassen: Markieren Sie den Ausgabebereich, hier F1:F100, editieren Sie den Zellinhalt mit **F2** und betätigen dann die Tasten **Strg+Umschalt+Eingabetaste**.

Tipp: Bei sehr umfangreichen Daten lässt sich die Anzahl der zu markierenden Zellen mit ANZAHL aus der vorliegenden Matrix ermitteln, in diesem Beispiel ANZAHL(A3:D27).

Umwandeln in eine einzeilige Matrix

Falls Sie die Daten statt in einer Spalte in einer einzeiligen Matrix ausgeben möchten, müssen Sie stattdessen das Semikolon (;) durch den Punkt (.) ersetzen.

8.3 Zufallszahlen

Um Situationen durchzuspielen, kann es sinnvoll sein, eine Zelle oder einen größeren Zellbereich mit zufälligen Zahlen zu füllen. Zu diesem Zweck lassen sich in Excel die folgenden Funktionen einsetzen.

Info: Excel verwendet zum Erzeugen von Zufallszahlen den Mersenne Twister-Algorithmus.

Zufallszahlen generieren

ZUFALLSZAHL

Die Funktion ZUFALLSZAHL erfordert keine weiteren Argumente und liefert als Ergebnis eine Zahl zwischen 0 und 1, also eine Zahl mit mehreren Nachkommastellen.

```
=ZUFALLSZAHL()
```

Möchten Sie eine größere Zahl erhalten, z. B. zwischen 0 und 100, dann müssen Sie das Ergebnis mit 100 multiplizieren und die Formel lautet:

```
=ZUFALLSZAHL()*100
```

Wird eine ganze Zahl als Ergebnis benötigt, dann verwenden Sie die Formel in Verbindung mit der Funktion GANZZAHL. Je nach Einsatzzweck können Sie alternativ auch eine der anderen Rundungsfunktionen, z. B. KÜRZEN oder RUNDEN einsetzen.

Rundungsfunktionen, s. Kap. 9.

```
=GANZZAHL(ZUFALLSZAHL()*100)
```

Zufallszahl aus einem bestimmten Wertebereich generieren

Um eine Zufallszahl innerhalb eines vorgegebenen Wertebereichs zu erzeugen, verwenden Sie die Funktion ZUFALLSBEREICH, wobei *Untere_Zahl* die kleinste und *Obere_Zahl* die größtmögliche Zahl darstellt, die als Ergebnis zurückgegeben wird. Beachten Sie außerdem, dass ZUFALLSBEREICH im Gegensatz zu ZUFALLSZAHL eine ganze Zahl zurückgibt.

```
=ZUFALLSBEREICH(Untere_Zahl;Obere_Zahl)
```

Beispiel: eine Zufallszahl zwischen 1 und 100 erzeugen

```
=ZUFALLSBEREICH(1;100)
```

Tipp: Zufällige Datumswerte erzeugen
Mit der Funktion ZUFALLSBEREICH lassen sich auch zufällige Datumswerte erzeugen. Als Beispiel wurden mit der folgenden Formel Datumswerte zwischen dem 01.01.2023 und dem 31.12.2023 erzeugt. Werden mehrere Datumswerte benötigt, dann kopieren Sie einfach die Formel in die angrenzenden Zellen. **Achtung**: Die Ergebnisse werden zunächst im Standardzahlenformat angezeigt und müssen als Datum formatiert werden!

```
=ZUFALLSBEREICH("1.1.2023";"31.12.2023")
```

Bild 8.50 Datumswerte mit ZUFALLSBEREICH erzeugen

Um eine Matrix aus Zufallszahlen zu erzeugen, wie hier im Bild, bietet sich mit Microsoft 365 alternativ die Funktion ZUFALLSMATRIX an.

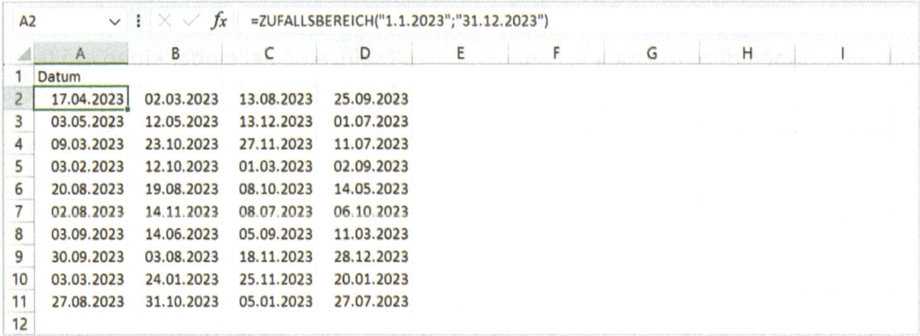
A2 =ZUFALLSBEREICH("1.1.2023";"31.12.2023")

	A	B	C	D	E	F	G	H	I
1	Datum								
2	17.04.2023	02.03.2023	13.08.2023	25.09.2023					
3	03.05.2023	12.05.2023	13.12.2023	01.07.2023					
4	09.03.2023	23.10.2023	27.11.2023	11.07.2023					
5	03.02.2023	12.10.2023	01.03.2023	02.09.2023					
6	20.08.2023	19.08.2023	08.10.2023	14.05.2023					
7	02.08.2023	14.11.2023	08.07.2023	06.10.2023					
8	03.09.2023	14.06.2023	05.09.2023	11.03.2023					
9	30.09.2023	03.08.2023	18.11.2023	28.12.2023					
10	03.03.2023	24.01.2023	25.11.2023	20.01.2023					
11	27.08.2023	31.10.2023	05.01.2023	27.07.2023					
12									

Die Funktion ZUFALLSMATRIX

Microsoft 365

Wesentlich flexibler als die Funktionen ZUFALLSZAHL und ZUFALLSBEREICH ist die Funktion ZUFALLSMATRIX. Diese erzeugt bei Bedarf auch eine ganze Matrix bzw. Tabelle aus Zufallszahlen, so dass sich Kopieren erübrigt, ist derzeit aber nur mit Microsoft 365 verfügbar.

```
=ZUFALLSMATRIX([Zeilen],[Spalten],[min],[max],[ganze_Zahl])
```

Argument	Beschreibung	Hinweise
Zeilen	Die Anzahl der Zeilen, die zurückgegeben werden soll.	**Hinweis**: Bleiben die beiden Argumente Zeilen und Spalten leer, dann erhalten Sie nur eine einzige Zufallszahl.
Spalten	Anzahl der gewünschten Spalten.	
min	Kleinster möglicher Rückgabewert.	Fehlen die Argumente min und/oder max, dann setzt Excel diese auf 0 und 1.
max	Größter möglicher Rückgabewert.	
ganze_Zahl	Legt fest, ob eine ganze oder eine Dezimalzahl zurückgegeben wird. WAHR= Ganze Zahl; FALSCH= Dezimalzahl.	Standardeinstellung FALSCH.

Beispiele
Um wie im Bild unten eine Tabelle mit 5 Zeilen und 3 Spalten mit zufällig erzeugten Dezimalzahlen zwischen 10 und 20 zu füllen, geben Sie in A2 folgende Funktion ein

und übernehmen diese mit der Eingabetaste. Der Ausgabebereich wird automatisch erweitert.

A2: =ZUFALLSMATRIX(5;3;10;20;FALSCH)

Um als zweites Beispiel eine Matrix mit 5 Zeilen und 4 Spalten aus ganzen Zahlen zwischen 1 und 1000 zu erhalten, geben Sie in E2 die folgende Formel ein:

E2: =ZUFALLSMATRIX(5;4;1;1000;WAHR)

Bild 8.51 Zufallsmatrix erzeugen

Mit ZUFALLSMATRIX lassen sich ebenfalls Datumswerte erzeugen.

Neuberechnung von Zufallszahlen

Alle Funktionen zur Erzeugung von Zufallszahlen sind flüchtige oder volatile Funktionen, d. h. bei jeder Änderung in der Arbeitsmappe wie beispielsweise Eingeben oder Löschen von Zellinhalten erfolgt automatisch eine Neuberechnung.

Flüchtige Funktionen, siehe Kap. 1, Seite 48.

Um die automatische Neuberechnung von Zufallszahlen zu unterbinden, gibt es verschiedene Möglichkeiten:

▸ **Zufallszahl beim Eingeben in eine Zahl umwandeln**
Sie können während der Eingabe die Zufallszahl in eine Zahl umwandeln: Dazu geben Sie die Funktion ZUFALLSZAHL oder ZUFALLSBEREICH in die Zelle ein, wandeln anschließend mit der Taste **F9** die Formel in eine Zahl um und übernehmen erst dann das Ergebnis mit der **Eingabetaste**.

Funktion oder Formel in eine Zahl umwandeln: **F9**

Auf diese Weise können Sie auch nachträglich noch die Funktion in eine Zahl umwandeln: Dazu markieren Sie die Zelle mit der Funktion, klicken in die Bearbeitungsleiste und betätigen die Taste **F9** und übernehmen die Zahl dann wieder mit der **Eingabetaste**.

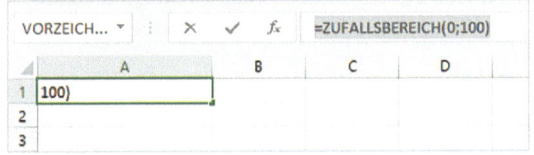

Hinweis: Diese Methode lässt sich auch auf die Funktion ZUFALLSMATRIX anwenden, falls Sie eine Tabelle mit unveränderlichen Zufallszahlen benötigen. Haben Sie dagegen eine Tabelle durch Kopieren der Funktionen ZUFALLSZAHL oder ZUFALLSBEREICH erstellt, dann müssen Sie entweder jede Formel einzeln umwandeln oder die zweite Methode, den Weg über die Zwischenablage wählen, siehe unten.

▶ **Formeln über die Zwischenablage als Werte einfügen**
Größere Tabellen mit Zufallszahlen wandeln Sie am einfachsten über die Zwischenablage in Zahlen um. Dazu markieren Sie den Zellbereich und kopieren ihn im ersten Schritt in die Zwischenablage ❶. Markieren Sie dann die Zelle ab der die Werte eingefügt werden sollen, dies kann auch die obere linke Zelle der ursprünglichen Tabelle sein, falls Sie die Formeln überschreiben möchten. Klicken Sie im Menüband, Register *Start* ▶ *Zwischenablage* auf den Dropdown-Pfeil *Einfügen*, hier auf *Inhalte einfügen...* ❷ und wählen Sie im nachfolgenden Dialogfenster unter *Einfügen* die Option *Werte* ❸.

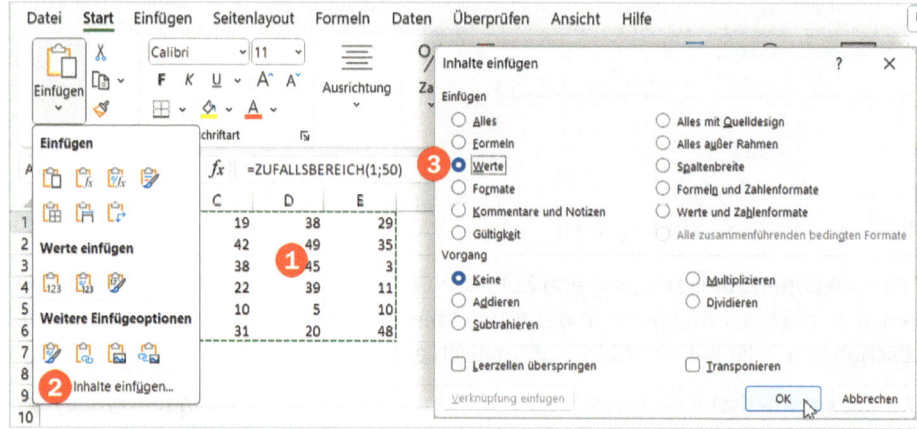

Bild 8.52 Tabelle mit Zufallszahlen in Werte umwandeln

Verteilung von Zufallszahlen mit dem Add-In Zufallszahlengenerierung steuern

Mit den oben genannten Funktionen gibt Excel gleichmäßig verteilte Zufallszahlen zurück. Falls Sie die Verteilung der Zufallszahlen steuern möchten und beispielsweise normalverteilte Zufallszahlen erzeugen möchten, dann verwenden Sie am besten das Tool *Zufallszahlengenerierung*. Dieses Tool ist zusammen mit dem Add-In *Datenanalyse* verfügbar und bietet gleich mehrere Vorteile:

Add-In laden, s. Kap. 1.8.

▶ Sie können auch ohne Kopieren schnell eine größere Anzahl von Zufallszahlen erzeugen.

▶ Sie können die Werteverteilung vorgeben.

▶ Im Gegensatz zu den oben genannten Funktionen erhalten Sie automatisch Zahlen, d. h. das Umwandeln in Werte erübrigt sich.

So gehen Sie vor:

1 Klicken Sie im Menüband, Register *Daten* auf *Datenanalyse* ❶ und im nachfolgenden Fenster auf *Zufallszahlengenerierung* ❷.

2 Im Fenster *Zufallszahlengenerierung* ❸ legen Sie anschließend die folgenden Parameter fest.

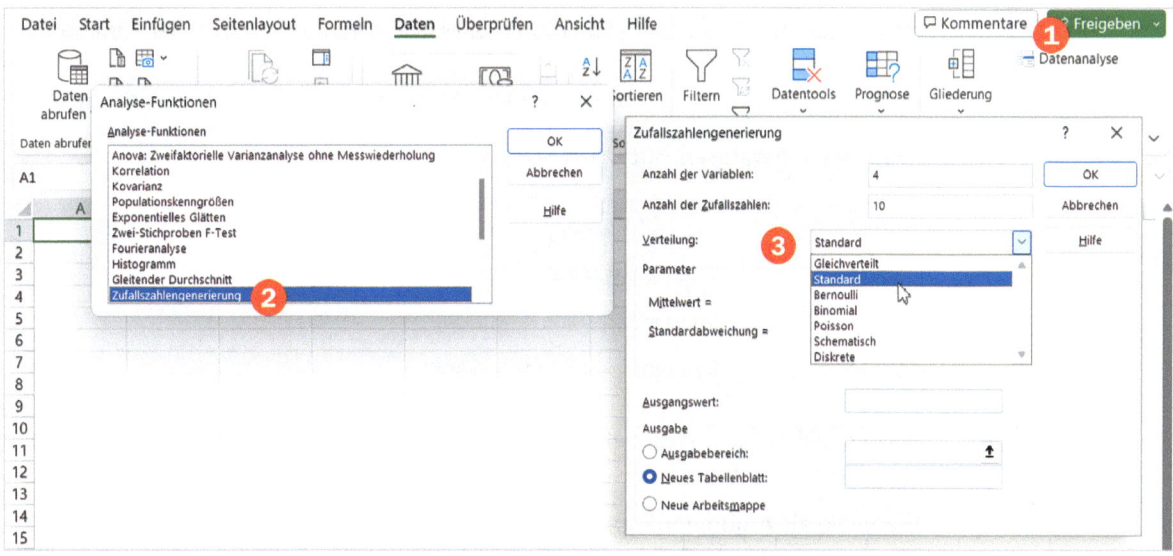

Bild 8.53 Das Tool Zufallszahlengenerierung

Parameter	Beschreibung
Anzahl der Variablen	Anzahl der gewünschten Spalten.
Anzahl der Zufallszahlen	Anzahl der gewünschten Zeilen. Geben Sie beispielsweise als Anzahl der Variablen 4 ein und als Anzahl der Spalten 10, dann erhalten Sie eine Tabelle mit 4 Spalten und 10 Zeilen.
Verteilung	Hier legen Sie die Verteilung der Zufallszahlen fest, z. B. *Gleichverteilung* oder *Standard* (Normal).
Parameter	Die Angabe der Parameter ist abhängig von der gewählten Verteilung. Bei der Auswahl *Gleichverteilt* geben Sie obere und untere Grenze an, die Auswahl *Standard* erfordert *Mittelwert* und *Standardabweichung*.
Ausgangswert	Der Ausgangswert ist optional und wird eigentlich nur benötigt, wenn bei einer späteren Erzeugung der Zufallszahlen wieder dieselben Werte ausgegeben werden sollen.
Ausgabe	Hier geben Sie an, wo die Zufallszahlen im Tabellenblatt eingefügt werden sollen. Bei der Auswahl *Ausgabebereich* genügt die Angabe der linken oberen Ecke.

Normalverteilte Zufallszahlen mit einer Funktion erzeugen

Zum Erzeugen normalverteilter Zufallszahlen können Sie als Alternative zum oben genannten Add-In auch die Funktion NORM.INV in Verbindung mit der Funktion ZUFALLSZAHL heranziehen. Diese gibt die Perzentile der Normalverteilung für den angegebenen Mittelwert und die vorgegebene Standardabweichung zurück, die Syntax:

=NORM.INV(Wahrsch;Mittelwert;Standabwn)

Argument	Beschreibung
Wahrsch	Die zur Standardnormalverteilung gehörige Wahrscheinlichkeit.
Mittelwert	Das arithmetische Mittel der Verteilung.
Standabwn	Die Standardabweichung der Verteilung.

Hinweis: NORM.INV verwendet die Standardnormalverteilung, wenn *Mittelwert* = 0 und *Standabwn* = 1 ist.

Wenn Sie als Argument *Wahrsch* die Funktion ZUFALLSZAHL einsetzen, erhalten Sie eine normalverteilte Zufallszahl. Wird beispielsweise von Mittelwert 50 und der Standardabweichung 10 ausgegangen, wie im Bild unten, dann lautet die Formel in C3:

C3: =NORM.INV(ZUFALLSZAHL();C1;C2)

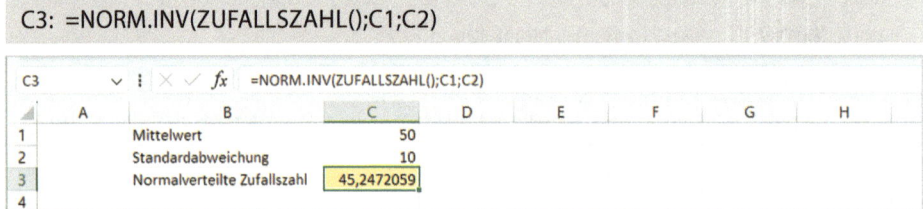

Bild 8.54 Normalverteilte Zufallszahl berechnen

Zufallsstichprobe mit Zufallszahlen generieren

In vielen Fällen wird statt der Grundgesamtheit eine Stichprobe ausgewertet. Die Statistik kennt viele Methoden, Stichproben zu bilden, im einfachsten Fall ziehen Sie mit Excel eine Zufallsstichprobe aus einer Tabelle. Um beispielsweise eine Zufallsstichprobe von 100 Elementen aus insgesamt 1.000 zu ziehen, gehen Sie wie folgt vor:

1. Berechnen Sie in einer zusätzlichen Hilfsspalte in der ersten Zeile eine Zufallszahl, entweder mit ZUFALLSZAHL oder mit ZUFALLSBEREICH und kopieren Sie die Formel nach unten in die restlichen Zeilen der Tabelle.

2. Um die ständige Neuberechnung zu verhindern, wandeln Sie anschließend auf dem Weg über die Zwischenablage (siehe Seite 348) die Formeln in Zahlen um.

3. Sortieren Sie die Tabelle nach der Hilfsspalte (aufsteigend oder absteigend), kopieren Sie die ersten oder letzten Elemente in ein anderes Arbeitsblatt und verwenden Sie diese als Stichprobe.

8.4 Verteilungsfunktionen

Eine Verteilung beschreibt den Zusammenhang zwischen einer Zufallsvariablen und deren wahrscheinliches Auftreten für bestimmte Werte. Excel stellt in der Kategorie Statistik alle bekannten diskreten und stetigen Verteilungsfunktionen zur Verfügung.

Normalverteilung berechnen

Die Normalverteilung ist die am häufigsten verwendete stetige Verteilung. Ihre Wahrscheinlichkeitsdichtefunktion wird auch als Gauß-Funktion, Gaußsche Normalverteilung oder einfach Glockenkurve genannt. In Excel berechnen Sie die Normalverteilung mit der Funktion NORM.VERT:

=NORM.VERT(x;Mittelwert;Standabwn;Kumuliert)

Argument	Beschreibung
x	Der Wert, dessen Wahrscheinlichkeit berechnet werden soll.
Mittelwert	Der Mittelwert der Verteilung, entweder vorgegeben oder mit der Funktion MITTELWERT berechnet. **Der Mittelwert legt die höchste Stelle der Kurve fest.**
Standabwn	Die Standardabweichung der Verteilung. Auch diese kann entweder vorgegeben oder mit der Funktion STABW.S berechnet werden. **Die Standardabweichung steuert Breite und Steilheit der Kurve.**
Kumuliert	Ein Wahrheitswert, der die Form der Funktion bestimmt. Wenn kumulativ WAHR ist, wird die kumulative Verteilungsfunktion zurückgegeben. Ist der Wert FALSE, wird die Dichtefunktion zurückgegeben. Siehe auch Bild auf der nächsten Seite.

Die Normalverteilung ist symmetrisch, glockenförmig und eingipflig, wie im Bild rechts und auf der nächsten Seite im Diagramm der Dichtefunktion. Die Fläche unter der Dichtekurve hat immer den Wert 1. Die Wahrscheinlichkeit, dass eine Zufallsvariable einen Wert zwischen x1 und x2 annimmt, ermittelt man, indem man die entsprechende Fläche unter der Dichtekurve berechnet. Daraus folgt für den Mittelwert die Wahrscheinlichkeit von 50%.

Die Standardabweichung beschreibt die Breite der Normalverteilung. Die Halbwertsbreite der Normalverteilung ist etwa das 2,4-fache der Standardabweichung, es gelten folgende Näherungswerte:

- Etwa zwei Drittel bzw. 68,27% aller Stichprobenwerte liegen innerhalb der Entfernungen der Standardabweichung (± σ) vom Mittelwert.
- Bei einer Entfernung von zwei Standardabweichungen (±2σ) sind es 95,45%.
- Bei einer Entfernung von drei Standardabweichungen (±2σ) sind es 99,73%.

In der grafischen Darstellung als Diagramm, siehe Bild unten, liegen die Wendepunkte bei Mittelwert + Standardabweichung und Mittelwert - Standardabweichung. Die Verteilung in B2 wurde mit folgender Formel berechnet:

```
B2: =NORM.VERT(A2;$F$1;$F$2;WAHR)
```

Die Formel zur Berechnung der Dichtefunktion in C2 lautet:

```
C2: =NORM.VERT(A2;$F$1;$F$2;FALSCH)
```

Bild 8.55 Normalverteilung: Verteilungs- und Dichtefunktion

Normalverteilung_1.xlsx

	A	B	C	D	E	F
1	x	Verteilung	Dichte		Mittelwert	10
2	0	0,00042906	0,00051409		Standardabw.	3
3	1	0,0013499	0,00147728			
4	2	0,00383038	0,00379866			
5	3	0,00981533	0,00874063			
6	4	0,02275013	0,01799699			
7	5	0,04779035	0,03315905			
8	6	0,09121122	0,05467002			
9	7	0,15865525	0,08065691			
10	8	0,25249254	0,10648267			
11	9	0,36944134	0,12579441			
12	10	0,5	0,13298076			
13	11	0,63055866	0,12579441			
14	12	0,74750746	0,10648267			
15	13	0,84134475	0,08065691			
16	14	0,90878878	0,05467002			
17	15	0,95220965	0,03315905			
18	16	0,97724987	0,01799699			
19	17	0,99018467	0,00874063			
20	18	0,99616962	0,00379866			
21	19	0,9986501	0,00147728			
22	20	0,99957094	0,00051409			

Die Standardnormalverteilung

Mit Mittelwert=0 und Standardabweichung=1 erhalten Sie die Standardnormalverteilung. Diese kann alternativ auch mit der Funktion NORM.S.VERT ermittelt werden.

```
=NORM.S.VERT(x;Kumuliert)
```

Die Funktion NORM.INV

Die Funktion NORM.INV ist die Umkehrfunktion zu NORM.VERT und liefert die Quantile der Normalverteilung.

```
=NORM.INV(Wahrsch;Mittelwert;Standardabwn)
```

Argument	Beschreibung
Wahrsch	Die Wahrscheinlichkeit, zu der das Quantil gesucht wird.
MIttelwert	Mittelwert der Verteilung.
Standardabwn	Die Standardabweichung der Verteilung.

Beispiel 1: Normalverteilung (Dichtefunktion) berechnen und im Diagramm darstellen

1. Für dieses Beispiel geben Sie in Spalte A die Zahlen von 0 bis 200 in 10er-Schritten ein (A2:A22), siehe Bild unten. In E1 berechnen Sie den Mittelwert, in E2 geben Sie die Standardabweichung 15 ein.

Am einfachsten als Reihe erzeugen, z. B. mit Auto-Ausfüllen oder auch mit der Funktion SEQUENZ, siehe Kapitel 8, Seite 416.

E2: =MITTELWERT(A2:A22)   Ergebnis: 100

2. Die Formel in B2 zur Berechnung der Dichtefunktion wird nach unten kopiert.

B2: =NORM.VERT(A2;$E$1;$E$2;FALSCH)

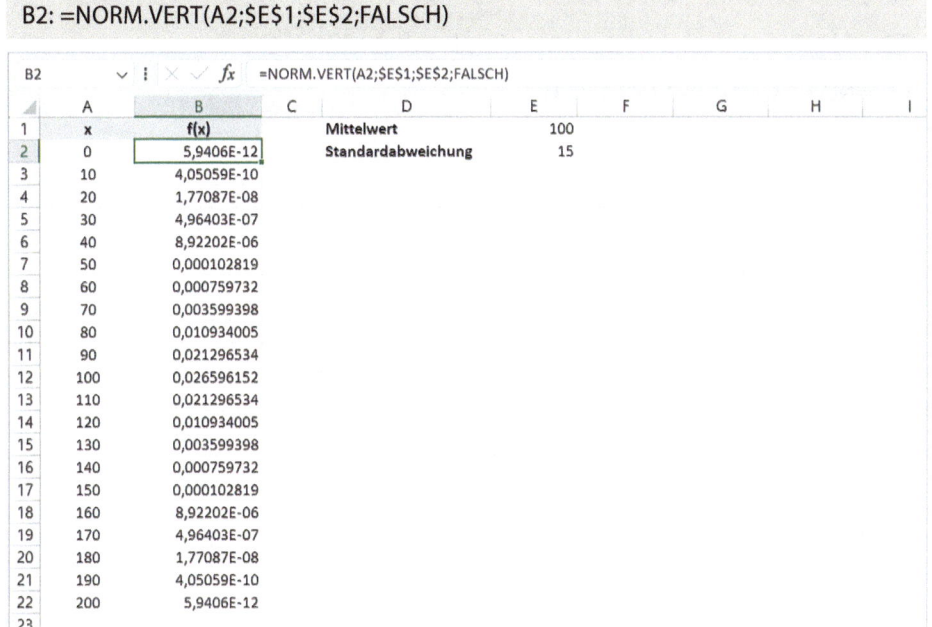

Bild 8.56 Ausgangswerte berechnen

Normalverteilung_2.xlsx

3. Um daraus ein Diagramm zu erstellen, markieren Sie A2:B22, klicken im Menüband, Register *Einfügen* ▶ *Diagramme* auf *Punkt (XY)- oder Blasendiagramm einfügen* und wählen den Untertyp *Punkte mit interpolierten Linien*.

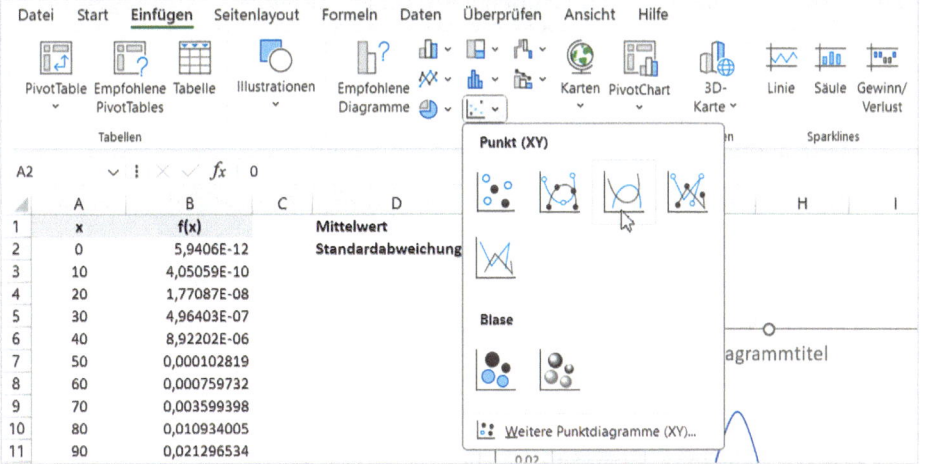

Bild 8.57 Punktdiagramm mit interpolierten Linien einfügen

Tipp: Wenn Sie anschließend den Mittelwert und/oder die Standardabweichung in E1 und E2 ändern, sehen Sie, wie sich auch das Diagramm entsprechend ändert. Geben Sie z. B. als Standardabweichung 20 ein, dann wird die Kurve flacher.

Wendepunkte berechnen und einzeichnen

Die Wendepunkte berechnen wir in E3 und E4 und daneben in F3 und F4 die Dichtefunktion der Normalverteilung:

E3: =E1+E2   Ergebnis: 120

E4: =E1-E2   Ergebnis: 80

F3: =NORM.VERT(E3;E1;E2;FALSCH)

F4: =NORM.VERT(E4;E1;E2;FALSCH)

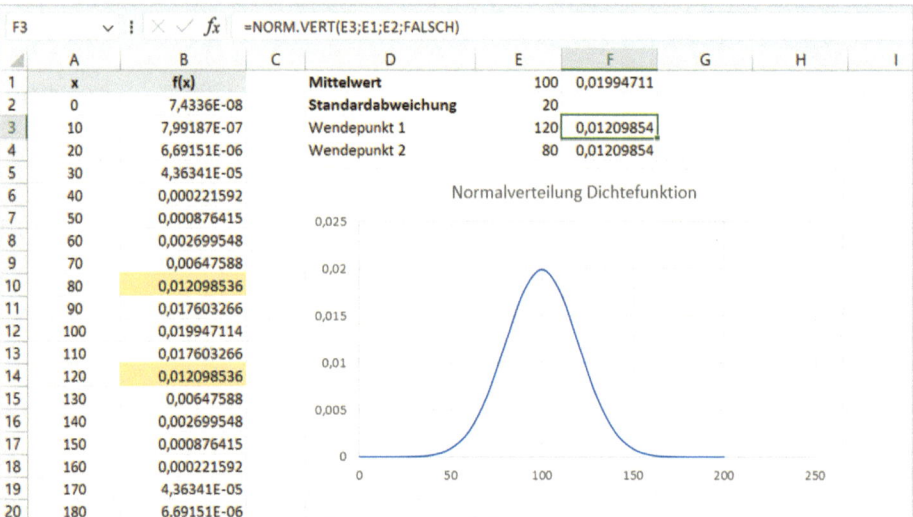

Bild 8.58 Wendepunkte berechnen

Hinweis: Als Ergebnis erhalten Sie dieselben Werte wie in Spalte B bei den x-Werten 80 und 120. Diese wurden in der Tabelle farbig hervorgehoben.

Wenn Sie die Wendepunkte und den Mittelwert im Diagramm einzeichnen möchten, dann verwenden Sie dazu benutzerdefinierte Fehlerindikatoren. Dazu fügen Sie zunächst die Wendepunkte und den Mittelwert jeweils als weitere Datenreihe hinzu. Beginnen wir mit dem ersten Wendepunkt in E3 und F3 (Wendepunkt 1).

1. Klicken Sie in das Diagramm und im Menüband, Register *Diagrammentwurf* ▶ *Daten* auf *Daten auswählen*.

2. Klicken Sie im Fenster *Datenquelle auswählen* unter *Legendeneinträge Reihen)* auf *Hinzufügen* ❶ (Bild auf der nächsten Seite).

3. Anschließend tragen Sie als X-Wert ❷ die Zelle E3 und als Y-Wert die Zelle F3 ❸ ein. Schließen Sie das Fenster mit *OK*.

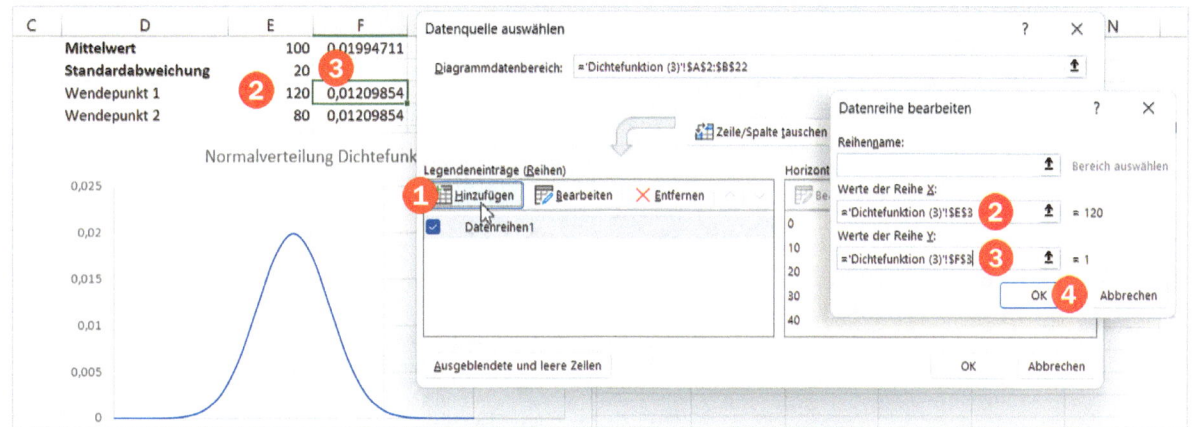

Bild 8.59 Wendepunkt als Datenreihe hinzufügen

4 Die Datenreihe ist nun zwar im Diagramm vorhanden, aber nicht sichtbar, da sie sich auf der Kurve des ersten Diagramms befindet. Klicken Sie im Register *Diagrammentwurf* ▶ *Diagrammlayouts* auf *Diagrammelement hinzufügen* ▶ *Fehlerindikatoren* und hier auf *Weitere Fehlerindikatoroptionen…*. Wählen Sie im nachfolgenden Fenster *Datenreihen2* und klicken Sie auf *OK*.

Bild 8.60 Fehlerindikatoroptionen bearbeiten

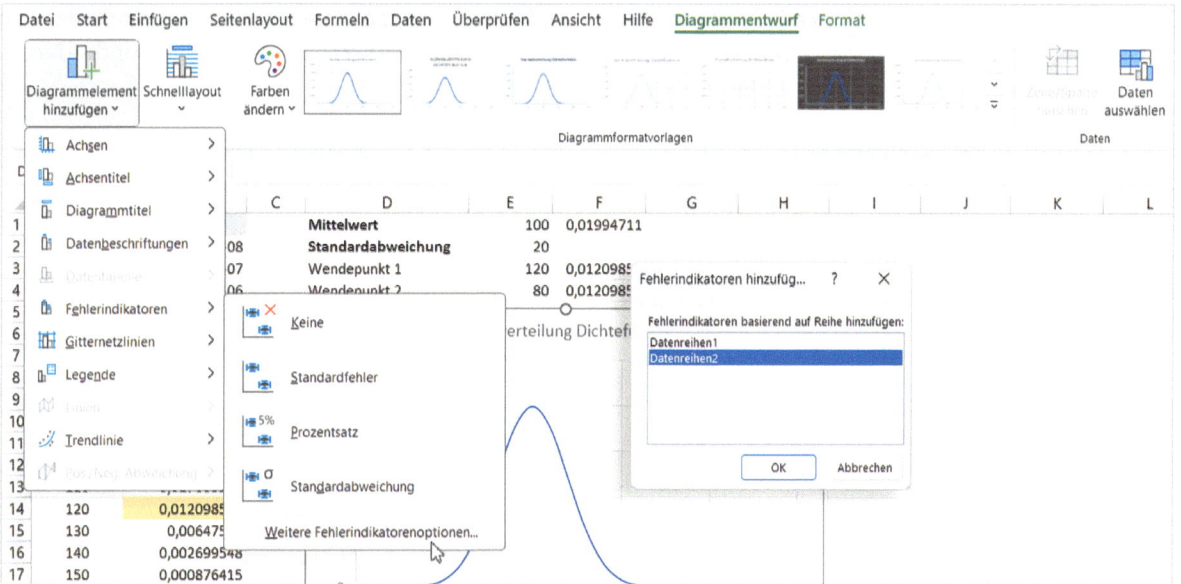

5 Im Aufgabenbereich können Sie nun die Fehlerindikatoren bearbeiten:
- Unter *Richtung* wählen Sie die Option *Minus* ❶ und unter *Linienende* die Option *Ohne Abschluss* ❷.
- Unter *Fehlerbetrag* klicken Sie auf die Option *Benutzerdefiniert* ❸ und danach auf die Schaltfläche *Wert eingeben*.
- Geben Sie als *Positiver Fehlerwert* ={0} ein und als *Negativer Fehlerwert* F3 ❹.

Achtung: Unter *Positiver Fehlerwert* müssen die geschweiften Klammern beibehalten werden!

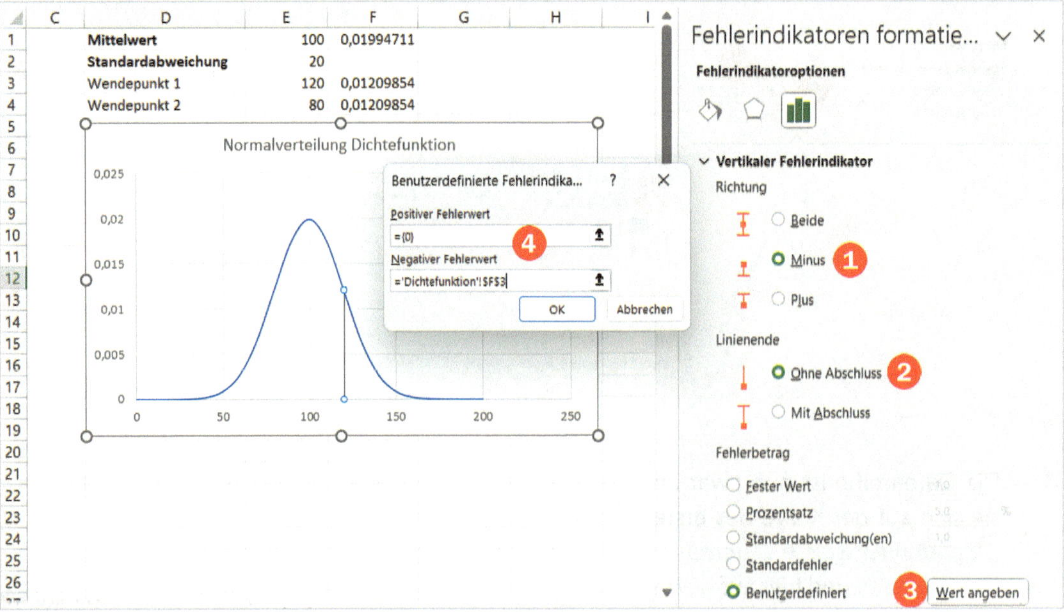

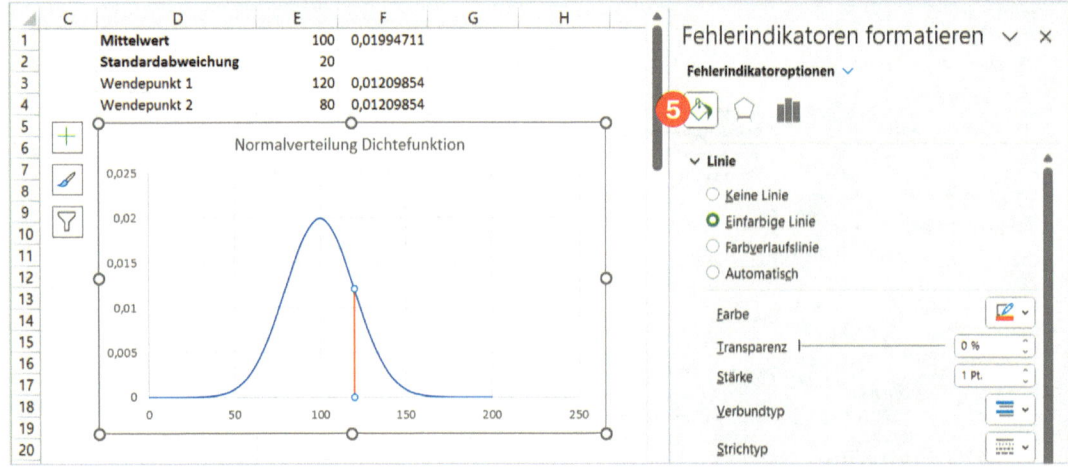

Bild 8.61 Fehlerwert eingeben

Bild 8.62 Linie formatieren

6 Anschließend können Sie bei Bedarf noch die Linie markieren und mit Klick auf das Symbol *Füllung und Linie* ❺ mit einer anderen Farbe versehen und/oder die Strichstärke ändern.

Wiederholen Sie dann diese Schritte für den Wendepunkt 2. Falls Sie außerdem für den Mittelwert eine Linie hinzufügen möchten, müssen Sie für diesen in F1 ebenfalls noch die Dichtefunktion mit NORM.VERT berechnen. Das Ergebnis sehen Sie im Bild auf der nächsten Seite.

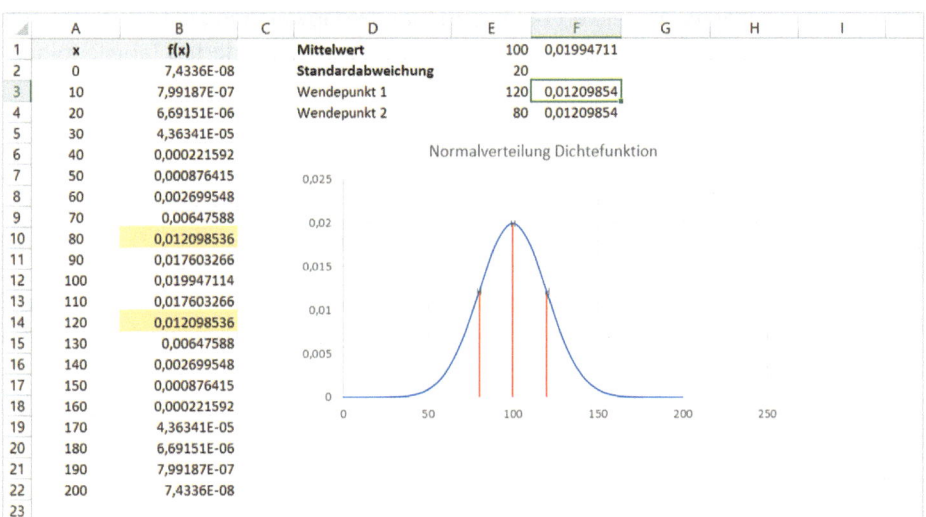

Bild 8.63 Dichtefunktion mit Mittelwert und Wendepunkten

Verteilungsfunktion berechnen

Wenn Sie bei der Berechnung der Normalverteilung in B2:B22 sowie F3 und F4 mit NORM.VERT *WAHR* als Argument *Kumuliert* angeben, dann erhalten Sie statt der Dichtefunktion die Verteilungsfunktion, wie im Bild unten.

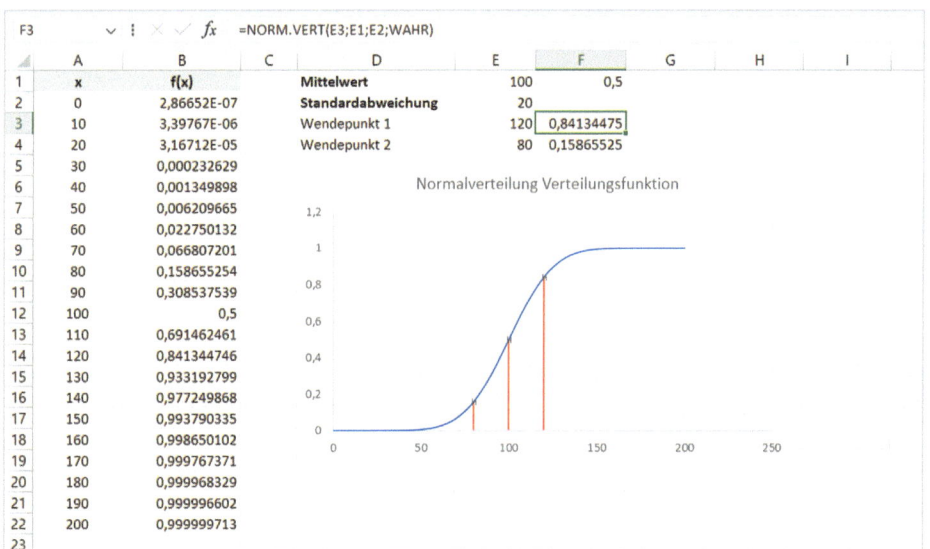

Bild 8.64 Verteilungsfunktion

Beispiel 2: Aufenthaltsdauern von Gästen in einer Kantine

Zur Planung der Kapazitäten einer Betriebskantine soll die Aufenthaltsdauer der Gäste untersucht werden. Zu diesem Zweck wurde eine zufällige Stichprobe von 20 Gästen erhoben. Wir gehen hier von der Annahme aus, dass die Aufenthaltsdauer der Gäste normalverteilt ist.

Normalverteilung_Kantine.xlsx

Dazu werden zunächst Mittelwert (43,8) und Standardabweichung (11,6962) der Aufenthaltsdauer berechnet. Anschließend werden in einer gesonderten Tabelle folgende Werte berechnet:

Anzahl Werte:	=HÄUFIGKEIT(B2:21;D2:D10)
Klassenmitte:	F2: =D2/2 ab F3: =(D2+D3)/2
Normalvert.:	=NORM.VERT(F2;$F$13;$F$14;FALSCH)

Achtung: HÄUFIGKEIT muss mit Excel 2019 und älter als Matrixformel eingegeben werden!

Da hier die Normalverteilung anhand einer Klasseneinteilung berechnet wird, wird die Klassenmitte als x-Wert verwendet. Zusätzlich wurde die Normalverteilung rechts daneben als Diagramm dargestellt (Bereich F2:G11).

Bild 8.65 Aufenthaltsdauer der Gäste

	A	B	C	D	E	F	G
1	Gast Nr.	Aufenthalts-dauer Min		Klassenober-grenzen	Anzahl Werte	Klassen-mitte	Normal-vert.
2	1	31		10	0	5	0,00014
3	2	38		20	0	15	0,00165
4	3	70		30	1	25	0,00937
5	4	33		40	9	35	0,02570
6	5	39		50	6	45	0,03393
7	6	60		60	2	55	0,02157
8	7	30		70	2	65	0,00660
9	8	49		80	0	75	0,00097
10	9	55		90	0	85	0,00007
11	10	41		100	0	95	0,00000
12	11	31					
13	12	42		Mittelwert		43,8	
14	13	48		Standardabw.		11,6962	
15	14	67					
16	15	40					
17	16	43					
18	17	50					
19	18	37					
20	19	33					
21	20	39					

Dichtefunktion der Aufenthaltsdauer (Diagramm)

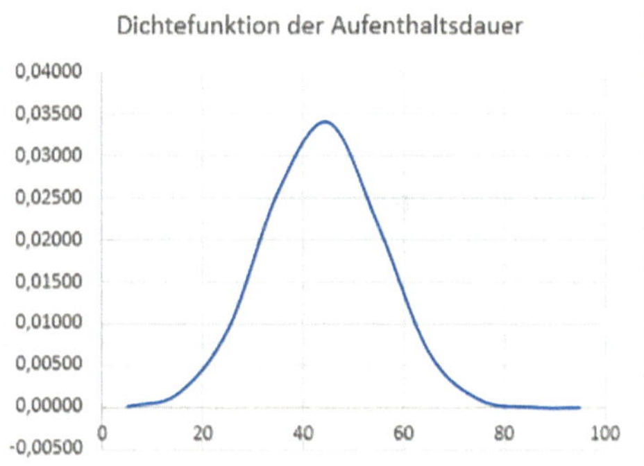

Im nächsten Schritt sollen einige Fragen beantwortet werden
Im Bild unten die einzelnen Fragen und Ergebnisse, Erklärungen und die dazugehörigen Formeln finden Sie weiter unten.

Bild 8.66 Einzelne Fragestellungen und Ergebnisse

C2: =NORM.VERT(30;C9;C10;WAHR)

	A	B	C	D
1	Fall	Wahrscheinlichkeit berechnen für	Ergebnis	Ankunftzeit
2	A	Ein Gast braucht nicht mehr als 30 Minuten	0,1190	12:00
3	B	Ein Gast speist mindestens 60 Minuten	0,0830	
4	C	Ein Gast speist zwischen 30 und 45 Minuten	0,4218	
5	D	Zu welcher Uhrzeit ist das Restaurant noch zur Hälfte voll	43,8000	12:43
6	E	Zu welcher Uhrzeit befinden sich noch 150 Gäste im Restaurant	47,5269	12:47
7	F	Ab wann gehen die letzten Gäste	63,0385	13:03
8				
9		Mittelwert	43,8	
10		Standardabweichung	11,6962	

▶ **A: Mit welcher Wahrscheinlichkeit braucht ein Gast nicht mehr als 30 Minuten, um das Essen einzunehmen?**

Dazu berechnet man die Wahrscheinlichkeit x<=30 mit folgender Formel:

C2: =NORM.VERT(30;C9;C10;WAHR) Ergebnis: 0,1190 = 11,9%

▶ **B: Mit welcher Wahrscheinlichkeit speist ein Gast mindestens 60 Minuten lang?**

C3: =1-(NORM.VERT(60;C9;C10;WAHR) Ergebnis: 0,0830 = 8,3%

▶ **C: Mit welcher Wahrscheinlichkeit speist ein Gast zwischen 30 und 45 Minuten?**

C4: =NORM.VERT(45;C9;C10;WAHR)-NORM.VERT(30;C9;C10;WAHR)
Ergebnis: 0,4218 = 42,2%

Bei den nächsten Fällen, der Berechnung der Uhrzeiten, gehen wir zunächst davon aus, dass alle Gäste gleichzeitig um 12:00 ankommen und sofort bedient werden. Die Berechnung erfolgt mit der Funktion NORM.INV.

▶ **D: Nach wie vielen Minuten bzw. zu welcher Uhrzeit ist die Kantine noch zur Hälfte voll, wenn keine Gäste mehr nachkommen?**

Gesucht ist die Wahrscheinlichkeit 0,5, die Formel dazu lautet wie folgt, diese wird in D5 umgerechnet in die Uhrzeit:

C5: =NORM.INV(0,5;C9;C10) Ergebnis: 43,8 Minuten

D5: =$D$2+ZEIT(;;C5*60) Ergebnis: 12:43

▶ **E: Nach wie vielen Minuten bzw. um welche Uhrzeit befinden sich noch 150 Gäste in der Kantine (maximale Anzahl Plätze 400)?**

150 Gäste entsprechen einem Anteil von 0,375 (150/400). Damit ist der Anteil der rechten Teilfläche unserer Verteilung festgelegt, der die Gäste mit überdurchschnittlicher Aufenthaltsdauer repräsentiert. Das gesuchte Quantil wird errechnet aus 1-0,375 und ergibt das 62,5% Quantil unserer normalverteilten Zufallsvariablen x.

C6: =NORM.INV(0,625;C9;C10) Ergebnis: 47,53 Minuten

D6: =$D$2+ZEIT(;;C6*60) Ergebnis: 12:47

▶ **F: Ab wann gehen die letzten 20 Gäste?**

20 Gäste entsprechen einem Anteil von 5% (20/400). Gesucht wird demnach das 95% Quantil der normalverteilten Zufallsvariablen x.

C7: =NORM.INV(0,95;C9;C10) Ergebnis: 63,04

D7: =$D$2+ZEIT(;;C7*60) Ergebnis: 13:03

Hinweis: Natürlich ist es nicht ganz realistisch zu behaupten, dass alle Gäste gleichzeitig in der Kantine eintreffen. Eine weitere Überprüfung erfolgt anhand der Exponentialverteilung, Näheres hierzu auf Seite 362 ff.

Daten auf Normalverteilung prüfen (Schiefe und Kurtosis)

Um vorliegende Daten auf Normalverteilung zu prüfen, gibt es in der Literatur verschiedene Methoden, darunter auch die Berechnung von Schiefe und Kurtosis.

Die Funktion SCHIEFE

Die Schiefe ist ein Maß, das die Art und Stärke der Asymmetrie einer Wahrscheinlichkeitserteilung, z. B. Normalverteilung, beschreibt. Sie zeigt an, wie stark die Verteilung nach rechts oder links geneigt ist. Da die Normalverteilung symmetrisch ist, d. h. eine Schiefe von 0 besitzt, ist die Schiefe eine mögliche Maßzahl, um eine Verteilung mit der Normalverteilung zu vergleichen.

- Bei einer positiven Schiefe (>0) verschiebt sich der Gipfel nach links und die Kurve läuft nach rechts flacher aus (linksgipflige, linkssteile Verteilung).
- Bei einer negativen Schiefe (<0) ist der Gipfel nach rechts verschoben und die Kurve läuft links flacher aus (rechtsgipflige, rechtssteile Verteilung).

In Excel berechnen Sie die Schiefe mit der Funktion SCHIEFE, die Syntax ist einfach:

$$\frac{n}{(n-1)(n-2)} \sum \left(\frac{x_j - \bar{x}}{s}\right)^3$$

```
=SCHIEFE(Zahl1;[Zahl2];...)
```

Zahl1, *Zahl2* usw. können Zahlen, Matrizen, Namen oder Bezüge auf Zellen sein, die Zahlen enthalten.

Kurtosis/Exzess mit der Funktion KURT berechnen

Kurtosis und Exzess (Wölbung) sind Maßzahlen, die angeben wie flach oder steil eine Verteilung ist. Bei einer Normalverteilung beträgt der Exzess 0. Ein Exzess >0) weist auf eine relativ schmale, spitze Verteilung hin, ein Exzess <0 bedeutet eine relativ flache Verteilung. In Excel wird der Exzess mit der Funktion KURT berechnet, was eigentlich nicht ganz korrekt ist, denn KURT steht für Kurtosis und diese hat bei einer Normalverteilung den Wert 3. Syntax und Argumente sind gleich der Funktion SCHIEFE.

$$\left\{\frac{n(n+1)}{(n-1)(n-2)(n-3)} \sum \left(\frac{x_j - \bar{x}}{s}\right)^4\right\} - \frac{3(n-1)^2}{(n-2)(n-3)}$$

Hinweis: Falls Sie statt des Exzess die Kurtosis benötigen, addieren Sie zum Funktionsergebnis die Zahl 3.

```
=KURT(Zahl1;[Zahl2];...)
```

Beispiel Körpergröße und Gewicht einer Stichprobe

Als Beispiel werden für Körpergröße und Gewicht einer Stichprobe Schiefe und Exzess (Kurtosis) berechnet. Im Bild unten ein Ausschnitt aus der Stichprobe (n= 35).

Bild 8.67 Beispiel Schiefe und Kurtosis

Schiefe_Kurtosis.xlsx

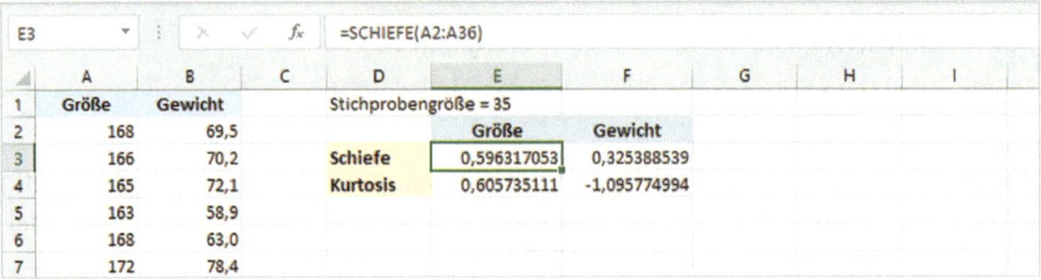

	A	B	C	D	E	F
				E3 =SCHIEFE(A2:A36)		
1	Größe	Gewicht		Stichprobengröße = 35		
2	168	69,5			Größe	Gewicht
3	166	70,2		Schiefe	0,596317053	0,325388539
4	165	72,1		Kurtosis	0,605735111	-1,095774994
5	163	58,9				
6	168	63,0				
7	172	78,4				

Die Formeln für Schiefe und Exzess der Größe in E3 und E4 lauten:

E3: =SCHIEFE(A2:A36)	Ergebnis: 0,5963
E4: =KURT(A2:A36)	Ergebnis: 0,6057

Analog werden in F3 und F4 auch Schiefe und Exzess für das Gewicht berechnet. Liegen Schiefe und Exzess nahe 0, lässt dies auf eine annähernde Normalverteilung schließen.

Zusätzlich lassen sich mit Hilfe der Standardfehler von Schiefe und Exzess/Kurtosis die Wertebereiche ermitteln, in denen Schiefe und Kurtosis noch liegen dürfen, damit man von einer annähernden Normalverteilung sprechen kann. Da in Excel keine Funktion zur Berechnung des Standardfehlers existiert, muss dieser mit folgenden Formeln geschätzt werden, wobei 35 die Stichprobengröße unseres Beispiels ist, siehe Bild 8.68.

E7: =WURZEL((6/35))	Ergebnis: 0,4140
E8: =WURZEL((24/35))	Ergebnis: 0,8281

Anschließend berechnen wir noch in E11 und E12 bzw. F11 und F12 das Verhältnis Schiefe zu Standardfehler und Exzess/Kurtosis zu Standardfehler indem wir Schiefe bzw. Kurtosis durch den jeweiligen Standardfehler teilen (z-standardisieren).

E11: =E3/E7	Ergebnis: 1,4402
E12: =E4/E8	Ergebnis: 0,7315

Diese Ergebnisse können nun zur Beurteilung herangezogen werden, ob eine Normalverteilung vorliegt oder nicht. Zusätzlich wurde für die Größe ein Histogramm erstellt.

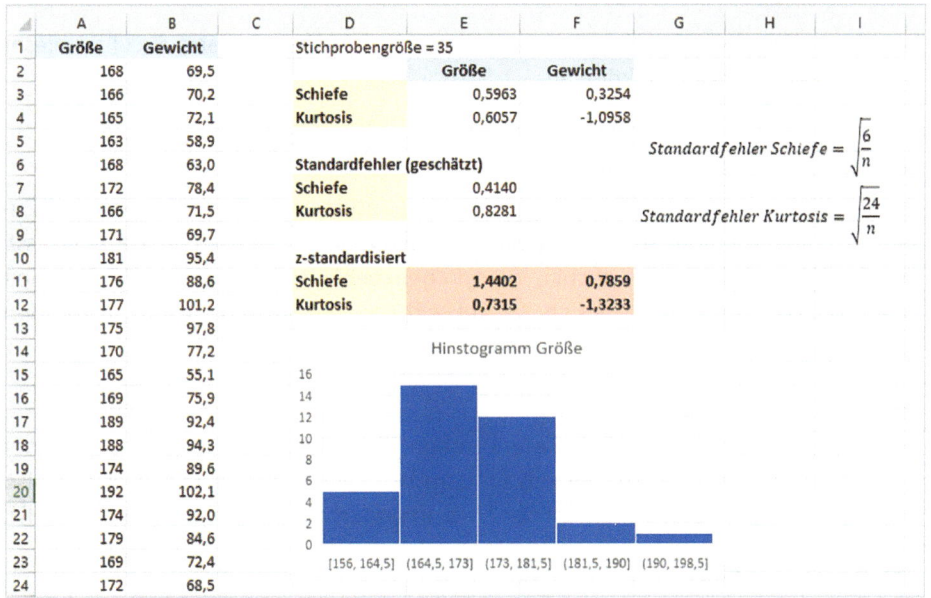

Bild 8.68 Standardfehler und z-standardisierte Werte

Hinweis: Streng genommen wird in diesem Beispiel eigentlich mit Exzess statt mit Kurtosis gerechnet. Allerdings ist der Begriff Kurtosis wesentlich gebräuchlicher.

Kurze Interpretation der Ergebnisse: Damit von einer Normalverteilung ausgegangen werden kann, sollte nach einer groben Daumenregel das Verhältnis Schiefe zu n bzw. Kurtosis zu n (z-standardisierte Werte) im Bereich von ± 1,96 bei einem Konfidenzniveau von 0,05 bzw. 95% liegen. Oder anders gesagt: Die Werte für Schiefe und Kurtosis sollten im Bereich des jeweiligen doppelten Standardfehlers liegen. Dies ist im vorliegenden Beispiel für Größe und Gewicht der Fall.

Exponentialverteilung

Die Exponentialverteilung ist eine stetige Wahrscheinlichkeitsverteilung über die Menge der nicht-negativen reellen Zahlen, die durch eine Exponentialfunktion gegeben ist. Damit lassen sich Zeiträume zwischen Ereignissen modellieren, z. B. wie lange ein Geldautomat für die Ausgabe von Geld benötigt. Beispielsweise können Sie so berechnen, wie wahrscheinlich es ist, dass dieser Vorgang eine Minute dauert. In Excel wird die Exponentialverteilung mit der Funktion EXPON.VERT berechnet.

=EXPON.VERT(x;Lambda;Kumuliert)

Verteilungsfunktion

$$F(x;\lambda) = 1 - e^{-\lambda x}$$

Wahrscheinlichkeitsdichte

$$f(x;\lambda) = \lambda e^{-\lambda x}$$

Argument	Beschreibung
x	Der Wert für die Funktion, bzw. das Quantil, für das die Wahrscheinlichkeit berechnet werden soll.
Lambda	Lambda steht für Zahl der erwarteten Ereignisse pro Einheitsintervall und bestimmt für die Dichtefunktion den Anfangswert bei x=0, sowie den Grad des Abfalls der Kurve.
Kumuliert	Wahrheitswert, der angibt, in welcher Form die exponentielle Funktion zurückgegeben werden soll: WAHR gibt die kumulative Verteilungsfunktion zurück. FALSE gibt die Funktion Wahrscheinlichkeitsdichte zurück.

Hinweis: Im Gegensatz zu den übrigen Verteilungsfunktionen bietet Excel zu dieser Funktion keine Umkehrfunktion an.

Beispiel: Eintreffen in der Kantine

Als Beispiel greifen wir das Beispiel der Betriebskantine von Seite 357 erneut auf. Zusammen mit der Aufenthaltsdauer wurden auch die Ankunftszeiten der Gäste erfasst. Mit dieser Information untersuchen wir nun genauer, wie viele Gäste pro Zeiteinheit eintreffen. Wir vermuten, dass sich die Ankunft exponential verteilt und verwenden zur Beschreibung die Funktion EXPON.VERT.

Lambda hat hier nichts zu tun mit der Funktion LAMBDA (s. Kap. 6).

1. Bestimmung von Lambda

Zunächst benötigen wir den Parameter Lambda. Dieser beschreibt Lage und Form der Exponentialverteilung und ergibt sich aus dem Mittelwert: Lambda=1/Mittelwert. Also berechnen wir in F3 den Mittelwert der Ankunftszeiten mit der Funktion MITTELWERT.

F3: =MITTELWERT(C2:C21)   Ergebnis: 12,08

Da wir die Verteilung der Gäste ab dem Öffnungszeitpunkt 11:45 (in F2 fest vorgegeben) untersuchen wollen, berechnen wir die Differenz zwischen dem Mittelwert und 11:45 und erhalten das Ergebnis 00:23. Da das Ergebnis im Uhrzeitformat ausgegeben wird, muss es anschließend in eine Dezimalzahl umgewandelt werden mit der Formel:

F5: = F4*60*24

Dieses Ergebnis wird als Standardzahl formatiert und lautet dann 23,80. Davon bilden wir in G6 den Kehrwert mit der Formel 1/F5 und erhalten 0,04202.

Da wir das Eintreffen der Gäste nicht in Minuten- sondern in 15-Minuten-Intervallen untersuchen möchten, muss in F7 Lambda noch entsprechend angepasst werden:

F7: =F6*15   Ergebnis: 0,63025

	A	B	C	D	E	F	G	H
1	Gast Nr.	Aufenthalts-dauer Min	Ankunft					
2	1	31	11:46		Restaurant öffnet um	11:45		
3	2	38	11:48		Mittelwert μ	12:08	=MITTELWERT(C2:C21)	
4	3	70	11:48		Differenz	00:23	=F3-F2	
5	4	33	11:50		Differenz (Dezimalzahl)	23,80	=F4*60*24	
6	5	39	11:50		Lambda λ = 1/μ	0,04202	=1/F5	
7	6	60	11:52		λ für Zeitraum 15 Min	0,63025	=F6*15	
8	7	30	11:52					
9	8	49	11:54					
10	9	55	11:58					
11	10	41	12:00					
12	11	31	12:09					
13	12	42	12:10					
14	13	48	12:10					
15	14	67	12:14					
16	15	40	12:25					
17	16	43	12:25					
18	17	50	12:27					
19	18	37	12:39					
20	19	33	12:40					
21	20	39	12:59					

Bild 8.69 Lambda aus dem Mittelwert berechnen

Exponentialverteilung.xlsx

2. Hypothesentest auf Exponentialverteilung (Chi-Quadrat Anpassungstest)

Der Hypothesentest auf eine bestimmte Verteilung, darunter auch Normalverteilung und Expontialverteilung, ist in Excel im Vergleich zu anderen Statistikprogrammen eher aufwändig, weil die Prüfgröße mit den üblichen Formeln berechnet werden muss.

1. Zur Prüfung der Hypothese kopieren wir die Ausgangsdaten in ein zweites Blatt und bilden hier in E2: E6 Klassen über einen Zeitraum von 15 Minuten ab dem Öffnungszeitpunkt 12:00. Die Klassen 5 bis 13 werden in einer einzigen Klasse mit Obergrenze 15:00 (Schließen der Kantine) zusammengefasst (Bild 8.70).

2. Die Häufigkeiten werden in G2 mit der Funktion HÄUFIGKEIT ermittelt. Microsoft 365 erweitert den Ausgabebereich automatisch, mit Excel 2019 muss die Formel in G2:G6 als Matrixformel eingegeben werden.

Achtung: Mit Excel 2019 und älter muss HÄUFIGKEIT in G2:G6 als Matrixformel eingegeben werden!

G2: =HÄUFIGKEIT(C2:C21;F2:F5)

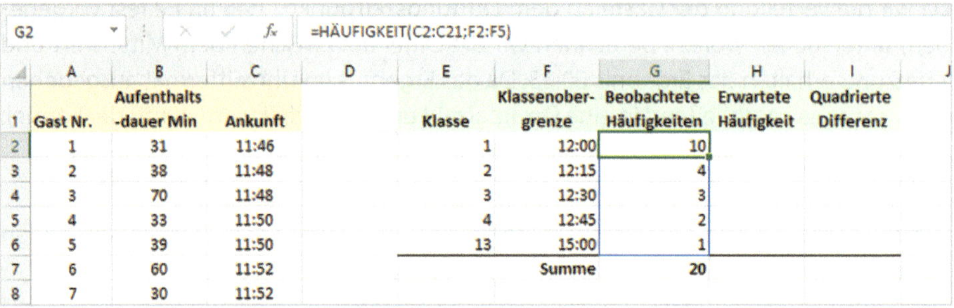

Bild 8.70 Klassenbildung und Häufigkeiten

3 Die theoretische (erwartete) absolute Häufigkeit in Spalte H berechnen wir nun mit der Funktion EXPON.VERT, wobei der Wert 20 die Stichprobengröße darstellt. Die Formel in H3 wird dann in die restlichen Zeilen kopiert.

```
H2: =EXPON.VERT(E2;F10;WAHR)*20

H3: = (EXPON.VERT(E3;$F$10;WAHR)-EXPON.VERT(E2;$F$10;WAHR))*20
```

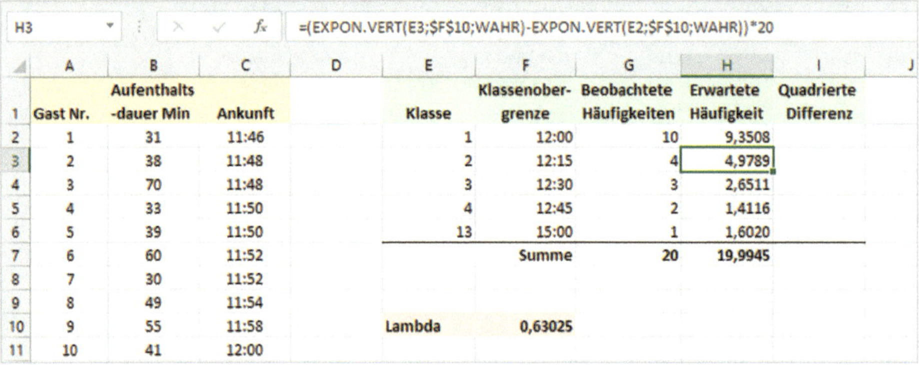

Bild 8.71 Erwartete Häufigkeiten berechnen

4 In Spalte I berechnen wir nun je Klasse die quadrierte Differenz, die wir jeweils durch die erwartete Anzahl dividieren, auch als Normalisierung der Klassenwerte bezeichnet.

```
I2: =(G2-H2)^2/H2
```

5 Aus den Ergebnissen in I2:I6 bilden wir die Summe und erhalten in I7 als Prüfgröße das Ergebnis 0,775.

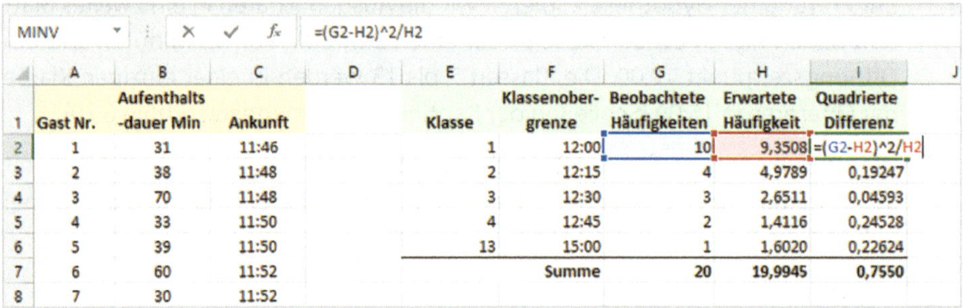

Bild 8.72 Prüfgröße berechnen

Vergleich mit kritischem Wert

Bei einer perfekten Übereinstimmung zwischen erwarteten und tatsächlichen Werten ist die Prüfgröße 0. Je größer der Wert, umso fragwürdiger wird die Prüfgröße. Der Vergleichswert zur Prüfgröße kann in Excel mit der Funktion CHIQU.INV ermittelt werden.

`=CHIQU.INV(Wahrsch;Freiheitsgrade)`

Argument	Beschreibung
Wahrsch	Die zur Chi-Quadrat-Verteilung gehörende Wahrscheinlichkeit
Freiheitsgrade	Die Anzahl der Freiheitsgrade.

Die Funktion liefert die Quantile der linksseitigen Chi-Quadrat-Verteilung und wird verwendet, um einen Vergleichswert bzw. kritischen Wert zu berechnen, mit dem Hypothesen über die Übereinstimmung von beobachteten und erwarteten Ereignissen bewertet werden können. Für unser Beispiel gilt:

- Das Argument *Wahrsch* berechnet sich in unserem Beispiel aus 1 minus der Irrtumswahrscheinlichkeit, die beliebig festgelegt werden kann, z. B. 0,05.
- Die Anzahl der Freiheitsgrade ergibt sich aus der Anzahl der gebildeten Klassen minus 1, (5-1=4), da wir den Parameter Lambda auf der Basis des Mittelwerts aus der Stichprobe geschätzt haben.

Die Formel zur Berechnung des kritischen Werts in I8 lautet daher:

`I8: =CHIQU.INV(1-0,05;4)`   Ergebnis: 9,4877

Angewandt auf die folgende Vergleichsregel:

- Prüfgröße > kritischer Wert ▶ Hypothese ablehnen.
- Prüfgröße < kritischer Wert ▶ Hypothese kann nicht abgelehnt werden.

Ergebnis: Prüfgröße 0,755 < 9,4877, d. h. die Hypothese kann nicht abgelehnt werden.

	A	B	C	D	E	F	G	H	I
1	Gast Nr.	Aufenthalts-dauer Min	Ankunft		Klasse	Klassenobergrenze	Beobachtete Häufigkeiten	Erwartete Häufigkeit	Quadrierte Differenz
2	1	31	11:46		1	12:00	10	9,3508	0,04507
3	2	38	11:48		2	12:15	4	4,9789	0,19247
4	3	70	11:48		3	12:30	3	2,6511	0,04593
5	4	33	11:50		4	12:45	2	1,4116	0,24528
6	5	39	11:50		13	15:00	1	1,6020	0,22624
7	6	60	11:52			Summe	20	19,9945	0,7550
8	7	30	11:52			Vergleichswert/Kritischer Wert			9,48773
9	8	49	11:54						

Bild 8.73 Kritischen Wert/Vergleichswert berechnen

Hinweis: In der Literatur wird gefordert, dass keine der erwarteten Häufigkeiten <1 sein darf und höchstens 20-25% kleiner als 5. In unserem Beispiel ist die zweite Bedingung nicht erfüllt, da 80% der Werte kleiner als 5 sind. In solchen Fällen sollten Intervalle zusammengefasst oder der Stichprobenumfang vergrößert werden.

Falluntersuchungen

Die folgenden Falluntersuchungen gehen davon aus, dass die Kantine 400 Sitzplätze umfasst und an Werktagen voll ausgelastet ist.

A: Wie viele Gäste kommen in den ersten 5 Minuten nach Öffnung der Kantine?

Zu berechnen ist die Wahrscheinlichkeit ≤1/3 mit folgender Formel. Das Ergebnis lautet 0,1895. Demnach kommen in den ersten 5 Minuten 400*0,1895 = 76 Gäste.

```
=EXPON.VERT(1/3;0,63025;WAHR)-EXPON.VERT(0;0,63025;WAHR)
```

B: Wie viele Gäste kommen voraussichtlich zwischen 13:00 und 13:15?

Zu berechnen ist die Wahrscheinlichkeit 5≤ z ≤6. Das Ergebnis 0,02 bedeutet, in diesem Zeitraum treffen 0,02*400 = 8 Gäste ein.

```
=EXPON.VERT(6;0,63025;WAHR)-EXPON.VERT(5;0,63025;WAHR)
```

Ergebnis im Diagramm darstellen

Falls Sie den Hypothesentest auf Exponentialverteilung auch als Diagramm darstellen möchten, dann gehen Sie so vor.

1. Erstellen Sie eine Tabelle, wie im Bild unten und berechnen Sie die folgenden Werte. In Spalte A werden die Klassenmitten eingetragen, in Spalte B berechnen Sie die Dichtefunktion der Exponentialverteilung mit folgender Formel:

   B5: =EXPON.VERT(A5;$C$1;FALSCH)

2. Die beobachteten tatsächlichen Häufigkeiten in Spalte C werden wieder mit HÄUFIGKEIT aus der Stichprobe und der Klasseneinteilung berechnet, siehe Bild 8.70 auf Seite 364.

3. Die beobachteten relativen Häufigkeiten in Spalte D werden aus den beobachteten Häufigkeiten und der Stichprobengröße berechnet. Die Werte in Spalte E dienen nur zur Beschriftung der X-Achse des Diagramms.

   D4: =C5/$C$2

Bild 8.74 Ausgangswerte für Diagramm berechnen

	A	B	C	D	E
1	Lambda		0,63025		
2	Stichprobenumfang		20		
3					
4	Klassenmitte	Werte Dichtefunktion	Beob. Häufigkeit	Beob. rel. Häufigkeit	Beschriftung X-Achse
5	0,5	0,460	10	0,50	0-15
6	1,5	0,245	4	0,20	15-30
7	2,5	0,130	3	0,15	30-45
8	3,5	0,069	2	0,10	45-60
9	4,5	0,037	1	0,05	60-75
10	5,5	0,020	0	0,00	75-90

Diagramm erstellen

1. Markieren Sie D5:D10 ❶ und fügen Sie ein 2D-Säulendiagramm ein (*Einfügen* ▶ *Diagramme* ▶ *Säulen- oder Balkendiagramm einfügen* ▶ *Gruppierte Säulen*).

2. Klicken Sie zum Hinzufügen der Dichtefunktion auf *Diagrammentwurf* ▶ *Daten auswählen* ❷. Legen Sie im Feld *Reihenwerte* ❸ die Zellen B5:B10 fest ❹. Als Beschriftung der X-Achse geben Sie E5:E10 an.

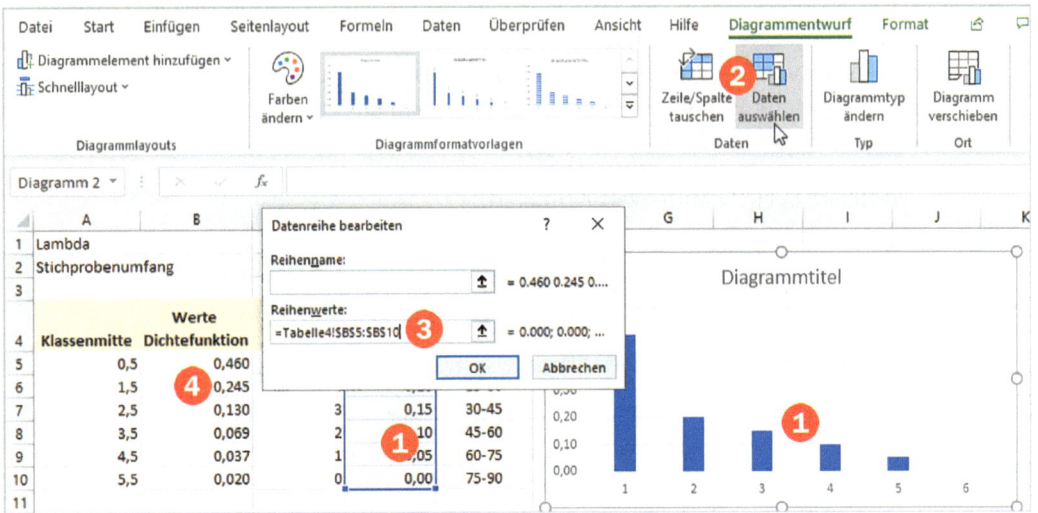

Bild 8.75 Diagramm erstellen

3. Sie erhalten zunächst ein Diagramm mit je zwei nebeneinander angeordneten Säulen. Um die Dichtefunktion in eine Linie umzuwandeln, klicken Sie in Register *Diagrammentwurf* ▶ *Typ* auf *Diagrammtyp ändern*. Klicken Sie auf den Typ *Kombi* ❺ (Verbund) und wählen Sie für die zweite Datenreihe den Typ *Punkte mit interpolierten Linien* ❻.

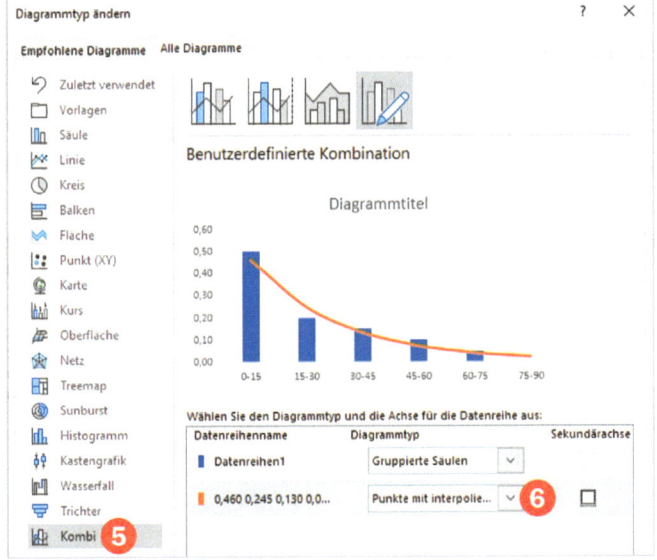

Bild 8.76 Wählen Sie den Typ Kombi

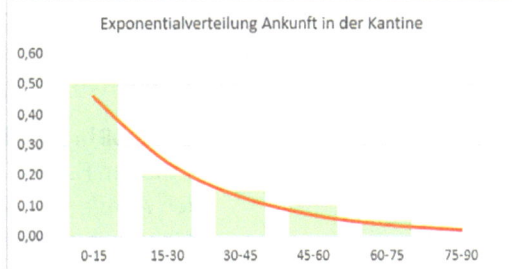

Bild 8.77 Das fertige Diagramm

4 Zuletzt können Sie mit Rechtsklick auf die *Datenreihe1* (Säulen) und den Befehl *Datenreihen formatieren...* noch die Abstandsbreite zwischen den Säulen verringern (z. B. auf 50%) und eine andere Füllfarbe wählen, siehe Bild oben.

Poisson-Verteilung

Die Poisson-Verteilung gibt Wahrscheinlichkeiten einer poissonverteilten Zufallsvariablen zurück. Eine gebräuchliche Anwendung der Poissonverteilung ist die Abbildung der Anzahl von Ereignissen innerhalb eines bestimmten Zeitraums, beispielsweise die Anzahl von Autos, die innerhalb einer Stunde in ein Parkhaus einfahren. Excel stellt dazu die Funktion POISSON.VERT bereit.

`=POISSON.VERT(x;Mittelwert;Kumuliert)`

Argument	Beschreibung
x	Anzahl der Fälle bzw. Ereignisse.
Mittelwert	Der erwartete Zahlenwert.
Kumuliert	Wahrheitswert, der den Typ der Funktion bestimmt: WAHR: Gibt den Wert der Verteilungsfunktion zurück, also die Wahrscheinlichkeit, dass die Anzahl zufällig eintretender Ereignisse zwischen 0 und einschließlich x liegt. FALSCH: Gibt den Wert der Wahrscheinlichkeitsfunktion zurück, d. h. die Wahrscheinlichkeit, dass die Anzahl der Ereignisse genau x sein wird.

Für Kumuliert = FALSCH:
$$POISSON = \frac{e^{-\lambda} \lambda^x}{x!}$$

Für Kumuliert = WAHR:
$$CUMPOISSON = \sum_{k=0}^{x} \frac{e^{-\lambda} \lambda^k}{k!}$$

Beispiel Telefonanrufe

In einer Telefonzentrale gehen durchschnittlich zwei Telefonanrufe pro Minute ein. Da eingehende Telefonanrufe Ereignisse sind, die sich ständig wiederholen und zudem zufällig und unabhängig voneinander eintreten, kann man zur Berechnung von Wahrscheinlichkeiten eine Poisson-Verteilung unterstellen. Damit wollen wir folgende Fragen beantworten, s. Bild 8.78 auf der nächsten Seite.

Poisson_Verteilung.xlsx

▶ **A: Wie groß ist die Wahrscheinlichkeit, dass innerhalb einer Minute kein Anruf eingeht?**
In diesem Fall ist die Zufallsvariable x definiert durch die Anzahl der ankommenden Anrufe im Zeitintervall von 1 Minute. Entsprechend der Aufgabenstellung geben wir als Mittelwert 2 (Anrufe pro Minute) an. Damit errechnet sich die Wahrscheinlichkeit, dass innerhalb von 1 Minute kein Anruf eingeht wie folgt:

`C2: =POISSON.VERT(0;2;FALSCH)`   Ergebnis: 0,1315

Als Ergebnis liefert die Formel 0,1315 oder die Wahrscheinlichkeit von 13,53%. Da hier x=0 der erste Wert der Definitionsmenge von x ist, spielt es keine Rolle, ob als Argument zur Summenbildung (*Kumuliert*) WAHR oder FALSCH angegeben wird.

▶ **B: Wie groß ist die Wahrscheinlichkeit, dass in einer Stunde mindestens 100 Anrufe eingehen?**
In Fall B wird das Zeitintervall auf 1 Stunde geändert:

- Die Zufallsvariable wird definiert durch die Anzahl der Anrufe in einem Intervall von 60 Minuten.
- Der Mittelwert lässt sich einfach umrechnen: 2*60=120 (Anrufe pro Stunde).
- Gesucht ist w(x>=100)=1-(x<=99).

C3: =1-POISSON.VERT(99;120;WAHR)   Ergebnis: 0,9721 = 97,21%

Als Ergebnis erhalten wir 0,9721 bzw. die Wahrscheinlichkeit 97,21%.

▶ **C: Wie groß die Wahrscheinlichkeit, dass in 1 Stunde genau 120 Anrufe eingehen?**
In diesem Fall wird das Ergebnis zu x=120 gesucht.

C4: =POISSON.VERT(120;120;FALSCH)   Ergebnis: 0,0364 = 3,64%

▶ **D: Wie groß ist die Wahrscheinlichkeit, dass die Telefonzentrale überlastet ist?**
Hier suchen wir das Ergebnis von w(x>3), das wir entsprechend umschreiben in 1-w(x<=3).

C5: =1-POISSON.VERT(3;2;WAHR)   Ergebnis: 0,1429 = 14,29%

	A	B	C	D	E
1	Fall		Ergebnis	Wahrscheinlichkeit %	
2	A	Kein Anruf innerhalb von 1 Minute	0,1353	13,53%	=POISSON.VERT(0;2;FALSCH)
3	B	In 1 Stunde mindestens 100 Anrufe	0,9721	97,21%	=1-POISSON.VERT(99;120;WAHR)
4	C	In 1 Stunde genau 120 Anrufe	0,0364	3,64%	=POISSON.VERT(120;120;FALSCH)
5	D	Telefonzentrale überlastet (Anrufe pro Minute >=3)	0,1429	14,29%	=1-POISSON.VERT(3;2;WAHR)
6					
7					

Bild 8.78 Poisson-Verteilung Beispiel Telefonzentrale

Binomialverteilung

Bei Fragestellungen, die mit Zufallsexperimenten zu tun haben und nur zwei mögliche Ergebnisse liefern, nämlich Erfolg und Nichterfolg, haben wir es meist mit einer diskreten Wahrscheinlichkeitsverteilung zu tun, die als Binomialverteilung bezeichnet wird. Sie zählt zu den bekanntesten Verteilungen der Statistik.

Zur Berechnung stellt Excel die Funktion BINOM.VERT zur Verfügung. Diese benötigt im Gegensatz zur Poisson-Verteilung noch zwei weitere Argumente, nämlich die Anzahl der Versuche und die Erfolgswahrscheinlichkeit.

= BINOM.VERT(Zahl_Erfolge;Versuche;Erfolgswahrsch;Kumuliert)

Argument	Beschreibung
Zahl_Erfolge	Die Anzahl der Erfolge in einer Versuchsreihe.

Argument	Beschreibung
Versuche	Die Anzahl der voneinander unabhängigen Versuche.
Erfolgswahrsch	Die Wahrscheinlichkeit eines Erfolgs für jeden Versuch.
Kumuliert	Wahrheitswert, der den Typ der Funktion bestimmt. WAHR gibt die Verteilungsfunktion zurück, d. h. die Wahrscheinlichkeit dafür, dass es höchstens Zahl_Erfolge gibt. FALSCH liefert die Verteilungsfunktion, also die Wahrscheinlichkeit, dass es genau Anzahl_Erfolge gibt.

Beispiel: Münze werfen

Hier ein einfaches Beispiel: Eine Münze wird 10 mal geworfen. Wie groß ist die Wahrscheinlichkeit, 3 mal das Ergebnis *Zahl* zu erhalten? Als Argumente werden die Werte wie im Bild unten vorgegeben und die Formel in B8 lautet:

B8: =BINOM.VERT(B3;B4;B5;FALSCH) Ergebnis: 0,1171875

Bild 8.79 Beispiel Münze werfen

Binomialverteilung.xlsx

B8 =BINOM.VERT(B3;B4;B5;FALSCH)

	A	B	C
1	**Beispiel Münze werfen**		
2			
3	Anzahl_Erfolge	3	
4	Versuche	10	
5	Erfolgswahrsch	0,5	
6	Kumuliert	FALSCH	
7			
8	**Ergebnis**	**0,1171875**	=BINOM.VERT(B3;B4;B5;FALSCH)
9			

Für jeden Wert der Variablen *Anzahl_Erfolge*, im Beispiel oben 3, gibt es eine bestimmte Wahrscheinlichkeit. Die Zuordnung des Variablenwertes zu der entsprechenden Wahrscheinlichkeit bezeichnet man als Binomialverteilung. Im Bild unten werden alle Wahrscheinlichkeiten des Beispiels in einer Tabelle berechnet und als Diagramm dargestellt.

Bild 8.80 Binomialverteilung Diagramm

	A	B
1	**Münze werfen - alle Wahrscheinlichkeiten**	
2		
3	**Anzahl Versuche**	**Wahrschein-lichkeit**
4	0	0,00098
5	1	0,00977
6	2	0,04395
7	3	0,11719
8	4	0,20508
9	5	0,24609
10	6	0,20508
11	7	0,11719
12	8	0,04395
13	9	0,00977
14	10	0,00098
15		

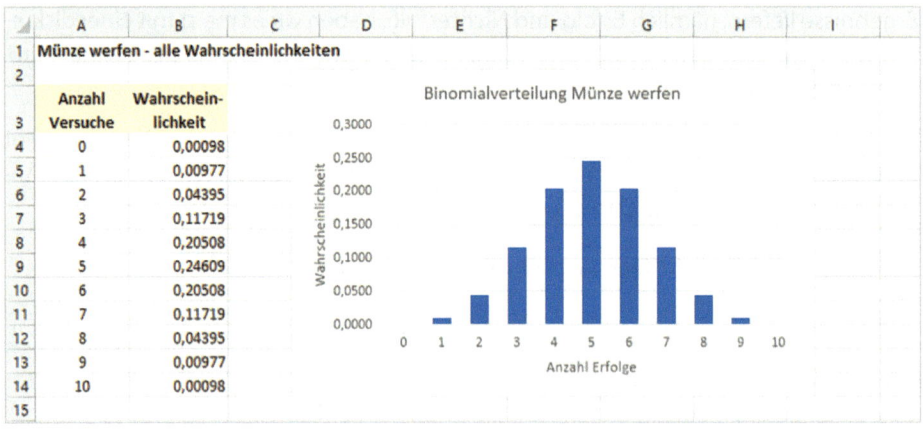

5   Spalte A enthält alle möglichen Werte der Variablen *Anzahl_Erfolge*, also alle Zahlen von 0 bis 10. In B4 wird die dazugehörige Wahrscheinlichkeit mit folgender Formel berechnet und diese anschließend nach unten kopiert:

`B4: =BINOM.VERT(A4;10;0,5;FALSCH)`

6   Aus diesen beiden Werten wird anschließend ein Säulendiagramm erstellt. Da hier die Beschriftung der X-Achse aus Zahlen besteht, sollten Sie mit einem leeren Diagramm beginnen.

Achten Sie daher darauf, dass eine beliebige Zelle außerhalb der Tabelle markiert ist und klicken Sie im Menüband, Register *Einfügen* ▶ *Diagramme* auf *Säulen- oder Balkendiagramm einfügen* und hier auf *2D-Säule - Gruppierte Säulen*.

7   Klicken Sie dann im Register *Diagrammentwurf* ▶ *Daten* auf *Daten auswählen*.

8   Klicken Sie im Dialogfenster *Datenquelle auswählen* unter *Legendeneinträge (Reihen)* auf *Hinzufügen* ❶ und legen Sie den Bereich B4:B14 als *Reihenwerte* ❷ fest. Klicken Sie dann unter *Horizontale Achsenbeschriftungen (Rubrik)* auf *Bearbeiten* ❸ und wählen Sie A4:A14 als *Achsenbeschriftungsbereich* ❹.

 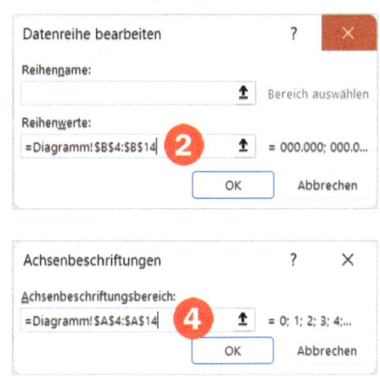

Bild 8.81 Datenreihe und Achsenbeschriftung festlegen

9   Fügen Sie zuletzt die übrigen Beschriftungen hinzu und formatieren Sie das Diagramm nach Ihren Vorstellungen.

8.5 Korrelationsanalysen

Korrelationskoeffizient berechnen

Korrelationen werden in der Statistik eingesetzt, um den Zusammenhang zwischen zwei Variablen zu messen. Sie liefern einen Hinweis auf mögliche Zusammenhänge. Aus einem starken Zusammenhang folgt jedoch nicht zwingend, dass auch eine eindeutige Ursache-Wirkungs-Beziehung vorliegt. Manchmal liegen auch so genannte Scheinkorrelationen vor. Zur Berechnung des Korrelationskoeffizienten stellt Excel die beiden folgenden Funktionen zur Verfügung, die sich hinsichtlich ihrer Ergebnisse nicht unterscheiden.

> Microsoft empfiehlt im Support den Einsatz von KORREL statt PEARSON, da damit in älteren Excel-Versionen Rundungsfehler auftreten können.

```
=KORREL(Matrix1;Matrix2)
=PEARSON(Matrix1;Matrix2)
```

Bei beiden Funktionen geben Sie als *Matrix1* den ersten Zellbereich mit Werten und als *Matrix2* den zweiten Zellbereich mit Werten an, deren Zusammenhang Sie untersuchen möchten. Beide Zellbereiche bzw. Matrizen müssen gleich groß sein.

Als Ergebnis erhalten Sie einen Wert zwischen -1 und +1. Hinsichtlich der Stärke des vermuteten Zusammenhangs zwischen den Zellbereichen gilt als Orientierungshilfe:

- 0 = kein Zusammenhang
- -1 = perfekter negativer Zusammenhang
- +1 = perfekter positiver Zusammenhang
- Für Werte dazwischen gilt entsprechend: zwischen 0,1 und 0,4 = sehr schwach bis schwach; zwischen 0,4 und 0,6 = mittel und zwischen 0,6 und 1 = stark bis sehr stark.

Beispiel 1: Testvergleich von Kaffeesorten

Zwei Personen testen 10 Kaffeesorten und bewerten diese mit einer Note von 1 (sehr gut) bis 6 (sehr schlecht). Die Bewertungen der Tester weichen voneinander ab und Sie möchten feststellen, ob trotzdem eine weitgehende Übereinstimmung im Urteil der beiden Personen besteht.

> **Korrelation_1.xlsx**

Dazu wurden in E2 und E3 (s. Bild auf der nächsten Seite) die Korrelationskoeffizienten mit folgenden Formeln berechnet. Beide liefern dasselbe Ergebnis 0,626275846

| E2: =KORREL(B3:B12;C3:C12) | Ergebnis: 0,626275846 |
| E3: =PEARSON()B3:B12;C3:C12) | Ergebnis: 0,626275846 |

Das Ergebnis ist so zu interpretieren, dass zwischen den Bewertungen der beiden Kaffeetester ein stärkerer Zusammenhang besteht, als es die abweichenden Einzelergebnisse auf den ersten Blick vermuten lassen. Dies verdeutlicht auch das Diagramm mit Trendlinie.

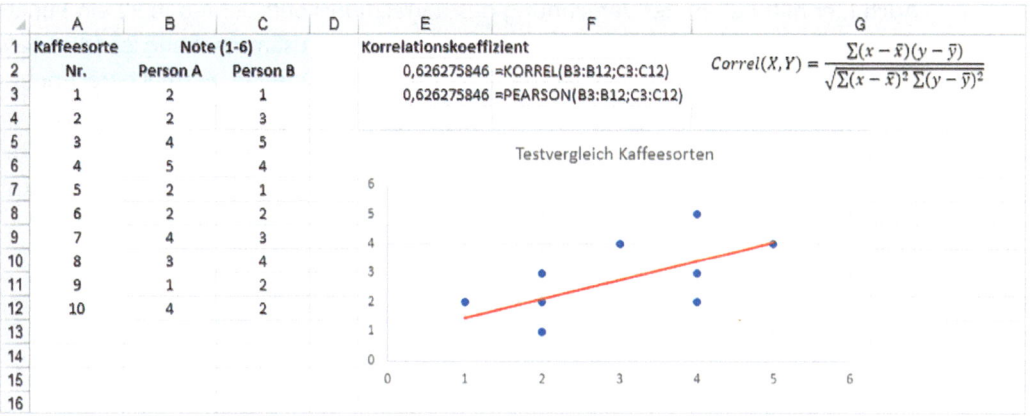

Bild 8.82 Korrelationskoeffizient berechnen

Diagramm mit Trendlinie erstellen

Zur Verdeutlichung wird aus den Werten in B3:B12 und C3:C12 noch ein Punktdiagramm erstellt, dem eine Trendlinie hinzugefügt wird. Dazu markieren Sie den Bereich B3:C12, klicken im Register *Einfügen* ▶ *Diagramme* auf *Punkt (XY)- oder Blasendiagramm einfügen* und wählen den Untertyp *Punkt (XY)*. Zum Hinzufügen der Trendlinie klicken Sie in das Diagramm und dann im Register *Diagrammentwurf* ▶ *Diagrammlayouts* auf *Diagrammelement hinzufügen* ▶ *Trendlinie* und auf *Linear*.

Beispiel 2: Wartezeit und Kundenzufriedenheit eines Call-Centers

Am zweiten Beispiel eines Call-Centers soll untersucht werden, ob ein Zusammenhang zwischen Kundenzufriedenheit allgemein und der in der Warteschleife verbrachten Zeit besteht, im Bild unten die erhobenen Daten. Die Zufriedenheit wurde von den Kunden anhand einer Notenskala von 1 (sehr gut) bis 6 (sehr schlecht) bewertet.

	A	B	C
1	lfd. Nr.	Zufriedenheit	Wartezeit Sek.
2	1	2	95
3	2	3	110
4	3	2	45
5	4	1	56
6	5	3	150
7	6	4	220
8	7	3	95
9	8	1	48
10	9	3	95
11	10	3	180
12	11	5	300
13	12	5	230
14	13	5	320
15	14	2	70
16	15	4	220
17	16	2	116
18	17	3	63
19	18	6	360
20	19	2	40
21	20	2	140

Bild 8.83 Die Ausgangsdaten

Korrelation_2.xlsx

Auch hier hilft neben der Berechnung des Korrelationskoeffizienten in F2 ein Punktdiagramm mit linearer Trendlinie, um einen möglichen Zusammenhang zu erkennen, s. Bild unten. Der Korrelationskoeffizient in F2 wird mit folgender Formel berechnet:

F2: =KORREL(B2:B21;C2:C21)   Ergebnis: 0,912549472

Bild 8.84 Kundenzufriedenheit und Wartezeit

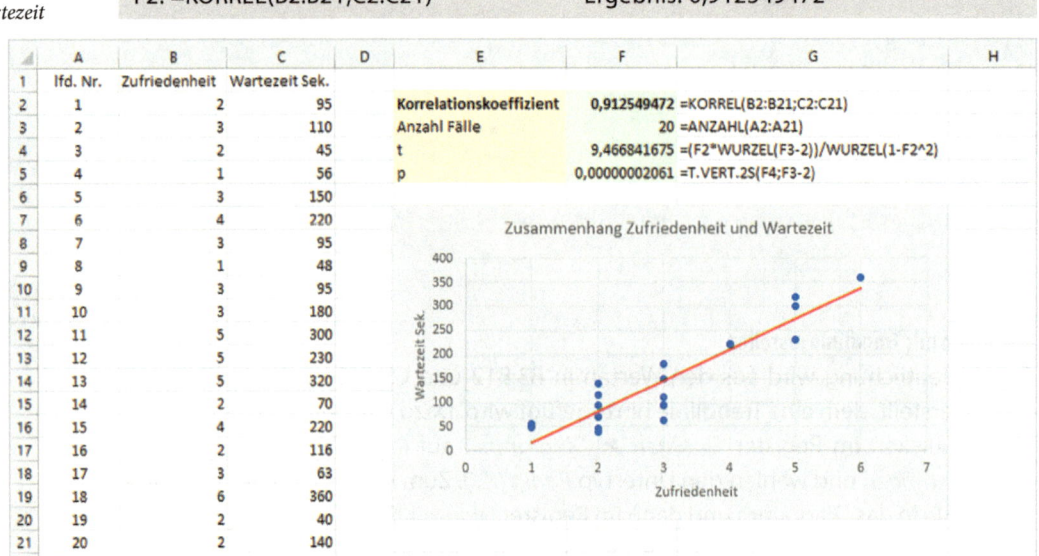

p-Wert berechnen

Tipp: p-Wert und t erhalten Sie auch mit der Analyse-Funktion Regression. Siehe Seite 382.

Der p-Wert gibt Auskunft, ob sich der Korrelationskoeffizient signifikant von 0 unterscheidet. Ein p-Wert kleiner als 0,05 wird meist als statistisch signifikant betrachtet. Leider gibt es in Excel keine Funktion zum Berechnen des p-Werts, sondern Sie müssen diesen auf Umwegen berechnen. Dazu benötigen Sie die Anzahl der Fälle und den t-Wert, den Sie aus dem Korrelationskoeffizient mit nebenstehender Formel berechnen.

$$t = \frac{r\sqrt{n-2}}{\sqrt{1-r^2}}$$

F2 (Anzahl):	=ANZAHL(A2:A21)	Ergebnis: 20
F3 (t):	=(F2*WURZEL(F3-2))/WURZEL(1-F2^2)	Ergebnis: 9,466841675

Daraus berechnen Sie dann mit Hilfe der Funktion T.VERT.2S den p-Wert für zweiseitiges Testen aus der t-Verteilung.

=T.VERT.2S(ABS(x); Freiheitsgrade)

Achtung: x muss ein positiver Wert sein, daher müssen Sie eventuell negative Werte in die Funktion ABS einschließen. ABS liefert den Absolutwert einer Zahl, also ohne Vorzeichen.

- x ist der numerische Wert, für den die Verteilung ausgewertet werden soll, in diesem Beispiel der t-Wert in F3.
- Das Argument *Freiheitsgrade* ist die Anzahl der Freiheitsgrade, also die Anzahl der Fälle minus 2.

Damit lautet die Formel in F5 wie folgt und das Ergebnis bzw. der p-Wert ist eindeutig kleiner als 0,05.

F5: =T.VERT.2S(F4;F3-2)   Ergebnis: 0,00000002061

Weitere Kennzahlen der Trendlinie

Formel und Bestimmtheitsmaß im Diagramm anzeigen

Um die Formel zur Berechnung der Trendlinie im Diagramm anzuzeigen, doppelklicken Sie im Diagramm auf die Trendlinie ❶, siehe Bild unten, (oder Rechtsklick und Befehl T*rendlinie formatieren...*) und aktivieren anschließend im Aufgabenbereich *Trendlinie formatieren* das Kontrollkästchen *Formel im Diagramm anzeigen* ❷. Mit dem Kontrollkästchen *Bestimmtheitsmaß im Diagramm darstellen* kann im Diagramm auch noch das Bestimmtheitsmaß der Trendlinie hinzugefügt werden.

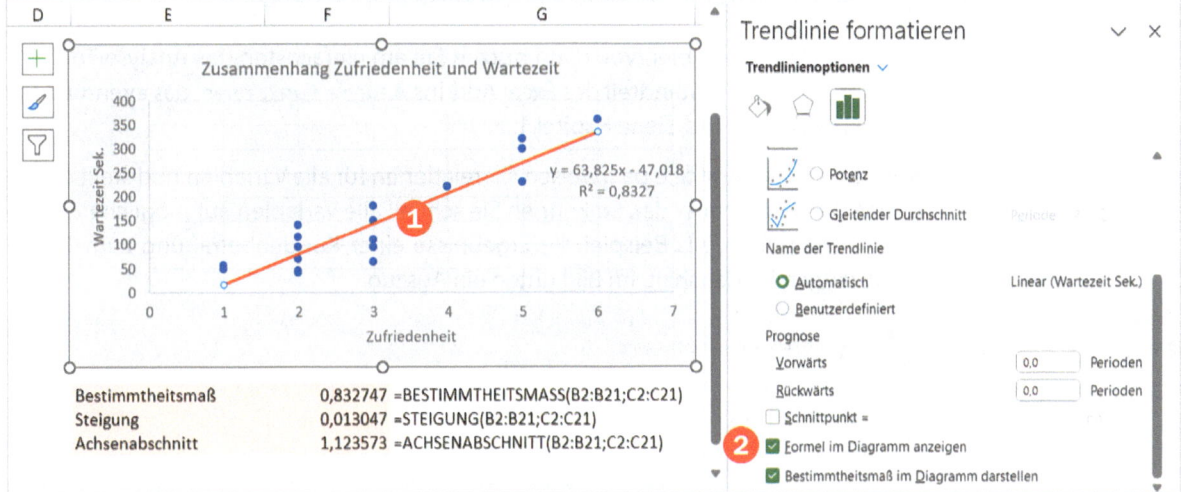

Bild 8.85 Formel und Bestimmtheitsmaß im Diagramm anzeigen, Steigung und Achsenabschnitt berechnen.

Bestimmtheitsmaß, Steigung und Schnittpunkt der Trendlinie mit Funktionen berechnen

Das Bestimmtheitsmaß R^2 ist ein Wert zwischen 0 und 1 und gibt an, wie gut die Daten durch ein Modell erklärt werden. Je kleiner das Bestimmtheitsmaß, umso weniger repräsentiert der lineare Trend die Datenpunkte im Diagramm. Das Bestimmtheitsmaß ist nichts anderes als das Quadrat des Korrelationskoeffizienten und lässt sich auch mit der Excel-Funktion BESTIMMTHEITSMASS berechnen.

Der Korrelationskoeffizient kann folglich auch berechnet werden als Wurzel aus dem Bestimmtheitsmaß.

```
=BESTIMMTHEITSMASS(Y_Werte;X_Werte)
```

Die Steigung der Trendgeraden berechnen Sie mit der Funktion STEIGUNG.

```
=STEIGUNG(Y_Werte;X_Werte)
```

Den Schnittpunkt der Trendlinie mit der y-Achse können Sie mit der Funktion ACHSENABSCHNITT berechnen.

```
=ACHSENABSCHNITT(Y_Werte;X_Werte)
```

Für die Argumente dieser drei Funktionen gilt: *Y_Werte* und *X_Werte* sind jeweils eine Matrix oder ein Bereich von Datenpunkten. Beide müssen dieselbe Anzahl von Datenpunkten aufweisen, Text, leere Zellen und Wahrheitswerte werden ignoriert, 0 dagegen berücksichtigt.

Für das hier verwendete Beispiel lauten dann die Formeln wie folgt, siehe Bild 8.85 auf der vorhergehenden Seite.

F21: = BESTIMMTHEITSMASS(B2:B21;C2:C21)

F22: = STEIGUNG(B2:B21;C2:C21)

F23: = ACHSENABSCHNITT(B2:B21;C2:C21)

Korrelationsmatrix mit dem Analyse-Tool Korrelation erstellen

Liegen mehrere Variablen vor, dann nutzen Sie am einfachsten das Analyse-Tool *Korrelation*. Dieses ist Bestandteil des Excel Add-Ins *Analyse-Funktionen*, das eventuell erst geladen werden muss, siehe Kapitel 1.

Korrelation bestimmt alle paarweisen Korrelationen für alle Variablen und stellt das Ergebnis als Datenmatrix dar. So können Sie schnell alle Variablen auf mögliche Zusammenhänge prüfen. Als Beispiel die Ergebnisse einer Kundenbefragung zum Thema Staubsaugen im Haushalt, im Bild unten ein Auszug.

Bild 8.86 Ergebnisse Kundenbefragung

Korrelation_Analyse_Funktion.xlsx

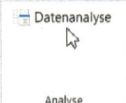

1. Klicken Sie im Menüband, Register *Daten* ▶ *Analyse* auf *Datenanalyse* und wählen Sie *Korrelation*. Achtung: Nicht zu verwechseln mit der *Datenanalyse* im Register *Start*!

2. Als Eingabebereich markieren Sie Ihre Datenmatrix, hier B8:L62. Enthält die Ausgangsmatrix Spaltenüberschriften wie in diesem Beispiel, dann markieren Sie diese mit und aktivieren das Kontrollkästchen *Beschriftungen in erster Zeile*.

3. Wählen Sie die Option *Geordnet nach Spalten* und *Neues Tabellenblatt* als *Ausgabebereich*, siehe Bild unten.

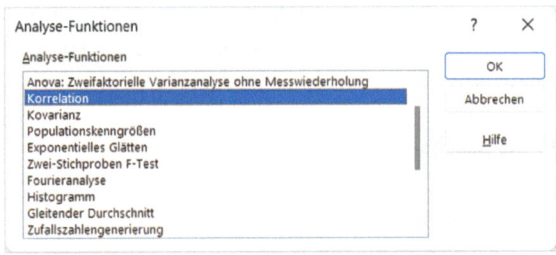

Bild 8.87 Wählen Sie die Analyse-Funktion Korrelation

Bild 8.88 Eingabebereich und Ausgabebereich festlegen

Als Ergebnis erhalten Sie eine Korrelationsmatrix, allerdings werden die Ergebnisse als Werte und ohne Hinweis auf die verwendete Funktion oder Formel eingefügt.

Bild 8.89 Das Ergebnis Korrelationsmatrix, mit drei Nachkommastellen formatiert

	A	B	C	D	E	F	G	H	I	J	K	L
1		Geschlecht (1=m, 2=w)	Hausarbeit	Staubsaugen pro Woche	Motorleistung	Design	Handling / Komfort	Motorsound	Fahrwerk	Verbrauch	Reinigungskraft	Zusatzausstattung
2	Geschlecht (1=m, 2=w)	1,000										
3	Hausarbeit	-0,129	1,000									
4	Staubsaugen pro Woche	0,330	-0,225	1,000								
5	Motorleistung	-0,039	0,408	-0,302	1,000							
6	Design	-0,043	0,084	0,270	0,143	1,000						
7	Handling / Komfort	-0,047	0,021	-0,043	0,015	0,057	1,000					
8	Motorsound	0,790	0,023	0,126	0,069	0,017	0,004	1,000				
9	Fahrwerk	0,754	-0,161	0,233	-0,020	0,034	-0,078	0,596	1,000			
10	Verbrauch	-0,548	-0,010	-0,227	0,042	0,074	0,022	-0,385	-0,402	1,000		
11	Reinigungskraft	0,216	-0,272	0,606	-0,405	0,119	0,131	0,009	0,212	0,026	1,000	
12	Zusatzausstattung	0,756	-0,079	0,118	-0,099	-0,197	0,088	0,603	0,543	-0,367	0,046	1,000
13												

8.6 Regressions- und Trendanalysen

Übersicht

Regressionsanalysen werden in der Statistik eingesetzt, um Beziehungen zwischen zwei oder mehr Variablen zu beschreiben. Voraussetzung ist ein linearer gerichteter Zusammenhang zwischen den Variablen, d. h. es müssen eine unabhängige und mindestens eine abhängige Variable existieren. Regressionsanalysen werden häufig für Variablen eingesetzt, für die zuvor ein statistischer Zusammenhang ermittelt wurde, die also miteinander korrelieren.

Ein einfaches Beispiel:
Für ein Hotel wurde ein positiver Zusammenhang zwischen der Anzahl der Gäste und dem Wasserverbrauch ermittelt. Je mehr Gäste übernachten, umso höher ist der Wasserbrauch. Die Anzahl der Gäste stellt die unabhängige Variable dar, da umgekehrt ein höherer Wasserverbrauch nicht gleichzeitig mehr Gäste zur Folge hat. Mit Hilfe

der Regressionsanalyse kann die Steigung der Regressionsgeraden ermittelt werden, das bedeutet für dieses Beispiel: Mit jedem weiteren Gast steigt der Wasserbrauch im Schnitt um den Wert, der als Regressionskoeffizient ermittelt wurde.

Die wichtigsten Excel-Funktionen zur Regressionsanalyse

RGP	Diese Funktion liefert die Parameter eines linearen Trends, der sich mit der bekannten Gleichung y=mx+b beschreiben lässt.
RKP	Ähnlich der Funktion RGP, beschreibt aber eine exponentielle Regressionsfunktion der Form y=b*e$^{(a*x)}$.
Regression Analyse-Funktion (Add-In)	Über die Analyse-Funktion Regression erhält man eine Zusammenfassung unter den Rubriken Regressions-Statistik, ANOVA, Ausgabe Residuenplot, Ausgabe Quantilsplot in Form von Tabellen und Diagrammen.
TREND	Diese Funktion berechnet aus den Wertepaaren (Y,X) nach der Methode der kleinsten Quadrate eine Gerade, die auf der Punktwolke liegt. Zudem berechnet die Funktion aus den X-Werten die zugehörigen Schätzwerte ŷ=ys.
PROGNOSE.LINEAR SCHÄTZER (Bis Excel 2013)	Diese beiden Funktionen berechnen aus den Wertepaaren Y und X eine lineare Regression und geben aus dem Ergebnis den Schätzwert ŷ an der Stelle x aus. Beide liefern dieselben Werte wie die Funktion TREND(), wenn auch mit einer etwas anderen Syntax und nicht als Matrixformel

Eine einfache lineare Regression mit RGP berechnen

Die Funktion RGP liefert die Parameter eines linearen Trends, der sich auch mit der Gleichung y=m*x+b beschreiben lässt. Es wird die Gleichung der optimalen Geraden gesucht, die so bestimmt wird, dass die Summe der quadrierten Abweichungen der Messwerte von dieser Geraden minimal ist, die Syntax:

```
=RGP(Y_Werte;[X_Werte];[Konstante];[Stats])
```

Die Argumente der Funktion:

Argument	Beschreibung
Y_Werte	Bereich, der die abhängige Variable (y) enthält.
X_Werte	Bereich, der die unabhängige Variable (x) enthält. Wenn dieser Bereich nicht angegeben wird, wird stattdessen eine Matrix mit fortlaufenden Nummern (1, 2, 3, ...) verwendet.
Konstante	Wahrheitswert, der angibt, ob die Konstante b der Regressionsfunktion geschätzt (WAHR) oder auf 0 (FALSCH) gesetzt werden soll.
Stats	Wahrheitswert, der angibt, ob weitere Regressionskenngrößen ausgegeben werden sollen: WAHR: Die Funktion gibt 10 Parameter als Matrixformel (5 x 2) zurück. Bei Excel 2019 und älter muss dann ein entsprechender Ausgabebereich vor der Formeleingabe markiert werden. FALSCH: Sie erhalten nur die beiden Werte m (Steigung der Regressionsgeraden) und b (Schnittpunkt der Regressionsgeraden mit der y-Achse).

Achtung: Die RGP Funktion gibt mehrere Werte zurück. Während Microsoft 365 den Ausgabebereich automatisch erweitert, muss sie mit Excel 2019 und älter als Matrixformel eingegeben werden, d. h. Sie müssen zuvor den Ausgabebereich markiert und die Formeleingabe mit den Tasten **Strg+Umschalt+Eingabe** abschließen!

Beispiel: Körpergröße und Gewicht

Als einfaches Beispiel eine Regressionsanalyse, die den Zusammenhang zwischen Körpergröße und Gewicht untersucht, wobei die Körpergröße die unabhängige und das Gewicht die abhängige Variable darstellt. Im Bild unten die Werte aus einer Stichprobe von 20 Personen, der Einfachheit halber wird hier nicht zwischen Männern und Frauen unterschieden.

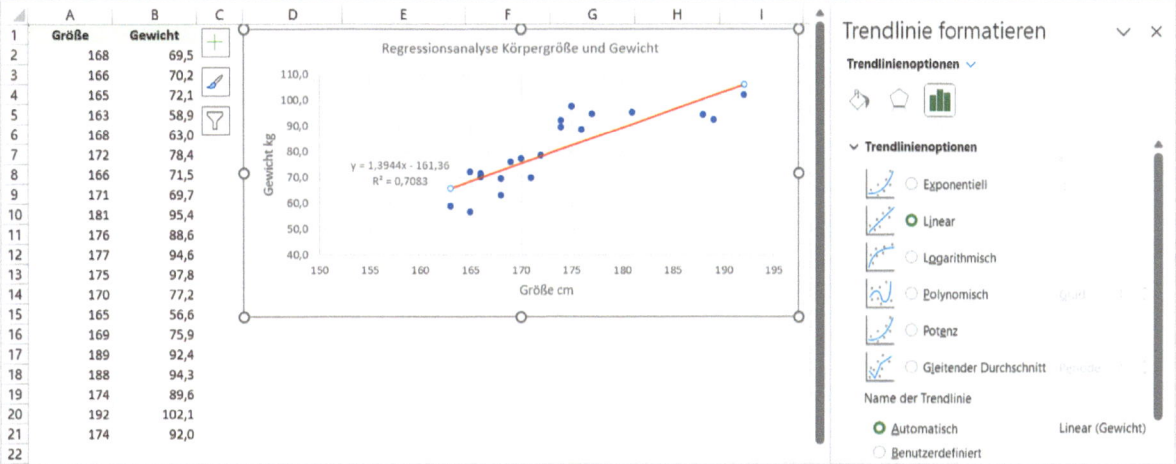

Bild 8.90 Die zu untersuchenden Daten mit Diagramm und Trendlinie

Lineare Regression im Diagramm darstellen

Eine lineare Regression lässt sich durch ein Punktdiagramm mit einer Trendlinie grafisch darstellen, siehe Bild oben.

Regression_Linear.xlsx

1. Dazu markieren Sie den Bereich A1:B21, klicken im Menüband, Register *Einfügen* auf *Punkt (XY)- oder Blasendiagramm einfügen* und auf den Typ *Punkt (XY)*.

2. Zum Einfügen der Trendlinie klicken Sie in das Diagramm und im Register *Diagrammentwurf* auf *Diagrammelement hinzufügen* (oder Rechtsklick im Diagramm auf die Datenreihe und Befehl *Trendlinie hinzufügen...*) und wählen *Trendlinie ▶ Linear*. Doppelklicken Sie danach auf die Trendlinie und aktivieren Sie im Aufgabenbereich *Trendlinie formatieren* die Kontrollkästchen *Formel im Diagramm anzeigen* und *Bestimmtheitsmaß im Diagramm darstellen*, siehe Seite 375.

3. Beschriftungen und das übrige Aussehen des Diagramms, z. B. Trendlinie in roter Farbe wie im Bild oben gestalten Sie nach Ihren Vorstellungen.

Achtung: In Excel 2019 und älter muss zuvor der Bereich D17:E17 markiert und die Eingabe mit **Strg+Umschalt+Eingabetaste** abgeschlossen werden!

Regression mit Formel berechnen

Mit der Funktion RGP und folgender Formel berechnen Sie anschließend in D17:E17 die Werte m (Steigung) und b (Achsenabschnitt) der Regressionsgeraden mit folgender Formel:

`D17:E17:  =RGP(B2:21;A2:A21;WAHR;FALSCH)`

Mit dem Argument *Stats* = *FALSCH* werden nur die Steigung m in D17 und Achsenabschnitt b in E17 ausgegeben, leider ohne Beschriftung und sonstige Hinweise, diese wurden im Bild unten manuell hinzugefügt.

Bild 8.91 m und b der Regressionsgeraden berechnen

Der Achsenabschnitt b ist der Wert von y an der Stelle, an der die Regressionslinie die y-Achse schneidet.

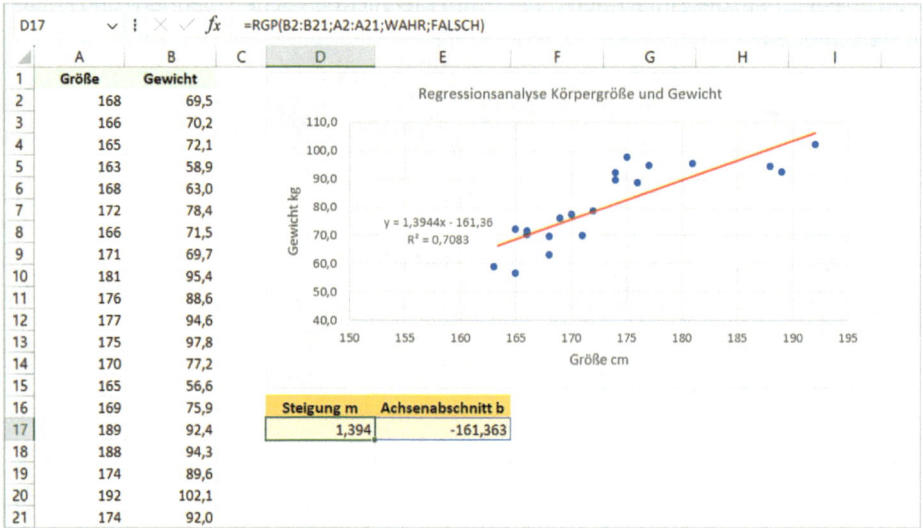

Auf der Basis der Stichprobe kann nun mit der Formel 1,394*Größe+-161,363 bzw. y=m*x+b das Gewicht geschätzt werden. Beispiel: Ein Proband mit einer Körpergröße von 175 cm würde demnach 82,651 kg wiegen.

`=1,394*175+-161,363`   Ergebnis: 82,651 kg

Weitere Kenngrößen ausgeben

Wird in der Funktion RGP das Argument *Stats* mit *WAHR* angegeben, so erhalten Sie als Ergebnis weitere Kenngrößen in Form einer 5x2 Matrix, wie im Bild unten.

`D17:  =RGP(B2:21;A2:A21;WAHR;WAHR)`

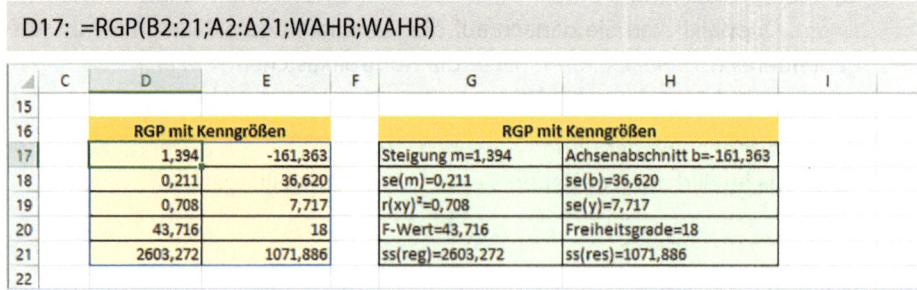

Leider werden auch diese Werte ohne Beschriftungen ausgegeben, diese wurden im Bild manuell hinzugefügt. Eine genauere Beschreibung entnehmen Sie der nachfolgenden Tabelle.

Achtung: Da die Funktion eine Matrix von Ausgabewerten liefert, muss sie in Excel 2019 und älter als Matrixformel in D17:E21 eingegeben werden.

Matrixformel eingeben: Ausgabebereich markieren und Formeleingabe mit **Strg+Umschalt+Eingabetaste** abschließen.

Die Rückgabematrix der Funktion RGP

Kenngröße	Beschreibung	Kenngröße	Beschreibung
m	Steigung der Regressionsgeraden	b	Schnittpunkt der Regressionsgeraden mit der Y-Achse
se(m)	Standardschätzfehler der Steigung	se(b)	Standardschätzfehler für den Schnittpunkt bzw. Achsenabschnitt
$r(xy)^2$	Bestimmtheitsmaß, ein Wert zwischen 0 und 1	se(y)	Standardschätzfehler der berechneten y-Werte
F	F-Wert	df	Anzahl Freiheitsgrade
ss(reg)	Quadratsumme der Regression	ss(res)	Quadratsumme der Residuen

Hinweis: Einige Rückgabewerte können auch mit folgenden Funktionen berechnet werden, siehe auch Seite 375.

Kenngröße	Funktion
m (Steigung)	STEIGUNG
b (Achsenabschnitt)	ACHSENABSCHNITT
Bestimmtheitsmaß	BESTIMMTHEITSMASS
se(y) Standardschätzfehler y	STFEHLERXY

	A	B	C	D	E	F
1	Größe	Gewicht				
2	168	69,5		Steigung m	1,394	=STEIGUNG(B2:B21;A2:A21)
3	166	70,2		Achsenabschnitt b	-161,363	=ACHSENABSCHNITT(B2:B21;A2:A21)
4	165	72,1		Besimmtheitsmaß R²	0,708	=BESTIMMTHEITSMASS(B2:B21;A2:A21)
5	163	58,9		Standardschätzfehler	7,717	=STFEHLERXY(B2:B21;A2:A21)
6	168	63,0				
7	172	78,4				
8	166	71,5				
9	171	69,7				
10	181	95,4				
11	176	88,3				
12	177	94,6				

Bild 8.92 Kenngrößen mit Einzelfunktionen berechnen

Die Analyse-Funktion Regression

Eine weitere Möglichkeit der Regressionsanalyse erhalten Sie mit der Analyse-Funktion *Regression*. Als Beispiel wenden wir dieses Tool auf das obige Beispiel des Zusammenhangs zwischen Gewicht und Körpergröße an.

Achtung: Die Analyse-Funktionen gehören zu den Excel Add-Ins und müssen eventuell erst geladen werden, siehe Kap. 1.

1. Klicken Sie im Register *Daten* auf *Datenanalyse* und wählen Sie *Regression*.

2. Im nachfolgenden Fenster legen Sie die Parameter fest (s. Bild unten).
   - Als *Y-Eingabebereich* geben Sie den Bereich an, der die abhängige Variable enthält, hier das Gewicht in B1:B21. *X-Eingabebereich* ist die Größe in A1:A21. Wenn Y- und X-Eingabebereich Spaltenüberschriften enthalten, wie in diesem Beispiel, dann markieren Sie diese mit und aktivieren das Kontrollkästchen *Beschriftungen*.
   - Das Konfidenzniveau sollte bei 95% liegen. Wählen Sie außerdem einen Ausgabebereich; entweder an beliebiger Stelle z. B. im selben Tabellenblatt, in einem neuen Tabellenblatt oder in einer neuen Arbeitsmappe.

Bild 8.93 Analyse-Funktion Regression

Bild 8.94 Parameter wählen

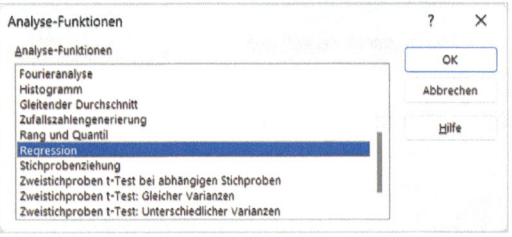
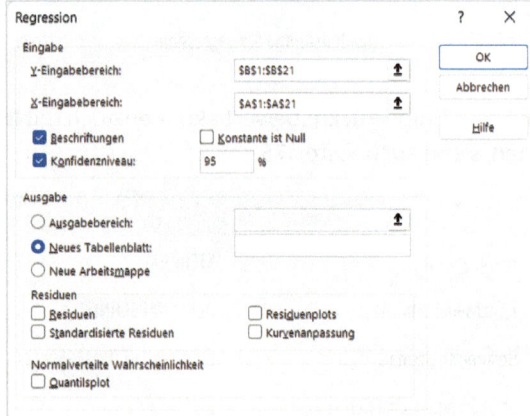

Bild 8.95 Das Ergebnis in einem neuen Tabellenblatt

	A	B	C	D	E	F	G
1	AUSGABE: ZUSAMMENFASSUNG						
2							
3		*Regressions-Statistik*					
4	Multipler Korrelationskoeffizient	0,842					
5	Bestimmtheitsmaß	0,708					
6	Adjustiertes Bestimmtheitsmaß	0,692					
7	Standardfehler	7,717					
8	Beobachtungen	20					
9							
10	ANOVA						
11		Freiheitsgrade (df)	Quadratsummen (SS)	Mittlere Quadratsumme (MS)	Prüfgröße (F)	F krit	
12	Regression	1	2603,272	2603,272	43,716	0,000	
13	Residue	18	1071,886	59,549			
14	Gesamt	19	3675,158				
15							
16		Koeffizienten	Standardfehler	t-Statistik	P-Wert	Untere 95%	Obere 95%
17	Schnittpunkt	-161,363	36,620	-4,406	0,000	-238,298	-84,428
18	Größe	1,394	0,211	6,612	0,000	0,951	1,837
19							

Linearen Trend mit PROGNOSE.LINEAR berechnen

Die Funktion PROGNOSE.LINEAR berechnet aus den Wertepaaren Y und X eine lineare Regression und gibt aus dem Ergebnis den Schätzwert y an der Stelle x aus. Alternativ kann auch die ältere Funktion SCHÄTZER verwendet werden, Syntax und Argumente sind dieselben.

=PROGNOSE.LINEAR(x;Y_Werte;X_Werte)

=SCHÄTZER(x;Y_Werte;X_Werte)

▶ *x* ist der Datenpunkt, für den der Schätzwert ermittelt werden soll. *Y_Werte*: Der Datenbereich mit den abhängigen Werten. *X_Werte*: Der Datenbereich der die unabhängigen Werte enthält. Beide Bereiche müssen gleich groß sein.

Prognose_Linear.xlsx

Beispiel: Prognose zukünftiger Verkaufszahlen

Als Beispiel im Bild rechts die Verkaufszahlen eines Fahrradhändlers über ein, in Kalenderwoche 15 neu auf den Markt gekommenes E-Bike Modell. Für künftige Bestellungen soll aus den Zahlen von KW 15 bis KW 27 die voraussichtliche Entwicklung für die nächsten Kalenderwochen bis KW 35 berechnet werden.

Diagramm mit Trendlinie erstellen

Zur Verdeutlichung erstellen wir zunächst ein Diagramm mit einer Trendlinie.
Hinweis: Da die Kalenderwochen in A2:A22 als Zahlen vorliegen, werden sie bei der Erstellung des Diagramms als Datenreihe interpretiert. In diesem Fall beginnen Sie besser mit einem leeren Diagramm, dem Sie Datenreihe und Achsenbeschriftung nachträglich hinzufügen.

1 Klicken Sie in eine beliebige leere Zelle außerhalb des Datenbereichs, danach im Register *Einfügen* ▶ *Diagramme* auf *Linien- oder Flächendiagramm einfügen* und wählen Sie *2D-Linie*.

2 Klicken Sie in das leere Diagramm und im Menüband, Register *Diagrammentwurf* auf *Daten auswählen*. Klicken Sie im Fenster *Datenquelle auswählen* unter *Legendeneinträge (Reihen)* auf *Hinzufügen*. Als *Reihenname* wählen Sie B1 und als *Reihenwerte* den Bereich B2:B22 ❶.

Bild 8.96 Datenreihe auswählen und Achsenbeschriftungen festlegen

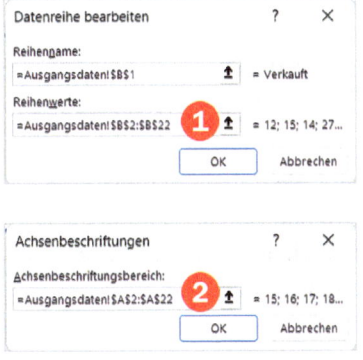
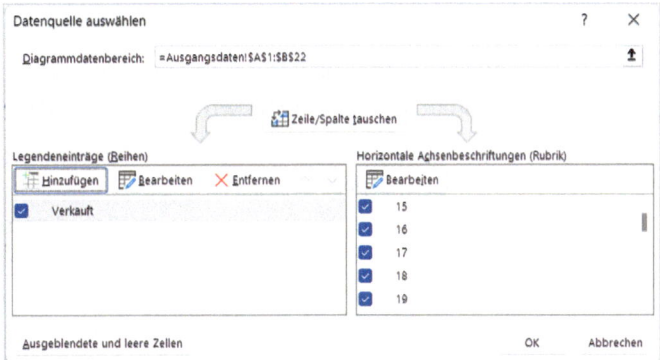

3. Zum Festlegen der Achsenbeschriftung klicken Sie im Fenster *Datenquelle auswählen* unter *Horizontale Achsenbeschriftungen* auf *Bearbeiten* und wählen den Bereich A2:A22 ❷. Schließen Sie dann nacheinander alle Fenster mit *OK*.

4. Die Trendlinie fügen Sie über das Register *Diagrammentwurf* ▶ *Diagrammelement hinzufügen* und die Auswahl *Linear* ein (oder Rechtsklick auf die Linie im Diagramm und Befehl *Trendlinie...*). Da als Achsenbeschriftung die Kalenderwochen 15 bis 35 gewählt wurden, wird die Trendlinie für diesen Zeitraum automatisch fortgeschrieben, siehe Bild unten.

5. Fügen Sie anschließend die erforderlichen Beschriftungen hinzu und formatieren Sie Diagramm, Datenreihe und Trendlinie nach Ihren Vorstellungen.

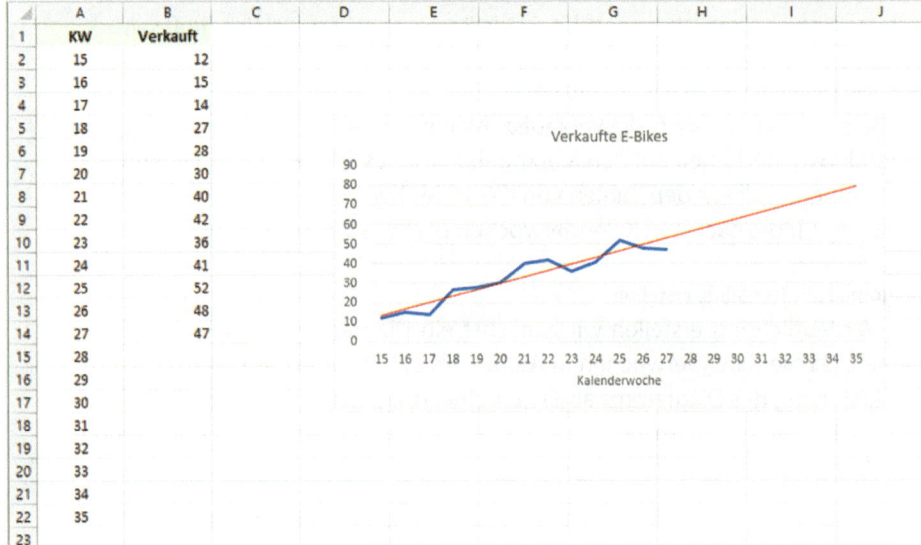

Bild 8.97 Diagramm mit Trendlinie

Trendwerte berechnen

Mit der Funktion PROGNOSE.LINEAR berechnen Sie die dazugehörigen Trendwerte. Geben Sie dazu in C2 die folgende Formel ein (Bild auf der nächsten Seite) und kopieren Sie diese anschließend nach unten bis einschließlich C22.

```
C2: =PROGNOSE.LINEAR(A2;$B$2:$B$22;$A$2:$A$22)
```

Wenn Sie anschließend die berechneten Trendwerte als weitere Datenreihe dem Diagramm hinzufügen, decken sich diese Werte mit der Trendlinie.

Tipp: Im Gegensatz zu einer, als Diagrammelement hinzugefügten Trendlinie, können Sie mit PROGNOSE.LINEAR beispielsweise auch nur die Zahlen der letzten 5 Kalenderwochen zur Berechnung der Trendwerte heranziehen und als Datenreihe dem Diagramm hinzufügen. Beim hier verwendeten Beispiel erhalten Sie damit eine etwas vorsichtigere Prognose zur künftigen Verkaufsentwicklung.

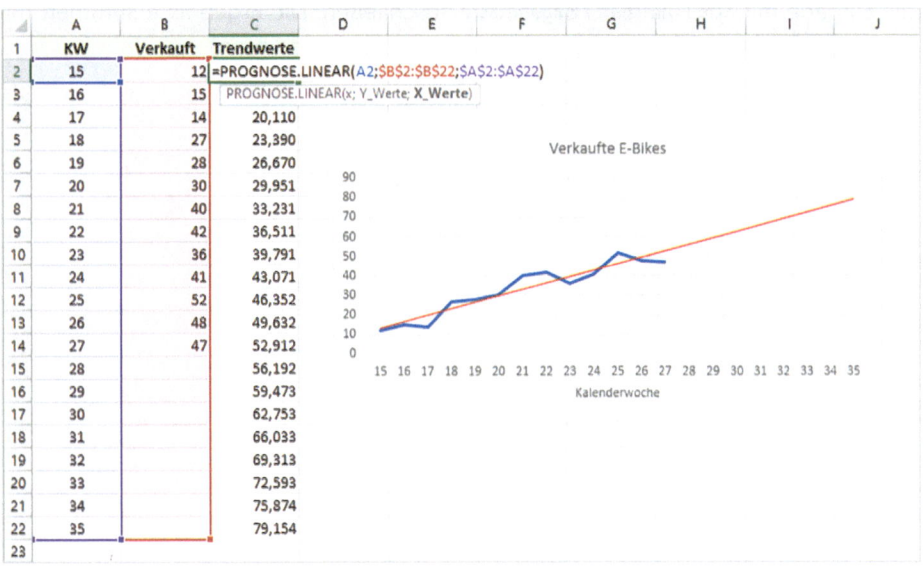

Bild 8.98 Lineare Trendwerte berechnen

Trendwerte mit der Funktion TREND berechnen

Statt PROGNOSE.LINEAR oder SCHÄTZER könnte auch die Funktion TREND eingesetzt werden. Allerdings muss TREND in Excel 2019 und älter als Matrixformel eingegeben werden, wenn mehrere Werte ausgegeben werden sollen. Auch die Funktionsargumente lauten etwas anders.

=TREND(Y_Werte;[X_Werte];[Neue_x_Werte];[Konstante])

Argument	Beschreibung
Y_Werte	Erforderlich; der Bereich, der die abhängige Variable (y) enthält, siehe RGP.
X_Werte	Bereich, der die unabhängige Variable (x) enthält. Wenn dieser Bereich nicht angegeben wird, wird stattdessen eine Matrix mit fortlaufenden Nummern (1, 2, 3, ...) und derselben Anzahl an n Elementen wie Y_Werte verwendet.
Neue_X_Werte	Die neuen x-Werte, für die die Funktion die dazugehörigen y-Werte ausgeben soll. Bei fehlenden Werten wird angenommen, dass diese mit der Matrix x-Werte identisch sind.
Konstante	Wahrheitswert, der angibt, ob die Konstante b den Wert 0 annehmen soll. WAHR: b wird normal berechnet; FALSCH: b wird gleich 0 gesetzt und m so angepasst, dass y=mx gilt. Der Standardfehler se(b) ergibt #NV.

Wenn Sie für das vorhergehende Beispiel der Verkaufszahlen des neuen E-Bike Modells die künftigen Prognosewerte mit TREND berechnen möchten, dann geben Sie in D15 die folgende Formel ein. Microsoft 365 erweitert den Ausgabebereich automatisch, bei Excel 2019 und älter müssen Sie den Bereich D15:D22 zuvor markieren und die Eingabe mit **Strg**+**Umschalt**+**Eingabetaste** abschließen. Die Ergebnisse stimmen mit denen der Funktion PROGNOSE.LINEAR überein, siehe Bild unten.

D15:   =TREND(B2:B14;A2:A14;A15:A22)

Bild 8.99 Neue Y-Werte mit TREND berechnen

	A	B	C	D
1	KW	Verkauft	Trendwerte	TREND
2	15	12	13,549	
3	16	15	16,830	
4	17	14	20,110	
5	18	27	23,390	
6	19	28	26,670	
7	20	30	29,951	
8	21	40	33,231	
9	22	42	36,511	
10	23	36	39,791	
11	24	41	43,071	
12	25	52	46,352	
13	26	48	49,632	
14	27	47	52,912	
15	28		56,192	=TREND(B2:B14;A2:A14;A15:A22)
16	29		59,473	59,473
17	30		62,753	62,753
18	31		66,033	66,033
19	32		69,313	69,313
20	33		72,593	72,593
21	34		75,874	75,874
22	35		79,154	79,154

Die exponentielle Regressionsfunktion RKP

Neben der linearen Regression RGP mit der Gleichung y=m*x+b stellt Excel auch die Funktion RKP zur Verfügung, die eine exponentielle Regressionsfunktion der Form $y=b*e^{(a*x)}$ beschreibt. Die Syntax:

=RKP(Y_Werte;[X_Werte];[Konstante];[Stats])

Die Argumente der Funktion:

Argument	Beschreibung
Y_Werte	Bereich, der die abhängige Variable (y) enthält.
X_Werte	Bereich, der die unabhängige Variable (x) enthält. Wird dieses Argument nicht angegeben, so wird eine Matrix mit fortlaufenden Nummern (1, 2, 3, ...) und derselben Anzahl Elemente wie Y-Werte verwendet.
Konstante	Wahrheitswert, der angibt, ob die Konstante b der Regressionsfunktion den Wert 1 annehmen soll. WAHR oder keine Angabe: b wird normal berechnet. FALSCH bedeutet, b=1 und die m-Werte werden gemäß y = m^x berechnet.
Stats	Wahrheitswert, der angibt, ob weitere Regressionskenngrößen ausgegeben werden sollen: WAHR: Die Funktion gibt 10 Parameter als Matrixformel (5 x 2) zurück. Bei Excel 2019 und älter muss dann ein entsprechender Ausgabebereich vor der Formeleingabe markiert werden. FALSCH: Sie erhalten nur die beiden Werte m (Steigung der Regressionsgeraden) und b (Schnittpunkt der Regressionsgeraden mit der y-Achse).

Beispiel: Auslastung, Aufenthaltsdauer und Umsatz pro Gast in einem Restaurant

Als Beispiel betrachten wir Auslastung und Umsatz eines fiktiven Restaurants. Zur Untersuchung möglicher Zusammenhänge zwischen Ankunftszeit im Restaurant, Aufenthaltsdauer und Höhe des Umsatzes der Gäste wurde eine zufällige Stichprobe von 20 Gästen erhoben. Im Bild unten die Tabelle mit den Variablen Ankunftszeit, Aufenthaltsdauer in Min und Umsatz.

Regression_Exponentiell.xlsx

Außerdem wurden in F2:I5 zur Messung der Stärke der Zusammenhänge die Korrelationskoeffizienten zwischen allen Variablen berechnet, hier als Korrelationsmatrix mit Hilfe der Analyse-Funktion *Korrelation*, s. Seite 376. Nur der Koeffizient 0,75 zwischen Aufenthaltsdauer und Umsatz ist untersuchungsrelevant, im Bild rot hervorgehoben, wobei die Aufenthaltsdauer als unabhängige Variable und der Umsatz als abhängige Variable festgelegt wird.

Bild 8.100 Die erhobenen Daten mit Korrelationsmatrix

	A	B	C	D	E	F	G	H	I	J
1	Gast Nr.	Ankunftszeit	Dauer Min	Umsatz EUR		Korrelationskoeffizienten (berechnet mit der Analyse Funktion Korrelation)				
2	1	11:46	31	12,10			Ankunftszeit	Dauer Min	Umsatz EUR	
3	2	12:48	38	13,90		Ankunftszeit	1			
4	3	11:48	70	40,50		Aufenthaltsdauer Min	-0,21	1		
5	4	11:50	33	14,20		Umsatz EUR	-0,07	0,75	1	
6	5	11:50	39	36,00						
7	6	11:52	60	33,10						
8	7	11:52	30	9,80						
9	8	11:54	49	34,20						
10	9	11:58	58	30,40						
11	10	12:00	41	11,20						
12	11	12:09	31	12,10						
13	12	12:10	42	21,10						
14	13	12:10	48	26,80						
15	14	12:14	67	33,40						
16	15	12:25	40	17,00						
17	16	12:25	43	15,80						
18	17	12:27	50	21,00						
19	18	12:39	37	13,00						
20	19	12:40	33	15,20						
21	20	12:59	39	37,00						
22										

Hinweis: Alternativ könnten die Korrelationskoeffizienten auch mit der Funktion KORREL berechnet werden, dann würden die Formeln dazu wie folgt lauten:

=KORREL(B2:B21;C2:C21)	Ergebnis: 0,21
=KORREL(B2:B21;D2:D21)	Ergebnis: 0,07
=KORREL(C2:BC21;D2:D21)	Ergebnis: 0,75

Exponentielle Regression im Diagramm darstellen

Um die Beziehung zwischen Dauer des Aufenthalts und Umsatz grafisch darzustellen, wird ein Punktdiagramm mit einer Trendlinie erstellt.

1   Dazu markieren Sie den Bereich C1:D21, klicken im Menüband, Register *Einfügen* auf *Punkt (XY)- oder Blasendiagramm einfügen* und wählen den Typ *Punkt (XY)*.

2 Zum Hinzufügen der Trendlinie klicken Sie in das Diagramm und im Menüband, Register *Diagrammentwurf* auf *Diagrammelement hinzufügen* und wählen *Trendlinie ▶ Exponentiell*. Doppelklicken Sie danach auf die Trendlinie und aktivieren Sie im Aufgabenbereich *Trendlinie formatieren* die Kontrollkästchen *Formel im Diagramm anzeigen* und *Bestimmtheitsmaß im Diagramm darstellen*, siehe Seite 375.

Bild 8.101 Wertepaare und Regressionsgerade im Diagramm

3 Beschriftungen und das übrige Aussehen des Diagramms, z. B. Trendlinie in roter Farbe gestalten Sie nach Ihren Vorstellungen.

	A	B	C	D	E	F	G	H	I	J
1	Gast Nr.	Ankunftszeit	Dauer Min	Umsatz EUR		Korrelationskoeffizienten (berechnet mit der Analyse Funktion Korrelation)				
2	1	11:46	31	12,10			Ankunftszeit	Dauer Min	Umsatz EUR	
3	2	12:48	38	13,90		Ankunftszeit	1			
4	3	11:48	70	40,50		Aufenthaltsdauer Min	-0,21	1		
5	4	11:50	33	14,20		Umsatz EUR	-0,07	0,75	1	
6	5	11:50	39	36,00						
7	6	11:52	60	33,10						
8	7	11:52	30	9,80						
9	8	11:54	49	34,20						
10	9	11:58	58	30,40						
11	10	12:00	41	11,20						
12	11	12:09	31	12,10						
13	12	12:10	42	21,10						
14	13	12:10	48	26,80						
15	14	12:14	67	33,40						
16	15	12:25	40	17,00						
17	16	12:25	43	15,80						
18	17	12:27	50	21,00						
19	18	12:39	37	13,00						
20	19	12:40	33	15,20						
21	20	12:59	39	37,00						

Exponentielle Regression zu Aufenthaltsdauer und Umsatz

$y = 5,4394e^{0,0298x}$
$R^2 = 0,5617$

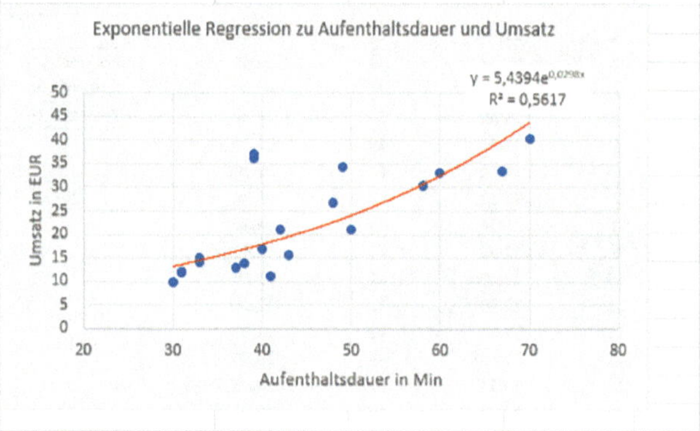

Regression mit Formel berechnen

Mit der Funktion RKP berechnen Sie anschließend die Werte m (Steigung) und b (Achsenabschnitt), siehe Bild auf der nächsten Seite. Dazu wird in F2 bzw. F5 (Rückgabe mit Kenngrößen) die folgende Formel eingegeben:

```
F2:  =RKP(D2:D21;C2:C21;WAHR;FALSCH)

F5:  =RKP(D2:D21;C2:C21;WAHR;WAHR)
```

Achtung: In Excel 2019 und älter muss RKP als Matrixformel eingegeben werden, d. h. Sie müssen vor der Formeleingabe den Ausgabebereich F2:G2 bzw. F5:G9 markieren und die Eingabe mit **Strg+Umschalt+Eingabetaste** abschließen.

Zur besseren Übersicht erfolgt im Bild auf der nächsten Seite die Berechnung im zuvor kopierten Tabellenblatt ohne Diagramm (Rechtsklick auf das Blattregister ▶ Befehl *Verschieben oder Kopieren* ▶ Kontrollkästchen *Kopie erstellen* aktivieren).

Leider werden in beiden Fällen die Ergebnisse ohne weitere Beschriftung eingefügt, daher im Bild unten nochmals die Werte zusammen mit manuell hinzugefügten Beschriftungen, Details, siehe Rückgabematrix der Funktion RGP auf Seite 381.

Achtung: In Excel 2019 und älter muss zuvor der Ausgabebereich F5:G9 markiert und die Eingabe mit **Strg+Umschalt+Eingabetaste** abgeschlossen werden!

	A	B	C	D	E	F	G	H
1	Gast Nr.	Ankunftszeit	Dauer Min	Umsatz EUR		Rückgabewerte der Funktion RKP		
2	1	11:46	31	12,10		1,030	5,439	
3	2	12:48	38	13,90				
4	3	11:48	70	40,50		Rückgabewerte mit Kenngrößen		
5	4	11:50	33	14,20		1,030	5,439	
6	5	11:50	39	36,00		0,006	0,282	
7	6	11:52	60	33,10		0,562	0,321	
8	7	11:52	30	9,80		23,066	18	
9	8	11:54	49	34,20		2,378	1,856	
10	9	11:58	58	30,40				
11	10	12:00	41	11,20		Rückgabewerte mit Kenngrößen		
12	11	12:09	31	12,10		Steigung m=1,030	Achsenabschnitt b=5,439	
13	12	12:10	42	21,10		se(m)=0,006	se(b)=0,282	
14	13	12:10	48	26,80		r(xy)^2=0,562	se(y)=0,321	
15	14	12:14	67	33,40		F-Wert=23,066	Freiheitsgrade=18	
16	15	12:25	40	17,00		ss(reg)=2,378	ss(res)=1,856	
17	16	12:25	43	15,80				
18	17	12:27	50	21,00				
19	18	12:39	37	13,00				
20	19	12:40	33	15,20				
21	20	12:59	39	37,00				

Bild 8.102 Exponentielle Regression mit RKP berechnen

Exponentielle Trendberechnung mit VARIATION

Wie bei der linearen Regression gibt es auch zu RKP und zur exponentiellen Regression eine Funktion zur Trendberechnung, nämlich VARIATION. Syntax und Argumente unterscheiden sich nicht von der Funktion TREND.

=VARIATION(Y_Werte;[X_Werte];[Neue_x_Werte];[Konstante])

Argument	Beschreibung
Y_Werte	Erforderlich; der Bereich, der die bereits bekannten Werte der abhängigen Variablen (y) enthält.
X_Werte	Bereich, der die unabhängige Variable (x) enthält. Wenn dieser Bereich nicht angegeben wird, wird stattdessen eine Matrix mit fortlaufenden Nummern (1, 2, 3, ...) und derselben Anzahl an n Elementen wie Y_Werte verwendet.
Neue_x_Werte	Die neuen x-Werte, für die die Funktion die dazugehörigen y-Werte ausgegeben werden soll. Bei fehlenden Werten wird angenommen, dass diese mit der Matrix x-Werte identisch sind.
Konstante	Wahrheitswert, der angibt, ob die Konstante b den Wert 0 annehmen soll. WAHR: b wird normal berechnet; FALSCH: b wird gleich 0 gesetzt und m so angepasst, dass y=mx gilt. Der Standardfehler se(b) ergibt #NV.

Hinweis: Wenn die Funktion mehrere Werte ausgeben soll, muss sie mit Excel 2019 und älter muss als Matrixformel eingegeben werden. Das bedeutet, Sie müssen zuvor den Ausgabebereich markieren und die Formeleingabe mit **Strg+Umschalt+Eingabetaste** abschließen.

Beispiel: Ausbreitungsgeschwindigkeit eines Virus

Nehmen wir als Beispiel die Ausbreitungsgeschwindigkeit eines fiktiven Virus in einer Region. Die unten abgebildete Tabelle enthält die bisher erfassten Fälle bis Woche 16

Exponentieller_ Trend.xlsx

seit Beginn. Wird aus diesen Daten ein Diagramm erstellt und eine Trendlinie hinzugefügt, dann zeigt sich, dass der Trendlinientyp *Exponentiell* das Wachstum am besten repräsentiert.

Hinweis: Hier wurde der Diagrammtyp *Linie* gewählt, genauso gut würden sich aber auch die Typen *Säule* oder *Punkt (XY)* mit geraden oder interpolierten Linien eignen.

	Woche	Fälle
2	1	1
3	2	5
4	3	6
5	4	7
6	5	9
7	6	10
8	7	12
9	8	14
10	9	19
11	10	20
12	11	29
13	12	30
14	13	45
15	14	46
16	15	54
17	16	95

Bild 8.103 Ausbreitungsgeschwindigkeit mit Diagramm und exponentieller Trendlinie

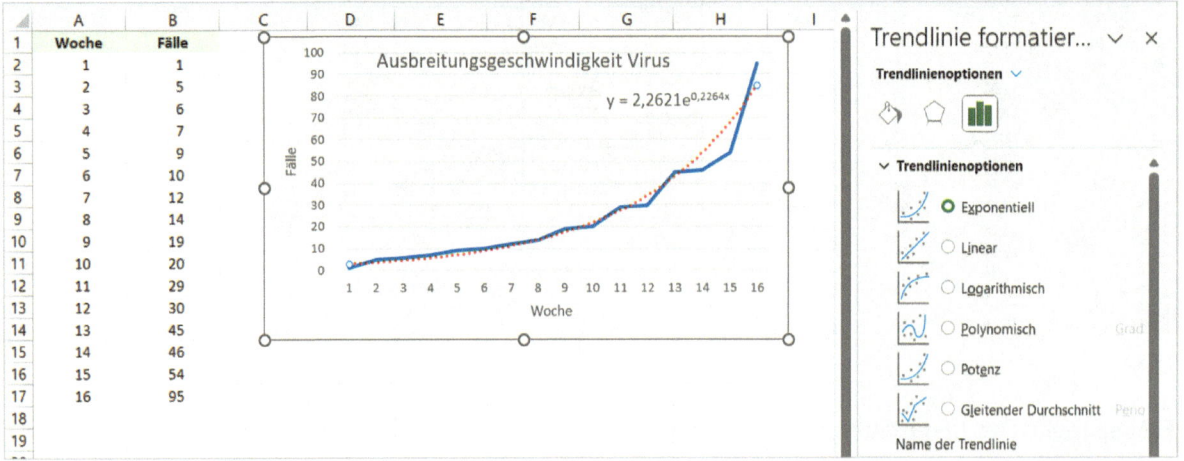

Exponentiellen Trend berechnen

Mit der Funktion VARIATION werden nun die Trendwerte berechnet. Um diese auch gleich für die nächsten fünf Wochen zu erhalten, vervollständigen Sie die Wochen in Spalte A und nehmen diese auch in das Diagramm auf. Geben Sie in C2 folgende Formel ein und kopieren Sie diese nach unten bis einschließlich C22:

```
C2: =VARIATION($B$2:$B417;$A$2:$A$17;A2)
```

	Woche	Fälle	VARIATION
2	1	1	=VARIATION($B$2:$B$17;$A$2:$A$17;A2)
3	2	5	3,56
4	3	6	4,46
5	4	7	5,60
6	5	9	7,02
7	6	10	8,80
8	7	12	11,04
9	8	14	13,84
10	9	19	17,36
11	10	20	21,78
12	11	29	27,31
13	12	30	34,25
14	13	45	42,95
15	14	46	53,87
16	15	54	67,56
17	16	95	84,73
18	17		106,26
19	18		133,27
20	19		167,13
21	20		209,61
22	21		262,88

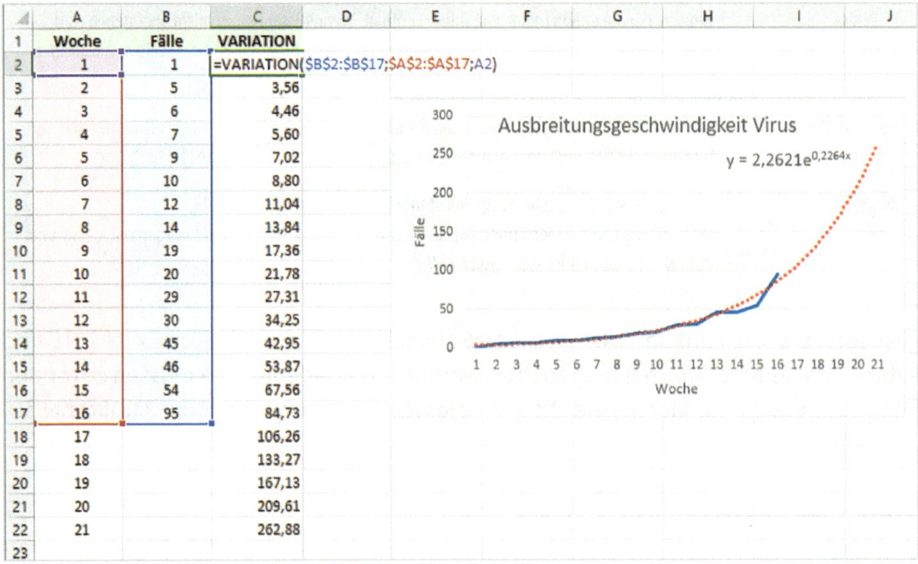

Bild 8.104 Exponentielle Trendwerte berechnen

Tipp: Datenbereich vergrößern
Daten- und Beschriftungsbereich eines Diagramms erweitern geht am schnellsten mit Klick in das Diagramm. Die dazugehörigen Zellbereiche werden in der Tabelle farbig umrandet hervorgehoben und können durch Ziehen mit der Maus vergrößert werden.

Alternativ könnten Sie auch nur die künftigen Trendwerte berechnen. Dazu geben Sie in C18 die folgende Formel ein (Excel 2019 und älter: C18:C22 markieren und mit **Strg+Umschalt+Eingabetaste** übernehmen:

C18: =VARIATION(B2:B17;A2:A17;A18:A22)

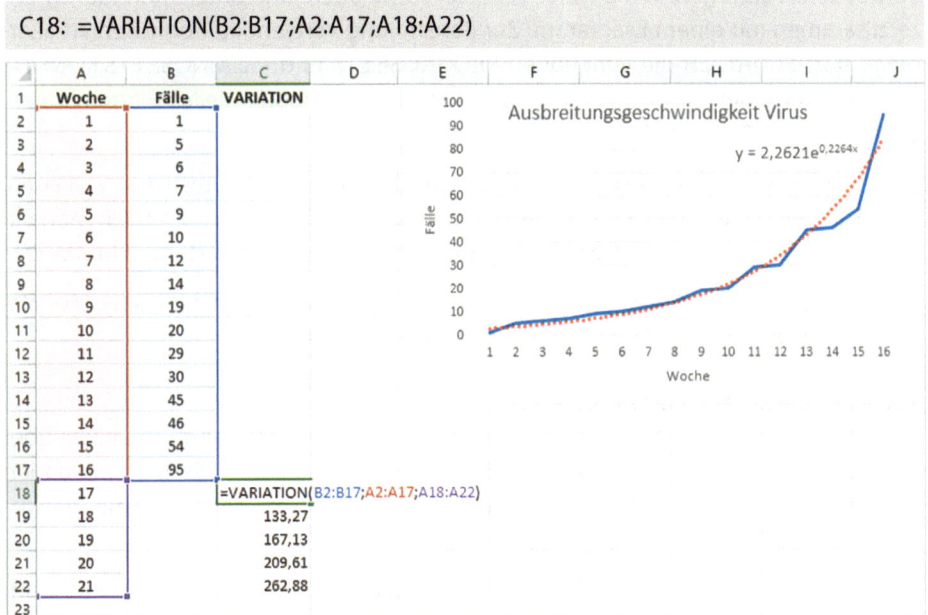

Bild 8.105 Nur künftige Trendwerte berechnen

Tipp: Trendwerte mit der Funktion EXP berechnen

Die Trendwerte könnten auch aus der Formel der Trendlinie im Diagramm (Rechtsklick auf die Trendlinie ▶ *Trendlinie formatieren...* und Kontrollkästchen *Formel im Diagramm anzeigen*) mit der Funktion EXP berechnet werden, die Ergebnisse weichen allerdings geringfügig von den, mit VARIATION ermittelten, Werten ab. Die Basis e ist in diesem Fall der Wert 2,2621, Wachstumsfaktor ist 0,2264. Daraus ergibt sich folgende Formel in D2, die anschließend nach unten kopiert werden kann.

D2: =2,2621*EXP(0,2264*A2)   Ergebnis: 2,84

Bild 8.106 Trendwerte aus Formel zur Trendlinie berechnen

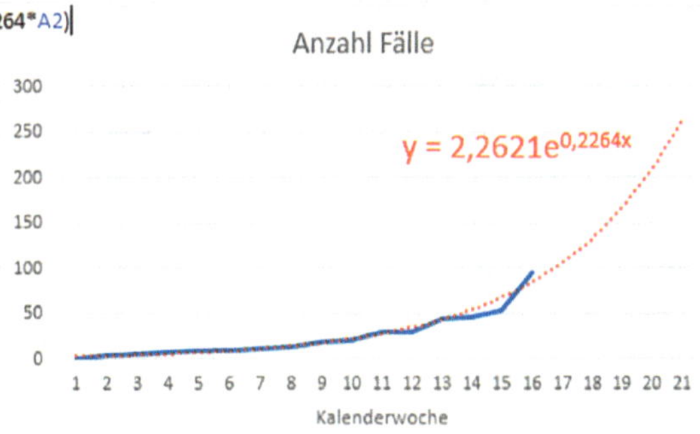

Das Tool Prognoseblatt

Für schnelle Trendberechnungen kann auch das Tool *Prognoseblatt* eingesetzt werden. Es liefert als Ergebnis die Werte Schätzer sowie obere und untere Konfidenzgrenze zusammen mit einem Diagramm. Zur Berechnung verwendet Prognoseblatt allerdings statt SCHÄTZER die Funktionen PROGNOSE.ETS und PROGNOSE.ETS.KONFINT und zieht dazu die AAA-Version des ETS-Algorithmus (Exponentielles Glätten) heran. Beachten Sie außerdem:

▶ Die Punkte auf der Zeitachse müssen als Zahlen oder Datumswerte vorliegen. Falls Sie die Monate als Text bevorzugen, so geben Sie den jeweiligen Monatsersten ein und formatieren die Datumswerte mit dem Datumsformat MMMM.

▶ Die Zeitachse erfordert gleichbleibende Intervalle, z. B. Wochen oder Monate. Eine Sortierung ist dagegen nicht zwingend erforderlich.

Beispiel: Verkaufszahlen nach Kalenderwochen

Als Beispiel greifen wir nochmals auf die Verkaufszahlen eines Fahrradhändlers über ein neu auf den Markt gekommenes E-Bike von Seite 383 zurück. Diesmal verwenden wir zur Berechnung der voraussichtliche Entwicklung für die nächsten Kalenderwochen bis KW 35 das Tool Prognoseblatt.

1 Markieren Sie die Zeitwerte und Verkaufszahlen, meist genügt es auch, wenn eine beliebige Zelle innerhalb der Tabelle markiert ist, und klicken Sie im Menüband, Register *Daten* ▶ *Prognose* auf *Prognoseblatt*.

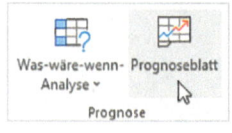

Bild 8.107 Ausgangsdaten

Bild 8.108 Prognoseblatt erstellen

2 Im Fenster *Prognoseblatt erstellen* (Bild auf der vorhergehenden Seite) nehmen Sie die weiteren Einstellungen vor:

- Im Feld *Prognoseende* ❶ geben Sie an, zu welchem Zeitpunkt die Prognose endet.

- Im Bereich *Optionen* (mit Klick auf das Dreieck einblenden) können Sie das Konfidenzintervall festlegen ❷.

- Saisonalität kann automatisch erkannt werden, was beim Beispiel E-Bike durchaus sinnvoll sein kann. Wenn keine Saisonalität vorliegt und der Trend linear berechnet werden soll, dann wählen Sie die Option *Manuell festlegen* und geben den Wert 0 an.

- Liegen für einen Zeitpunkt mehrere Werte vor, dann werden diese in der Standardeinstellung mit MITTELWERT aggregiert. Sie können jedoch im Feld *Duplikate aggregieren mit* zwischen SUMME, ANZAHL, ANZAHL2, MIN, MAX und MEDIAN wählen.

Prognoseblatt.xlsx

3 Wählen Sie noch in der rechten oberen Ecke zwischen den Diagrammarten Linie und Säulen ❸ und klicken Sie auf *Erstellen*. Die Prognose wird zusammen mit einer Kopie der Ausgangswerte in einem gesonderten Blatt in die Arbeitsmappe eingefügt, siehe Bild unten.

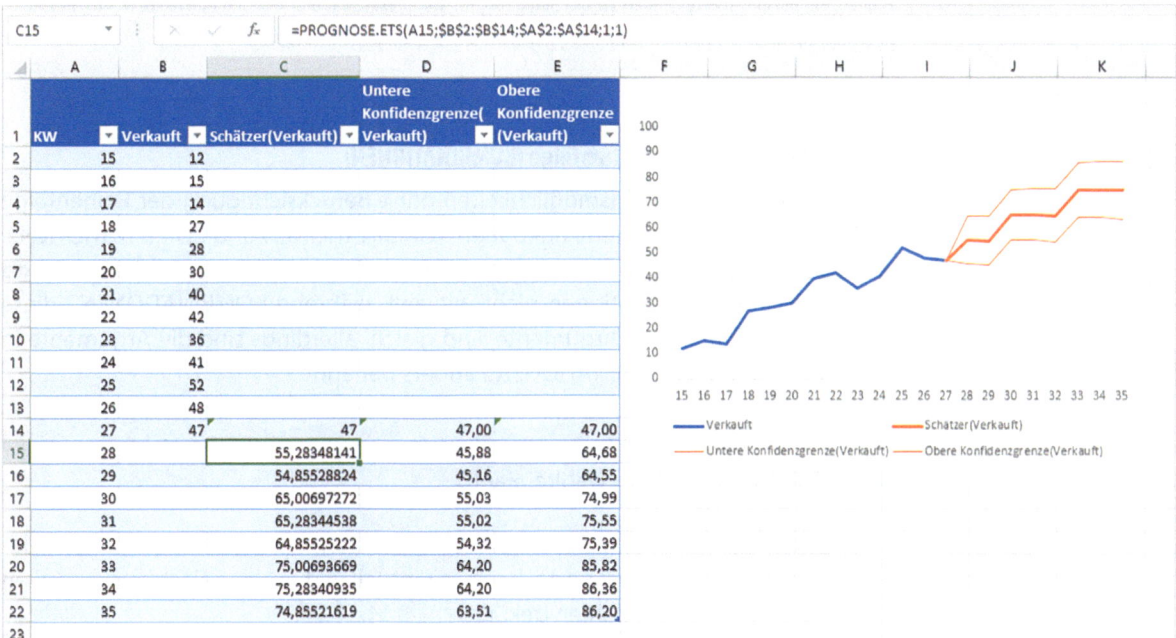

Bild 8.109 Das Prognoseblatt wird mit einer Kopie der Ausgangsdaten eingefügt

Tipp: Da im Prognoseblatt die Prognosewerte mit einer Formel bzw. Funktion berechnet werden, können Sie auch bei Bedarf die Ausgangswerte, hier die Verkaufswerte nachträglich noch ändern.

8.7 Weitere Funktionen

Anzahl Kombinationsmöglichkeiten berechnen

Zur Berechnung der Anzahl von Kombinationsmöglichkeiten, mit oder ohne Wiederholungen oder Berücksichtigung der Reihenfolge stellt Excel die Funktionen VARIATIONEN und KOMBINATIONEN zur Verfügung. Der grundlegende Unterschied:

- **KOMBINATIONEN** berechnet die Anzahl der Kombinationsmöglichkeiten ohne Berücksichtigung der Reihenfolge, d. h. es wird beispielsweise bei Kombinationen zwischen Buchstaben und Zahlen nicht unterschieden zwischen A1 und 1A.

- **VARIATIONEN** berücksichtigt dagegen auch die Reihenfolge und zählt z. B. A1 und 1A jeweils gesondert.

> **Anzahl der Kombinationsmöglichkeiten / Liste der Kombinationen**
>
> **Achtung**: Die hier beschriebenen Funktionen berechnen die Anzahl der Kombinationsmöglichkeiten, nicht aber die Kombinationen selbst. Excel verfügt gegenwärtig über keine Funktion, mit der sich eine Liste von Kombinationsmöglichkeiten erstellen lässt. Einfache Zweierpaare können Sie mit mit einer Matrixformel erzeugen, ein Beispiel hierfür finden Sie auf Seite 396, für komplexere Variationen sind Makros bzw. VBA besser geeignet, auf diese Möglichkeit kann hier jedoch nicht näher eingegangen werden.

Ohne Berücksichtigung der Reihenfolge (KOMBINATIONEN)

Die Anzahl der Kombinationsmöglichkeiten ohne Berücksichtigung der Reihenfolge berechnen Sie in Excel mit den Funktionen KOMBINATIONEN und KOMBINATIONEN2. Der Unterschied besteht darin, dass KOMBINATIONEN Wiederholungen, z. B. AA und BB bei Buchstabenkombinationen nicht mitzählt, während KOMBINATIONEN2 diese mit einschließt. Syntax und Argumente sind gleich, allerdings sind die Argumente in der neueren Funktion KOMBINATIONEN2 anders benannt.

```
=KOMBINATIONEN(n;k)

=KOMBINATIONEN2(Zahl;gewählte_Zahl)
```

- Das Argument *n* bzw. *Zahl* steht für die Anzahl der zu kombinierenden Elemente und muss >= 0 und > k sein, eventuell vorhandene Nachkommastellen werden zu ganzen Zahlen gekürzt.

- *k* bzw. *gewählte_Zahl* gibt an, aus wie vielen Elementen jede Kombination bestehen soll. Nachkommastellen werden zu ganzen Zahlen gekürzt.

Ein einfaches Beispiel

Sie möchten wissen, wie viele Kombinationsmöglichkeiten sich ergeben, wenn Sie aus insgesamt vier Mitarbeitern Zweier- oder Dreierteams bilden. Da in diesem Fall Wiederholungen, also z. B. Müller Müller nicht sinnvoll sind, müssen diese ausgeschlossen werden, also setzen Sie die Funktion KOMBINATIONEN ein.

H3 (2er Teams): = KOMBINATIONEN(4;2) Ergebnis: 6
H4 (3er Teams): =KOMBINATIONEN(4;3) Ergebnis: 4

Bild 8.110 Anzahl Kombinationsmöglichkeiten ohne Wiederholungen

H3 =KOMBINATIONEN(4;2)

	A	B	C	D	E	F	G	H	I
1	**Mitarbeiter**		**2er Teams**		**3er Teams**				
2	Huber		Huber Schmid		Huber Schmid Müller		**Anzahl Kombinationsmöglichkeiten**		
3	Schmid		Huber Müller		Huber Schmid Braun		**2er Teams**	6	=KOMBINATIONEN(4;2)
4	Müller		Huber Braun		Huber Müller Braun		**3er Teams**	4	=KOMBINATIONEN(4;3)
5	Braun		Schmid Müller		Schmid Müller Braun				
6			Schmid Braun						
7			Braun Müller						
8									

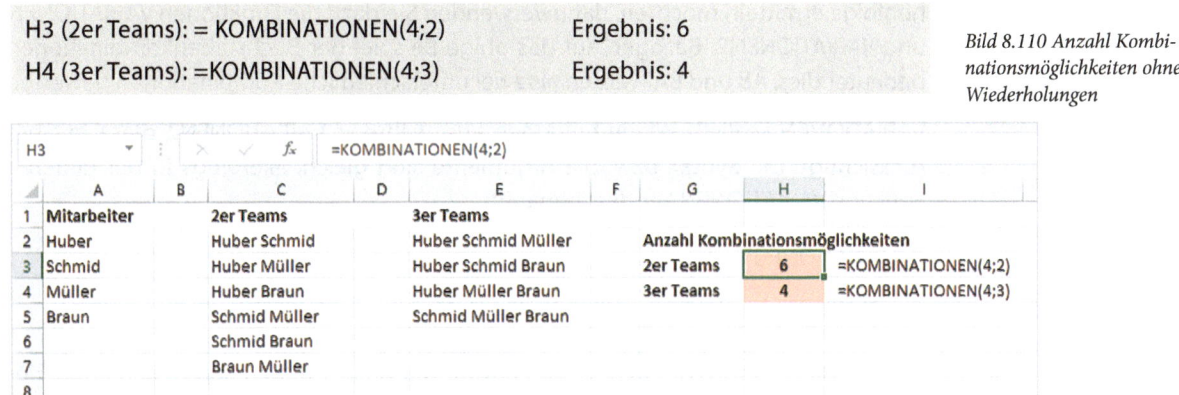

Kombinationen_Variationen.xlsx

Beispiel 2: Kombinationen aus drei Buchstaben mit Wiederholungen

Als zweites Beispiel wird die Anzahl der Kombinationsmöglichkeiten berechnet, wenn aus den drei Buchstaben A, B, C jeweils zwei miteinander kombiniert werden. Zum Vergleich in H3 ohne und in H4 mit Wiederholungen.

H3: = KOMBINATIONEN(3;2) Ergebnis: 3
H4: = KOMBINATIONEN2(3;2) Ergebnis: 6

Bild 8.111 Kombinationen mit Wiederholung

H2 =KOMBINATIONEN(3;2)

	A	B	C	D	E	F	G	H	I
1	**Buchstaben**		**ohne Wiederholung**		**mit Wiederholung**		**Anzahl Kombinationen**		
2	A		AB		AA		**ohne Wiederholung**	3	=KOMBINATIONEN(3;2)
3	B		AC		AB		**mit Wiederholung**	6	=KOMBINATIONEN2(3;2)
4	C		BC		AC				
5					BB				
6					BC				
7					CC				
8									

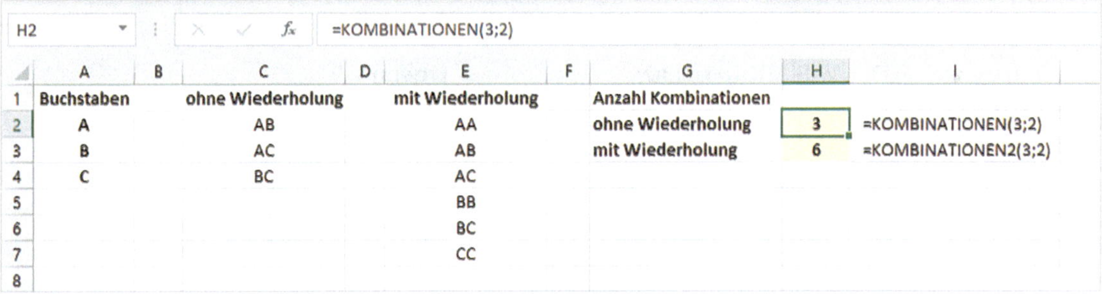

Die Anzahl der zu kombinierenden Elemente bzw. Argument *n* oder *Zahl* kann in größeren Tabellen auch mit der Funktion ANZAHL oder ANZAHL2 ermittelt werden, dann würde die Funktion beispielsweise in H3 wie folgt lauten:

H3: = KOMBINATIONEN(ANZAHL2(A2:A4);2)

Hinweis: Für die Auflistung der möglichen Kombinationen selbst, wie im Bild oben in den Spalten C und E, gibt es derzeit in Excel keine entsprechende Funktion. Diese Aufgabe lässt sich nur mit der integrierten Programmiersprache VBA lösen, eine Beschreibung würde jedoch den Rahmen dieses Buches sprengen.

Kombinationen mit Berücksichtigung der Reihenfolge (VARIATIONEN)

Wenn Sie die Anzahl der Kombinationsmöglichkeiten unter Berücksichtigung der Reihenfolge ermitteln möchten, dann verwenden Sie dazu die Funktionen VARIATIONEN und VARIATIONEN2. Bezogen auf das obige Beispiel der Buchstabenkombinationen bedeutet dies, AB und BA werden als zwei unterschiedliche Kombinationen gewertet.

VARIATIONEN schließt Wiederholungen aus, während VARIATIONEN2 diese mit berücksichtigt. Die Syntax bzw. die Argumente sind gleich, allerdings in der neueren Funktion VARIATIONEN2 anders benannt:

=VARIATIONEN(n;k)

=VARIATIONEN2(Zahl;gewählte_Zahl)

- Das Argument *n* bzw. *Zahl* steht für die Anzahl der zu kombinierenden Elemente und muss >= 0 und > k sein, eventuell vorhandene Nachkommastellen werden zu ganzen Zahlen gekürzt.
- *k* bzw. *gewählte_Zahl* gibt an, aus wie vielen Elementen jede Kombination bestehen soll. Nachkommastellen werden zu ganzen Zahlen gekürzt.

Beispiel: Alle Kombinationsmöglichkeiten der Buchstaben A bis C

Zur Verdeutlichung erweitern wir das Beispiel der vorhergehenden Seite und wollen wissen, wie viele unterschiedliche Zweierpaare sich unter Berücksichtigung der Reihenfolge ergeben. Die Formeln in G2 und G3 lauten:

G2: =VARIATIONEN(3;2)   Ergebnis: 6

G3: =VARIATIONEN2(3;2)   Ergebnis: 9

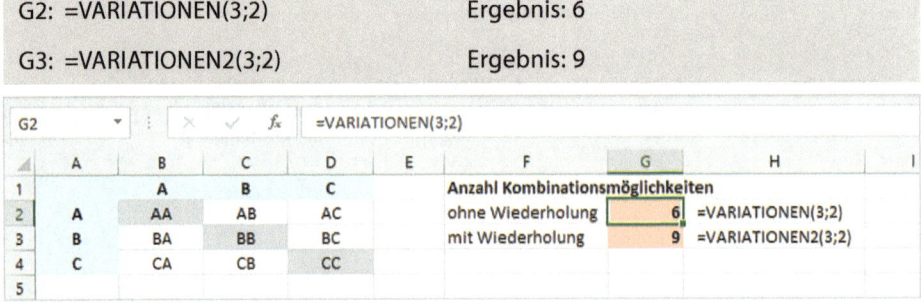

Bild 8.112 Kombinationsmöglichkeiten unter Berücksichtigung der Reihenfolge

Tipp: Kombinationsmöglichkeiten als Matrix berechnen

Bei Zweierkombinationen wie im hier verwendeten Beispiel, lassen sich die möglichen Kombinationen als Matrix berechnen. Dazu geben Sie in B2:D4 die folgende Matrixformel ein und schließen in Excel 2019 und älter die Eingabe mit **Strg+Umschalt+Eingabetaste** ab. Bei Microsoft 365 genügt es, wenn Sie die Formel in B2 eingeben und danach die **Eingabetaste** betätigen, der Ausgabebereich wird automatisch erweitert. Wenn die Berechnung ohne Matrixformel erfolgen soll, dann geben Sie in B2 die zweite Formel ein und kopieren diese nach rechts und nach unten:

B2 (Matrixformel): =A2:A4&B1:D   oder B2 (kopierbare Formel): =$A2&B$1

Werte z-standardisieren mit STANDARDISIERUNG

Die z-Standardisierung dient grob vereinfacht dazu, Werte auf unterschiedlichen Skalen vergleichbar zu machen. Zur Berechnung werden neben dem zu standardisierenden Wert noch der Mittelwert und die Standardabweichung benötigt. Das Ergebnis, der z-Wert ist die Abweichung vom Mittelwert einer Verteilung, ausgedrückt in Standardabweichungen. Der Mittelwert der z-standardisierten bzw. normalisierten Werte ist immer 0 und die Standardabweichung immer 1.

Statt Standardisierung oder z-Transformation wird häufig auch der Begriff Normalisierung verwendet.

In Excel kann der z-Wert mit der Funktion STANDARDISIERUNG berechnet werden.

=STANDARDISIERUNG(x;Mittelwert;Standabwn)

- *x* ist der zu normalisierende Wert.
- *Mittelwert* und *Standabwn* sind ebenfalls erforderlich und stehen für Mittelwert und Standardabweichung der Verteilung.

Anstelle der Funktion kann der z-standardisierte Wert auch mit folgender Formel berechnet werden:

= (x-Mittelwert)/Standardabweichung

Im unten abgebildeten Beispiel lautet die Formel in B2:

B2: =STANDARDISIERUNG(A2;$E$1;$E$2)

	A	B	C	D	E	F
1	Wert	Standardisiert		Mittelwert	20,067	=MITTELWERT(A2:A16)
2	7	-1,5522	=STANDARDISIERUNG(A2;$E$1;$E$2)	Standardabw.	8,418	=STABW.N(A2:A16)
3	11	-1,0771				
4	12	-0,9583				
5	12	-0,9583				
6	14	-0,7207				
7	15	-0,6019				
8	18	-0,2455				
9	18	-0,2455				
10	20	-0,0079				
11	24	0,4673				
12	25	0,5860				
13	26	0,7048				
14	29	1,0612				
15	33	1,5364				
16	37	2,0116				

Bild 8.113 Beispiel z-Standardisierung

Standardisierung.xlsx

8 Ausgewählte statistische Funktionen

9 Mathematische und technische Funktionen

9.1 Rundungsfunktionen 400

9.2 Mathematische Grundfunktionen 406

9.3 Umrechnungs- und Konvertierungsfunktionen 419

9.4 Ausgewählte Trigonometriefunktionen 423

9.5 Komplexe Zahlen 431

9.1 Rundungsfunktionen

Wie Sie vermutlich bereits wissen, bezieht Excel in Berechnungen stets die gesamte Anzahl Nachkommastellen einer Zahl mit ein, unabhängig davon, mit wie vielen Stellen die Zahl formatiert wurde. Erfolgt dann eine Nachberechnung mit der sichtbaren Anzahl Dezimalstellen, dann können daraus Rundungsfehler entstehen. Um dies zu vermeiden, stellt Excel in der Kategorie Mathematik und Trigonometrie mehrere Rundungsfunktionen zur Verfügung, die sich auch zu anderen Zwecken einsetzen lassen.

Kaufmännisches Runden (RUNDEN)

Die wichtigste und bekannteste Funktion dürfte die Funktion RUNDEN sein. Sie rundet eine Zahl kaufmännisch auf die angegebene Anzahl Dezimalstellen auf bzw. ab.

=RUNDEN(Zahl;Anzahl_Stellen)

Argument	Beschreibung
Zahl	Die Zahl, die gerundet werden soll.
Anzahl_Stellen	Die Anzahl der Dezimalstellen, auf die die Zahl gerundet werden soll. Wird hier 0 angegeben, so wird auf die nächste ganze Zahl gerundet. Ist *Anzahl_Stellen* kleiner 0, dann wird der links vom Komma befindliche Teil der Zahl gerundet.

Beispiel Preisberechnung mit Skonto und Mehrwertsteuer

Rundungsfunktionen.xlsx

Als Beispiel wurden im Bild unten in der linken Tabelle (blau) in B4 der Skontobetrag und in B8 der Mehrwertsteuerbetrag berechnet und zur Verdeutlichung mit mehreren Nachkommastellen formatiert.

Zur Kontrolle wurden beide Formelergebnisse mit je zwei Stellen in die mittlere Tabelle (Nachberechnung mit 2 Stellen) manuell eingegeben und der Endbetrag berechnet. Dieser weicht um 0,01 ab. Die Differenz entsteht dadurch, dass Excel in der ersten Tabelle alle Nachkommastellen zur Berechnung verwendet.

In der dritten Tabelle ganz rechts (grün) wurden dagegen Skontobetrag und Mehrwertsteuerbetrag mit der Funktion RUNDEN auf zwei Stellen mit folgenden Formeln kaufmännisch gerundet.

Bild 9.1 Beispiel Beträge RUNDEN

	A	B	C	D	E	F	G	H	I
1	Nicht gerundet			Nachberechnung mit 2 Stellen			Gerundet		
2	Peis Netto	9,19		Peis Netto	9,19		Peis Netto	9,19	
3	Skonto	2,75%		Skonto	2,75%		Skonto	2,75%	
4	Skontobetrag	0,252725		Skontobetrag	0,25		Skontobetrag	0,250000	
5	Ergebnis	8,94		Ergebnis	8,94		Ergebnis	8,94	
6									
7	MwSt.	7%		MwSt.	7%		MwSt.	7%	
8	MwSt. Betrag	0,625609		MwSt. Betrag	0,63		MwSt. Betrag	0,630000	
9		9,56			9,57			9,57	
10									

Skonto in H4: =RUNDEN(H2*H3;2)   Ergebnis: 0,250000

MwSt. in H8: =RUNDEN(H5*H7;2)   Ergebnis: 0,630000

Weitere Beispiele

Tipp: Mit RUNDEN und einer negativen *Anzahl_Stellen* können Sie eine Zahl jeweils auf ein Vielfaches von 10, 100 usw. runden. Wenn Sie dagegen ein bestimmtes Vielfaches benötigen, z. B. 50, dann verwenden Sie die Funktion VRUNDEN (s. Seite 402).

Formel	Beschreibung	Ergebnis
RUNDEN(2,35;1)	Rundet die Zahl 2,35 auf 1 Dezimalstelle.	2,4
RUNDEN(2,149;1)	Rundet die Zahl 2,149 auf 1 Dezimalstelle.	2,1
RUNDEN(18,6;-1)	Rundet die Zahl 18,6 auf eine Stelle links vom Komma und damit auf das nächste Vielfache von 10.	20
RUNDEN(122,33;-2)	Rundet die Zahl 122,33 auf zwei Stellen links vom Komma und damit auf das nächste Vielfache von 100.	100
RUNDEN(167,58;-2)	Rundet die Zahl 167,58 auf zwei Stellen links vom Komma und damit auf das nächste Vielfache von 100.	200
RUNDEN(785;-3)	Rundet die Zahl 758 auf das nächste Vielfache von 1000.	1000

Zahlen immer auf- oder abrunden (AUFRUNDEN, ABRUNDEN)

Wenn eine Zahl immer auf eine bestimmte Anzahl Stellen auf- oder abgerundet werden soll, dann setzen Sie die Funktionen AUFRUNDEN und ABRUNDEN ein. Beide unterscheiden sich von der Funktion RUNDEN nur dadurch, dass die Zahl immer auf- bzw. abgerundet wird, die Syntax ist identisch, siehe oben.

=AUFRUNDEN(Zahl;Anzahl_Stellen)

=ABRUNDEN(Zahl;Anzahl_Stellen)

Genau wie mit der Funktion RUNDEN können Sie auch mit diesen beiden Funktionen nach links vom Komma runden: Mit *Anzahl_Stellen* = -1 auf ein Vielfaches von 10, mit -2 auf ein Vielfaches von 100 usw. Einige Beispiele sehen Sie im Bild unten.

	A	B	C	D	E	F	G	H
1	Zahl	Funktion AUFRUNDEN	Ergebnis		Zahl	Funktion ABRUNDEN	Ergebnis	
2	3,2	=AUFRUNDEN(A2;0)	4		3,2	=ABRUNDEN(E2;0)	3	
3	76,9	=AUFRUNDEN(A3;0)	77		76,9	=ABRUNDEN(E3;0)	76	
4	3,145789	=AUFRUNDEN(A4;3)	3,146		3,145789	=ABRUNDEN(E4;3)	3,145	
5	3,112312	=AUFRUNDEN(A5;1)	3,2		3,112312	=ABRUNDEN(E5;1)	3,1	
6	3,112312	=AUFRUNDEN(A6;-1)	10		3,112312	=ABRUNDEN(E6;-1)	0	
7	123	=AUFRUNDEN(A7;-2)	200		123	=ABRUNDEN(E7;-2)	100	
8	-18,5789	=AUFRUNDEN(A8;2)	-18,58		-18,5789	=ABRUNDEN(E8;2)	-18,57	
9								

Bild 9.2 AUFRUNDEN und ABRUNDEN

Auf gerade oder ungerade Zahlen runden (GERADE, UNGERADE)

Die Funktion GERADE rundet auf die nächste ganze gerade Zahl. Dabei wird immer von Null weg gerundet, d. h. positive Zahlen werden größer und negative kleiner. Nachkommastellen werden nicht berücksichtigt.

=GERADE(Zahl)

Das Gegenstück ist die Funktion UNGERADE, für sie gilt dasselbe wie für GERADE.

=UNGERADE(Zahl)

Im nachfolgenden Bild einige Beispiele.

Bild 9.3 Beispiele GERADE und UNGERADE

	A	B	C	D	E	F	G
1	Zahl	Formel	Ergebnis		Zahl	Formel	Ergebnis
2	2,5	=GERADE(A2)	4		2,5	=UNGERADE(E2)	3
3	1	=GERADE(A3)	2		1	=UNGERADE(E3)	1
4	-7	=GERADE(A4)	-8		-7	=UNGERADE(E4)	-7
5	-2	=GERADE(A5)	-2		-2	=UNGERADE(E5)	-3
6	91,2	=GERADE(A6)	92		91,2	=UNGERADE(E6)	93

Zahlen auf ein bestimmtes Vielfaches runden (VRUNDEN)

Mit der Funktion VRUNDEN lässt sich eine Zahl auf ein bestimmtes Vielfaches runden, z. B. 2, 10 oder 100.

=VRUNDEN(Zahl;Vielfaches)

Argument	Beschreibung
Zahl	Die Zahl, die aufgerundet werden soll.
Vielfaches	Das Vielfache, auf das die Zahl gerundet werden soll. **Achtung**: Zahl und Vielfaches müssen dasselbe Vorzeichen haben!

Bild 9.4 Die Funktionsweise von VRUNDEN

	A	B	C	D	E
1	Zahl	Vielfaches	Formel	Ergebnis	
2	145	100	=VRUNDEN(A2;B2)	100	
3	150	100	=VRUNDEN(A3;B3)	200	Aufrunden, da gleiche Entfernung
4	236	100	=VRUNDEN(A4;B4)	200	
5					
6	22	0	=VRUNDEN(A6;B6)	0	
7	22	5	=VRUNDEN(A7;B7)	20	Abrunden, da 20 (4*5) näher an 22 liegt als 25 (5*5)
8	22	6	=VRUNDEN(A8;B8)	24	Aufrunden, da 24 (4*6) näher an 22 liegt als 18 (3*6)
9	22	10	=VRUNDEN(A9;B9)	20	
10	-9	-3	=VRUNDEN(A10;B10)	-9	Zahl und Vielfaches müssen dasselbe Vorzeichen haben

Ob VRUNDEN auf- oder abrundet, darüber entscheidet die folgende Regel:

▶ Laut Excel-Hilfe rundet VRUNDEN auf, „…wenn der Rest der Division von *Zahl* durch *Vielfaches* größer gleich der Hälfte von *Vielfaches* ist." Oder einfacher ausgedrückt: Es wird immer in die Richtung gerundet, in der das *Vielfache* näher an *Zahl* liegt. Bei gleicher Entfernung wird aufgerundet, in Bild 9.4 auf der vorhergehenden Seite einige Beispiele.

Achtung: Wird für das Argument *Vielfaches* ein Dezimalwert angegeben, so ist die Rundungsrichtung für Mittelpunktzahlen undefiniert. So gibt VRUNDEN(6,05;0,1) beispielsweise 6,0 zurück, wobei VRUNDEN(7,05;0,1) 7,1 zurückgibt. Verwenden Sie in diesem Fall besser die Funktion OBERGRENZE, siehe unten.

Zahlen mit OBERGRENZE oder UNTERGRENZE auf- und abrunden

Aufrunden mit OBERGRENZE.MATHEMATIK

Wenn Sie eine Zahl auf ein bestimmtes Vielfaches aufrunden und als Vielfaches eine Dezimalzahl verwenden (siehe oben) oder im positiven Bereich aufrunden, im negativen Bereich aber abrunden möchten, dann setzen Sie die Excel-Funktion OBERGRENZE.MATHEMATIK ein. Diese rundet eine Zahl auf die nächste ganze Zahl oder ein Vielfaches der angegebenen Schrittweite auf, die Syntax:

`=OBERGRENZE.MATHEMATIK(Zahl;[Schritt];[Modus])`

Hinweis: Diese Funktion ersetzt die ältere Funktion OBERGRENZE und unterscheidet sich von dieser durch den zusätzlichen Parameter *Modus*.

Argument	Beschreibung
Zahl	Die Zahl, die aufgerundet werden soll.
Schritt	Gibt die Schrittweite bzw. das Vielfache an, auf das gerundet werden soll – auch Dezimalzahlen sind möglich. Wenn Schritt nicht angegeben ist, wird auf die nächste ganze Zahl gerundet. Dabei gilt für positive Zahlen: Schritt =1, für negative Zahlen gilt: Schritt= -1.
Modus	Der Modus steuert, ob eine negative Zahl in Richtung 0 oder weg von 0 gerundet wird: **Keine Angabe oder 0**: Zahl wird in Richtung 0 gerundet, **1**: Zahl wird von 0 weg gerundet. Ist Zahl positiv, dann wird Modus ignoriert.

Beispielsweise wird mit *Schritt* 1 die Zahl 5,4 auf 6 gerundet, aber -5,4 wird mit derselben Schrittweite 1 auf -5 gerundet. Falls stattdessen auf -6 gerundet werden soll, dann wählen Sie *Modus* 1. Im Bild unten einige Beispiele:

	A	B	C	D
1	Zahl	Schritt	Formel	Ergebnis
2	5,61	0,5	=OBERGRENZE.MATHEMATIK(A2;B2)	6,0
3	6,05	0,1	=OBERGRENZE.MATHEMATIK(A3;B3)	6,1
4	7,05	0,1	=OBERGRENZE.MATHEMATIK(A4;B4)	7,1
5	5,40	1	=OBERGRENZE.MATHEMATIK(A5;B5)	6,0
6	-5,40	1	=OBERGRENZE.MATHEMATIK(A6;B6)	-5,0
7	-5,40	1	=OBERGRENZE.MATHEMATIK(A7;B7;1)	-6,0
8	-7,20	2	=OBERGRENZE.MATHEMATIK(A8;B8;1)	-8,0
9	-7,20	2	=OBERGRENZE.MATHEMATIK(A9;B9)	-6,0
10	-5,50	2	=OBERGRENZE.MATHEMATIK(A10;B10)	-4,0

Bild 9.5 Beispiele OBERGRENZE.MATHEMATIK

Abrunden mit UNTERGRENZE.MATHEMATIK

Das Gegenstück zu OBERGRENZE.MATHEMATIK ist die Funktion UNTERGRENZE.MATHEMATIK. Diese rundet grundsätzlich auf die nächste ganze Zahl oder ein Vielfaches von Schritt ab. Die Argumente sind dieselben.

```
=UNTERGRENZE.MATHEMATIK(Zahl;Schritt;Modus)
```

Bild 9.6 Beispiele UNTERGRENZE.MATHEMATIK

	A	B	C	D
1	Zahl	Schritt	Formel	Ergebnis
2	5,86	0,5	=UNTERGRENZE.MATHEMATIK(A2;B2)	5,5
3	6,05	0,1	=UNTERGRENZE.MATHEMATIK(A3;B3)	6,0
4	7,89	0,1	=UNTERGRENZE.MATHEMATIK(A4;B4)	7,8
5	5,40	1	=UNTERGRENZE.MATHEMATIK(A5;B5)	5,0
6	-5,40	1	=UNTERGRENZE.MATHEMATIK(A6;B6)	-6,0
7	-5,40	1	=UNTERGRENZE.MATHEMATIK(A7;B7;1)	-5,0
8	7,80	2	=UNTERGRENZE.MATHEMATIK(A8;B8;1)	6,0
9	-7,80	2	=UNTERGRENZE.MATHEMATIK(A9;B9;1)	-8,0
10	-7,80	2	=UNTERGRENZE.MATHEMATIK(A10;B10)	-6,0

Die beiden Funktionen sind in keiner Kategorie zu finden und müssen daher über die Tastatur eingegeben werden.

Hinweis: Ergänzend gibt es noch die beiden Funktionen OBERGRENZE.GENAU und UNTERGRENZE.GENAU. Beide verwenden den Absolutwert von *Schritt* und runden *Zahl* somit unabhängig vom Vorzeichen auf (OBERGRENZE.GENAU) bzw. ab (UNTERGRENZE.GENAU).

```
=OBERGRENZE.GENAU(Zahl; [Schritt])
```

Bild 9.7 OBERGRENZE.GENAU

	A	B	C	D
1	Zahl	Schritt	Formel	Ergebnis
2	-3,2	-1	=OBERGRENZE.GENAU(A2;B2)	-3
3	3,2	1	=OBERGRENZE.GENAU(A3;B3)	4
4	-3,2	1	=OBERGRENZE.GENAU(A4;B4)	-3
5	3,2	-1	=OBERGRENZE.GENAU(A5;B5)	4
6	3,2		=OBERGRENZE.GENAU(A6)	4

```
=UNTERGRENZE.GENAU(Zahl; [Schritt])
```

Bild 9.8 UNTERGRENZE.GENAU

	A	B	C	D
1	Zahl	Schritt	Formel	Ergebnis
2	-3,8	-1	=UNTERGRENZE.GENAU(A2;B2)	-4
3	3,8	1	=UNTERGRENZE.GENAU(A3;B3)	3
4	-3,8	1	=UNTERGRENZE.GENAU(A4;B4)	-4
5	3,8	-1	=UNTERGRENZE.GENAU(A5;B5)	3
6	3,8		=UNTERGRENZE.GENAU(A6)	3

Nachkommastellen entfernen (GANZZAHL und KÜRZEN)

Die Funktion GANZZAHL rundet eine Zahl auf die nächstkleinere ganze Zahl ab. Die Syntax ist einfach:

```
=GANZZAHL(Zahl)
```

Achtung: Negative Zahlen werden von 0 weg gerundet, aus -6,3 wird beispielsweise -7. Wenn der ganzzahlige Anteil oder der Dezimalanteil positiver und negativer Zahlen benötigt wird, dann verwenden Sie besser die Funktion KÜRZEN, siehe unten.

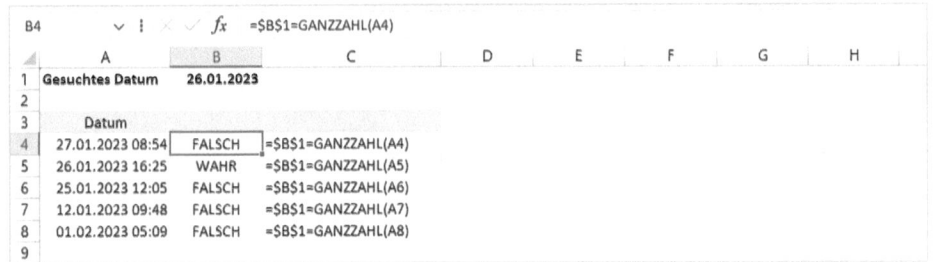

Bild 9.9 Beispiele GANZ-ZAHL

Tipp: Datumsvergleich ohne Uhrzeit

Gute Dienste leistet GANZZAHL auch beim Datumsvergleich, wenn ein Datum zusammen mit der Uhrzeit in eine Zelle eingegeben wurde und nur das Datum übereinstimmen soll. Ein Datum ist ja in Excel bekanntlich eine fortlaufende Zahl, Datum und Uhrzeit zusammen bilden dagegen eine Dezimalzahl. Sie brauchen daher nur die Dezimalstellen entfernen, entweder mit GANZZAHL oder KÜRZEN (s. unten).

Bild 9.10 Datumsvergleich ohne Uhrzeit

Hinweis: Nicht zu verwechseln mit der Funktion GGANZZAHL mit folgender Syntax:

=GGANZZAHL(Zahl;[Schritt])

Diese liefert 0, wenn *Zahl* kleiner als *Schritt* ist und 1, wenn *Zahl* größer oder gleich *Schritt* ist. Diese Funktion wird kaum benötigt, da solche Abfragen auch mit WENN vorgenommen werden können.

Dezimalstellen mit KÜRZEN einfach abschneiden

Im Gegensatz zu GANZZAHL schneidet die Funktion KÜRZEN Dezimalstellen einfach ab, es erfolgt kein Runden.

=KÜRZEN(Zahl;[Anzahl_Stellen])

Argument	Beschreibung
Zahl	Die Zahl, deren Stellen abgeschnitten werden sollen.
Anzahl_Stellen	Optional. Eine Zahl, die angibt, wie viele Nachkommastellen erhalten bleiben sollen. Der Standardwert ist 0.

Achtung: Im Gegensatz zur Funktion GANZZAHL gibt KÜRZEN auch den Dezimalanteil sowohl positiver als auch negativer Zahlen korrekt zurück. So liefert z. B. im Bild unten die Formel in B6 und B7 für die positive und die negative Zahl das richtige Ergebnis.

B6: =A6-KÜRZEN(A6)	Ergebnis: 0,1234
B7: =A7-KÜRZEN(A7)	Ergebnis: -0,1234

Bild 9.11 Beispiele KÜRZEN

	A	B	C
1	Zahl	Funktion	Ergebnis
2	8,78	=KÜRZEN(A2;1)	8,70
3	-8,78	=KÜRZEN(A3;1)	-8,70
4	2,3	=KÜRZEN(A4)	2,00
5	-2,3	=KÜRZEN(A5)	-2,00
6	54,1234	=A6-KÜRZEN(A6)	0,1234
7	-54,1234	=A7-KÜRZEN(A7)	-0,1234
8			

9.2 Mathematische Grundfunktionen

Behandlung von Vorzeichen (ABS und VORZEICHEN)

Die Funktion ABS liefert den Absolutwert einer Zahl, also ohne Vorzeichen.

=ABS(Zahl)

Bild 9.12 Beispiele ABS

	A	B	C
1	Absolutwert ermitteln		
2			
3	Zahl	Ergebnis	
4	123	123	=ABS(A4)
5	-123	123	=ABS(A5)
6	14,89	14,89	=ABS(A6)
7	-100	100	=ABS(A7)
8			

ABS und VORZEICHEN.xlsx

Die wichtigsten Einsatzbereiche:
- Negative Zeitwerte darstellen
- Wenn Sie mit WURZEL die Wurzel aus einer berechneten Zahl ermitteln möchten und das Ergebnis eine negative Zahl ist.

Bild 9.13 Weitere Einsatzmöglichkeiten

	A	B	C	D	E
1	Wurzel aus negativer Zahl				
2	Zahl 1	Zahl 2	Ergebnis	Wurzel	Formel
3	1	3	-2	#ZAHL!	=WURZEL(C3)
4	1	3	-2	1,41421356	=WURZEL(ABS(C4))
5					
6	Negative Zeitdifferenz anzeigen				
7		Soll	Ist	Differenz	Formel
8		08:00	07:05	#########	=C8-B8
9		08:00	07:05	00:55	=ABS(C9-B9)
10					

Summe über Absolutwerte berechnen (negative Vorzeichen ignorieren)

Wenn Sie den Absolutwert auf einen Zellbereich anwenden und z. B. die Summe über mehrere Zahlen berechnen möchten, wie im Bild unten in B6, dann schließen Sie diesen in die Funktion ABS ein. **Achtung**: Mit Excel 2019 und älter muss die Formel als Matrixformel eingegeben werden, d. h. sie muss mit den Tasten **Strg+Umschalt+Eingabe** abgeschlossen werden!

B6: =SUMME(ABS(B1:B5))   bzw. {=SUMME(ABS(B1:B5))}

	A	B	C
1		-120,30	
2		145,80	
3		700,00	
4		156,00	
5		488,80	
6	Summe	1610,9	=SUMME(ABS(B1:B5))

Bild 9.14 Summe mit Absolutwerten

Vorzeichen einer Zahl ermitteln mit VORZEICHEN

Nicht immer ist das Vorzeichen einer Zahl sofort ersichtlich, beispielsweise wenn diese mit einem benutzerdefinierten Zahlenformat ohne Vorzeichen versehen wurde, wie im Bild unten. Um das Vorzeichen einer Zahl zu ermitteln, setzen Sie die Funktion VORZEICHEN ein. Diese gibt 1 zurück, wenn die Zahl positiv ist, 0 wenn die Zahl 0 ist, und -1, wenn die Zahl negativ ist. Negative Zahlen werden unabhängig von der Formatierung erkannt.

=VORZEICHEN(Zahl)

C2: =VORZEICHEN(B2)

	A	B	C
1	Zahl	Formatiert	Vorzeichen
2	-120,30	120,30	-1
3	488,85	488,85	1
4	0,00	0,00	0
5	700,00	700,00	1
6	-156,00	156,00	-1

Bild 9.15 VORZEICHEN

Beispiel: Summe negativer und positiver Zahlen berechnen

VORZEICHEN kann in manchen Fällen, z. B. in einer WENN-Funktion die Abfrage <0 bzw. >0 überflüssig machen. Hier ein Beispiel mit der Funktion SUMMEWENN.

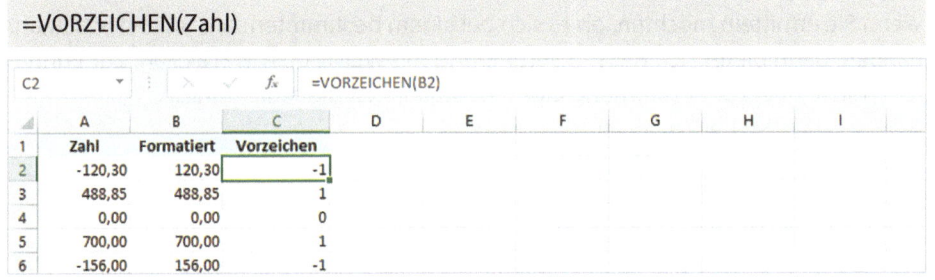

Bild 9.16 SUMMEWENN mit Ermittlung des Vorzeichens

Natürlich kann auch alles in eine einzige Formel gepackt werden.

Rest einer Division (REST)

Die Funktion REST entspricht der Funktion MOD (Modulo) in VBA. Sie gibt den Rest einer Division zurück und das Ergebnis hat dasselbe Vorzeichen wie der Divisor.

=REST(Zahl;Divisor)

Argument	Beschreibung
Zahl	Die Zahl, für die der Rest einer Division gesucht wird.
Divisor	Die Zahl, durch die das Argument Zahl dividiert werden soll. Wenn Divisor 0 ist, erhalten Sie den Fehlerwert #DIV/0!.

> **Achtung Fehler bei negativen Zahlen!**
> Negative Zahlen liefern ein falsches Ergebnis, da wie bei der Funktion GANZZAHL von 0 weg gerundet wird.

Funktion GANZZAHL, siehe Seite 404.

Dasselbe Ergebnis erhalten Sie auch mit der Formel:

Zahl-Divisor*GANZZAHL (Zahl/Divisor)

Beispiele

=REST(12;4)	Ergebnis: 0	
=REST(3;-2)	Ergebnis: -1	
=REST(-5;4)	Ergebnis: 3	Falsches Ergebnis, müsste lauten 1

Beispiel Schaltjahr berechnen

Wenn Sie ermitteln möchten, ob es sich bei einem bestimmten Jahr um ein Schaltjahr handelt, dann bietet sich REST in Verbindung mit WENN oder WENNS an. Zur Erinnerung die Regeln zur Bestimmung eines Schaltjahrs: Ist die Jahreszahl…

- ohne Rest durch 4 teilbar → Schaltjahr
- ohne Rest durch 100 teilbar → kein Schaltjahr
- ohne Rest durch 400 teilbar → Schaltjahr

Grundfunktionen. xlsx

Zur Berechnung mit Excel gibt es mehrere verschiedene Möglichkeiten. Hier eine Variante mit der Funktion WENNS. Die Formel in B2 lautet:

=WENNS(REST(A2;400)=0;"Ja";REST(A2;100)=0;"Nein";REST(A2;4)=0;"Ja";WAHR;"Nein")

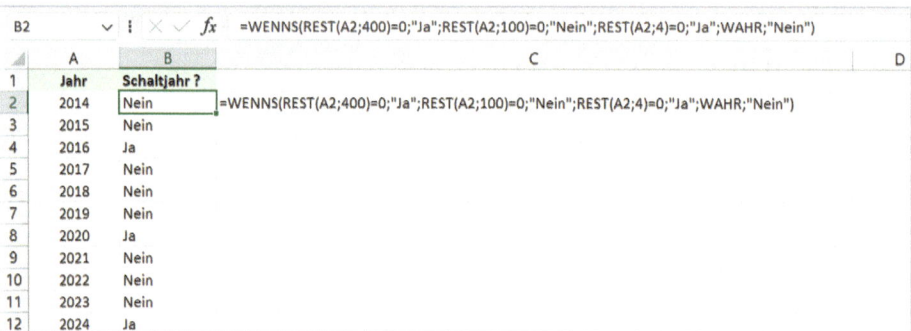

Bild 9.17 Schaltjahr berechnen

Potenzen und Wurzel

POTENZ berechnen

Die Potenz einer Zahl berechnen Sie mit der Funktion POTENZ:

=POTENZ(Zahl;Potenz)

Argument	Beschreibung
Zahl	Die Zahl, die Sie mit dem Exponenten potenzieren möchten. Es sind alle reellen Zahlen zulässig.
Potenz	Der Exponent, mit dem Sie die Zahl potenzieren möchten.

Alternativ zur Funktion POTENZ kann der Operator ^ zum Potenzieren einer Zahl verwendet werden, zum Beispiel 5^2 anstelle von POTENZ(5;2).

	A	B	C	D	E	F
1	Zahl	Potenz	Ergebnis	Funktion	Alt. Formel	Alternative Formel
2	5	2	25	=POTENZ(A2;B2)	25	=A2^B2
3	3	3	27	=POTENZ(A3;B3)	27	=A3^B3
4	6	4	1296	=POTENZ(A4;B4)	1296	=A4^B4
5						

Bild 9.18 Beispiele Potenzrechnung

Summe der Quadrate berechnen (QUADRATESUMME)

Um für mehrere Zahlen die Summe der Quadrate zu bilden, verwenden Sie in Excel die Funktion QUADRATESUMME wobei mit *Zahl1*, *Zahl2* usw. diejenigen Zahlen angegeben werden, für die Sie die Quadrate berechnen möchten.

=QUADRATESUMME(Zahl1;[Zahl2];...)

Im unten abgebildeten Beispiel wird die Summe der Quadrate in B7 mit folgender Formel berechnet:

B7: =QUADRATESUMME(B1:B6)   Ergebnis: 1013

Oder anders ausgedrückt berechnet diese Formel nichts anderes als:

=B1^2+B2^2+B3^2+B4^2+B5^2+B6^2

	A	B
1		3
2		4
3		12
4		18
5		6
6		22
7	Quadratesumme	1013
8		

Bild 9.19 Summe der Quadrate

Quadratwurzel berechnen

Die Funktion WURZEL gibt die Quadratwurzel einer positiven Zahl zurück. Die Syntax ist einfach:

=WURZEL(Zahl)

Beachten Sie, dass WURZEL bei einer negativen Zahl den Fehlerwert *#ZAHL!* zurückgibt, in diesem Fall müssen Sie die Zahl zusätzlich in die Funktion ABS einschließen (siehe Seite 406).

Bild 9.20 Quadratwurzel ermitteln

	A	B	C
1	Quadratwurzel berechnen		
2	Zahl	Wurzel	Formel
3	16	4	=WURZEL(A3)
4	-49	7	=WURZEL(ABS(A4))

Andere Wurzeln berechnen

Die Funktion WURZEL berechnet ausschließlich die Quadratwurzel. Andere Wurzeln können Sie mathematisch ermitteln, indem Sie als Potenz die Zahl 1 durch die x-te Wurzel teilen. So bestimmen Sie z. B. die 3-te Wurzel aus 27 mit der Funktion POTENZ oder folgender Formel:

=POTENZ(27;(1/3))   oder: =27^(1/3)

Bild 9.21 Beispiele x-te Wurzel

	A	B	C	D
1	x-te Wurzel berechnen			
2	Zahl	x-te Wurzel	Ergebnis	Formel
3	9	2	3	=A3^(1/B3)
4	8	3	2	=A4^(1/B4)
5	27	3	3	=A5^(1/B5)
6	64	3	4	=A6^(1/B6)

WURZELPI

Pi berechnen, siehe nächste Seite.

Die Funktion WURZELPI gibt die Quadratwurzel einer Zahl zurück, die mit der Kreiszahl Pi (=3,14159265...) multipliziert wurde.

=WURZELPI(Zahl)

Statt WURZELPI kann auch die folgende Formel eingesetzt werden. Diese liefert dasselbe Ergebnis.

=WURZEL(Zahl*PI())

Bild 9.22 Vergleich WURZEL und WURZELPI

	A	B	C	D	E
1	Zahl	WURZELPI	Formel	WURZEL	Formel
2	1	1,772453851	=WURZELPI(A2)	1,772453851	=WURZEL(A2*PI())
3	2	2,506628275	=WURZELPI(A3)	2,506628275	=WURZEL(A3*PI())
4	5	3,963327298	=WURZELPI(A4)	3,963327298	=WURZEL(A4*PI())

Die Kreiszahl PI einfügen

Die Kreiszahl PI (π) spielt in der Mathematik eine wichtige Rolle und wird beispielsweise benötigt, wenn Winkel umzurechnen oder Kreis- und Kugelberechnungen durchzuführen sind. Excel stellt PI mit einer Genauigkeit von 15 Stellen zur Verfügung. Dazu geben Sie die Funktion PI ohne weitere Argumente in der unten angegebenen Form ein.

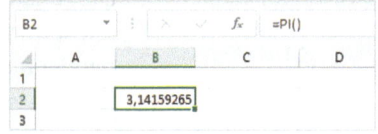

=PI()

Weitere Beispiele finden Sie auf Seite 425.

Beispiel Kreisumfang berechnen

Den Kreisumfang berechnen Sie mit der Formel U=2*π*r (r = Radius). Bezogen auf das abgebildete Beispiel lautet dann die Funktion in C3 wie folgt:

C3: =2*PI()*B2

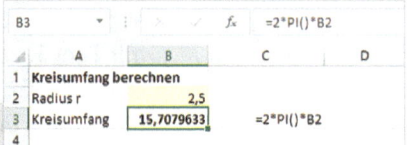

Multiplikation und Division mit Funktionen

Die Funktion PRODUKT

Statt mit dem Operator * können Zahlen auch mit der Funktion PRODUKT multipliziert werden. Diese Funktion multipliziert alle Zahlen, die als Argument eingegeben werden und kann nützlich sein, wenn viele Zahlen (maximal 255) miteinander multipliziert werden müssen, da diese auch als Zellbereich angegeben werden können.

Produkt_Quotient.xlsx

=PRODUKT(Zahl1;[Zahl2];...)

Statt einzelner Zahlen kann auch ein Zellbereich angegeben werden, so entspricht z. B. =PRODUKT(A2:D2) der Formel = A2*B2*C2*D2, siehe Bild unten.

	A	B	C	D	E	F	G	H
1	Zahl 1	Zahl 2	Zahl 3	Zahl 4	Produkt			
2	100	28	14	3	117600	=PRODUKT(A2;B2;C2;D2)		
3	100	28	14	3	117600	=PRODUKT(A2:D2)		
4	100	28	14	3	117600	=A4*B4*C4*D4		
5								

Bild 9.23 Zellen mit der Funktion PRODUKT multiplizieren

> **Beachten Sie einen wichtigen Unterschied zum Operator ***
>
> Die Funktion PRODUKT ignoriert Text und leere Zellen, während der Operator * bei Text den Fehler #WERT! liefert und leere Zellen als 0 interpretiert, wie im Bild unten.

C2				fx	=PRODUKT(A2:B2)			
	A	B	C	D	E	F	G	H
1	Zahl 1	Zahl 2	Produkt		Operator *			
2	50	2	100	=PRODUKT(A2:B2)	100	=A2*B2		
3	100	Hallo	100	=PRODUKT(A3:B3)	#WERT!	=A3*B3		
4	200		200	=PRODUKT(A4:B4)	0	=A4*B4		
5								

Bild 9.24 Die unterschiedliche Behandlung von Text und leeren Zellen

Die Funktion SUMMENPRODUKT

Weitere Beispiele zur Funktion SUMMENPRODUKT finden Sie in Kap. 7 auf Seite 285.

Die Funktion SUMMENPRODUKT gibt die Summe aller Produkte der angegebenen Bereiche zurück. Oder einfacher ausgedrückt: Es werden zwei oder mehr Bereiche miteinander multipliziert und die Summe der Ergebnisse berechnet. Verschiedene Beispiele zu dieser Funktion finden Sie in Kapitel 7 ab Seite 285.

=SUMMENPRODUKT(Array1;Array2;Array3;...)

Andere arithmetische Operatoren

SUMMENPRODUKT kann auch zusammen mit den arithmetischen Operatoren +; -; * und / verwendet werden, was die Einsatzmöglichkeiten erheblich erweitert. Das unten abgebildete Beispiel addiert jeweils Zahl 1 und Zahl 2 und multipliziert das Ergebnis mit Zahl 3. Dasselbe Ergebnis würden Sie auch erhalten, wenn Sie in D2 die Formel =(A2+B2)*C2 eingeben, diese anschließend über die restlichen Zeilen kopieren und die Summe über die Ergebnisse bilden.

Achtung: Zur Steuerung der Berechnungsreihenfolge müssen die Bereichsargumente in Klammern angegeben werden. In Klammern eingeschlossene Argumente machen die gesamte Funktion außerdem übersichtlicher. Die Formel in C7 lautet:

C7: =SUMMENPRODUKT((A2:A5+B2:B5)*C2:C5)

Bild 9.25 Beispiel SUMMENPRODUKT mit anderen arithmetischen Operatoren

	A	B	C
1	Zahl 1	Zahl 2	Zahl 3
2	100	24	2
3	50	375	5
4	20	22	10
5	30	10	8
6			
7		Ergebnis	3113

Division mit der Funktion QUOTIENT

Die Funktion QUOTIENT gibt den ganzzahligen Anteil einer Division zurück, die Syntax:

=QUOTIENT(Zähler;Nenner)

Argument	Beschreibung
Zahl	Der Dividend, numerischer Wert (erforderlich).
Divisor	Der Divisor, numerischer Wert (erforderlich).

Einsatzmöglichkeiten ergeben sich immer dann, wenn Sie vom Ergebnis einer Division die Nachkommastellen entfernen möchten. Im nächsten Bild einige Beispiele, bei denen jeweils Zahl 1 durch Zahl 2 dividiert wird. Zusätzlich wird in Spalte E der Rest mit der Funktion REST ermittelt.

Mathematische Grundfunktionen

Bild 9.26 Beispiele QUOTIENT und REST berechnen

Achtung: Wird das genaue Ergebnis einer Division benötigt, dann müssen Sie stattdessen Operatorzeichen / verwenden. Dieser wurde im Bild oben zum Vergleich in Spalte G berechnet.

Fakultät mit Excel berechnen

Die Fakultät berechnen Sie in Excel mit der gleichnamigen Funktion FAKULTÄT.

=FAKULTÄT(Zahl)

▶ *Zahl* ist die nicht negative Zahl, deren Fakultät Sie berechnen möchten. Wenn Zahl keine ganze Zahl ist, wird der Dezimalanteil abgeschnitten. Als Zahl darf maximal 170 angegeben werden, ansonsten erhalten Sie den Fehler *#ZAHL!*.

Vereinfacht gesagt: Die Fakultät multipliziert alle ganzen Zahlen bis zur angegebenen Zahl miteinander. Die Formel =FAKULTÄT(3) berechnet also nichts anderes als =1*2*3.

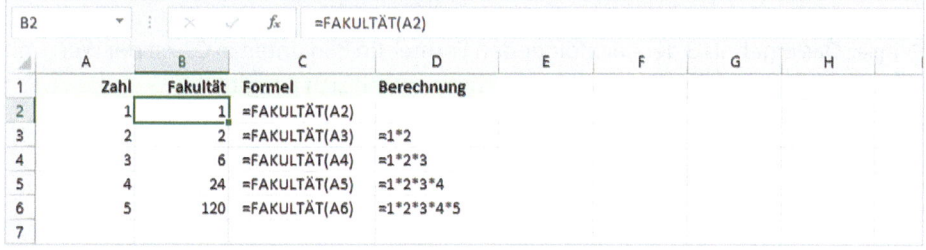

Bild 9.27 Beispiele FAKULTÄT

Fakultät.xlsx

Doppelte Fakultät mit ZWEIFAKULTÄT berechnen

Die doppelte Fakultät (Fakultät zu *Zahl* mit Schrittweite 2) berechnen Sie in Excel mit der Funktion ZWEIFAKULTÄT.

=ZWEIFAKULTÄT(Zahl)

▶ Genau wie bei FAKULTÄT darf *Zahl* keine negative Zahl sein. Ist *Zahl* keine ganze Zahl, wird der Dezimalanteil abgeschnitten. Außerdem gilt:
- Ist die *Zahl* gerade, so lautet die Gleichung: n!! = n*(n-2)*(n-4)...(4)(2)
- Bei ungeraden Zahlen lautet die Gleichung: n!! = n*(n-2)*(n-4)...(3)(1)

Beispiel 1: =ZWEIFAKULTÄT(6)   Ergebnis: 48   Berechnung: =2*4*6
Beispiel 2: =ZWEIFAKULTÄT(7)   Ergebnis: 105   Berechnung: =1*3*5*7

Im Bild unten ein Vergleich der Funktionen FAKULTÄT und ZWEIFAKULTÄT.

Bild 9.28 Vergleich FAKULTÄT und ZWEIFAKULTÄT

	A	B	C	D	E
1	Zahl	FAKULTÄT		ZWEIFAKULTÄT	
2	1	1	1*1	1	1
3	2	2	1*2	2	2
4	3	6	1*2*3	3	1*3
5	4	24	1*2*3*4	8	2*4
6	5	120	1*2*3*4*5	15	1*3*5
7	6	720	1*2*3*4*5*6	48	2*4*6
8	7	5040	...	105	1*3*5*7

Logarithmus mit Excel berechnen

Den Logarithmus einer Zahl können Sie in Excel mit verschiedenen Funktionen berechnen, wobei das Argument *Zahl* jeweils die positive Zahl darstellt, deren Logarithmus Sie berechnen möchten.

Logarithmus zu einer beliebigen Basis
Den Logarithmus zu einer beliebigen Basis berechnen Sie mit LOG. Wenn das optionale Argument *Basis* nicht angegeben wird, verwendet Excel standardmäßig die Basis 10.

```
=LOG(Zahl;[Basis])
```

Beispiel: Das Ergebnis 3 der nachfolgenden Formel, im Bild unten in C2, ist der Wert, mit dem die Basis (hier 2) potenziert werden muss, damit sich 8 ergibt.

```
C2: = LOG(A2;B2)          Ergebnis: 3
```

Bild 9.29 Die Funktion LOG

Logarithmus.xlsx

	A	B	C	D	E
1	Zahl	Basis	Ergebnis LOG		
2	8	2	3	=LOG(A2;B2)	=2^3=8
3	10	10	1	=LOG(A3;B3)	=10^1=10
4	16	2	4	=LOG(A4;B4)	=2^4=16
5	64	2	6	=LOG(A5;B5)	=2^6=64
6	81	3	4	=LOG(A6;B6)	=3^4=81

Logarithmus zur Basis 10
Der Logarithmus zur Basis 10 kann alternativ auch mit LOG10 berechnet werden.

```
=LOG10(Zahl)
```

```
=LOG10(10)        Ergebnis: 1
=LOG(10)          Ergebnis: 1
```

B2 | =LOG10(A2)

	A	B	C	D
1	Zahl	LOG10		
2	10	1	=LOG10(A2)	
3	1000	3	=LOG10(A3)	1E+3
4	10000	4	=LOG10(A4)	1E+4
5	100000	5	=LOG10(A5)	1E+5
6				

Bild 9.30 Beispiele LOG10

Natürlicher Logarithmus

Den natürlichen Logarithmus bzw. den Logarithmus einer Zahl mit der Konstanten e (2,718281828...) als Basis berechnen Sie mit der Funktion LN.

Die Konstante e wird von Excel mit insgesamt 14 Stellen berücksichtigt.

=LN(Zahl)

Beispiel: Die nachfolgende Formel verwendet als Zahl die Konstante 2,718281828... und liefert somit das Ergebnis 1.

=LN(2,718281828) Ergebnis: 1

B2 | =LN(A2)

	A	B	C
1	Zahl	LN	
2	86	4,454347296	=LN(A2)
3	2,71828183	1	=LN(A3)
4		3	=LN(EXP(3))
5			
6	1	2,718281828	=EXP(A6)
7			

Bild 9.31 Beispiele LN (formatiert auf 9 Stellen)

Hinweis: LN ist die Umkehrfunktion von EXP, siehe Bild oben in B6.

Die Exponentialfunktion EXP

Die Funktion EXP(Zahl) liefert die Potenz der bekannten irrationalen oder Eulerschen Zahl e=2,718281828 oder vereinfacht ausgedrückt e hoch *Zahl*. Geben Sie also beispielsweise EXP(1) in eine Zelle ein, so erhalten Sie das Ergebnis 2,718281828....

=EXP(Zahl)

	A	B	C
1	Zahl	EXP	
2	1	2,718	=EXP(A2)
3	2	7,389	=EXP(A3)
4	3	20,086	=EXP(A4)
5	4	54,598	=EXP(A5)
6	5	148,413	=EXP(A6)
7	6	403,429	=EXP[illegible]7)
8	7	1096,633	=EXP(A8)
9	8	2980,958	=EXP(A9)
10	9	8103,084	=EXP(A10)
11	10	22026,466	=EXP(A11)
12			

Bild 9.32 Beispiel EXP (mit 3 Stellen formatiert)

Zahlenreihen und Matrizen mit der Funktion SEQUENZ erzeugen

Statt mit dem AutoAusfüllkästchen lassen sich Datenreihen und Matrizen auch mit Hilfe der dynamischen Funktion SEQUENZ erzeugen. Die Syntax:

```
=SEQUENZ(Zeilen;[Spalten];[Anfang];[Schritt])
```

Argument	Beschreibung
Zeilen	Anzahl der Zeilen, die zurückgegeben werden sollen.
Spalten (Optional)	Anzahl der Spalten, die zurückgegeben werden sollen, standardmäßig 1.
Anfang (Optional)	Anfangswert bzw. erste Zahl der Folge. Wenn nichts angegeben wird, beginnt die Reihe mit 1.
Schritt (Optional)	Schrittweite, um die jeder Wert erhöht wird, Standardwert 1.

Achtung: SEQUENZ ist nur für Microsoft 365 und Excel 2021 verfügbar und in den Excel Versionen bis einschließlich 2019 nicht enthalten!

Funktion SORTIEREN, siehe Seite 228.

Beispiel: Die folgende Formel erzeugt eine Matrix mit 5 Zeilen und 4 Spalten wie im Bild unten. Der Ausgabe- oder Überlaufbereich, am umrandeten Zellbereich leicht zu erkennen, wird automatisch gebildet. **Tipp**: Um die Zahlen in absteigender Folge zu erhalten, schließen Sie die Formel in die Funktion SORTIEREN ein.

```
A1: =SEQUENZ(5;4)
```

Bild 9.33 Matrix mit 5 Zeilen und 4 Spalten

SEQUENZ.xlsx

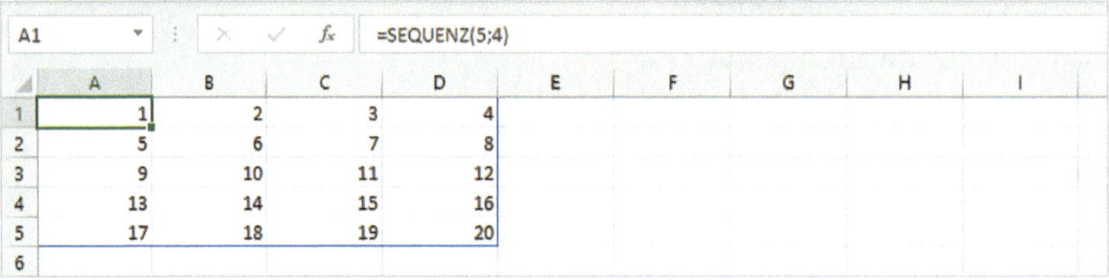
A1 =SEQUENZ(5;4)

	A	B	C	D
1	1	2	3	4
2	5	6	7	8
3	9	10	11	12
4	13	14	15	16
5	17	18	19	20
6				

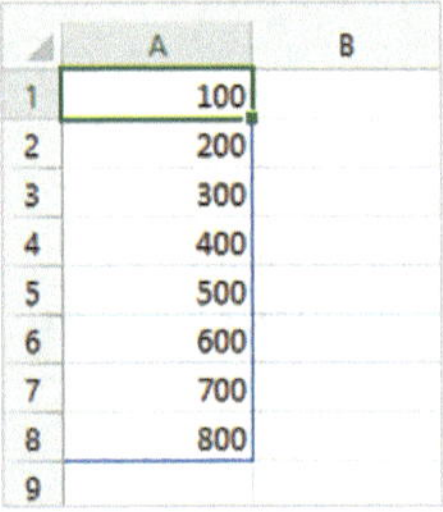

	A	B
1	100	
2	200	
3	300	
4	400	
5	500	
6	600	
7	700	
8	800	
9		

Beispiel 2: Anfangswert und Schrittweite vorgeben

Mit der folgenden Formel erzeugen Sie eine Reihe mit 8 Zahlen, diesmal in einer Spalte untereinander, die mit 100 beginnt und in 100er-Schritten weitergeführt wird.

```
=SEQUENZ(8;1;100;100)
```

Beispiel 3: Datenreihe mit Datumswerten, Kalender erzeugen

Mit SEQUENZ lassen sich auch Kalender, z. B. für ein ganzes Jahr erzeugen. Um z. B. alle Tage des Jahres 2024 zu erhalten, geben Sie die folgende Formel ein:

```
=SEQUENZ(365;1;DATUM(2024;1;1))
```

Achtung: Als Ergebnis erhalten Sie zunächst Zahlenwerte, die Sie noch als Datum formatieren müssen!

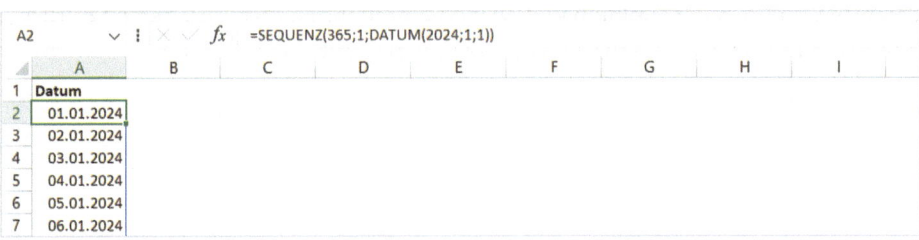

Bild 9.34 Kalender erzeugen

Datenreihe mit Monaten

Um eine Datenreihe mit Monaten nebeneinander in einer Zeile zu erhalten, z. B. als Spaltenüberschriften, geben Sie in B1 die folgende Formel ein:

```
=TEXT(DATUM(JAHR(HEUTE());SEQUENZ(1;12;1;1);1);"MMM")
```

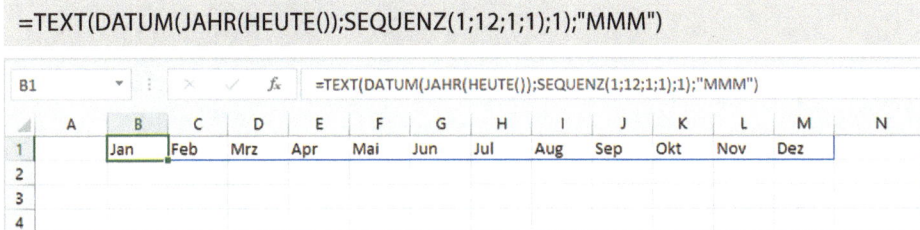

Bild 9.35 Monate als Datenreihe

Beispiel 4: Ist die angegebene Zahl eine Primzahl?

Hier ein komplexeres Beispiel, das prüft, ob eine Zahl eine Primzahl ist. Da Excel hierzu keine Funktion bereitstellt, müssen Sie selbst die entsprechende Formel erstellen. Zur Erinnerung: Primzahlen sind natürliche Zahlen und nur durch sich selbst und durch 1 teilbar, 0 und 1 sind keine Primzahlen.

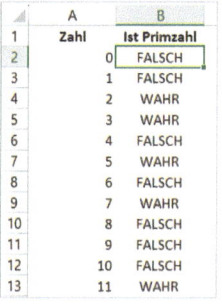

Im Internet existieren zu diesem Thema verschiedene Lösungen, von denen leider nicht alle korrekte Ergebnisse liefern. Hier eine funktionierende Formel, Achtung: Diese muss mit Excel 2019 und älter als Matrixformel eingegeben werden, d. h. die Eingabe muss mit den Tasten **Strg**+**Umschalt**+**Eingabe** abgeschlossen werden.

```
=WENNS(A2<2;FALSCH;A2=2;WAHR;A2<>GANZZAHL(A2);FALSCH;UND(A2>2;
REST(A2;ZEILE(INDIREKT("2:"&RUNDEN(WURZEL(A2);0))))<>0);WAHR;WAHR;FALSCH)
```

Ist_Primzahl.xlsx

Erklärung: Ob eine Zahl teilbar ist, lässt sich leicht mit der Funktion REST prüfen. Allerdings muss die Zahl nacheinander durch mehrere Zahlen dividiert werden, dazu dient der folgende Ausdruck: ZEILE(INDIREKT("2:"&RUNDEN(WURZEL(A2);0)). Er erzeugt eine Folge von Zeilennummern zwischen 2 und der Wurzel aus der angegebenen Zahl.

In Excel 365 kann dieser Teil durch die Funktion SEQUENZ ersetzt werden und lautet dann: SEQUENZ(1;WURZEL(A2);2)

Das Ergebnis ist eine Matrix, die für jeden Wert in Spalte A die möglichen Teiler als Spaltenwerte erzeugt (Bild 9.36). Für die Zahl 0 kann keine Sequenz erzeugt werden, daher der Fehlerwert #KALK!.

Ersetzen Sie nun in der Funktion WENNS den betreffenden Ausdruck durch SEQUENZ, dann erhalten Sie das Ergebnis in Bild 9.37 und die Formel in B2 lautet:

```
B2: =WENNS(A2<2;FALSCH;A2=2;WAHR;A2<>GANZZAHL(A2);FALSCH;A2>2;UND
(REST(A2;SEQUENZ(1;WURZEL(A2);2))<>0))
```

Bild 9.36 Matrix mit SEQUENZ erzeugen

B3 fx =SEQUENZ(1;WURZEL(A3);2)

	A	B	C	D	E	F	G	H
1								
2	0	#KALK!						
3	1	2						
4	2	2						
5	3	2						
6	4	2	3					
7	5	2	3					
8	6	2	3					
9	7	2	3					
10	8	2	3					
11	9	2	3	4				
12	10	2	3	4				
13	11	2	3	4				
14	12	2	3	4				
15	13	2	3	4				
16	14	2	3	4				
17	15	2	3	4				
18	16	2	3	4	5			

Bild 9.37 Ergebnis der endgültigen Formel

	A	B	C	D
1	Zahl	Ist Primzahl?		
2	0	FALSCH		
3	1	FALSCH		
4	2	WAHR		
5	3	WAHR		
6	4	FALSCH		
7	5	WAHR		
8	6	FALSCH		
9	7	WAHR		
10	8	FALSCH		
11	9	FALSCH		
12	10	FALSCH		
13	11	WAHR		
14	12	FALSCH		
15	13	WAHR		
16	14	FALSCH		
17	15	FALSCH		
18	16	FALSCH		

Benutzerdefinierte Funktionen mit LAMBDA, s. Kap 6.

Ein Beispiel dafür finden Sie auch in der Downloaddatei Ist_Primzahl.xlsx.

Tipp: Diese Formel lässt sich auch in die Funktion LAMBDA einschließen, wenn Sie daraus eine benutzerdefinierte Funktion erstellen möchten.

Größter gemeinsamer Teiler und das kleinste gemeinsame Vielfache

Den größten gemeinsamen Teiler mit GGT

GGT_KGV.xlsx

Den größten gemeinsamen Teiler von zwei oder mehr Zahlen (max. 255) ermitteln Sie in Excel mit der Funktion GGT. Der größte gemeinsame Teiler ist diejenige ganze Zahl, durch die *Zahl1*, *Zahl2* usw. dividiert werden können, ohne dass ein Rest bleibt.

```
=GGT(Zahl1;[Zahl2];...)
```

- *Zahl1*, *Zahl2* müssen >0 sein, bei Dezimalzahlen werden die Nachkommastellen abgeschnitten.

Das kleinste gemeinsame Vielfache mit KGV ermitteln

Das kleinste gemeinsame Vielfache von zwei oder mehr Zahlen (max. 255) berechnen Sie mit der Excel-Funktion KGV. Syntax und Argumente sind dieselben wie bei GGT.

```
=KGV(Zahl1;[Zahl2];...)
```

Bild 9.38 Beispiele GGT und KGV

	A	B	C	D	E	F	G	H	I	J
1	Zahl 1	Zahl 2	Größter gemein. Teiler			Zahl 1	Zahl 2	Kleinstes gem. Vielfaches		
2	15	9	3	=GGT(A2;B2)		9	6	18	=KGV(F2;G2)	
3	24	36	12	=GGT(A3;B3)		11	12	132	=KGV(F3;G3)	
4	60	36	12	=GGT(A4;B4)		5	2	10	=KGV(F4;G4)	
5	44	3	1	=GGT(A5;B5)		24	36	72	=KGV(F5;G5)	
6										

9.3 Umrechnungs- und Konvertierungsfunktionen

Umrechnen zwischen Maßsystemen

Ein Jahr in Monate oder Stunden in Minuten umrechnen, dürften jedem geläufig sein, aber können Sie auch im Handumdrehen Zentimeter in Zoll oder Lichtjahre in Kilometer umrechnen? Hier leistet die Excel-Funktion UMWANDELN nützliche Dienste. Die Syntax ist einfach:

```
=UMWANDELN(Zahl;Von_Maßeinheit;In_Maßeinheit)
```

- *Zahl* ist der Wert, der umgewandelt werden soll.
- *Von_Maßeinheit* legt die Einheit des umzuwandelnden Werts fest.
- *In_Maßeinheit* gibt an, in welche Einheit *Zahl* umgerechnet werden soll.

Die beiden Parameter *Von_Maßeinheit* und *In_Maßeinheit* müssen als Zeichenfolge in Anführungszeichen " " eingegeben werden. Akzeptiert werden alle gängigen Maßeinheiten bzw. Abkürzungen, wie z. B. "cm", "ha", "m^2", "u" (Atommasseeinheit), "ft" (Fuß), "yd" (Yard), "ly" (Lichtjahr) usw.. Beachten Sie bei der Eingabe unbedingt Groß- und Kleinschreibung. Im Bild unten sehen Sie einige Umrechnungsbeispiele.

B3 =UMWANDELN(A3;"m2";"ha")

	A	B	C	D	E	F
1	Ausgangswert					
2	m²	ha (Hektar)		Morgen		
3	15.000	1,5	=UMWANDELN(A3;"m2";"ha")	6,0	=UMWANDELN(A3;"m2";"Morgen")	
4	289.000	28,9	=UMWANDELN(A4;"m2";"ha")	115,6	=UMWANDELN(A4;"m2";"Morgen")	
5						
6	cm	Fuß		Zoll		
7	200	6,56	=UMWANDELN(A7;"cm";"ft")	78,74	=UMWANDELN(A7;"cm";"in")	
8	33	1,08	=UMWANDELN(A8;"cm";"ft")	12,99	=UMWANDELN(A8;"cm";"in")	
9						

Bild 9.39 Beispiele Maßeinheiten umrechnen

Masseinheiten_umrechnen.xlsx

Die Maßeinheiten können in Form von Zellbezügen angegeben werden, wie unten:

D2 =UMWANDELN(A2;B2;C2)

	A	B	C	D	E	F	G
1	Ausgangswert	Maßeinheit	In_Maßeinheit	Ergebnis			
2	15.000	m^2	ha	1,5	=UMWANDELN(A2;B2;C2)		
3	100	cm	ft	3,280839895	=UMWANDELN(A3;B3;C3)		
4	26	C	F	78,26	=UMWANDELN(A4;B4;C4)		
5	350	bit	byte	43,75	=UMWANDELN(A5;B5;C5)		
6	1.200	byte	bit	9600	=UMWANDELN(A6;B6;C6)		
7	100	kn	km/h	185,2	=UMWANDELN(A7;B7;C7)		
8	1	ly	km	9,46073E+12	=UMWANDELN(A8;B8;C8)		
9							

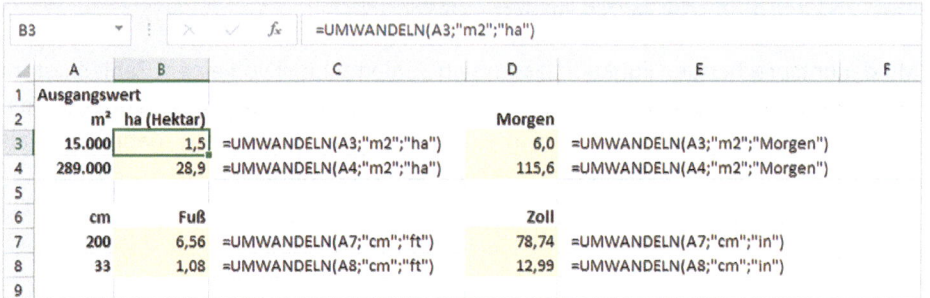

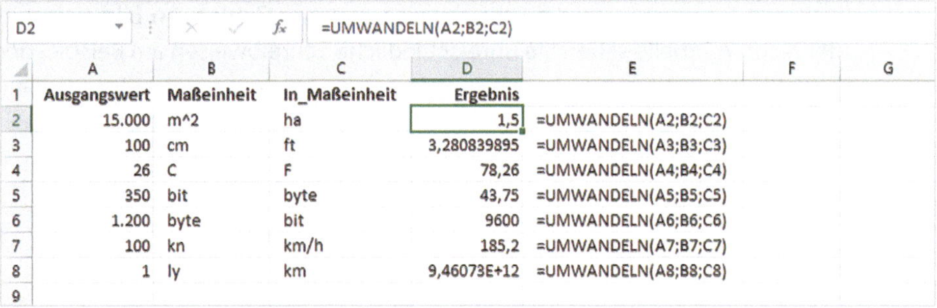

Bild 9.40 Weitere Maßeinheiten

Hinweis: Die vollständige Liste aller Maßeinheiten und ihrer gängigen Abkürzungen schlagen Sie am besten in der Excel-Hilfe nach, die Sie z. B. während der Eingabe der Funktion mit Klick auf den Funktionsnamen schnell aufrufen können.

Besonderheiten beim Umrechnen von Zeiteinheiten

UMWANDELN beinhaltet auch Umrechnungsmöglichkeiten für Zeiteinheiten, z. B. Stunden ("hr") in Minuten ("mn" oder "min"). Beachten Sie aber, dass dazu die Zeitangaben als Dezimalzahl vorliegen müssen. Das Uhrzeitformat hh:mm führt hingegen zu falschen Ergebnissen. In diesem Fall müssen Sie die Stunden gesondert umrechnen und die Minuten hinzuaddieren, wie in F8 im Bild unten. Die Formel in F8 lautet dann:

`=UMWANDELN(STUNDE(A8);C8;E8)+MINUTE(A8)`

Bild 9.41 Umrechnung von Zeitwerten

	A	B	C	D	E	F	G
1	Ausgangswert	Maßeinheit	Kürzel	In_Maßeinheit	Kürzel	Ergebnis	
2	3	Tage	d	Stunden	hr	72	=UMWANDELN(A2;C2;E2)
3	2,50	Stunden	hr	Minuten	min	150	=UMWANDELN(A3;C3;E3)
4	150	Minuten	min	Stunden	hr	2,50	=UMWANDELN(A4;C4;E4)
5	20	Minuten	min	Sekunden	s	1200	=UMWANDELN(A5;C5;E5)
6	28	Stunden	hr	Tage	d	1,17	=UMWANDELN(A6;C6;E6)
7							
8	02:30	Stunden	hr	Minuten	min	150	=UMWANDELN(STUNDE(A8);C8;E8)+MINUTE(A8)

Römische und arabische Zahlen konvertieren

Zahlensysteme.xlsx

Mit der entsprechenden Funktion lassen sich Zahlen schnell von einem Zahlensystem in ein anderes konvertieren, z. B. römische und arabische Zahlen. Die Funktion RÖMISCH wandelt eine arabische Zahl in eine römische Zahl um. Das Ergebnis wird als Text behandelt und kann nicht für Berechnungen verwendet werden.

`=RÖMISCH(Zahl;[Typ])`

- *Zahl* ist die umzuwandelnde Zahl. Sie muss >0 und <4000 sein.
- Das optionale Argument *Typ* legt die Schreibweise der römischen Zahl fest. Wenn nichts angegeben wird, verwendet Excel die Schreibweise Klassisch. Die weiteren Typen steuern die Schreibweise größerer Zahlen. Im Bild unten in der rechten Tabelle sehen Sie unterschiedliche Schreibweisen am Beispiel der Zahl 499.

Bild 9.42 Die Funktion RÖMISCH

	A	B	C	D	E	F	G	H	I
1	Arabisch	Römisch			Typ	499			
2	1	I	=RÖMISCH(A2)		1	LDVLIV	=RÖMISCH($F$1;1)		
3	2	II	=RÖMISCH(A3)		2	XDIX	=RÖMISCH($F$1;2)		
4	3	III	=RÖMISCH(A4)		3	VDIV	=RÖMISCH($F$1;3)		
5	4	IV	=RÖMISCH(A5)		4	ID	=RÖMISCH($F$1;4)		
6	5	V	=RÖMISCH(A6)						
7	6	VI	=RÖMISCH(A7)						
8	10	X	=RÖMISCH(A8)						
9	12	XII	=RÖMISCH(A9)						
10	145	CXLV	=RÖMISCH(A10)						
11	233	CCXXXIII	=RÖMISCH(A11)						
12	1289	MCCLXXXIX	=RÖMISCH(A12)						

Umgekehrt wandelt die Funktion ARABISCH eine als Text vorlegende römische Zahl in eine arabische Zahl um.

`=ARABISCH(Text)`

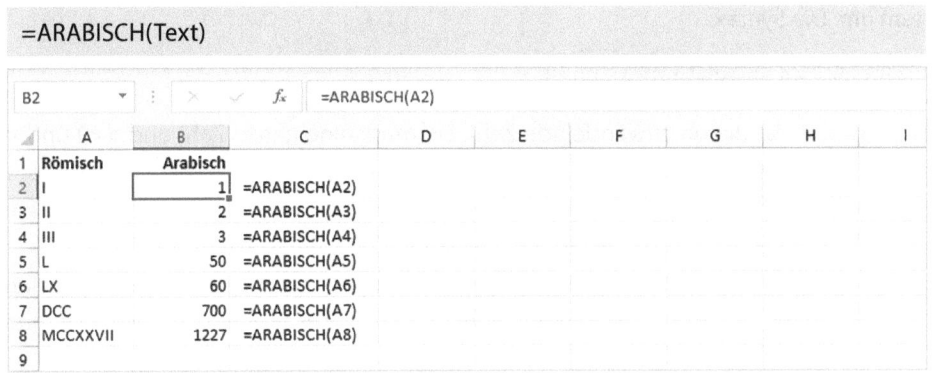

Bild 9.43 Die Funktion ARABISCH

Tipp: Mit römischen Zahlen rechnen

Die Funktionen ARABISCH und RÖMISCH machen es möglich, auch mit römischen Zahlen zu rechnen und das Ergebnis ebenfalls als römische Zahl auszugeben. Um im unten abgebildeten Beispiel die beiden Zahlen in B1 und B2 zu addieren, geben Sie in B3 die folgende Formel ein:

`=RÖMISCH(ARABISCH(B1)+ARABISCH(B2))`

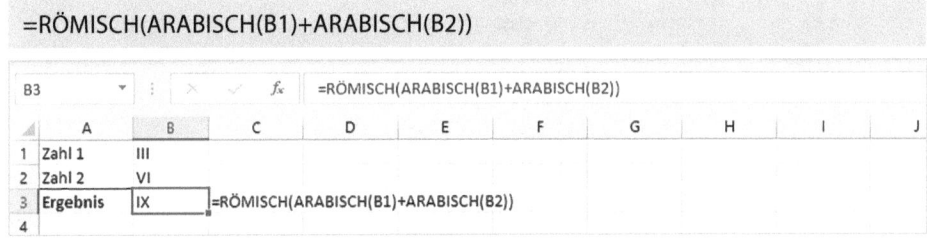

Bild 9.44 Rechnen mit römischen Zahlen

Binär- und Hexadezimalzahlen umwandeln

Neben dem Dezimalsystem mit den Zahlen von 0 bis 9 gibt es auch noch andere Zahlensysteme, die vor allem in der Informatik weit verbreitet sind.

- Computer verwenden intern das binäre Zahlensystem, das nur die Ziffern 0 und 1 kennt.
- Das hexadezimale Zahlensystem basiert auf insgesamt 16 Ziffern, nämlich den Ziffern 0 bis 9 und den Buchstaben A bis F.

Da Excel mit beiden Zahlensystemen keine Berechnungen durchführen kann - binäre Zahlen werden als dezimale interpretiert und liefern falsche Ergebnisse, hexadezimale Zahlen werden als Text behandelt - kann es erforderlich sein, die Zahlen vorher in das Dezimalsystem zu konvertieren. Zu diesem Zweck stellt Excel gleich mehrere Funktionen zur Verfügung.

Dezimale Zahl in ein anderes Zahlensystem umwandeln (BASIS)

Die Funktion BASIS wandelt eine Zahl in das angegebene Zahlensystem, z. B. Binärsystem um. Die Syntax:

```
=BASIS(Zahl;Basis;[Mindestlänge])
```

- *Zahl* ist die umzuwandelnde Zahl. Sie muss eine ganze Zahl und >=0 und < 2^53 sein.
- *Basis* muss eine ganze Zahl zwischen 2 und 36 sein und legt das Zahlensystem fest, in das Zahl umgewandelt werden soll, z. B. Binärsystem = 2.
- Das optionale Argument *Mindestlänge* erlaubt das Auffüllen mit führenden Nullen, wenn das Ergebnis weniger Stellen als die angegebene Mindestlänge hat, z. B. 00001001.

Im Bild unten einige Beispiele, wobei in B6 Basis 10 für das Dezimalsystem steht und somit wieder die Ausgangszahl als Ergebnis liefert.

Bild 9.45 Mit BASIS in ein beliebiges Zahlensystem umwandeln

	A	B	C	D
1	Zahl	Basis	Ergebnis	
2	5	2	101	=BASIS(A2;B2)
3	5	2	00000101	=BASIS(A3;B3;8)
4	255	16	FF	=BASIS(A4;B4)
5	148797	16	2453D	=BASIS(A5;B5)
6	10	10	10	=BASIS(A6;B6)
7	999	36	RR	=BASIS(A7;B7)

Aus Zahlensystem in Dezimalsystem umwandeln (DEZIMAL)

Umgekehrt wandelt die Funktion DEZIMAL als Text vorliegende Zahlenwerte eines Zahlensystems, z. B. aus dem Binärsystem, in eine dezimale Zahl um.

```
=DEZIMAL(Zahl;Basis)
```

- *Zahl* ist die umzuwandelnde Zahl bzw. Zeichenfolge. Diese kann alle erlaubten Zeichen der angegebenen Basis enthalten und darf maximal 255 Zeichen lang sein.
- *Basis* muss eine Zahl zwischen 2 (Binär) und 36 sein und definiert das Zahlensystem für das Argument *Zahl*.

Bild 9.46 Beispiele DEZIMAL

	A	B	C	D
1	Zahl	Basis	Ergebnis Dezimal	
2	101	2	5	=DEZIMAL(A2;B2)
3	A	16	10	=DEZIMAL(A3;B3)
4	F	16	15	=DEZIMAL(A4;B4)
5	Z	36	35	=DEZIMAL(A5;B5)
6	FF	16	255	=DEZIMAL(A6;B6)
7	100101	2	37	=DEZIMAL(A7;B7)
8	3AEFF	16	241407	=DEZIMAL(A8;B8)

Ältere Umwandlungsfunktionen

Die Funktionen BASIS und DEZIMAL sind ab Excel 2013 verfügbar und ersetzen einige ältere Funktionen. In der folgenden Tabelle sehen Sie eine Übersicht.

Funktion	Beschreibung	Beispiel	Ergebnis
DEZINBIN(Zahl;[Stellen])	Wandelt eine dezimale Zahl in eine binäre Zahl um. Mit dem optionalen Argument Stellen kann das Ergebnis mit führenden Nullen (0) aufgefüllt werden. Achtung: Ist Zahl >511, erhalten Sie den Fehler #ZAHL!	DEZINBIN(14) DEZINBIN(14;8)	1110 00001110
DEZINHEX(Zahl;[Stellen])	Wandelt eine dezimale Zahl in eine hexadezimale Zahl um. Mit dem optionalen Argument Stellen kann das Ergebnis mit führenden Nullen (0) aufgefüllt werden.	DEZINHEX(127) DEZINHEX(15789;8)	7F 00003DAD
BININDEZ(Zahl)	Wandelt eine binäre Zahl in eine dezimale Zahl um.	BININDEZ(1001101)	77
HEXINDEZ(Zahl)	Wandelt eine hexadezimale Zahl in eine dezimale um.	HEXINDEZ(27FD)	10237
BININHEX(Zahl;[Stellen])	Wandelt eine binäre Zahl in eine hexadezimale um.	BININHEX(1001101)	4D
HEXINBIN(Zahl;[Stellen])	Wandelt eine hexadezimale Zahl in eine binäre um.	HEXINBIN(4D)	1001101

9.4 Ausgewählte Trigonometriefunktionen

Funktionsübersicht

Die Trigonometrie befasst sich laut Wikipedia mit den Beziehungen zwischen Seiten und Winkeln von Dreiecken. „Durch die Kenntnis und Anwendung dieser Beziehungen (Formeln) können dann mit gegebenen Größen eines Dreiecks (Seitenlängen, Winkelgrößen, Längen von Dreieckstransversalen usw.) andere fehlende Größen des Dreiecks berechnet werden". Excel stellt hierzu verschiedene Funktionen zur Verfügung, von denen wir uns hier mit der Trigonometrie eines rechtwinkligen Dreiecks näher befassen werden.

Quelle: wikipedia.de

> **Achtung: Die Winkelgrößen werden in Excel nicht in Grad, sondern in Bogenmaß angegeben**
>
> Das Bogenmaß, auch als Radiant oder rad bezeichnet, ist lt. Wikipedia ein „... Winkelmaß, bei dem der Winkel durch die Länge des entsprechenden Kreisbogens im Einheitskreis angegeben wird. Die Bogenlänge eines gegebenen Winkels ist proportional dem Radius r." Auf einem Kreis mit 5 cm Radius markiert ein Winkel von 1 Bogenmaß (oder rad) also einen 5 cm langen Bogen. Da der Umfang eines Vollkreises (360°) 2*r*PI ist, beträgt der Umfang des Einheitskreises 2*PI und das Bogenmaß des Vollwinkels 360 Grad ist folglich 2*PI.

Grad und Bogenmaß umwandeln

Die Umrechnung von Grad in Bogenmaß erfolgt mit folgenden Formeln:
   Grad = Bogenmaß*180/PI
   Bogenmaß = Grad*PI/180

Alternativ setzen Sie in Excel zum Umrechnen die beiden Funktionen BOGENMASS und GRAD ein.

- BOGENMASS rechnet Grad in Bogenmaß um, z. B. BOGENMASS(180°)=PI=3,14...
- GRAD ist die Umkehrfunktion von BOGENMASS und rechnet Bogenmaß in Grad um. Beispiel: GRAD(1,0479)=60°.

=BOGENMASS(Winkel)

=GRAD(Winkel)

Übersicht Excel-Funktionen

Beachten Sie bei den nachfolgenden Funktionen, dass in Grad vorliegende Werte zuvor in Bogenmaß umgewandelt werden müssen, entweder durch Multiplizieren mit PI()/180 oder mit der Funktion BOGENMASS (siehe oben).

Funktion	Beschreibung	Formel
SIN(Zahl)	Gibt den Sinus eines Winkels (Zahl) im Bogenmaß zurück. Das Ergebnis liegt zwischen 1 und -1.	Gegenkathete/Hypotenuse
COS(Zahl)	Gibt den Kosinus eines Winkels (Zahl) im Bogenmaß zurück. Das Ergebnis liegt zwischen 1 und -1.	Ankathete/Hypotenuse
TAN(Zahl)	Berechnet den Tangens eines Winkels im Bogenmaß.	Gegenkathete/Ankathete
COT(Zahl)	Liefert den Kotangens eines Winkels im Bogenmaß.	Ankathete/Gegenkathete

Die Umkehrfunktionen dazu lauten:

Funktion	Beschreibung	
ARCSIN(Zahl)	Gibt den Arkussinus einer Zahl im Bereich -PI/2 bis +PI/2 im Bogenmaß zurück. Diese Funktion ist die Umkehrfunktion zu SIN.	ARCSIN(0,866)=1,04719
ARCCOS(Zahl)	Gibt den Arkuskosinus einer Zahl im Bereich zwischen -1 und +1 im Bogenmaß zurück. Diese Funktion ist die Umkehrfunktion von COS.	ARCCOS(0,5)=1,04719
ARCTAN(Zahl)	Mit ARCTAN() wird zum gegebenen Tangens eines Winkels der Winkel selbst errechnet. Das Ergebnis im Bogenmaß liegt zwischen -PI/2 und PI/2.	
ARCCOT(Zahl)	Berechnet den ArkusKotangens einer Zahl, die den Kotangens eines Winkels angibt.	

Die Kreiszahl PI (π)

Eine wichtige Rolle spielt außerdem die Kreiszahl PI, diese wird mit der Excel-Funktion PI() mit einer Genauigkeit von 15 Stellen zurückgegeben. Die Funktion erfordert keine weiteren Argumente. Im Bild unten einige Beispiele für die Funktion PI.

	A	B	C	D	E	F
1		Radius	Durchmesser	Ergebnis	Formel	
2	Kreisumfang aus Radius	1,50		9,4248	=2*PI()*B2	$U = 2 * \pi * r$
3	Kreisumfang aus Durchmesser		3,00	9,4248	=PI()*C3	$U = \pi * d$
4	Kreisfläche aus Radius	1,50		7,0686	=PI()*B4^2	$A = \pi * r^2$
5	Kreisfläche aus Durchmesser		3,00	7,0686	=(PI()*C5^2)/4	$A = (\pi * d^2)/4$

Bild 9.47 Kreisumfang und -fläche mit PI berechnen

Winkel und Seitenlänge berechnen

Hier einige einfache Beispiele zur Berechnung von Seitenlänge und Winkel. Zur Verdeutlichung im Bild unten ein rechtwinkeliges Dreieck mit Bezeichnungen.

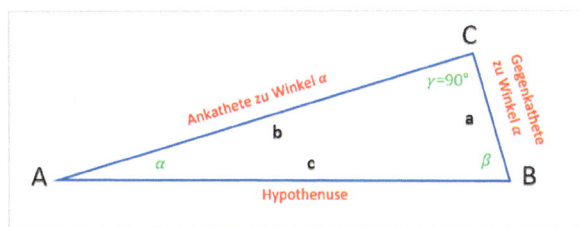

Bild 9.48 Rechtwinkeliges Dreieck und Bezeichnungen

Beispiel 1: Seitenlänge berechnen

Gegeben sind die Seitenlänge b und der Winkel α. Gesucht wird die Seitenlänge c. Da α bekannt ist und die Hypothenuse gesucht wird, kommt die Funktion COS zum Einsatz. Außerdem muss α auch noch in Bogenmaß umgewandelt werden, hier zur Verdeutlichung zusätzlich in B4. Die Seitenlänge c errechnet sich dann in B6 mit folgender Formel:

Trigonometrie.xlsx

B4: =B2/COS(BOGENMASS(B3))   Ergebnis: 9,23760

	A	B	C	D	E	F	G
1	Berechnung Seitenlänge						
2	Seitenlänge b	8					
3	α (Grad)	30					
4	cos(α)	0,86603	=COS(BOGENMASS(B3))		$\cos \alpha = \dfrac{b}{c}$	$c = \dfrac{b}{\cos \alpha}$	
5	Seitenlänge c	9,23760	=B2/B4				
6	oder	9,23760	=B2/COS(BOGENMASS(B3))				

Bild 9.49 Beispiel Seitenlänge berechnen

Beispiel 2: Winkel berechnen

Wenn im umgekehrten Fall aus gegebenen Seitenlängen ein Winkel zu berechnen ist, wird die Umkehrfunktion benötigt. Hier ein Beispiel, bei dem der Winkel α gesucht wird. Die gegebenen Seitenlängen a und b sind die Ankathete und die Gegenkathete zu α, daher wird die Tangens-Funktion eingesetzt. Gesucht ist allerdings nicht die

Seitenlänge, sondern aus dem bekannten Tangens-Wert soll der dazugehörige Winkel bestimmt werden, daher die Umkehrfunktion ARCTAN.

Achtung: Da die Funktion ARCTAN das Ergebnis in Bogenmaß liefert, muss dieses noch mit der Funktion GRAD umgewandelt werden, die Formel in B5:

B5:   =GRAD(ARCTAN(B2/B3))   Ergebnis: 16,699

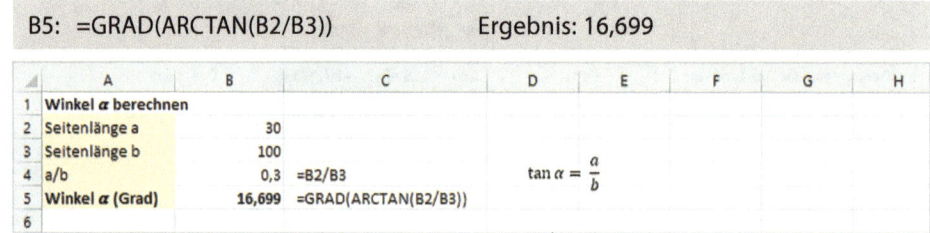

Bild 9.50 Beispiel Winkel mit Umkehrfunktion berechnen

Beispiel: Wurfweite und Wurfhöhe in Abhängigkeit vom Wurfwinkel

Schraeger_Wurf.xlsx

Hier ein weiteres Beispiel, in dem Wurfweite und Wurfhöhe in Abhängigkeit vom Wurfwinkel berechnet und als Punktdiagramm dargestellt werden. Als Anfangsgeschwindigkeit werden konstant 10 m/s angenommen, der Abwurfwinkel (in Grad) ändert sich in 10er-Schritten und die Gravitationskonstante g=9,81 ist vorgegeben.

Die Berechnung der Wurfweite erfolgt nach folgender Formel:

Weite=Anfangsgeschw.^2*(SIN(2*BOGENMASS(Winkel))/g

Die Berechnung der Wurfweite in Spalte D erfolgt demnach mit der Formel:

D3:   =A3^2*SIN(2*BOGENMASS(B3))/C3

Die Wurfhöhe berechnet sich wie folgt:

Höhe=Anfangsgeschw.^2*(SIN(BOGENMASS(Winkel))^2)/(2*g)

In Spalte E wird dann die Wurfhöhe berechnet mit der Formel:

E3:   =A3^2*(SIN(BOGENMASS(B3))^2)/(2*C3)

Bild 9.51 Wurfweite und Wurfhöhe berechnen

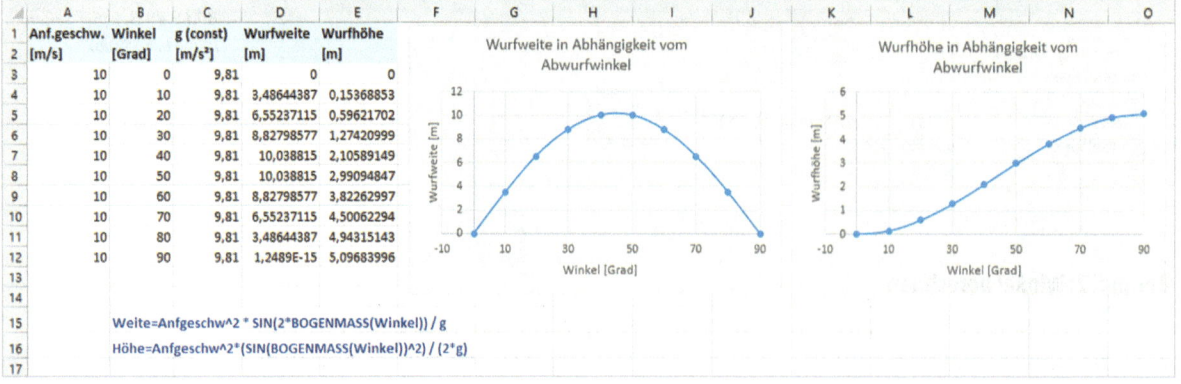

Trigonometrische Funktionen am Einheitskreis

Als weiteres Beispiel bestimmen wir abhängig vom Winkel den entsprechenden Punkt auf dem Einheitskreis (Radius=1), siehe Bild unten. Die x-Koordinate ist der Cosinus und die y-Koordinate der Sinus des Winkels. In Spalte A ist der jeweilige Winkel in Grad angegeben, aus Gründen der Übersichtlichkeit beschränken wir uns hier auf 30er-Schritte. Die Werte x und y werden mit folgenden Formeln berechnet:

x=r*cos(α)   und y=r*sin(α)

Kreisberechnungen.xlsx

Umgesetzt in Excel lauten die Formeln in B5 und C5 wie folgt, wobei der Winkel noch mit der Funktion BOGENMASS in Bogenmaß umgewandelt werden muss.

B5: =$B$2*COS(BOGENMASS(A5))

C5: =$B$2*SIN(BOGENMASS(A5))

In Spalte D wurde der Satz des Pythagoras berechnet, für den bekanntlich gilt: $a^2+b^2=c^2$. In der Umsetzung mit Excel lautet die Formel in D5:

D5: =B2^2+C2^2   oder in E5: =($B$2*COS(A5))^2+($B$2*SIN(A5))^2

Bild 9.52 Beispiel Einheitskreis mit Radius 1: x und y werden abhängig vom Winkel berechnet

	A	B	C	D
1	Kreisdarstellung			
2	Radius r	1		
3		$x = r * \cos(\alpha)$	$y = r * \sin(\alpha)$	$a^2 + b^2 = c^2$
4	Grad	x	y	r²
5	0	1,00	0,00	1,0
6	30	0,87	0,50	1,0
7	60	0,50	0,87	1,0
8	90	0,00	1,00	1,0
9	120	-0,50	0,87	1,0
10	150	-0,87	0,50	1,0
11	180	-1,00	0,00	1,0
12	210	-0,87	-0,50	1,0
13	240	-0,50	-0,87	1,0
14	270	0,00	-1,00	1,0
15	300	0,50	-0,87	1,0
16	330	0,87	-0,50	1,0
17	360	1,00	0,00	1,0

Aus den x- und y-Werten kann anschließend ein Kreis als Diagramm erzeugt werden. Dazu markieren Sie den Bereich B5:C5, klicken im Register *Einfügen* auf *Punkt(XY)-Diagramm einfügen* und wählen den Typ *Punkt mit interpolierten Linien und Datendarstellungen*.

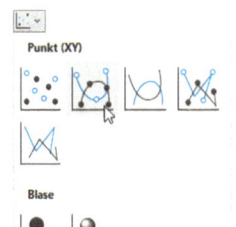

Das Ergebnis im Diagramm gleicht allerdings in den meisten Fällen zunächst einer Ellipse, wie im Bild auf der nächsten Seite. Dies liegt an den unterschiedlichen Abständen zwischen den Teilstrichen.

Bild 9.53 Kreis aus x- und y-Werten als Punktdiagramm

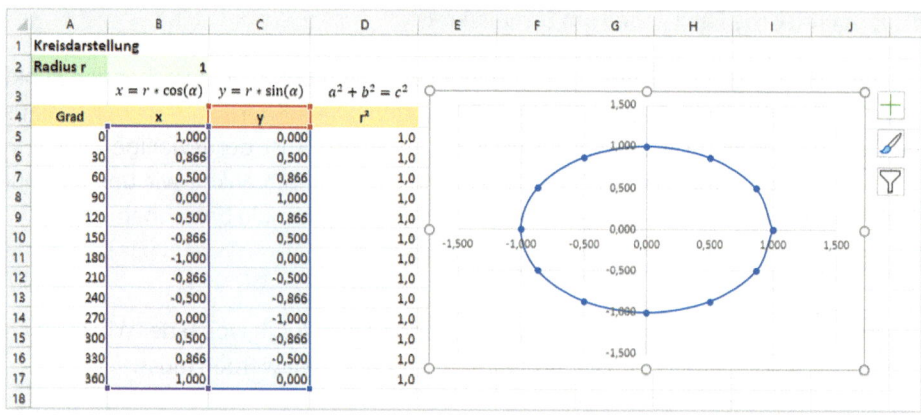

Tipp: Exakte Kreisdarstellung erzwingen

Um einen exakten Kreis zu erhalten, müssen Sie zu einem kleinen Trick greifen, nämlich eine zweite Datenreihe als Kreisdiagramm einfügen. Die Vorgehensweise:

1. Rechtsklick in das Diagramm und Befehl *Daten auswählen...*. Klicken Sie dann unter *Legendeneinträge (Reihen)* auf *Hinzufügen* und geben Sie als *Werte der Reihe X* und *Werte der Reihe Y* jeweils 1 ein und schließen Sie die Fenster mit *OK*.

Bild 9.54 Zweite Datenreihe hinzufügen und in ein Kreisdiagramm umwandeln

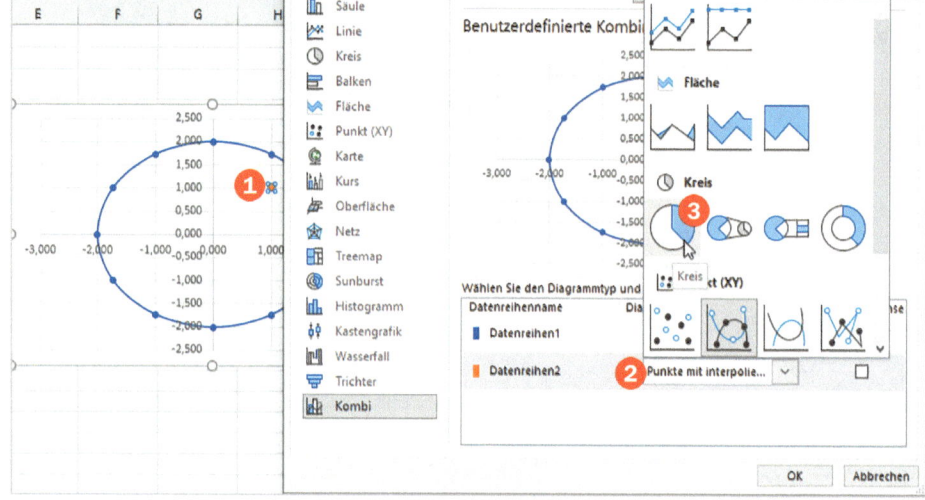

2. Die Datenreihe erscheint zunächst als Punkt im Diagramm, siehe Bild oben ❶. Rechtsklick auf die neu hinzugefügte Datenreihe bzw. den Datenpunkt und Befehl *Datenreihen-Diagrammtyp ändern...*. Wählen Sie dann für die Datenreihe2 ❷ den Typ *Kreis* ❸.

3. Um den hinzugefügten Kreis anschließend unsichtbar zu machen, klicken Sie mit der rechten Maustaste auf den Kreis, wählen *Datenreihen2* aus ❹, klicken auf *Füllung* und hier auf *Keine Füllung* ❺, siehe Bild links.

4 Falls die Achsen unterschiedliche Einteilungen aufweisen sollten, so doppelklicken Sie auf die Beschriftungen der X-Achse und legen unter *Achsenoptionen* ▶ *Einheiten* die Haupt- und Teilstriche manuell fest, z. B. je 0,5 wie im Bild unten. Klicken Sie dann auf die Beschriftungen der Y-Achse und geben hier dieselben Einheiten an.

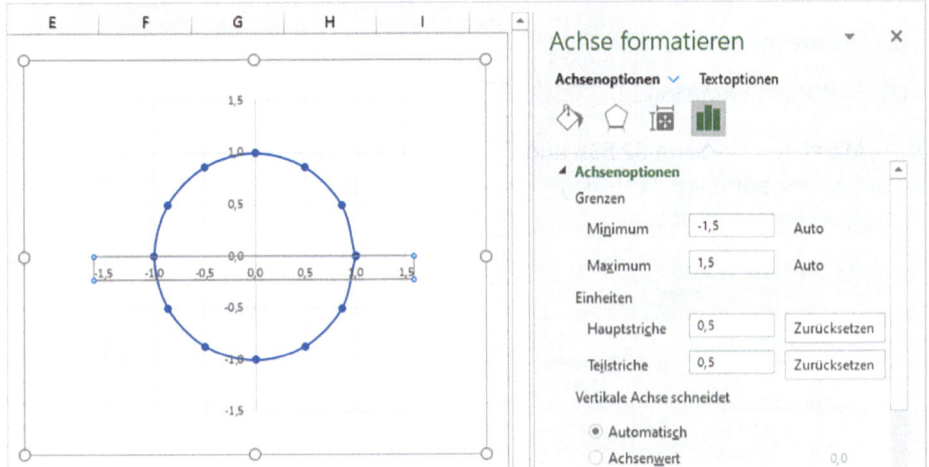

Bild 9.55 Legen Sie für die X- und Y-Achse dieselben Einheiten für Haupt- und Teilstriche fest

Lissajous-Figuren erzeugen

Lissajous-Figuren sind lt. Wikipedia „Kurvengraphen, die durch die Überlagerung zweier harmonischer, rechtwinklig zueinander stehender Schwingungen verschiedener Frequenz entstehen. Sie sind benannt nach dem französischen Physiker Jules Antoine Lissajous."

Um solche Kurven mit Excel grafisch darzustellen, wie im Bild rechts, benötigen Sie zwei unterschiedliche Winkel, die Funktion SIN und ein XY Punktdiagramm mit interpolierten Linien.

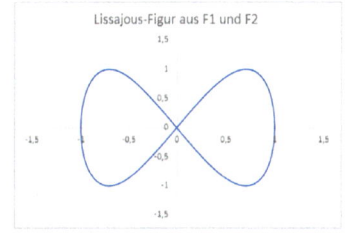

Quelle: wikipedia.de

1 In Spalte A (siehe Bild unten) erzeugen Sie die ersten Winkel in 10er-Schritten bis 360, am besten als Reihe: Geben Sie dazu in A1 die Zahl 0 ein, klicken Sie im Register *Start* auf *Ausfüllen* und auf *Datenreihe...*.

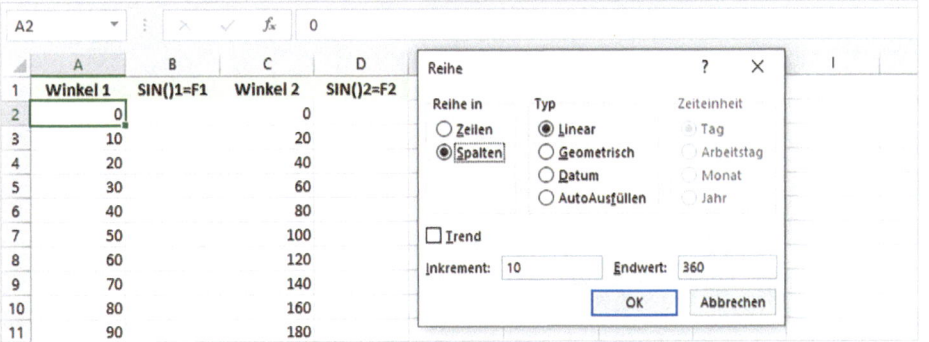

Bild 9.56 Datenreihe in Spalten erzeugen, Inkrement 10 und Endwert 360

Lissajous.xlsx

2. Wählen Sie die Option *Reihe in Spalten*, als *Inkrement* geben Sie 10 ein und als *Endwert* 360. Für Winkel 2 in Spalte C legen Sie *Inkrement* mit 20 und *Endwert* mit 720 fest.

3. Anschließend berechnen Sie in B2 den Sinus des ersten Winkels und in D2 den Sinus des zweiten Winkels mit folgenden Formeln, die Sie nach unten kopieren.

B2: =SIN(BOGENMASS(A2))

D2: =SIN(BOGENMASS(C2))

4. Markieren Sie dann B2:B38 und D2:D38, klicken Sie im Register *Einfügen* ▶ *Diagramme* auf *Punkt (XY)-Diagramm einfügen* und wählen Sie den Typ *Punkte mit interpolierten Linien*.

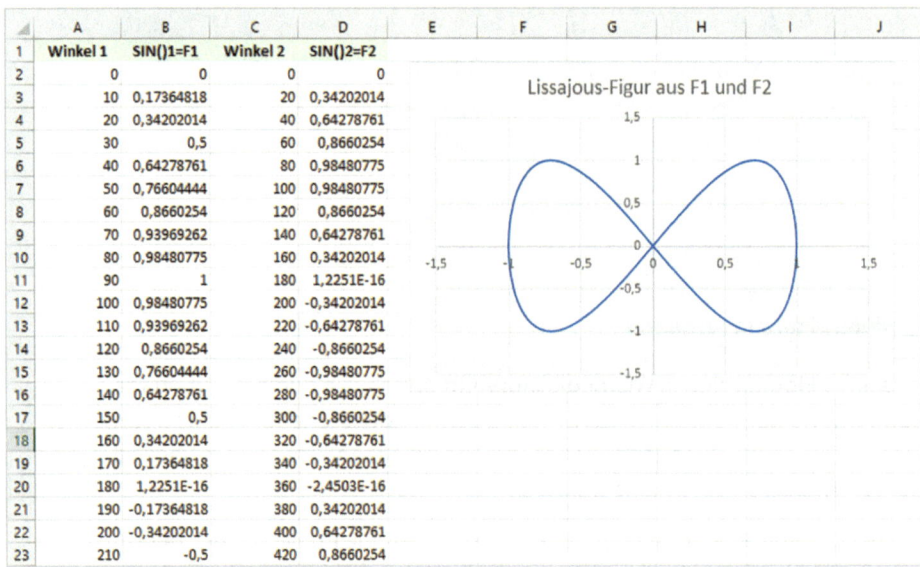

Bild 9.57 Lissajous-Figur als Punktdiagramm mit interpolierten Linien

9.5 Komplexe Zahlen

Komplexe Zahlen sind Zahlen, die aus einem reellen und einem imaginären Anteil zusammengesetzt sind. Sie lassen sich geometrisch darstellen als Punkte in einem rechtwinkligen Koordinatensystem, bei dem die reellen Zahlen die waagerechte Achse (x) bilden und die Teilmenge der imaginären Zahlen bilden die senkrechte Koordinate (y). Eine komplexe Zahl $z = x + yi$ setzt sich also aus der horizontalen Koordinate x und der vertikalen Koordinate y zusammen und wird in der Schreibweise x+yi angegeben. Mit derart dargestellten komplexen Zahlen lässt es sich ähnlich wie mit Vektoren rechnen. Excel stellt hierzu mehrere Funktionen zur Verfügung.

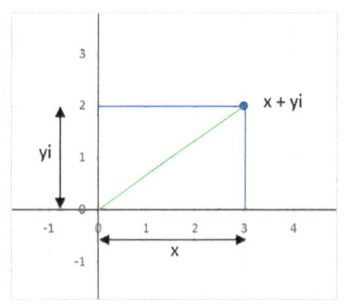

Bild 9.58 Geometrische Darstellung einer komplexen Zahl

Hinweis: Der Imaginärteil wird statt mit i auch manchmal mit j angegeben. Excel akzeptiert beide Schreibweisen.

Komplexe Zahlen bilden

Die Funktion KOMPLEXE bildet aus zwei reellen Zahlen eine komplexe Zahl, die Syntax:

```
=KOMPLEXE(Realteil;Imaginärteil;[Suffix])
```

- Mit dem optionalen Argument *Suffix* kann der Buchstabe i oder j zur Kennzeichnung des Imaginärteils angegeben werden. Fehlt dieses Argument, so wird i verwendet.
- **Achtung**: Es werden ausschließlich die Buchstaben i und j akzeptiert, alle anderen Zeichen, auch I und J in Großschreibung liefern den Fehlerwert #WERT!

Im Bild unten einige Beispiele.

	A	B	C	D
1	Real	Imag	Ergebnis	
2	4	6	4+6i	=KOMPLEXE(A2;B2)
3	5	3	5+3i	=KOMPLEXE(A3;B3)
4	0	1	i	=KOMPLEXE(A4;B4)
5	1	0	1	=KOMPLEXE(A5;B5)
6	2	2	2+2j	=KOMPLEXE(A6;B6;"j")

Bild 9.59 Beispiele: Komplexe Zahlen bilden

Komplexe_Zahlen.xlsx

Teile komplexer Zahlen ermitteln

Realteil und Imaginärteil einer komplexen Zahl ermitteln

Um umgekehrt aus einer komplexen Zahl in der Schreibweise x+yi oder x+yj den Realwert oder den Imaginärwert zu ermitteln, setzen Sie die Funktionen IMREALTEIL und IMAGINÄRTEIL ein. Das Argument *Komplexe_Zahl* muss jeweils als Zeichenkette in der Form x+yi oder x+yj vorliegen.

```
=IMREALTEIL(Komplexe_Zahl)
```

Bild 9.60 Beispiele Realwert und Imaginärteil aus komplexen Zahlen

```
IMAGINÄRTEIL(Komplexe_Zahl)
```

Auch hierzu einige Beispiele.

	A	B	C	D	E
1	Komplexe_Zahl	Realteil		Imaginärteil	
2	4+6i	4	=IMREALTEIL(A2)	6	=IMAGINÄRTEIL(A2)
3	2+3j	2	=IMREALTEIL(A3)	3	=IMAGINÄRTEIL(A3)
4	i	0	=IMREALTEIL(A4)	1	=IMAGINÄRTEIL(A4)
5	1	1	=IMREALTEIL(A5)	0	=IMAGINÄRTEIL(A5)
6					

Abstand zum Koordinatenursprung mit IMABS

Die Funktion IMABS liefert den Absolutwert einer komplexen Zahl und damit den Abstand zum Koordinatenursprung, Vorzeichen werden ignoriert. *Komplexe_Zahl* muss als Zeichenkette in der Form x+yi oder x+yj vorliegen.

```
=IMABS(Komplexe_Zahl)
```

$$\mathrm{IMABS}(z) = |z| = \sqrt{x^2 + y^2}$$

Phi ist der Winkel, den die reelle Achse mit der Verbindungsstrecke zwischen Ursprung und dem Punkt (x|yi) einschließt.

Winkel mit IMARGUMENT berechnen

Mit der Funktion IMARGUMENT wird der Winkel φ (Phi) einer komplexen Zahl ermittelt. **Achtung**: Das Ergebnis wird in Bogenmaß ausgegeben, zur Umwandlung in Grad benutzen Sie die Funktion GRAD, siehe Seite 424.

Bild 9.61 IMABS und IMARGUMENT

```
=IMARGUMENT(Komplexe_Zahl)
```

$$\mathrm{IMARGUMENT}(z) = \tan^{-1}\left(\frac{y}{x}\right) = \varphi$$

	A	B	C	D	E	F	G	H	I
1	Komplexe_Zahl	Absolutwert		in Grad		Winkel Phi		in Grad	
2	4+6i	7,2111	=IMABS(A2)	413,1657	=GRAD(B2)	0,9828	=IMARGUMENT(A2)	56,3099	=GRAD(F2)
3	3+4i	5,0000		286,4789		0,9273		53,1301	
4	i	1,0000		57,2958		1,5708		90	
5									

Berechnungen mit komplexen Zahlen

Für Berechnungen mit komplexen Zahlen stellt Excel unter anderem folgende Funktionen zur Verfügung.

Summen und Differenz

Die Summe komplexer Zahlen berechnen Sie mit der Funktion IMSUMME, wobei die Argumente *Komplexe_Zahl1*, *Komplexe_Zahl2* bis *Komplexe_Zahl255* die zu addierenden Zahlen sind.

```
=IMSUMME(Komplexe_Zahl1;[Komplexe_Zahl2];...)
```

Die Summe zweier komplexer Zahlen wird mit folgender Formel berechnet:
(a+bi)+(c+di) = (a+c)+(b+d)i

Zur Berechnung der Differenz verwenden Sie die Funktion IMSUB, wobei *Komplexe_Zahl1*, die Zahl ist, von der *Komplexe_Zahl2* subtrahiert werden soll.

    =IMSUB(Komplexe_Zahl1;Komplexe_Zahl2)

Die Differenz zweier komplexer Zahlen wird mit der Formel berechnet:
(a+bi)-(c+di) = (a-c)+(b-d)i

	A	B	C	D	E	F	G	H
1	Komplexe_Zahl1	5+3i						
2	Komplexe_Zahl2	4+6i						
3	**Summe**	9+9i	=IMSUMME(B1;B2)					
4	**Differenz**	1-3i	=IMSUB(B1;B2)					
5								

Bild 9.62 Summe und Differenz komplexer Zahlen berechnen

Multiplizieren und Dividieren

Das Produkt zweier komplexer Zahlen berechnen Sie in Excel mit der Funktion IMPRODUKT. Es können bis zu 255 komplexe Zahlen angegeben werden.

    =IMPRODUKT(Komplexe_Zahl1;[Komplexe_Zahl2];...)

Das Produkt zweier komplexer Zahlen wird wie folgt berechnet:
(a+bi)(c+di) = (ac-bd)+(ad+bc)i

Die Funktion IMDIV berechnet den Quotient zweier komplexer Zahlen, wobei *Komplexe_Zahl1* der Zähler bzw. Dividend ist und *Komplexe_Zahl2* der Nenner oder Divisor.

    =IMDIV(Komplexe_Zahl1;Komplexe_Zahl2)

$$\text{IMDIV}(z_1, z_2) = \frac{(a+bi)}{(c+di)} = \frac{(ac+bd)+(bc-ad)i}{c^2+d^2}$$

	A	B	C	D	E	F	G
1	**Komplexe Zahl1**	**Komplexe Zahl2**	**Produkt**		**Quotient**		
2	6+3i	2+2i	6+18i	=IMPRODUKT(A2;B2)	2,25-0,75i	=IMDIV(A2;B2)	
3	2i	2+2i	-4+4i		0,5+0,5i		
4	4+3i	1	4+3i		4+3i		
5							

Bild 9.63 IMPRODUKT und IMDIV

Weitere ausgewählte Funktionen

Funktion	Beschreibung
IMAPOTENZ(Komplexe_Zahl;Potenz)	Potenziert eine komplexe Zahl mit einer ganzen Zahl, wobei das erforderliche Argument *Potenz* den Exponent festlegt.
IMWURZEL(Komplexe_Zahl)	Berechnet die Quadratwurzel einer komplexen Zahl.
IMCOS(Komplexe_Zahl)	Gibt den Kosinus einer komplexen Zahl zurück.
IMSIN(Komplexe_Zahl)	Gibt den Sinus einer komplexen Zahl zurück.
IMTAN(Komplexe_Zahl)	Gibt den Tangens einer komplexen Zahl zurück.
IMCOT Komplexe_Zahl)	Gibt den Kotangens einer komplexen Zahl zurück.

Im Bild unten einige Beispiele zu IMAPOTENZ und IMWURZEL.

Bild 9.64 IMAPOTENZ und IMWURZEL

	A	B	C	D	E	F
1	Komplexe Zahl	IMAPOTENZ		IMWURZEL		
2	4+6i	-20+48i	=IMAPOTENZ(A2;2)	4+6i	=IMWURZEL(B2)	
3	5+3i	16+30i	=IMAPOTENZ(A3;2)	5+3i	=IMWURZEL(B3)	
4	i	-1+1,22514845490862E-16i	=IMAPOTENZ(A4;2)	6,1257422745431E-17+i	=IMWURZEL(B4)	
5	1+i	1,22514845490862E-16+2i	=IMAPOTENZ(A5;2)	1+i	=IMWURZEL(B5)	
6						

Komplexe Zahlen runden

RUNDEN, siehe Seite 400.

Wie im Bild auf der vorhergehenden Seite zu sehen, können die Funktionen IMAPOTENZ und IMWURZEL sowohl für den Realteil als auch für den Imaginärteil sehr große Zahlen bzw. Zahlen mit sehr vielen Dezimalstellen liefern, auch wenn diese von Excel automatisch in der Exponentialschreibweise angezeigt werden. Wenn Sie diese trotzdem runden möchten, dann benötigen Sie dazu die Funktion RUNDEN, eine Formatierung bzw. die Verwendung eines Zahlenformats hat dagegen keine Wirkung. Allerdings sollten auf diese Weise gerundete Zahlen nicht für weitere Berechnungen herangezogen werden.

Als Beispiel im Bild unten in Spalte B komplexe Zahlen als Ergebnis der Funktion IMAPOTENZ mit Exponent 2. Um diese in Spalte D zu runden, müssen Realteil und Imaginärteil jeweils gesondert gerundet werden und daraus wird mit der Funktion KOMPLEXE wieder eine komplexe Zahl gebildet. Die dazugehörige Formel in D2 lautet:

Bild 9.65 Realteil und Imaginärteil runden

=KOMPLEXE(RUNDEN(IMREALTEIL(B2);20);RUNDEN(IMAGINÄRTEIL(B2);20))

	A	B	C	D	E
1	Komplexe Zahl	IMAPOTENZ		Gerundet	
2	5+8i	-39+80i	=IMAPOTENZ(A2;2)	-39+80i	=KOMPLEXE(RUNDEN(IMREALTEIL(B2);20);RUNDEN(IMAGINÄRTEIL(B2);20))
3	4+3i	7+24i	=IMAPOTENZ(A3;2)	7+24i	=KOMPLEXE(RUNDEN(IMREALTEIL(B3);20);RUNDEN(IMAGINÄRTEIL(B3);20))
4	1+1i	1,22514845490862E-16+2i	=IMAPOTENZ(A4;2)	1,2251E-16+2i	=KOMPLEXE(RUNDEN(IMREALTEIL(B4);20);RUNDEN(IMAGINÄRTEIL(B4);20))
5	2+2i	4,90059381963448E-16+8i	=IMAPOTENZ(A5;2)	4,9006E-16+8i	=KOMPLEXE(RUNDEN(IMREALTEIL(B5);20);RUNDEN(IMAGINÄRTEIL(B5);20))
6	i	-1+1,22514845490862E-16i	=IMAPOTENZ(A6;2)	-1+1,2251E-16i	=KOMPLEXE(RUNDEN(IMREALTEIL(B6);20);RUNDEN(IMAGINÄRTEIL(B6);20))
7					

10 Beispiele aus der Finanzmathematik

10.1   Einmalige und periodische Zahlungen   436

10.2   Abschreibungen berechnen   445

10.3   Funktionen für Wertpapieranlagen   452

10.4   Währungs- und Aktienkurse abrufen   458

10.1 Einmalige und periodische Zahlungen

Übersicht

Viele Excel-Funktionen aus der Kategorie Finanzmathematik drehen sich um Zahlungen und deren Verzinsung. Dabei kommen immer wieder die folgenden Funktionsargumente zum Einsatz, die meisten davon sind auch als eigenständige Funktion verfügbar. Die Tabelle gibt eine erste Übersicht:

Argument / Funktion	Beschreibung
Rmz	**Regelmäßige Zahlung (zu zahlende Annuität) *** Ein konstanter, meist monatlicher Betrag, den Sie entweder zur Rückzahlung eines Kredits oder als Sparbetrag aufwenden. Der Betrag bzw. die Annuität setzt sich zusammen aus Tilgung und Zinsen.
Zzr	**Zahlungszeitraum *** Anzahl der Perioden, in denen der Betrag gezahlt wird. Läuft beispielsweise ein Kredit über 2 Jahre und wird monatlich zurückgezahlt, dann ist Zzr=2*12 gleich 24. Bei einer Laufzeit von 2 Jahren und vierteljährlicher Zahlung beträgt die Anzahl der Zahlungen 8 (Zzr=2*4).
Zins	**Fester Zinssatz *** Der Zinssatz wird normalerweise für ein Jahr angegeben. Wenn die Zahlung/Rückzahlung monatlich erfolgt, muss der Zins durch 12 (Monate) dividiert werden.
Bw	**Barwert, Anfangswert *** Der aktuelle Gesamtwert zukünftiger Zahlungen. Nehmen Sie beispielsweise einen Kredit auf, ist der Barwert gleich der Kredithöhe inklusive der Zinsen.
Zw	**Zukünftiger Wert, Endwert *** Der zukünftige Wert einer Investition bzw. der Wert, der nach den Zahlungen erreicht werden soll. Bei Krediten ist Zw gleich 0, bei Ansparungen ist das der Betrag, der am Ende vorhanden sein soll.
F	**Fälligkeit** Der Parameter Fälligkeit gibt an, ob die regelmäßige Zahlung zu Beginn einer Periode (1) erfolgt oder am Ende (0 oder keine Angabe):

* Auch als Funktion verfügbar.

Beachten Sie bei diesen Funktionen die folgenden Grundregeln

▶ Alle Funktionsargumente müssen sich auf dieselbe Periodeneinheit beziehen. Bei monatlichen Zahlungen bedeutet dies beispielsweise, dass auch Zins und Zahlungszeitraum in Monaten angegeben werden müssen.

▶ Von Ihnen aufzuwendende Beträge, z. B. Rückzahlungsbeträge müssen mit negativem Vorzeichen eingegeben werden, da Sie sonst ein Ergebnis mit einem negativen Vorzeichen erhalten.

▶ Alle genannten Funktionen gehen von einer konstanten regelmäßigen Zahlung und einem gleichbleibenden Zinssatz aus.

Die Funktionen ZW, BW, RMZ, ZZR und ZINS

Zukünftigen Wert berechnen (ZW)

Verzinsung_Zahlungen.xlsx

Den zukünftigen oder Endwert laufender Zahlungen berechnen Sie mit der Funktion ZW. Hier die Syntax, die Beschreibung der Funktionsargumente entnehmen Sie der Tabelle auf der vorhergehenden Seite.

```
=ZW(Zins;Zzr;Rmz;[Bw];[F])
```

Beispiel: Regelmäßig einen gleichbleibenden Betrag ansparen

Angenommen, Sie legen jeden Monat 100 EUR zurück und möchten wissen, wie hoch ist der angesparte Betrag nach 3 Jahren bei einer Verzinsung von 3 %. Dazu geben Sie in B7 die folgende Formel ein; da die Zahlungen monatlich erfolgen, muss auch der Zins in Monate umgerechnet werden, also 3%/12. Die Fälligkeit wird mit 1, also zu Beginn der Periode angegeben; wäre F=0, so würde das Ergebnis 2.470,28 lauten.

```
B7: =ZW(C2;B3;B1;;B5)   Ergebnis: 2.467,46
```

B7 fx =ZW(C2;B3;B1;;B5)

	A	B	C	D	E	F	G	H
1	Betrag	-100,00						
2	Zins jährl.	3%	0,0025000					
3	Monate	24						
4	Anfangswert							
5	Fälligkeit	1						
6								
7	Endwert	2.476,46 €	=ZW(C2;B3;B1;;B5)					
8								

Bild 10.1 Zukünftigen Wert mit ZW berechnen

Anfangs- oder Barwert einer künftigen Investition berechnen (BW)

Den Anfangswert einer künftigen Investition berechnen Sie mit der Funktion BW. Auch zu dieser Funktion finden Sie eine Beschreibung der Argumente in der Tabelle auf Seite 436.

```
=BW(Zins;Zzr;Rmz;[Zw]; [F])
```

Beispiel Rentenzahlung

Sie möchten mit einer einmaligen Zahlung Ihre künftige Rente um monatlich 300 EUR aufbessern. Wie hoch muss bei einem Zins von 3,2 % die Einmalzahlung sein, damit Sie künftig 15 Jahre lang monatlich 300 EUR erhalten?

B7 fx =BW(C1;C2;B3;B4;B5)

	A	B	C	D	E	F	G	H	I
1	Zins	3,2%	0,00266667	=B1/12					
2	Zzr Jahre	15	180	=B2*12					
3	Rmz	-300							
4	Zw	0							
5	Fälligkeit	0							
6									
7	Barwert	42.842,38 €	=BW(C1;C2;B3;B4;B5)						
8									

Bild 10.2 Bar- bzw. Anfangswert berechnen

Die Antwort lautet: Sie benötigen etwas mehr als 42.000 EUR Anfangskapital. Die Berechnung erfolgt mit der Funktion BW in B7 und die Formel lautet:

```
B7:  =BW(C1;C2;B3;B4;B5)          Ergebnis: 42.842,38
```

Auch bei diesem Beispiel müssen Zahlungszeitraum und Zins wieder in Monate umgerechnet werden, hier in C1 und C2.

Die Höhe regelmäßiger Zahlungen berechnen (RMZ)

Die Höhe einer konstanten Zahlung pro Periode berechnen Sie mit der Funktion RMZ. Diese setzt einen konstanten Zins und konstante Zahlungen voraus. Beachten Sie außerdem, dass RMZ nur den Betrag für Zinsen und Tilgung liefert, Steuern, Gebühren usw. werden nicht berücksichtigt.

```
=RMZ(Zins;Zzr;Bw;[Zw];[F])
```

Eine Beschreibung der Funktionsargumente finden Sie wieder in der Tabelle zu Beginn dieses Kapitels auf Seite 436.

Beispiel 1: Kreditrückzahlung

Mit RMZ lässt sich beispielsweise der monatliche Rückzahlungsbetrag berechnen, wenn Sie über 3 Jahre (=36 Monate) bei einem Zins von 8 % einen Kredit in Höhe von 10.000 EUR zurückzahlen möchten. Die Zahlungen erfolgen am Ende des Monats und die Formel in B9 lautet (Bild 10.3):

```
B9:  =RMZ(B3/12;B4;B5;B6;B7)      Ergebnis: -313,36
```

Beispiel 2: Lebensversicherung

Welchen Betrag müssen Sie monatlich in eine Lebensversicherung einzahlen, damit bei einem Zins von 2 % nach 15 Jahren ein Betrag von 100.000 EUR erreicht ist?

```
F9:  =RMZ(G3;G4;F5;F6;F7)         Ergebnis: -476,05
```

Bild 10.3 Beispiele: Kreditrückzahlung und Lebensversicherung

	A	B	C	D	E	F	G	H
1	Beispiel 1: Kreditrückzahlung				Beispiel 2: Lebensversicherung			
2								
3	Zins jährl.	8%			Zins jährl.	2%	0,00166667	
4	Laufzeit Monate	36			Laufzeit Jahre	15	180	
5	Kreditsumme (BW)	10.000			Anfangswert (Bw)	0		
6	Endwert	0			Endwert	100.000		
7	F (Monatsende)	0			F (Monatsanfang)	1		
8								
9	Monatlicher Betrag	-313,36 €			Monatlicher Betrag	-476,05 €		
10		=RMZ(B3/12;B4;B5;B6;B7)				=RMZ(G3;G4;F5;F6;F7)		
11								

In beiden Fällen erhalten Sie ein Ergebnis mit negativem Vorzeichen, da es sich um, von Ihnen zu leistende Beträge handelt.

Laufzeit von Renten- oder Tilgungszahlungen berechnen (ZZR)

ZZR berechnet die Anzahl der Zahlungsperioden, bis der vorgegebene Endwert erreicht ist und setzt konstanten Zins und gleichbleibende Zahlungen voraus. Vereinfacht ausgedrückt, beantwortet ZZR damit die Frage, wie lange es dauert, bis beispielsweise ein Kredit abbezahlt oder ein bestimmter Betrag angespart ist. Die Argumente sind dieselben wie bei den Funktionen BW und ZW, siehe Tabelle auf Seite 436.

```
=ZZR(Zins,Rmz,Bw,[Zw],[F])
```

Beispiel 1: Kredit-Tilgung

Für den Kauf einer Wohnung wurde ein Kredit in Höhe von 100.000 EUR aufgenommen. Wie lange dauert es, bis er bei einem Jahreszins von 5,25 % und einer monatlichen Zahlung von 1.000 EUR vollständig abbezahlt ist? Die Formel in E3:

```
E3: =ZZR(B3/12;B4;B5;B6;B7)     Ergebnis:  131,80/12 = 11 Jahre
```

	A	B	C	D	E	F
1	Kredit-Tilgung					
2						
3	Zins jährl.	5,25%		Zeitraum	131,80	=ZZR(B3/12;B4;B5;B6;B7)
4	Monatl. Zahlung (Rmz)	-1.000		Jahre	11,0	=E3/12
5	Anfangswert (Bw)	100.000				
6	Endwert (Zw)	0				
7	F (Monatsende)	0				
8						

Bild 10.4 Zeitraum mit ZZR berechnen

Beispiel 2: Einen bestimmten Betrag ansparen

Das zweite Beispiel berechnet, wie lange es dauert, bis bei einem monatlichen Sparbetrag in Höhe von 300 EUR und einem Zins von 1,75 % der Betrag von 50.000 EUR erreicht ist. Die Formel dazu lautet:

```
=ZZR(0,0175/12;-300;0;50000)/12     Ergebnis:12,4 Jahre
```

Zins für die Erreichung eines bestimmten Sparziels berechnen (ZINS)

Wenn Sie wissen möchten, welcher Zins erforderlich wäre, um einen bestimmten Betrag zu erzielen, dann setzen Sie die Funktion ZINS ein.

```
=ZINS(Zzr, Rmz, Bw, Zw, [F], [Schätzwert])
```

Hinweis: Mit dem optionalen Argument *Schätzwert* können Sie Ihre Schätzung über die Höhe des Zinssatzes angeben. In der Standardeinstellung bzw., wenn nichts angegeben wird, nimmt Excel 10 % an.

Beispiel 1: Verzinsung einer einmaligen Geldanlage

Sie legen einmalig 50.000 EUR an und möchten wissen, welcher jährliche Zinssatz nötig wäre, damit nach 12 Jahren ein Betrag von 120.000 EUR erreicht wird. Diesen berechnen Sie in E3 (Bild auf der nächsten Seite) mit folgender Formel:

E3: =ZINS(B3;B4;B5;B6)   Ergebnis: 7,57%

	A	B	C	D	E	F	G
1	**Einmalige Geldanlage**						
2							
3	Zahlungszeitraum (Jahre)	12		Zins jährlich	7,57%	=ZINS(B3;B4;B5;B6;1)	
4	Monatliche Zahlung	0					
5	Anfangswert (Bw)	-50.000					
6	Endwert (Zw)	120.000					
7							

Bild 10.5 Erforderliche Zinsen bei einer einmaligen Geldanlage

Beispiel 2: Monatliche Geldanlage

Sie legen monatlich 300 EUR an. Welcher (jährliche) Zinssatz wäre nötig, damit nach drei Jahren bzw. 36 Monaten daraus 15.000 EUR werden? Da die Formel in E3 auf monatlichen Zahlungen basiert, erhalten Sie als Ergebnis zunächst auch den monatlichen Zins. Dieser wird in E4 in den jährlichen Zins umgerechnet.

E3: =ZINS(B3;B4;B5;B6;1)   Ergebnis: 0,56%*12 = 6,74 %

	A	B	C	D	E	F	G
1	**Monatliche Geldanlage**						
2							
3	Zahlungszeitraum	36		Zins monatlich	0,56%	=ZINS(B3;B4;B5;B6;1)	
4	Monatliche Zahlung	-300		Zins jährlich	6,74%	=E3*12	
5	Barwert	0					
6	Endwert	12.000					

Bild 10.6 Erforderliche Zinsen bei monatlicher Geldanlage

Hinweis: Da bei diesem Beispiel das Argument *Bw* 0 beträgt, ist das Argument *Rmz* zwingend erforderlich.

Tilgung und Zinsanteil berechnen

Zinsen und Tilgung für eine Periode berechnen (ZINSZ und KAPZ)

Die Funktion RMZ liefert die gesamte Höhe einer gleichbleibenden regelmäßigen Zahlung (Annuität). Bei einer Darlehensrückzahlung setzt sich dieser Betrag zusammen aus Zinsanteil und Tilgungsanteil und diese beiden Werte lassen sich mit den Funktionen ZINSZ und KAPZ berechnen. Die Syntax der beiden Funktionen:

=ZINSZ(Zins;Zr;Zzr;Bw;[Zw];[F])

=KAPZ(Zins;Zr;Zzr;Bw;[Zw];[F])

▶ ZINSZ berechnet die Zinszahlung für die angegebene Periode.

▶ KAPZ berechnet die Kapitalrückzahlung/Tilgung für die angegebene Periode.

▶ Beide Funktionen gehen von einer regelmäßigen, konstanten Zahlungen und einem konstanten Zinssatz aus. Achten Sie außerdem auf zueinander passende

Einmalige und periodische Zahlungen

Zeiteinheiten: Bei monatlichen Zahlungen müssen auch Zins und Laufzeit in Monate umgerechnet werden, also jährlicher Zins/12.

▸ Die Funktionsargumente sind dieselben, wie bei den vorhergehenden Funktionen, z. B. BW. Eine genaue Beschreibung finden Sie in der Tabelle auf Seite 436.

▸ Zusätzlich erfordern beide Funktionen das Argument *Zr*, das die Periode (Zeitraum) angibt, für die die Zinszahlung bzw. die Kapitalrückzahlung berechnet werden soll. Dieser Wert muss zwischen 1 und *Zzr* liegen.

Beispiel 1: Kreditrückzahlung
Wie hoch ist der Zinsanteil im ersten Monat einer Kreditrückzahlung? Kredithöhe 8.000 EUR, Laufzeit 3 Jahre (36 Monate) und Zins 7,5 %, Fälligkeit jeweils am Monatsende.

E3: =RMZ(B3/12;B5;B6;0;B7)	Ergebnis: -155,53
E4: =ZINSZ(B3/12;B4;B5;B6;0;B7)	Ergebnis: -31,25
E5: =KAPZ(B3/12;B4;B5;B6;0;B7)	Ergebnis: -124,28

Um die Höhe von Zinsanteil und Tilgung in einem beliebigen Monat, z. B. im letzten Monat der Rückzahlung zu erfahren, brauchen Sie nur den betreffenden Monat in B4 eintragen.

	A	B	C	D	E	F
1	Zins und Tilgung (Kapitalrückzahlung) berechnen					
2						
3	Zins	7,5%		Monatl. Rückzahlung (RMZ)	-155,53 €	=RMZ(B3/12;B5;B6;0;B7)
4	Monat (Zr)	1		Zinsanteil (ZINSZ)	-31,25 €	=ZINSZ(B3/12;B4;B5;B6;0;B7)
5	Laufzeit (Mon)	36		Tilgung (KAPZ)	-124,28 €	=KAPZ(B3/12;B4;B5;B6;0;B7)
6	Kredithöhe	5.000				
7	Fälligkeit	0				

Bild 10.7 Rückzahlungsbetrag, Zinsanteil und Tilgung im ersten Monat berechnen

Beispiel 2: Monatlicher Tilgungsplan eines Darlehens
Mit den Formeln RMZ, ZINSZ und KAPZ lässt sich auch problemlos ein Tilgungsplan in Tabellenform aufstellen und Zins und Tilgung für jeden Monat berechnen. Als Beispiel im Bild unten ebenfalls eine Kreditrückzahlung: Kredithöhe 5.000 EUR, Zins 7,5 % und Laufzeit 1 Jahr.

Bild 10.8 Tabelle über Zinsen und Tilgung

B10 fx =ZINSZ(B4/12;B3;B5;B6;0;B7)

	A	B	C	D	E	F	G	H	I	J	K	L	M
1	Zins und Tilgung (Kapitalrückzahlung) berechnen												
2													
3	Monat (Zr)	1	2	3	4	5	6	7	8	9	10	11	12
4	Zins	7,5%	7,5%	7,5%	7,5%	7,5%	7,5%	7,5%	7,5%	7,5%	7,5%	7,5%	7,5%
5	Laufzeit (Mon)	12	12	12	12	12	12	12	12	12	12	12	12
6	Kredithöhe	5.000	5.000	5.000	5.000	5.000	5.000	5.000	5.000	5.000	5.000	5.000	5.000
7	Fälligkeit	0	0	0	0	0	0	0	0	0	0	0	0
8													
9	Monatl. Rückzahlung (RMZ)	-433,79	-433,79	-433,79	-433,79	-433,79	-433,79	-433,79	-433,79	-433,79	-433,79	-433,79	-433,79
10	Zinsanteil (ZINSZ)	-31,25	-28,73	-26,20	-23,66	-21,09	-18,51	-15,92	-13,31	-10,68	-8,03	-5,37	-2,69
11	Tilgung (KAPZ)	-402,54	-405,05	-407,58	-410,13	-412,70	-415,27	-417,87	-420,48	-423,11	-425,75	-428,42	-431,09

Die Formeln in B9, B10 und B11 können anschließend nach C9:M11 kopiert werden:

B9: =RMZ(B4/12;B5;B6;0;B7)

B10: =ZINSZ(B4/12;B3;B5;B6;0;B7)

B11: =KAPZ(B4/12;B3;B5;B6;0;B7)

Aufgelaufene Tilgung und Zinsen für Zeitraum berechnen (KUMZINSZ und KUMKAPITAL)

Wie Sie Zins und Tilgung für eine Periode berechnen, haben Sie auf Seite 440 gesehen. Um dagegen über mehrere Perioden aufgelaufene Tilgungs- und Zinszahlungen, z. B. für ein Jahr bei monatlicher Rückzahlung zu ermitteln, setzen Sie die beiden Excel-Funktionen KUMZINSZ und KUMKAPITAL ein.

=KUMZINSZ(Zins;Zzr;Bw;Zeitraum_Anfang;Zeitraum_Ende;F)

=KUMKAPITAL(Zins;Zzr;Bw;Zeitraum_Anfang;Zeitraum_Ende;F)

▶ Beide Funktionen erfordern die Argumente *Zeitraum_Anfang* und *Zeitraum_Ende* mit denen die erste und die letzte in die Berechnung einfließende Periode angegeben wird. Die Zahlungsperioden sind, beginnend mit 1, durchnummeriert.

▶ Eine Beschreibung der übrigen Argumente finden Sie in der Tabelle auf Seite 436. Achten Sie bei *Zins* und *Zzr* auf zueinander passende Zeiteinheiten. Bei monatlichen Zahlungen gilt jährlicher Zins/12. Die Fälligkeit *F* ist in beiden Funktionen erforderlich und muss mit 0 (Zahlung am Ende der Periode) oder 1 (am Anfang der Periode) angegeben werden.

Beispiel: Zins und Tilgung im ersten Jahr

Sie zahlen einen Kredit über 10.000 EUR monatlich mit 297,47 EUR zurück. Der jährliche Zins beträgt 4,5 % und die Laufzeit 3 Jahre (36 Monate). Die Höhe von Tilgung und Zinsen im ersten Jahr berechnen Sie in E6 und E7 mit KUMKAPITAL und KUMZINSZ. Als *Zeitraum_Anfang* geben Sie in E3 den Monat 1 ein und in E4 als *Zeitraum_Ende* den Monat 12, wie im Bild unten.

Bild 10.9 Zinsen und Tilgung im ersten Jahr berechnen

	A	B	C	D	E	F
1	Zins und Tilgung im ersten Jahr (monatliche Zahlungen)					
2						
3	Kreditsumme	10.000,00		Annuität Anfang	1	
4	Zins (jährl.)	4,50%		Annuität Ende	12	
5	Zahlungszeiträume (Monate)	36				
6	Fälligkeit	0		Tilgung im 1. Jahr	-3.184,78	=KUMKAPITAL(B4/12;B5;B3;E3;E4;B6)
7				Zinsen im 1. Jahr	-384,85	=KUMZINSZ(B4/12;B5;B3;E3;E4;B6)
8	Tilgung bis	0,00		Summe	-3.569,63	=SUMME(E6:E7)
9	Rückzahlungsbetrag monatl.	-297,47				
10	Summe Rückzahlung im 1. Jahr	-3.569,63				
11						

Die Formeln:

```
E6:  =KUMKAPITAL(B4/12;B5;B3;E3;E4;B6)    Ergebnis: -3.184,78
E7:  =KUMZINSZ(B4/12;B5;B3;E3;E4;B6)      Ergebnis:   -384,85
```

Die Summe aus E6 und E7, -3.569,63 entspricht der Summe der monatlichen Rückzahlungsbeträge im ersten Jahr in B10. Wenn Sie Zinsen und Tilgung im zweiten Jahr berechnen möchten, brauchen Sie nur Anfang und Ende in E3 und E4 ändern und hier 13 und 24 eingeben.

Nominalzins in Effektivzins umrechnen

Der Nominalzins ist der Zinssatz, mit dem ein Darlehen oder eine Geldanlage pro Jahr verzinst werden. Daneben gibt es auch noch den sogenannten Effektivzins. d. h. der tatsächliche Zins, der sich aus den anfallenden Kosten und bei mehreren jährlich anteiligen Zinszahlungen, z. B. vierteljährlich, aus den vorweg gezahlten Jahreszinsen zusammensetzt.

Der Nominalzins wird häufig auch mit dem Zusatz p.a (Lat. pro annum) angegeben.

Je mehr Zahlungsperioden pro Jahr und je höher die anfallenden Kosten, desto größer ist daher die Differenz zwischen Nominal- und Effektivzins.

Mit der Excel-Funktion EFFEKTIV können Sie einen angegebenen Nominalzins schnell in den Effektivzins umrechnen, allerdings ohne Berücksichtigung der zusätzlichen Nebenkosten. In diesem Fall entsteht also die Differenz nur aus der Anzahl der unterjährlichen Zinszahlungen.

```
=EFFEKTIV(Nominalzins; Perioden)
```

- *Nominalzins*: Die Nominalverzinsung.
- *Perioden*: Die Anzahl der Verzinsungsperioden innerhalb eines Jahres. Dezimalzahlen werden durch Abschneiden der Nachkommastellen auf ganze Zahlen gekürzt.

Intern berechnet Excel den Effektivzins mit folgender Formel:

```
Effektiver_Zins = (1+(Nominalzins/Perioden))*Perioden-1
```

Im Bild unten als Beispiel 5,75 % Nominalzins und vierteljährliche Verzinsung pro Jahr, die Formel in B5 lautet:

```
B5:  =EFFEKTIV(B2;B3)    Ergebnis: 5,875
```

	A	B	C
1	Effektivzins berechnen		
2	Nominalzins p.a.	5,750%	
3	Verzinsungsperioden pro Jahr	4	
4			
5	Effektivzins pro Jahr	5,875%	=EFFEKTIV(B2;B3)
6			

Bild 10.10 Beispiel Effektivzins

Effektivzins.xlsx

Tipp: Falls Sie den umgekehrten Weg gehen und aus dem Effektivzins den Nominalzins berechnen möchten, dann setzen Sie dazu die Excel Funktion NOMINAL ein. Funktionsweise und Syntax entsprechen der Funktion EFFEKTIV.

Beispiel: Vergleich Darlehensangebote unter Berücksichtigung der Nebenkosten

Als letztes Beispiel in Bild 10.11 mehrere Angebote für ein Darlehen über 100.000 EUR und mit einer Laufzeit von 20 Jahren. Die Angebote unterscheiden sich hinsichtlich Nebenkosten, Nominalzins und Anzahl der Perioden pro Jahr. Um Zinsen und Nebenkosten miteinander vergleichen zu können, benötigen Sie den Effektivzins inklusive der Nebenkosten.

Die Ausgangstabelle enthält alle erforderlichen Angaben, zusätzlich wurden in Zeile 7 die Nebenkosten berechnet (=B2*B6) und in Zeile 9 mit der Funktion RMZ die jeweiligen Raten. Diese beziehen die Nebenkosten bereits mit ein.

B9: =RMZ(D8/D4;D3*D4;D2+D7)   Ergebnis: -1.921,35

Bild 10.11 Ratenhöhe mit RMZ berechnen

Effektivzins.xlsx

	A	B	C	D	E
1		Angebot A	Angebot B	Angebot C	
2	Betrag	100.000	100.000	100.000	
3	Laufzeit	20	20	20	
4	Perioden/Jahr	4	12	12	
5	Auszahlung %	100,0%	100,0%	100,0%	
6	Bearbeitungsgebühr %	1,00%	2,00%	0,00%	
7	Nebenkosten Betrag	1.000,00	2.000,00	0,00	=D2*D6
8	Nominalzins	4,50%	4,00%	4,65%	
9	Ratenhöhe	-1.921,35	-618,10	-640,77	=RMZ(D8/D4;D3*D4;D2+D7)
10					

Im nächsten Schritt berechnen wir in Zeile 11 den Nominalzins inklusive der Nebenkosten sowie in Zeile 12 den Effektivzins mit folgenden Formeln:

B11: =ZINS(B3*B4;B9;B2)*B4   Ergebnis: 4,62 %

B12: =EFFEKTIV(B11;B4)   Ergebnis: 4,70 %

Bild 10.12 Effektivzins berechnen

	A	B	C	D	E
1		Angebot A	Angebot B	Angebot C	
2	Betrag	100.000	100.000	100.000	
3	Laufzeit	20	20	20	
4	Perioden/Jahr	4	12	12	
5	Auszahlung %	100,0%	100,0%	100,0%	
6	Bearbeitungsgebühr %	1,00%	2,00%	0,00%	
7	Nebenkosten Betrag	1.000,00	2.000,00	0,00	=D2*D6
8	Nominalzins	4,50%	4,00%	4,65%	
9	Ratenhöhe	-1.921,35	-618,10	-640,77	=RMZ(D8/D4;D3*D4;D2+D7)
10					
11	Nominalzins inkl. Nebenkosten	4,62%	4,23%	4,65%	=ZINS(D3*D4;D9;D2)*D4
12	Effektivzins	4,70%	4,31%	4,75%	=EFFEKTIV(D11;D4)
13					
14	Differenz	0,20%	0,31%	0,10%	=D12-D8
15					

Zuletzt wird noch in Zeile 14 die Differenz zwischen Nominal- und Effektivzins berechnet. Die stärkste Abweichung vom Nominalzins mit 0,31 % weist Angebot B auf, siehe Bild auf der vorhergehenden Seite.

Hinweis: Manchmal werden Darlehen nicht zu 100 % ausgezahlt, sondern mit einem Abschlag, wenn die Bearbeitungskosten sofort mit der Darlehenssumme gedeckt werden. Dieser Abschlag wird als Disagio bezeichnet.

10.2 Abschreibungen berechnen

Übersicht und Funktionsargumente

Unter Abschreibung versteht man im betrieblichen Rechnungswesen Wertminderungen von Vermögensgegenständen des Anlage- und Umlaufvermögens. Bei langlebigen Gütern wird üblicherweise die Abschreibung über mehrere Jahre verteilt. Hierzu gibt es verschiedene Verfahren, einige davon unterstützt auch Excel mit entsprechenden Funktionen. Die Frage, welche Methode am sinnvollsten und gleichzeitig steuerrechtlich zulässig ist, kann Excel allerdings nicht beantworten.

Abschreibungen.xlsx

- **Lineare Abschreibung**: Dies ist das einfachste Verfahren: Dabei wird der abzuschreibende Betrag gleichmäßig auf den gesamten Abschreibungszeitraum verteilt.
- **Geometrisch degressive Abschreibung**: Bei den geometrisch degressiven Abschreibungsmethoden sinkt dagegen der Abschreibungsbetrag von Jahr zu Jahr. Dies bedeutet, dass am Anfang ein relativ großer Betrag abgeschrieben wird, dieser wird in den folgenden Jahren kontinuierlich kleiner.

Alle Abschreibungsfunktionen verwenden dieselben Argumente, daher zunächst eine Übersicht. Alle Argumente müssen als positive Zahlen angegeben werden.

Argument	Beschreibung
Ansch_Wert	Der Anschaffungswert des Wirtschaftsgutes.
Restwert	Der Restwert am Ende der Nutzungsdauer (häufig auch als Schrottwert bezeichnet).
Nutzungsdauer	Die Anzahl der Perioden, über die das Wirtschaftsgut abgeschrieben wird.
Periode	Die Periode, für die der (degressive) Abschreibungsbetrag berechnet werden soll. Für das Argument *Periode* muss dieselbe Zeiteinheit verwendet werden wie für die Nutzungsdauer, z. B. Jahre oder Monate.
Faktor	Optional. Die Rate, um die der Restbuchwert abnimmt. Ist das Argument *Faktor* nicht angegeben, wird der Faktor 2 angenommen (Verfahren der degressiven Doppelraten-Abschreibung).

Lineare Abschreibung (LIA)

Die Berechnung der linearen Abschreibung erfolgt mit der Funktion LIA.

`=LIA(Ansch_Wert;Restwert;Nutzungsdauer)`

Alternativ kann die lineare Abschreibung auch mit der Formel berechnet werden:

`=(Ansch_Wert-Restwert)/Nutzungsdauer`   oder   `Ansch_Wert/Nutzungsdauer`

Beispiel: Als einfaches Beispiel ein Anlagegut mit Anschaffungswert 25.000 EUR, Restwert 1.000 EUR und einer Nutzungsdauer von 5 Jahren. In B5 wird der jährliche Abschreibungsbetrag mit folgender Formel berechnet.

`B5:  =LIA(B2;B3;B4)`   Ergebnis: 4.800,00

Dasselbe Ergebnis erhalten Sie auch mit der Formel: `=(B2-B3)/B4`

Bild 10.13 Lineare Abschreibung LIA berechnen

	A	B	C	D	E	F	G
1	Lineare Abschreibung						
2	Anschaffungswert	25.000					
3	Restwert	1.000					
4	Nutzungsdauer (Jahre)	5					
5	Abschreibungsbetrag pro Periode	4.800,00 €	=LIA(B2;B3;B4)				
6							

Beispiel Abschreibungsplan

Als weiteres Beispiel der Abschreibungsplan eines Anlagegutes. Der lineare und somit gleichbleibende Abschreibungsbetrag wird mit folgender Formel berechnet. Der Restwert wird vom vorangegangenen Restwert abzüglich Abschreibungsbetrag ermittelt.

Bild 10.14 Abschreibungsplan Lineare Abschreibung

Abschreibungsbetrag: `=LIA($C$3;$C$4;$C$5)`   Ergebnis: 2.000,00

	A	B	C	D	E	F
1	Lineare Abschreibung					
2						
3	Anschaffungswert		22.000			
4	Restwert		2.000			
5	Nutzungsdauer Jahre		10			
6						
7						
8	Jahr	Lineare Abschreibung	Formel	Restwert	Formeln	
9	1	2.000,00	=LIA($C$3;$C$4;$C$5)	20.000,00	=C3-B9	
10	2	2.000,00	=LIA($C$3;$C$4;$C$5)	18.000,00	=D9-B10	
11	3	2.000,00	=LIA($C$3;$C$4;$C$5)	16.000,00	=D10-B11	
12	4	2.000,00	=LIA($C$3;$C$4;$C$5)	14.000,00	=D11-B12	
13	5	2.000,00	=LIA($C$3;$C$4;$C$5)	12.000,00	=D12-B13	
14	6	2.000,00	=LIA($C$3;$C$4;$C$5)	10.000,00	=D13-B14	
15	7	2.000,00	=LIA($C$3;$C$4;$C$5)	8.000,00	=D14-B15	
16	8	2.000,00	=LIA($C$3;$C$4;$C$5)	6.000,00	=D15-B16	
17	9	2.000,00	=LIA($C$3;$C$4;$C$5)	4.000,00	=D16-B17	
18	10	2.000,00	=LIA($C$3;$C$4;$C$5)	2.000,00	=D17-B18	
19	Summe	20.000,00				

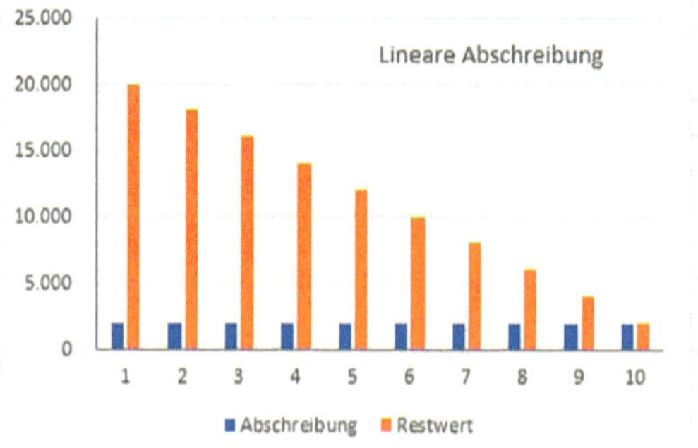

Beispiel: Lineare Abschreibung mit anteiliger Berücksichtigung der Monate

Am 15.02.2023 wurde ein Kopierer angeschafft; Anschaffungswert netto 5.000 EUR, Nutzungsdauer 7 Jahre. Nun soll am Ende des Jahres 2023 der anteilige Abschreibungsbetrag für 11 Monate berechnet werden, geben Sie in B6 folgende Formel ein:

B6: =LIA((B1;;B3*12)*B4

Alternativ kann der Abschreibungsbetrag auch so berechnet werden:

B7: =B1/(B3*12)*B4

	A	B	C
1	Anschaffungswert	5.000,00 €	
2	Anschaffungszeitpunkt	15.02.2023	
3	Nutzungsdauer Jahre	7	
4	anteilige Monate im Jahr 2021	11	
5			
6	Anteiliger Abschreibungsbetrag im Jahr 2021 (11 Monate)	654,76 €	=LIA(B1;;B3*12)*B4
7	Alternative Berechnung	654,76 €	=B1/(B3*12)*B4
8			

Bild 10.15 Lineare Abschreibung anteilig für Monate berechnen

Degressive Abschreibung

Geometrisch degressive Abschreibung (GDA und GDA2)

Bei der geometrisch degressiven Abschreibung werden die Abschreibungsbeträge vom Restbuchwert des jeweiligen Jahres berechnet, wodurch ein jährlich fallender Abschreibungsbetrag entsteht. Die Berechnung erfolgt mit einem konstanten Abschreibungsfaktor. Excel bietet hierfür die Funktionen GDA und GDA2 an. Der Unterschied:

▶ **GDA**
  Mit der Funktion GDA kann der Abschreibungsfaktor frei gewählt werden; wenn das Argument *Faktor* fehlt, wird Faktor 2 verwendet.

=GDA(Ansch_Wert;Restwert;Nutzungsdauer;Periode;[Faktor])

▶ **GDA2**
  Bei der Funktion GDA2 ist im Gegensatz zu GDA der Abschreibungsfaktor nicht frei wählbar. Dafür ist mit GDA2 auch die Berechnung anteiliger Monate möglich.

=GDA2(Ansch_Wert;Restwert;Nutzungsdauer;Periode;Monate)

Hinweise: Bei beiden Funktionen müssen *Nutzungsdauer* und *Periode* in derselben Zeiteinheit angegeben werden, beispielsweise Monate oder Jahre. Bei der Funktion GDA2 steht *Monate* für die verbleibende Anzahl Monate im Anschaffungsjahr und muss eine Zahl zwischen 10 und 12 sein. Wenn *Monat* nicht angegeben wird, nimmt Excel automatisch 12 an.

Beispiel 1: Angabe des Abschreibungsfaktors mit GDA

Ein Anlagegut wird für 10.000 EUR (netto) angeschafft, dieses hat nach einer Nutzungsdauer von 5 Jahren den Restwert 0. Die Abschreibung soll mit dem Faktor 1,5 abnehmen. Der Abschreibungsbetrag für das dritte Jahr (Zeitpunkt in B5) wird in B7 mit folgender Formel berechnet:

B7: =GDA(B2;B3;B4;B5;B6)   Ergebnis: 1.470,00

	A	B
1	Geometrisch degressive Abschreibung	
2	Anschaffungswert	10.000
3	Restwert	0
4	Nutzungsdauer (Jahre)	5
5	Zeitpunkt	3
6	Abschreibungsfaktor	1,5
7	Abschreibungsbetrag im Jahr 3	1.470,00 € =GDA(B2;B3;B4;B5;B6)

Bild 10.16 Geometrisch degressive Abschreibung im Jahr 3

Beispiel 2: Berücksichtigung anteiliger Monate mit GDA2

Ein Anlagegut wird im April für 20.000 EUR angeschafft. Dieses hat nach einer Nutzungsdauer von 5 Jahren einen Restwert von 1.000 EUR. Wie hoch ist der Abschreibungsbetrag im dritten Jahr unter Berücksichtigung der 9 Monate im Anschaffungsjahr? Diesen berechnen Sie in B8 mit der Formel:

B8: =GDA2(B2;B3;B4;B7;B6)   Ergebnis: 3.276,67

	A	B	C
1	Geometrisch degressive Abschreibung		
2	Anschaffungswert	20.000	
3	Restwert	1.000	
4	Nutzungsdauer (Jahre)	5	
5	Anschaffungsdatum	15.04.2022	
6	anteilige Monate Anschaffungsjahr	9	=12-MONAT(B5)+1
7	Zeitpunkt, Jahr	3	
8	Abschreibungsbetrag	3.276,97 €	=GDA2(B2;B3;B4;B7;B6)

Bild 10.17 Berücksichtigung anteiliger Monate mit GDA2

Hinweis: Die Monate wurden hier mit der Funktion MONAT ermittelt.

Beispiel 3: Abschreibungsplan

Im folgenden Beispiel beträgt der Anschaffungspreis netto 15.000 EUR. Das Anlagegut wird über eine Nutzungsdauer von 7 Jahren geometrisch-degressiv mit Faktor 2 abgeschrieben, siehe Bild auf der nächsten Seite.

Für das Jahr 0 bzw. in B8 tragen Sie als Abschreibungsbetrag 0 ein und in C8 als Restbuchwert den Anschaffungswert 15.000. In B9 berechnen Sie dann den Abschreibungsbetrag mit folgender Formel und kopieren diese anschließend nach unten. Der Abschreibungsfaktor in C5 kann in diesem Beispiel auch weggelassen werden.

B9: = GDA($C$2;$C$3;$C$4;A9;$C$5)

Den Restbuchwert berechnen Sie in C9 mit folgender Formel und kopieren diese ebenfalls nach unten.

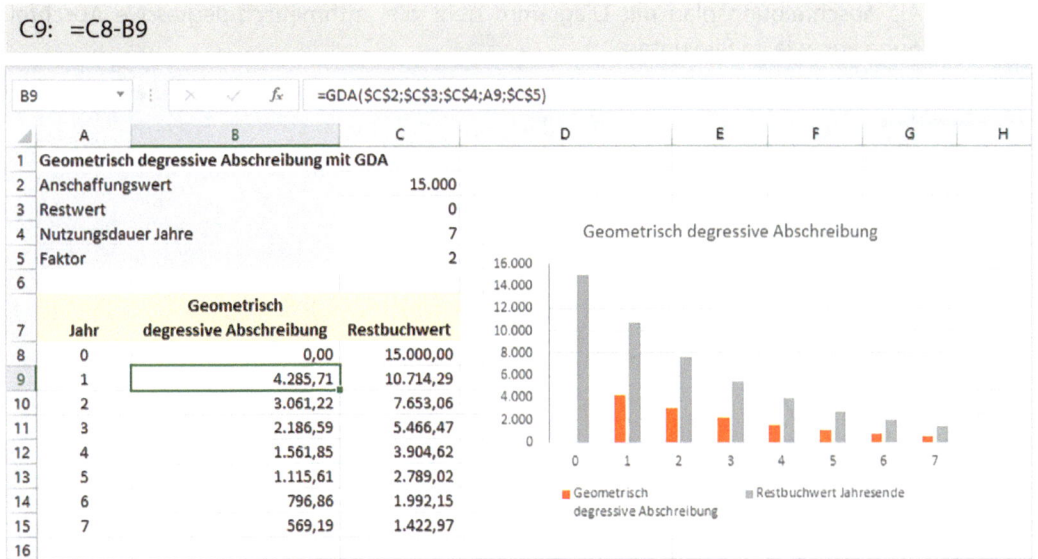

```
C9:  =C8-B9
```

Bild 10.18 Abschreibungsplan geometrisch degressive Abschreibung

Digitale oder arithmetisch-degressive Abschreibung (DIA)

Die arithmetisch-degressive Abschreibung ist lt. Wikipedia „...eine Methode, bei der sich der Abschreibungsbetrag jährlich um einen festen Betrag verringert. Der Degressionsbetrag ist der Quotient aus Anschaffungskosten und der Summe der geplanten Nutzungsjahre (z. B. bei drei Nutzungsjahren: 1+2+3=6). Damit ist das Wirtschaftsgut am Ende der Nutzungsdauer vollständig abgeschrieben. Die gängigste Form der arithmetisch-degressiven Abschreibung ist die digitale Abschreibung, bei welcher die Abschreibung im letzten Nutzungsjahr genau so hoch ist wie der jährliche Differenzbetrag".

Quelle: Wikipedia.de

Zur Berechnung stellt Excel die Funktion DIA zur Verfügung. Die Syntax:

DIA wird mit folgender Formel berechnet:

```
=DIA(Ansch_Wert;Restwert;Nutzungsdauer;Zr)
```

$$SYD = \frac{(cost - salvage) * (life - per + 1) * 2}{(life)(life + 1)}$$

▸ Das Argument *Zr* steht hier für die Periode (Zeitraum). *Nutzungsdauer* und *Zr* müssen in derselben Zeiteinheit, z. B. Jahre angegeben werden.

Im Bild unten ein Beispiel, das in B6 die Abschreibung im ersten Jahr und in E6 im letzten Jahr der Nutzungsdauer (10) berechnet.

Bild 10.19 Arithmetisch-degressive Abschreibung im 1. und im 10. Jahr

E6		fx	=DIA(E2;E3;E4;E5)			
	A	B	C	D	E	F G
1	Arithmetisch-degressive Abschreibung					
2	Anschaffungswert	20.000		Anschaffungswert	20.000	
3	Restwert	1.000		Restwert	1.000	
4	Nutzungsdauer, Jahre	10		Nutzungsdauer, Jahre	10	
5	Zeitpunkt	1		Zeitpunkt	10	
6	Abschreibungsbetrag im ersten Jahr	3.454,55 €	=DIA(B2;B3;B4;B5)	Abschreibungsbetrag im letzten Jahr	345,45 €	

Bild 10.20 Arithmetisch-degressive Abschreibung

Als Abschreibungsplan mit Diagramm sieht die arithmetisch-degressive Abschreibung aus, wie im Bild unten.

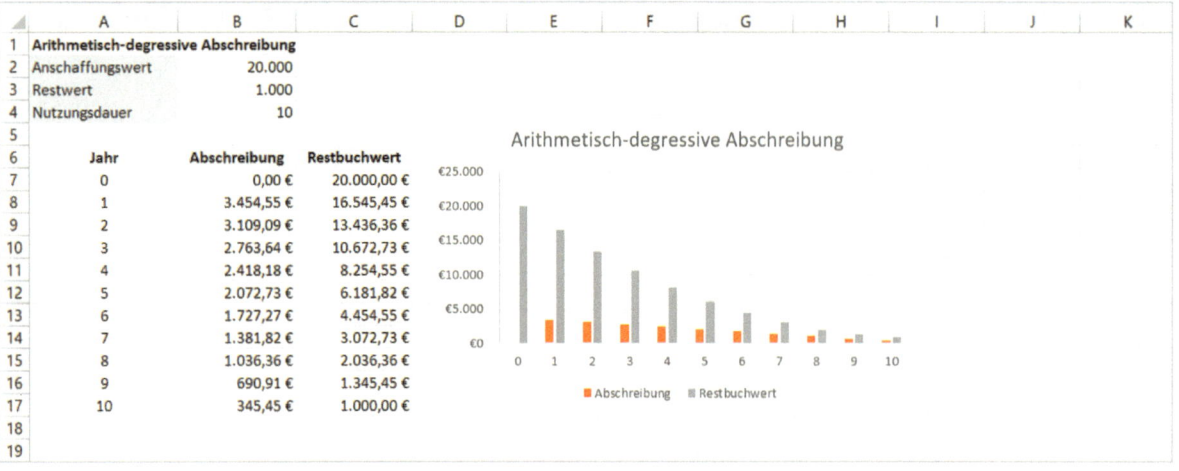

Wechsel der Abschreibungsmethode (VBD)

VDB ist die Abkürzung für variable declining balance, dt. variabler abnehmender Saldo.

Die Funktion VBD berechnet wie GDA die geometrisch-degressive Abschreibung, kann jedoch im Gegensatz zu GDA auf die lineare Abschreibung wechseln und die Abschreibung in einen bestimmten Zeitraum ermitteln. Die Syntax:

VDB(Ansch_Wert;Restwert;Nutzungsdauer;Anfang;Ende;[Faktor];[Nicht_wechseln])

Neben den bekannten Argumenten (siehe Übersicht Seite 445) *Ansch_Wert*, *Restwert*, *Nutzungsdauer* und *Faktor* erfordert VDB noch die folgenden Argumente:

▸ *Anfang*: Der Anfangszeitraum, für den die Abschreibung berechnet werden soll. *Anfang* muss in derselben Zeiteinheit angegeben werden wie *Nutzungsdauer*.

▸ *Ende*: Der Endzeitraum, für den die Abschreibung berechnet werden soll. *Ende* muss in derselben Zeiteinheit angegeben sein wie *Nutzungsdauer*.

▸ *Nicht_wechseln* ist ein Wahrheitswert, der steuert, ob zur linearen Abschreibung gewechselt werden soll, wenn der dabei berechnete Abschreibungsbetrag größer ist als der bei der geometrischen Abschreibung.

  ▪ *FALSCH* oder keine Angabe bedeutet, Excel wechselt auf die lineare Abschreibung, wenn die nach der linearen Methode erzielten Abschreibungen höher liegen als bei der degressiven.

  ▪ *WAHR* bedeutet, das Abschreibungsverfahren wird nicht geändert, auch wenn der dabei berechnete Abschreibungsbetrag größer ist als der bei der geometrischen Abschreibung.

Beispiel: Anschaffungswert 20.000 EUR, Restwert 1.000 EUR nach einer Nutzungsdauer von 10 Jahren. Der Abschreibungsbetrag mit Wechsel zur linearen Abschreibung im Jahr 4 nach der Anschaffung errechnet sich mit folgender Formel:

```
=VDB(20000;1000;10;3;4)          Ergebnis: 2.048,00 (s. Bild unten)
```

Beispiel Abschreibungsplan

Am besten lässt sich die Wirkungsweise der Funktion anhand eines Vergleichs der verschiedenen Abschreibungsmethoden darstellen, siehe Bild unten. In den Spalten B, C und D wurden lineare, geometrisch-degressive und arithmetisch-degressive Abschreibungen berechnet, die Formeln dazu lauten:

```
B7:  =LIA($C$2;$C$3;$C$4)

C7:  =GDA($C$2;$C$3;$C$4;A7)

D7:  =DIA($C$2;$C$3;$C$4;A7)
```

Um die geometrisch-degressive Abschreibung mit einem Wechsel zur linearen Abschreibung zu berechnen, geben Sie die folgenden Formeln ein. Die Formel in E8 wird anschließend bis E16 kopiert.

```
E7:  =VDB($C$2;$C$3;$C$4;0;A7)

E8:  =VDB($C$2;$C$3;$C$4;A7;A8)
```

Bild 10.21 Vergleich der Abschreibungsmethoden und Wechsel zu linearer Abschreibung

	A	B	C	D	E
1	Vergleich der Abschreibungsmethoden				
2	Anschaffungswert		20.000		
3	Restwert		1.000		
4	Nutzungsdauer Jahre		10		
5					
6	Jahr	Linear	Geometrisch-degressiv	Arithmetisch-degressiv	Geom. degr.> Linear
7	1	1.900,00	4.000,00	3.454,55	4.000,00 €
8	2	1.900,00	3.200,00	3.109,09	3.200,00 €
9	3	1.900,00	2.560,00	2.763,64	2.560,00 €
10	4	1.900,00	2.048,00	2.418,18	2.048,00 €
11	5	1.900,00	1.638,40	2.072,73	1.638,40 €
12	6	1.900,00	1.310,72	1.727,27	1.310,72 €
13	7	1.900,00	1.048,58	1.381,82	1.060,72 €
14	8	1.900,00	838,86	1.036,36	1.060,72 €
15	9	1.900,00	671,09	690,91	1.060,72 €
16	10	1.900,00	536,87	345,45	1.060,72 €
17	Summe	19.000,00	17.852,52	19.000,00	19.000,00

Hinweise: Das optionale Argument *Faktor* ist hier nicht angegeben, das bedeutet, Excel rechnet mit Faktor 2 (degressive Doppelraten-Abschreibung). Wird das optionale Argument *Nicht_wechseln* nicht oder mit dem Wahrheitswert *FALSCH* angegeben, dann erfolgt ein Wechsel zur linearen Abschreibung.

10.3 Funktionen für Wertpapieranlagen

Übersicht und Funktionsargumente

Die dritte große Gruppe der finanzmathematischen Funktionen dreht sich um Wertpapiere. Ein Wertpapier wird zu einem bestimmten Zeitpunkt ausgegeben (Emissionsdatum) und am Fälligkeitsdatum wieder zurückgenommen. Bezüglich Kauf, Verzinsung und Rückzahlung kommen folgende Möglichkeiten infrage:

- Das Papier wird zum Nennwert verkauft. Während der Laufzeit werden regelmäßig Zinsen ausgeschüttet und am Ende der Laufzeit wird das Papier zum Nennwert zurückgenommen. Eventuell wird bei der Ausgabe noch ein Disagio (ein bestimmter Prozentsatz vom Nennwert) abgezogen.

- Das Papier wird abgezinst verkauft, d. h. zum Nennwert, vermindert um den Betrag, der durch die Verzinsung während der Laufzeit hinzukommt. Während der Laufzeit erfolgen keine Zinsausschüttungen und zum Fälligkeitstermin wird das Papier zum Nennwert zurückgenommen.

- Das Papier wird zum Nennwert verkauft und ohne zwischenzeitliche Zinsausschüttungen am Ende der Laufzeit aufgezinst, d. h. zum Nennwert plus aufgelaufene Zinsen zurückgenommen.

Im Gegensatz zu den einfachen Renten- und Zinsberechnungen können Wertpapiere zu jedem beliebigen Zeitpunkt den Besitzer wechseln, daher sind hier Zinsberechnungen zu bestimmten Zeitpunkten von besonderem Interesse. Auch Funktionen rund um das Thema Wertpapiere verwenden immer wieder dieselben Argumente, daher zunächst ein Überblick.

Datumsangaben

Beachten Sie, dass alle Datumsangaben als Zahlen bzw. als Datum formatierte Zahlen vorliegen müssen, ein Datum als Text ist nicht zulässig. Ein Datum kann auch das Ergebnis einer Formel oder Funktion sein und z. B. mit der Funktion DATUM angegeben werden.

Argument	Beschreibung
Emission	Datum der Ausgabe des Wertpapiers. Ab diesem Datum läuft die Verzinsung bzw. der Wertzuwachs.
Abrechnung	Das Datum, an dem das Wertpapier vom Käufer erworben wird. Das Datum der Abrechnung kann größer oder gleich dem Emissionsdatum sein.
Fälligkeit	Der Zeitpunkt, an dem das Wertpapier abläuft und zurückgenommen wird.
Erster_Zinstermin	Der erste Zinstermin.
Letzter_Zinstermin	Der letzte Zinstermin.

Weitere Argumente und Parameter sind:

Argument	Beschreibung
Kurs	Der Kurs pro 100 EUR Nennwert zum Tag der Abrechnung.
Rückzahlung	Der Rückzahlungswert pro 100 EUR Nennwert.
Basis	Gibt an, wie die Zinstage gezählt werden. Folgende Optionen werden angeboten: - 0 oder nicht angegeben: US-amerikanisches System 30 (Tage) und 360 (Tage pro Jahr) - 1: Taggenau, die Zinstage werden kalendergenau (auf den Tag genau) bestimmt. - 2: Taggenau, aber das Jahr mit 360 Tagen - 3: Taggenau und das Jahr mit 365 Tagen - 4: Europäisches System: Die Monate werden mit 30 Tagen, das Jahr mit 360 Tagen gerechnet.
Anlage	Der anzulegende Betrag.
Ansch_Wert	Die Anschaffungskosten eines Wirtschaftsguts vor der Abschreibung.
Satz (Nominalzins)	Der jährliche Nominalzinssatz (Kuponzinssatz).
Nennwert	Nennwert des Wertpapiers.
Häufigkeit	Anzahl der Zinszahlungen pro Jahr; zulässig sind die Werte 1, 2 und 4 (jährlich, halbjährlich und vierteljährlich).

Rendite und Kurs von Wertpapieren berechnen

Die Rendite ist der Ertrag einer Kapitalanlage und wird in der Regel in Prozent angegeben. Die Rendite von Anleihen und Obligationen berechnen Sie in Excel mit den Funktionen RENDITE und RENDITEFÄLL.

=RENDITE(Abrechnung;Fälligkeit;Satz;Kurs;Rückzahlung;Häufigkeit;[Basis])

=RENDITEFÄLL(Abrechnung;Fälligkeit;Emission;Zins;Kurs;[Basis])

- RENDITE berechnet die jährliche Rendite eines Wertpapiers, das periodisch Zinsen auszahlt.
- RENDITEFÄLL gibt die jährliche Rendite eines Wertpapiers zurück, das Zinsen zum Fälligkeitsdatum auszahlt.

Beispiel 1: Rendite eines Wertpapiers mit periodischer Zinsausschüttung

Als Beispiel eine Anleihe mit einem Nennwert von 100 EUR, die am 01.01.2022 ausgegeben wurde. Die Nominalverzinsung beträgt 3,5 % und die Zinsen werden bis zum Fälligkeitsdatum am 01.01.2025 einmal jährlich ausgezahlt. Am 05.10.2023 wird das Wertpapier zu einem Kurs von 95 EUR gehandelt (siehe Bild auf der nächsten Seite). Wie hoch wäre zu diesem Abrechnungstermin die Rendite eines Käufers?

Wertpapierfunktionen.xlsx

Die Rendite wird in diesem Beispiel in B10 mit folgender Formel berechnet:

B10: =RENDITE(B2;B3;B4;B5;B6;B7;B8)   Ergebnis: 5,21 %

Bild 10.22 Rendite und Kursberechnung bei periodischer Zinsausschüttung berechnen

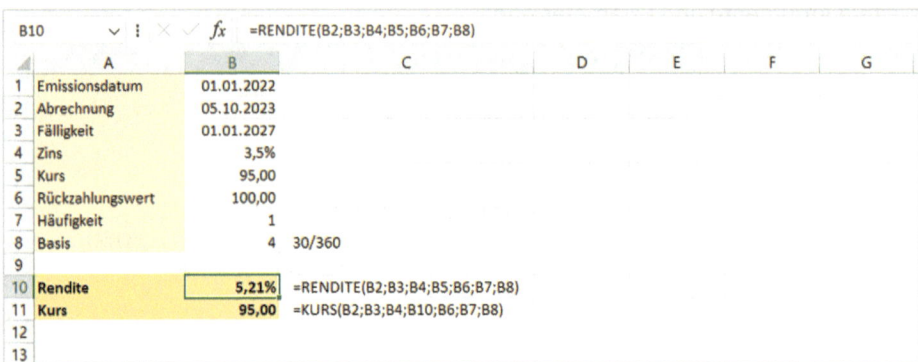

Kurs berechnen

Zur Funktion RENDITE existiert noch die Umkehrfunktion KURS. Diese erlaubt anhand einer vorgegebenen Rendite eine Berechnung des Kurswerts:

=KURS(Abrechnung;Fälligkeit;Satz;Rendite;Rückzahlung;Häufigkeit;[Basis])

Um im Beispiel oben aus der Rendite den Kurs zu berechnen, wird in B11 die folgende Formel verwendet:

B11: =KURS(B2;B3;B4;B10;B6;B7;B8)   Ergebnis: 95,00

Beispiel 2: Rendite eines Wertpapiers mit Zinszahlung zum Fälligkeitsdatum

Die Rendite eines Wertpapiers mit Zinsausschüttung zum Fälligkeitstermin berechnen Sie in Excel mit der Funktion RENDITEFÄLL. Als Beispiel ein Wertpapier mit einem Nominalzins von 4,25 %, das am 15.02.2023 (Abrechnung) zum Kurs von 97,80 EUR erworben wird. Emissionsdatum ist der 01.12.2022 und Fälligkeitsdatum ist der 01.12.2025. Die Formel zur Renditeberechnung in B9 lautet:

B9: =RENDITEFÄLL(B2;B3;B4;B5;B6;B7)   Ergebnis: 5,10 %

Bild 10.23 Rendite und Kurs bei Zinszahlung zum Fälligkeitsdatum

	A	B	C	D	E
1	Renditeberechnung mit Zinsausschüttung zum Fälligkeitsdatum			Kursberechnung	
2	Abrechnung, Kaufdatum	15.02.2023		Abrechnung, Kaufdatum	15.02.2023
3	Fälligkeit	01.12.2025		Fälligkeit	01.12.2025
4	Emissionsdatum	01.12.2022		Emissionsdatum	01.12.2022
5	Zins	4,25%		Zins	4,25%
6	Kurs	97,80		Rendite	5,10%
7	Basis	4	30/360	Basis	4
8					
9	Rendite	5,10%		Kurs	97,81
10		=RENDITEFÄLL(B2;B3;B4;B5;B6;B7)			=KURSFÄLLIG(E2;E3;E4;E5;E6;E7)

Auch hierzu gibt es eine Umkehrfunktion, die Funktion KURSFÄLLIG, mit der anhand einer gegebenen Rendite der Kurswert berechnet werden kann.

=KURSFÄLLIG(Abrechnung;Fälligkeit;Emission;Zins;Rendite;[Basis])

Im vorigen Bild wurde in einem zweiten Beispiel zum selben Wertpapier anhand der Rendite von 5,10 % der Kurswert mit KURSFÄLLIG und folgender Formel berechnet:

E9:   =KURSFÄLLIG(E2;E3;E4;E5;E6;E7)   Ergebnis: 97,81

Zinsterminfunktionen

Zur Berechnung von Zinsterminen oder der Anzahl der Tage zwischen Abrechnung und Fälligkeit von Zinsen stellt Excel mehrere Funktionen zur Verfügung. Aufbau und Argumente sind bei allen Funktionen identisch:

ZINSTERMxx(Abrechnung;Fälligkeit;Häufigkeit;[Basis])

Funktion	Beschreibung
ZINSTERMVZ	Datum der letzten Zinszahlung vor dem Abrechnungsdatum.
ZINSTERMNZ	Datum der nächsten Zinsausschüttung nach dem Abrechnungsdatum.
ZINSTERMTAGVA	Anzahl der Tage von der letzten Zinszahlung bis zum Abrechnungstermin.
ZINSTERMTAGNZ	Anzahl der Tage vom Abrechnungstermin bis zur nächsten Zinszahlung.
ZINSTERMTAGE	Anzahl der Tage der aktuellen Zinsperiode, den Abrechnungstermin eingeschlossen.
ZINSTERMZAHL	Anzahl der Zinstermine zwischen Abrechnungsdatum und Fälligkeitsdatum (aufgerundet).

Im Bild unten als Beispiel eine Anleihe, die am 11.04.2023 erworben wurde (Abrechnung). Die Anleihe wurde am 01.01.2021 ausgegeben und ist am 01.01.2025 fällig. Die Zinszahlungen erfolgen jährlich (Häufigkeit = 1) und als Basis zur Berechnung der Zinstage wird das europäische System (4) herangezogen.

Bild 10.24 Beispiel Zinsterminfunktionen

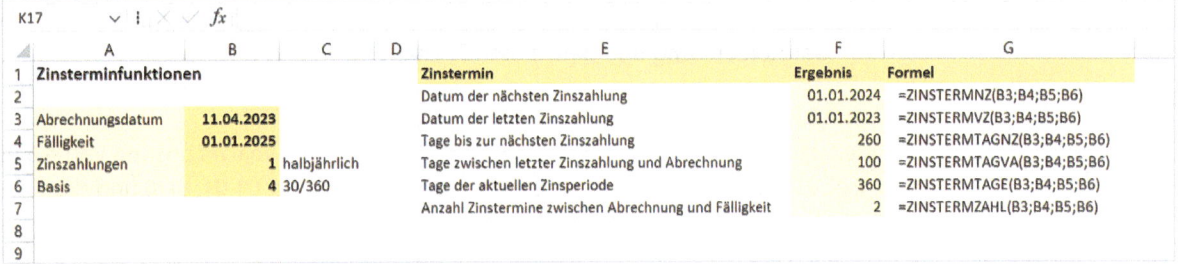

Die Formeln zur Berechnung der Zinstermine lauten wie folgt:

Nächste Zinszahlung (F2): =ZINSTERMNZ(B3;B4;B5;B6)   Ergebnis: 01.01.2024

Letzte Zinszahlung (F3): =ZINSTERMVZ(B3;B4;B5;B6)   Ergebnis: 01.01.2023

Nächste Zinsz. Tage (F4): =ZINSTERMTAGNZ(B3;B4;B5;B6)   Ergebnis: 260

Letzte Zinsz. Tage (F5): =ZINSTERMTAGVZ(B3;B4;B5;B6)   Ergebnis: 100

Tage akt. Periode (F6): =ZINSTERMTAGE(B3;B4;B5;B6)   Ergebnis: 360

Zinstermine b. Fälligk. (F7): =ZINSTERMZAHL(B3;B4;B5;B6)   Ergebnis: 2

Die oben genannten Funktionen leisten gute Dienste, wenn beispielsweise ein Wertpapier zwischen zwei Zinsterminen verkauft wird und die aufgelaufenen Zinsen berechnet werden sollen, siehe unten.

Aufgelaufene Zinsen (Stückzinsen) berechnen

Zur Berechnung der aufgelaufenen Zinsen eines Wertpapiers (auch als Stückzinsen bezeichnet) stellt Excel die Funktionen AUFGELZINS und AUFGELZINSF zur Verfügung.

▸ AUFGELZINS berechnet die aufgelaufenen Zinsen eines Wertpapiers mit periodischer Zinsausschüttung.

=AUFGELZINSF(Emission;Abrechnung;Satz;Nennwert;[Basis])

▸ AUFGELZINSF liefert die Summe der aufgelaufenen Zinsen, die bei Fälligkeit des Wertpapiers ausgezahlt werden und dient z. B. zur Berechnung des Tageswerts.

=AUFGELZINS(Emission;Erster_Zinstermin;Abrechnung;Satz;Nennwert;Häufigkeit;[Basis];[Berechnungsmethode])

Beachten Sie:
- Als Argument *Erster_Zinstermin* ist das Datum der ersten Zinszahlung nach dem Abrechnungstermin anzugeben. Dieses Datum kann mit der Funktion ZINSTERMNZ berechnet werden.
- Das Argument *Berechnungsmethode* ist ein Wahrheitswert, der steuert, ob die Zinsen für den gesamten Zeitraum ab der Emission ausgegeben werden (1 oder *WAHR* oder keine Angabe). *FALSCH* oder 0 bedeutet: Zeitraum zwischen der Abrechnung und dem ersten Zinstermin.

Beispiel 1: Aufgelaufene Zinsen mit Zinsausschüttung am Ende der Laufzeit
Ein Wertpapier im Nennwert von 1.000 EUR und einer Nominalverzinsung von 4,5 % wechselt am 18.03.2023 den Besitzer. Emissionsdatum ist der 01.01.2020 und die Zinsausschüttung erfolgt am Ende der Laufzeit.

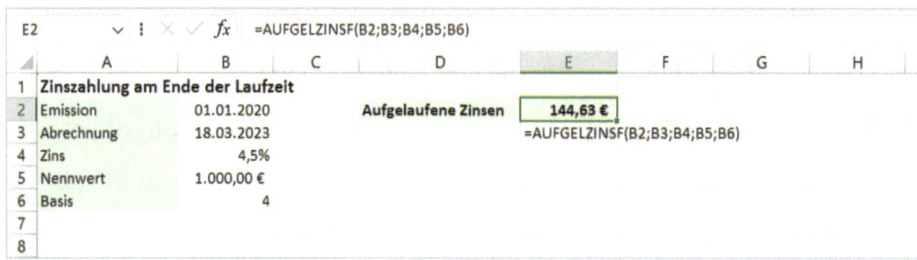

Bild 10.25 Aufgelaufene Zinsen mit Ausschüttung am Ende der Laufzeit

Die bis zum Abrechnungszeitpunkt aufgelaufenen Zinsen werden in E2 mit folgender Formel berechnet.

E2: =AUFGELZINSF(B2;B3;B4;B5;B6)   Ergebnis: 144,63

Beispiel 2: Aufgelaufene Stückzinsen eines Wertpapiers mit periodischer Zinsausschüttung

Ein Wertpapier im Nennwert von 1.000 EUR und 4,5 % Nominalzins, das am 01.01.2020 ausgegeben wurde, wird am 17.06.2023 verkauft. Die Zinsausschüttung erfolgt halbjährlich (Häufigkeit = 2) und Basis zur Berechnung der Zinstage ist das europäische System (4).

Bild 10.26 Stückzinsen eines Wertpapiers mit halbjährlicher Zinszahlung

	A	B	C	D	E	F	G	H
1	Periodische Zinszahlung - Aufgelaufene Zinsen							
2	Emissionsdatum	01.01.2020			Nächster Zinstermin	01.07.2023	=ZINSTERMNZ(B4;B3;B7;B8)	
3	Fälligkeit	01.01.2030			Zinstage	14	=ZINSTERMTAGNZ(B4;B3;B7;B8)	
4	Abrechnung	17.06.2023			Aufgelaufene Stückzinsen	20,75 €	=AUFGELZINS(B2;F2;B4;B5;B6;B7;B8;FALSCH)	
5	Zins	4,5%						
6	Nennwert	1.000			Stückzinsen ab Emission	155,75 €	=AUFGELZINS(B2;F2;B4;B5;B6;B7;B8;WAHR)	
7	Zahlungshäufigkeit	2	halbjährlich					
8	Basis (Zinstage)	4	30/360					
9								
10								

Zur Berechnung der aufgelaufenen Stückzinsen wird zuerst in F2 der nächste Zinstermin mit ZINSTERMNZ ermittelt. Die Zinstage in F3 sind für die weitere Berechnung nicht erforderlich und werden hier nur zur Information angegeben.

F2: =ZINSTERMNZ(B4;B3;B7;B8)   Ergebnis: 01.07.2023

F3: =ZINSTERMTAGNZ(B4;B3;B7;B8)   Ergebnis: 14

Mit der Funktion AUFGELZINS werden dann in F4 die aufgelaufenen Zinsen berechnet. Da nur die Zinsen zwischen Abrechnungsdatum und dem nächsten Zinstermin ausgegeben werden sollen, muss das Argument *Berechnung* FALSCH lauten.

F4: =AUFGELZINS(B2;F2;B4;B5;B6;B7;B8;FALSCH)   Ergebnis: 20,75

Wenn Sie dagegen das Argument *Berechnung* weglassen oder *WAHR* bzw. *1* angeben, dann erhalten Sie die aufgelaufenen Stückzinsen ab dem Emissionsdatum, im Bild oben in F6. Alternativ erhalten Sie dasselbe Ergebnis mit der Funktion AUFGELZINSF.

10.4 Währungs- und Aktienkurse abrufen

Achtung: Die nachfolgend beschriebenen Möglichkeiten sind ausschließlich mit Microsoft 365 verfügbar.

Info: Beim Umwandeln in den Datentyp *Aktien* oder *Währungen* erstellt Excel eine Verknüpfung zu einer Online-Datenquelle. Das bedeutet, zum Hinzufügen oder Aktualisieren von Informationen ist eine Internetverbindung erforderlich.

Microsoft 365 stellt im Menüband, Register *Daten* die Datentypen *Aktien*, *Währungen* und *Geografie*. Mit ihrer Hilfe können Sie aktuelle Börsen- oder Währungskurse und andere Informationen aus Excel heraus abrufen und in die Tabelle übernehmen. Beachten Sie aber, dass für die zur Verfügung gestellten Finanzmarktinformationen keine Haftung übernommen wird und diese daher nicht für gewerbliche Zwecke oder Beratungen eingesetzt werden sollten.

Währungskurse in Tabellenblatt einfügen

Wenn Sie in Excel aktuelle Umrechnungskurse für bestimmte Währungen benötigen, dann können Sie diese mit Microsoft 365 direkt in eine Tabelle einfügen.

1. Geben Sie dazu die Währungen in den entsprechenden offiziellen Abkürzungen, mit Schrägstrich getrennt, in eine kleine Tabelle ein, z. B. EUR/CHF wenn Euro in Schweizer Franken umgerechnet werden sollen oder USD/EUR, um US-Dollar in Euro umzurechnen, wie in Bild 10.27.

Währungen_Aktien.xlsx

Formatieren Sie den Zellbereich als Tabelle (Register *Start* ▶ *Als Tabelle formatieren*). Dies ist zwar nicht zwingend erforderlich, erleichtert aber das Hinzufügen weiterer Werte, da dann automatisch auch deren Bezeichnung als Überschrift übernommen wird.

2. Im nächsten Schritt müssen Sie diese Angaben in den Datentyp *Währung* umwandeln: Markieren Sie die Zellen und klicken Sie im Menüband, Register *Daten* ▶ *Datentypen* auf *Währungen*. Die Zellen sind nun mit dem Symbol dieses Datentyps versehen.

Bild 10.27 In Datentyp Währungen umwandeln

Bild 10.28 Aktuelle Wechselkurse einfügen

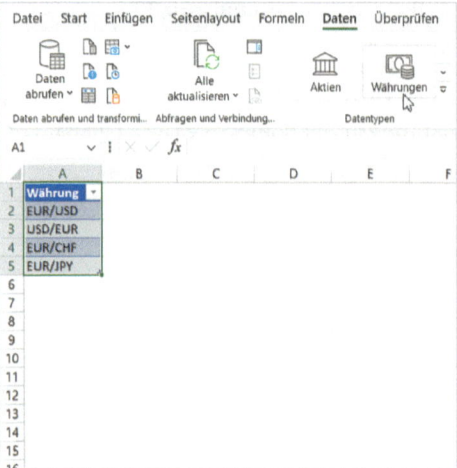
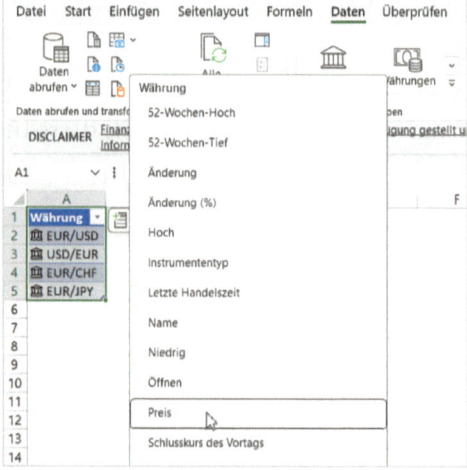

3 Um die aktuellen Kurse abzurufen, behalten Sie die Markierung bei und klicken im Tabellenblatt in der rechten oberen Ecke der Markierung auf das Symbol *Spalte hinzufügen* . Klicken Sie danach auf die gewünschte Information, hier *Preis*. Die Kurse werden automatisch im entsprechenden Währungsformat eingefügt.

Die zurückgegebenen Kurswerte erhalten automatisch das passende Währungsformat, vorausgesetzt diesen Zellen wurde zuvor kein anderes Zahlenformat zugewiesen.

Weitere Werte einfügen: Wenn Sie in weiteren Spalten noch andere Informationen hinzufügen möchten, dann klicken Sie erneut auf *Spalte hinzufügen*. Die ausgewählten Werte werden automatisch als Spalten rechts hinzugefügt und die Bezeichnung als Spaltenüberschrift übernommen, allerdings nur, wenn zuvor der Zellbereich als Tabelle formatiert wurde.

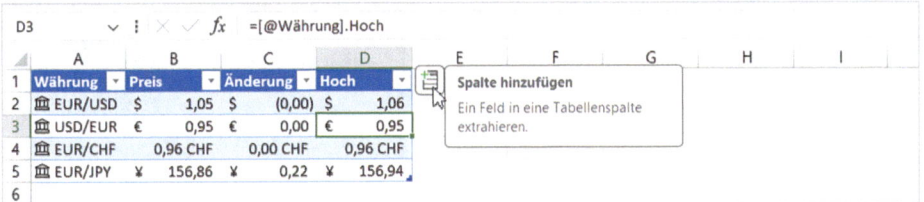

Bild 10.29 Weitere Informationen in Spalten hinzufügen

Daten aktualisieren

Um die Daten zu aktualisieren, klicken Sie mit der rechten Maustaste auf die Zelle mit dem Datentyp und danach auf *Aktualisieren*.

Aktienkurse einfügen

Auf dieselbe Weise können Sie auch Aktienkurse im Tabellenblatt einfügen. Tragen Sie dazu die Firmennamen in eine Tabelle ein und achten Sie auf möglichst eindeutige Bezeichnungen oder geben Sie am besten gleich die Ticker-Symbole ein. Formatieren Sie außerdem den Zellbereich als Tabelle.

Idealerweise geben Sie Börsenplatz und Ticker-Symbol mit Doppelpunkt getrennt an, z. B. XFRA:SIE wenn Sie den Kurs der Siemens Aktie an der Deutschen Börse Frankfurt benötigen.

Markieren Sie die Bezeichnungen und klicken Sie im Menüband, Register *Daten* auf *Aktien*. Klicken Sie dann auf das Symbol *Spalte hinzufügen* und wählen Sie nacheinander die gewünschten Informationen aus.

Bild 10.30 Aktien: Spalten hinzufügen

Aktie nicht oder falsch erkannt?

▷ Wenn eine Aktie nicht eindeutig erkannt wurde, dann erscheint statt des *Aktien*-Symbols ein Fragezeichen ❶ und es öffnet sich der Bereich *Datenauswahl*

▸ Falls eine Aktie falsch erkannt wurde ❸, so klicken Sie diese mit der rechten Maustaste an, zeigen auf *Datentyp* und wählen *Ändern...*. Damit öffnet sich ebenfalls der Bereich *Datenauswahl*: Geben Sie im Suchfeld ❹ eine genauere Bezeichnung ein und klicken Sie auf das Symbol *Lupe*. Danach wählen Sie wieder Aktie und Börse aus, siehe oben.

Bild 10.31 Aktie und Börse auswählen

Kursentwicklung mit BÖRSENHISTORIE abrufen

Wurde ein Firmenname in den Datentyp *Aktien* konvertiert, dann können Sie auch die Funktion BÖRSENHISTORIE zum Abrufen den Kursentwicklung über einen bestimmten Zeitraum nutzen. Die Funktion BÖRSENHISTORIE verwendet folgende Argumente:

=BÖRSENHISTORIE(Aktie;Start_Datum;[End_Datum];[Intervall];[Überschriften]; [Eigenschaften1];[Eigenschaften2];...)

Argument	Beschreibung
Aktie	Legt das Wertpapier fest, dieses muss im Datentyp *Aktien* vorliegen.
Start_Datum	Das Datum, ab dem die Daten abgerufen werden.
End_Datum	Das letzte Datum, bis zu dem Daten abgerufen werden.
Intervall	Gibt das Intervall der Daten an, 0 = täglich (Standardwert); 1 = wöchentlich; 2 = monatlich.
Überschriften	Legt fest, ob Spaltenüberschriften zurückgegeben werden. 0 = keine Überschriften; 1 = Überschriften anzeigen (Standardeinstellung); 2 = Überschriften und Wertpapierkennz.
Eigenschaften1 usw.	Für jede Aktie können bis zu sechs Spalten abgerufen werden, die Sie unter Angabe der Zahl und in der gewünschten Reihenfolge mit den Argumenten *Eigenschaften1* bis *Eigenschaften6* angeben. 0 Datum = Erster Handelstag im angegebenen Zeitraum 1 Schluss = Schlusskurs am letzten Handelstag im angegebenen Zeitraum 2 Eröffnung = Eröffnungskurs am letzten Handelstag im angegebenen Zeitraum 3 Hoch = Höchster Preis 4 Tief = Niedrigster Preis 5 Volumen = Während des Zeitraums gehandeltes Volumen

1. Im ersten Schritt geben Sie den Firmennamen ein und weisen diesem den Datentyp *Aktien* zu. Außerdem benötigen Sie Start- und Enddatum, hier in C1 und E1.

2. Wenn Sie, wie im Bild unten die täglichen Kurse, Spaltenüberschriften sowie Datum, Hoch, Tief und Schlusskurs ab B3 einfügen möchten, dann geben Sie hier die folgende Formel ein. Achten Sie außerdem darauf, dass rechts und unterhalb ausreichend Platz zur Verfügung stehen muss, da nach Betätigen der Eingabetaste der Ausgabebereich automatisch erweitert wird.

B3: =BÖRSENHISTORIE(A3;C1;E1;0;1;0;3;4;1)

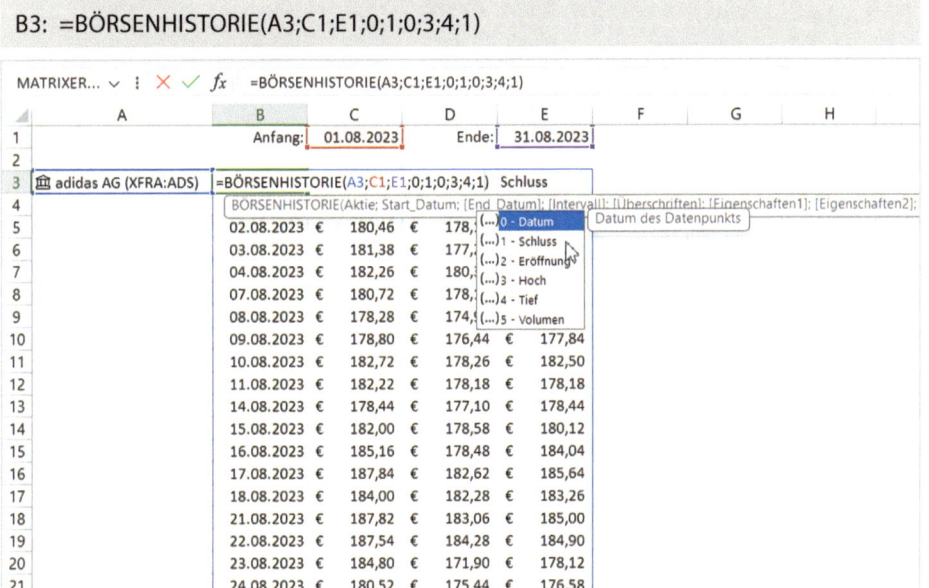

Bild 10.32 Funktion BÖRSENHISTORIE einfügen

Auch in diesem Beispiel haben die Werte das Währungssymbol entsprechend der Aktie bzw. dem Handelsplatz erhalten. Aus den Werten können Sie anschließend, im Bild unten aus dem Schlusskurs, noch ein Liniendiagramm erstellen.

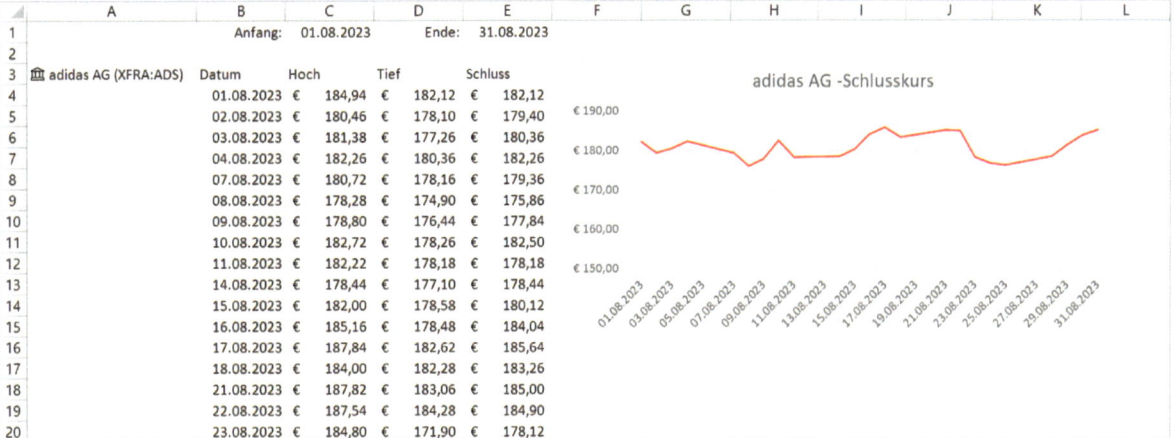

Bild 10.33 Börsenhistorie mit Liniendiagramm

10 Beispiele aus der Finanzmathematik

11 Lösungen mit Solver optimieren

11.1 Funktionsweise des Add-In Solver 464

11.2 Beispiel 1: Materialkosten einer Dose optimieren 465

11.3 Beispiel 2: Gewinnmaximierung 467

11.4 Beispiel 3: Rundreiseproblem, die kürzeste Route finden 475

11 Lösungen mit Solver optimieren

11.1 Funktionsweise des Add-In Solver

Neben der Zielwertsuche stellt Excel mit dem Add-In Solver noch ein zweites Werkzeug zur Verfügung, mit dem Lösungen optimiert werden können. Solver (engl. to solve = etwas auflösen) bietet aber im Gegensatz zur Zielwertsuche wesentlich mehr Optionen: Statt einer einzigen veränderbaren Zelle können Sie mehrere Zellen einbeziehen und anstelle eines festen Zielwerts lassen sich auch ein Maximal- oder Minimalwert vorgeben. Zusätzlich können Sie auch noch Nebenbedingungen für die Berechnung definieren. Mathematisch betrachtet, handelt es sich beim Solver also um ein Gleichungssystem mit mehreren Unbekannten, mit dem Sie beispielsweise die optimale Größe einer Verpackung für ein bestimmtes Volumen ermitteln, bei gleichzeitiger Minimierung des Materialverbrauchs und damit der Kosten.

Das Add-In Solver laden und aufrufen

Siehe „Weitere Funktionen als Add-In laden" auf Seite 62.

Solver ist ein standardmäßig nicht installiertes Add-In, das vor der ersten Nutzung in den Excel-Optionen geladen werden muss, siehe Kapitel 1. Sie finden anschließend den installierten Solver im Register *Daten* in der Gruppe *Analyse*.

Bild 11.1 Zu finden im Register Daten, Analyse

Funktionsweise und Komponenten des Solver

Solver basiert auf den folgenden drei Hauptkomponenten:

▶ **Zielzelle:** Wie bei der Zielwertsuche (siehe Seite 74) ist dies die Zelle mit dem zu erzielenden Ergebnis, also das Ziel der Aufgabe. Hier sind neben der Angabe eines bestimmten Werts auch die Vorgaben Max oder Min möglich.

Beachten Sie:
- Die Zielzelle muss eine Formel enthalten! Diese muss sich entweder auf direktem Weg oder über weitere Formeln auf die variablen Zellen beziehen.
- Es kann nur ein einziges Ziel festgelegt werden! Also z. B. entweder Kostenoptimierung oder Gewinnmaximierung, nicht aber beides gleichzeitig.

▶ **Variable Zellen** sind Zellen, deren Inhalte bei der Suche nach der Lösung solange verändert werden, bis in der Zielzelle das vorgegebene Ergebnis erreicht wird.

▶ **Nebenbedingungen:** Hier können Einschränkungen oder Grenzen festgelegt werden, z. B. die maximalen Kapazitäten von Maschinen oder Arbeitszeiten.

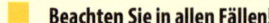 **Beachten Sie in allen Fällen!**
Solver stellt im Gegensatz zur Zielwertsuche ein äußerst komplexes Werkzeug dar, das nur mit exakter Aufgabenstellung und korrekten Ausgangsdaten brauchbare Ergebnisse liefert.

11.2 Beispiel 1: Materialkosten einer Dose optimieren

Als einfaches Beispiel die Aufgabe, Materialkosten zu minimieren, hier bei der Herstellung von Konservendosen. Die Dosen sollen ein vorgegebenes Volumen, in diesem Beispiel 1.000 cm³ fassen, gleichzeitig sind die Abmessungen so zu wählen, dass die Oberfläche und damit die Materialkosten möglichst gering sind. Volumen und Oberfläche werden mit folgenden Formeln berechnet, siehe Bild unten:

Solver_1.xlsx

Volumen:	= r^2 * PI * h	
B5:	=B2^2*PI()*B3	Ergebnis: 785,40 cm³

Fläche:	= 2 * r^2 * PI + 2 * r * PI * h	
B6:	=2*B2^2*PI()+2*B2*PI()*B3	Ergebnis: 471,24 cm²

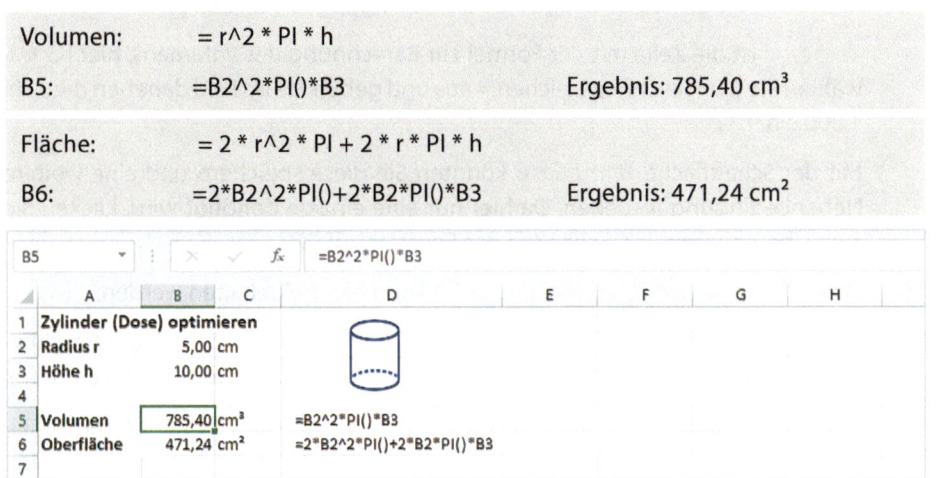

Bild 11.2 Volumen und Oberfläche eines Zylinders (Dose) berechnen

Anschließend rufen Sie den Solver auf (Register *Daten* ▶ *Analyse* ▶ *Solver*, s. Bild 11.1) und legen im nachfolgenden Fenster *Solver-Parameter* die einzelnen Parameter fest.

Bild 11.3 Zielvorgabe, Variablen und Nebenbedingungen im Solver festlegen

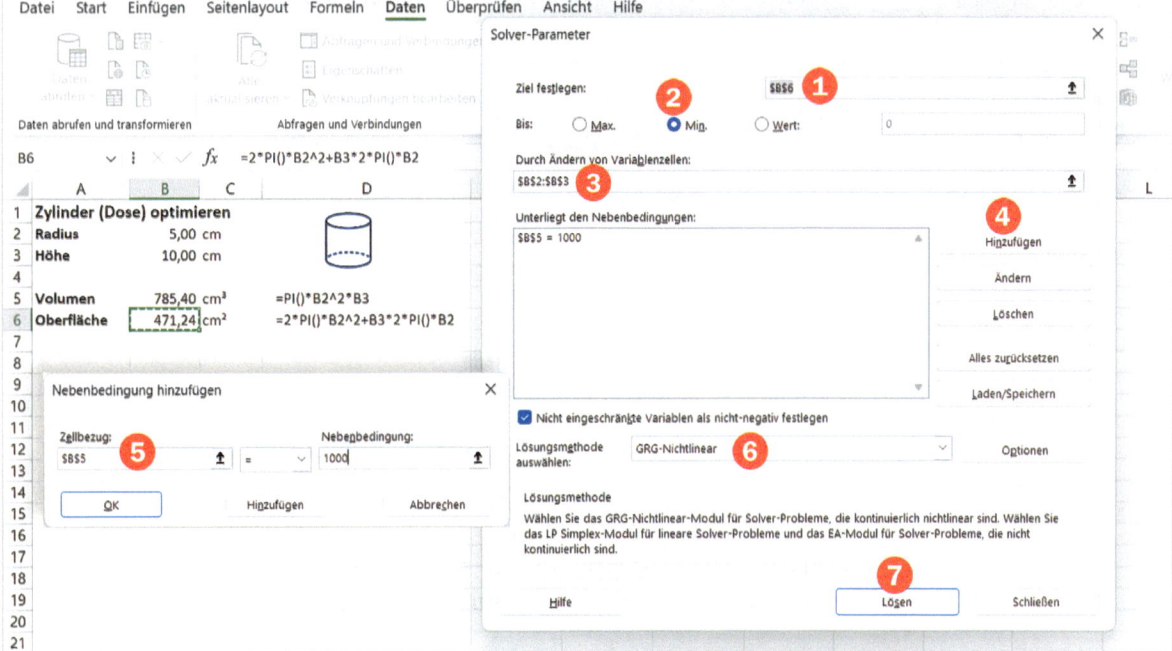

1. **Zielwert festlegen**: Im Feld *Ziel festlegen* ❶ geben Sie die Oberfläche in B6 an. Da diese minimiert werden soll, wählen Sie unterhalb die Option *Min* ❷.

2. **Variablenwerte**: Die zu ändernden Variablen Radius und Höhe in B2:B3 geben Sie im Feld *Durch Ändern von Variablenzellen* an ❸.

3. Damit Solver nicht einfach das naheliegende Ergebnis 0 liefert, benötigen Sie noch das vorgegebene Volumen als Nebenbedingung. Klicken Sie auf die Schaltfläche *Hinzufügen* ❹ und legen Sie die Bedingung wie im Bild fest:

   Zellbezug ist die Zelle mit der Formel zur Berechnung des Volumens, hier B5 ❺, wählen Sie das Gleichheitszeichen = aus und geben Sie im Feld daneben die Zahl 1.000 ein.

   Mit der Schaltfläche *Hinzufügen* könnten Sie diese speichern und eine weitere Nebenbedingung festlegen. Da hier nur eine einzige benötigt wird, klicken Sie zum Übernehmen und Schließen des Fensters auf *OK*.

4. Die *Lösungsmethode GRG-Nichtlinear* ❻ kann hier beibehalten werden.

5. Klicken Sie zuletzt auf *Lösen* ❼, um den Lösungsvorgang zu starten. Anschließend erscheinen im Tabellenblatt die gefundenen Lösungswerte ❽ (Bild unten).

   - Gleichzeitig öffnet sich das Fenster *Solver-Ergebnisse* und Sie können entscheiden, ob Sie die *Solver-Lösung akzeptieren* ❾ oder die *ursprünglichen Werte wiederherstellen* möchten.
   - **Hinweis**: Solver speichert alle Angaben, auch wenn Sie die ursprünglichen Werte wiederherstellen. Sie brauchen also später nur den Solver wieder aufrufen und auf *Lösen* klicken, um wieder die Solver-Lösung zu erhalten.

Bild 11.4 Solver-Ergebnisse

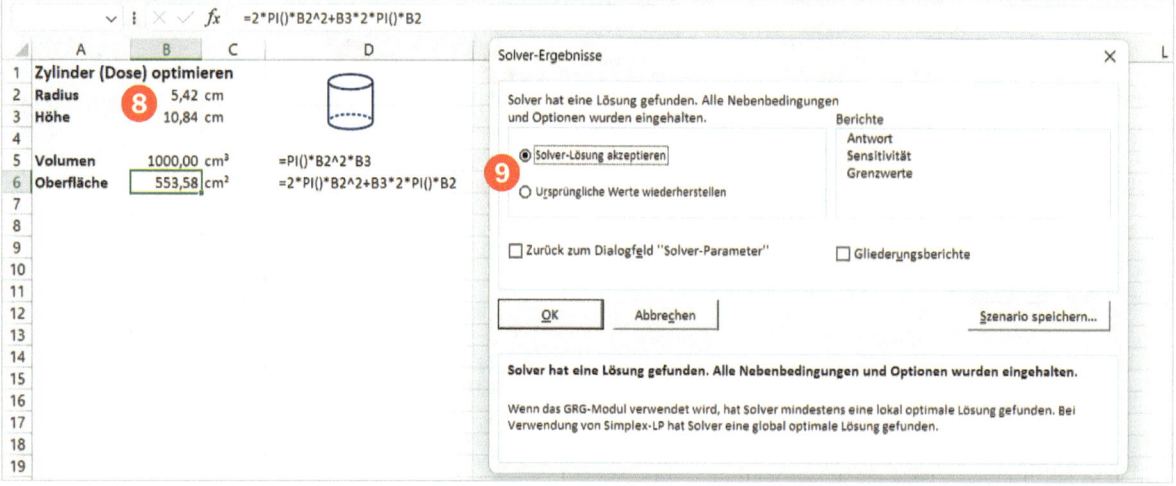

Die oben beschriebene Vorgehensweise eignet sich zur Lösung einfacher Aufgaben, komplexere Problemstellungen erfordern jedoch noch weitere Vorgaben.

11.3 Beispiel 2: Gewinnmaximierung

Die Ausgangssituation: Ein Betrieb produziert Schreibtische in Handarbeit und die Aufgabenstellung lautet: Wie kann die Schreinerei ihren Gewinn bei gegebener Ausgangslage maximieren?

Der Einfachheit halber gehen wir hier von nur zwei Produkten aus, diese unterscheiden sich durch ihren Deckungsbeitrag (Gewinn) pro Stück:
- Deckungsbeitrag Schreibtisch A   500 EUR
- Deckungsbeitrag Schreibtisch B   200 EUR

Ohne weitere Einschränkungen wäre es naheliegend, möglichst viele Schreibtische des Modells A zu produzieren, da dieses mehr Gewinn erzielt. Allerdings sind einige Bedingungen zu berücksichtigen:

▷ Aus Rohstoffgründen (Materialbeschaffung und Lagerung) können täglich höchstens 3 Schreibtische von Modell A und 4 Schreibtische von Modell B gefertigt werden.

▷ Zudem stehen täglich nur 15 Mannstunden Schreinerkapazität zur Verfügung, von denen Schreibtisch A 2 Arbeitsstunden und Schreibtisch B 3 Arbeitsstunden erfordert.

Wie viele Schreibtische jedes Modells sollen also unter Berücksichtigung der Einschränkungen täglich produziert werden, um den Gewinn zu maximieren?

Tabelle erstellen

Im ersten Schritt übertragen Sie die Ausgangsdaten möglichst übersichtlich in ein Excel-Arbeitsblatt und berechnen die erforderlichen Formeln. Das Tabellenlayout kann frei gewählt werden, sofern die Aufgabenstellung aus der Tabelle ersichtlich ist. Achten Sie auch auf aussagekräftige Beschriftungen, da diese in den späteren Bericht übernommen werden. Im abgebildeten Beispiel wurden zur besseren Übersicht zusätzlich die veränderbaren bzw. variablen Zellen, hier B2 und B3, mit rotem Hintergrund ❶ und der Gewinn in der Zielzelle C5 ❷ mit gelber Hintergrundfarbe versehen.

Solver_2.xlsx

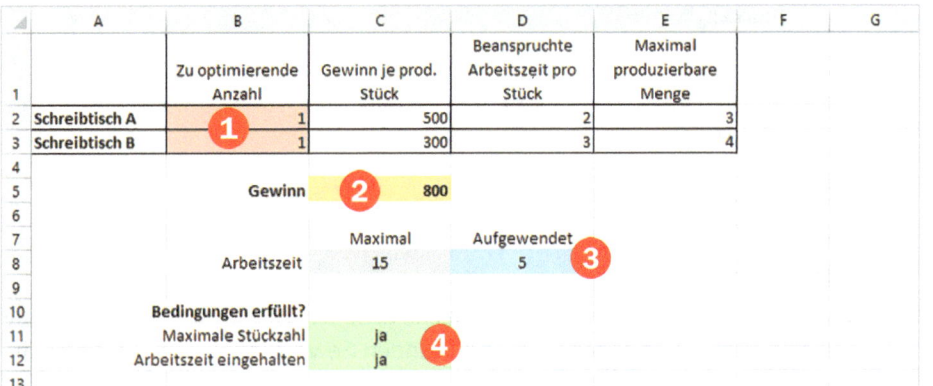

Bild 11.5 Die Tabelle mit Ausgangs- und berechneten Werten

Der Gewinn in C5 wurde mit folgender Formel berechnet:

C5:   =B2*C2+B3*C3   oder   SUMMENPRODUKT(B2:B3;C2:C3)

Die aufgewendeten Arbeitszeiten in D8 ❸ berechnen sich mit folgender Formel:

D8:   =B2*D2+B3*D3   oder   SUMMENPRODUKT(B2:B3;D2:D3)

Hinweis: Im Beispiel wurde unterhalb der Ausgangsdaten, ab Zeile 10 zusätzlich eine kleine Tabelle hinzugefügt, die in C11 und C12 ❹ mit je einer WENN-Funktion prüft, ob die Bedingungen eingehalten werden. Dies dient nur zur besseren Kontrolle, ist aber bei Verwendung des Solver nicht erforderlich.

C11:   =WENN(UND(B2<=E2;B3<=E3);"ja";"nein")

C12:   =WENN(D8<=C8;"ja";"nein")

Formeln manuell testen

Sie könnten nun in B2 und B3 manuell verschiedene Lösungsvorschläge eintragen und kontrollieren, ob beide Bedingungen eingehalten werden, wie im Bild unten. Bei einem einfachen Beispiel wie diesem dürfte diese Methode auch früher oder später zum Ziel führen. In der Praxis sind jedoch häufig wesentlich mehr variable Werte zu ermitteln und Bedingungen zu beachten und genau dafür setzen Sie den Solver ein.

Bild 11.6 Tabelle und Formeln testen

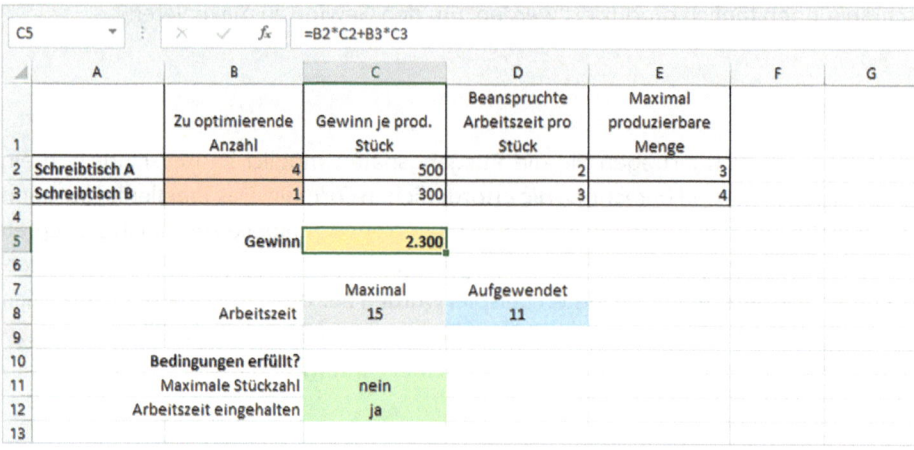

Solver-Parameter festlegen

Klicken Sie im Register *Daten* ▶ *Analyse* auf *Solver* und legen Sie im Dialogfenster *Solver-Parameter* (siehe Bild auf der nächsten Seite) die folgenden Parameter fest.

▶ **Ziel festlegen**
  Im Feld *Ziel festlegen* geben Sie an, welche Zelle das zu erzielende Ergebnis enthält, in diesem Beispiel den zu maximierenden Gewinn in C5 ❶. Unterhalb wählen Sie die Option *Max.* ❷.

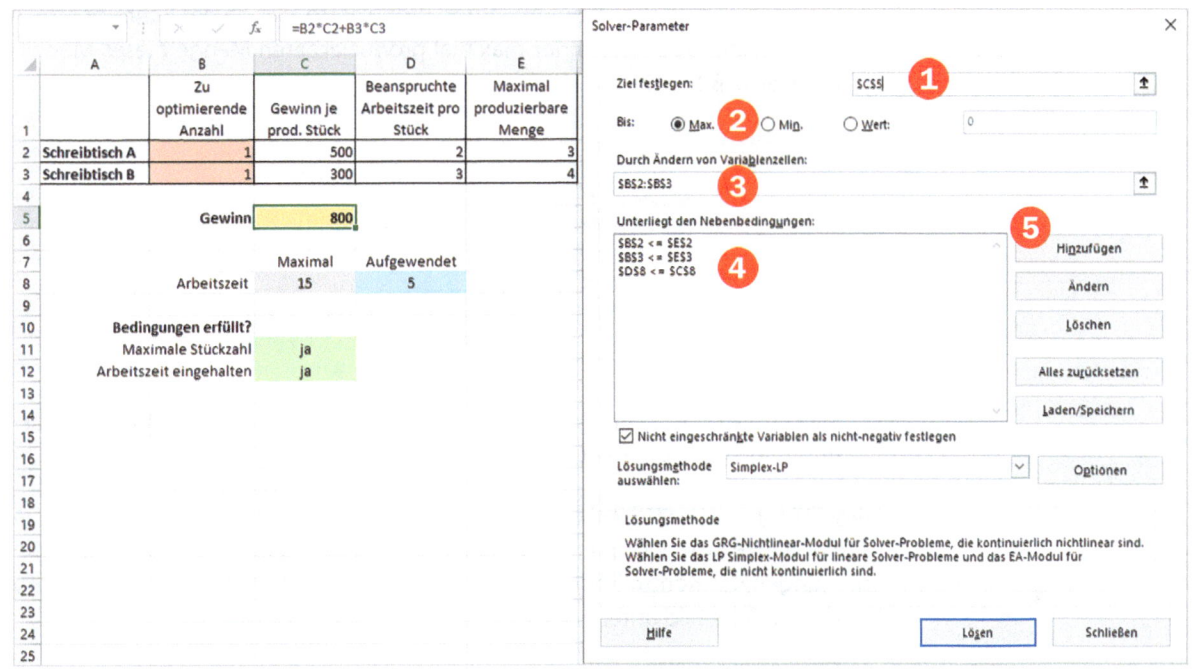

Bild 11.7 Eingabe der Solver-Parameter

▸ **Variable Zellen**
Im Feld *Durch Ändern von Variablenzellen:* ❸ geben Sie an, welche Zellen die zu verändernden Werte enthalten, hier B2 und B3 bzw. B2:B3. Zum Einfügen der Zellbezüge klicken Sie einfach im Tabellenblatt auf die betreffenden Zellen oder markieren den Zellbereich wie in diesem Beispiel.

▸ **Nebenbedingungen/Einschränkungen**
Unterhalb formulieren Sie die Nebenbedingungen bzw. Einschränkungen ❹:

- Klicken Sie auf die Schaltfläche *Hinzufügen...* ❺.
- Die erste Nebenbedingung lautet: Aufgewendete Stunden kleiner oder gleich der maximalen Arbeitszeit von 15 Stunden bzw. D8<=C8. Klicken Sie danach auf *Hinzufügen*, um anschließend gleich die nächste Nebenbedingung einzugeben.

Bild 11.8 Nebenbedingung 1: Aufgewendete Arbeitszeit <=Maximale Arbeitszeit

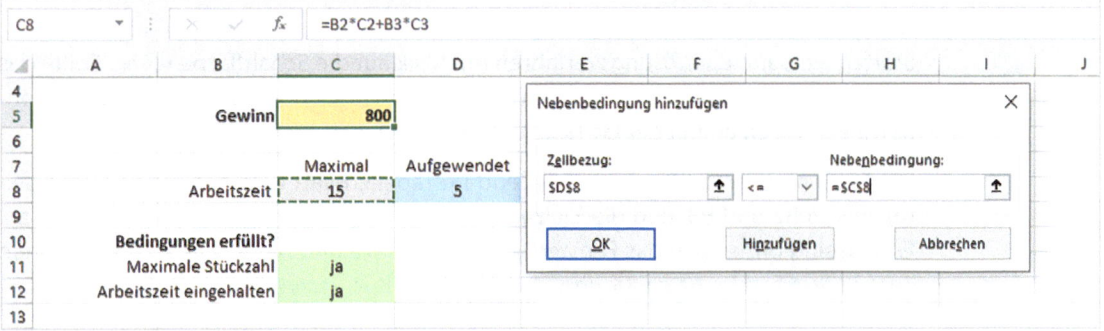

Bild 11.9 Nebenbedingung 2: Produzierte Menge Modell A <= Maximale Menge

- Die nächste Nebenbedingung lautet: Produzierte Menge des Schreibtischs A in B2 kleiner oder gleich der maximal produzierbaren Menge dieses Modells in E2, also B2<=E2.

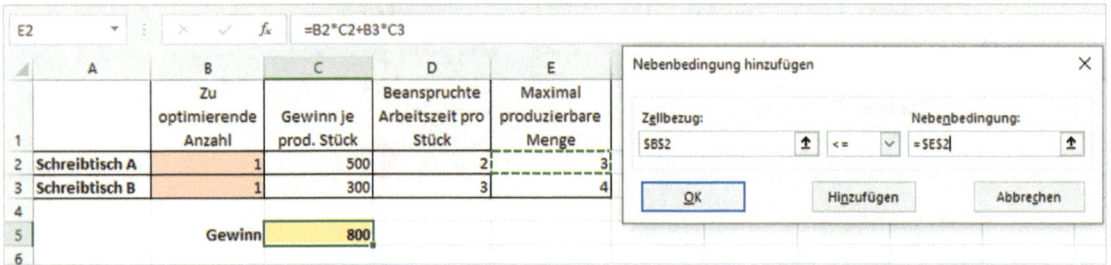

- Klicken Sie erneut auf *Hinzufügen* und geben Sie die folgende dritte Nebenbedingung ein: B3<=E3. Klicken Sie zuletzt auf *OK*.

▷ **Negative Ergebnisse ausschließen**
Um negative Ergebnisse auszuschließen, aktivieren Sie unterhalb der Nebenbedingungen das Kontrollkästchen *Nicht eingeschränkte Variablen als nicht-negativ festlegen*, siehe Bild unten.

▷ **Lösungsmethode wählen**
Zuletzt wählen Sie die Lösungsmethode *Simplex LP* (s. Bild unten). Diese liefert ein globales Optimum, d. h. es gibt kein besseres Ergebnis. Sie eignet sich ausschließlich für lineare Modelle, ist aber in unserem Beispiel völlig ausreichend. Für nichtlineare Modelle wählen Sie dagegen besser *GRG-Nichtlinear*.

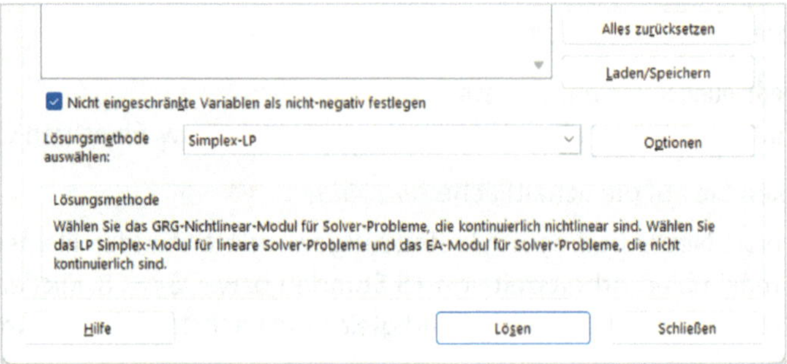

Bild 11.10 Lösungsmethode wählen und Lösungsverfahren starten

Lösungsverfahren starten
Starten Sie dann das Lösungsverfahren mit Klick auf die Schaltfläche *Lösen*. Sollte das Lösungsverfahren zu lange dauern oder zu keinem brauchbaren Ergebnis führen, können Sie es jederzeit mit der **Esc**-Taste unterbrechen.

Die Ergebnisse erscheinen anschließend im Tabellenblatt (Bild auf der nächsten Seite), hier in B2 und B3, und die Zielzelle C5 zeigt den maximal möglichen Gewinn an. Gleichzeitig öffnet sich das Fenster *Solver-Ergebnisse* und bietet wieder die Optionen *Solver-Lösung akzeptieren* ❶ und *Ursprüngliche Werte wiederherstellen* an.

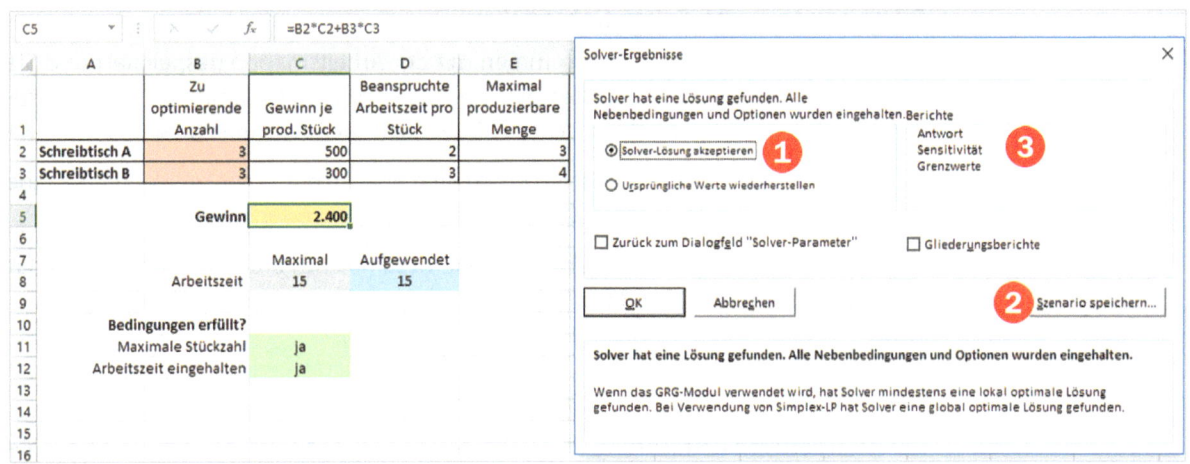

Bild 11.11 Solver Ergebnisse

Außerdem haben Sie die Möglichkeit, die Lösung als Szenario zu speichern ❷ oder einen Bericht ❸ zu erstellen. Näheres hierzu im nächsten Punkt.

Mögliche Probleme während des Lösungsvorgangs

Während des Lösungsvorgangs können folgende Fehlermeldungen erscheinen:

▶ **Der Inhalt der Zielzelle muss eine Formel sein**
Diese Meldung bedeutet, die Zielzelle enthält entweder keine Formel oder keinen Bezug zu den variablen Zellen.

▶ **Zu viele Variablenzellen**
Diese Fehlermeldung erscheint, wenn zu viele Variablenzellen aufgenommen wurden. Solver kann mit der Simplex LP-Methode maximal 200 Variablen berücksichtigen, bei der GRG-Methode reduziert sich diese Zahl auf 100.

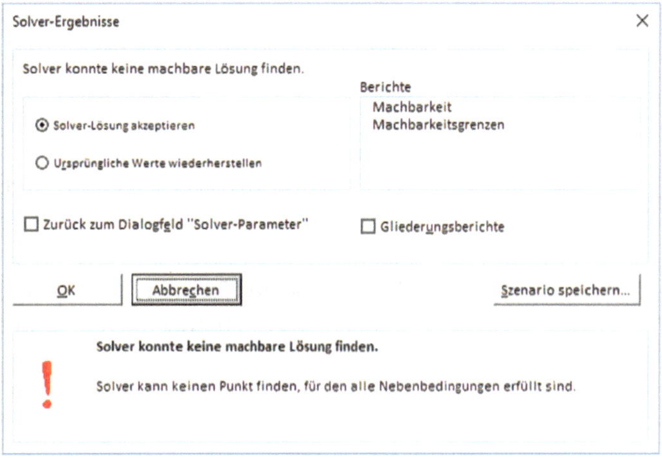

Wenn keine Lösung gefunden wird

In manchen Fällen erscheint im Fenster *Solver-Ergebnisse* die Meldung *Solver konnte keine machbare Lösung finden* und darunter finden Sie den Zusatz *Solver konnte keinen Punkt finden, für den alle Nebenbedingungen erfüllt sind*. Dies bedeutet grob vereinfacht, dass Solver nicht mit den Nebenbedingungen zurechtkommt bzw. dass es für diese Bedingungen keine Lösung gibt. Überprüfen Sie in diesem Fall die Aufgabenstellung und die Nebenbedingungen. Wie eingangs erwähnt, liefert Solver nur bei exakter Aufgabenstellung und korrekten Ausgangsdaten brauchbare Ergebnisse.

Bild 11.12 Keine Lösung gefunden

Solver erneut aufrufen, Parameter bearbeiten

Die Solver-Parameter werden zusammen mit der Arbeitsmappe gespeichert und Sie können jederzeit über das Register *Daten* ▶ *Analyse* und mit Klick auf *Solver* das dazugehörige Fenster wieder öffnen und hier Ihre Angaben überprüfen oder ändern.

- Um die Nebenbedingungen zu bearbeiten oder zu entfernen, markieren Sie eine Bedingung und benutzen die Schaltflächen *Ändern* oder *Löschen*.
- Die Schaltfläche *Alles zurücksetzen* entfernt sämtliche Parameter und versetzt das Fenster wieder in den Ausgangszustand, also leer mit den Voreinstellungen.

Berichte erstellen und interpretieren

Zur detaillierteren Betrachtung des vorgeschlagenen Ergebnisses können die Berichte *Antwort*, *Sensitivität* und *Grenzwerte* erstellt werden. Dazu markieren Sie im Fenster *Solver-Ergebnisse* den betreffenden Bericht, im Bild unten *Antwort* und klicken auf *OK*.

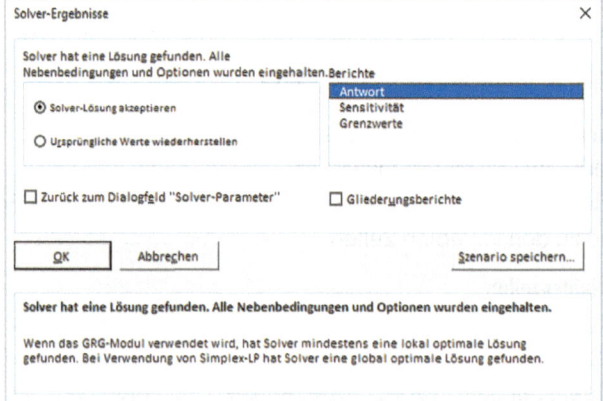

Bild 11.13 Klicken Sie auf den gewünschten Bericht

Der Bericht wird in einem neuen Arbeitsblatt der Mappe ausgegeben, siehe Bild auf der nächsten Seite. Die Inhalte sind weitgehend selbsterklärend. In der Spalte *Name* wird automatisch die Beschriftung aus dem Tabellenblatt übernommen. Die übrigen Elemente sind abhängig vom Berichtstyp.

Antwort-Bericht

Der Antwort-Bericht (siehe Bild auf der nächsten Seite) beginnt mit der verwendeten Lösungsmethode, der Anzahl der Iterationen und der Lösungszeit und enthält die Ausgangswerte und die vom Solver gefundenen Lösungswerte. Unter *Nebenbedingungen* können Sie den Spalten *Status* und *Puffer* entnehmen, ob die genannte Nebenbedingung eine einschränkende Wirkung auf das Ergebnis hat. Eine nicht einschränkende Bedingung, hier *Schreibtisch B, zu optimierende Anzahl* wurde nicht voll ausgeschöpft und weist deshalb einen Puffer von 1 auf.

A1 | Microsoft Excel 16.0 Antwortbericht

	A	B	C	D	E	F	G	H
4	**Ergebnis: Solver hat eine Lösung gefunden. Alle Nebenbedingungen und Optionen wurden eingehalten.**							
5	**Solver-Modul**							
6		Modul: Simplex-LP						
7		Lösungszeit: 0,063 Sekunden						
8		Iterationen: 2 Teilprobleme: 0						
9	**Solver-Optionen**							
10		Höchstzeit Unbegrenzt, Iterationen Unbegrenzt, Precision 0,000001						
11		Höchstzahl der Teilprobleme Unbegrenzt, Max. Ganzzahllösungen Unbegrenzt, Ganzzahltoleranz 1%, Nicht-negativ annehmen						
12								
13								
14	Zielzelle (Max.)							
15		Zelle	Name	Ursprünglicher Wert	Lösungswert			
16		$C$5	Gewinn Gewinn je prod. Stück	800	2.400			
17								
18								
19	Variablenzellen							
20		Zelle	Name	Ursprünglicher Wert	Lösungswert	Integer		
21		$B$2	Schreibtisch A Zu optimierende Anzahl	1	3	Fortlaufend		
22		$B$3	Schreibtisch B Zu optimierende Anzahl	1	3	Fortlaufend		
23								
24								
25	Nebenbedingungen							
26		Zelle	Name	Zellwert	Formel	Status	Puffer	
27		$D$8	Arbeitszeit Aufgewendet	15	$D$8<=$C$8	Einschränkend	0	
28		$B$2	Schreibtisch A Zu optimierende Anzahl	3	$B$2<=$E$2	Einschränkend	0	
29		$B$3	Schreibtisch B Zu optimierende Anzahl	3	$B$3<=$E$3	Nicht einschränkend	1	
30								

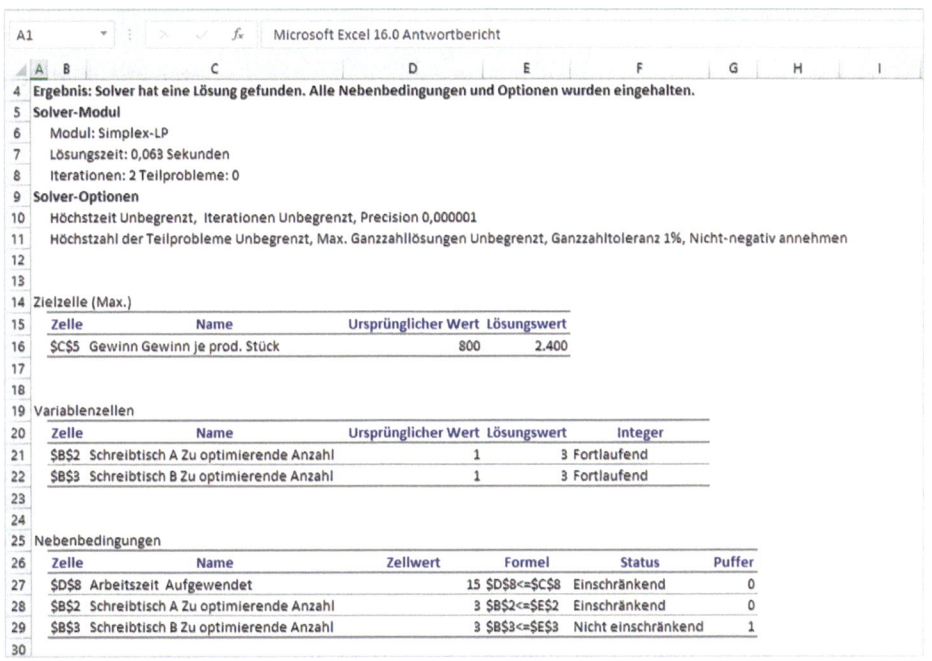

Bild 11.14 Der Bericht Antwort

Sensitivitätsbericht

Der Sensitivitätsbericht enthält weitergehende Informationen und zeigt, wie das Modell auf eine Veränderung der Konstanten (Zielwert und Nebenbedingungen) reagiert. So finden Sie sowohl im Abschnitt *Variablenzellen* als auch im Abschnitt *Nebenbedingungen* die Intervalle, innerhalb derer die Werte verändert werden können, ohne dass dadurch die aktuelle Lösung beeinträchtigt wird.

	A	B	C	D	E	F	G	H
1	**Microsoft Excel 16.0 Sensitivitätsbericht**							
2	**Arbeitsblatt: [Solver_2.xlsx]Solver-Tabelle Formeln**							
3	**Bericht erstellt: 05.08.2021 08:40:19**							
4								
5								
6	Variablenzellen							
7				Endgültig	Reduziert	Ziel	Zulässig	Zulässig
8		Zelle	Name	Endwert	Kosten	Koeffizient	Erhöhen	Verringern
9		$B$2	Schreibtisch A Zu optimierende Anzahl	3	300	500	1E+30	300
10		$B$3	Schreibtisch B Zu optimierende Anzahl	3	0	300	450	300
11								
12	Nebenbedingungen							
13				Endgültig	Schatten	Nebenbedingung	Zulässig	Zulässig
14		Zelle	Name	Endwert	Preis	Rechte Seite	Erhöhen	Verringern
15		$D$8	Arbeitszeit Aufgewendet	15	100	15	3	9
16								

Bild 11.15 Sensitivitätsbericht

Lösungsmethoden

Im Fenster *Solver-Parameter* stehen im Feld *Lösungsmethode* die unten abgebildeten Methoden zur Auswahl:

Bild 11.16 Lösungsmethoden

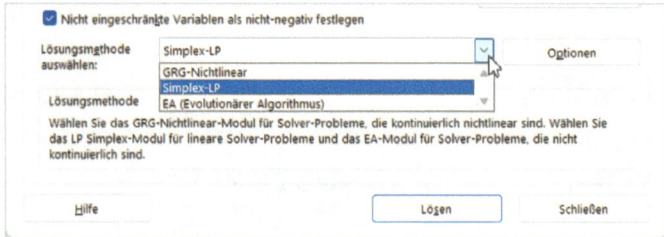

▸ **Simplex-LP**
Mit der Methode Simplex-LP können Sie ausschließlich lineare Modelle lösen, d. h. Modelle mit einer Zielfunktion und Nebenbedingungen ersten Grades. Die Simplex-Methode liefert immer ein globales Ergebnis. Das bedeutet, es gibt kein besseres Ergebnis für dieses Optimierungsproblem.

GRG, Abk. für Generalized Reduced Gradient.

▸ **GRG-Nichtlinear**
GRG ist ein erprobtes und zuverlässiges Verfahren und wird eingesetzt, wenn Zielfunktion und Restriktionen nicht mehr linear sind, d. h. bei Funktionen ab dem ersten Grad bzw. Wurzelfunktionen. Eine weitere wichtige Voraussetzung für den Einsatz dieses Verfahrens ist, dass die Graphen aller mathematischen Gleichungen bzw. Funktionen und deren Ableitungen keine Sprungstellen aufweisen. Die Lösungsroutine sucht sich beim Start einen beliebigen Punkt auf dem Graphen. Bei jedem neuen Start wird auch ein neuer Startpunkt gewählt, der leicht vom vorherigen abweicht. Dadurch erhalten Sie unter Umständen auch verschiedene Ergebnisse.

Dieses Verfahren liefert nur dann ein globales Optimum, wenn alle Funktionen nur ein Minimum bzw. Maximum besitzen, andernfalls erhalten Sie ein lokales Optimum.

▸ **EA (Evolutionärer Algorithmus)**
Die evolutionäre Methode basiert auf intelligenten lernenden Algorithmen und kann z. B. auch Nachschlage- und Verweisfunktionen verarbeiten. Sie wird immer dann eingesetzt, wenn der Zielwert von unstetigen und nicht-glatten Excel-Funktionen abhängt. Dazu zählen unter anderem: INDEX, XVERWEIS, SVERWEIS, WVERWEIS, GANZZAHL, RUNDEN, ANZAHL, OBERGRENZE, UNTERGRENZE, WENN, WAHL, NICHT, UND, ODER. Nicht-glatte Excel-Funktionen sind z. B. MIN, MAX, ABS.

Dieses Lösungsverfahren kann für alle Optimierungsprobleme eingesetzt werden, arbeitet aber beim linearen und nichtlinearen Optimierungsproblemen weniger effizient. Nachfolgend ein Beispiel zu dieser Methode.

11.4 Beispiel 3: Rundreiseproblem, die kürzeste Route finden

Als drittes Beispiel das klassische Rundreiseproblem, nämlich die kürzeste Route zwischen mehreren Orten zu finden. Ein Auslieferungsdienst soll mehrere Orte anfahren, Ausgangs- und Endpunkt ist Frankfurt a. Main (1). Im Bild unten sehen Sie eine vereinfachte visuelle Darstellung der Route, wenn die Städte entsprechend der Reihenfolge in der Entfernungstabelle angefahren werden (Spalte *Index* bzw. Zahl in Klammern):

Solver_3.xlsx

1 = Frankfurt (Ausgangspunkt), 2 = Kassel, 3 = Bonn, 4 = Paderborn, 5 = Kaiserslautern.

Bild 11.17 Entfernungstabelle und mögliche Route

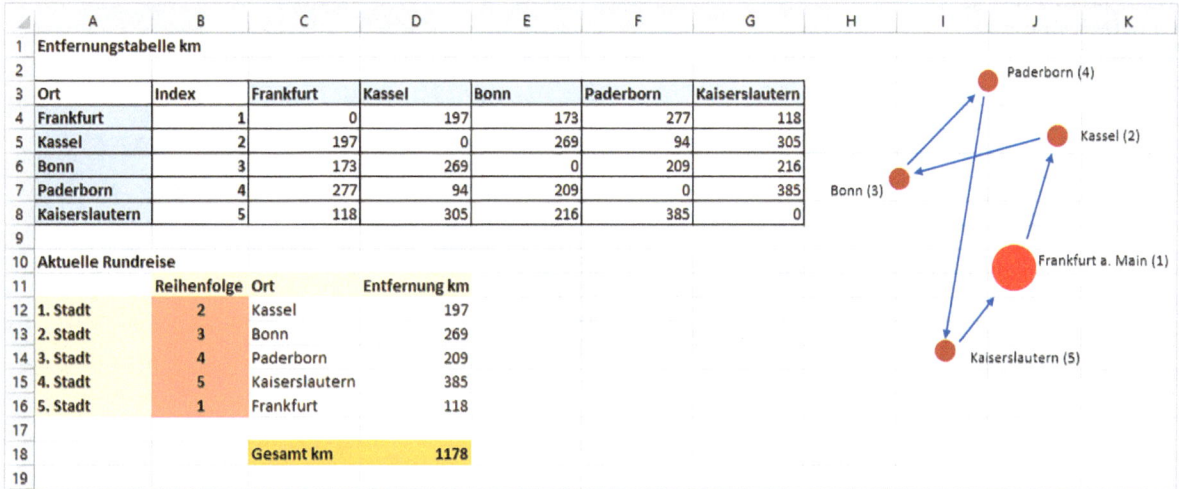

In der Tabelle *Aktuelle Rundreise* werden entsprechend dieser Route die Entfernungen zum jeweils nächsten Ort ermittelt (siehe Bild oben). In der Spalte *Reihenfolge* (B12:B16) wird der Index des Ortes aus der Entfernungstabelle eingetragen, wobei der Ausgangs- und Endpunkt Frankfurt als letzte Stadt angegeben wird. Diese Reihenfolge bzw. die Zahlen stellen für Solver die variablen Werte dar.

In C12:C16 werden noch zur besseren Lesbarkeit anhand dieses Indexwerts die Namen der Orte ermittelt, diese haben aber keinerlei Einfluss auf die spätere Optimierung. Die Formel in C12:

C12:   =INDEX($A$4:$A$8;B12;1)   Ergebnis: Kassel

In der Spalte *Entfernung km* wird in D12:D16 die Entfernung mit folgender Formel ermittelt, wobei die Formel in D13 in die restlichen Zellen kopiert werden kann.

D12:   =INDEX(C4:G8;B12;B16)   Ergebnis: 197

D13:   =INDEX($C$4:$G$8;B13;B12)   Ergebnis: 269

Die Summe der Entfernungen wird in D18 mit folgender Formel berechnet. Diesen Wert gilt es, zu minimieren.

D18:   =SUMME(D12:D16)   Ergebnis: 1.178

Parameter festlegen

Rufen Sie den Solver auf und übergeben Sie im Fenster *Solver-Parameter* die folgenden Werte, siehe Bild unten.

Ziel:	$D$18
Bis:	Min
Variablenzellen:	$B$12:$B$16
Nebenbedingungen:	$B$12:$B$16 = AllDifferent
Lösungsmethode:	EA (Evolutionärer Algorithmus)

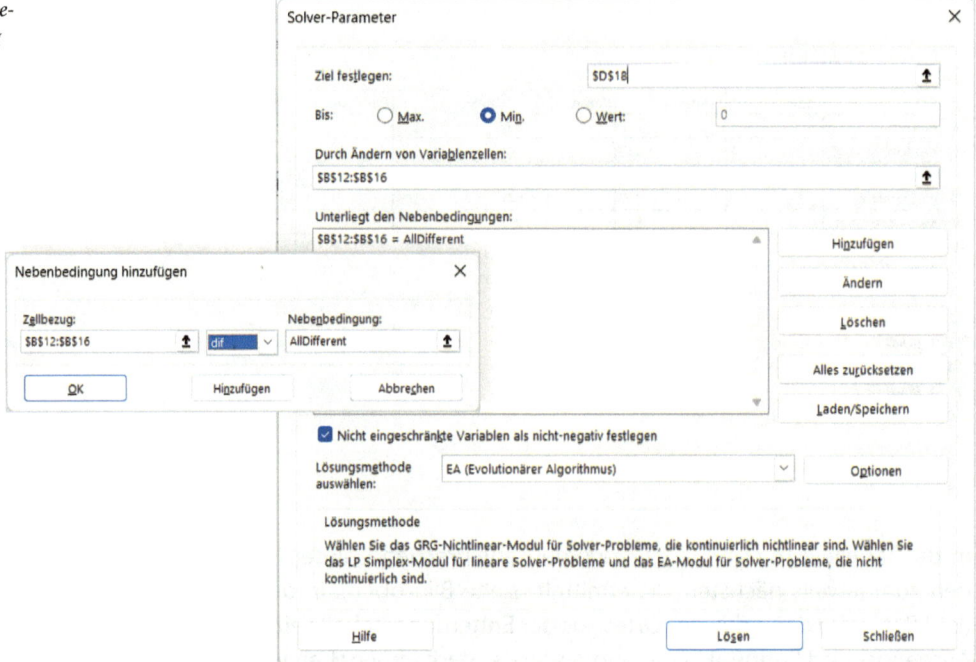

Bild 11.18 Solver-Parameter und Nebenbedingung festlegen

Hinweise

▶ Die Nebenbedingung *dif* (*AllDifferent*) stellt sicher, dass alle Permutationen von 1 bis 5 des Bereichs B12:B16 gebildet werden, und dass jede Zahl nur einmal erscheint. Sie kann im Fenster *Nebenbedingungen* ausgewählt werden, s. Bild oben.

▶ Da der Zielwert über die Funktion INDEX ermittelt wird, kann nur mit der Lösungsmethode *EA* eine Lösung gefunden werden.

Die Lösung

Nachdem Sie auf *Lösen* geklickt haben, präsentiert Solver nach einigen Sekunden die Lösungen, siehe nächste Seite. Die ermittelte Reihenfolge der Städte lautet nun:
5, 3, 4, 2, 1 und die gesamte Strecke beträgt 834 km.

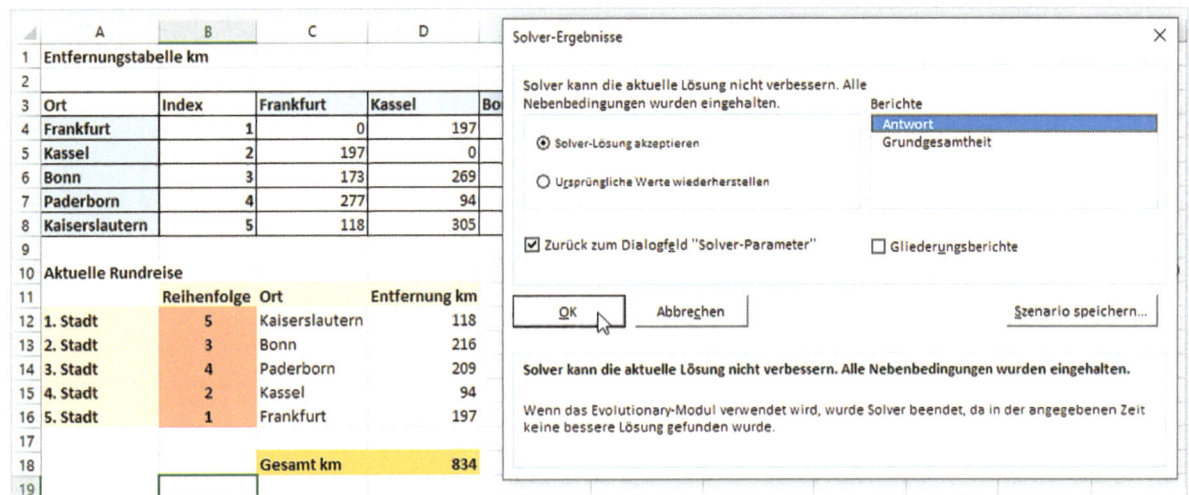

Bild 11.19 Solver-Ergebnisse bzw. die gefundene Reihenfolge

Beachten Sie: Möglicherweise erhalten Sie auch eine versetzte Reihenfolge, z. B. (3, 4, 2, 1, 5) bei der Frankfurt nicht am Ende steht oder die umgekehrte Reihenfolge (2, 4, 3, 5, 1). Dies spielt jedoch keine Rolle, da Sie aus der optimalen Reihenfolge im Prinzip jeden beliebigen Start- und Endpunkt wählen können, ohne dass das Ergebnis beeinflusst wird. Nur die Reihenfolge selbst darf nicht verändert werden.

Antwortbericht

Aus dem Antwortbericht, siehe Bild unten, geht unter anderem auch die Lösungszeit, hier 43,89 Sekunden, hervor.

Bild 11.20 Antwortbericht

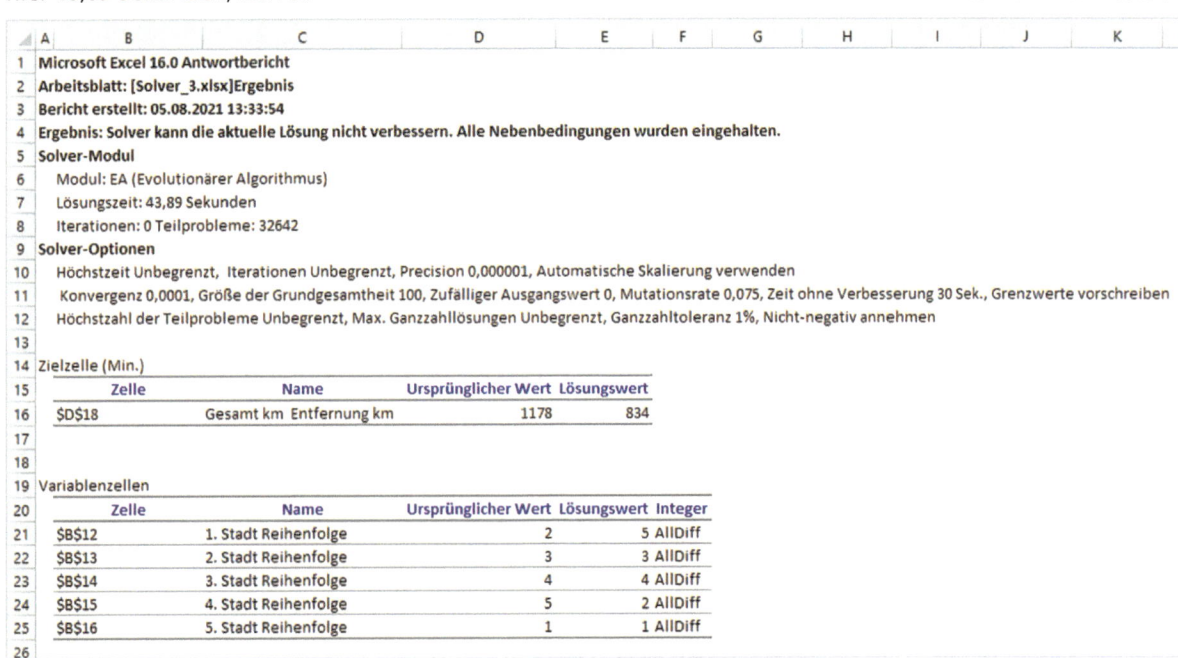

Index

Symbole
3D-Bezüge 24
#DIV/0 177
#KALK! 259
#N/A 242
#NAME? 31
#NV 190
#NV ersetzen 178
&-Operator 148
#-Operator 60
^-Operator 409
#ÜBERLAUF! 56, 60
@ Verweis 35

A
A1-Bezüge 17
ABC-Analyse 185
Abrechnungstermin 452
Abrufen und Transformieren 161
ABRUNDEN 401
ABS 406
Abschreibung 445
  Abschreibungsplan 446
  Arithmetisch-degressiv 449
  Degressiv 447
  Linear 446
  wechseln 450
Absolute Zellbezüge 20
Absolutwert 406
Achsenabschnitt 380
ACHSENABSCHNITT 375, 381
ActiveX-Steuerelemente 86
Add-In 62
ADRESSE 217
Adressfeld 17
AGGREGAT 304
Aktienkurse 459
Alter berechnen 130
Altersklassen 323
Alterspyramide 326
Analyse-Funktionen (Add-In) 62
  Korrelation 376, 387
  Populationskenngrößen 340
  Regression 378, 382
  Zufallszahlengenerierung 348
ANZAHL 276
ANZAHL2 277
ANZAHLLEEREZELLEN 277
ARABISCH 421
Arbeitsblatt 16
  ausblenden 96
  Namen einfügen 184
  schützen 95
Arbeitsmappe 16
  verknüpfen 25
ARBEITSTAG 134
Arbeitstage 132
ARBEITSTAG.INTL 134
ARCCOS 424
ARCCOT 424
ARCSIN 424
ARCTAN 424
Arithmetische Operatoren 19
Arithmetisches Mittel 287
Array 55, 285
Aufgabenbereich 111
AUFGELZINS 456
AUFGELZINSF 456
AUFRUNDEN 401
Ausreißerwerte 338
Auswahlliste 100
AutoAusfüllen 19
AutoSumme 281

B
BASIS 422
Bearbeitungsleiste 17
Bedingte Formatierung 77
  Berechnungsgrundlagen 78
  Farbskala definieren 80
  Fehlerwerte ausblenden 188
  Formeln 81
  Geburtstage 137
  Regeln definieren 78
  Reihenfolge 250
  Spalten vergleichen 82
  Wochenende hervorheben 83
  Zeile hervorheben 81
Berechnungsschritte 52
BEREICH.VERSCHIEBEN 219
BESTIMMTHEITSMASS 375, 381
Bestimmtheitsmaß 375
Bezugsarten 17
Bezug Überlaufbereich 232
Binärzahlen 421
BININDEZ 423
BININHEX 423

Binomialverteilung 369
BINOM.VERT 369
BLATT 182
BLÄTTER 183
Blattname in Zelle 184
Blattregister 16
Blatt schützen 96
BOGENMASS 424
Bogenmaß 424
Boolesche Variablen 167
BÖRSENHISTORIE 460
Boxplot-Diagramm 336
Break-Even-Point 75
BRTEILJAHRE 131
BW 437

C

Chi-Quadrat-Verteilung 365
CHIQU.INV 365
CODE 155, 157
COS 424, 425
COT 424

D

DATEDIF 132
Dateinamen einfügen 183
Datentabellen berechnen 70
Datentypen 255
  Aktien 459
  Geografie 255
  Währungen 458
Datenüberprüfung 97
  ändern 102
  Auswahlliste 100
  Datum 99
  Dropdown-Liste 100
  Formel 102
  Leere Zellen 98
  Meldungen 100
  Textlänge 99
Datum 126
  Differenz berechnen 130
DATUM 127, 130
Datums- und Uhrzeitformate 67
DBANZAHL 291
DBANZAHL2 291
DBMITTELWERT 291
DBSUMME 291
DEZIMAL 422
Dezimalstellen abschneiden 405

Dezimalzeichen 160
DEZINBIN 423
DEZINHEX 423
DIA 449
Diagramme
  0-Werte unterdrücken 187
  Abstände 111
  Abstandsbreite Säulen 333
  Achsenbeschriftung 108
  Achseneinteilung 112
  Achse Teilstriche 114
  Alterspyramide 326
  Bopxlot 336
  Datenquelle auswählen 107
  Datenreihen 107
  Diagrammelemente 110
  einfügen 105
  Fehlerindikatoren 354
  Fehlerwerte 109
  Histogramm 324, 332
  Kombi 367
  Kombidiagramm 115
  Leere Zellen 109
  Logarithmische Skalierung 113
  Mittelwert 109
  Punkte mit interpolierten Linien 353
  Schnittpunkt Achse 113
  Sekundärachse 117
  Teilstriche 114
  Trendlinie 375, 383
  Zahlenformat 113
Disagio 445, 452
Division
  Funktion 412
  ganzzahliger Anteil 412
  Rest 408
Dollarzeichen 21
Doppelte Eingaben 103
Drehfeld 87
Dropdown-Liste 97, 100
Duplikate 103, 230
Durchschnitt 84, 287
Durchschnittliche absolute Abweichung 329

E

EFFEKTIV 443
Effektivzins 443
EINDEUTIG 60, 230, 243
Einfügeoptionen 27
Einheitskreis 427

Emissionsdatum 452
Entfernungsmatrix 208
Entwicklertools anzeigen 86
ERSETZEN 155
ERSTERWERT 172
ERWEITERN 245
Eulersche Zahl 415
Excel-Add-Ins 62
EXP 391, 415
Exponentialfunktion 415
Exponentialverteilung 362
Exponentielle Regression 386
EXPON.VERT 362
Externe Bezüge 25
Exzess 360

F
F4 Funktionstaste 21
FAKULTÄT 413
Fakultäten
   Doppelte Fakultät 413
   Funktion 413
   Liste berechnen 273
Fälligkeit 452
Farben auswerten 307
Farbskala definieren 80
Farbwert 308
Fehler
   Datenüberprüfung 97
   Fehlerüberprüfung 52
   Spuren anzeigen 53
Fehlermeldung 100
Fehlerwerte 51
   ausschließen 304
   Bedingte Formatierung 188
   #NAME? 31
   #ÜBERLAUF! 56, 60
   unterdrücken 177
FILTER 225, 269, 271, 278
   mehrere Kriterien 226
   Platzhalterzeichen 228
Filtern
   Top-Ten 233
FINDEN 153
Formeln 18
   anzeigen 50, 150
   auswerten 54
   bearbeiten 49
   drucken 50
   editieren 49
   eingeben 18
   Fehlerüberprüfung 52
   in Wert umwandeln 160
   kopieren 19
   Namen 308
   Namen verwenden 30
   Operatoren 19
   schrittweise auswerten 54
   Überwachungsfenster 53
   unsichtbar 72
   Zellbezüge korrigieren 49
FORMELTEXT 150
Formelüberwachung 50
Freihandgleichung 124
Funktionen
   Argumente 37
   Aufbau 37
   einfügen 44
   eingeben 18
   flüchtige 48
   Funktionsassistent 38
   Hilfe 42
   in Zahl umwandeln 347
   Matrix 236
   Neuberechnung 48
   Parameter 37, 42
   suchen 38, 43
   Syntax allg. 37
   Syntaxfehler 51
   verschachteln 44
   zuletzt verwendet 41
Funktionsbibliothek 40

G
GANZZAHL 345, 404
Gauß-Funktion 351
GDA 447, 448
GDA2 447, 448
Geburtstagslisten 135
Gemischte Zellbezüge 21
Geografische Informationen abrufen 255
GERADE 402
Gewichteter Mittelwert 292
GGANZZAHL 405
GGT 418
GLÄTTEN 157
Glockenkurve 351
Google Maps 254
Grad 423
GRAD 424

Griechische Buchstaben 123
GROSS 156
GROSS2 156
Größter gemeinsamer Teiler 418
Größter Wert 295
Gruppenfeld 87

H
HÄUFIGKEIT 323, 331
Häufigkeitsverteilungen 324
HEUTE 126
Hexadezimalzahlen 421
HEXINBIN 423
HEXINDEZ 423
Hilfe 43
Histogramm 324, 332
HSTAPELN 242
HYPERLINK 251
  Datei 252
  Google Maps 254
  Webseite 253

I
IMABS 432
IMAGINÄRTEIL 432
IMAPOTENZ 433
IMARGUMENT 432
IMCOS 433
IMCOT 433
IMDIV 433
IMPRODUKT 433
IMREALTEIL 431
IMSIN 433
IMSUB 433
IMSUMME 432
IMTAN 433
IMWURZEL 433
INDEX 204, 206, 239
  Bezugsversion 208
INDIREKT 215
Industriezeit 142
Inhalt aktivieren 26
Interquartilsabstand 337
ISOKALENDERWOCHE 128
ISTBEZUG 181
ISTFEHL 181
ISTFEHLER 177
ISTFORMEL 181
ISTGERADE 181
ISTKTEXT 181

ISTLOG 181
ISTNV 181
ISTTEXT 181
ISTUNGERADE 181
ISTZAHL 181

J
JAHR 127
JETZT 126

K
Kalender 83, 416
Kalenderwoche 128
KALENDERWOCHE 128
KAPZ 440
Kastendiagramm 336
KGRÖSSTE 298
KGV 418
KKLEINSTE 300
Klammern 19, 47
Klassenbildung 323
KLEIN 156
Kleinster Wert 295
Kleinstes gemeinsames Vielfaches 418
KOMBINATIONEN 394
KOMBINATIONEN2 394
Kombinationsfeld 87, 91, 210
Kombinationsmöglichkeiten 394
KOMPLEXE 431
Komplexe Zahlen 431
  Berechnungen 432
  runden 434
KONFIDENZ 340
Konfidenzniveau 339
KONFIDENZ.NORM 339
KONFIDENZ.T 339
Konstanten 18
KORREL 372, 387
Korrelation 376
Korrelationskoeffizient 372
Korrelationsmatrix 376
Kreisdiagramm 427
Kreisumfang 411
Kreiszahl Pi 411
Kreuztabelle 318
KUMKAPITAL 442
Kumulierte Summen 85
KUMZINSZ 442
Kuponzinssatz 453
Kurs 453

KURS 454
Kursentwicklung 460
KURSFÄLLIG 454
KURT 360
Kurtosis 360
KÜRZEN 131, 405

L

LAMBDA 258
   Berechnungsart wählen 264
   Matrix berechnen 272
   optionale Parameter 262
   rekursiv aufrufen 264
   Wiederholungsschleifen 264
Länderspezifische Zahlen 160
LÄNGE 154
Laufende Summe 85
Leere Zellen 98, 180
Leerzeichen entfernen 157
LET 179
LIA 446
Lineare Regression 378
LINKS 151
Lissajous-Figuren 429
LN 415
LOG 414
LOG10 414
Logarithmus 414
   natürlicher 415

M

Makro 90, 308
MAP 267
Maßeinheiten umrechnen 419
Mathematische Symbole 122
Matrix
   Definition 55
   in Spalte umwandeln 343
   Konstanten 61
MATRIXERSTELLEN 272
Matrix erzeugen
   LAMBDA 272
   SEQUENZ 416
   Zufallszahlen 346
Matrixformeln 71
   eingeben 56
   mehrere Rückgabewerte 57
   Zellbezüge 61
Matrixfunktionen 236
Matrixkonstante 343

Matrixprodukt 55
MATRIXZUTEXT 245
MAX 295
MAXA 295
MAXWENNS 295
Median 293, 333
MEDIAN 293
Mehrere Rückgabewerte 225, 233
Mehrfachoperation 70
MIN 295
MINA 295
MINUTE 145
MINWENNS 295
MITTELABW 329
Mittelwert 287
   0-Werte 288
   ausgeblendete Zeilen 302
   gewichtet 292
MITTELWERT 287
MITTELWERTA 292
MITTELWERTWENN 287
MITTELWERTWENNS 288
MMULT 55
Modalwert 293, 323
Modulo 408
MODUS.EINF 293, 323
MODUS.VIELF 294
MONAT 127
MONATSENDE 133
MTRANS 209, 241
Multiplikation (Funktion) 411
Multiplikationstabelle 272

N

N 176, 183
Nachkommastellen entfernen 404
NACHSPALTE 270
NACHZEILEArray 270
Namen 27
   aus Tabellenblatt 29
   Bezug ändern 32
   entfernen 31
   erstellen 28
   Formel 30
   Gültigkeitsbereich 28
   Übernehmen 29
Namenfeld 17, 28
Namens-Manager 31
Namensregeln 27
Navigationsbereich 16, 34

NETTOARBEITSTAGE 132
NETTOARBEITSTAGE.INTL 132
Neu berechnen 18
   manuell 49
NICHT 173
NOMINAL 444
Nominalzins 443, 453
Normalisierung 364, 397
Normalverteilung 351
   Wendepunkte 354
NORM.INV 350, 352
NORM.S.VERT 352
NORM.VERT 351
n-te Zeile 238

O
OBERGRENZE.GENAU 404
OBERGRENZE.MATHEMATIK 403
ODER 44, 174
Operatoren 19
Optionsfeld 93

P
PEARSON 372
PI 411, 425
PIVOTDATENZUORDNEN 322
Pivot-Tabellen 312
   aktualisieren 317
   Anzahl 316
   Begriff 312
   Bereiche 315
   Berichtslayout 316
   Fehlende Werte 321
   Gesamtergebnisse 319
   gruppieren 319
   Häufigkeitsklassen 319
   Prozentwerte 317
Platzhalter 201, 228
POISSON.VERT 368
Poisson-Verteilung 368
Populationskenngrößen 340
Potenz 19
POTENZ 409
Power Query 161
Primzahl 417
PRODUKT 263, 411
Prognoseblatt 392
PROGNOSE.ETS 392
PROGNOSE.LINEAR 378, 383
Prozentanteil 84

Punkt vor Strich 19
p-Wert 374
Pythagoras 427

Q
QUADRATESUMME 409
Quadratwurzel 410
Quantile 333
QUANTIL.EXKL 335
QUANTIL.INKL 335
Quartal berechnen 128, 260
Quartile 333
QUARTILE.EXKL 335
QUARTILE.INKL 334
QUOTIENT 412

R
Radiant 423
RANG 296
Rangfolge 296
RANG.GLEICH 296
RECHTS 151
REDUCE 274
Regression 377
   Analyse-Funktion 382
   Diagramm 379
   Exponentiell 386
   Linear 378
Regressionskoeffizient 378
Rekursion 264
Relative Zellbezüge 20
Rendite 453
RENDITE 453
RENDITEFÄLL 453
REST 408, 417
Rest Division 408
RGP 378, 380
RKP 378, 386, 388
RMZ 438
RÖMISCH 420
Römische Zahlen 420
Runden 400
   auf-, abrunden 401, 403
   Dezimalstellen abschneiden 405
   gerade, ungerade 402
   kaufmännisch 400
   nächstkleinere Zahl 404
   Vielfaches 402, 403
RUNDEN 400

S

SÄUBERN 157
SCAN 273
Schaltfläche 87
Schaltjahr berechnen 408
SCHÄTZER 378, 383
Schiefe 360
SCHIEFE 360
Schnellanalyse 84
   Formatierung 78
   Summen 85
Schrittweise Ausführung 54
Seitenlänge berechnen 425
SEKUNDE 145
SEQUENZ 299, 416
Sicherheitswarnung 26
SIN 424
Solver 464
   Bericht 472
   Fehlermeldungen 471
   Funktionsweise 464
   Lösungsmethoden 470, 474
   Nebenbedingungen 466, 469
   Negative Ergebnisse 470
   Parameter 468
   Variablen 466
   Zielwert 466
Sonderzeichen 122
SORTIEREN 228
SORTIERENNACH 229
SPALTE 214
SPALTEN 214
Spaltensummen 271
SPALTENUMBRUCH 244
Spalten vergleichen 268
SPALTENWAHL 237
Spannweite 260, 333, 342
Sparklines 119
Spreadsheet 16
Spuren 53
STABWA 330
STABW.N 330
STABWNA 330
STABW.S 330
Standardabweichung 329, 351
Standardfehler 329, 361
STANDARDISIERUNG 397
Standardnormalverteilung 352
Statistikdiagramm 325
Steigung 380

STEIGUNG 375, 381
Steuerelemente 86
   Beispiel Fragebogen 90
   Beschriftung 88
   Drehfeld 87
   Drucken 89
   Eigenschaften 88
   Einfügen 88
   Eingabebereich 91
   Formularsteuerelemente 87
   Kombinationsfeld 91
   Kontrollkästchen 87
   Makro zuweisen 90
   Markieren 88
   Namen 89
   Optionsfeld 93
   Scrollleiste 92
   Sperren 89
   Zellverknüpfung 91
STFEHLERXY 381
Stichproben 239
   jede n-te Zeile 238
   Konfidenzniveau 339
   Zufallsstichprobe 350
Streuungsmaße 329
Strukturierte Verweise 35
STUNDE 145
SUCHEN 153
SUMME 281
   ausgeblendete Zeilen 301
   Fehlerwerte 304
SUMMENPRODUKT 246, 285, 293, 412
SUMMEWENN 232, 282
   Farben 308
   Platzhalter 283
SUMMEWENNS 282
SVERWEIS 190
   zwei Suchkriterien 193
Symbole, mathematische 122
Systemdatum 126

T

Tabellen
   formatieren 33
Tabellenbereich
   in Bereich konvertieren 36
   Name 34
   umbenennen 34
   Verweise 35
Tabellenblatt 16

TAG 127
TAN 424
Tausenderzeichen 160
TEIL 151
TEILERGEBNIS 301
   Farben 307
Text
   in Zahl konvertieren 151
   Verketten 148
TEXT 129, 150
TEXTKETTE 148
TEXTNACH 151
TEXTTEILEN 152
TEXTVERKETTEN 149
TEXTVOR 151
Tilgung 440
   aufgelaufene 442
Top Ten 298
Trend
   Exponentiell 389
   Linear 384
   Werte berechnen 384
TREND 378, 385
Trendlinie
   Bestimmtheitsmaß 375
   Exponentiell 388
   Linear 379
   Schnittpunkt 375
Trigonometrie 423
T.VERT.2S 374
t-Verteilung 374
t-Wert 374
TYP 183

U

ÜBENEHMEN 232
Überlaufbereich 56
Überlaufbereich Bezug 232
Überwachungsfenster 53
Umrechnungskurs Währungen 458
UMWANDELN 419
UND 44, 173
UNGERADE 402
UNTERGRENZE.GENAU 404
UNTERGRENZE.MATHEMATIK 404

V

Varianz 329
VARIANZA 329
VARIANZENA 329

VARIATION 389
VARIATIONEN 394
VARIATIONEN2 396
VAR.P 329
VAR.S 329
VBA 90
VBD 450
VERGLEICH 201
Vergleichsoperatoren 19
VERKETTEN 148
Verkettungsoperator & 148
Verschachtelte Funktionen 44
Verteilungen 351
VERWEIS 196
Verweise, strukturierte 35
Verweisfunktionen 190
Vorzeichen 407
VORZEICHEN 407
VRUNDEN 402
VSTAPELN 242

W

Waffeldiagramm 247
WAHL 194, 195, 213, 264
Wahrheitswerte 166
Währung, Umrechnungskurse 458
Was-wäre-wenn-Analyse
   Datentabelle 70
   Zielwertsuche 74
WECHSELN 154
WEGLASSEN 236
WENN 38, 44, 167, 323
   verschachtelt 170
WENNFEHLER 177
WENNNV 178
WENNS 171, 185, 323
WERT 149, 159
Wertpapiere 452
Whisker 336
WIEDERHOLEN 158
Winkel berechnen 425
WOCHENTAG 83, 127
Wochentage 127
WURDEAUSGELASSEN 262
WURZEL 361, 410
WURZELPI 410
WVERWEIS 196

X

XODER 174
XVERGLEICH 202
XVERWEIS 195, 198, 206
  Platzhalter 201
  zwei Suchkriterien 200

Z

Z1S1 Bezüge 17
Zahlenformate 64
  benutzerdefinierte 65
Zahlen konvertieren 160, 420
Zahlenreihe erzeugen 416
Zahlensysteme 420
ZÄHLENWENN 278, 323
ZÄHLENWENNS 278
ZAHLENWERT 160
ZEICHEN 155
Zeichencode 155
Zeichenfolgen 151
  ersetzen 154
  Position 153
  verketten 148
Zeichen wiederholen 265
ZEILE 214
ZEILEN 214
Zeilensummen 270
ZEILENUMBRUCH 244
Zeilenumbruch entfernen 157
ZEILENWAHL 238
Zeit 126
  24 Stunden 141
  Berechnungen 141
  Dezimalzahl 142
  Format 141
  Industriezeit 142
  negative Zeiten 142
  umrechnen 420
  Zeitformat [h] 141
ZEIT 146
Zeitformate 67
ZEITWERT 146
Zellbereich 18
  Namen 27
Zellbezüge 18
  Absolute 20
  ADRESSE 217
  Anpassen 20
  Arbeitsmappen 25
  externe 25

  Feste 20
  gemischte 21
  Gemischte 82
  INDIREKT 215
  Korrigieren 49
  Tabellenbläätter 22
  umwandeln 21
ZELLE 183
Zellen 17
  sperren 95
ZELLE.ZUORDNEN 308
Zellinhalte ausblenden 67
Zielwertsuche 74
ZINS 439
Zinsanteil 440
Zinsen 440
  aufgelaufene 442, 456
  Effektivzins 443
Zinstermin 452, 455
ZINSTERMNZ 455
ZINSTERMTAGE 455
ZINSTERMTAGNZ 455
ZINSTERMTAGVA 455
ZINSTERMVZ 455
ZINSTERMZAHL 455
ZINSZ 440
Zirkelbezug 52
z-Standardisierung 397
ZUFALLSBEREICH 345
ZUFALLSMATRIX 346
Zufallsstichprobe 350
ZUFALLSZAHL 345
Zufallszahlen 345
  Neuberechnung 347
  Normalverteilung 350
  umwandeln 347
Zufallszahlengenerierung 348
ZUSPALTE 240, 343
ZUZEILE 240
ZW 72, 437
ZWEIFAKULTÄT 413
Zwischenablage 27, 160
ZZR 439